Halldór Laxness · Sein eigener Herr

Halldór Laxness

Sein eigener Herr

Roman

Verlag Huber Frauenfeld und Stuttgart

Berechtigte Übertragung von Bruno Kress
Der Titel der Originalausgabe lautet:
Sjalfstaett Fólk

© 1982 Verlag Huber Frauenfeld
Gesamtherstellung: May & Co., Darmstadt
ISBN 3-7193-0836-7

Besiedler Islands

1

Kolumkilli

Isländische Handschriften berichten, daß sich vorzeiten Iren hierzulande aufhielten und Kreuze, Glocken und andere magische Requisiten zurückließen. In lateinischen Quellen werden die Namen von Männern aufgeführt, die in der ersten Zeit des Papsttums von den Britischen Inseln hierher gesegelt sind. Ihr Anführer hieß Kolumkilli der Ire, ein großer Geisterbeschwörer. Zu jener Zeit war Island ein außerordentlich fruchtbares Land. Doch als nordische Menschen sich hier anzusiedeln begannen, flüchteten die irischen Magier aus dem Land, und alte Schriften meinen, daß Kolumkilli dem neuen Volk aus Rache auferlegt habe, daß es ihm in diesem Lande niemals wohlergehen möge und anderes mehr in diesem Sinne, was sich dann auch in hohem Grade zu erfüllen schien. Viel später wandten sich die nordischen Menschen in Island vom rechten Glauben ab und neigten sich den magischen Künsten fremder Völkerstämme zu. Da wurde in Island alles in sein Gegenteil verkehrt, nordische Götter wurden verhöhnt und neue angenommen, wie auch Heilige, einige aus dem Morgenland, andere aus dem Abendland. Der Überlieferung nach wurde dem Kolumkilli in dem Tal eine Kirche errichtet, wo später das Gehöft Ellenbogenstätten zur Heide gestanden hat. In alten Zeiten war es ein Herrenhof. Jon Reykdalin, Bezirksvorsteher auf Außen-Rotenmoor, trug viel Wissenswertes über dieses Heidetal zusammen, das letzte Mal, als das Gehöft nach dem großen Spuk von 1750 verlassen wurde und verfiel. Der Bezirksvorsteher war selbst Augen- und Ohrenzeuge der verschiedenen seltsamen Vorgänge, die sich dort abspielten, wie in seiner bekannten Geschichte über den Unhold von Ellenbogenstätten zu lesen ist. Von Mitte Hornung bis nach Pfingsten konnte man das Gespenst im Gehöft laut sprechen hören, so daß die Leute in die Siedlung flüchteten; er sagte dem Bezirksvorsteher seinen Namen zweimal ins Ohr, doch andere Fragen beantwortete er, wie sich der Bezirksvorsteher ausdrückt, mit »infamen lateinischen Strophen und ungehörigen Schmutzereien«.

Die Geschichte über dieses Gehöft, welche größte Berühmtheit erlangte, liegt weit vor der Zeit des Bezirksvorstehers Jon, und es ist nicht unangebracht, sie noch einmal zum Vergnügen derjenigen zu erzählen, die noch nicht über die grasigen Gründe am Fluß geritten sind, wo die Jahrhunderte in Gestalt mehr oder minder vernarbter, von Pferden vergangener Zeiten ausgetretener Reitpfade nebeneinander liegen, und die vielleicht bei ihrem Ritt durch das Tal einen Blick auf den alten Hofhügel werfen.

Es kann nicht später als in der letzten Bischofszeit des Herrn Gudbrandur gewesen sein, als hier auf Ellenbogenstätten zur Heide ein Ehepaar wohnte. Der Name des Bauern ist nicht erwähnt, doch seine Frau hieß Gunnvör oder Gudvör. Sie trat großspurig auf, neigte zu heidnischen Bräuchen; man schrieb ihr übersinnliche Kräfte zu. Sie führte das große Wort vor ihrem Mann, weshalb ihn auch alle als großen Trottel ansahen.

Anfangs erging es den Eheleuten nicht gut, und sie hatten nur wenig Gesinde. Es geht noch das Gerücht, die Frau habe ihre Kinder durch ihren Mann aussetzen lassen, als es ihnen zu viele wurden. Einige wurden auf dem Berg unter ein flaches Felsstück gelegt, und noch kann man im zeitigen Frühjahr, wenn der Schnee zu schmelzen beginnt, ihr Wimmern vom Berg her vernehmen. Anderen wurde ein Stein umgebunden, und der Bauer versenkte sie im See, und noch kann man bei Mondschein mitten im Winter, besonders bei Frost und vor Unwetter, ihr Weinen hören.

Als Frau Gunnvör zu altern begann, so erzählt die Sage, hat es sie sehr nach Menschenblut gedürstet. Besonders hatte sie Hunger nach Menschenmark. Es wird auch erzählt, daß sie denen von ihren Kindern, die groß wurden, Blut abnahm und es mit ihrem Munde trank. Hinter ihrem Haus ließ sie sich einen Hexenaltar bauen und hielt dort an Herbstabenden dem Satan Kolumkilli Messen in Feuer und Rauch.

Es wird erzählt, der Mann wollte einmal weglaufen und den Leuten in der Siedlung ihr ganzes schändliches Tun offenbaren, doch sie verfolgte ihn und holte ihn auf dem Rotenmoorpaß ein, steinigte ihn und verstümmelte seine Leiche. Seine Gebeine trug sie zu ihrem Zauberstand, Fleisch und Eingeweide ließ sie auf dem Paß zurück, den Vögeln zum Fraß. In der Gegend verbreitete sie, er wäre bei der Schafsuche im Gebirge umgekommen.

Von dieser Zeit an mehrte sich Frau Gunnvörs Geld, und man schrieb das dem bösen Vertrag mit Kolumkilli zu, und sie gelangte in den Besitz guter Pferde.

Zu jener Zeit kamen häufig Leute durch die Gegend, sowohl zur Winterszeit, wenn man zur Fischerei vor dem Jökull ging, als auch im Frühjahr, wenn man aus anderen Landesvierteln dorthin kam, um seinen Dörrfischvorrat zu holen. Im Lauf der Zeit gaben die Bewohner der Gegend einander zu verstehen, Frau Gunnvör wäre nicht gleichermaßen gut zuwege, wie die Zahl ihrer Pferde zunähme. Und obwohl sie nach der Sitte jenes Jahrhunderts eine fleißige Kirchgängerin war, wird in Annalen erwähnt, sie habe bei der Kirche von Rotenmoor nach der Messe selbst am Pfingstsonntag bei heiterem Himmel die Sonne nicht sehen können.

Kurz und gut, es kamen Gerüchte über das Schicksal ihres Mannes in Umlauf und auch darüber, daß sie Menschen mordete, die einen wegen des Geldes, die anderen wegen des Bluts und Marks, und daß sie manchen ins Gebirge nachgeritten wäre. In der Landschaft von Ellenbogenstätten liegt im Süden des Tals ein See, nicht weit vom Gehöft, genannt der Igelsee; er trägt diesen Namen bis auf den heutigen Tag. Die Frau brachte ihre Gäste des Nachts um, indem sie die Schlafenden mit einem großen Messer erstach, ihnen dann die Kehle durchbiß und sie zerstückelte. Aus ihren Gebeinen machte sie Spielzeuge für sich und den Satan Kolumkilli.

Anderen setzte sie bis auf die Heide nach und hieb mit ihrem Messer nach ihnen, daß die Schneide blitzte; sie überwältigte sie, denn sie hatte Kräfte wie ein Mann und für ihre Untaten außerdem den Beistand des Teufels. Noch kann man dort, wo die Heide am höchsten ist, Blutspritzer im Schnee sehen, besonders in der Vorweihnachtszeit. Die Leichen trug sie hinunter ins Tal, beschwerte sie mit Steinen und versenkte sie im See. Das Gepäck ihrer Gäste nahm sie in Beschlag, deren Kleider, Pferde und Geld, wenn sie welches hatten. Alle ihre Kinder aber verfielen der Raserei und bellten wie Hunde von der Bedachung des Gehöfts herab, oder sie saßen idiotisch mit abscheulichem Grinsen auf der steinernen Türschwelle und bissen die Leute, denn der Teufel hatte ihnen die menschliche Sprache und den gesunden Menschenverstand genommen. Deswegen singen noch heute die Kinder in den Landstrichen diesseits und jenseits der Hochebene dieses Wiegenlied:

> Keiner bleib als Gast bei Gunnvör
> mit Kleidern gut.
> Bringt sie ihn in den Igelteich
> und dillido.
> Fließt das Blut in der Spur.
> Ich wiege dich, mein Kind.
>
> Keiner bleib als Gast bei Gunnvör
> mit seinem Pferd,
> blank ihr großes Messer blitzt
> und tilliteß.
> Fließt das Blut in der Spur.
> Ich wiege dich, mein Kind.
>
> Keiner bleib als Gast bei Gunnvör
> mit Menschenblut,
> keiner mit Mark im Gebein
> und dillido.
> Fließt das Blut in der Spur.
> Ich wiege dich, mein Kind.

Keiner bleib als Gast bei Gunnvör,
der glaubt an Gott.
Sie hat meine Rippe, mein Schlüsselbein
und meinen Mittelhandknochen zerbrochen
und fillibu.
Fließt das Blut in der Spur.
Ich wiege dich, mein Kind.

Glaubst du an den Kolumkilli,
so sagt er dir:
Mark und Blut, Mark und Blut
und dododo.
Fließt das Blut in der Spur.
Ich wiege dich, mein Kind.

So ergab es sich schließlich, daß die Untaten Frau Gunnvörs an den Tag kamen. Sie war also zur Mörderin vieler Leute geworden, von Männern, Frauen und Kindern, und des Nachts hatte sie dem Teufel Kolumkilli Messen gehalten. Auf dem Gebietsthing wurde sie zum Tode verurteilt und am Sonntag Trinitatis im Kirchhofeingang bei der Kirche von Rotenmoor gerädert. Arme und Beine wurden vom Rumpf getrennt, und schließlich wurde sie enthauptet. Sie ertrug ihren Tod gefaßt; im Sterben verwünschte sie die Leute mit sonderbaren Flüchen. Ihr Rumpf, ihr Kopf und ihre Glieder wurden in einen Ledersack getan, der Ledersack wurde auf den Paß westlich von Ellenbogenstätten geschleift und an der höchsten Stelle verscharrt. Dort ist ihr Grabhügel noch heute zu sehen; er ist jetzt unten herum mit Gras bewachsen. In späteren Zeiten wurde er Gunnas Grab genannt. Wen sein Weg zum erstenmal über den Paß führt, der wirft einen Stein auf das Grab; man glaubt dadurch Unglück abzuwenden. Manche werfen jedesmal, wenn sie hier vorbeikommen, einen Stein auf dieses Grab; damit wollen sie sich Ruhe und Frieden erkaufen.

War auch Frau Gunnvör zeit ihres Lebens den Leuten ruhelos erschienen, so ging ihr schändliches Treiben doch erst richtig los, nachdem sie hingerichtet worden war. Im Grabe schien sie wenig Ruhe zu finden, und oft ging sie daheim in ihrem Gehöft um. Sie weckte auch die Männer, Frauen und Kinder, die sie umgebracht hatte, von den Toten auf. Wenn es des Nachts dunkel wurde, konnten es die Leute zu Hause auf Ellenbogenstätten kaum aushalten vor allerlei Spuk. Nach wie vor quälte sie Lebende und Tote, und immer, wenn es Nacht wurde, konnte man im Gehöft lautes Schreien und Klagen hören, wie wenn Scharen gepeinigter Seelen auf dem Dach und an den Fenstern über ihr tiefes Elend und ihre große Friedlosigkeit wehklagten. Manchmal war es, als ob der Erde heftigster Schwefelgestank entströmte; der Pesthauch drang in alle Teile des Gehöfts, so daß die Menschen fast erstickten und die Hunde tobten, als wären sie tollwütig. Manchmal des Nachts ritt Gunnvör die Häuser fürchterlich, so daß alle Balken knarrten. Es kam so weit, daß kein Gebäude fest genug für ihre wütenden Schläge und schändlichen Abendritte zu sein schien. Sie ritt auch Menschen und Vieh und erdrückte Kühe, brachte Frauen und Kinder um den Verstand, verunglimpfte alte Leute und reagierte weder auf Bekreuzigungen noch Zauberei. Die Sage erzählt, daß schließlich der Pfarrer von Rotenmoor dafür gewonnen wurde, sie zu beschwören. Vor seiner erstaunlichen Gelehrsamkeit sei sie in den Berg gelaufen und habe ihn da aufgebrochen, wo jetzt oben im Berg eine Spalte zu sehen ist. Manche meinen, sie habe im Berg Wohnung genommen; in diesem Fall ist es nicht unwahrscheinlich, daß sie es in Gestalt eines Trollweibes getan hat. Andere sind der Ansicht, daß sie sich viel im See aufhalte, und zwar in Gestalt eines Ungeheuers, etwa eines Sauriers. Es ist allgemein bekannt, daß schon seit vielen Generationen ein Ungeheuer im See gelebt hat und von unzähligen Augenzeugen, die das unter Eid bekundet haben, gesehen worden ist, sogar von schwachsichtigen. Einige sagen, dieses Ungeheuer habe das Gehöft auf Ellenbogenstätten dreimal zerstört, andere behaupten: siebenmal, bis es kein Bauer mehr dort aushielt und der Hof wegen der ständigen Beunruhigung durch Gespenster in verschiedener Gestalt verödete. Zur Zeit des Bezirksvorstehers Reykdalin wurde er endgültig zu Außen-Rotenmoor geschlagen, erst als Schafstall im Winter, wodurch in späteren Zeiten der Name Winterhäuser aufkam, und dann als Lämmerpferch.

2

Das Anwesen

Auf einem niedrigen Hügel im Wiesenmoor stehen alte Hausruinen.

Vielleicht ist dieser Hügel nur in gewissem Sinne das Werk der Natur, vielleicht ist er das Werk längst dahingeschiedener Bauern, die hier auf der Erhebung am Bach ihr Gehöft bauten, Generation auf Generation, eins auf die Ruinen des anderen. Jetzt ist hier seit über hundert Jahren ein Lämmerpferch, hier haben seit über hundert Jahren Lämmer geblökt. Vom Pferchhügel breiten sich, besonders nach Süden, weitflächige Wiesenmoore mit vereinzelten Heidekrautinseln aus. Aus dem Rotenmoorpaß kommt ein kleiner Fluß hinunter ins Wiesenmoor, und ein zweiter fließt aus dem See nach Osten durch die Täler der östlichen Heide. Im Norden des Hügels ragt ein steiler Berg empor, mit Gesteinshalden am Abhang hinauf und heidekrautbewachsenen Keilen zwischen den Halden. Aus den Halden erheben sich schroff die Felswände, und an einer Stelle gegenüber dem Pferch ist der Berg gespalten. Dort ist eine Schlucht im Basalt, und oben in die Schlucht stürzt im Frühjahr ein Wasserfall, lang und schmal. Mitunter steht der Südwind auf den Wasserfall und fegt den Wasserstaub über die Bergkante. Dann fließt der Wasserfall bergauf. Unten am Berg sind hie und da Felsen. Diese Lämmerwiese, wo früher das Gehöft Ellenbogenstätten zur Heide stand, wurde in den letzten Menschenaltern Winterhäuser genannt.

Ein kleiner Bach fließt an der Lämmerwiese entlang, er fließt im Halbkreis um die Wiese, klar und kalt, und versiegt nie. Im Sommer spielen die Sonnenstrahlen in seiner fröhlichen Strömung, und das Schaf liegt wiederkäuend am Ufer und hat ein Vorderbein ins Gras gestreckt. Dann ist der

Himmel blau. Dann glitzert es schön auf dem Schwanensee und dem stillen Forellenfluß im Wiesenmoor. Dann zwitschert es froh in Wiese und Moor.

Das Tal ist auf allen Seiten von Pässen und Heiden umgeben. Im Westen ist ein kurzer Paß, und das nächste Gehöft auf der anderen Seite ist Außen-Rotenmoor, Rotenmoor, Moor, der Stammsitz des Gemeindevorstehers. Dieses Heidetal hat bisher ihm gehört. Dort drüben schließen sich weitläufige Siedlungen an. Die östliche Heide wird auf fünf Stunden Lastpferdegang zwischen den Siedlungen geschätzt, dort liegt der Weg zum Handelsplatz hinunter in die Fjorde. Im Süden erheben sich hinter dem Tal niedrige, wellige Heideflächen, die höher und höher werden, bis die Blauberge den Horizont verdecken. Es ist, als ob die Berge dort versonnen in den Himmel wachsen; nur selten taut der Schnee auf ihnen vor der Johannismesse. Und was kommt hinter den Blaubergen? Dort sind die Einöden des Landes.

Und die Frühlingswinde wehen durch das Tal.

Und wenn die Frühlingswinde durch das Tal wehen, wenn die Frühlingssonne auf das weiße vertrocknete Gras auf dem Flußufer scheint und auf den See und auf die beiden weißen Schwäne des Sees und die ersten Sprießer aus Quellen und Rinnsalen lockt – wer würde da glauben, daß dieses grasige, friedliche Tal die Geschichte unseres früheren Lebens in sich birgt; und dessen Gespenster? Die Menschen reiten am Fluß entlang, wo die Pferde vergangener Zeiten auf einer breiten Fläche Jahrhundert für Jahrhundert Pfad neben Pfad ausgetreten haben – und ein frischer Frühlingshauch geht durch das Tal im Sonnenschein. An solchen Tagen ist die Sonne stärker als die Vergangenheit.

Eine neue Generation vergißt die Gespenster, die wohl eine frühere gepeinigt haben.

Wie oft ist das Gehöft Ellenbogenstätten zur Heide von Gespenstern zerstört worden? Und wieder aufgebaut worden, trotz der Gespenster? Jahrhundert für Jahrhundert kommt der alleinwirtschaftende Bauer von unten aus der Gemeinde, um auf diesem Hügel zwischen dem See und der Bergspalte sein Glück zu versuchen, entschlossen, den Mächten zu trotzen, die die Erde verzaubert haben und sein Blut und Mark fordern. Wieder und wieder hebt der Bauer sein Lied an, ohne Achtung vor den Gewalten, die das Vorrecht auf seine Glieder und sein Schicksal bis zum letzten Atemzug haben. Die Geschichte der Jahrhunderte im Tal ist die Geschichte des selbständigen Mannes, der mit bloßen Fäusten das Gespenst angeht, das ihm unter immer neuen Namen entgegentritt. Einmal ist das Gespenst ein halbgöttlicher Teufel, der sein Besitztum verhext. Einmal zerbricht es in Gestalt einer Norne seine Knochen. Einmal bringt es in Gestalt eines Unholds seine Leute um den Verstand. Einmal zerstört es in Gestalt eines Ungeheuers sein Gehöft. Und doch ewig dasselbe Gespenst, das denselben Menschen peinigt, Jahrhundert für Jahrhundert.

»Nein«, sagt er trotzig.

Es ist der Mann, der auf Ellenbogenstätten zur Heide zuhält, anderthalb Jahrhunderte nachdem das Gehöft das letztemal zerstört wurde.

Und während er an Gunnvörs Grab auf dem Paß vorbeigeht, spuckt er wütend aus: »Den Teufel von Stein kriegst du von mir, du Hexe!« – und ist dagegen, ihr einen Stein zu geben.

Seine Bewegung entspricht der Brise, sein Gang dem unebenen Gelände. Bei ihm ist eine gelbe Hündin, eine schmalschnäuzige, verlauste Knechtstöle, denn sie wirft sich oft zu Boden und beißt sich heftig, wälzt sich zwischen den Grasbuckeln mit jenem eigentümlichen unruhigen Gewinsel, das für verlauste Hunde typisch ist. Es ist eine vitaminlose Hündin, denn sie frißt Gras. Es ist auch ganz offensichtlich, daß sie Würmer hat. Und der Mann hält das Gesicht dem frischen Kreuzesmessenwind entgegen. Die Sonne scheint auf die erhobenen Hälse einstiger Pferde, und im Wind steckt das Getrappel längst vergangener Hufe; es sind die Pferde entschwundener Zeiten auf den Pfaden am Flußufer, Jahrhundert für Jahrhundert, Generation nach Generation, und noch immer wird der Weg begangen – er kommt nach, mit seiner Hündin, kühn, der jüngste Grundbesitzer, ein Besiedler Islands im dreißigsten Glied; er bleibt auf dem Weg der

Jahrhunderte stehen, blickt über sein Tal im Sonnenschein der Kreuzesmesse.

Da kommt die Hündin und reckt sich an ihm hoch. Sie steckt ihre schmale Schnauze in seine harte Pranke, läßt sie dort eine Weile ruhen, wedelt weiter mit dem Schwanz und dreht und wendet sich. Der Mann betrachtet das Tier eine Zeitlang philosophisch. Angesichts der Unterwürfigkeit seines Hundes schwillt ihm die Brust wegen seiner Macht, und vor ihm ersteht der höchste Traum der Menschennatur wie bei einem Heerführer, der seine unbesiegbare Armee inspiziert und weiß, daß er sie loshetzen kann. Eine kleine Weile vergeht; der Hund hat sich vor ihm auf das vertrocknete Gras am Flußufer gesetzt und sieht ihn fragend an, und er antwortet: »Ja, was der Mensch sucht, das findet er beim Hund.«

Darüber spricht er weiter mit sich selbst, nachdem er von der Straße abgebogen ist, hinaus in die Moorwiesen, in Richtung auf die Lämmerwiese. Er wiederholt es bei sich mit verschiedenen Variationen: Was der Hund sucht, das findet er beim Menschen; suchet, so werdet ihr finden. Er bückt sich und umfaßt mit seinen dicken Fingern einen Wurzelstock des Fieberklees und mißt ihn an seinen Fingern, reißt einen Wurzelstock aus einem Sumpfloch und wischt den Lehm an seinen Hosen ab, nimmt ihn in den Mund wie ein Schaf und denkt, während er kaut, und fängt an zu denken wie ein Schaf. Das Zeug schmeckt bitter, doch er spuckt es nicht aus, er saugt schmatzend daran und spürt den Wurzelgeschmack im Schlund; es hat manches Leben nach einem langen Winter mit wenig Heu gerettet; es ist irgendein Honig darin, wenn es auch für den Geschmack bitter ist. Dieser Wurzelstock ist es nämlich, der dem Schaf im Frühjahr Leben gibt; und das Schaf gibt der Menschenkreatur Leben im Herbst. Der Mann spricht weiter über diesen Wurzelstock und vermischt ihn in allerlei Variationen mit der Philosophie, bis er auf der Lämmerwiese angelangt ist.

Er steht auf der höchsten Stelle des Hügels mit dem Lämmerpferch wie ein Landnahmemann, der die Säulen seines Hochsitzes gefunden hat, und er sieht sich um, läßt sein Wasser, erst nach Norden in Richtung des Berges, dann nach

Osten über die sich senkenden Moorwiesen und den See, wo der Fluß, langsam aus dem See kommend, durch das Moor fließt, und über die Heideflächen im Süden, wo die Blauberge in tiefer Versonnenheit den Horizont verdecken und zugeschneit sind. Und die Sonne steht am heiteren Himmel.

Auf der Südseite des Hügels stehen zwei Schafe und knabbern am Grün der Lämmerwiese. Er scheucht sie fort, obwohl es die Schafe seines Herrn sind, er jagt sie zum erstenmal von seiner eigenen Hauswiese: Das ist mein Grundstück.

Doch dann tut es ihm anscheinend leid, das Grundstück ist vielleicht nicht ganz bezahlt, der Hund darf ihnen nicht nachsetzen, vielmehr schimpft er ihn aus. Er fährt fort, die Welt von seiner eigenen Hauswiese aus zu betrachten, die Welt, die er gekauft hat. Der Sommer geht gerade über dieser Welt auf.

Deshalb sagt er zum Hund: »Es ist ganz verkehrt, daß dieses Gehöft Winterhäuser heißt, das ist kein Name. Und Ellenbogenstätten zur Heide – das ist auch kein Name, nichts als eine Volkssage aus dem Papismus. Der Teufel soll mich holen, wenn mein Hof einen Namen haben soll, der mit Gespenstern der Vergangenheit zusammenhängt. Ich heiße Bjartur. Deswegen soll der Hof Sommerhausen heißen.«

Und Bjartur in Sommerhausen geht auf seiner eigenen Hauswiese umher, untersucht die grasbewachsenen Ruinen, betrachtet die Steine in den Mauern des Lämmerpferchs. In seiner Phantasie reißt er ein Gehöft wie jenes, in dem er östlich der Heide geboren und aufgewachsen ist, ab und baut es wieder auf.

»Es kommt nicht auf die Firsthöhe an«, sagt er laut zum Hund, als hätte er ihn im Verdacht, daß er sich zu großartige Vorstellungen machte. »Du kannst dich auf mich berufen; die Freiheit ist mehr wert als die Deckenhöhe im Gehöft, zumal ich achtzehn Jahre dafür gearbeitet habe. Der Mann, der ein eigenes Grundstück besitzt, er ist sein eigener Herr im Lande. Niemand hat ihm etwas zu sagen. Wenn ich meine Schafe durchbringe und Jahr für Jahr meinen Verpflichtungen nachkomme, dann komme ich meinen Verpflichtungen nach und habe meine Schafe durchgebracht. Nein, es ist die Freiheit im

Lande, nach der wir alle streben, meine Titla. Wer seinen Verpflichtungen nachkommt, ist König. Wer seine Schafe durchbringt, wohnt in einem Schloß.«

Und als die Hündin das hört, wird auch sie glücklich. Die Freude ist ungetrübt. Sie läuft mit leichtsinnigem Gebell um den Mann herum, legt sich jagdlustig mit der Schnauze auf die Erde und nimmt ihn aufs Korn. Im nächsten Augenblick springt sie wieder auf und schlägt einen Kreis.

»Na, na«, sagt er ernst. »Keinen Unfug hier. Oder laufe ich im Kreis und belle? Lege ich mich etwa mit der Schnauze auf die Erde mit Schelmereien in den Augen und nehme Leute aufs Korn? Nein, dafür habe ich meine Unabhängigkeit zu teuer erkauft: achtzehn Jahre für den Gemeindevorsteher auf Außen-Rotenmoor und die Dichterin und Ingolfur Arnarson Jonsson, der jetzt angeblich nach Dänemark geschickt wird. Waren es vielleicht bloß Vergnügungsreisen, die ich hierher nach Süden auf die Hochweiden machte, um die Schafe dieser Leute aufzustöbern, mitten im Julmond? Nein, doch ich habe mich in den Schnee gegraben. Denen war es nicht zu verdanken, diesen guten Leuten, daß ich am nächsten Morgen mit Anzeichen von Leben herauskroch.«

Bei dieser Ermahnung wurde das Tier merklich stiller, es setzte sich und begann sich zu flöhen.

»Doch es soll mir niemand nachsagen, daß es mir auf ein paar Schritte mehr oder weniger angekommen ist, dafür habe ich dann auch die erste Rate für die Hütte am Ostersonntagmorgen pünktlich bezahlt. Und fünfundzwanzig Mutterschafe habe ich, mit Wolle und Lamm; manch einer hat mit weniger begonnen, und noch mehr sind ihr Leben lang anderer Leute Sklaven gewesen, ohne jemals Schafbesitzer zu werden. Mein Vater wurde achtzig Jahre alt, ohne eine Krankenunterstützung von zweihundert Kronen zurückzahlen zu können, die er seit seiner Jugend der Gemeinde schuldete.«

Die Hündin sieht ihn eine Weile zweifelnd an, als glaube sie das nicht. Sie hat vor zu bellen, doch wird nichts daraus; sie reißt nur die Schnauze auf und gähnt lange, wie wenn sie etwas fragen wollte.

»Ja, es ist nicht zu erwarten, daß du das verstehst. Erbärm-

lich ist die Hundekreatur und noch erbärmlicher die Menschenkreatur. Doch mag das sein, wie es will; jedenfalls müßte es mit dem Teufel zugehen, wenn meine Rosa nach dreiundzwanzig Jahren Wirtschaft hier in Sommerhausen ihren Leuten am Heiligen Abend Knochenreste von einem alten Gaul vorsetzen sollte, was sich die Dichterin auf Außen-Rotenmoor nicht schämte zu tun – es war erst voriges Jahr.«
Die Hündin flöhte sich jetzt wieder heftig.
»Ja, es ist nicht zu verwundern, wenn die Knechtstöle dieses Packs verlaust ist und Gras frißt, wo selbst die Wirtschafterin zwanzig Jahre lang nicht den Speisekammerschlüssel zu sehen bekommen hat. Und dann glaube ich, daß die Winterweidepferde des Gemeindevorstehers ihr Leid zu klagen hätten, wenn ihnen das Zungenband gelöst würde, diesen Hungermähren, von den Schafen ganz zu schweigen: all diese Jahre war es ein endloser Kampf, und für gewisse Leute ist es wahrlich ein Glück, daß das Schaf im Himmel keinen Richterstuhl hat, das arme Geschöpf.«
Oben vom Berg kam der künftige Hofbach in gerader Richtung auf den Lämmerhügel zu und bog nach Westen im Halbkreis um den Hügel, um seinen Weg hinunter in das Wiesenmoor zu nehmen. Er hatte zwei kniehohe Wasserfälle und zwei knietiefe Gumpen. Auf seinem Grund lagen Geröll, Kieselsteine und Sand. Er floß in vielen Windungen. In jeder Windung gab es einen besonderen Ton, doch einen tiefen Ton hatte er nicht, er war fröhlich und sangeslustig wie die Jugend, dennoch hatte er verschiedene Saiten und spielte seine Töne, unbekümmert um Zuhörer. Er machte sich nichts daraus, auch wenn ihm hundert Jahre lang niemand zuhörte, wie der wahre Dichter. Der Mann untersuchte alles gründlich, blieb am oberen Wasserfall stehen und sagte: Hier kann man Strümpfe spülen; am unteren Wasserfall sagte er: Hier kann man Klippfisch wässern. Der Hund steckte die Schnauze ins Wasser und schleckte. Auch der Mann legte sich am Ufer auf den Bauch und trank, und ein bißchen Wasser kam ihm in die Nase.
»Es ist auserlesenes Wasser«, sagte Bjartur in Sommerhausen und sah den Hund an, während er sich das Gesicht mit

dem Ärmel abwischte. »Man könnte fast glauben, es ist geweiht.«

Wahrscheinlich kam ihm in den Sinn, daß er mit dieser Bemerkung unbekannten Mächten eine Angriffsfläche bot, denn plötzlich drehte er sich im Frühlingswind um, drehte sich ganz im Kreis und sagte in alle Himmelsrichtungen: »Darum geht es nicht, das Wasser könnte deswegen auch ungeweiht sein: vor dir habe ich keine Angst, Gunnvör. Schwer soll es dir fallen, gegen mein glückliches Geschick anzugehen, du Hexe; Wiedergänger fürchte ich nicht!« Er ballte die Fäuste, blickte voll Trotz hinauf zur Bergspalte, nach Westen zum Paß und nach Süden zum See und murmelte noch ein paar Kraftworte im Sagastil. – »Nie!«

Die Hündin jagte los und raste erschrocken zwischen die Schafe unten am Hügel und biß sie in die Haxen, denn sie meinte, der Mann wäre zornig, wo er doch nur vom Geist der Gegenwart erfüllt und entschlossen war, in seinem Land ein freier und unabhängiger Mensch zu sein, wie andere Generationen, die sich hier vor ihm niedergelassen hatten.

»Kolumkilli!« sagte er und lachte verächtlich, nachdem er die Hündin zurückgerufen hatte, »das wäre noch schöner – das hat irgendein Spaßvogel den Weibern vorgelogen!«

3

Hochzeit

In den Ziehtagen sprießen die vortrefflichen Pflanzen des Landes am schnellsten. Auf den kultivierten Hauswiesen steht sogar schon mähbares Gras, das Schaf hat wieder Fleisch an den Knochen und hält den Kopf hoch; das augenlose Gesicht des Kadavers im Wiesenmoor ist im Gras versunken. Ja, dann ist es eine Lust zu leben, dann ist die Zeit gekommen, sich zu verheiraten: alle Mäusenester in den alten Ruinen sind ausgerottet, und ein neues Gehöft ist gebaut. Es ist das Gehöft Bjarturs in Sommerhausen. Steine wurden herangebracht, Bülten gestochen, Grassoden geschnitten, Bauholz geholt, Mauern geschichtet, ein Gerüst gebaut, Sparren aufgerichtet, Bretter zu einem Klinkerdach gefügt, die Rasenbedachung aufgelegt, ein Herd ausgemauert, ein Schornstein gesetzt – und dort steht das Gehöft wie ein Teil der Natur.

In einem ähnlichen Gehöft unten in der Siedlung, in Unterkaten, bei den Eltern der Braut, dort fand die Hochzeit statt. Die meisten Hochzeitsgäste kamen aus Gehöften der gleichen Art, sie stehen dort unten an den Abhängen der Berge oder kauern an der Südseite von Anhöhen, durch die Hauswiese fließt ein kleiner Bach, unterhalb der Hauswiese ist ein Wiesenmoor, und durch das Wiesenmoor fließt ein stiller Fluß. Geht man von einem Gehöft zum anderen, so ist einem nichts wahrscheinlicher, als daß alle Gehöfte denselben Namen haben und derselbe Mann und dieselbe Frau in ihnen allen wohnen, dennoch ist es nicht so. Zum Beispiel war es all die Jahre hindurch der Traum des alten Thordur in Unterkaten, am Hofbach eine kleine Mühle zu errichten, denn der Bach hatte etwas Strömung, und dann für die Leute Gerste zu mahlen und sich dadurch ein paar Einkünfte zu verschaffen. Doch um die Zeit, als er die Mühle errichtet hatte, wurde kein ungemahlenes Getreide mehr eingeführt, auch wollten die Leute lieber gemahlenes. An den abendlosen Frühlingstagen der Jugend spielten die Kinder des Ehepaars am Mühlenhaus, da war der Himmel blau, sie vergaßen es nicht, solange sie lebten.

Es waren ihrer sieben. Sie verschwanden nach fernen Orten, zwei Söhne ertranken in einem fernen Meer, ein Sohn und eine Tochter verschwanden in ein noch ferneres Land, nach Amerika, das weiter weg ist als der Tod. Doch ist vielleicht keine Entfernung größer als die, welche arme Verwandte im selben Land trennt: zwei Töchter verheirateten sich in Küstenorten, die eine ist Witwe mit einer großen Kinderschar, die andere erhält Unterstützung, sie heiratete einen Lungenkranken – was ist das Menschenleben?

Die jüngste Tochter, Rosa, hatte am längsten zu Hause gesessen und war schließlich als Magd zum Gemeindevorsteher nach Außen-Rotenmoor gegangen. So blieb im Gehöft niemand mehr als das alte Ehepaar und eine alte Frau, die zu ihnen gehörte, wie auch ein achtzigjähriger Mann, ein Gemeindearmer. Und heute also sollte Rosa heiraten, soviel hatte ihr die Mühe eingebracht. Morgen geht sie für immer fort. Und das Mühlenhaus steht am Bach. Das ist das Menschenleben.

Obgleich Bjartur die Zeit seit seiner Jugend auf einem großen Hof zugebracht hatte, wählte er seine Bekannten am liebsten aus der Schar der Kleinbauern unten aus der Siedlung, Schafzüchter wie er, Männer, die alle Tage des Jahres für ihre Tiere schufteten, bis sie starben, ohne jemals spekuliert zu haben. Einige gelangten auf eine solche Stufe der Kultur, daß sie sich eine Leutestube aus Holz bauten, in Form einer schmalen Schachtel, mit Wellblech auf dem Dach. In solchen Gebäuden entsteht Zugluft und Nässe. Die Zugluft verursacht die Gicht, in der Nässe gedeiht die Schwindsucht. Doch die meisten priesen sich glücklich, wenn sie die eine oder andere Mauer ihrer Erdhütten einmal in fünf Jahren erneuern konnten, trotz besserer Träume. In jedem Gehöft wohnt der Traum von etwas Besserem; seit tausend Jahren haben sich die Menschen eingebildet, sie kämen auf geheimnisvolle Weise aus der Klemme heraus und erwürben große Höfe und würden Großbauern; das ist der ewige Traum. Einige meinen, er erfülle sich erst im Himmel.

Sie lebten für ihre Schafe und handelten mit Kaufmann Bryne (Tulinius Jensen) in Fjord; nur der Gemeindevorsteher tat das nicht. Er handelte in Wiek, setzte dort selbst den Preis seiner Schafe fest, und es hieß, er wäre am Geschäft in Wiek beteiligt.

Übrigens hielt man es für ein gutes Zeichen, wenn man ein Konto bei Bryne erlangte. Zwar bekam man von da an kein bares Geld mehr zu sehen, doch war es nahezu sicher, daß sich die Leute unter seinem Schutz durchs Leben schlugen und Roggenmehl, Klippfisch zweiter Wahl und Kaffee bekommen konnten, um ihre Kinder aufzuziehen, wenigstens die, welche nicht starben (die anderen wurden vergessen); auch war im Frühjahr nur eine Mahlzeit am Tage Brauch. Bryne verhalf ihnen sogar zum Kauf ihrer Grundstücke, wenn ihm die

Leute gefielen, wie es hieß. Dann gehörte ihnen das Grundstück, wenigstens dem Namen nach, und auf den Kommunal- und Kirchensteuerbescheiden wurden sie Odelsbauern tituliert, und wenn sie gestorben waren, so standen sie in den Kirchenbüchern zur Einsichtnahme für die Genealogen.

Es waren keine servilen Leute und keine Massenmenschen, sie lebten auf eigene Verantwortung; die Unabhängigkeit war ihr großes Grundkapital. Sie waren Männer der privaten Initiative und zitierten dafür aus den Sagas und den Reimerzählungen, wenn sie Schnaps bekamen. Sie waren Kämpfer, die vor keiner körperlichen Überanstrengung zurückschreckten, auch nicht vor der, mit ihrer Familie in den letzten drei Wintermonaten zu hungern. Sie waren auch keine geistlosen Materialisten, die ihren Magen vergöttern, vielmehr konnten sie viele Einzelstrophen auswendig, darunter manche kunstvoll gebaute. Einige konnten Verse aus dem Stegreif dichten, über einander, oder über ihre Schwierigkeiten, oder über Lebensgefahr oder die Natur oder die Hoffnungen auf annehmbare Tage, die sich erst im Himmel erfüllen, ja sogar über die Liebe (pornographische Verse). Einer von ihnen war Bjartur. Sie kannten auch viele Geschichten von sonderbaren Männern und Frauen, gewöhnlichen Schwachsinnigen, sowie Erzählungen von wunderlichen Pfarrern. Selbst hatten sie das Glück, einen wunderlichen Seelsorger zu bekommen, doch keinen Schwachkopf oder Grillenfänger; über ihren Sira Gudmundur konnten sie viele vortreffliche Geschichten erzählen. Außerdem waren sie diesem Pfarrer besonders zu Dank verpflichtet für die ausgezeichnete Schafrasse, die er in diese Gegend mitgebracht hatte, sie hieß die Sira-Gudmundur-Rasse. Und obwohl der Pfarrer nie müde wurde, gegen das Schaf zu predigen und diese Tierart zu verleumden, weil er der Meinung war, es wendete die Herzen der Menschen von Gott ab, so hatte er ihnen doch mit seinen Schafböcken mehr geholfen als jemals ein anderer einzelner Mensch, denn diese Schafe waren fleischig und widerstandsfähig, wenn auch nicht besonders groß. Deshalb hatten die Leute Achtung vor ihm und hielten ihm manches mehr als anderen zugute.

Jedoch war es nicht das Schaf allein, das nach Ansicht des

Pfarrers die Menschen an der rechten Denkungsart hinderte und ihre Herzen von Gott abwendete und von jener Erlösung, die nur in ihm allein zu finden ist. Derselbe Vorwurf lastete auch auf der berühmten Dichterin, der Frau auf Außen-Rotenmoor, die viele jedoch lieber gnädige Frau nannten. Wenden wir uns jetzt ihr zu.

Diese Frau war die Tochter eines Strandbauern aus Wiek und hatte die Landesfrauenschule besucht. Nach ihren eigenen Worten hatte sie sich mit Bauer Jon aus reinem Interesse am idyllischen Landleben verheiratet; mit diesem Idyll war sie im Elternhaus durch ausländische Dichtung, besonders von Björnstjerne Björnson, bekannt geworden und später in der Frauenschule. Als sie das erstemal schwanger war, erschien ihr im Traum der erste Landnahmemann Islands, Ingolfur Arnarson, sprach in wohlgesetzten Worten mit ihr über Landwirtschaft und verlangte, daß das Kind seinen Namen bekäme.

In die Wirtschaft hatte sie Land im Wert von hundertzwanzig Kühen eingebracht und später, als ihr eine Erbschaft zufiel, bares Geld im gleichen Wert. Sie liebte die Talbauern über alles und ließ nichts unversucht, sie von den Vorzügen des idyllischen Landlebens und von jenem Glück zu überzeugen, das darin besteht, auf einer Häuslerei zu leben und zu sterben. Sie strahlte geistigen Sonnenschein über die ganze Gegend, sie war Initiator des Gemeindefrauenvereins und dessen Vorsitzende, schrieb für Reykjaviker Zeitungen Artikel und Gedichte über die Vorzüge des idyllischen Landlebens und über das Heil für Leib und Seele, das dem Besitz einer Häuslerei entspringt. Nach ihrer Ansicht hatte von allen Industrien die Heimindustrie allein Daseinsrecht in Island; sie betrieb die Brettchenweberei mit großer Kunst. Deshalb wurde sie als Delegierte zur Konferenz des Landesfrauenverbandes in der Hauptstadt gewählt, wo über Heimindustrie und andere sittliche Güter diskutiert wurde, die das idyllische Landleben hervorbringt und die allein imstande sind, unsere Nation aus der Gefahr zu retten, in der sie in diesen schweren Zeiten schwebt. Diese Frau verstand jene Schönheit zu genießen, die im Mienenspiel der Jahreszeiten und in den blauen Bergen liegt, wenn sie an ihrem Fenster auf Außen-Rotenmoor saß, und sie konnte auch über diese Schönheit auf Versammlungen sprechen; sie sprach über sie mit ebensoviel Gefühl wie Vergnügungsreisende auf einer Sommerrundreise. Die Arbeit draußen in der Natur war in ihren Augen gleichsam eine gesundheitsfördernde Körperübung inmitten der unbeschreiblichen Schönheit des Landes. Außerdem beneidete sie die Kleinbauern, weil sie so wenig Sorgen haben. Auch zahlen sie so wenig Steuern. Hingegen hatte sich ihr Mann in Schulden gestürzt wegen enormer Bauten, Meliorationen und landwirtschaftlicher Maschinen, vom Personal in diesen schweren Zeiten nicht zu reden, während die Talbauern des Morgens nur eine Stunde früher aufzustehen und des Abends nur eine Stunde später mit der Arbeit aufzuhören brauchten, um vollkommen glücklich zu werden. Wohlhabende Leute sind nie glücklich, arme Leute sind nahezu ausnahmslos glücklich.

Immer wenn ein armer Mann heiratete und in den Tälern eine Wirtschaft gründete, heiratete sie im Geiste mit. Deshalb lieh sie auch zu dieser Hochzeit ein großes Zelt, damit man den Kaffee im Windschutz trinken und eine Rede halten konnte.

Die Bauern standen auf der Hoframpe oder lehnten sich an die Hausmauer, sogen mit großen Grimassen Schnupftabak in die Nase und unterhielten sich mit dem Bräutigam. Es waren die ständigen Gesprächsstoffe des Frühjahrs, und das Hauptgewicht lag auf den zahlreichen Schafkrankheiten. Lange Zeit war der Bandwurm einer der Hauptfeinde der Nation gewesen, doch durch die fortschreitenden Erfolge in der Hundepurgierung hatte dieser Plagegeist den kürzeren ziehen müssen. Hingegen hatte sich in den letzten Jahren bei den Schafen ein neuer Wurm bemerkbar gemacht, der Nation keineswegs günstiger gesinnt als der vorige: es war der Lungenwurm. Und wenn auch der Bandwurm nie gänzlich aufhörte, ein aktuelles Gesprächsthema zu sein, so mehrten sich doch die Frühjahre, in denen er in den Unterhaltungen dem neuen Wurm Platz machen mußte.

»Es ist schon immer meine Meinung gewesen«, sagte Thorir

auf Kluftwiesen, »daß, wenn es einem gelingt, die Schafe im Winter frei von Durchfall zu halten, daß dann nichts zu befürchten ist. Selbst wenn ihnen die Würmer aus der Nase kriechen, so glaube ich, daß nichts zu befürchten ist, solange der Magen sauber ist. Und solange der Magen sauber ist, sollten sie das junge Gras sehr wohl vertragen können. Doch es kann gut sein, daß ich mich in dieser wie in anderen Sachen irre.«

»Nein«, sagte der Bräutigam. »Dieselbe Erfahrung machte Thorarinn in Steinhütte, der im Sterben liegen soll: er war ein Meister in der Behandlung des Durchfalls. Was Lämmer betraf, so vertraute er am meisten auf Kautabak. Ich erinnere mich, daß er mir vor Jahren sagte – ich übernachtete bei ihm –, es gäbe Winter, in denen er seinen Lämmern bis zu einem Viertel einer starken Rolle gäbe, und lieber würde er Kaffee im Hause sparen, von Zucker gar nicht zu reden, als Priem an den Lämmern.«

»Ja, ich bin wirklich kein guter Bauer gewesen«, sagte Einar auf Unterleite, der Psalmen- und Nachrufdichter der Gemeinde, »auch habe ich bemerkt, daß es denen am schlechtesten geht, die sich um das Essen die größten Sorgen machen. Anscheinend macht sich die Vorsehung besonders über sie lustig. Doch wenn ich meine Meinung äußern sollte, nach meinem eigenen Verstand, so bin ich der Ansicht, wenn das Futter den Wurm nicht von den Jungtieren fernhalten kann, dann tut es der Kautabak noch weniger. Es ist denkbar, daß der Kautabak ein bißchen hilft, wenn nichts anderes mehr übrigbleibt. Genau betrachtet, ist Kautabak Kautabak, und Futter ist Futter.«

»Daran besteht natürlich kein Zweifel«, sagte Olafur in Obersttal schnell und mit leicht kreischender Stimme, »Futter ist nun einmal Futter. Aber nichtsdestoweniger ist Futter und Futter zweierlei, denke ich, was sich auch jeder selbst sagen kann und was sogar Zoologen immer wieder in den Zeitungen hervorgehoben haben. Und das eine ist vollkommen gewiß, daß nämlich in manchem Futter die verfluchte Krankheitsbakterie steckt, aus welcher der Wurm entsteht. Eine Bakterie ist nun einmal eine Bakterie, und kein Wurm kann ohne Bakterie entstehen, das könnte sich, denke ich, jeder selber sagen. Und wo ist denn die Bakterie ursprünglich, wenn nicht im Futter, frage ich mich?«

»Ich weiß es nicht, ich verbürge mich für nichts«, sagte Thorir auf Kluftwiesen. »Man gibt sich Mühe mit dem Futter für die Schafe; und man gibt sich Mühe mit dem Christentum für die Kinder. Es ist nicht möglich zu sagen, woher der Wurm kommt – weder im Tierreich noch in der menschlichen Gesellschaft.«

Die Frauen saßen im Gehöft und tuschelten gerade über Steinka auf Kluftwiesen, die ihrem Vater sozusagen den Haushalt führte. Sie hatte nämlich in der vergangenen Woche ein Kind bekommen, und einige der Frauen waren herzlich gern bereit gewesen, sich bei dieser Gelegenheit als Freiwillige dort auf dem Gehöft zu melden, wie es zu sein pflegt, wenn jemand ein uneheliches Kind bekommt: da wollen alle helfen, wenigstens die erste Woche, solange man nicht weiß, wer der Vater ist. Sie war ziemlich schwer niedergekommen, das arme Ding, und das Kind war nicht gesund, es war noch fraglich, ob es am Leben bleiben würde. Allmählich jedoch nahm die Unterhaltung der Frauen Kurs auf ihre eigenen Wochenbetten und Krankheiten sowie die Krankheiten der Kinder überhaupt. Wie es scheint, fehlt es der Nation heutzutage ganz und gar an Gesundheit; dennoch machen sich keine schweren Krankheiten bemerkbar wie etwa in alten Zeiten die Blattern oder die Pest. Es sind diese ewigen Unpäßlichkeiten: Zahnschmerzen, Ausschlag, Gelenkentzündung, Herzbeklemmung, Atemnot, oft mit Hustenanfällen, andauerndes Ziehen in der Brust und Druck im Hals, ganz zu schweigen von diesem Glucksen beim Laufen und den Winden im Gedärm; doch vielleicht ist keine Krankheit so zermürbend für Leib und Seele wie die Nerven.

Die Hausfrau auf Außen-Rotenmoor floh aus dem Gehöft und trat hinaus auf die Hoframpe zu den Männern. Als sie das Gesprächsthema hörte, bat sie die Männer, mit diesem Geschwätz aufzuhören. Sie machte viel her, denn sie war eine stattliche Erscheinung. Sie hatte ein breites Gesicht, trug eine Brille und sah imponierend aus wie der Papst auf Photographien. Sie forderte sie auf, ein Gesprächsthema zu wählen, das besser zu diesem herrlichen Frühlingstag paßte. Sie zeigte auf die lieben blauen Berge und den sonnenklaren Himmel darüber, auf die Wiesen, die sich jetzt mit Grün schmücken – »hier sind doch wenigstens zwei ortsberühmte Dichter; zuerst ist der Bräutigam selbst zu nennen und dann Einar auf Unterleite. Und da ist Olafur in Obersttal, Freund wissenschaftlicher Lehren und Mitglied des Vereins der Volksfreunde. Irgend etwas Schönes muß euch doch in diesem Frühling draußen in der gesegneten Natur eingefallen sein.«

Doch diese Dichter waren nie abgeneigter, ihre Dichtungen vorzutragen, als in Anwesenheit dieser Frau. Denn wie bereitwillig sie auch ihre Freundschaft zu ihnen und ihre Bewunderung für ihre Lebensbedingungen beteuerte, ihr Lächeln war doch sehr kalt, so daß die Männer das Gefühl hatten, es liege eine unüberbrückbare Kluft zwischen ihnen und ihr. In ihrer Geisteshaltung standen beide der Frau auf Außen-Rotenmoor fern. Diese Frau schwärmte für die großen Dichter der Welt und konnte die Schönheit dieses Lebens nicht genug bewundern. Sie glaubte fest an den Gott, der dieses Leben lenkt, und war der Ansicht, daß er in allen Dingen wohne und daß es die einzige Aufgabe des Menschen sei, ihn in guten wie in bösen Zeiten zu unterstützen und ihm zu helfen. Zum Leben im Jenseits nahm sie keine Stellung. Eine solche Geisteshaltung betrachtete der Pfarrer als finsterstes Heidentum. Einar auf Unterleite hingegen stand kritisch zur Welt, er dichtete besonders gern über Menschen, wenn sie starben, und tröstete sich mit der Gottheit, von der er annahm, daß sie den Bauern im Jenseits mehr als im Diesseits beistehen werde. Der Pfarrer aber verbot, seine Sterbelieder bei Beerdigungen zu singen, denn er hielt es für unpassend, daß einfache, in der Theologie unbewanderte Bauersleute auf diesem Gebiet mit den sanktionierten Psalmendichtern der Nation konkurrierten. Bjartur seinerseits schätzte den alten Geist der Nation, wie er sich in den Reimerzählungen zeigt, und er hielt am meisten von denen, die sich auf ihre Kraft und Stärke verließen, wie Bernotus, der Kämpe von Borney, die Jomswikinger und andere Heroen der Vorzeit, und was weniger kunstvoll gedichtet war als vierzeilige Strophen mit gleichen Binnenreim und wechselndem Endreim, das sah er nicht für vollendete Dichtkunst an.

In diesem Augenblick traf der Pfarrer ein. Er stieg schnaufend aus dem Sattel, ein hochgewachsener Mann mit blauem Gesicht und grauem Haar, verdrießlich in seinen Antworten, nie der gleichen Meinung wie andere. Und die Sache wurde dadurch nicht besser, daß er hier zuerst die Dichterin erblickte.

»Ich sehe nicht ein, weshalb man mich überhaupt hierherholt«, sagte er. »Hier sind wahrlich die zusammengekommen, die mehr davon verstehen, vor Leuten zu sprechen, als ich.«

»Ja«, sagte Bjartur grienend und nahm ihm die Pferde ab, »es ist einem doch stets angenehmer, der Liebe einen Namen zu geben.«

»So etwas von Liebe«, murmelte der Pfarrer, indem er durch das Spalier schnell zur Haustür ging. Er wollte vor der Amtshandlung seinen Kaffee haben, denn er hatte es eilig. Es war Sonnabend, er hatte vor dem Abend ein Kind zu taufen und mußte noch nach Norden über die Sandschluchtheide in seine Filialkirche. – »Ich sage kein Wort mehr, als im Handbuch steht, ich denke, ich habe mir an diesen Hochzeitspredigten genug den Mund verbrannt, die Leute stürzen sich in diese Ausweglosigkeit ohne die geringste Spur der Gesinnung, die zu einer wahrhaft christlichen Ehe gehört, und wo endet es dann? Zwölf Ehepaare habe ich schon getraut, die Unterstützung von der Gemeinde bekamen, und vor solchen Leuten soll man eine Traurede halten!« – beugte sich unter den Türbalken und verschwand im Gehöft.

Kurz darauf wurde die Braut von der Frau des Gemeindevorstehers zum Zelt geführt. Sie ließ den Kopf hängen, aus einem Auge blickte schielende Ratlosigkeit; sie trug eine Wolljacke. Die Frauen kamen hinterher, dann die Männer und die Hunde, schließlich der Pfarrer im zerknitterten Talar; er hatte eben seinen Kaffee getrunken. Rosa aus Unterkaten war sechsundzwanzig, als sie sich verheiratete. Sie hatte ein volles Gesicht, sprach wenig und schielte ein bißchen. Sie hatte rote Wangen, war drall und nicht besonders groß. Sie hielt weiter den Blick auf ihre Schürze gesenkt. An der inneren Zeltstange stand ein kleiner Tisch, der Altar; der Pfarrer blieb dort stehen und begann im Handbuch zu blättern.

Keiner sagte ein Wort, nur die Sänger flüsterten sich etwas zu, einige rauhe und mißtönende Stimmen sangen den Hochzeitspsalm mit verschiedenen Melodien, verschiedenem Tempo – »Wie gut und schön und wonniglich« –, die Frauen wischten sich die Tränen aus den Augen, der Pfarrer griff in die Tasche, holte seine Uhr hervor und zog sie vor dem Brautpaar auf. Dann traute er sie nach dem Handbuch. Hinterher wurde kein Psalm mehr gesungen, der Pfarrer gratulierte nur dem Brautpaar seiner Amtspflicht gemäß und fragte den Bräutigam, ob jemand seine Gäule bereithielte, er hätte jetzt keine Zeit mehr. Bjartur lief froh nach den Pferden, die Frauen umringten die Braut, um sie zu küssen. Dann dachte man an den Kaffee.

Tische und Bänke wurden aufgestellt, und die Gäste nahmen bitte Platz, die Frau des Gemeindevorstehers setzte sich zum Brautpaar, da der Pfarrer über alle Berge war. Es wurden Teller mit fetten Schürzkuchen und Napfkuchen mit herrlichen Rosinen hereingebracht, und die Männer fuhren fort, Prisen zu nehmen und über die Schafe zu sprechen. Dann kam der Kaffee.

Die Gesellschaft war lange ziemlich geistlos. Die Leute schlürften pflichtbewußt je vier bis acht Tassen Kaffee, hier und dort wurden Rosinenkerne zerbissen.

»Trinkt nur tüchtig Kaffee«, sagte Bjartur, strahlend vor Gastfreundlichkeit, »und habt keine Angst vor den Happen!«

Schließlich hatte keiner mehr Appetit auf Kaffee. Draußen konnte man den Regenbrachvogel rollen hören, es war auch seine Zeit.

Da stand die Frau auf Außen-Rotenmoor auf, die Dichterin. Ihr Gesicht leuchtete imponierend in seiner Papstwürde über die Schar, sie griff in ihre Rocktasche und holte ein paar beschriebene Blätter hervor.

Sie sagte, daß sie sich in dieser feierlichen Stunde, die die Herzen an diesem Ort vereine, nicht der Worte enthalten könne. Es käme zwar anderen eher zu, ihr Licht über diesem jungen Brautpaar leuchten zu lassen, das jetzt ins Leben hinaustrete, um seine Pflicht gegenüber dem Vaterland zu tun, die schönste Pflicht, die man für das Vaterland tun könne, und für Gott. Doch es sei wie in dem alten Gleichnis: die Geladenen entziehen sich und entschuldigen sich mit allerlei Vorwänden, so daß sie sich keinen anderen Rat wisse, als selbst eine kleine Rede zu halten, wie jeder andere einfache Mensch. Sie könne es nicht ungesagt lassen, diese Brautleute seien in gewissem Sinne ihre Kinder, ein Teil von ihr selbst, sie hätten ihrem Hause treu gedient, der Bräutigam sogar achtzehn Jahre lang; sie könne es sich nicht vorstellen, daß sie sich auf den heiligen Weg des Lebens begäben, ohne daß ihnen einige Worte des Ansporns und der Ermunterung zuteil würden. Sie sagte, ihr sei das harte Geschick in die Wiege gelegt worden, daß sie sich nie eine Gelegenheit entgehen lassen könne, die Vorzüge des Bauernstandes zu loben. Zwar sei sie selbst in der Stadt aufgewachsen, doch die Vorsehung habe gewollt, daß sie Bauersfrau würde. Und das, sagte sie, bereue sie wahrhaftig nicht, denn die Natur ist das Erhabenste, was Gott geschaffen hat, und das Leben, das in der Natur gelebt wird, ist das vollkommene Leben, und im Vergleich damit ist jedes andere Leben Schall und Rauch.

Die Städter, sagte die Frau, haben keine Vorstellung von dem Frieden, den die Mutter Natur spendet, und solange man diesen Frieden nicht gefunden hat, wird der Geist mit Augenblickserrungenschaften gesättigt. Was ist natürlicher, als daß so etwas unstete Augenblicksmenschen formt, die in erster Linie an das Aussehen des Körpers und der Kleider denken und eine Augenblicksbefriedigung in törichter Mode oder anderen wertlosen Abwechslungen finden? Doch der Landmensch, er tritt hinaus auf grasige Ebenen in eine reine und klare Atmosphäre, und indem er sie einatmet, durchströmt eine ungeahnte Lebenskraft Körper und Seele. Der Frieden, der in der Natur herrscht, stimmt das Gemüt unwillkürlich ruhig und heiter; das prächtiggrüne, von Blumen durchwirkte Gras ihm zu Füßen weckt das Schönheitsgefühl, ja fast Ehrfurcht. Angenehm ist es, sich darin auszuruhen, der Duft ist würzig, die Stille himmlisch. Die Hänge, Mulden, Wasserfälle und Berge werden zu Jugendfreunden, die man nie vergißt. Majestätisch und imposant sind manche unserer Berge. Wohl nichts hat einen so tiefen Eindruck auf unser Herz gemacht wie gerade ihr reiner und würdevoller Ausdruck. Sie geben uns Schutz in ihren Tälern und weisen uns zugleich an, auch allen denen Schutz zu gewähren, die kleiner und schwächer sind als wir selbst. Wo, fragte die Dichterin, kann man himmlischeren Frieden finden als in stillen blumenreichen Gebirgstälern, wo die Blumen, diese Engelsaugen, wenn ich mich so ausdrücken darf, zum Himmel weisen und den Menschen gebieten, niederzuknien vor der Allmacht, der Schönheit, der Weisheit und der Liebe?

Ja wahrlich, all dieses ist gewaltig und allumfassend.

Die Frau sagte, es hätte durchaus seinen Wert, solche Einflüsse zu erfahren.

Im Mittelalter war es ritterlich, den Schwachen zu beschützen, sagte sie. Warum sollte es nicht heute auch so sein? Zu den Schwachen möchte sie alle die rechnen, die weniger sind als wir selbst und die bei uns Schutz suchen müssen. Fütterung und Pflege des Viehs im Winter ist eine edle Arbeit. Und wenn ich diese Worte ausspreche, so sind sie begleitet von vielen Dankesworten an dich, Bjartur, von unseren Schafen auf Außen-Rotenmoor. Ein großes und edles Werk hast du als Hirt in unserem Haus vollbracht. Du sollst den Hirten lieben wie dein eigenes Blut, steht in einem alten Lehrgedicht.

Der Hirt steht frühmorgens auf und geht hinaus in die Kälte, um nach den Tieren in den Ställen zu sehen. Doch er klagt nicht, sagte sie. Das Mitleid treibt ihn. Der Schneesturm härtet und stählt ihn. Er fühlt eine Kraft in sich, die er früher nicht kannte. Im Kampf gegen den Sturm erwacht in ihm der Heldengeist; bei dem Gedanken, daß er sich zu Nutz und Frommen der hilflosen Kreatur Mühen auferlegt, wird ihm warm ums Herz. So schön ist das Landleben. Es ist die beste Einrichtung zur Erziehung der Nation. Und auf den Schultern der Bauern ruht die bäuerliche Kultur. Bei ihnen hat umsichtiger Ernst den Ehrenplatz inne, zum Segen für Land und Volk.

Die Dichterin verlas ihre Rede mit Wärme und Überzeugungskraft, hinzu kam die Hitze im Zelt. Der Schweiß strömte ihr von der breiten Stirn die blühenden Wangen hinunter; sie zog ihr Taschentuch hervor und wischte sich das Gesicht. Dann fuhr sie fort: »Ich weiß nicht, ob ihr die Religion der Perser kennt.

Dieser Volksstamm glaubte, daß der Gott des Lichts und der Gott der Finsternis in ständigem Kampf lägen und daß die Menschen dem Gott des Lichts im Kampf beistehen müßten, indem sie Äcker bestellten und Boden urbar machten. Genau das ist es, was die Bauern tun. Sie helfen Gott, wenn man sich so ausdrücken darf, sie arbeiten mit Gott an der Aufzucht von Pflanzen, Tieren und Menschen. Eine edlere Arbeit gibt es hier auf Erden nicht. Deswegen möchte ich diese Worte an alle Bauern richten, und zuallererst an unseren Bräutigam heute:

Ihr Bauern, ihr Mägde und Knechte, die ihr oft arbeitsreiche und rastlose Tage habt, seid euch dessen bewußt, ein wie gutes und edles Werk ihr vollbringt. Eure Landarbeit ist Mitarbeit mit dem Schöpfer selbst, und er hat Wohlgefallen an euch.

Und vergeßt nie, daß er es ist, der die Frucht schenkt.«

Danach wollte die Frau gern einige Worte an Rosa richten, »Dieses wohlerzogene und stille Mädchen hier von Unterkaten, der wir alle so Gutes gönnten und die wir so hochschätzten diese zwei Jahre, in denen sie uns zu Hause auf Außen-Rotenmoor half – unsere Braut heute, die künftige Hausmutter in Sommerhausen. Die Hausmutter – es war nicht von ungefähr, daß dieser Ehrenname der ersten Frau jedes Hauses gegeben wurde, denn unsere Väter und Vorväter haben empfunden, daß ihre mütterliche Sorge allen Hausangehörigen galt, daß sie sie nicht nur mit dem versorgte, was der Körper brauchte, sondern daß sie ihre Mütterlichkeit über die ganze Gemeinschaft leuchten ließ. Doch das sollte jede Frau, die die ehrenvolle Stellung einer Mutter der Kinder und des Heims erlangt, beachten, daß diese Pflichten so umfassend und so erhaben sind, daß sie Segen bringen bis ins dritte und vierte Glied, ja sogar bis ins tausendste Glied.

Es ist schwer, Frau und Hausmutter zu sein, es ist schwer,

sich dem Los unterworfen zu sehen, die größte und höchste Aufgabe zu erfüllen, die es gibt.

Ich zweifle nicht daran, daß es wohl vielen Frauen ein undurchführbares Unterfangen zu sein scheint, ihr Heim so zu gestalten, daß, wohin man auch blickt, nur ein einziges lichtes Lächeln herrscht; jeder Kleinigkeit die Kraft zu verleihen, daß sie in die Brust derer, die zum Heim gehören, engelshaft einen hellen Schein trägt; solche Ruhe und solchen Frieden innerhalb der vier Wände zu verbreiten, daß aller Haß und alle Bitterkeit aus jedem Sinn entschwindet und jeder das Gefühl bekommt, er habe Kraft zu großen Taten; und daß es den Hausangehörigen so scheint, als ob Gott selbst sie durch die Frühlingsgefilde ewiger Ideale führe; daß alle das Gefühl haben, rein und frei und kühn zu sein, und daß sie ihre Verwandschaft mit Gott und der Liebe fühlen. Gewiß ist das schwer und mühevoll. Doch das ist nun einmal deine Aufgabe, Hausmutter; die Aufgabe, die Gott selber dir zu vollbringen aufgetragen hat. Und du hast die Kraft dazu, auch wenn du es selbst nicht weißt. Das alles ist dir möglich, wenn es dir nur nicht am Glauben an die Liebe gebricht, die in dir wohnt. Nicht nur die Frau, die auf der Sonnenseite des Lebens wohnt und Bildung genossen hat, sondern auch die Frau, die wenig gelernt hat und auf der Schattenseite des Lebens sitzt und in einem niedrigen Haus in kleinen Verhältnissen lebt – in ihr wohnt sie auch, diese Kraft, denn euer aller Adel ist derselbe: ihr seid Kinder Gottes. Die Kraft der Frau, die ihr Heim in die Herrlichkeit irdischen Glücks erheben kann, ist derart, daß sie die niedrigen Hütten und die hohen Häuser gleichmacht. Gleich hell. Gleich warm. Diese Kraft ist der wahre Sozialismus.

Denke daran, Rosa, daß du an jedem Tag eine Wellenbewegung erregst, die sich bis an die Grenzen des Daseins ausbreitet; du erregst Wellen, die sich an der Ewigkeit selbst brechen. Und viel hängt davon ab, ob es Wellen des Lichts sind, die gesendet werden und überallhin Wärme und Helligkeit tragen, oder aber Wellen der Finsternis, die Trostlosigkeit und Unglück bringen und jenen Gletscherrutsch verursachen, der die Eiszeit des Volksherzens hervorbringt.

Habe die Liebe vor Augen in ihrer vollkommensten Form, im bedingungslosen Opfer, in ihrer Beziehung zu allem Höchsten und Edelsten im Seelenleben der Menschen. Habe ihre Macht vor Augen über all das Niedrige und Schmutzige im Leben. Bedenke die Kraft der Liebe, die die Hütte in ein Schloß zu verwandeln vermag, die die Armut zum Rosenhain und die Kälte zum Sommerland macht.«

Das Brautpaar und die Hochzeitsgäste lauschten dieser Rede mit Schweigen, das nur von verstopftem, schnarchendem Schnupftabaksatem, zwei summenden Schmeißfliegen unter der Firststange und dem Gezwitscher der Sommervögel draußen unterbrochen wurde. Erst als die Frau sich gesetzt hatte, wagten die Leute, sich zu schneuzen. Einige Frauen flüsterten sich voller Bewunderung etwas über die Rede der Frau zu. Dann herrschte wieder Schweigen. Die Leute blickten vor sich hin, stumpf vor Hitze, schlapp von dem vielen Kaffee, den sie getrunken hatten, hypnotisiert von den schneeweißen Wänden des Zelts und dem Summen der Fliegen.

Endlich wurde das Schweigen erneut unterbrochen. Es war Hrollaugur auf Quellen, ein alter Bauer mit großer Nase und grauem Bart; er fragte aus der Stille heraus und richtete seine Worte an Bjartur: »Ist etwas wahr daran, Bjartur, daß dieses Frühjahr bei euch dort auf Außen-Rotenmoor die Drehkrankheit aufgetreten ist?«

Diese Frage zur rechten Zeit rüttelte die Hochzeitsgesellschaft aus Lethargie und Träumerei auf und erfüllte sie mit neuem Interesse am Leben. Man zählte gewissenhaft alle Fälle von Drehkrankheit auf, die in diesem Frühjahr in der Gemeinde bekannt geworden waren, und ließ einige wenig höfliche Bemerkungen über den Bandwurm vom Stapel. Alle waren der Meinung, daß in den vergangenen zwei Jahren die Hundepurgierung hier in der Gemeinde äußerst mangelhaft gewesen sei, und einige wollten die Schuld daran dem Bergkönig und Küster der Gemeinde geben, der dieses Amt mit Hilfe des Pfarrers an sich gerissen hatte.

»Zumindest bin ich dazu entschlossen, meinen Hund diesen Herbst auf eigene Faust zu reinigen«, sagte der Bräutigam.

Alle waren sich darin einig, daß ein gesunder Hund zu den

Lebensbedingungen der Menschen gehöre und daß es deshalb alle Grenzen übersteige, wie gedankenlos die Leute mit finnigem Fleisch umgingen, und das sogar auf guten Höfen.

»Wenn die Leute mit finnigem Fleisch umgehen könnten«, sagte Thorir auf Kluftwiesen, der durch Erfahrung klug geworden war, »dann wäre nichts zu befürchten. Aber es ist mit dem finnigen Fleisch wie mit den Menschen, das meiste Unglück geht auf mangelnde Kontrolle zurück, und wenn man sich darüber klar würde, daß die Hauptsache ist, richtig mit finnigem Fleisch umzugehen, dann brauchte einem um die Hunde nicht bange zu sein.«

Dann wurde darüber vorwärts und rückwärts debattiert, und dieser und jener gab seinen Senf dazu. Einar in Unterleite erklärte, er hätte kein Vertrauen zu menschlichen Maßnahmen in diesen Dingen, in erster Linie deshalb, weil die ganze Welt ihrem Untergang zustrebe, und keine Medizin und keine Ärzte und keine Wissenschaft vermögen etwas daran zu ändern, wofür unsere Zeit den besten Beweis liefere, und außerdem wäre Hund Hund, Finne Finne und Schaf Schaf. Olafur in Obersttal lehnte das ab und sagte, der Bandwurm beim Hund und demzufolge der Drehwurm bei den Schafen und die Drehkrankheit bei den Menschen wären nur ein Beweis dafür, daß die Dosis für die Hundepurgierung von Anfang an nicht wissenschaftlich sei – »denn«, sagte er, »das muß jeder einsehen: wenn das Mittel von Anfang an wissenschaftlich wäre, dann müßten die Hunde sich laxieren.«

4

Drohende Wolken

Am Tag darauf führte Bjartur seine Frau auf Blesi heim; er hielt das Pferd am Zügel, denn es war schlecht zugeritten, widerspenstig und ging gern vorne hoch. Er trug ihr Federbett in einem Sack auf dem Rücken; sie hatte vor sich einige Hochzeitsgeschenke in zwei Säcken quer über den Sattelknopf, darunter eine Kelle und einen Topf, die klappernd aneinanderschlugen; davor scheute das Pferd jedesmal und wollte durchgehen, doch Bjartur lag in den Zügeln wie ein Ankerstein. Der Hund trottete hinterher mit jenem lässigen Schnüffeln, das Hunden an duftenden Frühlingstagen eigen ist; doch jedesmal, wenn das Pferd scheute, wurde der Hund wütend und fuhr ihm an die Beine und machte ihm noch mehr Angst, besonders aber der Frau. Der Mann konnte Hund und Pferd nicht genug ausschimpfen. Etwas anderes wurde auf dem Weg den Paß hinauf nicht gesprochen.

Doch als sie an Gunnvörs Grab vorbeikommen, will die Braut Rosa vom Pferd steigen, sie will einen Stein auf die Grabstätte der Gunnvör werfen, sie glaubt, es sei ein gutes Vorzeichen; Gunnvör sehnt sich nach einem Stein, sie führt Buch über alle, die den Paß überqueren.

»Nein, es kann kein gutes Vorzeichen sein«, sagt Bjartur, »ich will kein Gehabe mit Gespenstern. Ich meine, sie soll liegen, wo sie liegt, das Hexenweib.«

»Ich will absteigen und einen Stein werfen«, sagt die Frau.

»Was zum Teufel soll sie mit einem Stein anfangen? Keinen Stein von mir oder den Meinen; denke, es steht uns mehr an, denen nichts zu schulden, die leben, als denen, die vor vielen hundert Jahren zum Teufel gegangen sind.«

»Bjartur, laß mich absteigen«, sagt die Frau.

»Ich will keinen papistischen Aberglauben hören«, sagt der Mann.

»Bjartur, ich will einen Stein werfen.«

»Soviel ich weiß, habe ich gleich gestern dem Pfarrer die Traugebühr bezahlt, und das, obwohl er sich um die Rede gedrückt hat. Ich schulde keinem etwas.«

»Bjartur, wenn du mich nicht vom Pferd steigen läßt, dann weiß ich, es ergeht uns schlecht.«

»Ich dachte, es reicht schon, an Sira Gudmundur zu glauben, auch wenn man nicht obendrein noch an den Teufel glaubt. Ich bin ein freier Mann. Und du bist eine freie Frau.«

»Lieber Bjartur«, bat die Frau mit weinerlicher Stimme, »ich habe Angst, daß es mir schlecht ergeht, wenn ich ihr keinen Stein hinwerfe, es ist ein alter Glaube.«

»Sei sie doch tausendmal in der Hölle vernagelt, das verfluchte Weib, und vorwärts, Blesi; halt die Schnauze, Titla.«

Die Frau hielt sich wie ein Kind mit beiden Händen an Blesis Mähne fest, ihr Mund verzog sich zum Weinen wie bei einem Kind, sie wagte nichts mehr zu sagen; so zogen sie weiter.

Als sie auf die Hänge an der anderen Seite des Passes kamen, konnte man bis Sommerhausen sehen, und Bjartur hielt an. Er lehnte sich an die Mähne des Blessen und lenkte den Blick der Frau auf das Neusiedlergehöft im Tal, wie günstig es dastand auf dem wiesengrünen Hügel mit dem Gebirge dahinter und dem Wiesenmoor davor und dem See und dem stillen Fluß im Wiesenmoor. Das Gehöft war noch erdfarben von Rasenplatten und frischgestochenen Sodenziegeln, die noch nicht wieder ausgeschlagen waren.

»Dort ist es«, sagte Bjartur.

Er hatte sich darauf gefreut, ihr das Gehöft aus der Ferne zu zeigen, gerade hier vom Rand der Hochfläche aus, und er hatte erwartet, daß sie sich über diesen Anblick herzlich freuen würde, doch sie blickte stumpf in Richtung des Tals, der Schatten ihres Schmerzes wegen seiner Unnachgiebigkeit beim Grab lag noch in ihren Zügen, doch er meinte, sie wäre unzufrieden damit, daß das Gehöft noch nicht grün war – »es ist nicht zu erwarten«, sagte er, »daß das Gehöft schon graswachsen ist. Aber nächsten Sommer, da wird man keinen großen Unterschied zwischen dem Dach und der Wiese sehen.«

Sie sagte nichts.

»Es ist ein hübsches Gehöft«, sagte er.

Da fragte sie: »Warum hast du mich am Grab nicht absteigen lassen?«

»Du bist doch nicht etwa traurig darüber, daß du keine Steine nach dem Hintern einer alten Wiedergängerin werfen durftest?« antwortete er.

Doch die Frau starrte weiter hinunter auf die Mähne des Pferdes, stumpf und trotzig, und plötzlich lag ein Schatten über dem Heidetal, denn es war einer jener Frühsommertage, die ein lebendiges Antlitz haben. Weiße Wolken reisen über den Himmel wie Gedanken, und die Schatten gleiten über das Land und nehmen die Sonne aus einer ganzen Gemeinde fort, wenn auch die Berge rundherum im Sonnenschein liegen. Als die Frau nicht antwortete, ließ Bjartur die Mähne des Pferdes los, ergriff erneut die Zügel, rief nach dem Hund, obwohl es nicht nötig war, und führte wieder das Pferd seiner Braut, und die Hochzeitsgeschenke im Sack über dem Sattelknopf klapperten weiter.

Der Weg am Rand der Schlucht entlang, wo sich der Rotstättenfluß durch den Paß schneidet, war abschüssig geworden, und aus der Wolke über dem Tal trieb Nieselregen herüber. Da bricht die Frau das Schweigen und ruft ihren Mann. »Bjartur«, sagt sie.

»Was ist?« fragt er und dreht sich um.

»Nichts«, sagt sie. »Sei so gut und laß mich absteigen, ich möchte nach Hause.«

Er blieb wieder stehen und sah seine Frau einen Augenblick an.

»Bist du verrückt geworden, Rosa?« fragte er.

»Ich will nach Hause«, sagte sie.

»Wohin nach Hause?«

»Nach Hause.«

»So hast du dich noch nie aufgeführt, Rosa«, sagte der Mann und leitete ihr Pferd, wohin es ihm richtig schien, und die Tränen traten ihr in die Augen. Nichts ist seliger für das Herz als Weinen, das seine Fesseln zerbricht. So setzten sie ihren Weg ins Tal hinunter fort. Der Hund trottete unauffällig hinterher. Und als sie unten gegenüber dem Gehöft angekommen waren, lenkte Bjartur das Pferd vom Weg ab und über das Wiesenmoor nach Hause. Es war ein Luch mit unsicheren Stellen. In einem Sickerloch blieb das Pferd bis an die Weichen stecken, und als es sich mit einem Ruck daraus befreite, wurde die Frau heruntergeschleudert und lag in dem Sickerloch, in Wasser und Lehm. Bjartur half ihr auf die Beine und wischte ihr mit seinem Taschentuch den Lehm ab; »das weibliche Geschlecht ist nun einmal schwächer als das männliche«, sagte er. Daraufhin hörte sie auf zu weinen und ging das letzte Stück Wegs neben ihm, setzte sich dann an den

Hofbach und säuberte ihre Röcke, doch der Hausherr sattelte das Pferd ab und fesselte es, und die Schatten waren aus dem Tal geflohen, Sonne über der kleinen Hauswiese.

Wohnhaus und Stall waren in eins gebaut, die einzigen von außen sichtbaren Hölzer waren die Eingangspfosten und die Tür, ein niedriger Eingang, eine kleine Tür, eine hohe Schwelle, man mußte sich bücken. Unten im Stall war es dunkel und kalt, säuerlicher Erdgeruch, mürbe Boviste; wenn man die Luke an der Decke öffnete, kam ein Lichtschimmer aus dem oberen Stockwerk. An den Wänden waren Krippen, und die hintere Seitenwand hatte einen Durchlaß zu dem geplanten Heuschober hinter dem Gehöft. Zum oberen Stockwerk führte eine Stiege mit sieben Stufen, und Bjartur stieg vor seiner Frau die Stiege hinauf, um ihr zu zeigen, daß keine Gefahr bestand. Sie kam hinter ihm nach oben und sah sich um. Ihr kam das Fenster klein vor.

»Du tust, als wärst du im Schloß aufgewachsen«, sagte er.

»Ich denke, es gibt genug Sonnenschein draußen.«

»Aber trotzdem fürchte ich, ich werde die großen Fenster auf Rotenmoor vermissen«, sagte sie.

»Kann es nicht sein, daß du etwas anderes von Rotenmoor vermißt?« sagte er bitter.

»Was meinst du?« sagte sie. »Du solltest dich schämen.«

Der Wohnraum hatte zwei Gebinde; er gestattete nicht, daß Bjartur aufrecht unter dem Firstbalken stehen konnte; die beiden Betten waren mit Nägeln an der Wand befestigt und aus dem gleichen Holz wie das Klinkerdach und der Fußboden gezimmert; der Tisch war an die Fensterbank genagelt. Links von der Luke stand ein kleiner Herd, und eine zweite Fensteröffnung mit einer gut handgroßen Scheibe befand sich schräg oberhalb des Herdes; seitlich darüber wuchsen einige Grashalme, die sich im Wind bewegten. Doch die Mauern draußen am Fenster waren dick und behinderten das Sonnenlicht, hier fiel kein Strahl hinein, außer wenn die Sonne direkt auf das Fenster schien. Im Bett an der Nordseite lagen Matratzen aus trockenem Sattelrasen: das Ehebett. Der Fußboden war unter den Betten nicht gedielt, sondern nach unten zum Stall hin offen. Am Ende des Ehebetts standen

Kisten mit Waren aus der Stadt, denn Bjartur hatte schon für Vorräte gesorgt – Roggenmehl und Zucker, die beste Sorte von Bryne, und vielleicht eine Handvoll Weizenmehl für Plinsen, wenn es sich so trifft, und wer weiß, ob sich nicht irgendwo einige Beutelchen mit Rosinen versteckt halten, wenn man gut sucht. Unten wurde ein hübsches Bündel Dörrfisch aufbewahrt. Außerdem hatte Krusi auf Kluft ihnen zur Hochzeit eine Pferdelast getrockneten Schafmist geschenkt, weil Bjartur im vorvorigen Jahr für ihn ein Fohlen aus einem Wasserloch gezogen hatte. Doch mit so etwas mußte man sparsam umgehen und sich vorläufig mit Heidekraut und Moos behelfen, außerdem liegt Torf nur vier Spatenstiche tief im Wiesenmoor östlich vom Hofhügel. Die Frau setze sich auf den Sattelrasen im Ehebett, mit geröteten Augen und Lehm an den Ellenbogen, und blickte auf die großen, ratlosen Hände auf ihrem Schoß.

»Gefällt es dir nicht recht?« fragte Bjartur in Sommerhausen.

»Glaubst du, ich hätte etwas Besseres erwartet?« fragte sie.

»Ja, wenigstens braucht keiner, der dieses Gehöft besitzt, als Instmann zu schuften«, sagte er – »und ich habe immer gedacht, daß du klug genug wärst, die Unabhängigkeit anzuerkennen. Denn vor allem andern kommt die Unabhängigkeit. Ich für mein Teil sage, man hat nichts vom Leben, bis man unabhängig geworden ist. Leute, die nicht unabhängig sind, sind keine Leute. Wer nicht sein eigener Herr ist, der ist wie ein Mann ohne Hund.«

»Ohne Hund?« fragte sie gleichgültig und schniefte.

Er sah eine Weile durch das Fenster über dem Herd auf das Gebirge, ohne seinen Gedankengang näher zu erklären.

»Er läßt die Schafe nicht im Stich, der Boden hier im Tal«, sagte er.

Die Frau wischte sich mit dem Handrücken die Nasenspitze.

»Wo das Schaf lebt, da lebt der Mensch«, sagte der Bräutigam. »Es ist, wie mein Vater sagte: in gewisser Weise sind Mensch und Schaf eins.«

»Ich habe so schlecht geträumt«, sagte die Frau.

Er warf ihr einen Seitenblick zu und antwortete verächtlich: »Ist so etwas ernst zu nehmen? Träume entstehen, wenn das Blut nach oben fließt; sie kommen, wenn man schlecht liegt oder etwas Holperiges unter sich hat. Zum Beispiel träumte ich dieses Frühjahr, als ich die Steine aus den Ruinen hier herausriß, daß ein verteufelt schönes Weib hier aus dem Berg herauszukommen schien.«

»Ja«, sagte die Frau, »nach der Weibstollheit braucht man bei euch nicht zu fragen.«

»Ich sage voraus, was es bedeutet«, fuhr Bjartur fort, der nicht an Träume glaubte, »nämlich daß ich gleich diesen Herbst stramme Jungschafe auf mein Guthaben anrechnen lassen kann.«

»Alle sagen, die Gunnvör spukt hier vor aller Augen«, sagte die Frau, »erst im vorvorigen Jahr wurde einem Reiter das Pferd am hellichten Tag scheu.«

»Ich will nichts von einer verdammten Gunnvör hören«, sagte er.

»Dennoch sind viele hier auf der Heide vor ihr geflohen.«

»Das sind unfähige Bauern gewesen«, sagte er. »Sie denken sich etwas aus, um dem die Schuld zu geben, wenn sie sich nicht halten können.«

»Du glaubst doch nicht etwa, daß es nichts Böses gibt?«

»Das sage ich nicht. Es gibt Lebensgefahr zu Wasser und zu Lande, doch was ist das? Wenn man in so was hineingerät, dann kommt man entweder um, oder man kommt davon. Doch daß es Unholde und Teufel und dergleichen geben soll, das kommt nur von Schwankungen im Blut.«

»Aber die Hunde sehen doch vieles«, sagte die Frau.

»Hund ist Hund.«

»Ja, soviel ich weiß, glaubst du, daß der Hund richtig Verstand hat.«

»Nein«, widersprach er, »das habe ich nie gesagt, ich sage nur, der Hund, das ist das einzige Geschöpf, das den Menschen versteht. Doch trotzdem ist Hund Hund und Mensch Mensch, wie Einar in Unterleite sagen würde.«

»Alle hellsichtigen Leute sind der Meinung, daß es hier im Tal spukt«, sagte die Frau.

»Ich lasse mich auf hellsichtige Leute nicht ein«, sagte er. »Zum Teufel mit den Leuten, die ihre eigenen Sinne nicht in der Gewalt haben. Da hören sie alles mögliche und sehen sie alles mögliche, wie zum Beispiel dieser halbverrückte Landstreicher, mit dem sie vor einigen Jahren in Fjord so viel hermachten. Da fiel er angeblich in Trance und hielt lange Reden aus dem Jenseits, von Jesus Christus, Berdlu-Kari und Christian IX., und schließlich landete er im Zuchthaus, weil er die Schrift des Bezirksvorstehers nachgemacht hatte.«

»Ich bin sicher, daß du nicht einmal an Gott glaubst, Bjartur«, sagte die Frau.

»Darüber spreche ich nicht«, antwortete er, »doch werde ich nie abstreiten, daß Sira Gudmundur eine gute Schafrasse besitzt, die beste, die man hier in der Gegend kennt.«

»Sprichst du denn wirklich nicht einmal abends deine Gebete, Bjartur?«

»Ja, wenn sie Stabreim haben, dann spreche ich manchmal zu meiner Kurzweil ein oder das andere Gebet, während ich im Begriff bin, einzuschlafen«, sagte er, »oder vielmehr tat ich das, als ich weniger zu denken hatte, doch nie das Vaterunser, denn es ist in Wirklichkeit keine Dichtkunst. Und wenn man schon nicht einmal an den Teufel glaubt, dann verstehe ich nicht, wozu man sich damit abgeben soll. Nun wollen wir nicht weiter darüber sprechen, sondern wollen uns Kaffeewasser aufsetzen.«

»Es ist furchtbar, dich so reden zu hören, Gudbjartur«, sagte die Frau. »Ich bin sicher, die Engel Gottes werden verscheucht, so wie du sprichst. Du stellst dich gegen alles, was du nicht sehen willst, so ein Mensch bist du.«

»Ich habe meine fünf Sinne«, sagte er, «und weiß nicht, warum mehr nötig sein sollte.«

»Mir sind aber Leute bekannt, die in der menschlichen Gesellschaft höher stehen als du, und sie glauben doch an Gut und Böse.«

»Ja«, sagte Bjartur. »Ich kann mir denken, wer es ist. Ist es nicht der, der im Frühjahr in Moor bei euch Weibsleuten saß und euch Gruselgeschichten erzählte, um euch durch Angst gefügig zu machen?«

»Wen, uns?« fragte sie und blickte auf, und zum ersten Mal blitzte es in dem schiefen Auge auf. »Was meinst du denn eigentlich?«

Doch er summte schon einen Kehrreim aus einem Reimgedicht vor sich hin, suchte nach dem Kessel, denn er war fest entschlossen, Wasser für den Kaffee zu holen. Auf der Stiege drehte er sich um und ließ diese Bemerkung fallen: »Och, ob nicht mancher manchem so nahe gekommen ist, wie es ihm lieb war? Das möchte ich schon glauben.«

5

Geheimnis

Der Sinn jener Bemerkung, die Bjartur zum Lukenrand hinaufwarf, schien, flüchtig besehen, ziemlich vage und erst recht nicht schwerwiegend, und dennoch hatte einstweilen kaum etwas anderes tiefere Einwirkungen auf das häusliche Leben in Sommerhausen als die darin enthaltene Anschuldigung, besonders aber jene Tatsache, die sie gleich am ersten Abend zu bestätigen schien.

»Nein«, sagte die Frau, »es ist nicht wahr.«

Sie drehte sich trotzig zur Wand, unglücklich, enttäuscht.

»Wer war es?« fragte er.

»Es ist nicht wahr.«

»An deiner Stelle würde ich es sagen.«

»Du erzählst auch nichts von dir.«

»Doch«, sagte er, »daraus mache ich kein Geheimnis.«

»Ich will es nicht hören!«

»Daran fehlt es nicht, daß ihr am Hochzeitstag den Kopf hängen laßt und euch wie Dummerchen benehmt. Dennoch weiß niemand, wo ihr etwa schon gelegen habt. Ihr laßt einem den Kadaver eurer Liebe zurück, nachdem das Raubzeug ihm die Augen ausgehackt hat.«

»Du bist bestimmt ein Engel«, sagte sie.

»War es der Bengel auf Zinnenstätten?«

»Frag ihn.«

»Oder dieser Trottel aus Fjord, der pflügte?«
»Vielleicht.«
»Hoffentlich war es doch nicht der Weiberheld von Lehrer, der mit Steinka auf Kluftwiesen das Kind hatte?«
»Willst du nicht alle Weiberhelden im Land aufzählen?«
»Ich könnte fast glauben, du hast sie alle gehabt. Die schleichende Maus ist nicht besser als die springende.«

Da richtete sie sich in ihrem Zorn auf und sagte leidenschaftlich: »Das weiß Gott und Jesus Christus: wenn ich überhaupt etwas bereue, dann das, daß ich sie nicht alle gehabt habe, statt mich mit dir zu verheiraten, der das Schaf weit über die Menschenseele stellt und an den Hund glaubt. Das wünschte ich, daß ich Verstand genug gehabt hätte, heute umzukehren und nach Hause zu Papa und Mama zu gehen.«

»Och, ich wußte nämlich gleich, daß du nicht aus Furcht vor dem Gespenst umkehren wolltest. Man begreift, ehe das letzte Wort gesagt ist. Das ist nicht so zu verstehen, daß ich es nötig hätte, dich auszuquetschen, es ist keine Kunst, Frauen zu durchschauen. Ihr tut dieses: liebt die, die groß genug sind, euch wegzuschmeißen, und heiratet die, die ihr verachtet.«

»Das lügst du«, sagte die Frau.

»Deswegen also warst du tagsüber so schläfrig im Frühling, nachdem er aus der Landwirtschaftsschule gekommen war? Das war also dein Unabhängigkeitsideal. Das war dein Freiheitsideal. Du hast gedacht, sein Geschlecht wäre feiner als meins, weil sein Vater zu geizig war, ordentlich zu essen, als er vor dem Jökull auf Fischfang war, sondern seinen Trantalg mit Teer streckte und seine Kameraden mit gepanschtem Branntwein übers Ohr haute und, wenn er im Süden war, für seinen Sommerlohn alte Klepper kaufte und ihnen auf dem Pferdemarkt ein Senfpflaster unter den Schwanz klebte, so daß sie wie wild waren. Es ist möglich, ein großer Mann zu werden und des Nachts Dienstmädchen in sein Bett zu ziehen und am Tag zu schlafen, wenn man das Glück hatte, einen Vater zu haben, der ein Wucherer und Dieb war.«

»Das lügst du, lügst du«, rief die Frau außer sich.

»Und für diese Höllenbrut habe ich achtzehn Jahre lang

geschuftet – achtzehn Jahre meines Lebens habe ich gezahlt für seine Reitpferde, Reisen und Schulbesuche; und für diese Höllenbrut hast du dich vom Gemeindevorsteher anfahren lassen, wenn es ihm schien, daß du die Nachttöpfe dieses Packs nicht großartig genug auf die Hauswiese ausgegossen hast. Und dann hätte ich nichts anderes zu tun, als seine Hurenkinder in meinem Hause aufzuziehen.«

Jetzt war Bjartur in Sommerhausen so böse, daß er aus dem Bett sprang und die Bettdecke von seiner halbnackten Frau riß, als ob er die Absicht hätte, sie zu verprügeln. Da bekam die Frau Angst, erhob sich im Bett auf die Knie, legte die Arme um seinen Hals und schwor ihm heilige Eide, sie hätte noch mit keinem Mann zu tun gehabt, und am allerwenigsten und allerwenigsten und allerwenigsten – »allmächtiger Gott, hilf mir, wenn ich lüge, ich weiß, auf dieser Lämmerwiese lastet ein Fluch, das Gehöft ist siebenmal von Gespenstern und Teufeln zerstört worden, und was nützt es, daß du dein Gehöft Sommerhausen nennst, wenn du deine Frau in der Hochzeitsnacht erschlägst und ihre Gebeine dem Kolumkilli gibst.« So fuhr sie fort, mit zusammenhanglosen Bitten und unter strömenden Tränen um Schonung zu flehen, bis er sich schließlich ihrer erbarmte. Denn er wußte, daß das weibliche Geschlecht noch schwächer ist als das männliche. Er nahm eine Prise, legte sich hin und schlief ein. Die Hochzeitsnacht, eine Sommernacht.

So war ihre Ehe.

6

Träume

Doch des Morgens, wenn er in aller Herrgottsfrühe aufstand, konnte er es nicht übers Herz bringen, sie zu wecken, denn sie schlief so natürlich; er gab ihr einen Seitenblick, während er sich anzog, und sprach zu sich selbst: Sie ist jung wie die Blume; und er verzieh ihr vieles. Nichtsdestoweniger wunderte er sich darüber, daß sie, die so unschuldig schlief, andere Männer geliebt haben sollte und es nicht zugeben wollte, sie, die immer so sittsam gewesen war, für die Liebschaften ganz und gar nicht in Frage zu kommen schienen. Er hatte immer gesagt: Das ist ein Mädchen, das seinen Kopf für sich hat und sich nicht zu nahe kommen läßt, die werde ich heiraten und ihr ein Anwesen kaufen. Und jetzt war er mit ihr verheiratet und hatte ein Anwesen gekauft; da stellte es sich heraus, daß sie andere Männer geliebt hatte, ohne daß es jemand wußte. Wenn sie schlief, war sie glücklich; doch wenn sie aufwachte, sah er die Enttäuschung in ihren Augen, und deswegen hatte er nicht das Herz, sie zu wecken. Sie sprachen wenig miteinander und wagten kaum, sich anzusehen; es war, als wenn sie fünfundzwanzig Jahre lang verheiratet wären, sie kannten sich nicht. Er ging um die Hausecke und bekreuzigte sich nach altem Brauch gen Osten, gedankenlos. Und Titla kam von der Hausmauer heruntergesprungen, der Hund schlief im Fensterschacht vor dem Westfenster. Er sprang jeden Morgen mit vielen Freundschaftsgebärden an ihm hoch, es war wie ein Wiedersehen nach langer Trennung, er lief in großen Kreisen um ihn herum und bellte, lief bis ans Ende der Hauswiese, nieste und rieb die Schnauze am Gras, begleitete ihn dann hinaus ins Grasland. Es war noch vor Tagesanbruch, es wehte eine frische Morgenbrise, über den See glitt der Widerschein des Lichts, dort hatte ein Schwanenpaar auf einer Insel sein Nest, Spatelenten und Gänsesäger schwammen dort in kleinen Scharen, doch die Kragenenten und Stockenten fühlten sich wohler auf den Gumpen des Flusses und hatten ihre Nester an den Ufern, manchmal konnte es sich der Bauer nicht versagen, einen Augenblick stehenzubleiben und den königlichen Schmuck der Erpel zu betrachten. Einige Rotschenkelpaare kamen von der Landseite im Osten und brachten ihm mit großartigem Getue ihren Morgengruß dar; es nisteten auch einige Seeschwalben am See, in ihren Augen ist das Leben Gewürm, und Graugänsepaare bewegten sich auf den Wiesengründen am See, sie gingen zu zweit, und ihre langen Hälse ragten über das Gras; Vögel sind glücklicher als Menschen, das kommt von den Flügeln, Graugansmutter, leih mir Flügel; der Sterntaucher flatterte allein umher, dieser leidige Singvogel. Bjartur in Sommerhausen ergriff die Sense und begann zu mähen.

Er war ein wenig steif bei den ersten Schwaden, morgens nicht mehr so munter wie vor zehn, zwölf Jahren, als es ihm ein Vergnügen war, Tag und Nacht zusammenzulegen; damals brauchte er nicht zu schlafen, sich auch nicht auszuruhen, er pflegte seinen Morgenquark stehend auf dem zu mähenden Wiesenstück zu essen und sich auf den Sensengriff zu stützen; erst in den letzten fünf Jahren begann er zu spüren, was Müdigkeit war, jetzt kam es manchmal vor, daß der Tag mit Stichen mal hier, mal dort im Körper begann. Wie dem auch sei, jedenfalls war er amtlich eingetragener Grundstücksbesitzer, und nach zwölf Jahren würde er das Anwesen bis auf den letzten Heller bezahlt haben, nach insgesamt dreißig Jahren; er war König in seinem Reich, und die Vögel mit ihrem schmucken Gefieder und ihrem vielfältigen Gesang waren seine Gäste. Und seine Frau schlief im Haus, und sie war seine gesetzlich anerkannte Ehefrau, auch wenn irgend jemand sie vorher besessen haben und vielleicht noch die erste Hypothek in ihr besitzen sollte. Darüber dichtete er des Morgens kunstvolle Vierzeiler, aber ließ sie niemanden hören. Der Hund vergnügte sich damit, im Wiesenmoor hinter Vögeln herzujagen, ab und zu fing er eine Wasserralle oder eine Bekassine und fraß den Fang, dann setzte er sich auf die Heuwiese und begann sich zu beißen und zu lecken; darauf wurde er stutzig und blickte lange ins Tal hinaus; schließlich machte er sich ein Lager auf einem Grashöcker und rollte sich zusammen. Die Sonne stieg höher, und die Schatten wurden kürzer; gegen sechs Uhr zogen oft Wolken vor die Sonne, und rauher Wind wehte durchs Tal; es war Zeit zum ersten Frühstück, und die schönste Zeit des Tages war vorbei. Die Morgen waren nie alltäglich, jeder Morgen war ein neuer Morgen, doch später am Tage sangen die Vögel weniger, die Farben an den Blaubergen wurden blasser, die Tage waren wie Erwachsene, die Morgen immer jung.

Er malte sich aus, daß ihn jetzt seine Frau fröhlich begrüßen würde, wenn er nach Hause käme, um den Morgenkaffee zu trinken, und es würde ihr vielleicht Freude machen, eine neugedichtete Strophe über die Natur zu hören; doch dann war ihr nicht gut, jedenfalls nicht gut genug, um Freude an Gedichten zu haben; außerdem hatte sie kein Gefühl für dichterischen Schwung. Er hatte ihr ein geblümtes fertiges Kleid geschenkt, das bei trockenem Wetter sehr gut war, doch sie wollte dann immer den alten Leinenkittel anziehen, den sie auf Rotenmoor beim Melken anhatte, oder einen abgetragenen Wollrock und eine über und über gestopfte Wolljacke. Ihr war dauernd unwohl, manchmal wurde ihr so schwindlig, daß sie sich hinsetzen mußte, oft mußte sie einmal verschwinden. Des Morgens tranken sie schwarzen Kaffee mit Puderzucker und aßen Roggenbrot. Früher war sie bei der Heuernte eifrig und arbeitswillig, doch jetzt geschah es oft, daß sie dastand und sich auf die Harke stützte. »Du siehst so angegriffen aus«, sagte er. Schweigen. »Du könntest die Harke ein bißchen schneller bewegen«, sagte er. Sie antwortete nicht, sondern biß sich auf die Lippe. Geduckt ging sie am frühen Vormittag nach Hause, um Fisch zu kochen. Es gelang ihr oft nur schlecht, Feuer anzumachen. Sie brachte ihm Fisch und Roggenbrot und Kaffee hinaus auf die Heuwiese, »und nicht den Zuckerteufel sparen«, sagte er; er hatte die Angewohnheit, über Süßigkeiten verächtlich zu sprechen. Danach ging er gewöhnlich ans Flußufer und legte sich hin, doch nie länger als vier Minuten. Sie saß in Gedanken auf der Wiese und rupfte mit den Fingern Moos aus.

An Sonntagen ging er auf den Berg, um Heidekraut zu rupfen, oder auf die Hochfläche, um zu seinem Vergnügen nach Schafen Ausschau zu halten, denn er kannte die Besonderheiten der Schafe aus vielen Gegenden; er hatte auch ein sonderbares Vergnügen daran, große Steine über Schluchtränder zu wälzen. Die Frau wusch ihre Sachen am unteren Wasserfall des Hausbachs. An einem Sonntag blieb er lange fort, und als er nach Hause kam, war er sehr froh und fragte die Frau, was er wohl gesehen hätte. Er hatte also im Süden bei den Quellen seine Spitzgehörnte mit einem wunderschönen Lamm gesehen, »das kann ich garantieren, daß es im Herbst nicht unter dreißig Pfund wiegt, das Lamm der Spitzgehörnten.« Doch die Frau freute sich gar nicht.

»Es ist eine tüchtige Schafsorte, die von Sira Gudmundur«, sagte er. »Es ist keine herumstreunende Sorte, sie hat keinen Drang, ins Blaue zu laufen; sie findet, was sie sucht, dann geht sie nicht weiter, es sind Verstandesschafe. Ich bin fest entschlossen, mir einen Bock von dieser Sorte aufzuziehen.«

»Jaja«, sagte die Frau. »Es ist gut. Es ist wohl eine Sorte, die für dich paßt.«

»Was?« sagte er.

»Ich sagte nur, daß es gut wäre«, sagte die Frau. Sie hatte keinen Teil an seiner Freude und freute sich nicht über seine Pläne, sie hatte ihre eigenen Gedanken.

»Bjartur«, sagte sie nach kurzem Schweigen. »Ich möchte gern einmal Fleisch essen.«

»Fleisch?« fragte er erstaunt. »Mitten im Sommer?«

»Mir läuft das Wasser im Mund zusammen, wenn ich ein Schaf sehe.«

»Wasser?« wiederholte er. »Ja, ob es nicht Sodbrennen ist?«

»Dieser gesalzene Katfisch ist ein Hundefraß.«

»Ich fürchte, du wirst ein bißchen komisch, meine Beste.«

»Auf Rotenmoor gab es immer zweimal in der Woche Fleisch.«

»Sprich nicht von dem verfluchten Pferdefleisch dieses Packs.«

»Es gab keinen Sonntag, an dem wir nicht Hammelfleisch bekamen, auch nicht im Sommer. Außerdem ist Pferdefleisch ausgezeichnetes Fleisch.«

»Für die Leute wurden nur alte Schafe und dürre Klepper geschlachtet. Es war Sklavenfleisch.«

»Wo ist dann dein Fleisch?«

»Ein freier Mensch kann von Fisch leben, Unabhängigkeit ist besser als Fleisch.«

»Nachts träume ich von Blutwurst. Ich träume, ich esse Würste aus der Hand, sie sind heiß und frisch aus der Wurstsuppe, und der Talg tropft aus ihnen, einmal Leberwurst, einmal Blutwurst. Lieber Jesus, hilf mir.«

»Das bedeutet unbeständiges Wetter. Der Talg – das sind Aufheiterungen an einzelnen Tagen. Das Wetter wird wohl so bleiben bis zum Tag der Enthauptung Johannes des Täufers.«

»Ich träume auch von Milch.«

»Milch? Schnee? Mitten im Sommer?«

Das war für Bjartur ein wirklich verdrehter Traum.

»Ich träume, ich wäre auf Rotenmoor. In der Speisekammer drehe ich Milch durch die Zentrifuge, aus dem einen Rohr kommt Magermilch und aus dem anderen Sahne, wie es beim Durchdrehen ist. Und ich träume, ich lasse mir die Sahne in den Mund laufen.«

»Daß du dir diesen verdammten Unsinn auch noch merkst, der nichts zu bedeuten hat«, sagte Bjartur und hatte jetzt genug von ihren Träumen.

»Am Tage, wenn ich wach bin, denke ich auch immerzu an Milch. Auf der Wiese, wenn ich harke, denke ich an Milch. Und an Fleisch.«

Bjartur dachte eine Weile ernsthaft darüber nach und sagte schließlich: »Hör mal, Rosa, du bist doch hoffentlich nicht herzkrank?«

»Ist es gar nicht zu machen, daß wir uns eine Kuh kaufen, Bjartur?« fragte die Frau.

»Kuh?« wiederholte er und war ganz aus der Fassung gebracht. »Eine Kuh?«

»Ja«, sagte die Frau trotzig, »eine Kuh.«

»Es ist ganz klar, Frau, du bist herzkrank. So fing die Herzkrankheit bei meiner seligen Mutter an. Es fing damit an, daß sie ihre Gedanken immer bei etwas anderem hatte, dann begann sie Stimmen zu hören. Zuerst holten wir eine weise Frau, und als das nicht half, holten wir einen Arzt. Wenn das bei dir zum Dauerzustand wird, dann mußt du es mir sagen, damit ich dir beizeiten stärkende Tropfen von Finsen verschaffen kann.«

»Ich will keine Tropfen, ich will eine Kuh.«

»Wo ist die Hauswiese dazu? Ich dachte, du könntest selbst sehen, wie grasig die Buckel auf diesem Hügelchen sind. Und du kennst sie doch selbst, diese mageren Wildwiesen, auf denen wir Tag für Tag stehen. Wo soll man das Heu für die Kuh hernehmen?«

»Auf den Sumpfstreifen steht Riedgras.«

»Wer soll es mähen? Und wer soll es heraustragen? Und womit sollen wir es nach Hause schaffen. Glaubst du, wir sind gemachte Leute, Einzelbauern im ersten Jahr der Wirtschaft? Woher sollen wir das Geld für eine Kuh nehmen? Du bist nicht recht bei Trost.«

»Ich dachte, du wärst ein freier König«, sagte sie.

»Haben wir vielleicht nicht annehmbaren Fisch? Wir sind unsere eigenen Herren, wir sind dabei, auf unserem eigenen Boden auf die Beine zu kommen. Wir essen nicht verrotteten Dörrfisch wie die Dienstleute auf Moor, wir essen anständigen gesalzenen Katfisch, und bis vor kurzem hatten wir dänische Kartoffeln dazu. Roggenbrot haben wir genug, und im Zucker können wir waten. Und es ist doch nicht meine Schuld, wenn du den Zwieback verschimmeln ließest. Du hättest Zwieback essen sollen, wenn dir nicht gut war, statt ihn verschimmeln zu lassen. Zwieback ist immerhin ein Bebäck, meine Beste. Zwieback ist sogar ein ausländisches Gebäck.«

»Papa würde uns seine drei Gäule leihen, um das Riedgras aus dem Sumpfstreifen nach Hause zu schaffen.«

»Ich gehe zu keinem um etwas bitten, nur in äußerster Not und gegen volle Bezahlung«, sagte Bjartur, »und jetzt genug davon. Für Einzelbauern auf einem Hof im abgelegenen Tal ist es Angeberei, von einer Kuh zu sprechen; dies hier ist ein Gehöft für Schafe, wir müssen auf dem Schaf aufbauen, ich höre nicht auf solchen Unsinn.«

»Aber wenn ich nun ein Kind kriege?«

»Mein Kind soll von der Muttermilch leben. Ich bekam im ersten Jahr Fisch und Trantalg in meinen Lutschbeutel und gedieh gut.«

Sie blickte ihn angstvoll an, und jeder Ausdruck schien aus ihrem Gesicht ausgelöscht. Er bekam einen kleinen Schreck und sagte entschuldigend: »Du siehst doch ein, das Dringendste kommt zuerst, und das ist, den Kaufpreis für das Anwesen abzuzahlen. Die meisten Lämmer werden wohl für die Schulden an den Gemeindevorsteher draufgehen, es wäre Wahnsinn, sich für ein Stück Großvieh in Schulden zu stürzen und die Stammherde der Schafe abzuschlachten. Aber im nächsten Jahr legen wir uns einen Gemüsegarten an, meine Beste.« Er tätschelte ihr die Schultern wie einem Pferd.

7

Das Herzleiden

Die Sache nahm jedoch die Wendung, daß das Herzleiden der Frau eher schlimmer als besser wurde, trotz der stärkenden Tropfen, die Bjartur sich erboten hatte, ihr von Finsen zu besorgen. Abends gab sie ihm kalten Fisch und Brot; für sich kochte sie dicken Haferbrei, stand gebeugt am Herd und rührte mit einem Schaber; der Rauch füllte die Stube, denn das Reisig war schlecht getrocknet. Er suchte die Gräten aus dem Fisch, dann klappte er jedes Stück Fisch zusammen, daß das Dünne wie eine Art Belag auf das Rückenstück zu liegen kam, biß dann hinein wie in Brot und hörte die ganze Zeit nicht auf, die Frau insgeheim zu betrachten. Vor einem Jahr hatte dieses Mädchen rote Wangen, zog sich des Abends ein besseres Kleid an und wusch sich; sie konnte auf ihre Weise über etwas lachen, das ihr komisch vorkam. Jezt war sie plötzlich eine erwachsene Frau in Leinenzeug, es waren ihre Melkkleider aus Moor; ihr Gesicht war schlaff und grau, verschwunden war das Leuchten ihrer Augen, die Farbe ihrer Wangen, der kernige Wuchs; in so kurzer Zeit war seine Blume dahingewelkt, trotz genug Fisch, Brot, Brei und bis vor kurzem auch Kartoffeln – und Zwieback, der in der Tat ein ausländisches Gebäck war. »Ich möchte am ehesten annehmen, daß es irgendein verfluchter Liebeskummer ist«, sagte er zu sich selbst – sie sollte es hören, wenn sie wollte. Eins war sicher: sie war ihm so abhold, daß sie es abpaßte, erst zu Bett zu gehen, wenn er eingeschlafen war; und wenn er dadurch wach wurde, daß sie ins Bett kam, dann beeilte sie sich, ihm den Rücken zuzudrehen; und wenn er ihr ins Ohr flüsterte, dann lag sie wie eine Leiche, so daß ihn Unlust befiel; auch ihn hatte eine verdammte Schwäche gepackt, er war nämlich müde, und deshalb fluchte er im stillen; achtzehn seiner besten Jahre waren für den Gemeindevorsteher auf Außen-Rotenmoor und die Leute da draufgegangen, dann kann man nicht einmal das Eheleben genießen, wenn man endlich Bauer auf eigenem Grund und Boden geworden ist. Er schlief ein und träumte von einer Kuh. Die Kuh war böse, er hatte Angst vor ihr, wie wenn er in seiner Kindheit von Kühen träumte; er schrak aus dem Schlaf auf, und im Aufwachen murmelte er: »Eher will ich tot umfallen als eine Kuh kaufen.« Und des Morgens, wenn er an der östlichen Hausmauer seine Notdurft verrichtete, bekreuzigte er sich und murmelte: »Im Namen des Vaters, des Sohnes und des Heiligen Geistes: Eher will ich tot umfallen als eine Kuh kaufen; in Ewigkeit amen.«

Und hier steht die Frau über dem Brei und steckt immer mehr Reisig unter den Topf, es knistert und knistert, und der Qualm wird immer dichter.

»Sei sparsam mit dem Beerenstrauch, meine Beste«, sagte er, doch sie hört nicht, sondern steckt noch mehr Beerenstrauch unter.

»Na ja, du hast am meisten zu tun, die Beerensträucher auszureißen, meine Beste.«

Endlich war der Brei fertig, und sie füllte sich eine Schüssel bis zum Rand; heiliger Himmel, wieviel Brei gedenkt die Frau zu essen! Sie griff in die Kiste und brach sich ein tüchtiges Stück Kandiszucker ab, um es mit dem Brei zu essen. Er sah sich dies mit an und war einigermaßen darüber erstaunt, daß einem so etwas einfallen konnte, Kandis zum Brei, muß denn das sein? Es war nicht so, daß es ihm leid tat; vielmehr war er innerlich stolz darauf, daß seine eigene Frau sein eigenes Hafermehl aß, auch mit Kandiszucker dazu – doch als sie wieder in den Topf langte und die Schüssel erneut füllte, da war es ihm nicht mehr ganz geheuer. Zwei Schüsseln Brei, voll bis zum Rand – eine Frau? Und noch mehr Zucker? Ja, noch mehr Zucker. Er staunte immer mehr über die unberechenbaren Launen des Herzleidens. Fleisch und Milch gestern, heute abend zwei Schüsseln Brei und Unmengen Kandiszucker, morgen hat sie vielleicht Appetit auf einen

Elefanten. Er sagte nichts, sondern rezitierte im stillen einige Strophen, festgefügte Reimereien, kunstvolle Vierzeiler, wie er es zu tun pflegte, wenn er in eine kritische Lage kam; er murmelte es vor sich hin mit der Hauptbetonung auf dem Mittelreim, es war der Monolog seiner Seele. Nach dem Brei nahm sie einige lehmige Strümpfe und watete damit in den Bach, und er ging allein schlafen.

Am Morgen, als er aufwachte, lag sie nicht neben ihm. Das war noch nie vorgekommen, er sprang auf, fuhr in die Kleider, hinunter und raus.

»Rosa«, rief er wie irre von der Hoframpe aus. Er ging auch hinter das Haus und rief den Berg hinauf: »Rosa.«

Doch der schöne Name rief nicht einmal ein Echo in der Landschaft wach.

Die Sonne war mit ihren langen Schatten aufgegangen, die das Haus auf der Lämmerwiese in einen Palast verwandelten. Im Westen aber stand eine dunkle Wolkenwand. Es war die Zeit des Sommers, zu der die Vögel alle ihre schönsten Melodien bereits gesungen haben; in dieser Zeit des Sommers zwitschern sie kurz und eilig, als ob sie die Zeit entdeckt hätten.

»Titla«, rief der Mann – wider alle Gewohnheit sprang der Hund ihm nicht von der Hausmauer entgegen. Auch er hatte ihn verlassen. Der Mann war ernstlich ins Unglück geraten. Doch er gab nicht auf, er erhob die Fäuste drohend zum Berg, während er nach der Frau und dem Hund rief: »Und wenn ich Glied für Glied zerstückelt werde, gebe ich nicht auf, Rosa, Titla, Glied für Glied, Glied für Glied«, sagte er.

Endlich hörte er westlich im Wiesenmoor Gebell. Das war der Hund. Er kam aus westlicher Richtung vom Paß, mit aufgesperrtem Rachen, wiff, wiff, wiff. Der Mann lief ihm entgegen und fragte: »Wo ist die Frau?« Der Hund war vom Laufen mit Lehm bespritzt und außer Atem, die Zunge hing ihm seitlich heraus, er sprang ihm an die Brust und stieß ihm die offene Schnauze ins Gesicht. Dann drehte er sich um und lief nach Westen, querfeldein, über Sickerquellen und Sumpfstrecken, der Mann hinterher. Ab und zu blieb der Hund stehen und wartete auf ihn, doch wenn der Mann ihn fast eingeholt hatte, lief er weiter; es war eine kluge Rasse. Die

Sonne verfinsterte sich, die Luft war naßkalt, es sah nach Regen aus. Und weiter ging diese Reise mit einem Hund als Führer und einem Menschen als Gefolgshund. Sie endete erst oben auf dem Paß beim Grab der Frau aus alten Zeiten: Der Hund hatte recht, auch die Frau Bjarturs in Sommerhausen hatte sich hier schlafen gelegt. Sie schlief auf dem Rasen, der an dem Grab emporwuchs, in ihr schlechtes Leinenkleid gekleidet; sie hatte ein Kopftuch um, sie war bis zu den Knien mit Lehm bespritzt, die Strümpfe hingen herab, sie glich einer Landstreicherin, die in einer alten Erzählung auf dem Paß umgekommen ist, mit ihrem Beutel unter dem Kopf. Er weckte sie, sie blickte verwirrt um sich, ihr klapperten die Zähne. Er redete sie an, doch sie konnte nicht antworten. Eine lange Weile glaubte sie, nicht aufstehen zu können. Hatte das Hexenweib sie im Schlaf hierher geritten?

»Was ist los mit dir, Frau? Wohin willst du?«

»Geh«, sagte sie.

»Bist du im Schlaf gegangen?«

»Laß mich in Ruhe.«

»Du bist doch nicht hierhergezogen worden?« fragte er, denn, obwohl das bei einem so wenig abergläubischen Mann sonderbar erscheinen mag, war er nicht ganz abgeneigt, dem Gespenst eine Rolle in diesem Ereignis zuzuschreiben. Er richtete sie auf und zog ihr die Strümpfe hoch. Sie zitterte wie Espenlaub und hatte noch immer Mühe zu sprechen, er führte sie zum Weg hinunter, immer wieder versagten ihr die Füße den Dienst.

»Versuch, auf den Beinen zu stehen, meine Beste«, sagte er.

Da sagte sie: »Ich hatte so ein Verlangen nach Milch.«

»Ja«, sagte er, »das ist dein Leiden.«

Sie hatte also wegen Milch nach Außen-Rotenmoor gehen wollen und dabei die Gelegenheit benutzt, ihre Schuld an Gunnvör zu entrichten. Zu guter Letzt war es eben doch kein Gespenst, das sie hierher gerufen hatte, es sei denn das Gespenst, das sich in ihrem Herzen eingenistet hatte. Aber von einer solchen Schmach wollte Bjartur nichts hören, daß die Frau des Odelsbauern in Sommerhausen auf fremden Höfen betteln gehen wollte.

»Ich wollte nicht betteln«, sagte sie.
»Was ist in dem Beutel?« fragte er.
Da preßte sie den Beutel ängstlich unter den Arm, als befürchte sie, er würde ihn ihr wegnehmen.
»Das gehört mir«, sagte sie.
Als er immer mehr auf sie eindrang, stellte es sich heraus, daß es ein Büschel Wolle war. Es war ihre eigene Wolle, ein Teil des Vlieses ihrer Kolla, und Kolla war ihr eigener Besitz, etwas anderes hatte sie nicht in die Wirtschaft gebracht; sie besaß nicht mehr nach einem Leben von sechsundzwanzig Jahren, das mitunter schwer war, lange Arbeitstage hatte und wenig Zeit zum Schlafen ließ. Sie wollte der Frau auf Außen-Rotenmoor diesen Wollbausch für eine Flasche Milch anbieten. Doch als sie auf dem Paß angelangt war, war sie müde, sie war immer so schwach auf den Beinen, sie hatte einen Stein auf das Grab der Gunnvör gelegt und war eingeschlafen.
»Nächsten Sommer werden wir die Lämmer von sechs bis acht Mutterschafen absetzen«, sagte Bjartur.
Der Frau war kalt, sie hatte wenig Kräfte, dazu hatte sie einen unbezwingbaren Brechreiz und begann sich zu krümmen, erbrach ein wenig auf den Weg, Bjartur hielt ihr die Stirn.
Dann fing es an zu regnen, es fielen große Tropfen, erst einer, dann zwei, und als sie sich erbrochen hatte, war sie ganz willenlos, und es kam strömender Regen, und der Mann zog seine Frau wieder ins Tal hinunter, er trug sie über Quellen und Sümpfe bis nach Sommerhausen; und der Sommer ging weiter mit seinem Regenwetter.
»Ob sich die Wolken wirklich nicht verziehen?« sagte Bjartur.
Wenn sich die Wolken verzogen, dann war das Spiel gewonnen, doch wenn der Himmel voller Wolken hing, mit Schauern und Seewind, dann blieb dieselbe Ungewißheit, derselbe Kampf; manchmal vernichtete das Wetter ihre ganze Tagesarbeit. Die Launen des Himmels waren unberechenbar. Es war ihr Weltkrieg. Bjartur befahl wie ein Heerführer, und die Armee gehorchte, diese kleine Armee, die kleinste Armee,

von der man je in einem Weltkrieg gehört hat, ohne Milch und Fleisch, ohne frische Lebensmittel. Sie schafften es nicht, das Heu zu Haufen zusammenzutragen, ehe es regnete.

Doch an einem solchen Regentag geschah es. Sie harkte das gemähte Gras an den Quellbächen am See; das Gras wächst bis in diese Bäche hinein, und sie sind voller Kraut. Da sah sie in einem Bach etwas Lebendiges, es schlängelte sich in vielen Windungen den Bach hinauf, und sie steckte schnell den Harkenstiel darunter und fischte einen großen Aal aus dem Bach. Er war über eine Elle lang, er flog vom Harkenstiel weit hinter sie und zappelte in achtzehn Windungen im Gras wie ein riesiger, aus den Wolken gefallener Regenwurm. Sie wurde vom Jagdfieber gepackt, es war ein Fisch und demzufolge auf trockenem Land unruhig. Dennoch hatte sie ein bißchen Angst, denn sie wußte, daß Bjartur sie tadeln würde, wenn er hinter ihr Tun käme. Sie war entschlossen, den Fisch zu verwerten und ihn ganz aufzuessen, nahm ihr Messer heraus und packte den Fisch, doch er entglitt ein ums andere Mal ihren Händen, dann schlang er sich ihr um den Arm, doch endlich gelang es ihr, den Fisch durchzuschneiden, und da wurden aus ihm zwei Fische, und diese beiden neuen Fische tobten ebenso wild und wollten jeder in eine andere Richtung, sie mußte alle ihre Kräfte aufbieten, um sie zusammenzukriegen. Schließlich nahm sie ihr Kopftuch ab, wickelte beide Fische sorgfältig darin ein und verwahrte sie auf einem Grashöcker auf dem Wiesenstück; dort auf dem Grashöcker zappelte das Tuch weiter, bis sie am Abend nach Hause ging, um das Abendbrot vorzubreiten. Da war das Kopftuch zwischen die Grashöcker gerollt.

»Dir tut wohl das Brennholz nicht leid, meine Beste, daß du für diesen Dreck Feuer anmachst«, sagte der Mann und sah der herzkranken Frau verlegen zu, wie sie den Aal kochte. Und im Topf zappelte der Aal in vielen Stücken weiter, bis er gar war. Dann nahm ihn die Frau aus dem Topf und sagte: »Willst du Fisch?«

»Gott bewahre mich«, sagte er, »das ist eine Art Wurm, ein Wasserwurm.«

»Mir ist er nicht zuwider«, sagte sie und begann das Zeug

zu essen, und der Mann sah ihr voll Ekel zu, wie sie sich darüber hermachte, und dann aß sie den ganzen Aal.

»Ich möchte fast glauben, daß es ein Hexenaal ist«, sagte er. »Als ob man ein Ungeheuer ißt.«

»Jaja«, sagte die Frau und trank die Brühe vom Fisch.

»Das hätte ich nicht geglaubt, daß meine Frau sich Untiere zu Munde führen würde, solange genug anderes im Hause ist.«

»Er ist kein größeres Untier als dieser verrottete Katfisch, den du mich den ganzen Sommer hast essen lassen«, sagte die Frau und nahm Partei für ihren Aal.

Aber Bjartur hatte keine Lust, sich vor dem Schlafengehen mit der herzkranken Frau herumzustreiten. Er zog sich aus, kratzte sich hier und da, deklamierte aus dem Reimgedicht von Göngu-Hrolfur einige Kehrreime über die Herkunft des Grimur Aegir, legte sich hin und schlief ein.

8

Trockenes Wetter

Dann kam stürmischer Föhnwind auf. Das trockene Wetter war das reinste Teufelsgeschenk. War etwas anderes zu erwarten? Das Wildheu der Eheleute stob hierhin und dorthin, ihnen aus den Händen, ein Teil ins grasarme Gelände, ein Teil auf den See; wenigstens ein Drittel des dreiwöchigen Kampfes der Eheleute, da ging es hin. Drei Tage lang suchten sie die Halme von allen Hügeln zusammen und setzten das Heu in Haufen. Dann wurde es wieder still, Federwolken zeigten sich, die Herrlichkeit war vorbei. Jetzt galt es, das Heu aus den Haufen schnellstens zu bündeln und nach Hause zu bringen, ehe das Wetter umschlug. Jetzt ging es nicht an, im Haus herumzutrödeln und sich mit Kocherei abzugeben und sich den Bauch vollzuschlagen, jetzt war auch keine Zeit zu schlafen, jetzt mußte man sich dranhalten und den Wettern des Himmels eine Nase drehen, das war der Freiheitskampf Bjarturs in Sommerhausen. Nachdem sie das Heu in

Haufen gesetzt hatten, machte sich Bjartur mit aller Kraft an das Bündeln. Es war spät am Tag, der Sommer neigte sich dem Ende zu, die Abende wurden schon dunkel. In der dunkelsten Nachtzeit lief er fort, um nach dem Pferd für den Heimtransport zu suchen, und ließ die Frau an einem Heuhaufen zurück, damit sie ein bißchen schlafen konnte. Er fand das Pferd in der Herde von Rotenmoor und brachte es mit einem Packsattel versehen im Morgengrauen an; er fand die Frau schlafend am Heuhaufen. Dann begannen sie wieder zu bündeln, wo sie vorher aufgehört hatten, aßen kalten Fisch und tranken Wasser aus den Sickerlöchern. Der Wolkenschleier hatte sich über den ganzen Himmel gebreitet, jetzt konnte es jeden Augenblick anfangen zu regnen, jetzt mußte man das Heu unverzüglich in den Diemen bringen. Er ließ die Frau das Pferd nach Hause führen und befahl ihr, recht schnell wieder zurückzureiten. Sie führte das beladene Pferd über die Moorwiesen, eine Last nach der anderen, setzte sich dann nach Männerart auf den Packsattel und ritt sogleich zur Wiese zurück, um die nächste Ladung zu holen. Noch hielt sich das Wetter. Im Laufe des Abends rissen sogar die Wolken hie und da auf, und der Vollmond guckte durch die Wolken; es war erquickend, einen so hellen Mond hervorleuchten zu sehen, sein Schein war wie ein Märchen nach der pausenlosen Anstrengung des Tages; es fehlte nicht viel, daß man das Elfenvolk – das glücklicher war als die Menschen – aus seinen Felsen unten am Berg hervorkommen sah, um den Mond anzuschauen. Doch spät in der Nacht war der Mond nicht mehr erquickend, er rief keine Träume mehr hervor, das Gefühl von Glück und Frieden wich vor Hunger und Ermüdung, hin und her über das Wiesenmoor wankte die Frau mit dem Pferd, sie hatte schon lange kein Gefühl mehr in den Beinen, sie fiel und fiel. Wenn sie sich auf dem Rückweg auf das Pferd setzte, sank ihr der Kopf auf die Brust, und sie wachte dadurch auf, daß das Pferd zu grasen begann.

»Wir können keine Schlafmützigkeit gebrauchen, wenn die Versorgung auf dem Spiel steht«, sagte der Bauer.

Sie konnte nicht antworten, denn ihre Zunge stand still. Sie sah den Mond auf einem kleinen Tümpel glitzern, und auf dem Tümpel schwammen einige Odinshühnchen, sie nickten anmutig mit dem Kopf und hatten es nicht eilig, sie waren so selig im Licht des Mondes, diese lieben kleinen Vögel; sie hatte Verlangen danach, sie zu essen. Dann begann es hell zu werden. Das Pferd wurde immer träger, seine Bewegungen immer schwerfälliger, der Mond verschwand farblos hinter sich verdunkelnden Wolken, und der Duft, der gestern dem Heu entströmte – er war verflogen. Sie spürte nicht mehr, ob sie durch Wasser oder über trockenen Boden ging; es war, als ob das Antlitz der Welt mit Augen und Nase ausgelöscht wäre, sie hatte nur noch das Gefühl unüberwindlicher Übelkeit, verbunden mit üblem Geschmack und Geruch in Mund und Nase; ab und zu mußte sie stehenbleiben und sich erbrechen und Galle spucken, danach wischte sie den kalten Schweiß von der Stirn und versuchte, die schmerzende Bitterkeit im Schlund hinunterzuschlucken; so war dieser Weltkrieg. Ja. Und dann wurde es langsam hell, und der Wolkenschleier wurde immer dunkler, und noch einmal führte sie den Gaul nach Hause, und jetzt bündelte Bjartur den letzten Haufen, bald war der Sieg errungen, doch sie war nicht froh; keiner ist froh, der große Siege in einem Weltkrieg erringt, sie war unendlich müde. Doch als sie einen Morgentrunk aus dem Hofbach nehmen wollte und sich auf das moosige Ufer stützte und die hohle Hand zum Wasser führte, da war ihr, als sie sich vorbeugte, als ob sie in eine liebevolle Umarmung glitte, es war die Umarmung der Ruhe, so tief, so tief, und augenblicklich glitt sie tiefer und tiefer in diese Umarmung, auf ewig, wie ihre Großmutter, die im Tode glückselig wurde und ihrer Enkelin ein Oberbett vererbte, tiefer und tiefer, und sie sah ihr Bild im Strom des Baches entschwinden, und die Erde glitt mit ihr fort ins All, wie der Engel, der im Tode mit uns davonschwebt, und sie empfand erneut den guten herbstlichen Duft der Erde; schließlich legte die Erde wie eine Mutter ihre Wange an die ihre, und die Gewässer der Welt plauderten ihr weiter ins Ohr in der Sprache der Liebe; dann war alles zu Ende.

9

Waldpartie

Es war ein Sonntag.

Bjartur fand sie schlafend am Hofbach; es regnete jetzt, sie lag dort, gänzlich durchnäßt, mit der Wange auf dem Ufer und einem Arm unter ihrem Körper; das eine Heubündel lag quer im Bach, der Packsattel war in Stücken, die Gurte zerrissen, das Pferd graste auf der Hauswiese. Die Frau blickte angstvoll um sich, wie ein Mensch, den ein Gaukler von den Toten auferweckt hat, und hörte mit Stichen im Rücken die Vorwürfe ihres Mannes an. Dann bedeckte er das Heu gegen den Regen provisorisch mit Soden. Sie taumelte ins Gehöft und schlief ein; sie hatte keine Kraft mehr, Kaffee zu kochen.

Gegen Mittag wurde es wieder hell; Bjartur kam verdattert herein, weckte die Frau und sagte ihr, sie solle Kaffee aufbrühen, es käme eine Reiterschar ohne Packpferde von Westen über die Hänge, einige wären im Galopp schon unten auf dem Anger angelangt.

»Es ist irgendein verfluchter Vergnügungsrummel von da unten«, sagte er, »jetzt ist das Pack in seinem Element.«

»Ich kann mich nicht sehen lassen«, sagte die Frau.

»Wenn die auf den Hof kommen, dann muß man ihnen Kaffee eintrichtern«, sagte er. »Ich denke, du bist gut genug für die.«

Er legte sich ins Fenster und beobachtete den Trupp; als sie näher kamen, erkannte er die Leute und die Pferde; es waren junge Leute von den besseren Gehöften unten, heiratsfähige Töchter und Bauernsöhne, die Schar der Erntearbeiter von Außen-Rotenmoor, die Pfarrerstöchter von Stadur und der Agronom Ingolfur Arnarson Jonsson auf seinem Grauen. Doch als Bjartur sich in der Stube umsah, war die Frau verschwunden.

Die Männer erprobten die Reitpferde; die Frauen hatten entdeckt, daß auf der Heide die Beeren reif waren, und nannten das eine Waldpartie; in den Satteltaschen führten sie Essen mit, und sie wollten im »Wald« essen. Ingolfur Arnarson kam nicht auf den Hof; er ließ Bjartur sagen, ob er nicht im Wiesenmoor jagen und am See angeln dürfte. Und dürften die Frauen nicht am Berg entlang nach Beeren suchen?

Bjartur war stolz auf sein Eigentumsrecht und hatte es gern, wenn man ihn um Erlaubnis bat; er sagte allerdings, die Frauen wüßten selbst am besten, wonach sie schnüffelten, wenn sie schon einmal zu schnüffeln begannen; er würde nicht scheel dreinsehen, wenn sie ein paar Beeren fanden, doch schiene es ihm wahrscheinlicher, daß sie das andere suchten, du verstehst; und wenn der Sohn des Gemeindevorstehers sich damit dreckig machen wollte, die Stachelflosser aus dem See hier abzumurksen und am Sonntag die unbekümmerten Vögel abzuknallen, die hier im Wiesenmoor umherfliegen und niemandem etwas zuleide tun, dann sollte man es ihm gönnen. »Doch«, fügte er hinzu, »es hätte mir besser gefallen, wenn der Agronom hier über die Hoframpe geritten wäre und mir ins Gesicht gesehen hätte, so oft, wie ich ihm früher geholfen habe, sich die Hosen zuzuknöpfen; soviel ich weiß, bin ich bisher all meinen Pflichten gegenüber seinem Vater nachgekommen, zumindest getraue ich mich, diesen Leuten ins Gesicht zu sehen, ob nun er sich getraut, mir ins Gesicht zu sehen oder nicht. Aber zum Teufel, was ist mit Rosa los, das ist es, was ich nicht verstehe, diese Weiber sind so für das Feine – sich nicht zu zeigen, wie man geht und steht, sondern nur im Staat. Doch tretet ein, sie findet sich hoffentlich noch, und willkommen in Sommerhausen; von dem verdammten Kaffeegesöff müßte genug dasein und, wenn man gut nachsieht, vielleicht auch ein bißchen Zucker.«

Man schlug zwar den Kaffee aus, doch manch einer wollte einen Blick in die Hütte werfen; die meisten dieser Leute kamen von besseren Höfen, und für sie war es einmal etwas anderes, halbgebückt durch die Tür in Sommerhausen zu kriechen und zu spüren, wie ihnen der Erdgeruch aus der Finsternis entgegenatmete; einige kletterten die Stiege hinauf, und sie knarrte, andere begnügten sich damit, vom Pferderücken aus durch das Gehöftfenster zu gucken; man konnte es von ebener Erde aus mit ausgestreckter Hand erreichen. Einige Mädchen fragten unverdrossen weiter nach Rosa, sie wollten sie am liebsten mit auf die Beerensuche nehmen. Man suchte überall, man rief und schrie im Gehöft und draußen, doch die Frau versuchte, sich noch fester an die Erdmauer der Futterkrippe im Pferdestall zu schmiegen, wo sie im Gebet zum Erlöser ein Versteck gefunden hatte. Schließlich wurde Bjartur dieses Getues müde, und er zog die Frau mit harter Hand von der Krippe weg und fragte, was das für ein Benehmen sei und vor wem sie sich denn schämen müßte, sie, eine verheiratete Frau. »Und ich will, daß meine Gäste Kaffee bekommen, solange noch eine Bohne im Haus ist. So weit braucht die Eigenbrötelei nicht zu gehen, daß man sich vor den Menschen verkriecht, und nun geh und begrüß die Gäste, Frau.« Er zog sie nach oben, so wie sie war, im sackleinenen Rock mit einem alten Umschlagtuch um die Schultern, voll Erde und Staub, mit Bovisten in der Wolle ihres Umschlagtuches. – »Hier ist sie, seht sie euch an!«

Und die Leute wurden alle ernst und grüßten.

Nein, danke, die Leute machten sich gar nichts aus Kaffee; die Mädchen nahmen Rosa bei der Hand und führten sie aus dem Gehöft, sie führten sie hinunter zum Hofbach, setzten sich neben sie und sagten, es wäre furchtbar schön, so einen kleinen Bach direkt am Gehöft zu haben, er wäre so freundlich, dieser kleine Bach. Dann fragten sie, wie es ihr ginge, und sie sagte: »Gut.« Und sie fragten sie, warum ihr Gesicht so geschwollen wäre, und das kam von Zahnschmerzen; und sie fragten, wie es ihr auf der Heide gefiele, und sie zog die Nase hoch und hütete sich aufzublicken und sagte, es wäre eigentlich ungeheuer frei. Sie fragten, ob sie das Gespenst gesehen hätte, doch sie sagte, es gäbe keine Gespenster. Dann ritten die Leute weg.

Die jungen Leute trieben sich bis zum Abend in Bjarturs Land herum, ihre frohen Stimmen, ihr Lachen und ihr Singen waren vom Berg oben bis zum Gehöft zu hören. Aber vom Wiesenmoor her waren auch Schüsse zu hören. Der Bauer ruhte sich heute aus, er hatte in der letzten Zeit Nächte und Tage zusammengelegt, und er schlief im Bett; die Frau saß am Fenster und lauschte auf die Schüsse, sie starrte hinaus aufs Moor und wartete mit Angst auf jeden neuen Schuß. Es war, als wüßte sie, daß jeder einzige seiner Schüsse sie treffen würde, und nur sie, und daß er sie ins Herz treffen würde, und nur dort. Doch wie sich herausstellte, hatte der Bauer nicht sehr fest geschlafen; er blickte sie im Aufwachen von der Seite an und sah, daß sie zusammenfuhr, als sie den Schuß hörte, und er sagte: »Dir kommen doch die Schüsse da nicht etwa bekannt vor?«

»Mir?« sagte die Frau und stand bestürzt auf. »Nein.«

»Die Leute da haben noch nie etwas Lebendes sehen können, ohne daraus Nutzen zu ziehen und es am liebsten umzubringen«, sagte er. Dann schlief er wieder ein.

Bei Anbruch der Dämmerung kamen die Leute wieder auf den Hof, sie wollten auf den Jäger warten, der noch schießen wollte, solange er Büchsenlicht hatte. Die Mädchen brachten mit Beeren bis zum Rand gefüllte Krüge vom Berg, und zusammen füllten sie einen Holznapf, um ihn bei Rosa zurückzulassen. »Beeren von deinem eigenen Berg, Mensch«, sagten sie, als sie sich weigerte, ein solches Geschenk anzunehmen. Sie taten sich zu Gruppen zusammen und veranstalteten auf der Hauswiese bei Bjartur verschiedene Spiele. Vom Berg kam das Echo des Lärms, der Abend war still, der See spiegelglatt, ein paar Mücken, Vollmond am Himmel, Frieden im Tal. Bjartur ging auf den Hügel und sagte etwa folgendes: »Es sieht nicht so aus, als ob ihr euch da unten in der Heuernte überanstrengt, und mir ist, als sähe ich euch so auf dem zweiten Schnitt des Gemeindevorstehers in Außen-Rotenmoor herumtrampeln, und ich freue mich darauf, eure Hausherren zu sehen, ob sie nächstes Frühjahr auch so tanzen, wenn ich nichts mehr habe und zu ihnen komme, mir eine Last Heu zu schnorren.«

Doch die Töchter des Pfarrers und die Erntearbeiterinnen von Moor wollten nicht, daß der Heidebauer schlechte Laune hatte, und sie versuchten, ihn aufzumuntern; sie zogen ihn sogar halb wider Willen in den Ring, wo man Drittenabschlagen spielte, und dann schlugen sie ihn ab, und er wünschte sie zum Teufel, doch zu guter Letzt lief er ihnen nach und sagte, daß er schon einmal scheuere Lämmer verfolgt hätte, und er spuckte in die Hände, bevor er sie wieder abschlug. Sie zogen ihn sogar ins Gespräch und ließen ihn kunstvoll gebaute Verse aufsagen; da war er so recht in Stimmung. Er hörte nicht auf, ehe er nicht alle zotigen Strophen aus den Reimerzählungen von Göngu-Hrolfur deklamiert hatte, von da an, wo der alte Ölver Hrolfur die Bedingungen für die Gefolgschaftstreue zu Vilhjalmur stellt, und da fielen sich die Mädchen um den Hals und kreischten einander in den Busen, bis dahin, wo Ingibjörg den Bottich über Möndull ausgießt, da lachten sie laut und ungeniert auf. Zum Schluß baten sie ihn darum, etwas über sie zu dichten, und da stellte es sich heraus, daß ihm heute einige vierzeilige Verse eingefallen waren, während sie oben auf den Versuchshängen Beeren pflückten: der erste ein doppelter Ringreimer, der zweite ein verschränkter einfacher Ringreimer, der dritte ein Achtreimer. Er deklamierte:

>»Sigga und Gunna freuten sich
heut im Busch, das denke ich.
Beeren pflücken, deucht auch dich,
können beide sicherlich.
>
>Strauch um Strauch sie wenden schnell,
Kleider leuchten, Wangen blühn,
so wie goldne Kelche hell
voll roten Weins am Munde glühn.
>
>Süße blaue Beeren mein,
suchen Frauen zart und fein,
finden sie und tun hinein
in die runden Krügelein.«

Die Deklamationen weckten grenzenlose Begeisterung und lang anhaltendes Kichern, und einer der jungen Männer schrieb sich die Strophen auf. Als das Vergnügen seinen Höhepunkt erreicht hatte, kam der Sohn des Gemeindevorstehers heran, Ingolfur Arnarson Jonsson. Um seine Lippen spielte kaltes Lächeln, das selbstzufriedene, vieldeutige Lächeln des mütterlichen Geschlechts, das dazu beitrug, die Gedichte der Frau auf Außen-Rotenmoor noch unverständlicher zu machen, als sie ohnehin schon waren. Er hatte seine Beute in zwei Bündeln über die Schulter gehängt; in dem einen waren Enten und Gänse, in dem anderen Forellen, sowohl Meerforellen wie Seesaiblinge, von einem bis zu drei Pfund. Er ließ die Bündel quer über den Sattelknopf des Schafhirten binden und begrüßte Bjartur mit seinem kalten Lächeln und der aufreizenden Gönnermiene, die diesen Leuten eigentümlich war.

»Reizend hat der Alte gehandelt, als er dir die Winterhäuser so gut wie schenkte und dich in diese Speisekammer setzte. Was nimmst du für die Jagd?«

»Ach, ist es denn die Sache wert, daß man für die Geschenke von euch auf Außen-Rotenmoor noch Pacht verlangt«, sagte Bjartur. »Und das ist sicher: diese Hütte, die ich mir erlaube, Sommerhausen zu nennen, wenn du es noch nicht gehört hast, ist eine solche Speisekammer, daß ich nicht auf die Vogelleiber und Stachelflosser gierig zu sein brauche, die du dir dann und wann aus meinem Land holst, kleiner Ingi. Wenigstens vertrauen meine Schafe mehr auf das kurze Heu vom Lamminselhügel. Es kann sein, daß ihr auf Moor diesen Winter Vögel und Fische in eure Raufe tun werdet, doch das wäre dann ganz was Neues.«

»Zum Teufel, bist du knurrig«, sagte Ingolfur Arnarson mit seinem kalten Lächeln, riß einige Spatelenten und ein paar Meerforellen vom Bündel und warf sie Bjartur hin.

»Ich möchte dich bitten, dies nicht auf meiner Hauswiese liegenzulassen«, sagte Bjartur, »mir wäre es lieber, wenn du selbst die Verantwortung für die Geschöpfe trägst, die du am Sonntag umbringst.«

Doch jetzt spielten die Mädchen den Vermittler und baten ihn inständig, diese Lebensmittel nicht auszuschlagen, allein schon Rosas wegen nicht, und sie fügten hinzu: »Es sind herrliche Vögel.«

»Zu meiner Zeit war es auf Außen-Rotenmoor üblich, die Hühner wegzuwerfen, um das Pferdefleisch loszuwerden«, sagte Bjartur, »doch wenn Geflügel dort auf dem Hof jetzt zum Essen gehört, dann möchte ich auch bitten, diese Kadaver da dem Gemeindevorsteher zu bringen – dem Kenner ist leicht anzubieten.«

»Ich bin sicher, daß Rosa gern Geflügel im Topf haben möchte. Sie hat bestimmt diesen Sommer nicht zuviel frische Lebensmittel gesehen.«

»Ja, für uns alleinwirtschaftende Bauern ist nun einmal das Viehfutter die Hauptsache«, sagte Bjartur. »Auf die Menschen kommt es im Sommer weniger an, wenn nur die Schafe im Winter genug haben.«

Die Leute lachten über diese Antwort, sie waren leichtfertig gegenüber der Devise des alleinwirtschaftenden Bauern. Viele von ihnen waren im Jugendverein, dem Ingolfur Arnarson Jonsson vorstand, und sie glaubten an das Land. »Alles für Island, Island den Isländern«, waren ihre Losungen, und hier hatten sie einen Mann vor sich, der auf eigene Faust Land besiedelt hatte, einen Mann, der auch an das Land glaubte und das sogar durch die Tat bewies. Und obwohl ihnen seine Denkweise aus der Nähe besehen etwas komisch vorkam, begeisterte er doch ihr Gemüt, wie er da auf seiner kleinen Hauswiese mitten in der Stille des Sonntagabends stand, mit seinem kleinen Gehöft im Rücken, bereit, seinen Freiheitskampf gegen rohe Kräfte, natürliche wie übernatürliche, zu führen und allen die Stirn zu bieten. Sie blieben noch eine Weile, während ihre Hütejungen ihnen die Pferde brachten, und niemand nahm Bjartur etwas übel, wenn er auch ein wenig den Herrn im Hause herauskehrte. Ingolfur Arnarson rief nach den Sangesfreudigen. »Bjartur und ich, wir sind alte Freunde und sozusagen Ziehbrüder«, sagte er, »wir haben so manches zusammen ausgefressen, und im Grunde weiß ich, daß wir einander verstehen, wenigstens weiß ich Bjartur zu schätzen und Rosa nicht weniger; sie haben bewiesen, daß der Heldengeist des Landnahmemannes bei den heutigen Isländern noch nicht ausgestorben ist, er lebe hoch!« Dann forderte er die Leute auf zu singen, und sie sangen:

»Was ihr auch tut, dieselben Bruderbande,
Eins das Gebot, was immer ihr von Stande,
Wie und wohin im Kampf das Glück sich wende,
Liebt und bebaut es, traut dem Lande.«

Alle fanden, daß diese Strophe nicht zuletzt Bjartur in Sommerhausen betraf, vielleicht betraf sie ihn sogar in erster Linie, ein Hurra dem Landnahmemann im Heidetal, diesem unerschrockenen Sohn Islands, ein Hurra für Bjartur in Sommerhausen und seine Frau. Und jetzt wurde ein patriotisches Lied nach dem anderen gesungen:

> »Königin der Berge mein,
> mir so traut und eng verbunden,
> ruh ich an den Brüsten dein,
> liebe gute Mutter mein.
> Heimstatt hohen Geists allein
> wird auf Erden hier gefunden.

Es lebe das junge Island, es lebe hoch, hurra!« Es hallte wider vom Berg in der Stille des Spätsommerabends, und der Sterntaucher verstummte höchst erstaunt. Endlich hatten die Jungen alle Pferde beisammen, man verabschiedete sich herzlich von Bjartur, und einige Frauen gingen ins Haus, um sich von Rosa zu verabschieden, doch da war sie weg. Als alle im Sattel waren, fuhr Ingolfur Arnarson fort, den Gesang zu leiten, und der letzte Lobgesang an das Glück auf dem Lande scholl als Abschiedsgruß an die Leute in Sommerhausen aus dem Wiesenmoor herüber:

> »Im Heidetal meine Heimat ist,
> verlebt dort manche frohe Stunde.
> Du, Sonne, nirgends wärmer bist
> als dort im Felsengrunde.
> Die Leute dort sind stark und frei,
> die Worte echt, die Liebe treu,
> ja, dort ist's schön, ich sag es wahr,
> und froh kann man dort leben.«

Die glücklichen Sangesstimmen tönten noch eine Weile aus dem Wiesenmoor herauf und vermischten sich dann mit den Hufschlägen, als die Waldgäste auf den harten Kiesbänken am Flußufer Galopp ritten; die Dämmerung des Spätsommers hatte sich über Tal und Heiden gesenkt. Und der Talbauer stand allein auf seiner Hauswiese. Dann ging er hinein, schlafen. Die Frau hatte sich wieder eingefunden, sie sagte nichts.

»Es liegt ein Geschenk für dich unten am Bachrand«, sagte er.

»Für mich?«

»Ja, Vögel und Fische.«

»Von wem?«

»Lauf hinunter und sieh nach, ob du nicht sein Zeichen daran erkennst.«

Sie nutzte die Gelegenheit, aus dem Haus zu gehen, während Bjartur sich schlafen legte; sie lief zum Bach hinunter, und wirklich, da lagen Vögel und Fische von ihm. Ihr schien, daß im Tal noch die Stimmen der Leute widerhallten, die um ihn herum gesungen hatten, die gesungenen Lieder waren noch frisch in ihrem Bewußtsein, ihr schienen sie über dem Moor zu schweben.

Eine niedrig fliegende Schar Spatelenten flog rauschend, immer noch verängstigt, über den Rand der Hauswiese.

»Ihr braucht keine Angst mehr zu haben«, flüsterte die junge Frau. »Er ist weg.«

Sie stand lange in der Dämmerung am Hofbach und lauschte auf die Lieder, die im Tal verstummt waren, auf die Büchsenschüsse, die längst gefallen waren, und sie dachte an die unschuldigen Vögel, die er geschossen hatte. Bald war es Herbst.

10

Treiber

Am Tag vor dem Weideabtrieb entschloß sich Bjartur, sich den Sommerbart abzurasieren; es war nicht abzuleugnen, daß er diese Tat sehr verachtete und während ihrer Ausübung grob fluchte, doch man kam um sie nicht herum, das Fest der Schafe stand bevor. Es gab noch eine andere unerläßliche Arbeit, die er an diesem Tag verrichten mußte, ganz gegen seinen Willen. Es war nämlich eins der Merkmale des Herzleidens der Frau, daß sie sich nicht getraute, allein im Gehöft zu bleiben, wenn Bjartur weg war. Jetzt standen ihm drei Tage Weideabtrieb bevor, und danach kam die Reise zum Marktflecken mit Viehtreiben, gemeinsam mit anderen Bauern, direkt aus den Sammelhürden. Die Frau erklärte, daß sie sich nicht darauf einließe, während der Abwesenheit ihres Mannes allein im Gehöft zu bleiben. Zuerst hatte sie vorgeschlagen, daß er den Hund zu Hause ließe, doch als er ihr klargemacht hatte, daß er ebensogut ohne Beine ins Gebirge gehen könnte wie ohne Hund, erklärte sie geradeheraus: »Na, dann nicht, ich gehe lieber hinunter nach Außen-Rotenmoor, als daß ich hier allein in diesem Gespensterloch sitze.« Doch es verhielt sich nun einmal so, daß Bjartur nichts in der Welt so unangenehm berührte wie der Gedanke, er oder seine Frau könnten bei denen auf Außen-Rotenmoor um Hilfe bitten, und schließlich versprach er, er wolle versuchen, ein einjähriges Schaf ausfindig zu machen, das ihm gehörte und das er vor kurzem in einem kleinen Rudel Schafe auf seinem Land gesehen hatte. Er ging, nachdem er sich rasiert hatte, mit dem Hund los, fand das Schaf, fing es mit Hilfe des Hundes ein, kam damit gegen Abend nach Hause und pflockte es am Rand der Hauswiese an. Es hieß Goldbraue. Doch am Abend konnte die Frau nicht einschlafen, denn das Schaf blökte ungeduldig auf der Hauswiese und verstand nicht die Launen des Menschengeschlechts.

Die Treiber galoppierten mit ihren Hunden auf die Hoframpe, noch ehe es hell genug geworden war, um Schafe sehen zu können. Bjartur stand in der offenen Tür und hatte die Strümpfe über die Hosen gezogen, grüßte und rekelte sich behaglich, ging hin und her oder um sie herum, während er sie zum Kaffee einlud. Die meisten wollten das Haus ansehen, einige Jungen stiegen hinauf in den Qualm zur Frau, und die Hunde versuchten nachzulaufen, doch die Stiege war für sie zu steil, und sie fielen winselnd rückwärts hinunter.

»Das ist also mein Schloß«, sagte Bjartur, »bisher bin ich meinen Schuldverpflichtungen nachgekommen.«

»Manch einer hat kleiner angefangen und ist doch ein angesehener Bauer geworden«, sagte der Bergkönig, der selber klein angefangen hatte und zu solchen Ehren gelangte, daß er nun Bergkönig und außerdem Küster und Hundereiniger der Gemeinde war. Es hieß, daß er nicht abgeneigt sei, Mitglied des Gemeinderates zu werden, wenn sich die Gelegenheit bot.

»Husavik-Jon fing mit einem Stück Torf vom Teufel an«, rief ein junger, an bessere Wohnverhältnisse gewöhnter Mann vorlaut dazwischen.

»Nun dann, raus mit euch, Bengels«, sagte der Bergkönig, denn er wollte die jungen Burschen so schnell wie möglich losschicken. Sie hatten sich einen Spaß daraus gemacht, sich ihm auf dem Paß an die Fersen zu heften und auf dem Moor an ihm vorbeizureiten, damit sie ihn bespritzen konnten, und er wollte sich nur mit einigen Auserwählten an den Kaffeetisch in Sommerhausen setzen, die würdig waren, einen Schluck Branntwein zu bekommen, besonders mit einigen Kleinbauern, die sich in eigener Person als Treiber stellten, weil sie keinen zu schicken hatten. Zu diesen Kätnern gehörte der alte Thordur in Unterkaten, der Schwiegervater Bjarturs in Sommerhausen. Dieser alte Mann, der die meisten seiner Kinder auf ziemlich nutzlose Weise verloren und mit dem einzigen Unternehmen, dem er wirkliches Interesse gewidmet hatte, der Kornmühle, eine schwere Enttäuschung erlebt hatte –, er war in seiner Geistesart nicht trotzig und gegenüber der Vorsehung nicht halsstarrig geworden, was doch bei vielen anderen der Fall gewesen wäre; nein, er nahm alles, was geschah, mit einem Gleichmut hin, der an Philosophie grenzte, und mit einer Ergebenheit, die an Gottesfurcht grenzte. Gleich auf der Stiege bewunderte er, wie segensreich es bei seinem Liebling rauchte, und sie half ihm durch die Bodenluke und legte ihr Gesicht an seine graue Wange und seine grauen Bartstoppeln.

»Mama läßt ihren Liebling herzlich grüßen, und sie bat mich, dir dies bißchen hier zu bringen«, sagte er und reichte ihr ein kleines, in ein Taschentuch gewickeltes Päckchen; es enthielt je ein halbes Pfund Kaffee und Zucker.

Sie konnte sich nicht von dem alten Mann losreißen, sie

lehnte sich an seine Brust und wischte sich die Augen mit dem Schürzenrand; ihr ganzes Benehmen war von solcher kindlichen Innerlichkeit und Zutraulichkeit, daß es Bjartur vorkam, als hätte er diese Frau noch nie gesehen. Es war, als wäre die trotzige Niedergeschlagenheit der Heidebäuerin mit einem Schlag von ihr abgefallen und als hätte sie sich in ein kleines Mädchen verwandelt, das imstande war, seinen Gefühlen Ausdruck zu geben. »Mein lieber Papa«, sagte sie, »wie schrecklich habe ich mich darauf gefreut, dich zu sehen.«

So sprach sie. Ohne daß Bjartur eine Ahnung davon gehabt hätte, hatte sie in ihrer Brust die Hoffnung auf das Kommen dieses alten Mannes gehegt, und als er sah, wie sie sich an ihn lehnte, so kindlich unbefangen in ihren Liebkosungen, kam ihm wie in der Hochzeitsnacht ein böser Verdacht, daß letzten Endes sein Königreich hier in der Heide nicht so uneingeschränkt war, wie er es sich einbildete.

Die Männer setzten sich, zogen ihre Schnupftabakshörner hervor und begannen sich über die Witterung zu unterhalten, mit dem tiefen Ernst, der wissenschaftlichen Bedächtigkeit und der unerschütterlichen Stiltreue, die diesem Gesprächsthema ohne Ausnahme gebührt. Sie gingen in großen Zügen das Wetter des vergangenen Winters durch, behandelten ausführlich das Wetter des letzten Frühjahrs, gaben einen Überblick über die Schafhaltung, das Lammen und die Wolle, sprachen dann über das Sommerwetter in jeder Woche; einer berichtigte den anderen, so daß sich keine Ungenauigkeit einschlich; sie erinnerten sich an jede nennenswerte Trockenperiode und hatten sich die Beschaffenheit der Luft in jeder Regenperiode genau gemerkt; sie erinnerten sich, was dieser prophezeit hatte und was jener prophezeit hatte und wie schließlich alles trotz der Prophezeiungen seinen Gang genommen hatte. Jeder einzelne hatte in seinem Weltkrieg gegen die unnachgiebigen Wetter des Himmels für sich allein gestanden, und es war ihnen gelungen, ihr Heu nach Hause zu bringen, zum Teil verdorben, zum Teil unverdorben; jeder mit seinem Klepper; manche hatten noch Heu draußen, bei dem einen war es verweht, bei dem anderen überflutet.

Mit Ausnahme des Bergkönigs waren es alles alleinwirtschaftende Bauern, die nicht in der Lage waren, sich voll arbeitsfähige Leute zu dingen, und sich oft mit ihren halberwachsenen Kindern, alten Leuten, Schwachsinnigen und anderen Leistungsschwachen behelfen mußten.

»Ja, ich wirtschaftete zum Beispiel fünfzehn Jahre lang ohne Erntearbeiter«, sagte der Bergkönig, der jetzt zu den Mittelbauern gehörte. »Und wenn ich euch sagen soll, wie es ist, so waren das meine besten Jahre. Der Lohn macht einen ganz fertig.«

Hingegen behauptete Einar in Unterleite, ihm wäre es egal, was die großen Leute sagten, »es ist kein Leben, wenn man sich keinen Knecht halten kann. Und wird es nie. Es ist ein zermürbender Hungermord an Leib und Seele. Und wird es bleiben.«

»Du brauchst dich doch nicht zu beklagen, Einar«, sagte Krusi auf Kluft, »solange dein Steini zu Hause ist.«

Doch Einar war der Ansicht, daß die Freude nicht lange währen würde. »Verlangen sie vielleicht nicht alle Geld, eigene wie fremde? Für das Land ist es sinnlos, mit der See zu konkurrieren; sicher geht er denselben Weg wie die anderen Jungen – wenn sie groß werden, sind sie verschwunden; Land ist Land, See ist See. Wie erging es denn dem seligen Thorarinn in Steinhütte? Er hatte drei Söhne, baumstarke Männer; sie waren kaum erwachsen, da gingen sie weg, zur See, einer ertrank, und zwei landeten in Amerika. Schrieben sie auch nur ein Zettelchen an ihre Mutter, letztes Frühjahr als ihr Vater starb? Nein, rein gar nichts, sie schickten ihr nicht einmal ein Zweikronenstück zum Trost in ihrem Kummer, und jetzt haben sich die alte Frau und ihre Tochter beim Pfarrer als Instleute einlogiert.« Einar in Unterleite nahm an, daß es ihm so ähnlich gehen würde, jedenfalls hatte er zwei seiner Söhne aus den Augen verloren, und der dritte war ihm über den Kopf gewachsen.

Doch Krusi auf Kluft meinte, es wäre doch ein leichtes, Kinder zu haben; im Vergleich zu alten Leuten zähle das garnicht, niemand glaubt, wieviel die Alten essen, sein Vater starb fünfundachtzigjährig vor einem Jahr. »Und wie ihr wißt, ist es mir gegen einen Steuernachlaß auferlegt worden, meine Schwiegermutter zu versorgen. Sie ist jetzt zweiundachtzig. Und so kindisch ist die Alte, daß wir vergangenen Sommer ihretwegen auf unsere Geräte aufpassen mußten, denn sie war darauf versessen, sie zu verstecken.« (»Eine so tüchtige Frau, der die Arbeit nie aus der Hand fiel«, murmelte Thordur in Unterkaten.)

»Ihr habt nichts zu befürchten, Jungens«, sagte Thorir auf Kluftwiesen, der Vater jener Steinka, die den Winter zuvor im elterlichen Hause unversehens ihren Vater zum alten Mann gemacht hatte, »die Söhne kommen zurecht, wo sie auch landen, und wenn auch die alten Leute unglaublich lange durchhalten, so kommt es doch immer dahin, daß sie schließlich einmal abkratzen. Aber die Töchter, Jungens; sie stiften solchen Unfrieden, wie ich ihn in diesen schweren Zeiten niemand gönne. Oder glaubt ihr vielleicht, daß sie sich noch mit wollenen Strümpfen begnügen, mit selbstgestrickten aus guter Flaumwolle? Nein, sie wollen das ganze Jahr weiter nichts als Flatzkerei und Zank und Streit.«

Der Bergkönig: »Manch einer hat aber doch Freude an seinen Töchtern; es ist doch etwas anderes, wenn sich etwas Freies und Frohes im Hause bewegt.«

»Ja, was ist das schon für eine Freude! Gibt man ihnen nicht die Hände voll Geld, damit sie es im Marktflecken rausschmeißen können, dann verlangen sie, daß sie sich verdingen dürfen, und am liebsten nach Reykjavik, alles andere kommt nicht in Frage. Und wenn man auf beides nicht eingeht, dann suchen sie einfach Zank und Streit zu Hause. Es fängt damit an, daß sie Strümpfe aus reiner Baumwolle tragen wollen, der reinste Schund und Betrug; und für diesen Dreck, der nicht warm hält, werfen sie das Geld zum Fenster raus; lang genug ist es, dieses verdammte Zeugs, daran fehlt es nicht, soviel muß es schon kosten, daß es bis oben in den Schritt reicht, aber wenn dann eine Masche läuft, was ist dann? Zu meiner Zeit war es vollständig ausreichend, wenn ein Frauenstrumpf gerade knapp über das Hosenbein ging, und dennoch waren viele Mädchen eine durchaus gute Partie; auch waren die Weibsleute damals nicht so unruhig, und vielleicht hob man die Röcke nicht so hoch, wie heutzutage.«

»Ja, wie dem auch sei«, sagte der Bergkönig, »man kann doch auf keinen Fall abstreiten, daß heutzutage weniger Stoff für die Röcke gebraucht wird als früher.«

Thorir: »Und womit hört es auf? Ich habe es aus zuverlässiger Quelle, daß es jetzt Baumwolle nicht mehr tut, jetzt soll sich eine sogar Seidenstrümpfe besorgt haben.«

»Seidenstrümpfe?«

»Ja, sage und schreibe Seidenstrümpfe, nicht mehr und nicht weniger als Strümpfe aus schierem Seidenfaden. Ich kann sie mit Namen nennen: es ist die jüngere Tochter des Pfarrers, die, die voriges Jahr in Reykjavik war.« (»Och, das ist sicherlich erfunden«, murmelte Thordur in Unterkaten entschuldigend in seinen Bart.)

»Ja, wenn man auch vieles an meiner Steinun aussetzen kann, so ist sie doch nicht verlogener als andere; sie behauptet und kann es beeiden, daß sie sie bei ihr gesehen hat. Zuerst hören die Frauen aus Zimperlichkeit und Schwächlichkeit mit den wollenen Hosen auf, dann kommen schritthohe Baumwollstrümpfe, die kosten bald soviel wie ein Lamm – von dem ganzen anderen Krimskrams nicht zu reden. Dann wird unten von den Röcken abgeschnitten, und wenn die Unruhe erst diese Stufe erreicht hat, dann dauert es natürlich nicht mehr lange, bis die Seidenstrümpfe in Mode kommen, und dann gibt's wahrscheinlich überhaupt keine Röcke mehr.« (Thordur in Unterkaten: »Ich habe mir seit sieben Jahren keine Hosen mehr kaufen können.«) »Und was haben sie dann davon? Die Schwindsucht ist das wenigste. Doch wenn es in der Nation kein ehrliches Denken und keine ehrbaren Frauen mehr gibt, wo steht sie dann? Da wird manch altem Vater der Rücken krumm, wenn er für all diese Unmoral aufkommen soll.«

Jemand warf ein, daß die drei Pfarrerstöchter sich nicht schlecht entwickelten.

Thorir: »Ja, es ist doch wohl etwas anderes, wenn man das Jahr damit beginnt, daß man fünfzehnhundert Kronen aus der Staatskasse für nichts ausbezahlt bekommt, sage und schreibe für rein gar nichts, bloß für die verdammten Schrullen. Solche Leute sind nicht die Allgemeinheit.«

Thordur in Unterkaten: »Ich denke mir, es stimmt nicht, daß er fünfzehnhundert ausbezahlt bekommt. Man hat es ihm wohl nur versprochen.«

Thorir: »Ich bleibe dabei.«

»Och, er hat auch seine guten Seiten, der Alte«, sagte Bjartur da, denn er hörte es nicht gern, wenn über den Pfarrer schlecht gesprochen wurde, »schöne Böcke hat er, der Kerl, wenn er auch studiert hat. Und lieber möchte ich einen seiner Böcke als alle seine Töchter, auch wenn ich fünfzehnhundert Kronen dazubekäme. Doch nebenbei bemerkt: Was habt ihr da unten über die Fleischpreise diesen Herbst gehört?«

Der Bergkönig teilte die Nachrichten mit, die ihm darüber zu Ohren gekommen waren, doch sie waren recht unsicher, wie es bei Preisnachrichten zu sein pflegt. Da erklärte Hrollaugur auf Quellen, Pächter auf einem der Grundstücke des Gemeindevorstehers, unumwunden, daß er seine Schafe wie bisher an Jon auf Moor verkaufen würde; an ihn mußte er sowieso die Pacht entrichten, und den Rest zahlte er in barem Geld aus, der Alte, das mußte man ihm lassen. Und obgleich seine Preise schlecht wären, so sei doch ein Spatz in der Hand besser als zwei auf dem Dach, und da unten sehe man nie Geld für etwas, dort gebe es nur Schulden.

Bjartur stritt nicht ab, daß es interessant sein könnte, ab und zu einmal Geld zu Gesicht zu bekommen, doch wenn es sich darum handle, wo man Schulden haben sollte, dann sei es doch besser, mit Bryne zu tun zu haben – wer bei Geschäften mit dem Gemeindevorsteher in erster Linie Geld zu sehen bekomme, das sei der Gemeindevorsteher selber. Der Gemeindevorsteher sei ein Künstler darin, mit denen Geschäfte zu machen, denen Bryne kein Konto einrichten wolle, und hier zu Hause zahle er zwei Drittel von dem, was Bryne in Fjord biete. »Und was bekommt er für Lebendgewicht in Wiek im Süden? Wenigstens das Doppelte von dem, was Bryne bietet. Er lieferte für sein Konto Hunderte von Schafen, wo andere Dutzende lieferten, und in der Wieker Handlung bestimmte er selbst den Preis für sich.«

»Och, es stimmt wohl nicht ganz, daß er das tut«, sagte Thordur in Unterkaten, der nie sehr viel auf einmal glaubte.

»Und das Risiko ist groß. Und es ist teuer, Leute zu mieten, die das Vieh den ganzen Weg über Berg und Tal nach Süden treiben. Und oft gibt es unterwegs Verluste.«

Hingegen wollte der Bergkönig behaupten, daß es für viele ein Glück sei, bei Bryne ein Konto eingerichtet zu bekommen. Bryne sorge immer dafür, daß seine Leute zu essen hätten. Ob einer sagen könnte, daß er jemandem den Kredit gesperrt hätte, dem er einmal sein Vertrauen schenkte? »Es ist wahr, er zahlt in diesen schweren Zeiten nicht gern in bar, und es gab viele Jahre, in denen man in den Bauernsiedlungen kein Geld zu sehen bekam, und mit Genußmitteln knausert er, das ist wahr, doch daß er seine Leute direkt Mangel leiden läßt, das ist selten vorgekommen, ausgenommen unvermeidlichen Mangel, zum Beispiel im Frühjahr.« Überdies war der Bergkönig der Ansicht, daß bei weitem nicht alles vom Geld abhänge. »Viele prächtige Menschen sind zu Ehre und Ansehen gelangt, ohne jemals Geld gemacht zu haben. Nebenbei bemerkt«, fügte er zur Bekräftigung seiner Worte hinzu, »der Bezirksvorsteher hat mich auf dem Thing im Frühjahr gefragt, ob ich nicht einen zuverlässigen Mann vorschlagen könnte, der zum Hilfshundereiniger geeignet wäre.«

»Das ist recht«, sagte Bjartur. »Es geht nicht an, die Hunde zu vernachlässigen, und wie du sicher erfahren hast, habe ich auf meiner Hochzeit im Frühling gelobt, meinen Hund selbst zu kurieren, wenn sie von deiner Dreckmixtur nicht sauber werden.«

»Es ist überhaupt nichts an dem, was einem zu Ohren kommt«, verwahrte sich der Bergkönig mit Amtsmiene, »daß die Hundemedizin, die ich direkt vom Bezirksarzt erhalten habe, auf die eine oder andere Weise verdorben oder gefälscht ist. Hingegen ist es wahr, daß kein einziger Mensch es bei seiner Seligkeit beschwören kann, daß jeder einzelne Hund in dieser ganzen Schar die Medizin auf richtige Weise einbekommt. Und deshalb ist der Bezirksvorsteher der Ansicht, daß ein zweiter vertrauenswürdiger Mann zu meiner Unterstützung bei dieser Arbeit entweder fest oder vorläufig eingestellt werden sollte.«

Die Bauern stimmten darin überein, daß hier wirksame

Maßnahmen unbedingt notwendig wären, denn sogar auf Außen-Rotenmoor hätte sich im vergangenen Frühjahr die Drehkrankheit bemerkbar gemacht.

»Ja, ich muß mir die Sache überlegen«, sagte der Bergkönig mit gleichbleibendem Verantwortungsgefühl. »Es ist eine wichtige Arbeit, obwohl sie nicht gerade angenehm ist, wie Heilverfahren überhaupt. Und sie erfordert einen guten Mann. Es könnte sehr wohl sein, daß es mir gelingt, aus dem Bezirksvorsteher einen durchaus angemessenen Tagelohn für den künftigen Gehilfen bei dieser Arbeit herauszupressen. Doch gegenwärtig bin ich nicht ermächtigt, etwas zu versprechen.«

»Ja, ich schlage den Gemeindevorsteher auf Außen-Rotenmoor vor«, sagte Bjartur, dem es schwerfiel, diesen Gemeindevorsteher aus seinen Gedanken auszumerzen. »Soweit ich sehen kann, wäre er ein durchaus annehmbarer Hilfshundereiniger.«

Doch stießen weder Scherz noch Ernst dieses Vorschlages bei seinen Gästen auf nennenswerten Widerhall; in schwermütigem Spott verzogen sie nur ein klein wenig das Gesicht und rümpften die Nase.

In diesem Augenblick brachte Rosa den Kaffee; sie hatte nur wenige Tassen, so daß man in zwei Partien trinken mußte.

»Ihr braucht nicht zu befürchten, Jungens, vom Sahnekaffee in Sommerhausen Magenschmerzen zu bekommen«, sagte Bjartur. »Aber mit Bohnen ist nicht gespart.«

»Sollte man nicht die dänische Sahne probieren«, sagte der Bergkönig, holte eine Taschenflasche aus seiner Brusttasche und zog den Korken heraus. Auf die starren, ausdruckslosen Gesichter der Bauern rings um ihn trat ein warmes Lächeln.

»Ich habe es von jeher gern, wenn ich meinen Bekannten in den Bergen eine Freude bereiten kann«, sagte der Bergkönig. »Wer weiß, ob nicht meine Bekannten mir dann wieder eine Freude in der Siedlung machen.« Und während er Branntwein in ihren Kaffee goß, fügte er hinzu: »Die kleinen Leute hatten in den letzten Jahren schwere Steuerlasten zu tragen, wie euch bekannt ist; doch es könnte dahin kommen, daß diejenigen, die wenig abzugeben haben, einen Interessenvertreter im Gemeinderat bekommen. Sprechen wir jetzt nicht mehr davon.«

»Nehmt von den Schürzkuchen, Jungens«, sagte Bjartur, »und spart ja nicht mit den verdammten Stücken Zucker. Gieß unserm Bergkönig wieder ein, Rosa.«

»Jaja, Jungens«, sagte der Bergkönig, als sie mit dem Branntwein in Gang gekommen waren, »etwas ist euch sicher über der Sense eingefallen im Sommer, wenn er auch unbeständig war.«

»Ja, jetzt paßt es gut, eine kunstvolle Strophe zu hören«, sagten die Männer.

»Ja, mit mir ist es nun so«, sagte Einar, »wie alle wissen, gebe ich mich nicht damit ab, kunstvoll zu dichten, wie es genannt wird. Bei dem wenigen, was ich gelegentlich zusammengefügt habe, versuche ich, mich an die Wahrheit zu halten.«

Es war kein Geheimnis, daß Bjartur die Dichtkunst Einars nicht hoch einschätzte, denn er war mit alten Dichtformen aufgewachsen und hegte von jeher Verachtung für Psalmendichtung und moderne Gedichte wie auch jeglichen wertlosen Gedankenflug. »Mein Vater«, sagte er, »war ein großer Reimerzähler und konnte gut dichten, und ihm verdanke ich, daß ich in jungen Jahren die Verskunst kennenlernte, und dabei bin ich geblieben, trotz aller modernen Denkweise der großen Dichter, wie zum Beispiel der Frau auf Außen-Rotenmoor. Ich erbte die Reimerzählung meines seligen Vaters, ich besitze sieben, und das muß ich sagen, damals gab es Genies im Lande, das waren Kerle, die die Versformen nicht durcheinanderwarfen; es gab Männer, die nur vier Reime in der Strophe brauchten, aber man konnte auch ihre Kunststrophen auf achtundvierzig verschiedene Weisen aufsagen, und jedesmal hatten sie Sinn. Sie verfielen nicht in diesen Gedichtstil, der erfüllt ist von Trauer und Herzleiden und nichtigen Seelenergüssen, und sie überließen es den Pfarrern, die Psalmen zu dichten. Jene Männer bangten und zagten nicht; nehmt zum Beispiel die Reimerzählungen von Ulfar mit diesen niedlichen Völkerschlachten, von denen eine heißer als die andere war; da gab es Helden, die vor den Weibern nicht auf dem Bauch krochen wie diese heutigen Liebesdichter, doch wenn sie Kunde hatten von einer berühmten Frau, und wäre es in einem fremden Erdteil, da wurde nicht lange gefragt; in Kampfeslust brachen sie auf und unterwarfen Länder und Völker und türmten Leichenhaufen höher als die Berge.«

Sie stritten sich ständig über die Dichtkunst, ohne sich einig zu werden. Der eine hielt sich an die alte Dichtkunst und den Heldengeist, während der andere das Menschliche und das Göttliche verehrte, und wegen des Streits um die Richtungen wurde nie etwas daraus, daß sie dort, wo beide zugegen waren, ihre Gedichte vortrugen. »Diejenigen, die sehr kunstvoll dichten, laufen eher Gefahr, sich mit ihrer Dichtung zu brüsten, als jene, die zu ihrer Gemütserheiterung dichten«, meinte Einar in Unterleite. Hingegen sagte Bjartur in Sommerhausen, er habe sich nie für einen großen Dichter gehalten; doch schwächere Dichtungen als ringgereimte Vierzeiler anzuhören, das, sagte er, ließe er sich nicht bieten. »Und wäre ich Dichter«, sagte er, »dann ließe ich nur solche Strophen von mir hören, in denen alle Silben durch Reime verbunden sind.«

Jetzt bemerkte der Bergkönig, daß die Dichter über dem Branntweinschluck heftig wurden, und da hier weder Zeit noch Gelegenheit war, solche Probleme auszudiskutieren, beeilte er sich zu vermitteln und sagte: »Ich hoffe, daß ihr einem Mann wie mir, der nie einen Vers zusammengebracht hat, verzeiht, wenn ich mich in diese Wissenschaft einmische. Ich würde vorschlagen, daß in der Dichtung immer der Mittelweg zwischen der Wahrheit und dem Reim eingehalten wird, das heißt, daß man nur das reimt, wozu man auch stehen kann, und daß man keine Wahrheit sagt, die sich nicht reimt.«

»Die Wahrheit, die sich nicht reimt«, sagte Bjartur, »das ist keine Wahrheit. Der Reim ist eine Wahrheit für sich, wenn er richtig ist.«

»Eine solche Einstellung habe ich nie verstehen können«,

sagte Einar in Unterleite, »und ich bin erstaunt, solche Worte von einem so scharfsinnigen Mann zu hören. Denn Reim bleibt immer Reim. Und Wahrheit ist Wahrheit.«

Doch Olafur in Obersttal, der, wenn man auf Dichtkunst zu sprechen kam, nie bei der Sache war und der mehr zu wissenschaftlichen Überlegungen und besonders zu schwerverständlichen Dingen in der Wissenschaft neigte, konnte sich nicht enthalten, sich an dieser Morgengesellschaft irgendwie zu beteiligen, wenn auch nur mit wenigen – er, der sich ständig Fragen vorlegte und über unlösbare Probleme nachgrübelte.

»Jaja, viel Komisches gibt es im Kuhschädel«, sagte er und kam in die Unterhaltung wie ein Dieb in der Nacht. »Jetzt sagen sie, daß Ostern im nächsten Jahr auf einen Sonnabend fällt.«

Die Männer waren über diese Neuerung eine Weile sprachlos.

»Sonnabend?« wiederholte schließlich der Bergkönig und überlegte. »Das kann nicht stimmen. Ostern fällt immer auf einen Sonntag.«

»Ja, das war schon immer meine Ansicht«, sagte Olafur in Obersttal triumphierend. »Doch ich habe es zweimal im Almanach des Vereins der Volksfreunde gelesen. Und dort steht, daß Ostern auf einen Sonnabend fällt.«

»Das muß ein Druckfehler sein«, sagte der Bergkönig.

»Ein Druckfehler im Almanach? Nein, das ist ausgeschlossen. Als ob sie das wagen würden! Mir ist aber etwas anderes eingefallen. Soviel ich mich erinnern kann, habe ich es bei Sira Gudmundur in einem alten Buch gelesen, als ich vor einigen Jahren dort übernachtete. Und da stand, daß die Sonne in einem gewissen Zeitabschnitt langsamer zu wandern beginnt. Und wenn das richtig ist, dann muß notwendigerweise die Zeit währenddessen rückwärts gehen. Wenigstens ein klein wenig. Und in der Bibel wird an einer Stelle berichtet, daß die Sonne stillgestanden hätte.«

»Lieber Olafur«, sagte Bjartur. »Laß das bloß keinen hören, daß du das für glaubhaft hältst. Man sollte sich hüten, zu glauben, was man in Büchern liest. Ich sehe Bücher nie als

Wahrheit an, am allerwenigsten die Bibel, denn niemand ist imstande, Einfluß auf das zu nehmen, was in Büchern steht. Sie können lügen, was sie nur wollen, wenigstens gegenüber denen, die nicht dabeigewesen sind. Wenn es zum Beispiel richtig wäre, daß die Zeit rückwärts geht, dann könnte es damit enden, daß Ostern auf Weihnachten fällt.«

»Ja, ich halte mich einfach daran«, sagte der Bergkönig, »daß die Geschichte erzählt, Jesus Christus sei am Sonntagmorgen auferstanden. Folglich muß Ostern weiter auf einen Sonntag fallen, ob nun die Zeit rückwärts oder vorwärts geht.«

»Das weiß ich nicht«, sagte Bjartur da, »wann er auferstanden sein mag; oder wer war zur Stelle, um es zu bezeugen? Ein paar Frauen, nehme ich an; Herzleiden bei Frauen hat viel zu bedeuten, oder auch nicht. Zum Beispiel war vor ein paar Jahren eine Erntearbeiterin aus Reykjavik auf Außen-Rotenmoor; sie glaubte, sie wäre auf ein ausgesetztes Kind gestoßen, dort in den Geröllhalden, zur Abendzeit während der Heuernte, und es hätte geschrien. Und was, meint ihr, ist es gewesen? Es war natürlich ein wildernder raunzender Kater.«

»Nun, Jungens«, sagte der Bergkönig, der ungern verwickelte Diskussionen über abseitige Gegenstände auslösen wollte, »da fällt mir ein, weil Bjartur von wildernden Katern sprach: was habt ihr euch wegen der Füchse im Herbst gedacht?«

»Es ist zweierlei«, sagten sie, was man denkt und was man unternimmt. Ob man nicht versuchen sollte, mit dem Gemeindevorsteher zu sprechen?«

»Och, meint ihr, der Gemeindevorsteher für seine Person gerät in Schwierigkeiten mit Reineke«, sagte Bjartur. »Zwanzig Fuchsfelle verkaufte er voriges Jahr nach Reykjavik. Und er bekam sie gut bezahlt.«

Sie befürchteten, daß trotzdem der Fuchs bei den kleinen Leuten weiter Schafe reißen würde, und sie verfluchten ihn eine Weile in verschiedenen Tonarten; er hatte im vorigen Herbst gerissen und würde im Herbst bestimmt wieder reißen. Der Bergkönig zog mit Amtsmiene etwa folgenden

Schluß: es bestünde kein Zweifel darüber, daß er einer der schlimmsten Feinde der Nation wäre. Und der alte Mann aus dem Unterkaten beschloß dieses Kapitel der Unterhaltung, indem er feststellte: »Er riß voriges Jahr. Er riß im Frühjahr. Und er reißt wieder im Herbst.«

Der Kaffee war ausgetrunken, und der Bergkönig drückte den Korken wieder in die Flasche und steckte sie ein; es war jetzt schafhell.

»Jaja«, sagte er und stand auf. »Oft bin ich hier auf die Heide gekommen, doch nie so wie jetzt. Ein verdammter Unterschied. Der wird einem bei schlechtem Wetter an Wintertagen erst richtig aufgehen. Das war eine großartige Bewirtung. Jetzt sollte man dazu aufgelegt sein, hinter den lieben Schafen herzulaufen.«

Aber Bjartur wollte seiner Gastfreundschaft den Anschein einer recht geringen Sache geben. »Doch die Hauptsache«, sagte er, »auf die ich immer Kurs genommen habe, das ist die Unabhängigkeit. Zu Hause in seiner Hütte ist man doch stets ein unabhängiger Mensch. Ob man lebt oder umkommt, das geht keinen etwas an, nur einen selbst. Und gerade darin meine ich, besteht die Unabhängigkeit. Dieser Freiheitsdrang, er liegt im Blut; jeder, der eines anderen Untertan gewesen ist, begreift es.«

»Ja«, sagte der Bergkönig, »ich verstehe es. Die Isländer sind eine Unabhängigkeits- und Freiheitsnation. Island wurde anfangs von freigeborenen Edlen besiedelt, die lieber für sich leben und sterben wollten als einem fremden König dienen. Es waren Männer vom gleichen Schlag wie Bjartur. Bjartur und seinesgleichen sind die freigeborenen Isländer, auf die sich isländische Unabhängigkeit und isländisches Volkstum in der Vergangenheit gründete und in Gegenwart und Zukunft gründen wird. Und Rosa macht sich hier im Tal nicht schlecht heraus, so rundlich habe ich sie noch nie gesehen. Wie fühlst du dich hier im Heidetal, Rosa?«

»Es ist natürlich ungeheuer frei«, sagte sie und schniefte.

»Ja«, sagte der Bergkönig, und sein Branntwein gab ihm jetzt die Einstellung eines Großbauern: »Wenn der Geist, der diese jungen Eheleute durchdringt, die junge Generation durchdringen würde, sowohl Männer wie Frauen, dann brauchte die Nation auch nicht besorgt in die Zukunft zu blicken.«

»Jaja«, sagte der alte Thordur in Unterkaten, »ich muß wohl daran denken, auf dem abgeklapperten Heubandsgaul loszutapsen.«

Er stand so hinfällig und verhutzelt am Lukenrand, nach einem langen Leben mit wenigen Gedanken, daß man schwerlich umhinkonnte, auch zu ihm etwas zu sagen. Also klopfte ihm der Bergkönig ermutigend auf die Schulter und sagte: »Ja, mein lieber Thordur, unser aller Leben, das ist nun einmal eine Art Lotterie.«

»Was?« sagte der alte Mann stumpf und verstand diesen Vergleich nicht, denn er hatte nur an einer Lotterie teilgenommen, und das war vor Jahren, als die Frau auf Außen-Rotenmoor das Stutfohlen für die Lotterie zugunsten des Kirchhofsfonds spendete. Und die Sache ging so aus, daß der Gemeindevorsteher selbst die Stute gewann.

»Papa«, sagte die Frau, nachdem sie mit hinaus auf die Hoframpe gegangen war, »sieh zu, daß du dich heute nacht in der Treiberhütte gut einmummelst.«

»Ich weiß wahrhaftig nicht, wieso ich da oben in den Bergen und Einöden hinter den wildgewordenen Schafen herjage, wo ich über siebzig und kaum mehr Manns genug bin, mich zu Hause auf der Hoframpe um mich selbst zu drehen«, sagte er und legte dem Pferd die Zügel über.

Die Männer brachten ihre Hunde auseinander, die sich auf der Hoframpe balgten; das Schaf stand noch angepflockt am Rand der Hauswiese und sah blökend dem Verhalten von Hunden und Menschen zu. Der alte Mann küßte seine Tochter, kletterte dann in den Sattel, und sie hielt ihm währenddessen den Steigbügel; auf dem Sattel hatte er ein Stück schwarzes Schaffell als Polster und Schutz. Sie streichelte seinem Pferd die Nase, dem alten Glaisir, dem guten Gaul, an den sie sich zurückerinnern konnte bis zu der Zeit, als er noch ein Fohlen war, und wie lustig es damals auf dem Gehöft war; das war vor achtzehn Jahren, und alle Kinder waren zu Hause in Unterkaten, auch die, die jetzt in der weiten Welt verschollen sind. Und plötzlich war Samur da, erschöpft von der Balgerei, und er erkannte sie, vergaß sogleich den eben beendeten Streit, sprang an ihr hoch, winselte vor Freude über das Wiedersehen, und sie konnte es nicht unterlassen, nach Bauchstücken vom Fisch ins Haus zu laufen, um sie dem Hund ihres Vaters zu geben.

»Ich würde dich bitten, mir Samur heute nacht zu meiner Beruhigung zu leihen, Papa, wenn ich nicht wüßte, daß die Schafe vorgehen müssen«, sagte sie. »Mir ist, als ob ich an dem Schaf wenig Trost und Hilfe habe, das er bei mir zurücklassen will.«

In diesem Augenblick kam Bjartur mit Blesi am Zügel, er küßte seine Frau flüchtig und gab ihr Aufträge für die Zeit seiner Abwesenheit, schwang sich in den Sattel und rief Titla. Und die Treiber ritten vom Gehöft. Sie blickte ihnen nach Osten über das Wiesenmoor nach, ihr Vater ritt hinter den anderen, saß gebeugt im Sattel und schlug mit beiden Beinen, der alte Glaisir war in den Morasten so schwerfällig.

11

Spätsommernacht

Etwas später fing es an zu regnen, erst eine Weile ganz sacht, doch der ganze Himmel war verhangen, und nach kurzer Zeit fielen die Tropfen stärker und schwerer. Es ist der Regen des Herbstes, der die Welt mit seinem schweren Rauschen erfüllt, einem Rauschen, das in seiner Trostlosigkeit an unendliche Wasserfälle jenseits der Welt erinnert, er bedeckt mit seinem Grau den ganzen Himmel, legt sich kraft seiner kalten, leidenschaftslosen Grausamkeit beklemmend über die Gegend, unveränderlich und eintönig, gleichmäßig, gleichmäßig, über den ganzen Bezirk, über das verdorrte Moorgras, über den gesprenkelten See, die eisengrauen Schotterfelder, den pechschwarzen Berg hinter dem Gehöft, jede Aussicht versperrend. Und das schwere hoffnungslose Rauschen dringt in jede Ritze des Hauses, liegt dumpf in den Ohren, umschließt Fernes und Nahes, wie eine ereignislose Geschichte aus dem Leben selbst, ohne Rhythmus und ohne Melodie, nur unwiderstehlich in ihrer Weite und Breite, überwältigend. Und hier döst das kleine Haus mit einer herzkranken Frau auf dem Grund des abgrundtiefen rauschenden Regenmeers.

Sie hatte Strümpfe zum Ausbessern vorgesucht, hatte dann jedoch keine Lust zu irgendeiner Arbeit, saß nur am Fenster, hypnotisiert von dem lähmenden Rauschen, und starrte stumpf hinaus in die graue Dunkelheit des Tages. Wie ein Kind beobachtete sie, wie sich vom hereinsickernden Wasser Lachen auf dem Fensterbrett bildeten. Doch später am Tage kam Wind auf; er peitschte den Regen in großen Böen vor sich her wie Herden; diese Regenherden brausten dampfend weiß das Wiesenmoor herauf, formten sich wie stürzende Wogen, stiegen, fielen oder brachen.

Das Schaf auf der Hauswiese hatte aufgehört zu blöken und hatte sich vom Pflock so weit entfernt, wie der Strick es zuließ; es stand mit dem Hinterteil gegen den Wind, den Kopf am Boden, die Hörner stießen in die Luft. Zuerst bedauerte die Frau das Schaf, daß es allein von allen Schafen des Gebirges das Mißgeschick hatte, hier festgehalten zu werden. Sie beschloß, es unter Dach zu bringen. Das Schaf wollte weglaufen, als es die Frau herankommen sah, doch der Strick begrenzte die Flucht; die Frau ergriff den Strick und tastete sich daran entlang, bis die das Schaf hatte, packte es an den Hörnern, nahm es zwischen die Beine und zog es ins Gehöft, ließ es unten in dem finsteren Haus los und schloß ab. Das Schaf fühlte sich im Gehöft nach kurzer Zeit nicht mehr wohl; als es das meiste Wasser aus seiner Wolle geschüttelt hatte, begann es im Haus hin und her zu rennen, und als es herausgefunden hatte, daß es hier nicht herauskommen würde, fing es an zu blöken; es hallte im Gehöft wider. Die Frau wollte ihm Gastfreundschaft erweisen und brachte ihm Wasser, aber das Schaf nahm es nicht; da bot die Frau ihm Heu, aber es rührte es nicht an, es lief verängstigt vor der Frau weg, blieb in einer Ecke stehen und sah sie mißtrauisch mit im Dunkeln grün funkelnden Augen an, stampfte auf den Boden, als wollte es ihr drohen. Schließlich bot die Frau ihm

Fisch und Brot an; doch als alles nichts nutzte, gab sie es auf; das Schaf aber fuhr fort, gellend und angstvoll zu blöken.

So ging es bis zur Dämmerung. Die Frau kochte sich Brei und aß ihn; da war es schon dunkel, doch sie konnte sich nicht entschließen, das Feuer ausgehen zu lassen, es war so naßkalt, und an zwei Stellen sickerte unter einer Dachsparre Wasser durch, außerdem waren keine Kerzen im Haus, im Licht aber wohnt die Sicherheit des Menschen, und dem zunächst in ein wenig Glut, die man nicht erlöschen läßt. Sie saß lange am Herd und ließ die Herdtür halb offenstehen, damit sie ins Feuer blicken konnte; sie begann üppig zu leben und kochte sich Kaffee vom Geschenk ihrer Mutter und aß Zucker vom selben Geschenk, fünf Stück statt eins, denn es war Zucker, der ihr selbst gehörte. Sie trank den Kaffee langsam, Tasse auf Tasse, und blickte ständig in die Glut, um die Ängste der Nacht von sich fernzuhalten, die darauf lauerten, ihr unter die Haut zu schleichen und durch den Rücken zu schlüpfen; sie reihte Erinnerung an Erinnerung und fühlte sich den und jenen Augenblick nahezu wohl. Endlich war das Schaf verstummt; es hatte sich im Haus unten hingelegt. Der Wind war stärker geworden, das Rauschen des Regens verwandelte sich allmählich in immer kräftigere Sturmböen; es bullerte am Fenster, die Windstöße wirbelten unruhig ums Gehöft. Jetzt war es schon so spät geworden, daß die Frau es kaum wagte, sich vom Herd zu rühren, da ihr die Finsternis rundherum gespenstisch vorkam; sie zog die Füße an und barg die Hände auf der Brust; sie hatte das Gefühl, jemand würde sie fassen, wenn sie sie ausstreckte. Sie versuchte, zu ihrem Schutz in Gedanken so fest wie möglich bei ihren Erinnerungen zu bleiben. Doch als sie lange so gesessen hatte und es ihr sogar gelungen war, ihre Angst zu vergessen, da wollte das Schaf nicht mehr liegen, es stand auf und begann mit frischen Kräften in der Finsternis unten zu blöken, gellend, durchdringend. Es war, als hätte es plötzlich Angst bekommen, als hätte es jemand plötzlich brutal aufgescheucht; eine Weile war es, als würde es verfolgt, es lief scheu von einer Ecke in die andere; zweimal blieb es stehen und stampfte, schnob jemanden an – wen? Hoffentlich war da niemand.

Schließlich schlich sich die Frau an die Luke und sagte: »Schäfchen, keine Angst haben.«

Doch sie bekam Herzklopfen, als sie ihre Stimme in dem dunklen, menschenleeren Haus hörte; außerdem kannte sie ihre eigene Stimme nicht wieder, sie kannte keine so seltsame Stimme. Und da steht die Frau an der Luke, und auf einmal ist die Furcht vor dem Unheil dieser Nacht Wirklichkeit, es durchfährt sie ein lähmender Schauer, vom Nacken den Rücken hinunter, wie ein rasender Schmerz: Es war jemand unten im Haus, jemand, der das Schaf angriff, es mit feindlichen Griffen packte, ihm die Kehle abdrosselte, so daß sein Blöken abbrach, es gegen die Wand schleuderte – jemand, etwas –, bis es wieder zu blöken anfing, verängstigter, verzweifelter als je zuvor.

Nein, die Frau fiel nicht in Ohnmacht, sondern sie tastete unwillkürlich nach mehr Reisig, um es nachzulegen; das Reisig war ihre einzige Hoffnung, sein Glühen, sein blaues, knisterndes Feuer, unter keinen Umständen durfte das Feuer ausgehen. »Nein, es ist hoffentlich nichts gewesen«, sagte sie und steckte die Zweige mit tauben Fingern in den Herd.

Jemand, etwas; hoffentlich nichts. Sie hatte sich fest vorgenommen, ihre Gedanken beim Betrachten des bißchen Glut auszuruhen, beim Feuer ihres kleinen Heims, bei dem Feuer, das für das Ideal der Unabhängigkeit brennt, das Ideal der Freiheit. Gespenster gab es nicht, erst recht nicht Kolumkilli, es gab nur den guten Gott der Freiheit auf der Heide, den Gott, der den Menschen über die Hunde erhebt (vielleicht). Wer weiß, ob sie nicht selbst nach dreiundzwanzig Jahren Gemeindevorstehersfrau sein würde, wie die Frau auf Außen-Rotenmoor? Das Leben ist eine Art Lotterie, wie der Bergkönig zu ihrem Vater gesagt hatte – der gute alte Mann, sollte er wirklich keine Lungenentzündung in dieser Lotterie bekommen, mit siebzig Jahren heute nacht draußen in der Treiberhütte zu liegen, nein, sie wollte nicht daran denken, durfte nicht an das Böse denken, sondern an das Gute und Schöne, oh, schön ist unsere Heimaterde, ja, sie ist schön. Die Frau hatte lange, lange nicht zu singen versucht, doch jetzt sang sie dieses schöne Gedicht in der Finsternis vor dem

Feuer, es war das erstemal, daß sie hier auf der Heide sang, doch als es darauf ankam, konnte sie ihre Stimmbänder einem so schönen Lied nicht anpassen; wie sie sich auch anstellte, sie fand die Melodie nicht, sondern rang nur nach Luft, ihre halberstickte Stimme glitt bei jedem Ton aus, und je länger sie sang, um so rascher schlug ihr Herz aus Angst vor der eigenen Stimme, nie ist ein patriotisches Lied mit so viel Gefühl gesungen worden. Und das Schaf blökte in gleicher Angst das seine durch ihren Gesang hindurch; nie ist ein patriotisches Lied so klangvoll gewesen.

Bä – ä – ä.

Zuletzt war das Blöken des Schafs untermischt mit einem irren, röchelnden, keuchenden Ton; die Frau zweifelte sogar allmählich daran, daß es das Schaf selbst sein konnte; es war kein Blöken mehr, es waren jämmerliche Klageschreie; war das Gespenst vielleicht dabei, es zu Tode zu quälen? Es rumorte und spektakelte weiter mit kurzen Unterbrechungen, etwas faßte an die Stiege und tobte an den Türen, es knarrte in allen Balken, dann trat eine Pause ein, mit Ausnahme der Sturmböen am Fenster und des Herzschlags der Frau – sie hoffte schon, daß jetzt der Ansturm vorbei, das Schaf verstummt wäre; doch als ihr Herzschlag sich wieder beruhigte, da gab es plötzlich einen harten Schlag an die Haustür, daß es im Hause widerhallte, der Ansturm begann von neuem mit Gepolter und Gedröhn, als ob es das Unterste zuoberst kehren wollte, mit Fall und Sturz, Rasseln und Donnern. Zuerst dachte die Frau, es wäre der Berg, dann dachte sie, das Gehöft würde an der Giebelseite eingerissen, doch dann wurden keuchende Schreie ausgestoßen, und da begriff sie, daß das Tier gewürgt wurde. Die Frau hielt sich, zitternd vor Furcht, am Bettpfosten fest; wieder und wieder sprach sie ohne Sinn und Verstand den Namen Gottes und des Erlösers, wie ein Mensch, der im Sterben betet. Endlich begann sie, mit größter Vorsicht die Oberkleider auszuziehen, wagte jedoch nicht, sich ganz auszukleiden, denn mit jeder Bewegung riskierte sie, die unsichtbaren, in der Finsternis verborgenen Schrecken zu wecken. Sie kroch unter das Oberbett, und die beste Beruhigung fand sie darin, sich so fest zuzudecken, daß kein

Luftzug an sie herankam; sie zog das Bett über den Kopf. So lag sie lange, sie zitterte am ganzen Körper, das Herz tat ihr weh; keine Erinnerung konnte sie mehr trösten, die Angst ist stärker als das ganze Glück des Lebens zusammengenommen; sie versuchte, ihre Hoffnung an die ferne Morgendämmerung zu knüpfen, denn der Mensch sucht immer nach etwas Tröstlichem; und diese Hoffnung auf Trost, selbst wenn es keinen Ausweg mehr gibt, ist ein Zeichen dafür, daß er lebt. Die Nacht ist nie so finster und lang, daß nicht die Menschen ihre Hoffnung an ferne Morgendämmerungen knüpfen.

So zitterte sie in ihrer Angst lange, lange. Schließlich befiel sie eine wirre Schläfrigkeit, die in Wirklichkeit weder Schlaf noch Ruhe war. Es war wie eine schwere Reise, die man wider Willen macht, durch eine Welt ohne Länder, ohne Zeit, wo sie von neuem den unwahrscheinlichsten Ereignissen aus der Vergangenheit begegnete, und Leuten, die sie früher gekannt hatte. Das Unnatürlichste an diesen Gesichten war, wie deutlich sie waren, wie unheimlich genau; sie hörte wieder den schleppenden Ton einer längst vergessenen Stimme, einer Stimme, die nie etwas zu sagen hatte; sie sah wieder eine Falte in einem Gesicht, das ihr stets gleichgültig gewesen war. Jedes Gesicht, das vor ihrem inneren Auge auftauchte, suchte sich wie Knochenfraß in ihr Bewußtsein zu graben. Zum Beispiel sah sie vor sich Bilder ihrer Gäste vom Morgen zuvor mit solcher Eindringlichkeit, daß es an vollkommene Unverschämtheit grenzte. Diese Bilder, die sie je nach dem Grad ihrer Schärfe und Genauigkeit in Schrecken versetzten, suchten sich in ihr Bewußtsein einzubrennen, so daß sie unauslöschlich blieben: sie saßen hier im schläfrigen Zwielicht des Morgengrauens mit diesen halberstarrten Gesichtern, wie Tote, die wir aus Träumen kennen; sie kommen zu einem und tun, als ob sie leben, und doch weiß man im Traum, daß sie tot sind, denn man war vor langer Zeit bei ihrer Beerdigung. Ihr schwermütiges, unglückliches Grinsen war das Grinsen von Toten. Ihre Gesprächsthemen, absonderlich in ihrer Trostlosigkeit, waren die Gesprächsthemen von Toten; ihre Maske war wie eine halbgefrorene dünne Haut über dem Entsetzen jener Verdammnis, die sie verschlungen hat; und keinem Menschen, der seine Sinne beisammen hat, kommt der Gedanke, daß sie jemals Großbauern werden könnten. Bjartur hatte einmal davon gesprochen, daß er nach dreiundzwanzig Jahren Gemeindevorsteher sein würde. – »Doch wo bin ich dann?« fragte die Frau. Ihr Vater hatte auch Großbauer werden wollen, vielleicht Gemeindevorsteher, er hatte eine Kornmühle angeschafft und im Bach aufgestellt, doch wo lag er heute nacht? Heute nacht lag er mit siebzig Jahren in der Einöde, gichtbrüchig, unsicher auf den Beinen, mit Schmerzen in der Brust, und die Kornmühle stand grasbewachsen im Bach. Wo waren die Schafsknochen der Kinder aus dem Unterkaten, ihre Schafe, Kühe und Pferde? In ihrer Jugend hatte sie ihre Hoffnung an vorgestellte Schafherden geknüpft, an Kühe mit langen Zitzen und großen Wammen und an frohe Roßherden mit schönen Zuchthengsten, die sie selbst oben im Gebirge besaß, und sie hatte davon geträumt, ebenso talentiert und poetisch wie die Gemeindevorstehersfrau zu werden und in einem feinen Haus zu wohnen. Wo wohnte sie jetzt? Wo waren ihre Herden, wo ihre Talente? Sie besaß ein einziges Schaf und konnte kaum schreiben. Als Kind an der Mühlenhütte ihres Vaters war sie reich gewesen, da waren ihre Hoffnungen Kühe, ihre Träume romantische Pferde. Dieser Bach daheim hatte seine Musik. Diese Mühlenhütte, die nie eine Mühle war, sie hatte ihre besondere Seele, so daß nichts im Leben später einer solchen Seele gleichkam; sie sah noch die Beinknochen und die Kiefer auf dem Bachrand an der Hütte, und ihre Muschel, die ihr Vater am Meer gefunden hatte, sie hatte diese Muschel gern gehabt, es war ein Kleinod, wertvoller als die Kostbarkeiten der Welt, keines der Geschwister hatte mit ihrer Muschel spielen dürfen – »was mag aus meiner Muschel geworden sein?«

Bä – ä – ä.

Auf einmal riß sie das durchdringende Blöken des Schafs aus ihren Träumen; im Schrecken des Aufwachens nahm es in ihren Ohren unglaubliche Töne an, ihr kam es vor, als wäre das Schaf umgebracht worden und jetzt nach drei Stunden mit des Teufels Hilfe von den Toten auferstanden. Dieses heisere, unterirdische Blöken, es konnte ganz und gar nicht von einer Kreatur kommen; es waren die Schreie der gepeinigten Seelen, von denen in Gottes Wort die Rede ist, alle Teufel und Unholde der Heide hatten sich in diesem einen Schaf vereinigt, um zu schreien; die Wiedergänger friedloser Menschen; Kinder, die man unter einem flachen Stein in der Schutthalde zurückgelassen hatte; arme Leute, denen der Hals abgeschnitten wurde wegen des Marks in ihren Knochen; Papisten, die sich gegen Gott und Jesus auflehnen und sich nur danach sehnen, alles Lebende mit sich hinab in die Vernichtung zu ziehen. So verging diese Nacht.

Endlich getraute sich die Frau, unter dem Deckbett hervorzulugen, und siehe da, es war ein matter Schimmer in der Stube; sie entdeckte zu ihrer unbeschreiblichen Erleichterung, daß die Nacht bald zu Ende war; nach allem kann es also doch so kommen, daß der Tag anbricht, selbst nach den schrecklichsten Nächten. Der Wind hatte sich gelegt, doch der Regen fiel weiter, umfing alles fern und nah mit seinem schweren, unablässigen Rauschen. Und das Schaf blökte weiter. Doch je heller der Schimmer in der Stube wurde, um so mehr veränderte sich die Stimmung der Frau, die ohnmächtige Verstörtheit der Nacht unterlag dem Mut des aufsteigenden Tages. Schließlich war es so hell geworden, daß sie keine Angst mehr vor dem Tier hatte. Sie haßte es. Sie betrachtete es als ihren Feind. Jedes weitere Blöken war Öl ins Feuer. Koste es, was es wolle, sie würde das Gespenstermaul des Schafs schließen – sie wartete nur darauf, daß der Tag höher heraufzog, damit ihr Mut vollkommen wurde; dann konnte sie nichts mehr daran hindern, über das Tier herzufallen und seine Niederlage herbeizuführen, ihm auf irgendeine Weise das Leben zu nehmen; auf welche Weise auch immer. Schließlich hielt sie es nicht länger aus und sprang aus dem Bett. Sie hielt es nicht einmal für nötig, sich die Oberkleider anzuziehen, sondern ging mit nackten Armen in der Stube umher, mit halbentblößter Brust, bleich vor Schlaflosigkeit, mit funkelnden Augen, wild. Im Halbdunkel des Morgens tastete sie unter dem Firstbalken umher und zog dort unter einer Sparre die in ein Stück Sack gewickelte

Sense Bjarturs hervor, wickelte sie aus, hielt sie gegen das Fenster, besah die Schneide, probierte ihre Schärfe an ihrem Haar. Dann ging sie nach unten. Das Schaf lief im Stall scheu von Wand zu Wand, und die Frau lief ihm nach und stolperte über Geräte und Seilbündel, die in dem nächtlichen Tumult heruntergefallen waren; sie hatte keine Angst mehr, keinerlei Bedenken konnten sie mehr in dem Entschluß wankend machen, den sie gefaßt hatte, und nach einigem Hin und Her gelang es ihr, das Schaf zu packen. Von einem geknüpften Seil band sie ein Ende ab und zog das Schaf auf die Steinplatte vor der Tür. Das Schaf stemmte sich gegen und schnob mit aufgesperrten Nasenlöchern. Sie zog es die Hauswiese hinunter, hinunter zum Bach, dorthin, wo er in die Moorwiese läuft. Dort legte sie es hin, so daß der Kopf nach dem Bachrand zu lag. Sie band ihm den Strick fest um die Beine. Es war hell genug zur Arbeit.

Sie übereilte sich in keiner Weise, strich die Wolle von den Backen des Schafs wie ein geübter Schlächter; doch jetzt ahnte das Tier seinen Tod, es zitterte unter den Händen der Frau, schrie mit offenem Maul, aufgesperrten Nasenlöchern, tobte heftig in seinen Fesseln. Jede Empfindsamkeit und jedes Erbarmen lag der Frau in diesem Augenblick fern, sie setzte sich rittlings auf das liegende Schaf, versuchte seinen Körper zwischen ihre Beine zu klemmen, und schließlich bekam sie es so fest, daß sie glaubte, sie könne ihm jetzt die Sense an den Hals legen. Die Sense war kein besonders gutes Schlachtmesser, denn obwohl das Blatt scharf war, war sie unhandlich, daß man gut aufpassen mußte, damit man sich nicht selbst verletzte; sie mußte sie mit beiden Händen anfassen, und dabei verlor sie den Kopf des im Todeskampf liegenden Schafes aus dem Griff. Doch durch diese Schwierigkeit ließ sie sich keineswegs hindern, sie hackte und sägte weiter in den Hals des Schafes, heiße Blutstrahlen spritzten ihr ins Gesicht, ihre Hände schwammen in Blut, und allmählich schwächte der Blutverlust das Schaf so, daß es aufhörte zu kämpfen; es hob nicht einmal mehr den Kopf, röchelte nur mit offenem Maul. Endlich traf die Frau das Halsgelenk. Sie drückte die Schneide tiefer und tiefer, ein wollüstiger Krampf durchfuhr das Tier, wie es da zwischen die Beine der Frau geklemmt lag, zuletzt wackelte nur noch der Schwanz. Da stand das Halsgelenk so weit offen, daß das weiße Rückenmark zu sehen war; sie schnitt das Rückenmark durch, noch einmal durchlief ein kurzer Schauder das Schaf, dann war es tot. Dann trennte die Frau den Kopf vom Rumpf und ließ das Blut aus dem Stumpf in den Bach tropfen; es war ein bißchen Blut im Gras. Die Frau hockte sich an den Bach, wusch sich Hände und Gesicht im Strahl des Wasserfalls und wischte die Sense sorgfältig mit Moos ab. Sie schauderte vor Kälte, und sie war erschöpft, fast stumpf; sie machte sich über ihre Tat weiter keine Gedanken, wankte zurück zum Gehöft, um sich anzuziehen, und setzte sich auf ihr Bett, ihre Erregung hatte sich gelegt, ihre Triebe waren befriedigt, und nach der Entspannung befiel sie eine angenehme Müdigkeit im Morgengrauen; sie lehnte sich zurück, zog sich die Decke über die bloßen Schultern und war eingeschlafen.

Es war heller Tag, als sie wieder wach wurde; was hatte sie geträumt? Sie strich sich über Gesicht und Augen, um den Vorhang zwischen Schlafen und Wachen zu zerreißen, um Traum und Wirklichkeit voneinander zu trennen; sie hatte von der Frau auf Außen-Rotenmoor geträumt, sie fühlte, daß sie etwas vollbracht hatte, was die ganze Gemeinde anging, sie meinte, daß sie der Frau auf Außen-Rotenmoor den Hals durchgeschnitten hätte. Doch als sie aus dem Fenster blickte, erinnerte sie sich, daß sie nur ein Schaf getötet hatte, das sich nichts anderes hatte zuschulden kommen lassen, als in der nächtlichen Einsamkeit wenigstens ebensoviel Angst wie sie selbst zu haben. Sie hatte jedoch keine Gewissensbisse wegen ihrer Tat. Sie war nur sehr erstaunt. Sie verstand sie wirklich nicht, die Frau, die am Morgen aus diesem Bett gestiegen war, unausgeschlafen, mit einer Sense wie der Tod. Sie zog sich an, legte ein Kopftuch um und war dieselbe Frau wie gestern, nur hatte das Schaf aufgehört zu blöken. Ihr war sofort klar, daß es nun darauf ankam, die Spuren dieser Tat vor Bjartur zu verwischen. Als sie hinunter an den Bachrand kam, wo das Schaf ohne Kopf lag, stieß sie es mit dem Fuß an, und es war ein geschlachtetes Schaf. Geschlachtet? Jede Faser ihres

Körpers erwachte bei dieser Feststellung zu erwartungsvoller, freudiger Gier – das waren nicht nur Innereien, das war auch Fleisch. Fleisch. Jetzt begriff sie endlich, was sie getan hatte: sie hatte sich etwas zu essen geschlachtet. Der sommerlange Traum, der höchste und heiligste Traum hatte sich erfüllt.

Das Wasser lief ihr im Munde zusammen, ihren Körper durchdrang wonniger Hunger, ihre Seele wurde von den beglückenden Vorzeichen der Sättigung erfüllt. Jetzt galt es, das Schaf schleunigst auszunehmen und einen Topf aufs Feuer zu setzen. Sie suchte ihr Taschenmesser hervor und wetzte es mit zwei Schleifsteinen; dann begann sie das Schaf herzurichten. Sie hatte zwar eine solche Arbeit noch nie selbständig ausgeführt, doch war sie oft auf dem Schlachtplatz gewesen und kannte den Vorgang in den Hauptzügen. Sie nahm die Eingeweide nach bestem Wissen auseinander, trennte den Talg ab, achtete darauf, daß die Galle nicht auslief, spülte den Magen im Bach. Als das meiste getan war, wartete sie nicht länger, sondern lief in das Gehöft und setzte einen Topf auf. Sie stopfte die Speiseröhre voll Talg, machte mit dem Blättermagen eine Wurst, steckte dies alles dann samt Herz und Nieren in den Topf. Nach kurzer Zeit duftete das ganze Gehöft nach kochenden Innereien. Und während sie im Topf brodelten, machte sie das Schaf ganz fertig und beseitigte die letzten Spuren der Schlachtung, so daß selbst die Raben nichts finden konnten; sie band den Dickdarm an den Türpfosten, schlitzte ihn auf und säuberte ihn, zerlegte den Rumpf mit dem Beil und salzte ihn in einer Kiste ein.

Dann war das Essen gar.

Vielleicht ist noch nie ein so leckeres Mahl auf dem besten Tisch eines Großbauernhofs serviert worden wie das, zu dem sich jetzt die Frau auf der Heide in ihrer Hütte niedersetzte. Zum mindesten hat kein Leckerbissen je eine so heilige und ursprüngliche Freude in Körper und Seele des Essers hervorgerufen, seit den Tagen Gudmundurs des Mächtigen bis auf den heutigen Tag, wie die Freude, die der unbeschreibliche, fettig-salzige Geschmack der getalgten Speiseröhre dieser Frau bereitete, das weiche, fleischige Herz des jungen Tieres, das mürbe, zarte Fleisch der Niere mit seinem eigentümlichen Geschmack und die dicken Leberwurststücke frisch aus dem Kochwasser, die vor Fett troffen; sie trank die fette, gesunde Brühe mit. Sie aß und aß, lange, lange, mit einer Gier, als würde sie nie satt werden. Es war ihr erster glücklicher Tag in ihrer Ehe. Danach kochte sie sich Kaffee vom Geschenk ihrer Mutter und aß viel Zucker. Nach der Mahlzeit befiel sie wiederum eine angenehme Müdigkeit, sie saß zuerst am Herd, hielt die Hände im Schoß und ließ den Kopf auf die Brust sinken; als sie merkte, daß sie sich nicht mehr aufrecht halten konnte, legte sie sich wieder in ihr Bett und schlief ein. Und schlief lange.

12

Medizin

Bjartur kam am Abend des vierten Tages mit seinen Schafen nach Hause, und am nächsten Morgen war er schon wieder mit vielen anderen Bauern aus der Siedlung unten verschwunden, um Schafe zum Marktflecken zu treiben. Er hatte beim Hochweideabtrieb annehmbare Ergebnisse erzielt und trieb zwanzig Jungschafe in den Marktflecken, zwölf davon als Rate für die Grundstücksschulden an den Gemeindevorsteher; für den Rest durfte er beim Kaufmann einen Sack Roggenmehl, Klippfisch, ein paar Pfund Weizenmehl, Kaffee, Zucker und Hafermehl sowie ein wenig Schnupftabak entnehmen. Er brachte auch die Eingeweide seiner zwanzig Schafe nach Hause, und da er kein Pferd besaß, mußte er dreimal zum Marktflecken laufen, um alles zu holen, schlief wenig, war Tag und Nacht unterwegs. Er wollte lieber drei Reisen machen, wo die Großbauern eine machten, als sich Transportschulden aufladen. Wenn er von den Nachtreisen abgekämpft nach Hause kam, von dem schweren Regen des Herbstes bis auf die Haut durchnäßt, von den nassen Wegen bis an die Knie mit Lehm bespritzt, dann konnte er sich nur wundern, wie wohl und frisch seine Frau aussah; sie war wie die Mohrrübe, die am besten im Herbst gedeiht, und sie dachte nicht mehr an Gespenster, sondern hatte das Schaf losgelassen, das er ihr zur Gesellschaft dagelassen hatte.

Nichtsdestoweniger hatte Bjartur beim Besuch des Arztes an sie gedacht, denn er wußte, daß Herzleiden eine hartnäckige Krankheit ist, die in verschiedenen Formen immer wieder ausbrechen kann, und Vorsicht ist besser als Nachsicht. Er zog ein Fläschchen mit Pillen aus der Tasche, das er von Finsen, dem Arzt, geholt hatte, und gab es seiner Frau.

»Es soll Kraft darin stecken«, sagte er, »man soll nicht wenig Wissenschaft in sie hineingesteckt haben, wie in die Hundemedizin. Sie sollen alles Innere in Gang halten, so daß man nicht einmal einen Anfall zu befürchten braucht; es ist ein Elixier darin, das alle unreinen Säfte zerstört, sie beheben jeden Druck in den Gedärmen und geben dem Blut eine ganz besondere Lebenskraft.«

Die Frau nahm das Geschenk und wog es in der Hand.

»Und was, meinst du, habe ich dafür gegeben?« fragte er.

Das wußte die Frau nicht.

»Was, meinst du, hat der alte Finsen gesagt, als ich bezahlen wollte? ›Reden wir nicht von dieser Kleinigkeit, lieber Bjartur; bei seinen Parteifreunden rechnet man nicht so genau‹, sagt der Kerl. ›Was‹, sage ich, ›noch nie war ich so hochgestellt, daß man mich zu den Parteifreunden eines Arztes gerechnet hätte, ein alleinarbeitender Bauer im ersten Wirtschaftsjahr‹, sage ich. Da sagte er: ›Nebenbei bemerkt, lieber Bjartur, wo standen wir eigentlich bei den letzten Wahlen?‹ – ›Ja, wo wir standen‹, sage ich; ›sollte der Althingsabgeordnete nicht selbst am besten wissen, wo er stand? Was aber mich selbst betrifft, so stand ich da, wo ich stehe, daß ich es nämlich für baren Unsinn und eine Marotte halte, wenn Knechte und Kleinbauern sich mit der Regierung abgeben; denn ich meine, und alle können das an sich selbst sehen, daß die Regierung für die Großen und nicht für die Kleinen ist und bleibt; und die Kleinen werden dadurch nicht größer, daß sie sich mit den Großen abgeben wollen.‹ Da sagt der Alte wie von Mann zu Mann ungefähr das: ›Da hast du nicht ganz recht, lieber Bjartur, denn die Regierung ist in erster Linie für das Volk. Und wenn das Volk nicht zu wählen versteht, geschweige denn richtig zu wählen, da kann es passieren, daß verantwortungslose Männer in die Regierung kommen, und daran müssen wir denken, nicht zuletzt diejenigen, die nur wenig besitzen.‹ – ›Ja‹, sage ich, denn ich hatte keine Lust, mich mit dem Alten zu streiten, ›du bist so gelehrt, lieber Finsen, und deswegen ist es so, wie ich es immer gesagt habe, wir hier im Bezirk können uns glücklich preisen, einen solchen Mann der Wissenschaft wie dich zu haben, der uns auf dem Althing vertritt.‹ Denn das muß man ihm lassen, dem Alten, gelehrt ist er, mit diesen feinen Arzthänden und dem Gold an seiner Brille. ›Doch ich bin es gewohnt‹, sage ich dann, ›für alles, was ich kaufe, zu bezahlen; es ist nun einmal meine Ansicht, daß die Freiheit und die Unabhängigkeit des Menschen darin besteht, niemandem etwas zu schulden, sondern sein eigener Herr zu sein, und deswegen möchte ich Sie, lieber Finsen, bitten, sich nicht zu genieren, für die verdammten Pillen da etwas zu verlangen, denn ich weiß, es sind gute und gesunde Pillen, die aus Ihrer Hand kommen!‹ Aber es war ganz gleich, was ich dem Alten sagte, von Geld durfte man nicht sprechen – ›wir denken im Herbst nur aneinander, damit wir uns zur rechten Zeit am rechten Ort zur Wahl einfinden‹, sagt er, ›denn jetzt sind schwere Zeiten‹, sagt er, ›jetzt sind ganz außergewöhnlich ernste Zeiten, und dem Althing liegen viele schwierige Dinge vor, und es gehören besonnene Männer dazu, für all dies eine Lösung zu finden und das Volk vor untragbaren Lasten zu bewahren und für die Unabhängigkeit des Landes zu kämpfen!‹ Und dann steht er auf, der Ehrenmann, und klopft mir auf die Schulter und sagt: ›Bitte, grüße deine Frau recht schön von mir und sage ihr, daß ich ihr diese Pillen zur Probe schicke, es seien den Umständen nach die sichersten Pillen für die Körpersäfte und besonders gut geeignet, das Herz zu stärken!‹«

Die Dichterin

Im Herbst kamen oft Gäste nach Sommerhausen, denn aus der Siedlung unten führte der Weg zum Marktflecken durch das Tal hinauf, täglich gingen lange Züge von Packpferden an den Flußufern entlang und nahmen Richtung nach Osten auf die Fjordheide; die Großbauern ritten nach vorn und nach hinten und überließen es ihren Knechten, auf die Packpferde aufzupassen. Manchmal kamen die Großbauern mitten in der Nacht betrunken von unten, weckten Bjartur und seine Frau und sprachen viel und laut, von Dichtkunst und Weibergeschichten, deklamierten lauthals ringgereimte Spottverse, sangen patriotische Lieder, zotige Verse und parodierten Psalmen; sie amüsierten sich die ganze Nacht, bis sie sich auf den Fußboden erbrachen und im Bett der Eheleute einschliefen. Auch Bauersfrauen auf ausgezeichneten Paßgängern kamen angeritten, sie schwenkten vom Wege ab und ritten über die Lämmerwiese, nur um schnell einmal ihre liebe, gute Rosa in Sommerhausen zu küssen. Unter ihnen war die Frau des Gemeindevorstehers auf Außen-Rotenmoor selbst, sie war auch unterwegs zum Marktflecken auf ihrem Soti; sie hatte einen Reitrock an, der so weit war, daß die halbe Gemeinde darin Platz zu haben schien; unter dem Damensattel eine gestickte Decke, und ein Reithut, und ein Schleier; den Schleier hob sie bis mitten auf die Nase und küßte ihre Liebe, Gute. Die gnädige Frau erwies Rosa die Ehre, bei ihr vier Tassen Kaffee zu trinken; sie durfte in ihre Gefäße gucken, meinte, daß der Salzfisch bis Weihnachten und das Mehl bis Neujahr reichen würde, wenn sie sparsam damit umginge, sagte, daß die Neusiedlerbewegung, die sich jetzt in der Nation ausbreite, eine herrliche Bewegung sei. Es sei die Bewegung der Besiedler Islands. Sie sagte, auf diese Bewegung gründe sich das Glück der Nation, in der Zukunft nicht weniger als in der Vergangenheit. Diese Bewegung heiße private Initiative, und nur sie allein könne gewisse ungesunde Bewegungen überwinden, die an der Küste im Schwange seien und darauf abzielten, den Menschen zu den Hunden hinabzuziehen, sowohl geistig wie körperlich. Sie sagte, sie halte diejenigen, die das Bauernland verließen, für verlorene Menschen; ihrer harre nur Verderbnis; wie kann sich nur ein gesunder Mensch einfallen lassen, die lieben Blumen zu verlassen, die in den Tälern wachsen, oder die blauen Gipfel, die des Menschen Herz zum Himmel erheben? Diejenigen, die sich ein Stück Land nehmen, das sind die wahren Helfer Gottes, sie stärken und kräftigen das Leben selbst, das Schöne und Gute. Auf den Talbauern gründet sich Wachstum und Gedeihen des isländischen Volkstums in Vergangenheit, Gegenwart und Zukunft.

»Ja«, sagte Rosa, »es ist gut, unabhängig zu sein, die Freiheit geht über alles.«

Dieses zu hören gefiel der Dichterin wahrhaftig; hier war die rechte Einstellung, weder die Pracht des städtischen Lebens noch sein Protzentum konnten sich mit einer solchen Gesinnung vergleichen. Hier ist eine Frauenseele, die ihre Augen zu den Höhen des Ideals erhebt und sich durch das Gespensterunwesen nicht beeinträchtigen läßt; auch gibt es den Spuk hier auf der Heide nur in häßlichen, seit dem Altertum von ängstlichen und unaufgeklärten Schwächlingen erdichteten Volkssagen. Sie sagte, der Kaffee der Heidebäuerin wäre einfach herrlich, doch besonders beneide sie sie um diese kleine Stube, wo sie in einem Augenblick alles übersehen könnte, was sie zu tun hätte; das war etwas anderes, als sich mit diesen großen Häusern abplacken zu müssen, keiner kennt die schlaflosen Nächte, die einem ein großes Haus bereitet. Sie sagte, daß sie nicht mehr und nicht weniger als dreiundzwanzig Zimmer in ihrem Haus hätte, wie Rosa es aus ihrer Dienstzeit in diesem Haus bezeugen könnte, und über zwanzig Leute hätte sie in ihrem Heim, Leute jeden Alters und mit vielerlei Charakteren, wie das nun einmal so ist. Tag und Nacht, sagte die Dichterin, müsse sie sich um andere Leute kümmern, mehr oder minder zuverlässige Dienstboten kontrollieren, Zwistigkeiten schlichten, Licht und Wärme über das gemeinsame Leben auszustrahlen versuchen. »Das wahre ländliche Glück liegt nicht darin, ein großes Haus zu haben, sondern ein kleines Heim, ein kleines Stück Land, ein kleines Gehöft. Und warum? Das will ich dir sagen, meine Liebe. Es ist, wie unser großer Dichter sich ausdrückt: Weil dort die Eheleute anderen und sich zur Freude gereichen. Dann kommen die lieben Kinder, und das ist nicht von Nachteil. Wann erwartest du dein Kind, meine Liebe, wenn ich fragen darf?«

Bei dieser unerwarteten Frage wurde die Heidebäuerin sehr verlegen, schlug die Augen nieder und fand keine Antwort. Doch als die Frau des Gemeindevorstehers sie befühlen wollte, da sprang sie auf, als wäre das etwas Unzüchtiges, und wich zurück; dann blickte sie sie mit einem seltsamen Ausdruck an, mit einer plötzlichen Wildheit mitten in der angenehmen Unterhaltung; es war nicht vorauszusehen, wie das ausgehen würde; war es Furcht, oder Haß, oder nur leidenschaftslose Ratlosigkeit, oder all dies auf einmal? Eines sagte dieser Blick unverhohlen, nämlich dies: Rühr mich nicht an. Auch lag so etwas wie ein Ausdruck der Überheblichkeit gegenüber der Gemeindevorstehersfrau in ihren Augen, den man wiederum so auslegen konnte: Hab keine Furcht, daß ich jemals bei dir Zuflucht suche.

Wie es auch die Mutter Ingolfur Arnarsons aufgefaßt haben mag, eines war sicher: sie wurde ein wenig verwirrt, ließ das Thema fallen, war jedoch in einer Verlegenheit, einen neuen Unterhaltungsstoff zu finden; sie vermied es, der jungen Frau erneut ins Gesicht zu blicken, sah zum Fenster hinaus, doch leider lag eine Wolkendecke über den Blaubergen, so daß sie nicht darauf hinweisen konnte, wie die Berge ihre Gipfel zum Himmel erhoben. Sie war sogar so verdutzt, daß sie im Augenblick vergaß, der Heidebäuerin ihre Hilfe für die Gegenwart und die Zukunft anzubieten. Es endete damit, daß sie sich keinen besseren Rat wußte, als zu erklären, im Leben käme es darauf an, daß der Mensch sich selber finde. Ein Sinnspruch, und sie war wieder im richtigen Fahrwasser. Daran konnte sie nicht zweifeln, daß die Eheleute hier auf der Heide sich selbst gefunden hätten – »ich habe bemerkt, daß arme Leute stets glücklicher sind als die sogenannten reichen Leute, die es in Wirklichkeit nicht gibt.

Denn was sind reiche Leute? Das sind Leute, die einen großen Umsatz haben und nur die Sorgen behalten, falls alles aufgerechnet würde, und die genauso arm die Welt verlassen wie die anderen, nur daß sie mehr Sorgen um das leibliche Wohl und weniger Lebensfreude gehabt haben. Ich für mein Teil sage, daß jede Öre, die wir zusammenkratzen, für den Lohn der Leute draufgeht, und es ist jetzt schon das vierte Jahr, daß ich davon träume, mir ein neues Mieder zu nähen, doch ich sehe noch nicht die geringste Möglichkeit dazu.«

»Jaja«, sagte die Heidebäuerin uninteressiert.

»Man möchte vielen helfen«, sagte die Frau, »aber man muß in diesen schweren Zeiten leider Gottes öfter an sich halten, als es sein sollte.«

»Wir haben genug von allem hier auf der Heide«, sagte Rosa.

Diese Erwiderung freute die Gemeindevorstehersfrau außerordentlich, auf eine solche Einstellung gründete sich die Unabhängigkeit der Nation. »Ich weiß nicht«, sagte sie bedeutungsvoll, »ob es dir bekannt ist, liebe Rosa, daß im Gemeinderat viele Jahre lang dagegen opponiert wurde, daß mein Mann deinem Bjartur dieses Land verkaufte. Wie du vielleicht weißt, ist er Jahr für Jahr meinen Mann darum angegangen. Aber im Gemeinderat behaupteten sie, Bjartur würde nie imstande sein, eine Frau zu versorgen, und würde sich vielleicht in einem verfallenen Katen auf der Heide viele unversorgte Kinder anschaffen; sie sind es in letzter Zeit so gewohnt, daß die Leute mit der ganzen Familie in die Armenfürsorge kommen. Und die Zahlungsfähigkeit der wenigen, die etwas vermögen, ist geringer als nichts; die Steuern, die auf uns, den sogenannten gutsituierten Leuten, lasten, werden mit jedem Jahr unerträglicher. Aber dann, gegen Ende des Winters, fing man zu Hause auf Moor an, über Bjartur und dich zu reden, und um diese Zeit fand eine Gemeinderatssitzung bei uns statt, und da war ich es, die auftrat und sagte: Macht euch keine Sorgen um Bjartur. Wenn die Tochter meines guten Thordur in Unterkaten nicht die Frau ist, sich auf der Heide selbst zu finden und Bjartur zu helfen, sich selbst zu finden, so gibt es nur eins, was ich mit

Sicherheit weiß, und das ist, daß ich in eigener Person sofort auf der Stelle Armenfürsorge beanspruchen kann. Denn wenn es in der Gemeinde Moor einen zuverlässigen, tüchtigen Mann gibt, dann ist es mein lieber Thordur in Unterkaten, der gute alte Mann, der jedesmal immer der erste in der Gemeinde ist, der seine Steuern bezahlt – mir ist, als sehe ich ihn all diese Jahre vor mir, wenn er mit dem Geld in der Tasche zu meinem Mann kommt und seine Mütze unter den Stuhl legt und seine Börse aus zwei Taschentüchern wickelt, einem roten und einem weißen –, das sind Leute, die nicht auf andere angewiesen sind. Nun, und Bjartur kenne ich wie mich selbst, er ist kein Spekulant und kein Geldmacher und kein Kriecher, er ist ein tüchtiger und solider Mann, der keinem etwas schuldig bleiben will. Solche Leute fallen der Gemeinde nicht zur Last. Solche Leute sind der Kern im Leben der Nation.«

Rosa erwiderte nichts. Es hatte sich gerade um jene Zeit zugetragen, daß die Gemeindevorstehersfrau dieses ihr Dienstmädchen an einer bestimmten Stelle des Hauses antraf, wo sie sie am allerwenigsten vermutete, und zu einer Tageszeit, die am ehesten Verwunderung hervorrief. Und der jungen Frau entging nicht, daß die Gemeindevorstehersfrau etwas über die Gleichgültigkeit enttäuscht war, die sie an den Tag legte, als sie erfuhr, welch großen Anteil jene daran hatte, daß Bjartur das Stück Land kaufen durfte. Kurz danach stand die Besucherin auf, küßte ihre Gute, Liebe zum Dank für den Kaffee, zog den Schleier unter das Kinn und bestieg ihren Soti.

14

Abschied

Nach dem zweiten Hochweideabtrieb schlachtete Bjartur ein altes Mutterschaf für die eigene Wirtschaft und pökelte es in einem Faß ein. Er bestimmte, daß dieses Fleisch an Sonntagen und anderen Feiertagen im Winter als etwas Besonderes aufgetischt werden sollte; doch an manchen Sonntagen kam es vor, daß er von diesem alten Schaf plötzlich einen zarten Bissen bekam, und dann machte er die Bemerkung, das Schaf wäre ungewöhnlich wenig zäh. Doch als bei der zweiten Suche das junge Mutterschaf Goldbraue nirgends zum Vorschein kam, da blieb es nicht aus, daß er wegen dieses Schafs unruhig wurde und auf verschiedene Hypothesen gestützte Vermutungen äußerte, wo es geblieben sein könnte. Er hielt es für das wahrscheinlichste, daß es, durch das Angebundensein wild geworden, nach Süden in die Blauberge gerannt war und sich so jeder Kontrolle entzogen hatte. Er fragte seine Frau oft danach, wo sie es zuletzt gesehen hätte, und die Frau hatte dann nur gesehen, daß es im Wiesenmoor verschwunden war.

Dann kam die dritte Suche, und Bjartur in Sommerhausen hatte alle seine Schafe aus den Bergen zurückbekommen bis auf dies eine, das kam ihm nicht mehr geheuer vor, es legte sich merkwürdig schwer auf sein Gemüt. Es war die alte Geschichte vom verlorenen Schaf.

»Dieses Prachttier«, sagte er; »dieses herrliche Geschöpf; dieses stolze, schönbehörnte, lendenbreite Schaf; diese festfleischige, blitzscheue Sira-Gudmundur-Rasse; dieser harte, mißtrauische Blick, der sich nie an den Menschen gewöhnt; stets sind sie in den Bergen wie Prinzessinnen, solchen Eindruck machen sie; doch es ist keine Scheu, die in die Irre führt, sondern eine, die das Beste sucht und findet.«

Und wenn er des Abends schlafen ging, dann sagte er: »Ach, ich möchte heute nacht von meiner Goldbraue träumen.«

»Du glaubst doch nicht an Träume, Bjartur«, sagte die Frau.

»Ich glaube, an was ich will«, sagte er unwirsch. »Ich glaube an alles, was einen vernünftigen Hinweis enthält, aber ich glaube nicht an die Träume, die zu Herzleiden und Stumpfsinn führen.« Er drehte sich mürrisch zur Wand.

Eines Morgens, als er aufwachte, war sein Wunsch in Erfüllung gegangen.

»Ich habe das Gefühl, daß es lebt und noch in bester Verfassung ist«, sagte er. »Ich träumte, daß ich es in einer kleinen niedrigen Schlucht vor mir sah, wo das Gras noch nicht verdorrt ist; ja, wenn ich mich nur daran erinnern könnte, wo es war, mir war ganz so, als ob ich die Schlucht kannte und schon einmal dort war, doch wie ich es auch anstellte, ich konnte nicht die Anhöhe hinaufgelangen, um mir die Lage zu merken. Doch ich möchte fast glauben, daß es in der Nähe der warmen Stellen südlich der Blauberge war. Aber das Schaf kannte ich. Es war Goldbraue und kein anderes.

»Jaja«, sagte die Frau und gab ihm zum Brot eine Rippe des Schafes, von dem er gerade geträumt hatte; sie war vom vorigen Sonntag übriggeblieben.

Es war schon spät im Herbst, Schneematsch hatte die Herbstregen abgelöst, die Berge bekamen Schneekappen, die Hochflächen waren weißgrau von Schnee, ebenso der Hofberg bis hinunter zur Mitte der Schutthalden. Es gab noch keine Unwetter, und in den Siedlungen hatten die Schafe noch Weide; man hatte die Jungschafe noch nicht eingestallt, die Schafe Bjarturs gingen westlich in seinem Land zusammen mit den Schafen von Außen-Rotenmoor. An manchen Tagen war Sonnenschein, und der Schnee taute vom Hofberg, nur auf der Schattenseite der Schluchten blieb er liegen.

»Für meine Goldbraue scheint heute die Sonne, wo sie auch sein mag«, sagte der Bauer.

Dann begann es ernstlich zu frieren. Eines Morgens hatten die Riedgrastümpel im Wiesenmoor eine weiße Eisrinde, das abgestorbene Gras war bereift. Auch hatte der Hofbach kleine Eisränder bekommen, und darunter spielten quecksilbrige Luftblasen. Wie klar war doch der kleine Hofbach der Eheleute, wie er da zwischen den durchsichtigen Rändern einherhüpfte; die Frau stand am Ufer, sie betrachtete ihren kleinen kalten Bach und lauschte auf sein Strömen. Ihr Kind würde an diesem Bach aufwachsen, wie sie am Hofbach daheim.

Da sagte Bjartur: »Jaja, meine Liebe, mach mir jetzt Proviant für drei Tage fertig, ich möchte zum Spaß hier nach Süden auf die Heide wandern.«

Es war Mitte November.

»Laß diesen Unsinn«, sagte die Frau. »Ich bin sicher, daß das Schaf irgendwo hineingeraten ist.«

»Hineingeraten?« wiederholte Bjartur tief beleidigt. »Meine Goldbraue? Die Sira-Gudmundur-Rasse? Wie eine Hungerkrücke? Ich glaube, du bist nicht bei Trost, Frau.«

»Ob es nicht vielleicht die Schafspest bekommen hat?« sagte die Frau.

»Nein«, sagte er. »Es hat nicht die Pest bekommen. Ich antworte nicht auf dummes Zeug.«

»Es ist schon Winter, Mann, und jederzeit kann schlechtes Wetter kommen«, sagte sie.

»Och, ich bin schon früher hier auf der Heide spazierengegangen, auch wenn es später im Winter war, und das für die Schafe anderer Leute, und keiner hat mich bedauert. Ich brauchte auch kein Bedauern.«

»Du denkst vielleicht nicht sehr an mich.«

»Och, drinnen im Bau ist es windstill.«

»Du solltest dich schämen.«

»Ja, wir brauchen nicht davon zu reden«, sagte er unerbittlich. »Es herrscht, wie schon in der Bibel steht, weniger Freude im Himmelreich über hundert Schafe, die sich bessern, als über das eine, das man findet.«

»Aber wenn das Schaf wirklich an der Pest krepiert ist?«

»Trotzdem habe ich kein ruhiges Gewissen«, sagte er, »wenn ich nichts getan habe, um Gewißheit zu bekommen, ob es tot oder lebendig ist. Außer du möchtest lieber, daß mein Gewissen an der Pest krepiert.«

»Aber wenn ich nun krank werden sollte, während du weg bist?«

»Och, du wirst nicht krank. Nicht gleich.«

»Und du kommst vielleicht um.«

»Genug jetzt«, sagte er. »Ich höre mir dieses Herzkrankengeschwätz nicht länger an. Was auch passiert, du kannst dich damit trösten, daß die Schafe auf der Nahweide sind. So, gib dem Hund tüchtig zu fressen. Und pack ein paar Blutwürste in einen Lappen und eine Rollwurst. Und es würde nichts schaden, wenn du kalten Kaffee in eine Flasche gießt, er kann stark sein.«

Eine Weile war die Frau nachdenklich; ein Wort von ihr entschied, ob er ging oder blieb, doch sie war zu stolz, ihre Macht zu gebrauchen; hingegen versuchte sie es mit Drohungen, die kaum geeignet waren, ihn zurückzuhalten.

»Wenn du mich dieses Mal allein läßt, Bjartur, dann gehe ich zu anderen Leuten.«

»Zu anderen Leuten? Nein, ich weiß, daß du dir eine solche Schande nie nachsagen lassen wirst, du, ein selbständiger Mensch.«

»Ich gehe doch«, sagte sie.

»Das steht außer Frage, wenn dich erst einmal der Trotz packt. Starrköpfig ist das Schaf, doch was ist das im Vergleich zur Frau.«

»Du weißt, wie es um mich steht, daß ich schon weit bin.«

»Ich weiß nur, daß mein Kind erst im Hornung kommt. Aus anderer Leute Kindern mache ich mir nichts.«

»Trotzdem strampelt es schon lange in mir.«

»Ja, darum kümmere ich mich nicht.«

Wie lange sie sich auch stritten, Bjartur blieb unnachgiebig; er zog zwei Paar Strümpfe und seine beiden Strickjacken an. Und als die Frau sich nicht anschickte, ihm den Brotbeutel fertigzumachen, tat er es selbst; die Frau aber saß am Herd und drehte ihm den Rücken zu. Doch kam es ihr nicht in den Sinn, ihm zu offenbaren, daß sie das Schaf gegessen hatte. Eine Weile zog er die Zeit hin, bastelte an diesem und jenem herum, als wartete er darauf, daß sie Vernunft annähme, sprach einige Verse vor sich hin, doch sie nahm keine Vernunft an, sondern blieb regungslos sitzen.

»Jaja«, sagte er, »jetzt mache ich Schluß mit der Trödelei. Der Tag vergeht.«

Sie saß noch immer mit gesenktem Kopf und rührte sich nicht. Er prüfte noch einmal seine Schuhriemen, fluchte ein wenig, stieß mit den Knöcheln an Dachklinker und Sparren, als bestünde Gefahr, daß das Gehöft einstürzte, und sagte noch eine halbe Reimstrophe her.

»So, jetzt habe ich keine Zeit mehr«, sagte er.

Keine Antwort, keine Bewegung.

»Jaja, es ist am besten, du behältst die Töle bei dir«, sagte er. »Es wird bei mir sowieso nicht viele Schafe zu treiben geben.«

Schweigen.

»Ich lasse also die Hündin bei dir zurück, darum laß dir nicht einfallen, andern zur Last zu fallen, du, eine selbständige Bäuerin.«

Weiterhin Schweigen.

»Nun, was soll dieses verdammte muffige Wesen bedeuten?« sagte er und verlor die Geduld. »Ist denn zum Maulhalten nicht Zeit genug im Grab?«

Er ging nach unten und rief halb ärgerlich nach der Hündin; sie sah schnell, daß ihr Herr für eine Reise gerüstet war, und bei dem Gedanken, ihn zu begleiten, wurde sie ganz aufgeregt. Doch als er sie in das Haus rief, wurde sie mißtrauisch und wollte nicht kommen, denn nichts tat ihr so weh, als eingesperrt zu sein, wenn ihr Herr unterwegs war.

»So, marsch ins Haus«, sagte er, »es ist am besten, wenn das Weibsgeschlecht zusammen bleibt.«

Doch der Hund entwischte ihm immer wieder mit unterwürfigen Gebärden, legte den Schwanz halb auf die Erde und wedelte dennoch weiter, blickte zurück, legte den Kopf zur Seite, winselte. Bjartur lief ihm nach. Zuletzt saß der Hund im bereiften, verdorrten Gras und heulte wie ein Kind. Gleich darauf gab er vor Bjarturs Willen seinen Widerstand auf, legte sich auf den Bauch, die Schnauze am Boden, und blinzelte mit den Augen, als er Bjartur herankommen sah. Als dieser näher herankam, wälzte sich der Hund auf den Rücken und streckte die Beine von sich, zitternd. Bjartur nahm ihn unter den Arm und trug ihn heim, packte ihn im Genick und schwang ihn auf den Lukenrand. Dort lag der Hund auf dem Fußboden, den Bauch nach oben, und zeigte keine Widerspenstigkeit mehr, zitterte nur noch.

»Hier, Rosa«, sagte Bjartur, »ist der Hund. Du tust gut daran, ihn einzusperren, denn sonst nimmt er sicher meine Spur auf. Und nun: lebe wohl, meine Liebe. Und denk daran, daß du mir vor dem verdammten Gemeinderat nicht die Schande antust, auf andere Höfe zu laufen.«

Er nahm seinen Brotbeutel und seinen Stock und war reisefertig; er küßte seine Frau. »Leb nun wohl«, sagte er, »– meine Rose.«

Als sie die Wärme spürte, die in seinem Abschiedsgruß lag, da wurde ihr auf einmal weich ums Herz, so daß die Tränen flossen, ehe sie dazu kam, aufzustehen und ihn zu küssen. »Leb wohl«, sagte sie und führte den Arm an die Augen und wischte sich mit dem Ärmel die Tränen ab. Der Hund lag noch am Lukenrand und hatte die Beine ausgestreckt.

Er ging die Stiege hinunter, sie knarrte. Er zog den Lukendeckel zu, schloß hinter sich die Haustür. Er ging rasch über das bereifte Wiesenmoor nach Süden in Richtung auf die Hochflächen.

15

Nachlese

Nur wenige kannten besser als Bjartur die Winkel und Ecken auf den Hochweiden, in denen nach dem letzten Hochweideabtrieb noch Schafe stecken konnten. Er war im Tal östlich dieser ausgedehnten Hochfläche aufgewachsen und hatte westlich von ihr alle seine Jugendjahre als Schafhirt verbracht; als freier, grundbesitzender Bauer wohnte er in einem ihrer Täler, kannte sie vom Frühling bis zum Winter aus unzähligen Hirtengängen, in Duft und Vogelgezwitscher, in eisiger Kälte und Schweigen, er war mit ihr durch das Geschlecht der Schafe versippt. Doch die Heide hatte für diesen Mann nicht nur arbeitsmäßigen und ökonomischen Wert. Sie war seine geistige Mutter, seine Kirche, seine bessere Welt, wie das Meer unausbleiblich die bessere Welt des Seemanns wird. Wenn er an klaren Frosttagen spät im Herbst allein über die Heide ging und die Augen über die Weite der Einöden schweifen ließ und die kalte, reine Brise der Berge im Gesicht spürte, dann erfuhr er auch an sich den innersten Kern der patriotischen Lieder, fühlte er sich erhaben über den kleinlichen Alltag der Siedlungen und lebte in jenem wunderbaren Freiheitsgefühl, das mit nichts zu vergleichen ist, es sei denn mit der Heimatliebe des Schafes selbst, das in seinen Bergen sterben würde, wenn man es nicht mit Hunden in die Siedlungen triebe. Auf solchen Herbstwanderungen, wenn er auf der Hochfläche von Senke zu Senke und von Anhöhe zu Anhöhe ging, als ob sein Weg durch die Unendlichkeit selbst führte, da beeinträchtigte nichts das stolze Dichtergefühl.

Nichts läßt die Dichtergabe so reifen wie die Einsamkeit auf langen Gebirgswanderungen. Stundenlang konnte er dieselben Wörter sprechen, bis es ihm gelungen war, sie zu einer Strophe zusammenzufügen. Hier gab es in der Tat nichts, was die Gedanken von der Dichtkunst ablenken konnte. Heute, wo er dem Heidewind, seinem alten Freund, wieder begegnete, ließ er sich durch keine Skrupel wegen des Abschieds zu Hause länger davon abhalten, die wahre Freiheit der Einöde zu genießen. Nichts ist im Herbst so verlockend, wie hinaus in die Einöde zu gehen, weg, weg; auch leuchten die Blauberge nie so zauberhaft wie dann. Die meisten geflügelten Sommergäste der Heide sind fort, außer dem Schneehuhn; es ist noch nicht in die Siedlungen geflogen, es schwebt in niedrigem Flug über gefrorene Grasheide, knarrt laut, blinkert mit neugierigen Augen. Die meisten Entenvögel sind hinunter zu wärmeren Gewässern oder an die Küste geflogen, denn die Heideseen sind zugefroren, und die Flüsse haben Eisränder; doch sind manchmal Raben zu sehen, die mit rauhem Gekrächz in der Luft flattern, was immer ein Anzeichen dafür sein kann, daß irgendwo ein Schaf verendet oder ein Kadaver liegt. Diesmal war die Schneedecke noch dünn, und in den Windkuhlen lag dünnes Hohleis. An einer Stelle verschwand ein Fuchs hinter einer Bodenwelle, und viel später überquerte Bjartur die Spur einiger Rene im Schnee.

Bjartur ging an diesem Tag in zwei Täler, von denen er wußte, daß in dem einen sonnige, mit Heidekraut bewachsene Hänge und in dem anderen immergrüne Schwingwiesen um winterwarme Quellen lagen. Doch an beiden Stellen war nichts Lebendes zu sehen, außer einer Stockentenfamilie auf einem eisfreien Kolk des Flusses weiter südlich im Tal, direkt unterhalb der Schwingwiesen. Da begann es schon dunkel zu werden, und es war kaum mehr schafhell, so daß Bjartur auf die Blauberge zuhielt, wo er gastfreundliche Nachtquartiere kannte; er gedachte am nächsten Morgen in den Bergen zu suchen, doch besonders südlich von ihnen, wo es in den Tälern vulkanische Erdwärme und Beispiele dafür gibt, daß Schafe im Winter über draußen blieben. Bald nach Anbruch des Abends guckte der Mond über den Horizont und hüllte erst die Höhen und dann die Täler in sein blaues Licht, und die staubbewehten Eisflächen leuchteten wie Gold. Das Schweigen der Heide war vollkommen. In diesem Schweigen, diesem Licht, dieser Landschaft war auch der Mensch vollkommen in der Suche nach dem Sinn seines Lebens.

Zu vorgeschrittener Abendzeit erreichte er sein Nachtquartier in einer Felsenhöhle unten am Kapuzenberg, setzte sich vor dem Felseingang hin und aß angesichts des Mondes. Als er gegessen hatte, ging er in die Höhle. Dort hatte man eine große Felsplatte auf ein paar Steine gelegt; sie hatte seit undenklichen Zeiten den Gästen als Lagerstätte gedient. Bjartur schob den Brotbeutel unter den Kopf und legte sich zur Ruhe. Er war wohl der einzige Wanderer, der seit Jahren um diese Zeit ständiger Gast in der Höhle war und die Kunst gelernt hatte, auf dieser Felsplatte bei jedem Wetter einzuschlafen, ohne daß es ihm schadete: ihm gefiel der Ort gut. Als er eine gute Weile geschlafen hatte, wachte er mit einem Kälteschauer auf. Dieser Schauer gehörte zur Übernachtung an diesem Ort, man brauchte sich nicht durch ihn stören zu lassen, wenn man nur den Trick kannte, sich dagegen zu schützen. Der Trick bestand darin, aufzustehen, die Felsplatte zu packen und sie so lange umzudrehen, bis einem warm geworden war. Nach altem Brauch sollte man sie dreimal in der Nacht je achtzehnmal umdrehen. Das hätte man in anderen Herbergen für eine böse Arbeit gehalten, denn die Platte wog wenigstens fünf Zentner, doch Bjartur schien es ganz natürlich, diese Platte vierundfünfzigmal in der Nacht umzudrehen, zumal es ihm Spaß machte, sich mit großen Steinen abzugeben. Jedesmal, wenn er die Platte achtzehnmal gedreht hatte, war ihm wieder warm; dann legte er sich wieder hin und schlief mit dem Brotbeutel unter dem Kopf ein. Doch als er das vierte Mal aufwachte, war er ausgeschlafen und ausgeruht, auch begann der Tag zu grauen. Er nahm sofort Kurs auf das Gebirge und suchte in verschiedenen Schluchten. Als ihm warm geworden war, setzte er sich auf einen Stein und aß eine Blutwurst. Er folgte den Pässen über das Gebirge und kam gegen Mittag in den Rauchtälern an. Dort ist die Erde an vielen Stellen warm, und aus den Sandern steigt Dampf auf, doch offene heiße Quellen gibt es dort nicht; weiter unten sind große winderodierte Flächen mit Raseneisenerz, in die von oben grasbewachsene Keile und mit Heidekraut bestandene Hänge hineinreichen. Es geschah nicht selten, daß Schafe hier Zuflucht suchten, die beim Hochweideabtrieb nicht erfaßt worden waren. Dieses Mal jedoch gab es hier nichts Lebendes, es sei denn einen Vogel, den Bjartur nicht kannte. Er flog dort von einem warmen Tümpel auf und verschwand; es ist wahrscheinlich ein Geistervogel gewesen. Doch weit drinnen im Tal waren heilsame Quellen, und dorthin ging Bjartur aus persönlichen Gründen und nahm einen tüchtigen Schluck, denn er glaubte daran, daß dieses Wasser unreine Säfte zerstörte, Krankheiten fernhielt, und deswegen wäre es notwendig, es wenigstens einmal im Jahr zu trinken; es erhöhte die Blutmenge und reinigte die Leber.

Er entschloß sich jetzt, in östlicher Richtung über die Hochfläche zu gehen und in verschiedenen Schluchten zu suchen, die er kannte und die zur Fernerach auf der Heide hinabführten, dann sehr weit östlich auf der Heide in einer Treiberhütte am Fluß zu übernachten; es war ein weiter Weg. Es war leichtes Frostwetter, doch trüber Himmel, und im Lauf des Tages kam dichtes Schneetreiben auf. Sein Weg lag westlich der Fernerach, und östlich des Flusses begann die Hochweide eines anderen Bezirks, und selten wechselten dort Schafe hinüber, denn es war ein Hauptfluß, tief und reißend von seinem Ursprung drinnen am Ferner an. An manchen Stellen hatte sich in den Einschnitten des Flusses Land mit beachtlichem Weidegestrüpp gebildet, und dort hielten sich oft Schafe bis in den Winter hinein; im Flußtal auf halbem Wege zwischen den Siedlungen und den Gletschern hatte in alter Zeit ein Hof gestanden, doch weil es dort spukte, wurde er aufgegeben. Der Fluß wälzte sich reißend und dunkel im trüben Schneewetter dahin, mit einem Rauschen, das in weiter Ferne zu hören war. An diesem Tage wurde es um so früher dunkel, je dichter der Schnee fiel; zudem waren die Tage schon zu kurz. Der Schnee fiel in schweren Flocken zur Erde, die in kurzer Zeit ganz bedeckt war; das Gehen wurde schnell schwerer. Im Schneetreiben schien der dunkle Gletscherfluß in doppelter Schroffheit durch seine Einöde dahinzuströmen.

Bjartur erkannte, daß es wenig Zweck hatte, bei solcher Sicht nach etwas Lebendem auszuschauen; das Schneegestöber wurde immer dichter, die Stimmung über den Einöden verdrießlicher. Schon machte er sich Sorgen wegen seiner Jungschafe, die noch auf den Weiden unten waren und in Gefahr gerieten, wenn Schneestürme kamen. Doch wie die Dinge lagen, erschien es ihm nicht verlockend, den Weg quer über die Heide nach Hause einzuschlagen, um nach seinen Jungschafen zu sehen, jetzt, da die Nacht hereinbrach, ein Unwetter heraufzog und er vom Marsch ermüdet war – er hielt es für das beste, an seinem ursprünglichen Vorsatz festzuhalten und in östlicher Richtung auf die Treiberhütte an der Fernerach zuzugehen, um dort zu übernachten.

Es ist eine der Eigenarten des Lebens, daß die unwahrscheinlichsten Zufälle nicht weniger das Nachtquartier der Menschen bestimmen als die natürlichsten, auf genaue Berechnungen gegründeten Pläne, und so erging es Bjartur in Sommerhausen in dieser Nacht. Gerade als er eine der Schluchten, die den Talhang in Richtung auf den Fluß durchschneiden, überqueren wollte, sieht er nicht mehr und nicht weniger, als daß dicht vor ihm Tiere leichtfüßig am Rand einer Schlucht entlang ins Tal laufen und auf dem Flußufer stehenbleiben. Im selben Augenblick sieht er, daß es Rene sind, ein Bulle und drei Kühe. Sie stolzierten eine Weile auf dem Ufer umher, der Bulle dem Fluß am nächsten; die Kühe suchten hinter ihm Schutz; alle drehten die Hörner gegen den Wind, das Hinterteil dem Manne zu; das Schneetreiben kam von Osten über den Fluß.

Bjartur blieb in der Schlucht stehen und beobachtete die

Tiere eine Weile lang; sie wechselten immer wieder ihre Stellungen, doch stets so, daß sie sich von ihm abwendeten. Es waren schöne Tiere, anscheinend im besten Alter; deswegen war es kein Wunder, wenn Bjartur der Gedanke kam, daß hier eine gute Beute zu machen und es kein geringer Fang sei, wenn er auch nur eines der Tiere greifen könnte, und dann besonders den Bullen, denn der Größe nach mußte er ein ausgezeichnetes Schlachtgewicht haben; außerdem ist Renfleisch eine der köstlichsten Speisen, die man kennt. Bjartur dachte, daß er den Weg nicht umsonst gemacht hätte, wenn er hier ein Ren erlegte, auch wenn er das Jungschaf nicht fand. Nun gab es aber eine Schwierigkeit: wenn er den Bullen fing, wie sollte er ihn schlachten, ohne daß das Blut vergeudet würde – denn aus Renblut kann man die allerbesten Tollatschen bereiten. Am liebsten hätte er den Bullen lebend mit nach Hause genommen, und in dieser Hoffnung suchte er in seinen Taschen nach den beiden Dingen, die man auf einer Wanderung zuallerletzt missen kann: Messer und Schnur, und er fand beides, ein schönes Knäuel Schnur und sein Taschenmesser. Er dachte bei sich: Jetzt überfalle ich den Bullen und kriege ihn unter. Dann stecke ich ihm die Messerspitze durch den Nasenknorpel, ziehe die Schnur durch das Loch und mache daraus einen Leitstrick. So müßte ich ihn das größte Stück über die Heide leiten können, wenigstens bis ich an einen deutlichen Orientierungspunkt komme; dort werde ich ihn anbinden und halten können, während ich in die Siedlung gehe, um Geräte und Hilfe zu holen. Aber von hier aus war es ein guter Tagesmarsch bis nach Sommerhausen. Nachdem nun Bjartur seine Taktik bis ins letzte durchdacht hatte, schlich er geduckt die Schlucht hinunter, bis er sich den Tieren gegenüber befand, wo sie schutzsuchend auf dem Landstreifen zwischen der Schlucht und dem Fluß standen; dann schlich er sich vorsichtig in den Rinnen vor, schob sich lautlos die Böschung hinauf, spähte über den Rand, und da trennten ihn nur noch etwa zwei Klafter von dem Ren. Jetzt wurde Bjartur in Sommerhausen vom Jagdfieber gepackt, und er blieb nicht frei von ein wenig Herzklopfen. Er bewegte sich jetzt höher die Böschung hinauf, bis er auf das

Ufer gelangte, schlich sich ganz langsam von hinten an den Bullen heran, einen halben Schritt längs seiner Flanke – und im nächsten Augenblick stürzte er sich auf ihn und packte ihn an einem Horn, unten an der Rose. Bei dem plötzlichen Auftauchen des Mannes schraken die Tiere zusammen, hoben den Kopf und spitzten die Ohren, die Renkühe setzten sich sofort in Trab, durch das Schneegestöber am Fluß hinunter. Der Bulle hatte anfänglich mit Bjartur an den Hörnern laufen wollen, als ob es nichts wäre, doch Bjartur hängte sich daran, und der Bulle kam nicht frei; er machte mit dem Kopf einen Ruck nach dem anderen und kam dennoch nicht frei. Bjartur spürte bald, daß er an den Hörnern keinen sicheren Halt hatte; es war etwas wie glatte Rinde daran, das sich in seiner Hand drehte; auch war das Tier zu schnell, um es an einer anderen Stelle sicher fassen zu können. Als es jetzt soweit war, verlor Bjartur auch den Glauben daran, daß es gelingen könnte, den Bullen von vorn anzugehen und ihn zu umklammern, denn seine Hörner waren die gefährlichste Waffe, und wer sie in seine Eingeweide bekam, war nicht gerade zu beneiden. Eine Weile setzten sie das Tauziehen fort, der Bulle und Bjartur, und der Bulle bekam langsam die Oberhand, bis er richtig in Fahrt geriet und Bjartur ein gutes Stück mit sich den Fluß entlang zog. Doch da fiel Bjartur unwillkürlich ein guter Rat ein, den er seit seiner Kindheit bei unsteten Pferden anzuwenden gelernt hatte: man mußte versuchen, an ihre Flanke zu kommen und ihnen dann auf den Rücken zu springen. Das gelang. Er saß im nächsten Augenblick rittlings auf dem Rücken des Tieres und hielt sich an den Hörnern fest – später erzählte er, daß, obwohl diese Tierart leichtfüßig zu sein scheint, Renbullen beim Reiten holpriger sind als die meisten anderen ihm bekannten Tiere, auch hatte er genug zu tun, um nicht abgeworfen zu werden. Doch die Reitstrecke war nicht lang. Denn als das Ren einige Längen mit dieser unbequemen Last gesprungen war, ohne sie von sich abschütteln zu können, erkannte es schnell, daß es so nicht weitergehen konnte. Es machte eine schroffe Wendung, bog seitlich ab, sprang geradewegs in die Fernerach und hatte sofort keinen Grund mehr.

Nun ja, es kam nie vor, daß Bjartur nicht zur Nachlese ging, doch dieses Mal sollte es so etwas wie eine Reise werden; er saß also bis unter den Armen in der Fernerach auf der Heide, und das nicht auf einem gewöhnlichen Reittier, sondern auf einem Reittier, wie es sich für die berühmtesten Abenteuer gehört. War Bjartur nun in der Tat stolz auf diese abenteuerliche Reise? Nein, weit entfernt. Im Augenblick hatte er weder Zeit noch Gelegenheit, sich über das Besondere und Seltene dieser Begebenheit klarzuwerden, denn er hatte vollauf damit zu tun, auf dem Rücken des Bullen das Gleichgewicht zu halten; er klammerte sich in Todesängsten an die Hörner, preßte die Beine so fest wie möglich an seine Flanken, rang nach Atem, ihm wurde schwarz vor Augen. Die Strömung trug den Bullen eine Weile den Fluß hinunter, und lange Zeit sah es nicht so aus, als ob er versuchen wollte, Land zu erreichen. Auf der anderen Seite des Flusses stieg das Land zu einem steilen Ufer auf, und ab und zu schimmerte das Ufer durch das Schneegestöber; dennoch glaubte Bjartur hier in keiner besseren Lage zu sein als ein Mensch draußen auf dem weiten Meer in einem Boot ohne Ruder. In der reißenden Strömung tauchte der Bulle manchmal tief ein, und dann reichte das Wasser Bjartur bis ans Kinn; es war unerträglich kalt, ihm wurde sehr schwindlig; er wußte nicht, was eher eintreten würde: daß er das Bewußtsein verlor oder der Bulle so tief eintauchte, daß es sein Ende bedeutete. So trieben sie eine Zeitlang den Fluß hinunter.

16

Reimgedichte

Endlich kam es dahin, daß der Bulle an die Landung zu denken schien. Bjartur bemerkte plötzlich, daß sie sich dem östlichen Ufer des Flusses genähert hatten und nur noch wenige Ellen vom Eisrand entfernt waren. In der Strömung trieben sie noch eine Weile am Eisrand entlang, und überall war das Flußufer über dem glatten Eisrand gleich steil anzusehen; eine Landung war keineswegs verlockend. Dennoch hielt es Bjartur für die beste Chance, den richtigen Moment abzupassen, wenn der Bulle dem Land nahe genug kam, dann von ihm abzuspringen und zu versuchen, sich auf den Eisrand zu schwingen; der Aufenthalt in dem eiskalten Wasser war kaum noch zu ertragen. Doch es war ihm klar, was für ein höllischer Sprung das war. Schließlich geschah es, daß der Bulle für einige Körperlängen nicht weiter als eine halbe Armlänge vom Eisrand entfernt schwamm, und da paßte der Mann den Moment ab, ließ seine Hörner los, hob sich aus dem Wasser und schwang sich auf den Eisrand hinüber. Er ließ den Bullen seines Weges schwimmen, dort trennten sich ihre Wege; Bjartur sah den Bullen nicht wieder und hatte seitdem eine Antipathie gegen diese Tierart.

Es gab Augenblicke, sowohl damals wie später, in denen es Bjartur in den Sinn kam, der Unhold Kolumkilli selbst und kein anderer sei hier am Werke gewesen.

Der Eisrand war nicht dick, er brach sofort unter dem Gewicht des Mannes; es fehlte nicht viel, und er wäre mit den Eisschollen weggetrieben, doch da dem Mann ein längeres Leben beschieden war, hing er an dem landfesten Teil des Eises, und schließlich gelang es ihm, auch den unteren Teil des Körpers aus dem Wasser zu ziehen. Er zitterte am ganzen Leibe, ihm klapperten die Zähne, und an seinen Kleidern war kein trockener Faden. Doch der Aufenthalt auf diesem dünnen Eisrand war nicht der sicherste, und Bjartur begann sich jetzt nach einem Aufstieg auf das Flußufer umzusehen. Das alleine war schon Lebensgefahr genug, denn das Ufer war nicht nur steil, sondern hatte auch vereiste Stellen; bei einem Fehltritt oder Fehlgriff war der Absturz sicher. Da er von dem Ritt im Wasser ganz benommen war, dauerte es ungewöhnlich lange, bis er die Böschung hochgeklettert war. Doch schließlich stand er wohlbehalten auf dem östlichen Ufer der Fernerach auf der Heide – auf den Hochweiden eines anderen Bezirks. Er zog seine Wolljacke aus und wrang sie aus, wälzte sich dann eine Weile im Schnee, um sich zu trocknen, und im Vergleich zum Gletscherwasser kam es ihm warm vor. Zwischendurch stand er auf und schlug kräftig mit den Armen, um den Kälteschauer auszutreiben. Natürlich dauerte es nicht lange, bis ihm vollständig klar wurde, welchen Streich ihm das Ren gespielt hatte, indem es ihn hier auf das andere Ufer der Fernerach auf der Heide übersetzte. Es hatte ihn erstens um das Nachtquartier gebracht, das er für sich vorgesehen hatte, die Treiberhütte auf der Westseite des Flusses. Das war jetzt in der Tat eine Bagatelle. Viel bedenklicher war es, daß er sich jetzt plötzlich östlich der Fernerach befand, denn der Fluß floß nach Nordosten, während die Richtung für Bjarturs Heimweg ein wenig westlicher als Nordwesten lag. Um über den Fluß zu gelangen, blieb ihm nur die eine Möglichkeit, einen Umweg in der seinem Heim entgegengesetzten Richtung zu machen, bis ganz hinunter zur Schwebefähre in den Siedlungen. Bis dorthin waren es wenigstens zwanzig Stunden zu Fuß, wenn man forsch ging, und wenigstens fünfzehn Stunden zu den höchstgelegenen Gehöften im Fernertal. Wenn er also Tag und Nacht ginge, würde er sich durch dieses Abenteuer um etwa zwei volle Tage verspäten – und das in diesem stürmischen Wetter, und seine Jungschafe waren noch nicht eingestallt.

Er war ziemlich erschöpft, obwohl er es sich nicht eingestehen wollte, und alles andere als darauf vorbereitet, sich im Schnee einzugraben, durchnäßt bei immer stärker werdendem Frost. Der Schnee fiel beißender und feinkörniger, je mehr der Frost zunahm; der Treibschnee fegte immer stärker. Seine Kleider waren außen steifgefroren, doch gelang es dem Frost nicht, in seine Unterkleidung einzudringen, solange er sich bewegte. Hingegen setzten sich Eisklümpchen an Bart und Augenbrauen fest. Im Brotbeutel waren noch anderthalb hartgefrorene Blutwürste, seinen Stock aber hatte er verloren. Es herrschte stockfinstere Dunkelheit, so daß es schien, ein Messer könnte darin steckenbleiben. Der Wind kam von Osten und trieb dem Mann den Schnee direkt ins Gesicht. In einem fort stürzte er von immer neuen Erdhügeln kopfüber in immer neue Vertiefungen, wo ihm der lose Schnee bis an den Bauch reichte; der Schnee fiel wie Asche. Doch ein Gutes hatte die Sache: auf keinen Fall konnte er sich verirren, da er die Fernerach mit ihrem Rauschen zur linken Hand hatte.

Er fluchte sehr, um so mehr, je unsicherer er auf den Füßen stand; doch hatte er ständig weltberühmte Schlachten aus den Reimerzählungen im Kopf, murmelte kräftige Stellen daraus zwischen den Zähnen und verweilte besonders bei der Beschreibung der feindlichen Helden, Grimurs des Schrecklichen und Andris. Eine Zeitlang glaubte er, mit Grimur in Streit zu liegen; ihm schien, als hätte er es von Anbeginn an mit ihm zu tun gehabt, mit diesem widerwärtigen Ungeheuer, diesem schreienden Teufel in Trollsgestalt, doch jetzt sollte der Entscheidungskampf stattfinden. In Gedanken folgte er Grimurs ganzem abscheulichem Lebensweg, von da an, wo ihn die Zauberin Groa bleich und voller Trug am Strande fand; er fuhr fort, sich ihn mit den Worten des Dichters auszumalen, in all seiner teuflischen Raserei und seinem schändlichen Tun, brüllend, bis zur Mitte in der Erde watend, mit aus dem Rachen loderndem Feuer, unüberwindlich durch menschliche Kraft.

> Stetig wechselt die Gestalt
> dieser Schuft verwegen;
> trank das Blut er tausendfalt,
> fraß er Knochen, Fleisch und Bregen.
>
> Leben konnt er so im Meer
> wie auf trocknem Lande;
> schritt durch Erd und Stein einher,
> list'ge Teufelsschande.

Mit diesem Scheusal hatte Bjartur keinen Funken Mitleid, und wie er sich auch in den Schluchten überschlug, er ließ sich dadurch nicht entmutigen, sondern stand mit verdoppelten Kräften auf und ging zu einem neuen Angriff über, biß die Zähne zusammen, schleuderte Flüche gegen die knirschenden Zähne des Hexensatans, war entschlossen, nicht eher zu ruhen, als bis der Geist Grimurs in den äußersten Winkel der Hölle gejagt war, bis ihm das bloße Schwert aus dem Rücken sah und sein Todeskampf begann, begleitet vom Tanz der Erde und des Meeres.

Immer wieder glaubte er Grimurs Niederlage herbeizuführen, ihn in der unvergleichlichen Art der Reimerzählung zum Teufel zu schicken, und dennoch blies ihm auf der nächsten Höhe der Sturm mit unverminderter Höllenkraft ins Gesicht, krallte sich in seine Augen und Bartwurzeln, heulte ihm gehässig in die Ohren und versuchte, ihn zu Boden zu schleudern – der Kampf ging weiter, er stand noch im Nahkampf gegen giftspeiende Höllenbrut, die hinterhältig in der Erde heranstürmte, so daß sie in ihren Grundfesten erbebte:

> Schüttelte den garst'gen Kopf,
> sprühte Schaum der böse Tropf;
> kräftig brauchte er den Mund,
> ehrlos riß er auf den Schlund.

Dieses Mal ist es Andri, der gegen Harekur anstürmt.

> Aus des Schuftes Zähneschlucht
> stob der Schaum in wilder Flucht;
> in ihm rast die blaue Wut,
> steht auf Leichen, rot von Blut.

> Aus ihm schäumt der graue Schaum,
> zorniger sah man ihn kaum.
> Harekur führt' jetzt den Streich,
> schnitt den Kopf vom Rumpf sogleich.

> Ruhm und Großtun sind gefällt,
> kampferprobt ist unser Held.
> Jenes Blut floß in den Sand,
> Ohne Kopf noch lang er stand.

Und so immer wieder von vorn.
Niemals, niemals geschah es, daß diese Höllenbrut straffrei ausging. Wer hat jemals davon gehört, daß Harekur oder Göngu-Hrolfur oder Bernotus im Entscheidungskampf unterlegen wären? Ebenso soll niemand sagen können, daß Bjartur in Sommerhausen jemals in seinem Weltkrieg gegen die

Unholde des Landes unterlegen sei, wie oft er auch von überhängenden Schneewehen abstürzt oder sich in Schluchten überschlägt – »solange ich noch Puste habe, werde ich nicht umkippen, wie es auch stürmt.« Schließlich blieb er stehen und lehnte sich gegen den Wind wie gegen eine Wand, aber keiner konnte den anderen zurückdrücken. Da entschloß sich Bjartur, sich in den Schnee einzugraben; er suchte Schutz in einer tiefen Schlucht. In eine Schneewehe grub er sich mit den Händen eine Höhle und versuchte, es so einzurichten, daß er sich dort hinkauern und die Öffnung mit Schnee zumauern könnte; doch der Schnee hielt nicht zusammen, denn er war locker und luftig, und der Mann hatte kein Werkzeug; es war eine schlechte Höhle, sie wehte bloß voll. Er hatte nicht sehr lange so im Schnee gehockt, als ihn die Kälte überfiel und seine Glieder bis zu den Weichen steif und gefühllos wurden. Doch noch schlimmer war, daß ihn der Schlaf zu übermannen drohte, der verlockende Schlaf des Schnees, der vielen den Tod des Erfrierens so willkommen sein läßt. Alles hängt davon ab, ob man imstande ist, diese verführerische Hand zurückzustoßen, die so wohlig in das Land der Ruhe und der Wärme weist. Um der Gefahr des Selbstvergessens im Schnee zu entgehen, hatte er die Angewohnheit, alle zotigen Verse herzusagen, die er seit seiner Kindheit kannte; am liebsten sang er sie mit lauter Stimme, wenn einem auch in einer solchen Umgebung der Sinn nicht nach Musik steht; die Stimme wollte versagen, die Schläfrigkeit weiter sein Bewußtsein umnebeln. Vor seinem geistigen Auge schwebten verschiedene Bilder von Menschen und Begebenheiten, sowohl aus dem Leben wie aus den Reimerzählungen – dampfendes Pferdefleisch in einer großen Schüssel; blökende Schafherden in einer Sammelhürde; Bernotus, der Kämpe von Borney, in Verkleidung; sinnliche Pastorentöchter in Seidenstrümpfen. Schließlich vertauschte er – ohne jegliche Mühe – sein Bewußtsein und entdeckte sich in den Fußtapfen Grimurs des Stolzen, des Bruders Ulfars des Starken, als er in seinem Schlafgemach Besuch bekam. Es verhielt sich so, daß der König, der Vater der Brüder, eine junge Königin geheiratet hatte, selbst aber hochbetagt war; der jungen Frau war es des

Nachts in ihrem Bett ziemlich langweilig, sie wurde schwermütig. Doch da fiel ihr Auge auf den Sohn des Königs, Grimur den Stolzen, der andere Männer im Königreich übertraf, und da wurde die junge Königin von solcher Liebe zu diesem stattlichen Mann ergriffen, daß sie weder Schlaf noch Speise genießen konnte, bis sie sich entschloß, Grimur nachts in dessen Schlafgemach aufzusuchen. Über den alten König, seinen Vater, gebrauchte sie die schmählichsten Worte:

> Ungern nimmt ein junges Weib
> in den Arm solch alten Leib.
> Schlafen ohne Mann allein,
> kaum dürft das vergnüglich sein.

Doch Grimur gefiel dieser Besuch nicht und noch weniger solche Rede; lange wehrte er sich mit Ausflüchten. Doch

> Nein zu sagen war umsonst,
> drauf nicht hörte das Gespons;
> dann mit Ernst und in Amor
> stieg sie in das Bett empor.

Und ehe Grimur der Stolze sich dessen erwehren konnte, waren die Dinge geschehen, wie folgt:

> Gleich sie nahm ihn in den Arm,
> drückt' ihn fest und hielt ihn warm,
> küßte ihn mit aller Gunst,
> sparte dabei keine Kunst.

Jetzt erst begann Grimur der Stolze das Unrecht und das Verbrechen zu erkennen, das sich hier ereignete – sprang auf und wendete sich gegen das schamlose Weib:

> Los riß sich der Königssohn,
> schlug die Königin auch schon;
> packte dann die falsche Frau,
> warf sie aus dem Bett genau.

Auf den Boden fiel sie flach,
schnell der Fürstenerbe sprach:
Wie ein Schwein so bist du geil,
hältst jedem deine Ehre feil.

»Der Teufel sollte mich holen«, sagte Bjartur, als er im Schnee aufgestanden war und die verführerischen Liebeskünste dieser verdorbenen Königin zurückgewiesen hatte, oder hat jemand davon gehört, daß die Helden der Reimerzählungen sich zu Hurerei und Kebsweiberei haben verführen lassen und zu jener Feigheit im Kampf, die gemeinhin diejenigen kennzeichnet, die die größten Helden in den Armen der Frauen sind? Derartiges sollte sich nie über Bjartur in Sommerhausen herumsprechen, daß er mitten auf dem Schlachtfeld seinen Feinden den Rücken gekehrt habe, um bei einer erbärmlichen Gans von Königin zu liegen. Jetzt war er zornig. Er tobte erbittert im Schnee und schlug aus Leibeskräften mit den Armen, setzte sich erst wieder hin, nachdem er alle jene Gefühle des Körpers besiegt hatte, die nach Ruhe und Wonne rufen, alles, was für Aufgeben spricht und den Einflüsterungen defätistischer Gewalten Gehör schenkt. Nachdem er lange in dieser Weise gekämpft hatte, steckte er die hartgefrorenen Blutwürste in den Hosenschlitz und taute sie mit dem bloßen Körper auf, aß sie dann in der Finsternis dieser erbarmungslosen Winternacht aus der Hand und hatte den Schneesturm als Zubrot.

Es war eine der längsten Nächte, er hatte kaum je soviel Gedichte in einer Nacht deklamiert; er sagte alle Gedichte seines Vaters auf; alle Zyklen von Reimerzählungen, die er behalten hatte; alle seine eigenen Kunststrophen wieder und wieder auf achtundvierzig Weisen; ganze Prozessionen von zotigen Versen; einen Psalm, den er von seiner Mutter gelernt hatte; und alle die Spottgedichte, die in seinem Landesteil seit jeher über Gemeindevorsteher, Kaufleute und Bezirksvorsteher im Schwange waren. Zwischendurch wühlte er sich aus dem Schnee und trampelte und schlug mit den Armen, bis er außer Atem war.

Schließlich bekam er solche Furcht vor Erfrierungen, daß

er glaubte, hier nicht länger unbeschadet bleiben zu können. Auch mußte bald der Morgen nahen; zudem war die Chance gering, in einer Schneewehe ohne Essen den Tag zu verbringen, weit entfernt von bewohnten Gegenden. Er entschloß sich also, seine Zufluchtsstätte zu verlassen, was auch geschehen würde. Anfänglich hielt er den Kopf in den Wind, doch als er auf die Anhöhe oberhalb der Schlucht gekommen war, wurde das unmöglich; er stützte sich auf seine Pranken und kroch auf allen vieren gegen den Sturm über Hügel und Höhen; er kugelte die Schluchten hinunter, ohne jede Empfindung.

In der nächsten Nacht, lange nachdem die Leute auf Fels, dem höchstgelegenen Gehöft im Tal der Fernerach, nach einem ununterbrochenen Schneesturm von vierundzwanzig Stunden zur Ruhe gegangen waren, wachte die Bauersfrau davon auf, daß sich am Fenster etwas bewegte, murmelte, sogar klopfte. Sie weckte ihren Mann, und sie wurden sich einig, daß hier ein vernunftbegabtes Wesen unterwegs sei, obwohl in einem solchen Unwetter auf einem so entlegenen Gehöft am allerwenigsten Gäste zu erwarten waren – war es ein Mensch oder ein Teufel? Mann und Frau zogen sich in aller Eile die notwendigsten Kleidungsstücke an und gingen mit einem Licht zur Tür. Und als sie die Haustür geöffnet hatten, da kullerte dort durch die Schneewehe im Eingang ein menschliches Wesen herein, wenn man es überhaupt einen Menschen nennen konnte; er rollte, vom Scheitel bis zur Sohle eisverkrustet, durch den Eingang herein, Augen, Nase und Mund in einem Eispanzer, und kauerte dort schneebedeckt mit dem Rücken gegen die Mauer, den Kopf auf der Brust, als ob das Ungeheuer ihn schließlich durch diese Tür getrieben hätte, an diese Mauer, nachdem es aufgegeben hatte, ihn noch mehr zu schinden; das Licht des Hauses schien auf diesen Gast. Er atmete schwer mit keuchendem Stöhnen, versuchte, sich zu räuspern und auszuspucken; als der Hausherr fragte, wer der Mann sei und woher er komme, da versuchte er sich aufzurichten wie ein Tier, das sich auf die Hinterbeine stellen will, und sagte seinen Namen: Bjartur in Sommerhausen.

Jetzt war der Sohn des Bauern auch aufgestanden, und Vater und Sohn wollten den Gast in die Wohnstube führen, doch er nahm eine solche Hilfe nicht an. »Ich gehe allein«, sagte er, »ich gehe hinter der Frau mit dem Licht.« Er legte sich quer in das Bett des Sohnes und gab eine Zeitlang keine Antwort, was man ihn auch fragte; brummte wie ein Stier, der brüllen will. Schließlich sagte er: »Ich habe Durst.«

Da brachte die Frau ihm eine Dreiviertelliterschale voll Milch, und er führte sie an den Mund und trank sie aus, reichte sie dann der Bäuerin und sagte: »Hab Dank, Mama.« Es war eine ältere Frau, ihr Licht und ihre Milch erinnerten ihn an seine Mutter. Sie half mit ihren warmen Händen, die Eisklumpen von seinem Bart und seinen Augenbrauen abzutauen, zog ihm die hartgefrorenen Kleider aus, fühlte sachkundig nach Erfrierungen; er spürte nichts in den Zehen und Fingern, und die frostwunde Haut brannte ihm, sonst schien er keinen Schaden genommen zu haben. Als der Eispanzer von ihm abgetaut war, streckte er sich nackt im warmen Bett des Jungen aus, zog die Bettdecke bis ans Kinn; kaum jemals hatte er sich in seinem Leben so wohl gefühlt. Nachdem die Frau in die Küche gegangen war, um für den Gast Essen zu bereiten, saßen Vater und Sohn bei ihm und machten große Augen, als ob sie dieser Erscheinung nicht recht trauten, und wußten nicht, was sie sagen sollten. Schließlich war er es, der mit heiserer Stimme unter der Bettdecke hervor fragte: »Hattet ihr schon die Jungschafe eingestallt?«

Darauf sagten sie ja, fragten jedoch, wie es käme, daß er in solchem menschenfeindlichen Wetter über die Fernerach auf der Heide bis hierher nach Osten gekommen sei.

»Menschenfeindlich?« entgegnete er mürrisch. »Auf die Menschen kommt es doch nicht an. Ich dachte, die Schafe gingen vor.«

Sie fragten weiter. »Och, um die Wahrheit zu sagen, ich bin so zum Spaß spazierengegangen, mir fehlte ein junges Mutterschaf, und um auf andere Gedanken zu kommen, bummelte ich über die Höhen da.«

Er schwieg eine Weile und fügte dann hinzu: »Heute wehte eine hübsche Brise.«

»Vergangene Nacht war das Wetter auch nicht besser, so ein furchtbarer Sturm.«

»Ja«, sagte Bjartur, »das steht fest, heute nacht wehte eine hübsche Brise.«

Sie wollten gern wissen, wo er die Nacht verbracht hatte, und er antwortete: »Im Schnee.« Besonders neugierig waren sie darauf, wie er über die Fernerach auf der Heide gekommen war, doch darüber gab er keinerlei Auskunft. – »Es ist alles andere als ein Spaß, in diesem Wetter Jungschafe draußen zu haben«, sagte er bekümmert.

Vater und Sohn sagten, daß sie sich an seiner Stelle heute nacht keine Sorgen um die Jungschafe machen, sondern ihrem Schöpfer danken würden.

»Man sieht«, antwortete er, »daß ihr euch gut steht. Doch ich kämpfe für die Unabhängigkeit. Für meine kleine Stammherde habe ich achtzehn Jahre gearbeitet, und wenn sie im Schnee begraben liegt, dann wäre ich besser selber im Schnee begraben.«

Als die Frau ihm Essen ans Bett gebracht und er sich satt gegessen hatte, sank er ohne viel Aufhebens zurück und schlief sofort mit lautem Schnarchen ein.

17

Heimkehr

Spät am fünften Tag stapfte Bjartur durch den knietiefen Schnee über das Wiesenmoor nach Hause. Er war schlechter Laune, fand, daß seine Wanderung einen schmählichen Ausgang genommen hätte; zwischen Furcht und Hoffnung fragte er sich, was aus seinen Schafen auf den Weideflächen zu Hause geworden sein mochte. Hinzu kam, daß auch nicht das kleinste Licht in seinem Gehöft brannte, um ihn willkommen zu heißen, wenn er endlich nach Hause kam. Hingegen war das Gehöft zugeschneit, ohne daß auch nur der Versuch gemacht worden wäre, eine Schaufel Schnee vom Fenster oder der Tür zu werfen; nirgends ein Durchlaß durch die Schneewehe, kein Rauchgeruch aus dem Schornstein.

Er kroch auf das Hausdach, wühlte den Schnee vom Fenster und rief: »Rosa, versuch, mir eine Schaufel durch die Tür zu stecken.«

Der Hund heulte jämmerlich drinnen in der Stube, das war die einzige Antwort, und als der Mann fortfuhr, seine Frau zu rufen, da sprang der Hund von innen ans Fenster und kratzte. Da kam ihm der Gedanke, die Frau sei vielleicht krank; er bekam ein wenig Angst, stürzte sich auf die Schneewehe vor der Haustür und begann den Schnee mit den Händen wegzuschaufeln, eine langwierige Arbeit; doch schließlich bekam er die Tür so weit frei, daß er sich durch die Türspalte in das Haus zwängen konnte.

Oben am Einstieg sprang der Hund wie toll an ihm empor, mit einem schmerzvollen Geheul, als ob ihm jemand unaufhörlich auf den Schwanz träte. Es war an einem Winterabend, an dem es früh dunkel wird; in der Stube war es stockfinster, die Fenster verhangen, er mußte sich vorwärts tasten. Er hatte noch keinen ganzen Schritt auf dem Fußboden getan, als er mit seinem Fuß unversehens gegen ein formloses Etwas stieß; darüber fluchte er, wie er es zu tun pflegte, wenn er strauchelte – über was zum Teufel war er jetzt gestolpert?

Er mußte lange nach Streichhölzern suchen, und als er sie gefunden hatte, stellte sich heraus, daß der Lampenbehälter leer war, der Docht heruntergebrannt, der Zylinder schwarz von Ruß. Doch als er die Lampe gefüllt hatte und der Docht sich wieder voll Petroleum zu saugen begann, konnte man in dem matten Licht erkennen, was sich hier zugetragen hatte. Es war seine Frau. Sie lag tot in ihrem geronnenen Blut. Anscheinend war sie aus irgendeinem Grunde aufgestanden, hatte aber nicht mehr die Kraft gehabt, wieder ins Bett zu steigen, und war am Fußende zusammengebrochen; sie hatte ein nasses Handtuch mit dunklen Blutflecken in der Hand. Die Leiche ließ deutlich erkennen, was geschehen war, doch als er ins Bett schaute, auf das der Hund plötzlich gesprungen war, da sieht er unter dem Bauch des Hundes ein kleines braunes Gesichtchen hervorlugen, runzlig, mit geschlossenen Augen, wie ein neugeborener Greis; in diesem Gesicht spielten ganz schwache, krampfartige Bewegungen, und es stand außer Zweifel, daß von diesem armseligen Körperchen ab und zu ein sehr leises Quäken oder Wimmern ausging.

Die Hündin war bemüht, sich so sorgsam wie möglich über den kleinen Körper zu breiten, den sie in Pflege genommen und dem sie das einzige gegeben hatte, was sie besaß: die Wärme ihres verlausten, hungrigen und abgemagerten Hundekörpers. Als Bjartur herantrat, um sich die Sache anzusehen, fletschte sie die Zähne, als wollte sie ihm zu verstehen geben, daß das Kind nicht ihm gehörte. Die Mutter hatte das arme Wesen in ein kleines Wolltuch gewickelt, gleich nachdem sie die Nabelschnur durchschnitten hatte, und wahrscheinlich war sie aufgestanden, um Badewasser zu machen, denn auf dem Herd stand ein Topf mit Wasser, das jetzt allerdings schon lange kalt war; das Feuer war ausgegangen. Doch das Kind war durch die Wärme des Tierkörpers noch am Leben.

Bjartur hob die Leiche seiner Frau vom Fußboden auf und legte sie in die leere Bettstatt gegenüber dem Ehebett, wischte das Blut ab, so gut es den Umständen nach ging; doch es kostete ihn beträchtliche Mühe, die Leiche gerade zu legen; die Glieder waren in der Stellung, in der sie gelegen hatte, erstarrt; die Hände wollten sich in keiner Weise auf der Brust falten lassen; die gebrochenen Augen wollten sich nicht schließen, besonders das rechte Auge nicht, das schiefe; das war ihr Trotz. Doch noch weniger getraute sich Bjartur an das heran, was jetzt wichtiger war, nämlich den Lebensfunken in dem Neugeborenen anzufachen. Das brachte ihn in keine kleine Klemme, den unabhängigen Mann. Hier waren sachkundige Hände vonnöten, am besten wahrscheinlich Frauenhände, er wagte es nicht, sich selbst damit zu befassen. Sollte er also die Hilfe anderer in Anspruch nehmen? Noch zuletzt hatte er seiner Frau ans Herz gelegt, nicht die Hilfe anderer in Anspruch zu nehmen. Sich von anderen helfen zu lassen, bedeutet für einen unabhängigen Menschen, sich dem Erzfeind zu ergeben; und jetzt mußte er diese Erniedrigung selbst auf sich nehmen, er, Bjartur in Sommerhausen. Doch er war fest entschlossen, den geforderten Preis zu zahlen.

Außen-Rotenmoor

Ja, du machst schon Reisen, Bjartur in Sommerhausen, dachte er und klopfte gegen Mitte der Abendwache an die Küchentür auf Außen-Rotenmoor.

»Allerhand, daß du dich sehen läßt« – es war einer der Knechte, der auf Socken an die Tür kam, mit einem dampfenden Walkstück in den Händen – die Heimindustrie hatte ihre große Zeit. »Wir dachten, du wärst tot.«

»Tot bin ich nicht«, sagte Bjartur, »doch ich war auf Nachlese.«

»Bist du verrückt?« fragte der Mann.

»Mir fehlte ein junges Mutterschaf, es kam nicht mit aus dem Gebirge.«

»Das sieht dir ähnlich, deine Schafe unten in der Siedlung in Gefahr zurückzulassen, um einem verdammten Jungschaf in den Bergen nachzujagen.«

»Ja, du, ich weiß nur, daß in der Bibel steht, daß ein Schaf in den Bergen mehr wert ist als hundert Schafe auf den Weiden zu Hause«, sagte Bjartur, der auf seine Weise die Bibelstellen liebte, wo von Schafen gesprochen wird. »Und außerdem wohnt man ja nicht umsonst in der Nachbarschaft eines großen Herrn, wenn ein Unwetter hereinbrechen sollte.«

Es stellte sich dann auch heraus, daß die Leute von Außen-Rotenmoor Bjarturs Schafe mit den ihren in den Stall getrieben hatten, am Abend, als das Unwetter aufzog; jetzt hatten sie vom Gemeindevorsteher den Befehl erhalten, ihm die Schafe morgen früh zuzutreiben und zugleich nachzusehen, ob er nicht tot wäre. »Hast du das Schaf gefunden?«

»Och, der Teufel soll mich holen, wenn ich etwas Lebendes sah, das der Rede wert ist, außer einem Geistervogel an den warmen Stellen südlich der Blauberge«, sagte Bjartur. »Doch nebenbei bemerkt: Haben die Jungschafe schon ins Heu gelangt?«

»Doch, sie haben schon angefangen, am Heu zu schnuppern«, sagte der Knecht und machte Bjartur Hoffnung, daß seine kräftigen Jungschafe schnell lernen würden, Heu zu fressen. Während sie darüber fachsimpelten, kam die Wirtschafterin Gudny an die Tür, denn sie hatte die Stimme des Bauern von Sommerhausen erkannt, lud ihn in die Küche ein und fragte, ob er nicht eine Schüssel Brei und eine Roßrippe essen wollte. Er schabte sich mit dem Messer den Schnee ab und klopfte die Mütze am Türpfosten ab.

Es war eine große Küche, eine halbe Wohnstube; die Knechte saßen bei Walk- und Roßhaararbeiten, die Mägde bei Wollarbeiten; die Hunde lagen auf dem Fußboden. Alles alte Bekannte von Bjartur, auch die Hunde. Bjartur war sehr hungrig. Alle sprachen von dem plötzlichen Winterwetter und seinen Folgen für die Schafe; »es wird rosig werden im Hornung«, sagten die Frauen, »wo der Winter schon so früh begonnen hat, noch vor der Adventszeit. Wie geht es Rosa?«

»Huh«, sagte Bjartur mit vollem Mund, »es war eine hübsche Brise auf der anderen Seite der Fernerach, wenn man auch eigentlich oft schon schwärzeres Wetter gesehen hat.«

»Auf der anderen Seite der Fernerach?« fragten die Knechte erstaunt. »Du willst uns doch nicht etwa weismachen, daß du nach Osten über die Fernerach gekommen bist?«

»Doch, es gibt viele Rinnsale, durch die man waten kann, auch auf den Hochflächen«, sagte Bjartur, »und vielleicht sind nicht alle solche Stubenhocker wie ihr.«

»Treibst du dich in dieser Zeit des Jahres auf den Hochflächen herum, wo es so um die arme Rosa bestellt sein soll?« sagte die Wirtschafterin menschenfreundlich.

»Gibt es neuerdings Sandstürme bei Windstille, liebe Gunsa?« fragte Bjartur grinsend. »Was ich noch sagen wollte, du hast vielleicht nicht davon reden hören, daß ich jetzt in mein eigenes Heim gezogen bin« – dabei warf er die Roßrippe einem der Hunde zu. »Doch nebenbei bemerkt, ob unsere Madame schon schlafen gegangen ist?«

Die Frau des Gemeindevorstehers kam aus dem Inneren des Hauses hereingesegelt, mit erhobenem Kopf, vollbusig, unerschütterlich; sie sah Bjartur fragend durch die Brille an, die zwischen den feisten roten Wangen eingeklemmt saß; sie lächelte ihr kaltes, gebildetes Feine-Leute-Lächeln, das trotz

Idealen und Dichtkunst eine so hohe und breite Wand zwischen ihr und denjenigen aufrichtete, deren Existenz ungleich weniger Romantik erforderte. Bjartur dankte ihr herzlich für Brei und Pferdefleisch.

»Du willst mich doch sicher nicht sprechen, um dich für eine Kelle Brei zu bedanken«, sagte die Frau, ohne das Pferdefleisch zu erwähnen.

»Nein, o nein, nicht direkt«, sagte Bjartur; es sei etwas anderes, er wolle gern eine kleine Gefälligkeit von ihr, obwohl es ihm peinlich wäre, davon zu sprechen – ob sie ihn unter vier Augen anhören möchte –, »außerdem bin ich euch beiden Dank schuldig für meine Schafe, die eure Knechte in Obhut nahmen, als ich auf Nachlese war.«

Die Frau sagte, sie glaube, Bjartur müßte sich hier auf dem Hof gut genug auskennen, um zu wissen, daß sie sich nicht um das Vieh kümmerte; das täten die, die dazu geeigneter wären.

»Das weiß ich«, sagte Bjartur, »auch habe ich mir fest vorgenommen, es morgen zu holen – ich hoffe, daß es heute nacht unseren Gemeindevorsteher nicht arm frißt. Und wenn er im Frühjahr kein Heu mehr haben sollte, der Gute, dann kann er sich von mir am Ende des Winters ein Bündel Lammheu holen.«

»Du solltest mir lieber sagen, wie es meiner guten Rosa geht«, sagte die Frau.

»Ja, das wollte ich auch«, sagte Bjartur. »Ich habe dich ja nur sprechen wollen, weil ich etwas mit dir zu bereden habe, wenn es auch nur wenig ist.«

Die Gemeindevorstehersfrau sah ihn mit einem Blick an, als hätte sie den schwachen Verdacht, er wolle sie um etwas bitten; dabei entfernte sich ihre Seele wie ein Stern in den kalten und unendlichen Weltenraum; nur ihr erstarrtes Lächeln blieb hier auf der Erde zurück.

»Ich hoffe um deinetwillen, daß es nichts ist, was mein Mann nicht hören darf«, sagte sie kurz und bündig.

»Och nein«, sagte Bjartur, »der Gemeindevorsteher läßt sich durch Kleinigkeiten nicht aus der Ruhe bringen.«

Da wies die Frau Bjartur in das Privatzimmer des Gemeindevorstehers Jon auf Moor, eines der kleinsten Zimmer in diesem großen Haus. Die Eheleute hatten schon seit langem den Brauch aufgegeben, zusammen zu schlafen; die Frau schlief mit ihrer Tochter Audur, die noch im Kindesalter war, in einer Stube für sich. Das Zimmerchen des Gemeindevorstehers hatte ganz das Aussehen eines ärmlichen Dachstübchens über dem Hauseingang, wo der von allen verachtete Gemeindearme sein Leben fristet, mit der einen Ausnahme, daß ein Bücherregal die eine Wand verdeckte; darauf stand das Gesetzblatt, schwarz gebunden, mit einem weißen Jahreszahlenetikett auf dem Buchrücken. Das Bett war an die Wand genagelt, aus ungehobelten Brettern wie bei armen Leuten zusammengezimmert; darüber war eine schadhafte Decke aus Wolle in Naturfarben gebreitet. Auf dem Fußboden stand ein Spucknapf, wie ein Stundenglas geformt und blau emailliert; über dem Bett war ein einfaches Brett angebracht, darauf standen ein geblümter Napf, eine dicke Steinguttasse, eine Flasche mit einem Einreibungsmittel gegen Gicht; an der Wand stand ein Tischchen aus rohem Holz, darauf lag armseliges Schreibzeug; vor dem Fenster stand eine große Truhe, vor dem Tisch ein schäbiger alter Lehnstuhl, ungepolstert, mit Schnur zusammengehalten, wo er aus den Fugen gegangen war. An der Wand hing ein schreiender Farbdruck, der den Erlöser am Kreuz zeigte, und ein zweiter, ebenso schreiender, ein Bild des Zaren Nikolaus, ferner ein Kalender mit dem Namen des Kaufmanns in Wiek.

Gemeindevorsteher Jon lag auf seinem Bett, die Hände unter dem Nacken und die Brille auf der Nasenspitze; er hatte eben die Tageszeitungen beiseite gelegt. Er begrüßte den Gast mit einem undefinierbaren Laut, der durch die Nase kam, und hütete sich, den Mund zu öffnen, um nicht den kostbaren Tabaksaft zu verlieren, den er eine Weile in seinem Mund hatte zusammenfließen lassen. Er hatte die Angewohnheit, nicht zu früh auszuspucken, sondern den Saft, den er aus jedem Bissen Kautabak zu saugen imstande war, so gut wie möglich auszukosten. Er war fast wie ein Bettler gekleidet, trug eine über und über geflickte, schlecht geschnittene Wolljacke, die bis an den Hals mit Sicherheitsnadeln zugesteckt war. Außer verschiedenen alten Schmutzflecken sah man an ihr ziemlich frische Erdflecken und Wollfusseln, was darauf schließen ließ, daß er eben erst aus dem Stall gekommen war. Seine Hosen waren so abgetragen, daß das ursprüngliche Tuch die Flicken nicht mehr festhielt, sondern an jedem Flicken rund um sie Säume aufriß. Die Hosen steckten in schafbraunen Wollsocken, und die ausgetragenen Roßhautschuhe an den Füßen bestätigten, daß er sich eben erst ausgiebig im Stall umgetan hatte; auch ließ der Geruch keinen Zweifel über seine Herkunft aufkommen. Bjartur in Sommerhausen übertraf an Kleidung und sonstigem Aussehen diesen ärmlichen Gemeindevorsteher bei weitem.

Gab es also keine Merkmale im Äußeren dieses Mannes, die ihn von dem dürftigen Aussehen des Kätners unterschieden? Gewiß doch. Trotz der bettlerhaften Kleidung konnte niemand daran zweifeln, auch nicht beim ersten Blick, daß er hier einen Mann vor sich hatte, dem es zukam, über andere zu bestimmen und Herrschaft über sie auszuüben. Er hielt mit zusammengepreßten Lippen den Tabaksaft fest, als unwillkürliches Zeichen, daß er nichts losließ, ehe er nicht allen Saft daraus gesogen hatte, der darin war. Ungewöhnlich klare, harte und kaltgraue Augen; beherrschtes Mienenspiel; die Breite der Stirn unter dem starken dunklen, nur an den Schläfen ergrauten Haar; regelmäßige Gesichtszüge; blasse Farbe; und nicht zuletzt kleine, wohlgeformte Hände, merkwürdig weiß und weich trotz offensichtlich mangelhafter Pflege – all dies hatte einen bestimmten psychischen Gehalt, feiner und reicher, als er je im Wesen solcher Menschen anzutreffen ist, die mühselig von ihrer eigenen Arbeit leben.

Bjartur bot seinem früheren Dienstherrn die Hand zum Gruß, und der Gemeindevorsteher reichte ihm nach seiner Art zwei Finger, den Daumen und den Zeigefinger; die anderen drei Finger hielt er sorgfältig zur Handfläche gekrümmt, ohne ein Wort zu sagen. In zwei Jahrzehnten langer Übung hatte Bjartur sich eine ganz besondere Methode im Umgang mit dem Gemeindevorsteher zu eigen gemacht. Diese Methode entsprang der Selbstverteidigung eines schutzlosen jungen Menschen gegen einen mißtrauischen Gebieter, einem Verhältnis, das sich mit den Jahren und zunehmender Reife zur Passion eines gewissenhaften Menschen auswächst, gegenüber dem Mächtigeren immer recht zu haben, und das sich schließlich zum Angriff wandelt, zur unaufhörlichen Anspannung, die nie die Waffen streckt, stets den eigenen Standpunkt wahrt, ohne jemals der stärkeren Persönlichkeit auf neutralem Boden zu begegnen.

Die Frau des Gemeindevorstehers bot dem Gast einen Platz auf der Truhe vor dem Fenster an, mit der Bemerkung, daß es niemand fertigbringe, auf dem Stuhl zu sitzen, außer dem Gemeindevorsteher selber.

»I«, antwortete Bjartur ärgerlich, »ich denke, es hat wenig Sinn, sich zu setzen, im Alter ist zum Sitzen noch Zeit genug«, und er fügte hinzu: »Ich habe eben deiner Frau gesagt, lieber Jon, wenn du Ende des Winters kein Heu mehr haben solltest, weil deine Knechte meine Schafe für zwei Nächte in Sicherheit gebracht haben, ja, dann kannst du dir im Frühjahr ein Bündel Heu von mir holen kommen.«

Der Gemeindevorsteher hob vorsichtig den Kopf vom Kissen, damit der Tabaksaft in seinem Mund in der Waage blieb und bei seiner Antwort weder in ihn hinein noch aus ihm herausfloß, öffnete den Mund sowenig wie möglich und sagte: »Sieh zu, wo du selber bleibst, du armer Hund.«

Dieser selbstzufriedene, mitleidige Ton, der andere Leute bedingungslos zum bedauernswertesten Auswurf schlug, ohne jedoch jemals direkt verletzend zu sein, berührte Bjartur stets wie eine geheime Beschuldigung und hatte all diese Jahre seine Kämpfernatur gereizt, seinen Freiheitsdrang und seinen Unabhängigkeitsgeist genährt.

»Wo ich bleibe? Ja, da kannst du sicher sein, ich werde für mich sorgen. Ich bin dir bisher nichts schuldig geblieben, Freund, außer was vereinbart war.«

Die Frau des Gemeindevorstehers machte Bjartur darauf aufmerksam, daß sie ihn so verstanden habe, als hätte er etwas mit den Eheleuten zu besprechen, und ob er nicht so gut sein wolle, es gleich zu sagen; es sei schon spät.

Da setzte sich Bjartur auf die Truhe, wie es ihm zuerst angeboten worden war, und sagte: »Hu«, kratzte sich ein bißchen den Kopf und runzelte die Stirn.

»Es handelt sich darum«, sagte er und schielte nach der Frau, wie er es zu tun pflegte, wenn er die Glieder ausstreckte, »mir fehlte nämlich ein junges Mutterschaf beim Weideabtrieb.«

Danach herrschte langes Schweigen, und die Frau blickte ihn streng durch ihre Brille an, doch als sie die Hoffnung aufgegeben hatte, daß er noch etwas sagen würde, fragte sie: »Na und?«

Er nahm seine Schnupftabaksdose aus der Tasche und schüttete ein längliches Häufchen auf den Handrücken.

»Es hieß Goldbraue«, sagte er. »Im Frühjahr war es ein Jahr alt, das arme Ding, ein prächtiges Tier. Es stammte nämlich von eurem Gellir ab, es ist diese Sira-Gudmundur-Rasse, ich habe immer viel von dieser Rasse gehalten, es sind flinke Schafe. Ich ließ es beim ersten Hochweideabtrieb bei meiner Frau zu Hause zurück, zu ihrem Vergnügen und zu ihrer Ermutigung, doch dann, zum Teufel, wurde es bei den folgenden Hochweideabtrieben übersehen. Also sagte ich mir vor ein paar Tagen: am besten gehst du hier nach Süden auf die Hochfläche, um nach der Goldbraue zu sehen; du hast schon so manches Schaf hier aus den Bergen im Süden geholt, lange nach allen Hochweideabtrieben, und das für andere, was ihr Eheleute, wie ich glaube, bestätigen könnt, es ist erst ein Jahr her.«

Die Gemeindevorstehersfrau hörte nicht auf, den Talbauern fragend anzustarren; sie hatte keine Ahnung, worauf er hinauswollte.

»Also ging ich nach Süden auf die Hochfläche«, sagte er, »ich ging nach Süden in die Blauberge, in die Rauchtäler, ich machte sogar einen Abstecher nach Osten über die Fernerach auf der Heide.«

»Ganz bis über die Fernerach?« fragte die Frau erstaunt.

»Ja, es machte mir nichts aus, daß ich über die Fernerach ging«, sagte er, »wenn ich nur etwas Lebendes gesehen hätte; aber hol's der Teufel, ich habe nichts Lebendes gesehen, außer einem Vogel an den warmen Stellen südlich der Berge, es ist wahrscheinlich ein Geistervogel gewesen. Doch daß ich irgendein Tier mit anerschaffenen vier Beinen gesehen hätte, davon kann nicht die Rede sein, ausgenommen einen Renbullen (den ich nicht zu den Tieren rechnen will). Und bei diesem Ausflug sind nicht weniger als fünf Tage und vier Nächte draufgegangen, na, und was denkt ihr, wie meine Heimkehr heute abend gewesen ist?«

Die Eheleute konnten dieses Rätsel nicht lösen oder hatten keine Lust, sich den Kopf zu zerbrechen; die Gemeindevorstehersfrau schlug vor, Bjartur solle ihnen die Lösung verraten, wenn ihm daran läge, daß sie sie erführen.

»Ja, weil du so sehr für die Dichtkunst bist, meine Liebe, möchte ich dich einen unbedeutenden Kunstvers hören lassen, der mir gerade einfiel, als ich mich vorhin zu Hause am Lukenrand umsah.«

Danach trug Bjartur folgenden Vers vor und legte nach seiner Gewohnheit die Hauptbetonung auf den Mittelreim:

> »Fehlt aus meiner Herde eins,
> Lichter keine sehe:
> Frostig meine Berge sind,
> welk die eine Rose.«

Der Gemeindevorsteher drehte den Kopf langsam nach Bjartur um, hob fragend die Augenbrauen, war jedoch streng darauf bedacht, nicht den Mund zu öffnen, damit es ihm nicht passieren konnte, laut nach etwas zu fragen. Die Frau des Gemeindevorstehers aber bemerkte: »Ich hoffe, das ist nicht so zu verstehen, daß der Rosa etwas zugestoßen ist.«

»Ja, dazu will ich mich nicht äußern, ob ihr etwas zugestoßen ist«, sagte Bjartur, »alles ist, wie man es nimmt. Doch auf meiner Erde lebt sie nicht mehr, was auch immer danach kommt.«

»Die Rosa?« fragte die gnädige Frau gerührt. »Willst du uns sagen, daß Rosa gestorben ist, diese junge Frau?«

Da nahm Bjartur mit Sorgfalt eine Prise, blickte dann mit starren, tabakfeuchten Augen auf und sagte stolz: »Ja. Und sie starb allein.«

Bei dieser Nachricht richtete sich der Gemeindevorsteher in seinem Bett auf, ließ die Füße auf den Fußboden herab und setzte sich auf die Bettkante; er fuhr eine Weile fort, den Tabaksbissen im Mund zu wälzen, doch es schien ihm noch nicht an der Zeit zu sein, den Mund von dieser köstlichen Soße zu entleeren.

»Dennoch gibt es etwas Schlimmeres«, sagte Bjartur philosophisch. »Der Tod ist doch nur die Schuld, die wir alle zu entrichten haben, auch ihr hier unten im Tal, ob ihr wollt oder nicht. Hingegen ist es dieses sogenannte Leben, das viele nur schwerlich in Übereinstimmung mit ihrem Geldbeutel bringen können. Es entsteht in einem fort, wie ihr wißt, und es ist in der Tat der reinste Unsinn, sich herumzustreiten, wer der Vater ist, obwohl es im Einzelfall interessant sein könnte, es zu wissen, von wegen der Alimente. Um die Wahrheit zu sagen, so bin ich auch gar nicht wegen der Frau heute abend hier herübergekommen, denn ich glaube nicht, daß es nach allem noch möglich ist, ihr groß Leben einzuflößen. Es ist vielmehr wegen diesem kleinen Wurm, der dort noch unter dem Bauch der Hündin lebte, daß es mir in den Sinn kam, dich um ein paar Auskünfte zu bitten, gute Frau.«

»Was meinst du denn eigentlich, Mann?« fragte die gnädige Frau schroff, und das kalte Lächeln war jetzt vollständig mit dem Blick hinter der Brille zusammengefroren; sogar der Gemeindevorsteher beugte sich über den Spucknapf und spuckte die ganze Soße auf einmal aus, wälzte den Tabaksbissen im Mund von vorn unter der Zunge weg bis hinter die Backenzähne, schob die Brille die Nase hinauf und blickte den Gast scharf an. »Darf ich fragen, um was für Auskünfte du hier eigentlich bittest? Wenn du zu verstehen geben willst, daß deine Frau bei der Niederkunft gestorben ist und das Kind lebt, dann versuche es geradeheraus zu sagen, ohne Umschweife. Wir werden wohl versuchen, dir zu helfen, wie wir unendlich vielen anderen geholfen haben, ohne jemals auf Entgelt zu sehen. Aber eins verlangen wir, und das ist, daß weder du noch andere versteckte Anspielungen auf mich oder meine Familie machen!«

Als der Gemeindevorsteher sah, daß seine Frau in dieser Angelegenheit die Führung übernommen hatte, wurde er wieder ruhig und begann zu gähnen. Er neigte nämlich zur Müdigkeit, wenn er Leute anhörte, ohne daß er den Mund voll Tabaksaft hatte; dann ließ er die Augen nach verschiedenen Richtungen wandern und langweilte sich. Hingegen ließ sich die Frau nicht eher erweichen, als bis Bjartur ausdrücklich jeden Verdacht beseitigt hatte, daß er hierhergekommen sei, um Auskünfte über den Vater des Kindes zu erhalten, das zu Hause in Sommerhausen wartete. »Mir liegt es nun einmal besser, über Lämmer als über Menschen zu sprechen, Madame«, sagte er entschuldigend, »ich wollte dich nur fragen, ob du nicht meinst, daß man versuchen sollte, ihm ein paar Tropfen warme Milch einzuflößen, wenn es nicht im Lauf der Nacht den Geist aufgibt. Ich bezahle natürlich, was ihr verlangt.« Als das Mißverständnis aus der Welt war, erklärte die Frau, und das meinte sie ehrlich, daß ihre höchste und letzte Freude im Leben gerade darin bestehe, dem Bedürftigen die helfende Hand zu reichen, sogar in diesen schweren Zeiten; das Schwache zu stärken, das erwachende Leben zu hegen. Dem Talbauern gehörte ihr Herz ungeteilt, in Freud und Leid.

19

Das Leben

Die Gemeindevorstehersfrau beließ es nicht bei leeren Worten.

Am selben Abend schickte sie die Wirtschafterin Gudny zu Pferde hinaus nach Sommerhausen, in Begleitung Bjarturs, mit Milch in Flaschen, einem Primuskocher und anderer Ausstattung für ein Wickelkind; Bjartur stapfte vor ihrem Pferd her durch den Schnee; nach den Abenteuern der letzten Tage war er in der seelischen Verfassung der Reimerzählungen.

Worüber diese Hebamme zu Hause in Sommerhausen zuerst sprach, das war der Geruch im Gehöft; unten im Haus roch es nach Feuchtigkeit von den Erdmauern und gesalzenem Fisch; oben war stickige Luft vom Lampenruß und Tod; der Lampendocht war wieder trocken, die an einem Band aufgehängte Lampe flackerte trist; die Wirtschafterin befahl, frische Luft hereinzulassen. Sie breitete eine Decke über die Leiche auf der Bettstatt. Dann wendete sie sich dem Kind zu. Doch da wollte die Hündin das Kind nicht herausgeben; sie wärmte es noch, eine Mutter, hungrig und durstig; und dennoch belohnt niemand die Kreatur für ihre Tugenden. Als die Wirtschafterin sie fortjagen wollte, drohte die Hündin zu beißen, so daß Bjartur sie im Genick packen mußte; er zog sie fort; sie winselte; er warf sie die Stiege hinunter. Als die Dinge bis hierher gediehen waren, gab das Kind keine Lebenszeichen mehr von sich. Die Frau drehte und schwenkte es hin und her, trug es sogar an die Haustür, mit dem Gesicht gegen den Wind, doch nichts half. Dieses runzlige, beklagenswerte Körperchen, das so gänzlich ungeladen und ungebeten zur Welt gekommen war, schien jedes Interesse verloren zu haben, sein Recht auf ihr zu fordern.

Doch die Wirtschafterin, die früh Witwe geworden war, wollte nicht glauben, daß das Kind tot sei; sie hatte bei Schneewetter in den Tälern selbst Kinder geboren. Sie machte auf ihrem Primus Wasser warm; es war das zweite Mal, daß Anstalten getroffen wurden, für dieses Kind Badewasser zu machen. Dann war das Badewasser warm, und die Frau badete das Kind, sie ließ es sogar eine gute Weile in recht warmem Wasser liegen, nur die Nasenspitze blieb noch oben. Bjartur fragte, ob sie das Kind kochen wollte, doch sie hörte nicht, was er sagte. Aber das Kind zeigte kein Zeichen von Leben. Sie nahm es heraus und hielt es an einem Bein und schwenkte es einige Male mit dem Kopf nach unten durch die Luft. Da wurde Bjartur sonderbar zumute; er hatte alles, was geschah, verfolgt, doch jetzt reichte es ihm, und er hielt es für angebracht, um Schonung für das arme Wesen zu bitten. »Willst du dem Kind die Hüften verrenken, du Unmensch?« fragte er.

Da sagte die Wirtschafterin Gudny, als hätte sie ihn erst jetzt bemerkt: »Mach, daß du rauskommst, und ich verbiete dir, dich hier oben sehen zu lassen, bis ich mit dir zu reden habe.«

Es war das erste Mal, daß Bjartur aus seinem eigenen Hause gejagt wurde, und wenn es unter anderen Umständen geschehen wäre, hätte er gegen eine solche Unverschämtheit protestiert und Gunsa zu verstehen gegeben, daß er ihr nichts schuldete. Doch dieses Mal sah es ganz so aus, als ließe er wie ein Hund die Rute hängen; er krabbelte unauffällig die Stiege hinunter, denselben Weg wie die Hündin. Um die Wahrheit zu sagen: er wußte nicht, was er da unten im Dunkeln anfangen sollte, ein übermüdeter Mann. Kaum jemals war er in seinem Herzen so unselbständig wie an diesem Abend gewesen, er kam sich fast überflüssig auf der Welt vor. Ihm schien es sogar, daß die Lebenden im Vergleich zu den Toten überflüssig wären. Aus dem Durchlaß zum Heuschober zupfte er etwas Heu, breitete es für sich auf dem Boden aus und legte sich wie ein Hund darauf: trotz allem war der Mann doch zu sich nach Hause gekommen.

Am Morgen wachte er von Kinderweinen auf.

Als er nach oben kam, saß die Wirtschafterin auf dem Rand des Ehebetts und hielt den Säugling im Arm; sie hatte sogar ihre Kleider an der Brust aufgeknöpft, um dem Kind ihre Wärme zu spenden, während seine Frau, die Mutter des Kindes, entseelt auf der Bettstatt gegenüber lag. Die Wirtschafterin hatte ein Läppchen mit einem Wollfaden vor den Flaschenhals gebunden und war dabei, dem Kind das Saugen beizubringen. Bjartur blieb in der Stube stehen und schaute zuerst ein wenig verlegen auf dieses Bild; ohne Zweifel verletzte es sein Schamgefühl. Doch dann stahl sich ein Lächeln auf sein bärtiges, zuschanden gefrorenes Gesicht und in seine von Froststürmen blutunterlaufenen Augen.

»Hier siehst du deine Tochter frisch und munter«, sagte die Frau, stolz darüber, dieses Etwas zum Leben erweckt zu haben.

»Es ist wohl so«, sagte er, »das arme Würmchen.« Und er wunderte sich darüber, wie klein und schwach das da war. »Man kann nicht erwarten, daß es viel von sich hermacht«, fügte er sozusagen entschuldigend hinzu, »wie schrecklich schwach ist doch das Menschengeschlecht, wenn man es betrachtet, wie es in Wirklichkeit ist.«

»Liebes Kleines«, sagte die Frau und liebkoste das Kind. »Welchen Namen wird uns der Papa wohl geben?«

»Ja, soweit übernehme ich es, der Vater des armen Dings zu sein, und einen schönen Namen soll es bekommen«, antwortete er.

Die Frau erwiderte nichts und fuhr fort, das Kind zu hätscheln und ihm den Schnuller in den Mund zu stecken.

Bjartur sah eine Weile zu und führte offensichtlich ein Selbstgespräch über das Vorhaben, bis er schließlich entschlossen sagte: »Ja, es soll mir nichts ausmachen«, und mit seiner eingegrauten starken Hand, die mit den bösen Mächten des Landes gekämpft hatte, berührte er das Gesicht des kleinen Mädchens. »Sie soll Asta Sollilja heißen.«

Er war stolz darauf, daß das kleine Ding außer ihm niemanden auf der Welt hatte; entschlossen, Freud und Leid mit ihm zu teilen – sprechen wir nicht mehr davon.

Er hatte viel zu tun. Die Schafe waren noch unten auf Außen-Rotenmoor; ferner mußten Anstalten für die Beerdigung getroffen werden, Sarg, Pfarrer, Totengräber, Reise zum Marktflecken, Leichenschmaus. »Was ich noch sagen wollte, ich hätte gern deine Hilfe, liebe Gunsa, du mußt mir einen Napfkuchen für den Leichenschmaus zusammenkneten; darin können gern Gewürze und Rosinen sein und, wenn du willst, auch diese großen schwarzen Dinger, die wie Pferdeäpfel aussehen, Zwetschgen, glaube ich, nennt ihr sie. Mit nichts sparen; ich bezahle. Und natürlich Plinsen, soviel jeder haben will. Und Kaffee schwarz wie Teer, Mensch, so daß man damit Schafböcke kennzeichnen könnte, ich will keine verfluchte Plörre zum Gedächtnis meiner Frau.«

20

Besorgungen

Es schien keinen Zweifel zu geben, daß das Gespenst in Sommerhausen umging. Deshalb ließ sich die Wirtschafterin zu ihrem Beistand eine Magd von zu Hause kommen, und um den Tod Rosas spannen sich mysteriöse Geschichten, um so mysteriöser, je weiter sie drangen, und über die Ursache gab es nur eine Meinung. Auch stimmten diese Geschichten mit den Sagen überein, die seit undenklichen Zeiten über diese entlegene Hütte umliefen. Deshalb waren die Leute über die Zukunft des Heidebauern besorgt, nachdem es ihm schon im ersten Jahr derart ergangen war, und etwas später, als der Gemeinderatsvorsitzende Bjartur unten im Tal traf, ließ er die Bemerkung fallen, daß bei ihm jederzeit eine Knechtsstelle frei werden könnte; er gab zu verstehen, daß Bjarturs voraussichtliche Schwierigkeiten auf der Heide früher oder später die gesamte Gemeinde betreffen könnten, jetzt stünde er ohne Frau allein mit einem Säugling da, was dann? Er sagte, es sei ihm nicht unbekannt, daß die Leute auf Rotenmoor vielleicht dafür zu gewinnen wären, das Kind in Pflege zu nehmen, sogar ohne Unterhaltsbeihilfe, allerdings unter der Bedingung, daß der Grundstückskauf rückgängig gemacht würde. »Ich für meine Person würde sagen: gut davongekommen.«

Bjartur schien es an der Zeit, daß die Leute auf Rotenmoor ihm ein günstiges Angebot machten, auch wenn sie dabei krumme Wege gingen, und er sagte: »Es kann gut sein, daß ihr Gemeinderatsbonzen glaubt, gut davonzukommen, wenn ihr eure Kinder nach Rotenmoor in Pflege gebt. Doch ich für meine Person meine: schlecht davongekommen. Ich bin nämlich selbst bei denen auf Rotenmoor achtzehn Jahre lang in Pflege gewesen. Und solange ich wenigstens dem Namen nach ein freier Bürger des Landes bin und meinen Verpflichtungen gegen Gott und Menschen nachkomme, so lange, denke ich, werde ich meine Kinder selbst aufziehen und nicht bei denen auf Rotenmoor.«

»Es könnte dahin kommen«, sagte der Gemeinderatsvorsitzende, »daß du deinen Verpflichtungen aus gesetzlichen Gründen nicht mehr nachkommen kannst, nicht zuletzt, wenn du die Heide mit bezahlter weiblicher Arbeitskraft bearbeiten sollst; das könnte seine Auswirkungen auf die Unabhängigkeit haben. Andererseits könntest du als Knecht anderer glänzend verdienen.«

»Ich brauchte achtzehn Jahre, um mir eine Zuchtherde anzuschaffen und Sommerhausen zu kaufen, und obwohl ich mir kein Königsschloß aus Saphir und Marmor gebaut habe, so habe ich mir doch ein Schloß gebaut, das auf einem Fundament von achtzehn Jahren steht. Und solange ich weder der Gemeinde noch dem Kaufmann etwas schulde und meinen Verpflichtungen wegen der Kaufsumme für das Grundstück dem Gemeindevorsteher gegenüber nachkomme, so lange ist es zumindest ein Schloß, das ebensogut ist wie dein Schloß oder das Schloß des Gemeindevorstehers. Auch werde ich mich nicht um die Kinder des Gemeindevorstehers kümmern noch viel Aufhebens davon machen, nach wem sie heißen. Hingegen verlange ich, daß der Gemeindevorsteher sich nicht um meine Kinder kümmert und nach wem sie heißen. Und bestell ihm und den Leuten dort schöne Grüße.«

An jenem Tag war Bjartur unterwegs zu Sira Gudmundur auf Stadur, dem Mann, dem er von allen Menschen die größte Achtung entgegenbrachte wegen der vortrefflichen Schafrasse, die von diesem Pfarrer hier in der Gemeinde stammte. Er wurde zum Pfarrer in den Tabaksqualm geführt, wo dieser, über seine Predigten und Wirtschaftsrechnungen grübelnd, hin und her ging, denn es war sehr selten, daß der Pfarrer stehenblieb. Er hatte keine Zeit dafür, setzte sich kaum hin, war Meister in der vornehmen Brüskheit eines mit Arbeit überhäuften Mannes. Der Pfarrer war ziemlich bejahrt und korpulent; er hatte weiße Haare; Wangen und Nase hatten einen bläulichen Schimmer; er entstammte einer alten, vornehmen Familie im Westland; hatte in jüngeren Jahren im Südland, die längste Zeit jedoch hier eine Pfarre versehen; war zu Vermögen gekommen; ließ sich die Wirtschaft angelegen sein, obwohl er vor den Ohren der Bauern schlecht von irdischen Dingen sprach und seine landwirtschaftlichen Fähigkeiten in der Öffentlichkeit nicht zur Schau stellte. Er war in der Regel sehr wortkarg, wie alle Menschen, die schrecklich viel zu tun haben; was andere Leute sagten, hielt er stets für den größten Unsinn; er war hart in seinen Urteilen und hatte feste Ansichten über alles, die er dann, wenn andere ihm beipflichteten, im nächsten Augenblick änderte. Er mißtraute wie kein anderer der menschlichen Natur; traute anderen Menschen als der dänischen Königsfamilie nur wenig Gutes zu; diese schätzte er hoch wegen ihrer Geistesgaben und menschlichen Qualitäten, besonders jedoch Prinzessin Augusta, deren Bild in seinem Arbeitszimmer hing; doch zu diesem Zeitpunkt war die Prinzessin schon lange tot. Er hatte keine hohe Meinung vom moralischen Lebenswanddel der Menschen in seinem Sprengel und vermutete allerlei; er war der Ansicht, daß in seiner Amtszeit eine Menge heimlicher Verbrechen in der Gemeinde begangen worden seien; dennoch sprach man davon, daß er Hilfesuchende nie abwies. Es fiel ihm ebenso schwer zu hören, daß jemand herabgesetzt wie daß er gelobt wurde. Gegenüber glaubensschwachen Menschen hatte er die Angewohnheit, voll tiefem Ernst über die Gottheit und dergleichen zu sprechen, doch machte er sich darüber lustig, wenn er mit Gläubigen sprach; er sprach gewöhnlich in abfälligem Ton. Seine Predigten waren weitgehend zusammenhanglos und den Leuten mitunter vollkommen unverständlich; in der Gegend gab es nur schwache Versuche, sich nach ihnen zu richten.

»Du bummelst von Hof zu Hof, wie gewöhnlich«, sagte der Pfarrer in seiner brüsken Art und reichte Bjartur blitzschnell die Hand, als er auf seinem Rundgang durch die Stube an ihm vorbeistürmte; im Trab paffte er heftig aus seiner Pfeife, so daß die Rauschwaden wie die Staubwolken von einer Reiterschar um seinen Kopf schwebten.

»Ich weiß nicht, ob ich gewöhnlich von Hof zu Hof bummle«, sagte Bjartur. »Doch das kann ich nicht abstreiten: den Gemeinderatsvorsitzenden habe ich gesehen.«

»Toi, den Gemeinderatsvorsitzenden«, sagte der Pfarrer und spuckte verächtlich in den Kohlenkorb, als er am Ofen vorbeibrauste.

»Mir kam dann der Gedanke«, fuhr Bjartur fort, »auch den Pfarrer aufzusuchen und nachzusehen, in welchem von beiden der größere Freiheitssinn steckt.«

»Freiheitssinn?« wiederholte der Pfarrer und blieb tatsächlich auf dem Fußboden stehen; er richtete seine kleinen Augen scharf auf Bjartur, als fordere er stumm eine Erklärung.

»Ja, ich meine, für die kleinen Leute.«

»Ich erhebe keine Forderungen nach Freiheit, weder für die

Kleinen noch für die Großen«, beeilte sich der Pfarrer zu verkünden; und schon stürmte er wieder los.

»Ja, was ich sagen will«, sagte Bjartur, »zwischen dem Gemeinderat und mir besteht der Unterschied, daß ich immer Forderungen nach Freiheit erhoben habe. Sie wollen alle unterdrücken.«

»Es gibt keine Freiheit außer der Freiheit, die allein in der wahren Erlösung unseres Herrn Jesus Christus enthalten ist«, sagte der Pfarrer schnell und sachlich, im Ton eines ungeduldigen Geschäftsmannes, der einem schlechten Kunden erklärt, daß hier kein anderes Tuch zu haben ist als nur das Segeltuch, das nach dem Meister Hessian benannt ist. »Es ist, wie es bei den Alten heißt« – und er brachte ein fremdsprachliches Zitat an. Dann fragte er: »Was ist Freiheit? Ja, hatte ich es mir nicht gedacht, du hast nicht einmal selber eine Vorstellung davon. Das ist nicht so zu verstehen, als gönnte man es dir nicht, oben auf den Gletschern zu hausen, meinetwegen. Wie es bei den Alten heißt« – zweites Zitat in einer unverständlichen Sprache.

»Ja, ich streite mich mit dir nicht über das Hebräische, lieber Pfarrer«, sagte Bjartur. »Mir ist egal, was der und jener sagt, ich glaube ebensoviel von Schafen zu verstehen wie jeder andere: deine Böcke haben hier in der Siedlung großartige Leistungen vollbracht.«

»Ja, leider«, sagte der Pfarrer in vollem Lauf, »Leistungen bei denen, die ihren Magen vergöttern und den Tadel als Ehre betrachten.«

»Ja, soviel ich weiß, ist das Schaf in den biblischen Geschichten das Lamm Gottes genannt worden.«

»Ich bestreite«, erwiderte der Pfarrer, »daß das Schaf in den biblischen Geschichten jemals das Lamm Gottes genannt worden ist. Ich wende mich nicht dagegen, daß das Schaf von Gott geschaffen wurde, doch ich bestreite mit aller Schärfe, daß es Gott wohlgefälliger sei als andere Geschöpfe.« Kurzes Schweigen, dann in vorwurfsvollem Ton: »Was soll das eigentlich bedeuten, in den Bergen und Einöden hinter Schafen herzujagen? Als ob du nicht recht bei Sinnen wärst!«

»Ja, ich glaube, wenn ich dir aufrichtig sagen soll, wie es ist, Sira Gudmundur, daß letzten Endes, wenn wir offenen Herzens in wirklicher Brüderlichkeit miteinander sprechen, daß dann unsere Ansichten über Schafe durchaus nicht so weit auseinandergehen, wie Sie zu verstehen geben, wenn Sie mit einem ungebildeten Menschen sprechen. Und im Vertrauen gesagt, Sira Gudmundur, so war es heute mein Hauptanliegen an dich, über das ich lange nachgedacht und von dem ich viele Nächte geträumt habe, dir den Vorschlag zu machen, ob du dich nicht bereit finden würdest, mir im Herbst ein hübsches Bocklämmchen zu verkaufen, so Gott will. Vielleicht könnte ich es in bar bezahlen, auf jeden Fall jedoch mit Gottes Hilfe durch eine Überweisung, wenn es pressiert.«

Bjartur versuchte, jetzt in seiner Rede sorgfältig darauf zu achten, den Mittelweg zwischen Gottesfurcht und Mammonsucht einzuhalten, um dem Pfarrer keine Angriffsfläche zu bieten. Doch nichts half. Der Pfarrer ließ sich durch keinerlei Kniffe dazu verleiten, derselben Meinung zu sein.

»Überweisung«, wiederholte er verdrießlich. »Ich will keine Überweisung zwischen Gott und dem Teufel. Darüber kannst du mit dem Verwalter feilschen.«

»Ja, ich möchte am liebsten erst dann mit Untergebenen sprechen, nachdem ich bei dir etwas erreicht habe.«

»Wenn du Kaffee haben willst«, sagte der Pfarrer, »dann ist es am besten, du sagst es mir gleich. Doch Schnaps habe ich keinen da, so wahr mir Gott helfe.«

»Och, bislang hat man den Kaffee nicht ausgespuckt, auch wenn kein Schnaps darin war. Manch einer hat sein Leben lang den Schnaps entbehren müssen.«

Dann ging der Pfarrer hinaus, um sich in der Küche nach den Kaffeeverhältnissen zu erkundigen; nach einer kleinen Weile kam er wieder herein und dampfte ununterbrochen weiter durch die Stube, so daß die Rauchschwaden um seinen Kopf schwebten.

»Ja, du bekommst bloß Zichorienkaffee hier«, sagte der Pfarrer. »Ich habe ja auch nie bemerkt, daß du an dein Seelenheil denkst. Ihr strolcht im Hochgebirge herum, nicht nur in vollkommener Unbesorgtheit, sondern auch in sichtlicher Verstocktheit, und dann glaubt ihr, ihr könnt einem auf den Leib rücken.«

Eine der prächtigen Töchter des Pfarrers brachte duftenden Kaffee in einer großen kupfernen Kanne und bemalte japanische Porzellantassen herein, sowie zwei Teller mit vielen köstlichen Kuchensorten, Zucker und Sahne. Die Tochter des Pfarrers dankte Bjartur für das letzte Zusammensein; sie hatte die Gedichte noch nicht vergessen, die er im Sommer gedichtet hatte, und zu Ehren Bjarturs sagte sie sie auf, und der Pfarrer hörte zu, ganz wider seinen Willen, und murmelte etwas vor sich hin.

»Toi«, sagte er, »alles ist Kitsch, was man nicht sofort ins Lateinische übersetzen kann. Geh hinaus, liebe Gunna, du hast nichts mit diesem Mann zu besprechen.«

Sobald aber das junge Mädchen zur Tür hinaus war, bückte sich der Pfarrer und öffnete die eine Schreibtischtür, schnaufte vernehmlich im Qualm seiner Pfeife, nahm eine volle Branntweinflasche heraus und goß ungefähr einen Viertelliter Branntwein in die Kaffeekanne, schenkte ihnen dann den Branntweinkaffee ein. Bjartur sagte nichts, aus Achtung vor dem Pfarrer und vor Bewunderung für den Branntwein. Sie begannen den Kaffee zu trinken. Nach drei Tassen war Bjartur in Schweiß geraten.

»Trink, Mann«, sagte der Pfarrer. »Was meinst du, wozu die Frauen dir bei dieser Witterung Kaffee geben?«

»Ich habe mir schon drei einverleibt«, sagte Bjartur höflich.

»Ja, so etwas kenne ich nicht, ich trinke nie weniger als dreißig am Tag«, sagte der Pfarrer und schenkte weiter abwechselnd Bjartur und sich ein. Er nötigte Bjartur zu trinken, bis sie jeder sechs Tassen getrunken hatten und die Kanne leer war. Jetzt war Bjartur in Schweiß gebadet, und der Schweiß floß ihm von der Stirn an den Schläfen hinunter. Er betrachtete die Bilder auf den Tassen und machte folgende Bemerkung: »Sie sehen nicht übel aus, die Zierpuppen da«, und damit meinte er die feinen japanischen Damen auf den Tassen, »und das weiß ich, es dauert eine Zeit, bis sie so heiter aussehen, die Weibsleute auf den Tassen in Sommerhausen. Und da fällt mir ein, lieber Pfarrer«, fügte er hinzu und wischte sich den Schweiß mit dem Ärmel vom Gesicht, »daß bei mir alles hübsch durcheinander ist: meine Frau, was sie dem Namen nach war, nachdem du uns im Frühjahr zusammengegeben hattest – sie starb vor ein paar Tagen.«

»Wie ist das möglich?« fragte der Pfarrer mißtrauisch. »Ich kann nichts dafür.«

»Nein, lieber Himmel, das weiß ich; es war auch nicht so gemeint«, sagte Bjartur und sprach den Pfarrer in dieser Sache gänzlich frei; »sie starb ganz einfach auf natürliche Weise, wahrscheinlich an Blutverlust, und ich kann mir gut denken, wie sie starb. Aber was aus der Goldbraue geworden ist, einem einjährigen Mutterschaf von deiner Rasse, das vergangenen Herbst bei mir unten an der Hauswiese angepflockt war – es war beim ersten Hochweideabtrieb, ich ließ es nämlich meiner seligen Frau zur Unterhaltung zurück –, ja, das geht über meinen Verstand.«

»Davon weiß ich nichts«, sagte der Pfarrer kalt. »Ich bin kein Schafdieb. Ich bitte mir aus, daß ich nicht in diese Dinge hineingezogen werde.«

»Ich meine aber, lieber Pfarrer«, sagte Bjartur vernünftig, »daß man einige Maßnahmen ergreifen muß, wenigstens, was die Frau betrifft.«

»Ich kann dir sofort eine andere Frau verschaffen, eine sehr gute Frau, sie ist weich wie Lunge und tut alles, was man ihr sagt, doch zu ihr gehört eine alte Frau, ein uraltes Weibsbild, damit du weißt, worauf du dich einläßt – sie kann das ganze Videy-Gesangbuch auswendig.«

»Ja, ich hatte dich eigentlich bitten wollen, erst diese zu beerdigen«, sagte Bjartur höflich.

»Ach, mir schaudert davor, Leute zu beerdigen«, sagte der Pfarrer.

»Ja, es ist aber so«, sagte Bjartur, »daß ich kaum jemanden im Haus halten kann, solange sie über der Erde ist. Die Dummheit ist so groß. Und der Aberglaube übersteigt alle Grenzen.«

»Ich denke, man kann sie bis zum Frühjahr mit Pfahl beisetzen. Ich denke nicht daran, in dieser Jahreszeit ins Hochgebirge zu wandern, ein verbrauchter alter Mann, brustkrank von Natur und wahrscheinlich mit Krebs an der Leber. Außerdem ist bei dieser Frau nicht erwiesen, wie sich ihr Ende abgespielt hat. Ihr könnt euch immer damit herausreden, ihr Talbauern, daß ihr gerade in den Einöden Schafe gesucht habt, wenn eure Frauen zu Tode kommen. Soweit ich weiß, sind Frauen auf bestimmte Dinge angewiesen, nicht weniger als grasfressende Tiere. Es würde mir nicht schwerfallen, nach vollständigen Indizien so allerlei zu beweisen, was den Tod sowohl von Männern wie Frauen in dieser Gegend betrifft, seit es mich vor dreißig Jahren in meiner Ausweglosigkeit und in meinem Elend hierher verschlagen hat – und ich würde es beweisen, wenn ich meine Gemeindekinder nicht gern hätte; und außerdem bin ich zu alt und zu kraftlos, um mich mit korrupten Behörden herumzuschlagen, die sich weder bei Einbrüchen, Brandstiftungen noch Morden rühren.«

»Ich glaube aber, daß du Erde auf manch einen geworfen hast, der einen merkwürdigeren Tod hatte als meine Rosa«, sagte Bjartur.

»Ja«, seufzte der Pfarrer betrübt, »ich bin auch nur ein armer kranker Mensch.«

»Ich möchte nur darum bitten, daß du am nächsten Sonnabend kurz nach Rotenmoor kommst, falls annehmbares Wetter ist.«

»In der Kirche von Rotenmoor ist der Handspaten kaputt, so wahr mir Gott helfe«, sagte der Pfarrer, nach Ausflüchten suchend. »Ich übernehme keine Gewähr für den Tod, das Jüngste Gericht und das Leben im Jenseits für diejenigen, die mit so einem klapprigen Werkzeug beerdigt werden. Dann verlangst du sicher von mir, daß ich eine Grabrede halte, doch ich sage dir ein für allemal, daß ich nicht einsehe, wozu man in dieser Jahreszeit eine Rede über tote Leute hält. Auch hat man nichts davon.«

»Och, es brauchte ja keine lange Rede zu sein«, sagte Bjartur.

»Kann nicht die Alte auf Außen-Rotenmoor die Grabrede für sie halten? Sie hielt ihr doch im Frühjahr eine Rede. Warum sollte sie ihr nicht im Herbst eine Rede halten können?«

»Ja, ich verhehle nicht«, sagte Bjartur, »daß ich nicht sehr an die Reden derer auf Außen-Rotenmoor glaube. Man könnte mir leicht einreden, daß alles besser gegangen wäre, wenn du im Frühjahr die Rede gehalten hättest, obwohl ich, offen gesagt, im allgemeinen nicht an Reden glaube, weder in dieser noch in jener Hinsicht, und am allerwenigsten an lange Reden.«

»Ja, wenn ich eine Rede halte«, sagte der Pfarrer, »dann halte ich eine lange Rede. Denn wenn man schon einmal anfängt zu sprechen, dann gibt es kein Ende für das, was gesagt werden muß, so wie sich die Leute heutzutage gegenüber sich selbst und gegenüber der Gemeinde aufführen.«

»Es kommt darauf an, wie man es nimmt«, sagte Bjartur. »Manche sind der Meinung, daß die Verantwortung um so geringer ist, je weniger Worte man braucht. Hingegen ist mir ziemlich gleich, was in der Rede steht, falls es nicht etwas Häßliches ist. Die Hauptsache ist, eine Rede von der rechten Obrigkeit an der rechten Stelle für den rechten Menschen zu bekommen, denn sonst wird es einem zum Vorwurf gemacht, es wird gesagt, man hätte kein Geld für eine Rede übrig gehabt, und solchen Beleidigungen will ich hier in der Gegend nicht ausgesetzt sein, solange ich wenigstens dem Namen nach ein freier Mann bin. Meine Frau war eine freie Frau.«

»Na, was gedenkst du für eine Rede zu geben?«

»Ja, das war die eine Sache, über die ich gern mit dir verhandelt hätte. Offen gesagt, bin ich der Meinung, daß ich vom Frühjahr her noch eine Rede bei dir gut habe, und mir scheint, ich könnte sie ebensogut jetzt geliefert bekommen. Eine bessere Gelegenheit bietet sich nicht.«

»Nein«, sagte der Pfarrer sehr entschieden. »Ich halte keine Rede für eine Frau, die nur einen Sommer lang lebt und dann stirbt. Du kannst deinem Schöpfer dafür danken, daß ich die Sache nicht untersuchen lasse. Darüber läßt sich reden, daß ich dir das nächste Mal eine Hochzeitsrede umsonst liefere, aber dir eine Grabrede an Stelle einer Hochzeitsrede zu liefern, solchen Schacher mache ich nicht mit.«

»Ich kann mir vorstellen, lieber Pfarrer«, sagte Bjartur, »daß ich in diesem Fall letzten Endes direkt einen gesetzlichen Anspruch auf eine Rede habe. Denn obwohl sie bei mir nicht alt wurde, so war sie doch meine Frau, es war eine gute Frau, es war eine Christin.«

»War sie eine Christin?« fragte der Pfarrer erbittert, denn er konnte es nicht hören, wenn andere Leute gelobt wurden.

»Ja«, sagte Bjartur und bereitete sich vor, ein wenig abzulassen, um den Pfarrer umzustimmen, »sie war eine Christin in ihrer Weise. Doch alles in Maßen.«

»Ja, das wäre das Neueste, daß die Leute hier in der Gegend Christen geworden sind«, sagte der Pfarrer wütend. »Im Bezirk Rangarvellir, da gab es Christen, da gab es Heilige und Propheten auf jedem zweiten Hof, doch hier bin ich seit dreißig Jahren in der Verbannung und habe nie lebendiges Christentum noch wahre Reue vor Gott bemerkt, dafür aber furchtbare Verbrechen, furchtbare Verbrechen, vierzehn Morde und Kindesaussetzungen, von all den Abtreibungen ganz zu schweigen.«

»Ja, davon weiß ich nichts«, sagte Bjartur, »hingegen weiß ich, daß meine Frau eine gute Frau war, die in ihrem tiefsten Inneren sicher sowohl an Gott wie an die Menschen geglaubt hat, obwohl sie es nicht zur Schau trug. Und falls du etwas sagst, dann möchte ich dich bitten, eher Gutes als Schlechtes von ihr zu sagen, denn ich habe viel von dieser Frau gehalten.«

Sein Taktgefühl verbot dem Pfarrer, Einwände gegen dieses übertriebene Lob einer einfachen Frau zu erheben, die nur einen Sommer gelebt hatte und dann gestorben war. Mit um so vielsagenderer und vorwurfsvollerer Miene wies er auf das Bild der Prinzessin Augusta: »Wenn du das Bild einer Frau sehen willst, die anderen ein Vorbild war, als Prinzessin, Frau und Mensch, so hängt es dort. Es würde nichts schaden, wenn ihr es in Erinnerung behaltet, ihr kleinen Leute, die ihr euch immer für zu gut gehalten habt, eure lausigen Schädel vor den Gnadenbezeigungen des Heiligen Geistes zu beugen, obwohl ihr in der Stufenleiter der Gesellschaft tiefer steht als eure eigenen Schafe, die ihr dennoch in jedem Frühjahr, das Gott werden läßt, durch Hunger und Würmerpest umbringt. Aber die Kinder König Christians wurden jeden Morgen um sechs Uhr geweckt, um sich bei jedem Wetter mit ihrem Erlöser zu vereinen, und sie beteten in der Hofkapelle, bis der Hofprediger selber vor Hunger Sodbrennen bekommen hatte. Bitte.«

Nun konnte Bjartur nicht länger an sich halten und lachte los. »Hahaha, hahaha«, sagte er, »es war also nicht viel anders als mit der Töle auf Außen-Rotenmoor, die sich damals nicht vom Pferdefleisch losreißen konnte.«

»Was?« sagte der Pfarrer sehr ernst und blieb mitten in der Stube stehen mit vor Ratlosigkeit offenem Mund, mit vor Verwunderung und Verständnislosigkeit gerunzelten Brauen.

»Ja, das war so«, sagte Bjartur, »da war ein Bursche aus dem Marktflecken auf Moor, ein kümmerlicher Kerl mit schlechtem Charakter; er ließ sich einfallen, alle Hunde auf dem Hof an sich zu locken, darunter auch meine Hündin, ich bin immer ein Hundefreund gewesen, es war ein sehr treues und kluges Tier. Hahaha, hahaha.«

»Ich verstehe nicht«, sagte der Pfarrer und stand immer noch auf demselben Fleck.

»Das ist auch nicht zu erwarten«, sagte Bjartur lachend, »ich verstand es auch nicht, bis ihr faustgroße Stücke Pferdefleisch herauskamen, Mann Gottes. Hatte da nicht der Lauselümmel den ganzen Winter lang sich darauf verlegt, in der Küche Pferdefleisch zu stehlen, um damit die Hunde auf Abwege zu führen...«

»Mich schaudert, mehr davon zu hören«, sagte der Pfarrer. »Um alles in der Welt, mach jetzt, daß du wegkommst.«

»Jaja, lieber Pfarrer«, sagte Bjartur ernst. »Niemand hat Macht über seine Gedanken. Ich hoffe, daß es niemandem schadet. Dann danke ich Ihnen herzlich für den Kaffee. Es war mit der allerbeste Kaffee, den ich seit langem zu kosten bekam. Wir verlassen uns also aufeinander, wegen des Bocklamms nächsten Herbst und anderer Dinge.«

»Hoffentlich bin ich vor dem Frühjahr tot«, sagte der Pfarrer, »tot, tot, weg von diesem schrecklichen Pack. Glück und Segen!«

Doch Bjartur war bei diesem Stand der Dinge noch nicht bereit zu gehen; er war immerfort um den Pfarrer herum und machte sich mit diesem und jenem zu schaffen. Schließlich faßte er sich ein Herz: »Was ich sagen wollte, Sira Gudmundur, habe ich vorhin recht gehört, daß du von einer Frau sprachst, oder vielmehr von zweien statt von einer?«

»Na, was soll das heißen?« sagte der Pfarrer schroff. »Willst du sie also? Denk nicht, daß ich sie los sein möchte.«

»Was für Leute sind es?«

»Sie leben von Gottes Gnade. Ich habe mich ihrer angenommen, im Norden auf der Sandschluchtheide, sie gehören zu meiner eigenen Filialkirche. Der Familienvater starb an inneren Krankheiten; alles, was sie besaßen, waren siebzehn kümmerliche Schafe, einige abgenutzte Geräte und zwei fünfundzwanzig Jahre alte Mähren, die sie im Herbst hier für ihren Lebensunterhalt beisteuerten, so wahr mir Gott helfe; der Kummer hat sie auch vollkommen niedergebeugt. Der alte Mann war vierzig Jahre lang Bauer, doch er konnte nichts erübrigen, es war eine armselige Hütte.«

»Nun, ihnen gehört immerhin eine Hütte«, sagte Bjartur.

»Gewiß gehört ihnen ein Grundstück, den beiden«, sagte der Pfarrer, ging dann eilig zur Tür, öffnete sie und rief hinaus: »Schickt Finna und die alte Hallbera sofort hierher. Jemand will sie nehmen.«

Nach einer guten Weile schoben sich zwei Frauen durch die Türöffnung; die Mutter mit einem Strickzeug, einer kleinen braunen Haube und Flaumbart, mit hartem Gesichtsausdruck, wie er bei Leuten, die über sechzig Jahre lang in sich selbst verschlossen waren, nicht selten ist; sie blickte nicht auf, sondern sah mit flackernden Augen ein wenig seitlich vor sich hin; die Tochter war eine Frau in den Dreißigern, plump, besonders um die Hüften; sonst aber wog sie durch frohe Erwartung das auf, was der Mutter an Empfindsamkeit fehlte. Sie blieben dicht aneinandergedrängt kaum eine Spanne von der Schwelle entfernt stehen, so daß die Tür hinter ihnen nicht zugemacht werden konnte. Die alte Frau strickte weiter, die Tochter blickte die Männer mit großen, alles erhoffenden Augen an, mit alter, blauroter Frostfarbe auf den Wangen, mit offensichtlichem Herzklopfen.

»Hier ist jemand, der uns allen ein schweres Kreuz abnehmen möchte«, sagte der Pfarrer. »Er will uns zu sich nehmen.

Seine Frau liegt aufgebahrt, so wahr mir Gott helfe, und er ist vor Kummer vollkommen niedergebeugt.«

»Ja, das weiß ich, armer Kerl«, murmelte die alte Frau auf ihre Stricknadeln hinunter, ohne aufzublicken; doch ihre Tochter Finna sah den unglücklichen Mann voll wärmster Anteilnahme an.

»Na, soviel ich sehe, sind es Mutter und Tochter von Steinhütte, die Witwe des seligen Thorarinn und seine Tochter«, sagte Bjartur, reichte ihnen beiden die Hand zum Gruß und dankte von Herzen für das letzte Zusammensein. Er hatte vor vier, fünf Jahren bei ihnen übernachtet, es war im Herbst, er war wie üblich für den Gemeindevorsteher auf der Suche nach Schafen, ja, er erinnerte sich natürlich an den guten Thorarinn, diesen Meister: »Niemand hatte mehr Geschick als er, kranke Schafe zu behandeln, er ließ lieber die Familie ohne Kaffee und Zucker als die Lämmer ohne Kautabak. Hattet ihr nicht rechts gekerbt, links vorn abgestumpft und beiderseits gefedert? Habe ich es mir nicht gedacht – hatte er nicht auch einen braunen Hund, ein solches Prachtstück, daß er im Dunkeln so gut sah wie andere Hunde am hellichten Tag, er war geradezu hellseherisch. Nach solchen Tieren muß man lange suchen.«

Es stimmte alles. Finna strahlte vor Dankbarkeit über das leutselige stählerne Gedächtnis des einstigen Nachtgastes. Sie selbst erinnerte sich so gut daran, als ob er gestern erst bei ihnen in Steinhütte übernachtet hätte, kein Geringerer als der Schafhirt von Rotenmoor. Es kamen nicht oft Gäste zur Nacht und selten Leute von den besseren Höfen; sie hatten gerade miteinander darüber geflüstert, Mutter und Tochter, daß es nicht leicht sein würde, einen Mann vom Haupthof zufriedenzustellen, er war natürlich Gutes gewohnt, was sollten sie nur anfangen? Dann hatte Hallbera vorgeschlagen, auf der Glut Flachbrot zu backen, und da hatte die Tochter gesagt: »Nein, wie kannst du nur denken, daß es ihm, einem Mann von Außen-Rotenmoor, in den Sinn kommt, sich so etwas zu Munde zu führen, das auf bloßem Torf gebacken ist? Du hast es doch nicht schon vergessen, Mama?«

Doch die alte Frau sagte, sie hätte alles vergessen, sie erinnere sich an nichts mehr, weder an Vergangenes noch an Gegenwärtiges, außer an ihre Jugend im Südland und einige geistliche Verse; sie sei ein entsetzlich alter Krüppel, und wäre es nicht aus Rücksicht auf den gesegneten Gottesmann, der sich ihrer erbarmt hatte, als die Hand des Allmächtigen den Thorarinn hinweggerissen hatte...

»Habe ich euch nicht gesagt, daß der Mann euch nehmen will?« sagte der Pfarrer ungeduldig, »er, der im Frühjahr auf diesem erstklassigen Grundbesitz eine Wirtschaft aufgebaut hat? Er ist ein so moderner, fortschrittlicher Mensch, fest entschlossen hinsichtlich dieser Neusiedlerpolitik, über die auf dem Althing ständig Beschlüsse gefaßt werden und von der die Zeitungen in Reykjavik voll sind.«

»Ja, ich kümmere mich nicht darum, was sie in Reykjavik schreiben«, sagte Bjartur. »Doch davon bin ich überzeugt, daß die Ertragsfähigkeit in Sommerhausen für diejenigen groß genug ist, die die Freiheit schätzen und unabhängige Menschen werden wollen.«

Da sagte die alte Frau mit ihrer steifen, spröden Stimme leise: »Och, zu meiner Zeit wäre es den Leuten nicht geheuer vorgekommen, was die Todesursache deiner Frau betrifft, lieber Bjartur. Und seit langer Zeit soll ein böses Gerücht über den Lammhügel dort umgehen, wie Ortskundige mir erzählt haben.«

»Pah«, bestritt der Pfarrer böse. »Auch in Steinhütte wimmelte es von allerlei Hexengeistern. Ich habe mich dort zweimal im Gebirge verirrt und jedesmal bei hellem Sonnenschein an einem Sommertag, so wahr mir Gott helfe.«

»Es konnte vorkommen, daß man vor der Ankunft des einen oder anderen aus der Gemeinde weiter unten im Tal Alpdrücken bekam«, sagte die alte Frau, »aber unsere Nachbarn auf der Heide, das waren gute Nachbarn all die vierzig Jahre, die ich dort wohnte, wie Gott und die Menschen wissen.«

»Meine Mama meint, daß es bei uns nie gespukt hat, außer ein bißchen vor dem Besuch des einen oder anderen«, sagte die Tochter erklärend. »Hingegen hatten wir gute Freunde dort auf der Heide, die uns oft zur Seite standen.«

»Ich lasse mich auf nichts ein, was nicht in geistlichen Schriften steht«, sagte der Pfarrer.

»Trotzdem bekam man im Traum manche gute Tasse Kaffee bei ihnen«, sagte die Tochter. »Und sie sparten nicht mit Zucker.«

»O ja, man bekam eigentlich manchen Happen und Schluck bei ihnen«, bestätigte die alte Frau ehrfürchtig.

Der Pfarrer ging hin und her und prustete verächtlich dagegen an, doch Bjartur erklärte, er hätte nie bestritten, daß es viele merkwürdige Dinge in der Natur gäbe. »Ich bin der Ansicht, daß es harmlos ist, an Unterirdische zu glauben, wenn auch darüber nichts in geistlichen Schriften steht; sie tun keinem ein Leid an, ja, sie stiften sogar mehr Gutes als Böses. Doch an Gespenster und Wiedergänger zu glauben, das halte ich für nichts anderes als für Überbleibsel des papistischen Unglaubens, und es gehört sich für Christen nicht, die Gedanken an so etwas zu heften.«

Er gab sich alle Mühe, die Bedenken der Frauen in dieser Angelegenheit zu zerstreuen.

21

Totengräber

Am Sonnabendmorgen kamen die Totengräber mit ihren Hunden das Wiesenmoor herauf. Es waren vier, alles alte Bekannte; der Bergkönig, der Dichter Einar in Unterleite, Olafur in Obersttal, ein Freund unwahrscheinlicher Dinge, und schließlich der Vater der Verstorbenen, der alte Thordur in Unterkaten. Sie gingen nicht zusammen, sondern weit voneinander entfernt, wie Leute, die nicht denselben Weg haben, sondern die jeder für sich auf Reisen gegangen sind. Der Bergkönig kam zuerst an, die anderen trafen einer nach dem anderen ein, zuletzt Thordur in Unterkaten. Sie trugen alle ihre guten Sachen und hatten die Strümpfe über die Hosen gestreift.

Dunkle Wolken standen über den Blaubergen, es herrschte

beißender Frost mit leichtem Schneefegen; die Schafe waren eingestallt.

Bjartur begrüßte seine Gäste in königlichem Stil, er vergrub sich nicht in seinen Kummer: »Kommt herein ins Schloß, Jungens, er beißt heute scharf, der Weiße, aber ich kann euch damit trösten, daß die Frauen den Kessel schon aufgesetzt haben.« Sie nahmen ihre Taschenmesser heraus und begannen sich den Schnee abzuschaben. »Schwer durchzukommen«, sagten sie, »Haftschnee, Harsch.« Der alte Mann setzte sich vorsichtig und mit knackenden Gelenken auf die Haustürschwelle, als fürchte er, zu zerbrechen; er stieß einen Seufzer aus und machte ungelenke Bewegungen, schien sich ganz in sich verkrochen zu haben; sein Gesicht war blau, am dünnen Bart hing Reif, das Rote an den Augenlidern und in den Augenwinkeln war sehr auffällig, die Regenbogenhaut vor Alter ausgeblichen. Der Sarg stand mitten im Stall auf einer Grassode, wie sie als Unterlage für Packsättel gebraucht wird; er war mit Wollbüscheln verziert, die zufällig am geteerten Holz hängengeblieben waren, als die Schafe nach draußen drängten; sie wurden mittags zur Tränke gelassen, eine Quelle war aufgehauen. Der alte Mann stieß mit seinen knotigen blauen Händen hie und da den Sarg an, als wollte er prüfen, wie stark er sei – oder waren das seine Liebkosungen? Er zupfte sorgfältig einige Fusseln vom Holz. Der vordere Teil des Stalles war für die Mutterschafe, der hintere Teil war unterteilt in eine Bucht für die Lämmer und einen Stand für das Pferd. Der Geruch vom Harn des Pferdes war stärker als der andere Geruch im Stall, denn der Abfluß war nicht in Ordnung.

Die beiden herbeigeholten Frauen hatten oben mit dem Säugling und dem Feuer zu tun. Sie hatten Dachverschalung und Fußboden weiß gescheuert. Die Hunde wurden aus Achtung vor dem Tod nicht in das Gehöft gelassen, im übrigen benahmen sich die Männer nicht anders als sonst; sie sprachen ohne Hemmung über die Witterung, in jener Geistesverfassung, die diesem Thema vorbehalten ist, und ließen die Schnupftabaksdosen umgehen. Einar in Unterleite reichte Bjartur auf einem zerknitterten Blatt seinen üblichen Pflichtnachruf, und Bjartur sah auf die Überschrift und verzog das Gesicht; er mißtraute von vornherein der Richtung seines Freundes in der Dichtkunst; dann steckte er es uninteressiert unter eine Sparre. Der alte Mann aus dem Unterkaten wischte sich mit seinem Tabakstaschentuch die Kältetränen aus den geröteten Augen. Als sie zu dem Ergebnis gekommen waren, daß jetzt der Wind beständig aus dem Landesinneren blies, äußerte er die Ansicht, daß es so bis zum Frühjahr bleiben würde; weiter trug er nichts zur Unterhaltung bei, er hatte das Alter erreicht, in dem man seine Illusionen über das Wetter verliert, es war ihm auf der Welt kaum mehr verblieben als die Mühlenhütte am Hofbach daheim. Er war jedoch gegen niemanden verbittert, es fiel ihm nur schwer, zu sprechen; es war, als preßte ihm jemand die Kehle zu, wenn er etwas sagen wollte. Man hatte den Eindruck, er könnte jeden Augenblick anfangen zu grinsen; seine Gesichtszüge bekamen unvermittelt einen idiotischen Ausdruck, sie entgleisten sozusagen, als wäre das Gesicht von innen entzweigegangen und könnte jeden Augenblick zerfallen, ganz als ob es keine Anstrengung mehr vertrüge, nicht einmal eine kleine Bemerkung über das Wetter.

Olafur in Obersttal sagte, es wäre verständlich, daß nach einem regnerischen Sommer ein kalter Winter käme: Naß und Trocken müssen sich in der Natur die Waage halten.

Der Bergkönig meinte, weil der Winter so früh hereingebrochen sei, würde es zu Weihnachten wieder tauen; dann würde es eine lange Schönwetterperiode geben, wie den Winter vor sechs Jahren; er war überhaupt der Ansicht, daß es nur einen durchschnittlichen Winter geben würde, es bestünde keinerlei Ursache zur Verzweiflung, auch wenn der Winter früh begann.

Einar in Unterleite sagte, daß er das Wetter gewöhnlich auf Grund von Intuition und Träumen vorhersage. Er hatte das Gefühl, es würde wohl doch ein harter Winter werden, und es wäre besser, vorsichtig zu bedenken, wieviel Schafe man in den Winter nähme. Doch das Frühjahr würde schön, sagte er, denn er hatte von einem blühenden südländischen Mädchen in weiter Ferne geträumt.

»Ooch, ich gebe nicht viel auf solche Weiberträume von Männern«, sagte Bjartur ohne falsche Hoffnungen. »Schon im Wachen kann man sich wenig auf die Weiber verlassen, und noch weniger kann man es in seinen Träumen.«

»Ja, wenn man erst einmal Träume deuten könnte, dann sind Weiberträume natürlich ebenso zuverlässig wie andere Träume«, sagte Einar.

»Doch«, kreischte die Rotenmoorwirtschafterin dazwischen, »sicher sind sie zuverlässig, und er sollte sich schämen, so zu sprechen, wo seine Frau noch nicht unter der Erde ist.«

»Wir wollen jetzt die Träume gänzlich aus dem Spiel lassen«, sagte der Bergkönig, der stets bereit war, zwischen diesen ausgezeichneten Dichtern zu vermitteln. »Und um uns einem anderen Gegenstand zuzuwenden, möchte ich, ehe ich es vergesse, etwas bekanntgeben, worüber wir im Herbst gesprochen haben, nämlich daß ich jetzt neue Medikamente von Finsen bekommen habe. Ich trug ihm die Beschwerden verschiedener geschätzter Leute aus der Gemeinde vor, und darunter auch deine, Bjartur, und er bestellte ganz besondere Medikamente für uns. Und wie er selbst sagte, gibt die Fabrik volle Garantie dafür, daß sie die Tiere vollständig reinigen, nicht nur, was den Bandwurm betrifft, sondern auch was Blut und Nerven überhaupt betrifft.«

Sie sagten, das täte wohl not, der Fuchs wäre schlimm, doch der Bandwurm wäre nicht besser. Alle hatten von ihren Hunden dasselbe zu berichten, keiner war frei von Würmern. Menschen und Tiere waren in Gefahr.

Sie forderten den Bergkönig auf, etwas Entscheidendes zu tun.

»Ja«, sagte er, »selbstverständlich lasse ich diesbezüglich so bald wie möglich das jährliche Rundschreiben versenden. Ich hatte mir gedacht, die Purgierung könnte ungefähr zur selben Zeit wie die Althingswahlen vonstatten gehen, so daß die Leute ihre Hunde am Wahltag mitnehmen und alles in einem Gang erledigen könnten. Kleineren Bauern, die niemanden beauftragen können, paßt es besser, nur einen Gang machen zu müssen.«

»Wie ging es mit dem Hundereinigungsgehilfen?« fragte

Olafur in Obersttal, der vielleicht wie andere davon geträumt hatte, einen fetten Bissen und in Verbindung damit etwas Achtung zu ergattern. »Hast du im Herbst nicht davon gesprochen, daß der Bezirksvorsteher halb und halb vorhatte, einen Hundereinigungsgehilfen in der Gegend einzusetzen?«

»Ja, das ist nun so und so«, sagte der Bergkönig höchst gewichtig. »Die Zeiten sind schwer, wie wir wissen, und der Bezirk ist kaum in der Lage, sich große zusätzliche Ausgaben aufzuhalsen. Na, und dann zweitens bin ich immer der Ansicht gewesen, daß es in Wirklichkeit eine Art Mißtrauenserklärung wäre, nicht nur gegen mich, sondern auch gegen den Arzt Finsen, und ganz besonders gegen die Regierung, die die Medikamente besorgt, wenn man hier in der Gemeinde einen Hundereinigungsgehilfen einsetzen würde, solange davon die Rede ist, daß ich dieses Amt innehabe. Hingegen wäre es mir jederzeit höchst willkommen, dieses Amt niederzulegen. Und das sagte ich dem Bezirksvorsteher: Entweder lege ich das Amt nieder, oder ich bekleide es auf meine eigene Verantwortung.«

»Das ist es ja, was ich immer gesagt habe«, sagte Olafur in Obersttal, ohne sehr enttäuscht zu sein, »wenn das Mittel von Grund auf wissenschaftlich wäre, dann müßten die Hunde sauber werden.«

»Wie gesagt«, sagte der Bergkönig, »die Obrigkeit ist es, die das Medikament kostenlos liefert.«

(»Och, die Obrigkeit läßt uns nicht im Stich«, beeilte sich der alte Mann in Unterkaten dazwischenzuwerfen, erfüllt von verfrühtem Vertrauen.)

»Nein«, sagte der Bergkönig. »Ich für meine Person bin der Ansicht, daß die Obrigkeit, die wir in den vergangenen Jahren hierzulande gehabt haben, sich vor der Nation bewährt hat. Und wir haben für unseren Wahlkreis einen sehr guten Mann im Althing gehabt, nämlich den Arzt, einen Mann, der stets bereit gewesen ist, alles für uns zu tun, als Arzt, als Mensch und als Althingsabgeordneter.«

Jetzt trat ein kurzes Schweigen ein, und die Männer blickten tiefsinnig auf ihre breiten, schwieligen Pranken, in der

Erkenntnis, daß die Unterhaltung sich auf die Politik hin bewegte.

»Och, ich halte es nicht für ausgeschlossen, daß manche diese Sache mit ihren Augen betrachten«, sagte da Einar in Unterleite. »Und das ist sicher, daß diejenigen, die nicht Kunden des Kaufmanns in Fjord sind, auch nicht den Kandidaten in Fjord wählen.«

»Nun, wir kennen ja unseren Gemeindevorsteher«, sagte Bjartur. »Er würde die Regierung aufkaufen, wenn sie käuflich wäre, und sie mit Aufschlag wieder losschlagen, wenn sich ein Käufer fände.«

(Die Wirtschafterin vorn am Herd murmelte: »Es ist eine Schande, wie er über seinen Wohltäter spricht, ich möchte fast sagen, seinen Pflegevater. Es ist kein Wunder, wenn das Unglück solche Menschen verfolgt.«)

Es war offensichtlich, daß die politischen Ansichten Einars in Unterleite nicht die gesundesten waren, so daß der Bergkönig sich beeilte, ihm zu helfen, sich zu berichten: »Oder ist es jemals dazu gekommen, lieber Einar, daß du damals von Finsen eine Rechnung für alle Arzneien deiner seligen Mutter bekamst?«

Da konnte Einar nicht bestreiten, daß er dem Arzt dafür noch Geld schuldete; es waren an zweihundert Flaschen.

»Ja, bei Arzneien kommt man schnell auf den Preis einer Kuh«, sagte der Bergkönig.

Da verschlug es Einar in Unterleite einen Augenblick die Sprache, denn er wußte, daß es allen bekannt sein mußte, daß er seine Kuh und die Hälfte seiner Schafe beim Gemeindevorsteher auf Außen-Rotenmoor verpfändet hatte. Er machte schließlich die Bemerkung, Kuh wäre Kuh, Arznei Arznei und Regierung Regierung; in der Tat hatte er sich schon vorgenommen, bei den nächsten Wahlen zu Hause zu bleiben.

Doch als sich das Gespräch der Politik zuwandte, fiel es Olafur in Obersttal schwer, bei der Sache zu bleiben, denn seine Interessen lagen auf anderen Gebieten. Das Kind war jetzt unter Weinen aufgewacht, und die Wirtschafterin von Moor ging hin und versorgte es. Olafur war so veranlagt, daß er sich über diese kleinen Menschenwesen wunderte, wenn man sie überhaupt Wesen nennen konnte, die solcherart auf die Welt kommen an Stelle derer, die aus ihr verschwinden. »Es ist ganz eigenartig, wenn man anfängt, darüber nachzudenken: da ist plötzlich ein neuer Körper und eine neue Seele, und woher kommt es und wozu kommt es in einem fort? Ja, danach habe ich mich viele Male selber gefragt, sowohl in der Nacht wie am Tage. Als ob es nicht natürlicher gewesen wäre, daß ständig dieselben Leute auf der Welt lebten, dann hätte doch wenigstens begründete Aussicht bestanden, daß das Volk am Ende zu Besitz gelangt.«

Doch selbst die Wirtschafterin von Außen-Rotenmoor konnte diese Sache nicht erklären oder hatte keine Lust dazu.

Da fuhr Olafur in Obersttal fort: »In meinen Augen ist eins ganz besonders merkwürdig, was diese Würmchen betrifft; es soll nämlich bewiesen sein, daß neugeborene Kinder ganz von allein schwimmen können, wenn man sie ins Wasser legt. Hast du das je probiert, Gudny?«

Nein, die Wirtschafterin hatte es nie probiert, und sie empfahl Olaf brummig, es nicht zu auffällig zu machen, wenn es ihm in den Sinn kommen sollte, es an seinen Kindern auszuprobieren – ein solcher Versuch könnte verschieden ausgelegt werden.

Er hingegen meinte, es bestände keine Gefahr dafür; er war so geartet, daß es ihm nicht lag, Säuglinge groß zu berühren. »Doch«, sagte er, »ich habe einige Male neugeborene Hunde umbringen müssen, und das will ich euch sagen, es geht damit ganz merkwürdig zu. Ich habe ihnen auf dem Flußufer daheim den Kopf abgeschnitten, bloß so mit meinem Taschenmesser, und dann die Körper in den Fluß geworfen. Und jetzt möchte ich euch die Frage vorlegen: Was, meint ihr, taten die Körper, meint ihr, sie schwammen, oder meint ihr, sie gingen unter?«

Diese Frage lenkte die Gedanken der Gesellschaft vollständig von der Politik und den Schwierigkeiten ab, welche die beiden Kandidaten, der eine in Fjord, der andere aus Wiek, den Wählern aufbürdeten. Die Frauen meinten, es wäre am natürlichsten, daß die Körper der jungen Hunde auf den Grund sänken. Einar in Unterleite glaubte, es könnte vielleicht doch sein, daß sie oben blieben, während der Bergkönig die Meinung vertrat, daß sie mitten im Wasser schweben würden.

»Nei-ein«, sagte Olafur in Obersttal, stolz darauf, die Gedanken der Gesellschaft in wissenschaftliche Bahnen gelenkt zu haben: »Sie schwimmen, sage ich euch, sie schwimmen im Wasser genau wie unversehrte Hunde mit Kopf und allem, so wahr ich hier sitze.«

»Vieles, was Olafur sagt, klingt unglaublich«, sagte der Hausherr, »doch dies hier will ich nicht bestreiten. Und ich will euch sagen, womit ich meine Meinung begründen kann: es ist etwas, was meinem seligen Vater passierte, als er in jungen Jahren Knecht auf Reykir im Süden war. Wie schon öfter steht er an einem Pfingstsonntagmorgen auf dem Hofhügel auf Reykir und will ein Kalb schlachten. Er hält das Kalb zwischen den Beinen, wie es üblich war, und schneidet von unten in den Hals. Und jetzt möchte ich euch eine Frage vorlegen, wie es Olafur eben getan hat: Was, meint ihr, hat das Kalb getan?«

Auf die Beantwortung dieser Frage verzichteten alle von vornherein, außer Olafur in Obersttal; hier kam ihm das wissenschaftliche Denken zustatten, und er antwortete: »Ich möchte am ehesten annehmen, daß das Kalb ohne Kopf aus der Klemme zwischen seinen Beinen heraus in die Weite sprang.«

»Schlau ist Olafur«, sagte Bjartur. »Beinahe erraten, aber nicht ganz. Dort auf Reykir verhielt es sich nämlich so, daß unterhalb des Hofhügels eine heiße Quelle war mit einem gut hüfttiefen Becken, in dem Wäsche und dergleichen, sogar Wolle, gewaschen wurde. Und ob ihr es glaubt oder nicht: das Kalb läuft ohne Kopf zwischen den Knien meines seligen Vaters hervor, den Hofhügel hinunter und direkt in die heiße Quelle.«

»Wie konnte ich das ahnen, wo du mir noch nicht gesagt hattest, daß direkt unten am Hofhügel eine heiße Quelle war«, sagte Olafur sichtlich verärgert.

Doch in diesem Augenblick kam der liebe Kaffee und setzte dieser lehrreichen Unterhaltung über sonderbare Erscheinungen der Natur ein Ende. Es war guter Kaffee, für solchen Kaffee hätte sich niemand zu schämen brauchen, wie hoch er auch auf der Stufenleiter der menschlichen Gesellschaft stand. Von solchem Kaffee brach einem der Schweiß aus. »Trinkt, Jungens, trinkt.« Und es gab auch guten Kuchen zum Kaffee, dicke Scheiben Napfkuchen mit großen Rosinen, dicke Schürzkuchen und Plinsen voll Zucker. »Eßt, Jungens, eßt.« Die Männer machten sich erfreut über diese Leckerbissen her, der Deibel mochte alle Anschauungen und interessanten Probleme holen, sie tranken eine Tasse nach der anderen, ohne andere Laute von sich zu geben als Schlürfen und Schmatzen, außer dem Kochen des Tabaks in der Nase.

»Es kann lange dauern, bis ich euch wieder bewirte«, sagte Bjartur in Sommerhausen.

Endlich hatten sich die Männer satt gegessen und getrunken und sich mit Ärmel und Handrücken den Mund gewischt. Dann trat Schweigen ein. Es war jenes besondere Schweigen, das bei allen Beerdigungen früher oder später um sich greifen muß, nur ab und zu wie in einer Kirche von Räuspern unterbrochen, begleitet von dumm starrenden Blicken.

»Hattest du eine Feier hier zu Hause vor?«

»Nein«, sagte Bjartur. »Es ist mir nicht geglückt, den Pfaffen gegen seinen verdammten Eigensinn hier hinauf ins Tal zu lotsen. Es ist auch einerlei.«

»Ihre Mutter hätte es doch lieber gesehen, wenn etwas Gutes gesungen würde, während sie hinausgetragen wird«, sagte der alte Mann entschuldigend, »deshalb habe ich die Passionspsalmen mitgebracht.«

»Ach, denkst du, das hat etwas zu sagen, lieber Thordur?« fragte Bjartur.

»Es war unser eigenes christliches Kind«, sagte der alte Mann niedergeschlagen.

Als Bjartur sah, wie sehr ihm daran lag, erlaubte er ihm, sein Anliegen auszuführen.

Blesi stand mit einem Packsattel versehen an den Türpfosten gebunden, ein dickes Pferd mit langem Kopf. Ab und zu zuckte es ein wenig mit der Lippe, als spräche es mit sich selber, und bewegte abwechselnd die Ohren; die Vorgänge im Hause spiegelten sich in dem empfindlichen, nach innen gekehrten Pferdeauge wider. Der Hund winselte zitternd hinter der Stiege, er hatte den Schwanz zwischen die Beine geklemmt und sprang an niemandem hoch.

Die meisten Schafe waren vom Wasser nach Hause zum Gehöft gekommen. Einige von ihnen drückten sich am Pferd vorbei in den Stall, schnupperten an den Krippen und blökten enttäuscht, als sie merkten, daß noch kein Heu aufgeschüttet worden war. Nach und nach kamen mehr in den Stall und erlebten dieselbe Enttäuschung. Andere drängten sich vor der Tür oder standen trotzig vor den Hunden der Gäste. Sie trugen dazu bei, dieser Beerdigung den Anschein starker Beteiligung, großer Anteilnahme zu geben; sie vermehrten die Wärme, die an einem solchen Tage inmitten des Harschs des Wiesenmoors, inmitten des Firns der Hochflächen so viel wert ist.

Die Leute hatten sich alle um den Sarg aufgestellt. Der alte Thordur in Unterkaten nahm die Passionspsalmen seiner Frau aus einem Taschentuch und begann nach der Stelle zu suchen, wo er ein Blatt eingeknickt hatte.

»Will nicht jemand anfangen, der eine gute Stimme hat?«

Das Buch ging von einem zum anderen, doch es gab niemanden, der die Melodie kannte. Die Leute gingen so selten zur Kirche, sie hatten die Psalmenmelodien vergessen. So nahm der alte Mann das Buch wieder in die Hand und suchte selber nach dem Ton. Ein Mutterschaf sah ihn an und blökte aus vollem Halse.

Dann begann der alte Mann, vor seinem Liebling zu singen. Er sang davon, wie der Erlöser zu Grabe getragen wird, im fünfundzwanzigsten Psalm, mit Todeswunden, damit meine Leiche in Frieden ruhen kann – seither gehe ich hinaus im Trost des Herrn. Er sang das alles, ohne in das Buch zu blicken, doch seine Stimme war tonlos und heiser, und er konnte die Melodie nicht halten; selbst die Männer um ihn meinten, daß er nicht gut sang.

       So werden Gottes Engel sagen:
       Seht hier diesen Mann.

Das Pferd spitzte die Ohren und wieherte. Der Hund stieß immer wieder ein jämmerliches Geheul aus, als ob er gequält würde, und die Mutterschafe blökten weiter wie ein großes Leichengefolge, sowohl draußen wie drinnen, weil noch kein Heu eingefüllt war. Er sang die letzte Strophe mit unmelodischer, kreischender Stimme, Gottes Sohn bist du wahrhaftig, und die Tränen strömten ununterbrochen von seinen geröteten Lidern hinunter in den dünnen Bart. Er hatte es auch sehr schwer mit der Aussprache wegen der fehlenden Zähne, er stieß mit der Zunge an, mitunter war der Gesang nur ein ohnmächtiges Beben in Kehle und Kiefern. Er war wie ein kleines Kind, das noch nicht sprechen kann und weint – das lange geweint hat. Dann herrschte Schweigen.

Die Männer sahen einander verlegen an; der alte Mann barg sein Gesicht in seinem roten Tabakstaschentuch und zitterte. Da flüsterte Gudny aus Moor: »Ist es nicht besser, das Vaterunser zu beten?«

Der Bergkönig griff dem alten Mann unter den Arm, damit er nicht fiel, und flüsterte: »Sie sagt, die Gudny, ob es nicht besser ist, wenn du auch das Vaterunser betest.«

Dann weinte der alte Mann das Vaterunser, ohne daß er aufgehört hätte zu zittern, ohne sich aufzurichten, ohne das Tuch von den Augen zu nehmen. Mehr als die Hälfte seiner Worte ertrank in Schluchzen, es war nicht leicht zu verstehen, was er sagte: »Vater unser, der du bist im Himmel, ja, so unendlich weit weg, daß niemand weiß, wo du bist, fast nirgends, gib uns heute ein ganz klein bißchen zu essen, dir zur Herrlichkeit, und vergib uns, wenn wir bei Kaufmann und Gläubigern in Schuld stehen, und führe uns vor allem nicht in Versuchung, gute Tage haben zu wollen, denn dein ist das Reich –« Man konnte sich schwerlich einen passenderen Ort für dieses wundervolle Gebet vorstellen; es war, als hätte der Erlöser es für diese Gelegenheit geschrieben. Die Leute beugten den Kopf, alle außer Bjartur, dem es nie in den Sinn gekommen wäre, sich vor einem ungereimten Gebet zu beugen. Dann trugen sie den Sarg hinaus. Sie hoben ihn quer auf das Pferd und banden ihn fest, hielten ihn dann an beiden Enden im Gleichgewicht.

»Hat man schon mit dem Pferd gesprochen?« fragte der alte Mann; und da es noch nicht geschehen war, umfaßte er mit jeder Hand ein Ohr des Pferdes und flüsterte ihm nach altem Brauch zu, denn Pferde verstehen so etwas: »Du sollst heute eine Leiche tragen. Du sollst heute eine Leiche tragen.«

Dann brach der Trauerzug auf.

Der Bergkönig ging voran und führte den Zug über vom Schnee freigewehte Stellen im Wiesenmoor, wo die Gefahr des Einbrechens am geringsten war; Einar in Unterleite leitete das Pferd, Olafur und Bjartur gingen jeder an einem Ende des Sarges und stützten ihn; der alte Mann humpelte hinterdrein mit seinem Stock und seinen großen Fausthandschuhen, an denen der zweite Daumen baumelte.

Die Frauen standen verweint draußen vor der Tür und sahen den Trauerzug im Schneegestöber verschwinden.

22

Schneegestöber

Der Weg über den Paß war beschwerlich; es war oft unmöglich, schneefreie Strecken zu finden; auf den Abhängen lag immer wieder tiefer Schnee, die Männer mußten äußerste Vorsicht walten lassen, damit der Sarg nicht zur Seite wegrutschte. Die Leiche kam erst spät am Tage nach Außen-Rotenmoor. Es wurde schon dunkel. Der Pfarrer war schon lange da, dem Aussehen nach gänzlich unberechenbar, er hatte es sehr eilig. Einige wenige andere Gäste warteten ebenfalls auf diese Beerdigung und auf den Kaffee, der dazu gehörte. Der Sarg wurde auf das Geheiß des Pfarrers sofort in die Kirche getragen, und die Glocken wurden geläutet. Es waren klanglose Glocken angesichts der verharschten Allnatur dieses Wintertags, ihr Klang glich am ehesten dem Geklingel von Kinderspielzeug. Von draußen aus dem Schneegestöber kamen die Leute einzeln in die Kirche, scheu vor dem Tod, der nie so unwiderruflich erscheint wie inmitten der weißen, kalten Weiten des sinkenden Tages bei Glockenklang dieser Art. Nicht einmal die Frau des Gemeindevorstehers war anwesend, sogar sie war an einem solchen Tag ein wenig krank; sie hatte sich nämlich erkältet und saß in ihrer Stube und sog heißes Salzwasser durch die Nase; es gilt als das sicherste Mittel gegen Erkältung. Hingegen ging der Gemeindevorsteher in die Kirche, allerdings in seinen alten Hosen, an denen die Flicken nicht mehr festhielten; aus Anlaß dessen, was hier vor sich ging, hatte er sich jedoch eine zweite Wolljacke übergezogen; wie gewöhnlich setzte er sich auf die äußerste Bank und achtete sorgfältig darauf, daß er während der Feierlichkeit nicht den Mund öffnete. Blesi war an die Kirchhofstür gebunden, und der Hund durfte wegen des Ritus nicht in die Kirche kommen. Er wartete zitternd auf den Kirchenstufen.

Dann kam der Pfarrer in seinem verkrumpelten Filialkirchentalar; er hatte die weißen Beffchen umgebunden, denn diese Handlung war für die Halskrause nicht bedeutend genug. Einige Bauern begannen zu singen: »Ich lebe und ich weiß«, jeder nach seiner Melodie. Der alte Mann saß nahe an der Tür und weinte nicht mehr, als wären seine Gefühle erloschen. Der Pfarrer zog während des Gesangs zweimal vor dem Sarg seine Uhr, als ob er keine Zeit hätte. Dann war die Gesangskunst vorbei, und er setzte die Brille auf und begann das Gebet aus seiner Schwarte vorzulesen. Es war ein altes Gebet, wie es bei solcher Witterung zu erwarten war, zudem war er heiser. Dann hielt er eine kurze Rede, keine lange, wie er angedeutet hatte. Er sagte, böse Geister umlauerten das Menschengeschlecht, und sprach wenig höflich über den Unglauben. Er sagte, mancher habe den allmächtigen Gott vernachlässigt, während er dummen Schafen im Gebirge nachjagte. »Was ist das Schaf?« fragte er. Er sagte, das Schaf hätte von Anbeginn an dem isländischen Volk mehr Schaden zugefügt als der Fuchs und der Bandwurm zusammen. Unter dem Schafsfell verbirgt sich der grimmige Wolf, der in dieser Gegend manchmal als Ellenbogenstättenteufel bezeichnet wird, den andere aber Kolumkilli nennen. Die Menschen laufen ihr ganzes Leben hinter dem Schaf her und finden es nie. Das rührt daher, daß das Schaf das Irrlicht ist, das kein Licht ist. Es gibt nur ein Schaf, das das einzig wahre Schaf ist: das Lamm Gottes. Das ist die Lehre, die wir aus dem Abschied ziehen können, der uns heute niederbeugt.

Danach zeichnete er in wenigen Worten den Lebenslauf der Verstorbenen, der in Wirklichkeit kein Lebenslauf war, sondern ein Beweis dafür, wie unbedeutend der einzelne Mensch in Kirchenbüchern ist. Was war der einzelne Mensch, für sich genommen? Nichts – ein Name, höchstens eine Jahreszahl. Heute ich, morgen du. Vereinen wir uns im Gebet zu dem Gott, der über alle einzelnen Menschen erhaben ist, während unsere Namen in Kirchenbüchern verblassen. Keine Aufwallung des Gefühls, keine Sentimentalität, keine Verwöhnung der Herzen – ein schläfriges Vaterunser und ein abruptes Amen. Er war unberechenbar in seinen Gegensätzen wie das Land, dieser Pfarrer: gläubiger Christ aus Trotz gegen geistlose Schafhirten und Hunde, Rassezüchter aus Verachtung für das Schaf, isländischer Pfarrer gemäß den Volkssagen eines Jahrtausends; seine Gegenwart allein war eine sichere Garantie dafür, daß alles so blieb, wie es war.

Dann wurde der Sarg hinausgetragen.

Er wurde an zwei Stricken ins Grab gelassen, und die Leute verharrten eine Weile am Grabesrand. Drei Bauern sangen barhäuptig im Schneegestöber: »Ganz wie die eine Blume«, es war eine Art Gedenktag für Hallgrimur Petursson, ein kalter Tag. Der Hund stand mit eingezogenem Schwanz winselnd neben Bjartur, als sei er geschlagen worden, und zitterte immer noch. Dann warf der Pfarrer schweigend Erde auf den Sarg und nahm hinterher vom Bergkönig, seinem Küster, eine tüchtige Prise. Die Totengräber griffen mit Freuden zu den Schaufeln und gingen wie die Berserker an die Arbeit. Langsam verloren sich die Leute.

23
Nachruf

Melodie: Oh, die Gnade zu haben Jesum

Auf der Welt wir leiden müssen.
Die junge Brust ist wie ein Pfad,
den, als ob ihn Gott vergessen,
schweres Schicksal hart betrat
mit den Stiefeln deiner Stunden,
die beschlagen sind mit Pein.
Menschenfüße und von Hunden
trampeln auf der Brust wie Stein.

Schön ist's in des Lichtes Welten.
Sanfte Engel schweben weit,
Schweben dort in Sternenzelten,
Söhne der Vollkommenheit.
Über unsern Erdenpolen
jubeln sie den Lobgesang,
unberührt von bittren Qualen,
frei von schwerem Erdengang.

Lebe wohl an bessrem Orte,
froh sei in der Engel Hand.
Froh vergiß beim Himmelsgotte
Gott und Menschen hier im Land.
Wohn bei ihm, der jede Wunde
heilt und niemals mehr versehrt,
wo kein Sterblicher dem Hunde
nah dem Tod sein Kind gebärt.

    Einar Jonsson, Unterleite.

24

Feuer des Frosts

Bjartur ging erst am Tag danach nach Sommerhausen. Der Hund trottete mit hoffnungsfrohem Herzen neben ihm. Es ist herrlich, nach Hause zu gehen. Und jedesmal, wenn er ihm einige Klafter voraus war, drehte er sich um und blickte ihn mit unerschütterlichem Vertrauen an, näherte sich ihm in einem großen Bogen. Sein Respekt vor ihm war so groß, daß er es nicht wagte, vor ihm her zu laufen. Wonach der Hund sucht, das findet er beim Menschen. Der lehnte sich nach vorn gegen den treibenden Schnee und leitete Blesi; oft warf er einen Blick auf seinen Hund, dieses verlauste, von Würmern befallene Tier; doch wo wohnt die Treue selbst, wenn nicht in diesen braunen Augen – die Ergebenheit, die durch nichts zu erschüttern ist? Unglück, Verlust des guten Rufs, Gewissensbisse – nichts vermag dieses Feuer einzudämmen –, die arme kleine Kreatur, in ihren Augen würde Bjartur in Sommerhausen stets der Höchste, Größte, Beste, der Unvergleichliche sein. Wonach der Mensch sucht, das findet er in den Augen des Hundes.

Zum Teufel, wie träge folgt Blesi heute dem Zügel! Und dennoch sitzt auf ihm ein lebender Mensch. Ein lebender Mensch? Wer ist es? Es ist die alte Frau aus Steinhütte, sie sitzt, in Tücher und Säcke gewickelt, quer auf dem Packsattel. Die Sachen von Mutter und Tochter hängen an den Tragpflöcken. Finna geht in der Spur hinterher, mit frostgerötetem Gesicht, plump; sie hat die Röcke bis an die Knie geschürzt.

Keiner sprach ein Wort. Und weiter schob sich die kleine Schar in Richtung auf Sommerhausen, Menschen und Tiere, Menschtiere, fünf Seelen. Die Sonne schwang sich hellrot von Kuppe zu Kuppe der Hochfläche an diesem nördlichen Wintermorgen, der in Wirklichkeit nur Abend war. Und dennoch Mittag. Ihr Schein beleuchtete die Schneewolken über der Hochfläche, so daß sie wie ein einziges Feuermeer anzusehen waren, wie ein prächtiger Goldbrand mit flutenden Flammen und schimmerndem Rauch, von Osten bis Westen über der weiten Schneedecke. Durch dieses goldene Feuer des Frostes, das nur mit den prächtigsten Zaubern der Reimerzählungen vergleichbar war, führte ihr Weg.

Die Frauen zu Hause empfingen die eben Angekommenen mit stummer Höflichkeit; von Bjartur verlangten sie sofort die Milch, die er aus der Siedlung unten mitzubringen versprochen hatte; sie hatten dem Kind mit Wasser gekochten Brei in den Lutschbeutel tun müssen. Nachdem sie den Ankömmlingen Kaffee gebracht hatten, war ihre Rolle zu Ende; sie packten ihre Sachen und machten sich reisefertig, lehnten Bjarturs Angebot dankend ab, sie über den Paß zu begleiten; sie verabschiedeten sich von ihm und von Mutter und Tochter mit der gleichen Höflichkeit, mit der sie gegrüßt hatten. Zurück blieb Finna mit dem Säugling auf den Knien; sie gab ihm zum erstenmal die Flasche. Und die alte Frau begann im Haus zu arbeiten.

Nach dem Füttern ging Bjartur schlafen, obwohl es noch nicht spät am Abend war. Er war übermüdet. Es kam ihm wirklich so vor, als hätte er seit jener Nacht nicht geruht, als er morgens neben Rosa aus dem Bett stieg und auf die Schafsuche ging. Er war froh, daß er sich wenigstens von ihr verabschiedet hatte, ehe er aufbrach. Es war eine sehr abenteuerliche Nachlese gewesen, und ihm war, als wäre er erst heute abend von dieser Nachlese zurückgekehrt. Wenn er sich seitdem abends in bewohnten Gegenden schlafen legte und einschlafen wollte, kam es ihm jedesmal plötzlich so vor, als ob Schnee auf ihn fiele und ein wollüstiges Gefühl der Empfindungslosigkeit sich an den Beinen und Schenkeln hoch bis in den Unterleib schliche. Und er schrak angsterfüllt auf, in der Gewißheit, daß er umkommen würde, wenn er einschliefe. Deswegen hatte er seitdem einen so leichten Schlaf. Mitten in der Nacht fuhr er vielleicht hoch und hatte einen zotigen Vers oder alte Spottverse auf Gemeindevorsteher und Kaufleute auf den Lippen; er war dann nahe daran, aus dem Bett zu springen und sich warm zu schlagen.

Doch heute abend war er außer Gefahr.

Aus Sparsamkeit war die Wandlampe gelöscht worden;

doch auf dem Wandbrett über dem Bett der alten Frau brannte trübe eine Tranlampe. Mutter und Tochter saßen lange beieinander und unterhielten sich leise im Schimmer der Lampe. Von unten hörte man herauf, wie ab und zu ein Schaf aufstieß, wie Blesi in seinem engen Stand das Hinterbein wechselte und ein wenig in seinen Kumm schnaubte. Der Hund lag an der Giebelverschalung unter dem Herd und stand ab und zu auf, um sich zu kratzen, wobei er mit der Haxe gegen die Verschalung klopfte; er gähnte und rollte sich wieder zusammen. Aus dem Bett auf der anderen Seite hörte man den kurzen Atem des Kindes; ab und zu wimmerte es, als ob es anfangen wollte zu schreien. Doch es fing nicht an zu schreien, sondern schlief wieder ein.

Endlich hörten Mutter und Tochter auf, miteinander zu wispern, und Finna kam nach vorn und zog sich aus. Er hörte, wie sie die Strickjacke aufknöpfte und den Rock ablegte. Ihren engen gestrickten Unterrock zog sie mit einiger Anstrengung über den Kopf. Dann legte sie sich neben das Kind ins Bett und entledigte sich der übrigen Kleider unter der Bettdecke. Er hörte, wie sie noch zwei oder drei Knöpfe aufmachte und sich abmühte, ihre Unterkleider im Bett auszuziehen. Dann streckte sie sich aus und rieb sich unter der Bettdecke hier und da ein wenig, gähnte mit schläfrigen Rachenlauten.

Die alte Frau saß noch lange im Schimmer der Tranlampe auf ihrem Bett, den Ellbogen in den Schoß gestützt, den Zeigefinger im zahnlosen Mund; sie sah durch die Luke nach unten, murmelte dann und wann etwas. Zweimal ging sie an die Öffnung, prustete verächtlich und spuckte aus. Beim zweitenmal bewegte sie, auf ein Bein gestützt, den Oberkörper vor und zurück und blickte murmelnd nach unten.

> Schäm dich, du Bösewicht,
> komm du nicht in mein Haus.
> Fort von hier, du, troll dich,
> denn hier steht Herr Jesus.
>   Hinaus Kurkur,
>   herein Jesus,

>   hinaus Kolumkill,
>   herein Gottesengel,
>   hinaus Ragerist,
>   herein Jesuchrist,
>   hinaus Maledictus,
>   herein Benedictus.

Nachdem sie dieses urheilige Gebet hergesagt hatte, bekreuzigte sie sich und sagte: »Wir befehlen uns alle in die Macht Gottes und gute Nacht.«

Dann machte sie die Luke zu und ging in ihr Bett.

Und dann schliefen alle.

Schuldenfreie Wirtschaft

25

Wintermorgen

Langsam, langsam öffnet der Wintertag sein nordisches Auge.

Vom ersten Zucken seiner schweren Augenlider bis zu ihrem vollen Aufschlag vergeht nicht nur Stunde um Stunde – nein, ganze Zeitabschnitte gleiten durch die unermeßlichen Weiten des Morgens, ganze Welten, wie die Gesichte eines Blinden, Wirklichkeit auf Wirklichkeit, und sind nicht mehr – es wird hell. So weit entfernt ist der Wintertag an seinem eigenen Morgen. Sogar sein Morgen ist sich selber fern. Der erste helle Streifen am Horizont und das Morgenlicht am Fenster sind wie zwei verschiedene Anfänge, zwei Ozeane. Und da sein Morgen auch noch fern ist, nachdem es hell zu werden beginnt, wie wird es dann mit dem Abend sein? Seine Achtel – Tagesanbruch, Mittag und None – sind wie die Länder, in die wir wollen, wenn wir groß sind; sein Abend ist so weit weg wie der Tod, dem gestern der jüngste Sohn der Eheleute anvertraut wurde; der Tod, der kleine Kinder von ihren Müttern nimmt und sie durch den Pfarrer auf dem Friedhof des Gemeindevorstehers begraben läßt; der Tod, von dem keiner wiedergeht wie in Großmutters Geschichten; der Tod, der dich holt, wenn du so alt geworden bist, daß du wieder ein Kind bist.

»Sterben denn nur kleine Kinder?«

Warum hatte er gefragt?

Weil sein Vater gestern das kleine Kind, das gestorben war, hinunter in die Siedlung gebracht hatte. Er hatte es in einem Kasten auf dem Rücken getragen, um es beim Pfarrer und beim Gemeindevorsteher zu begraben.

Der Pfarrer gräbt ein Loch im Friedhof des Gemeindevorstehers und singt.

»Werde ich einmal wieder ein kleines Kind?« fragte der siebenjährige Junge.

Und seine Mutter, die ihm seltsame Gedichte vorgesungen und ihm fremde Länder beschrieben hatte, sie antwortete müde, wie sie da krank im Bett lag: »Wenn man alt ist, dann wird man wieder wie ein kleines Kind.«

»Und stirbt?« fragte der Junge.

Eine Saite in seiner Brust zerriß, eine von jenen feinen Saiten der Kindheit, die zerreißen, ehe man sich dessen bewußt geworden ist, daß sie klingen; und diese Saite klingt nie mehr, sie ist von da an nur eine Erinnerung an unwahrscheinliche Tage.

»Wir sterben alle.«

Später am Tage hatte er erneut davon zu sprechen begonnen, dieses Mal mit seiner Großmutter.

»Ich weiß einen, der nie stirbt.«

»Jaja, kleiner Kerl«, sagte sie und wendete den Kopf von ihm ab, wie sie es zu tun pflegte, wenn sie Leute anblickte, und schaute an ihrer Nase hinunter auf ihn. »Wer ist es?«

»Papa«, sagte der Junge. Doch er war durchaus nicht sicher, ob er sich dabei nicht irrte, denn er sah seine Großmutter weiter fragend an.

»Och, er stirbt auch«, sagte die alte Frau erbarmungslos, nahezu frohlockend, und pustete ein bißchen durch die Nase.

Da stieg der Trotz in dem Knaben auf, und er fragte: »Großmutter, kann das Rührholz sterben?«

»Na na na«, sagte die alte Frau, als glaubte sie, er wollte ungezogen werden.

»Großmutter, aber der schwarze Topf?«

»Tot ist tot, Jungchen«, sagte sie.

»Nein«, sagte der Junge, »sie sind nicht tot. Morgens, wenn ich aufwache, da sprechen sie oft miteinander.«

Jetzt hatte er wahrhaftig ein Geheimnis ausgeplappert, von dem nur er wußte. In einem der wichtigeren Zeitabschnitte des Morgens geschah es nämlich, daß das Geschirr sich verwandelte und zu Menschen wurde. Des Morgens, wenn er vor allen anderen wach war, hörte er es mit der bedeutungsvollen Wortwahl und der feierlichen Besonnenheit sprechen, die nur Küchengeschirr eigen ist. Es war kein Zufall, daß er das Rührholz zuerst genannt hatte, denn das Rührholz gehört zum feineren Geschirr, es wird nur selten gebraucht, am meisten bei Fleischsuppe; so kommt es, daß es oft wochenlang weißgescheuert an der Wand hängt. Doch wenn es herabgenommen wird, erfüllt es eine wichtige Aufgabe im Topf. Deswegen hatte der Junge besonders hohe Achtung vor dem Rührholz und konnte es nur mit der Frau des Gemeindevorstehers vergleichen. Doch der schwarze Topf, der so oft den Mund voll hatte und manchmal einen Bodensatz und der unten immer rußig war, er war niemand anders als der Gemeindevorsteher auf Außen-Rotenmoor, der immer so viel Kautabak im Mund hatte, daß leicht zu sehen war, wie es in ihm brodelte; bestimmt war Feuer in seinem Bauch, und bestimmt war die Frau des Gemeindevorstehers dazu da, ihn umzurühren, damit ihm an Festtagen nichts aus dem Mund fiel. Und so war es mit dem ganzen Geschirr: im Dunkeln verwandelte es sich in Leute, teils bessere, teils geringere; die Messer waren häßliche Bauern, vor denen er Angst hatte; die Tassen waren stramme Mädchen mit geblümten Schürzen, sie schüchterten den Jungen mit ihren Rosen ein, und bei den Mahlzeiten am hellichten Tag hütete er sich, diese Personen zu berühren, hütete sich sogar davor, zu ihnen hinzublicken, damit sie ihm nicht ansehen sollten, was er alles von ihren Abenteuern wußte. Nachts taten sie wichtig wie eine ganze Gemeinde, tags waren sie abgenutzt und schmutzig, unscheinbar wie schüchterne Gäste, die die Nase hochziehen und sich nicht zu rühren wagen. Er, der aus ihrer nächtlichen Freiheit so viel über sie wußte, ängstigte sich um sie wegen ihres Unvermögens am Tage.

Doch ein Stück Geschirr war über Nacht und Tag erhaben, über die Unabhängigkeit in der Dunkelheit, über das Unvermögen am Tage; ein Gegenstand übertraf andere Gegenstände und ließ sie als wertloses Gerümpel erscheinen. Er wurde deshalb auch sorgfältig am Boden einer Kleidertruhe aufbewahrt, und die Kinder bekamen ihn nur bei feineren Besuchen zu sehen, zu Weihnachten und am ersten Sommertag, und sie durften ihn nie anfassen, so kostbar war er. Es war Mutters Kuchenteller – von der Frau des Gemeindevorstehers auf Außen-Rotenmoor. Was stellte denn dieser Kuchenteller in Wirklichkeit dar? Es war der schönste Teller der Welt.

Darauf war ein Bild von einem herrlichen Haus hinter einem Blütenstrauch. Zum Hause führte ein ebener Weg, umgeben von grünem Gras und lächelnden Büschen. Und wer stand auf dem ebenen Weg in weißem Kleid und mit weißem Hut, mit Blumen in der Hand und Sonne im Gemüt? Er wußte gut, wer das war, aber er hatte es keinem gesagt. Es war die Tochter des Gemeindevorstehers, Audur, die letzten Herbst nach Reykjavik fuhr und im Frühling wiederkommt, wie ein Vogel. Und das Haus hinter dem Strauch, das war Audurs Haus in fernen Ländern. Einmal wird der kleine Nonni nicht mehr der kleine Junge sein, der bei seiner Großmutter an der Wand schläft.

Er sitzt mit seiner Einlegesohle an den Stricknadeln vorn auf ihrem Bett und schweigt eine Weile. Dann kann er nicht länger an sich halten.

»Ich weiß doch etwas«, sagte er, ließ die Stricknadeln sinken und sah seine Großmutter an, »ich weiß bestimmt etwas, das niemals, niemals sterben kann.«

»Aber nein!«

»Nie«, sagte er.

»Was ist es, mein Kleiner?«

»Das sage ich nie.«

Er legte den Faden wieder auf den linken Zeigefinger und wickelte ihn zweimal um, dann hob er die nächste Masche ab. Es konnte vorkommen, daß er das eine oder andere Geheimnis ausplapperte, doch eins war über Leben und Tod erhaben, über die Unabhängigkeit der Dunkelheit, das Unvermögen des Tages. Niemand sollte es je erfahren. Das Geheimnis des bewußten Kuchentellers ...

Kaum etwas bereitet der Seele des Menschen größere Enttäuschung, als aufzuwachen, besonders früh am Morgen, wenn andere schlafen. Erst im Wachen wird einem die Überlegenheit der Träume klar. Viele Nächte träumte der jüngste Sohn der Eheleute von fünfzig Oren, einer Krone, sogar zwei Kronen. Das alles verlor er, sobald er aufwachte. Er aß aus einer hölzernen Schüssel Fleischsuppe mit fettem Fleisch; es war so fett, daß die Fettbäche an seinen Händen hinunterflossen. Er aß dicke Stücke Napfkuchen von einem Kuchenteller ohne Horizont, und sie waren so dick, daß er ganze Rosinen herauspflücken konnte, so groß wie ein Menschenauge. Doch wie er sich auch anstrengte, es gelang ihm nicht, wieder zu diesen Leckerbissen einzuschlafen; auch nicht zu dem Geld, das er in der Hand gehabt hatte und das stets aus Silber war, wie das Geld, das sein Vater dem Gemeindevorsteher für das Stück Land abzahlte; für dieses Geld hatte er sich im Traum Rosinen und Keks sowie Messer und Schnur kaufen wollen.

Er war furchtbar hungrig, als er aufwachte, und er sehnte sich nach dem Traum zurück wie ein Hund nach einem schönen Knochen; doch es war ihm streng verboten, jemanden zu wecken und um Brot zu bitten, denn für den Fall hatte sein Vater gedroht, ihn draußen im Stall bei dem Bock Sira Gudmundur und dessen Bruder anzubinden, die ständig die ganze Nacht miteinander kämpften. Es war eine sehr unangenehme Vorstellung, denn kein Geschöpf fürchtete der Junge mehr als diesen Bock, Sira Gudmundur. Diesem Bock, der zu den Menschen in Opposition stand, konnte es manchmal einfallen, den Jungen bis in seine Träume hinein und durch die Träume zu verfolgen, und der Junge lief vor ihm her, aus einem Traum in den anderen, und hatte schreckliche Angst vor dem Untier, das, obwohl sein Vater an den Bock glaubte, in seiner Abscheulichkeit ebenso übernatürlich war wie die Fleischsuppe und der Napfkuchen in ihrer Herrlichkeit. So sind Träume also auch von einiger Gefahr begleitet.

Um zu vergessen, wie hungrig er war, begann er auf das Geschirr zu lauschen, das seine übliche Nachtversammlung im Schrank und auf dem Wandbrett abhielt. Worüber sprach denn das Geschirr? Es ist für einen kleinen Jungen nicht so leicht, den roten Faden in den Verhandlungen der Erwachsenen zu finden – die Dinge sprachen wie die Leute in der Gemeinde, jeder gab sich die äußerste Mühe, etwas vorzubringen, um sich wenigstens durch einen kleinen Beitrag einen Namen zu machen; sie beklagten sich über die Gemeindearmen und die verdeibelten alten Leute, die der Gemeinde zur Last fielen – sie klagten besorgt über die Verschwendungssucht der jungen Mädchen und darüber, daß die Jugend in die Städte strebte, über die schweren Zeiten, die hohen Getreidepreise, einen neuen Wurm, der beim Schaf an die Stelle des Bandwurms getreten war. Das Rührholz war der Ansicht, daß dieses alles zusammen vom Mangel an Gesang herrührte. Es war einfach unvorstellbar, wie erwachsen dieses Geschirr in seinen Ausdrücken war. Nicht der Zusammenhang der Rede begeisterte den Jungen am meisten, sondern die Erfahrung, das Wissen und der Wortreichtum, der in ihr enthalten war – Namen entfernter Stätten, Hochzeiten in einer anderen Gemeinde, kunstvoll gebaute Strophen, Reiseerzählungen, Flüche, Nachrichten aus dem Marktflecken. Manchmal entzweiten sie sich sogar ein bißchen, war ihnen das Harmonium in der Kirche nicht gut genug, meinten sie, daß der Kaufmann in Fjord schlechter sei als der Kaufmann in Wiek, hatten sie uneheliche Kinder, waren sie gegen die Unabhängigkeit der Nation. Einzelne Stimmen konnten sogar unumwunden erklären, daß es am richtigsten wäre, Pferdemist in den Topf zu tun. Einige wollten so dichten:

> Odi gnatzu haben Jesu,
> keine Freunde er verdroß,
> Odas heilzu dürfen legen
> seinen Kopf auf Herren schoß.

Andere wollten so dichten:

> Sira rimsa pomsa prams
> pira limsa fira
> kira simsa romsa rams
> rira dimsa nira.

Ach, ob der Morgen noch nicht durchs Fenster graut?

Er spähte sehr vorsichtig über das Kopfende des Bettes, damit ihn die Wiedergänger im Dunkeln nicht bemerkten.

Je weiter der Morgen vorrückte, um so schwerer fiel es dem Geschirr, noch mehr Weisheit aus sich herauszupressen. Und zugleich öffneten sich die Ohren des Jungen für andere Stimmen. Die Schafe unten im Haus fingen an aufzustehen und sich nach der Nacht zu erleichtern, und es polterte ein wenig; einige kletterten mit den Vorderfüßen an den Krippen hoch, um an den Heuresten von gestern abend zu schnuppern; sie stießen mit den Hörnern gegen die Sperrlatte oder stießen sich gegenseitig. Immer um die Zeit, wenn die Schafe aufstanden, erwachte bei dem Jungen die Hoffnung.

Doch von allen Zeitsignalen des Morgens war das Schnarchen seines Vaters das sicherste.

Zuerst am Morgen, um die Zeit, wenn der Junge aufwachte, »schnitt er noch Böcke«, schnitt sie mit langen, langen, tiefen, tiefen Schnitten. Diese Sorte gehört in der Tat nicht dem Morgen an, sondern der Nacht selbst. Dieses Schnarchen hatte nichts mit der Welt gemein, in der wir leben und wachen; es war eine wunderliche Reise durch abschüssige Gebiete, unermeßliche Zeiten, verschiedene Existenzen; selbst die Wagen dieser Kolonnen hatten nichts gemein mit den Wagen der Welt, und noch viel weniger hat die Landschaft des schnarchenden Lebens irgendeine Ähnlichkeit mit unserer Landschaft.

Wenn der Morgen weiter vorrückte, verlor das Schnarchen seinen Klang, seine musikalischen Brusttöne zerfielen, sie stiegen nach und nach in den Hals hinauf, aus dem Hals in die Nase und den Mund, sogar bis auf die Lippen, wie ein Blasen, manchmal nur mit einem stoßartigen Pusten – bald war der Weg zu Ende, und die Pferde schnaubten, glücklich darüber, wohlbehalten durch die musikalischen Weiten des Unerforschlichen gelangt zu sein. Das Heimatland breitete sich vor den Augen aus.

Der Atem der anderen war keineswegs so überwältigend und umfassend, er hatte keine Zeiteinteilung. Zum Beispiel der Atem von Großmutter: wem hätte es in den Sinn kommen können, daß hier neben dem Jungen ein lebendiger Mensch schlief? Sie atmete so leise, bewegte sich so selten, daß es für Stunden so aussah, als wäre es aus mit ihr. Doch wenn er sich über sie beugte und ganz aufmerksam hinhörte, dann geschah es, daß er Leben bei ihr verspürte, es kam vor, daß sie ein ganz klein wenig mit den Lippen pustete. Doch ihr war noch etwas anderes eigen. Nachdem sie lange wie tot gelegen hatte, kam das Leben erneut in ihr hoch wie die kleinen Blasen im modrigen Moorwiesenbach, die in langen Abständen vom roten Lehmgrund aufsteigen; es äußerte sich in wunderlichem Gemurmel, in Zischeln, in Prusten, in häßlichen Psalmen aus einer anderen Welt. Denn auch sie besaß ihre Welt, die anderen Leuten so rätselhaft war, die Welt der Gebete, der Psalmen, jener langen, langweiligen Gedichte, die dem Vater des Jungen so sehr mißfielen, die Welt des barmherzigen gnädigen Gottes und hilfreichen Vaters und der Schrecken der Hölle, und für diese Welt gab sie nie Erklärungen, nur daß sie einen anderen, noch unverständlicheren Psalm vor sich hin murmelte. Niemand, der aus den Psalmen so viel über die Ewigkeit und dergleichen wußte, konnte dem Missionseifer abgeneigter sein als seine Großmutter; daher blieb diese Welt für den Knaben ebenso erstaunlich menschenwidrig wie die Schnarchwelt des Vaters, obwohl seine Großmutter ihn von Anfang an gelehrt hatte, mit der Sprache jener Welt auf den Lippen einzuschlafen: er sah ihre Landschaft nicht durch die Worte hindurchschimmern, noch weniger ihre abstrakten Figuren. Und das fremde Leben der Psalmen, wie es inmitten tiefer Selbstvergessenheit auf die Lippen der Großmutter trat, erregte in ihm die gleiche Furcht wie der Moorwiesenbach mit seinem modrigen, schlecht schmeckenden Wasser, das giftig ist, mit seinen Fadenalgen und den zottigen, gespensterhaften Wasserpflanzen, mit seinen Tauchkäfern.

Dem Bett der Eheleute gegenüber schliefen die drei älteren Geschwister, Helgi und Gvendur nebeneinander, Asta Sollilja mit dem Kopf zum Fußende. Aus welcher Welt kam die Schlafsprache Helgis, das Weinen und Zähneknirschen von Asta Sollilja? – eine Sprache, der Wörter und Sinn fehlen, nur nicht idiotische Heftigkeit; ein Weinen, zu dem kein Schluchzen, keine Tränen gehören, nur ein kurzer, knirschender Schmerz, ohne vorheriges Anzeichen, ohne Nachwirkung, als würden von einer Welt zur anderen entsetzliche Botschaften durch ihren Körper gesendet. Keine dieser Welten, keine dieser Stimmen fügte sich den Gesetzen des Tages oder den Sinneswerkzeugen dieser Welt.

Wo war seine Mutter an diesen vielen Wintermorgen, an denen niemand zu Hause und jeder weit entfernt war, jeder in seinem Schlaf, an denen die mystischen Schatten anderer Welten über der kleinen Stube in Sommerhausen lagen? Schlief sie oder war sie wach? Waren es ihre Wachseufzer, die immer wieder im Schnarchen des Vaters ertranken, oder waren die lindernden Hände der Selbstvergessenheit auch in ihren Schlafwelten verboten? Stark war seine Sehnsucht nach dem Tag, wie er da allein wach lag, umgeben von diesen hartherzigen fremden Welten, die nicht einmal wußten, daß er existierte – am stärksten nach den Armen seiner Mutter.

Dann, eines Nachts ereignet es sich. Ja, es muß noch lange vor der Zeit sein, zu der der Wintertag das erstemal mit den Lidern zuckt; der Junge befindet sich selbst in der Ferne seiner Schlafwelten, die Schläfrigkeit der Mitternacht liegt noch so wohlig, so schwer in seinem Körper; doch schließlich kann er sich dessen nicht erwehren; jemand ruft. Wer ruft? Zuerst ist es so weit entfernt, daß er ihm keine Beachtung schenkt, es ist ohne Belang wie Nachrichten aus einem anderen Bezirk. Allmählich kommt es näher. Seufzen und Stöhnen, die näher kommen; eine Weile ist es, als ob sie schon bis unten in die Siedlung gelangt sind; doch sie bleiben nicht stehen, sie kommen näher und näher, bis er entdeckt, daß sie bis hierher gelangt sind, bis hierher in die Stube. Sie kommen aus dem Bett seiner Mutter. Er ist hellwach. Er liegt allein im Bett seiner Großmutter. In der Stube brennt eine Lampe. Und seine Großmutter steht gebückt vor dem Bett der Eheleute und müht sich ab, sie steht ständig gebückt und müht sich ab; auf der Bettkante sitzt Papa und hält die Hand der Mutter. Die Kinder im anderen Bett haben die Decke über den Kopf gezogen, doch lugen sie ab und zu mit weitaufgerissenen, erschrockenen Augen darunter hervor. Sie wagen nicht, sich anzusehen, tun so, als schliefen sie. Heute nacht hat Mama es sehr schwer. Das Stöhnen wird immer unbeherrschter, immer schmerzvoller; sie jammert, schreit; es ist die Qual der Welt. Der Junge hatte erst daran gedacht, aufzustehen und zu fragen, doch jetzt fragt er nicht mehr, er kuschelt sich ein. Großmutter beginnt, sich mit dem Feuer im Herd herumzuschlagen; es ist ihr ewiger Krieg; viele Menschenalter hindurch hat sie sich damit herumgeschlagen, Feuer anzuzünden und Wasser warm zu machen. Es vergeht eine kleine Weile. Die Wahrnehmung des Jungen verebbt wieder, die flüsternden Stimmen seiner Großmutter und seines Vaters verschwinden nach unten in die Siedlung, verschwinden in einen anderen Bezirk – sein Vater geht in einem fernen Haus unter lautem Knarren die Stiege hinunter, am ehesten wohl die Kirchenstiege in Außen-Rotenmoor oder in einer noch weiter entfernten Kirche, er macht die Luke zu, geht. Aber kaum hat er hinter sich zugemacht, als die Mutter schmerzlicher denn je zuvor zu jammern beginnt; und wieder ist es so, als ob eine kalte Klaue mit scharfen Krallen das Herz des Jungen umklammert. Warum müssen die am meisten leiden, die man am liebsten hat, und warum kann man nie etwas für sie tun?

Unwillkürlich kommt dem Jungen der Gedanke, daß an allem Bösen, was seiner Mutter widerfährt, sein Vater schuld ist; er ist es, der immer bei ihr schläft; er glaubt sie zu besitzen und über sie zu bestimmen. Er muß auch ein schlechtes Gewissen haben, da er sich heute nacht so sehr um sie sorgt, ihr die Hand hält und wider alle Gewohnheiten mitten in der Nacht in die Siedlung läuft, als hätte er Angst.

Kaum etwas ist so unzuverlässig und unbeständig wie die liebende Brust, und doch ist es der einzige Ort auf der Welt, wo es Mitleid gibt. Der Schlaf ist stärker als das edelste Gefühl einer liebenden Brust. Mitten in den Qualen seiner Mutter wird das Licht schwächer. Das Summen im Wasserkessel entfernt sich; das Knistern im Feuer, das Altweibergetue seiner Großmutter, ihr Prusten und Psalmengemurmel, alles löst sich in flüchtige Halbschlafträume auf, die verschwommen sind, leidenschafts- und schmerzlos, lieblich wie das Leben in den Felsen; die Schläfrigkeit der Mitternacht durchrieselt wieder seinen Körper, so wohlig, so schwer; sein Bewußtsein tröpfelt wie hundert Sandkörner hinüber in die bodenlose Tiefe der Schlafwelt, bis die Selbstvergessenheit es wieder gänzlich eingefangen hat.

Gestern hatte sein Vater das kleine Kind hinunter in die Siedlung getragen, um es zu begraben.

War denn seine Mutter nun wieder froh? War sie wieder wie die Kinder, ausgesöhnt mit der Banalität der horizontlosen Wintertage, oder ertranken ihre Seufzer noch immer in der Erbarmungslosigkeit jener Tiefen, die die einzelne Brust nicht kennen? Die Angst der Kinder kam und ging, die Qualen der Mutter blieben. Noch nie, so schien es dem Jungen, hatten die Leute so lange geschlafen wie heute morgen. Die Schafe hatten schon lange angefangen sich zu rühren, er hörte, wie sie sich immer wieder stießen, sein Vater hatte die endlosen Wege der Brustschnarcher zurückgelegt, das Geschirr war angesichts der Nähe des Tages verstummt, das Auge des Wintertages am Fenster öffnete sich in blauendem Dunkel. Wagten denn die Leute nicht aufzuwachen? Er begann ganz leise an das Klinkerdach zu pochen; er konnte es trotz aller Drohungen nicht unterlassen, wenn sich ihm der Morgen über jedes Maß hinzuziehen schien; doch als das nichts nutzte, da begann er zu quieken, erst wie eine kleine Maus, dann forscher und lauter, wie wenn jemand dem Hund auf den Schwanz tritt, schließlich noch lauter, wie wenn der Wind vom Landesinnern her durch die offene Haustür heult.

»Na warte!«

Es war seine Großmutter. Schließlich ging es doch so, daß der Junge den Sieg errang. Die alte Frau murmelte etwas vor sich hin, machte Anstalten aufzustehen, bis sie sich mit all den dazugehörigen Seufzern der Anstrengung ganz aus dem Bett erhoben und ihre Jacke und ihren Leinenrock angezogen hatte. Dann begann die Suche nach den Streichhölzern. Es endete immer damit, daß sich die Streichhölzer fanden. Er sah sie barhäuptig im Schimmer der Küchenlampe über dem Herd, die braune, mit Runen geritzte Gesichtshälfte, die harte, eingefallene Wange über dem hageren Hals, die dünnen grauen Haarsträhnen – und er hatte Angst vor ihr, und ihm schien der Morgen erst dazusein, wenn sie ihr wollenes Kopftuch umgebunden hatte. Dann band sie sich das wollene Kopftuch um. In ihren zittrigen Bewegungen und ihrem flackernden Blick begrüßte er jeden neuen Tag, begrüßte er aufs neue das Antlitz der konkreten Wirklichkeit in diesem stets alten, verschlossenen Gesicht, das murmelnd, prustend aus dem Kopftuch lugte, das nur an der Nase hinunterblickte, lebenslang sich mühend, arbeitend, schuftend, pausenlos hastend, um Feuer anzumachen. Eher, als man dachte, begann auch sein Vater sich zu kratzen, sich zu räuspern, auszuspucken und eine Prise zu nehmen. Dann zog er die Hosen an. Es war Morgen.

Der Teil des Morgens, der der Wirklichkeit angehört, war angebrochen. Es war gut, sich zu vergegenwärtigen, daß in einer Hinsicht alle Tage gleich waren, daß es nämlich seiner Großmutter immer gleich schlecht gelang, das Feuer des Hauses anzuzünden; das Reisig zum Feueranmachen war immer gleich klamm, und obwohl sie die Torfstücke dünn aufspaltete und die holzreichsten Scheiben an das Reisig legte, zeigte sich doch recht lange kein anderer Erfolg als kümmerliches Knistern und kalter, stinkender Rauch, der in jede Ritze drang und sich stechend auf Augen und Nase legte. Und wenn der Junge auch den Kopf unter die Bettdecke zog, der Rauch war auch dorthin gelangt. Das Licht der Küchenlampe glomm unten am Docht. Wie lange sich auch das obligatorische übellaunige Gemurmel der Großmutter hinzog, es enthielt doch die Aussicht auf den Morgenkaffee. Wie blau und dick auch der Qualm war, wie tief er auch in Augen, Nase, Hals und Lungen drang – er war doch Vorbote des Dufts, der schließlich die Seele mit Optimismus und Vertrauen erfüllt, des Dufts der gemahlenen Bohnen unter dem kochend heißen Wasserstrahl aus dem Kessel.

Je mehr Zeit sie zum Anzünden braucht und je mehr kleine Flämmchen es gibt, um so länger wird die Zeit der Vorfreude, um so stärker die Vorfreude. Er vertrieb sich die Zeit damit, das Klinkerdach zu untersuchen. Es war zwar an jedem Morgen die gleiche Untersuchung, und außerdem eine Untersuchung, deren Ergebnis er aufs Haar genau im voraus wußte, und dennoch war sie jeden Morgen unerläßlich, sofern er die Augen offen hatte. Es waren besonders zwei Äste, denen er Bedeutung beimaß: wenn der Rauch so nachließ und das Licht so zunahm, daß er die Gesichtszüge der Äste erkennen konnte, dann war das ein Zeichen dafür, daß das Feuer in Gang kam, daß das Wasser warm wurde. Wer waren denn diese beiden Äste? Es waren zwei Männer, zwei Brüder. Sie hatten beide ein Auge mitten auf der Stirn und ein volles Gesicht wie seine Mutter. Wie kam es, daß sie seiner Mutter ähnlich sahen? Weil es seine Onkel waren, die in ferne Länder reisten und alles bekamen, was sie wollten, lange bevor er geboren wurde.

»Was dieses Kind bloß alles sieht«, hatte seine Mutter einmal gesagt, als er ihr das unter vier Augen anvertraute. Sie flüsterten miteinander über dieses und jenes, was niemand wissen durfte; über Gesang; über ferne Länder.

»Wenn man weit, weit weg fährt«, sagte er und hielt ihre Hand, wie er da auf ihrem Bettrand saß, »kann man dann alles bekommen, was man will?«

»Ja, mein Lieber«, sagte sie müde.

»Und werden, was man will?«

»Ja«, antwortete sie zerstreut.

»Im Frühling«, sagte er, »da will ich auf den Hofberg klettern und nachsehen, ob ich die anderen Länder sehe.«

Schweigen.

»Mama. Voriges Jahr im Sommer, da habe ich einmal den Wasserfall in unserer Hofschlucht gesehen, wie er im Wind nach oben floß; er stob rückwärts über den Berg.«

»Mein Lieber«, sagte sie, »ich habe etwas von dir geträumt.«

»Was?«

»Ich träumte, die Elfenfrau nahm mich mit in den Hoffelsen und reichte mir eine Kanne Milch und forderte mich auf zu trinken, und als ich getrunken hatte, da sagt die Elfenfrau: ›Sei gut zu dem kleinen Nonni, denn er soll für die ganze Welt singen.‹«

»Wie denn?« fragte er.

»Das weiß ich nicht«, sagte seine Mutter.

Dann ruhte er eine Weile an der Brust seiner Mutter und dachte an nichts mehr in der ganzen Welt als an das Herz seiner Mutter, das schlug. Schließlich richtete er sich auf.

»Mama. Warum soll ich für die ganze Welt singen?«

»Es ist ein Traum«, sagte sie.

»Soll ich für die Heide singen?«

»Ja.«

»Für das Wiesenmoor?«

»Ja.«

»Und soll ich auch für den Berg singen?«

»Das sagt die Elfenfrau«, sagte seine Mutter.

»Dann soll ich auch sicher für die Leute in der Kirche von Rotenmoor singen«, sagte er nachdenklich.

»Das ist sicher«, sagte seine Mutter.

Er schmiegte sich wieder an sie und dachte lange darüber nach, bewegt von dieser anspruchsvollen Prophezeiung, von den beschwingten Worten.

»Mama«, bat er schließlich, »willst du mich lehren, für die ganze Welt zu singen?«

»Ja«, flüsterte sie. »Im Frühling.«

Und sie schloß müde die Augen.

Wenn er den Blick von den Ästen im Klinkerdach zum Geschirr in Schrank und Wandbrett wandern ließ und das Rührholz an der Wand hing und der Topf auf dem Fußboden stand, alles mit jener sonderbaren Unschuldsmiene, die nur Geschirr im Unvermögen des Tages aufsetzen kann, und wenn die geblümten, verschwenderischen, zerbrechlichen und den Spott fürchtenden Frauentassen blinkten, dann war er so edelmütig, daß er versprach, von keinem etwas zu verraten; er kniff lieber aus Höflichkeit ein Auge zu und schaute nur mit dem anderen hin. »Ich bin auch ein ganz anderer, als ich scheine«, sagte er und meinte die ungesungenen Gesänge und die großen Länder, die weit weg waren, wie die Stunden des Tages, und auf ihn warteten.

Und dann hörte man jenes weltberühmte Summen des Kessels, das ein Anzeichen dafür ist, daß das Wasser bald kocht.

Zu diesem Zeitpunkt war der Knabe gewöhnlich schon so hungrig, daß er vermeinte, alles essen zu können, was die Zähne beißen konnten, nicht nur Heu, sondern auch Torf und Brenndung. Es war also kein Wunder, wenn er sehnsuchtsvoll auf seine Schnitte Brot wartete, welche Form sie haben würde, ob seine Großmutter sie über den ganzen Brotlaib schneiden würde oder nur über den halben, und dann vielleicht zum Teil noch messerdünn. Und was würde sie darauf tun? Würde sie den ganzen Trantalg mitten auf die Schnitte schmieren, so daß die Krusten trocken blieben wie gestern? Von diesem leckeren Zubrot, das einen so kräftigen Geschmack hinterließ, bekam der Junge nie genug, und das mußte man seiner Großmutter lassen, sie knauserte im allgemeinen nicht mit Trantalg, sondern beschmierte die Schnitte gewöhnlich gut mit der Daumenkuppe. Hingegen neigte sie dazu, mit dem Zucker zu sparen und ungleich große Stücke aus den Kandisklumpen herauszubrechen, und es konnte sehr wohl vorkommen, daß er das kleinste bekam. Diese Überlegungen entbehrten nie der Erwartung und Spannung.

Dann begann der Kaffee in der Stube zu duften, es war die Feierstunde des Morgens. Bei solchem Duft vergißt man die Widerwärtigkeiten der Welt, und die Seele wird erleuchtet vom Glauben an künftige Zeiten: Wenn man alles recht betrachtet, so ist es wahrscheinlich wahr, daß es ferne Stätten gibt, sogar andere Länder. Einmal kommt der Frühling mit seinen Vögeln, wenn es auch kaum glaublich scheint, mit seinem Hahnenfuß auf der Böschung der Hoframpe. Und hoffentlich kann Mama auch aufstehen, wie voriges und vorvoriges Jahr.

Während der dampfende Wasserbogen in die Kanne schoß, wurden im Gehöft die ersten lauten Worte des Tages gesprochen: die Formel, deren sich seine Großmutter bediente, um Asta Sollilja aus den Tiefen des Schlafes heraufzubeschwören. Diese Handlung wiederholte sich jeden Morgen nach denselben Regeln, und wenn sie auch Asta selbst jedesmal gleich fremd zu sein schien, so konnte der Junge sie gut genug auswendig, um sie sein ganzes Leben lang nicht zu vergessen.

»Ein großes Unglück ist es, dieses Elend anzusehen. Ein halberwachsener Mensch, das ist wahr. Als ob diese armen Dinger nicht bei Sinnen sind.«

Konnte man wirklich erwarten, daß jemand, wenn er schon einmal schlief, von solch einer Predigt aufwachte? Es hatte ganz den Anschein, als ob die alte Frau sich das zwischen den Morgenpsalmen selbst zuknurrte. Weshalb Asta Sollilja auch weiterschlief, den Kopf in der Ecke, mit offenem Mund, zurückgebeugtem Nacken, die eine Hand unter dem Ohr, die andere halbgeöffnet auf dem Oberbett, als erwartete sie im Traum, daß ihr jemand das Glück in die Hand legte. Ihr Hemd war am Halsausschnitt gestopft. Dann ging die Formel weiter: »Es ist nicht schwer zu sehen, daß diese armen Dinger an nichts denken. Wie sollen jemals Menschen daraus werden« – sie sprach von Asta Sollilja sehr oft im Plural oder im Neutrum –, »und dabei haben sie bloß ein altes Hemd.« Lauter: »Sola, deine Stricknadeln warten, Mensch. Es ist schon Morgen und bald Mittag.«

Der Junge staunte immer wieder über die Methode der Großmutter, die Tageszeiten zu berechnen.

Dann schießt der Wasserbogen herrlich aus dem Kessel in den Beutel, begleitet von einem dumpfen Laut, von duftgeladenem Dampf. Und Asta Sollilja schläft weiter. Und die alte Frau fährt fort, Asta Sollilja zu wecken, während der Kaffee aus dem Beutel sickert.

»Du wirst ein Krüppel werden und dein eigenes Kreuz dein ganzes Leben lang, Asta Sollilja.«

Und Asta Sollilja schläft weiter.

»Denk ja nicht, daß ich dir den Kaffee ans Bett bringe wie einer Dame, ein dreizehnjähriges Mädchen, schon fast vierzehn, bald konfirmiert. Eher lasse ich deinen Vater die Rute holen.« Doch diese Morgenpredigt hatte keine sichtbare Wirkung auf Asta Sollilja.

Wenn die alte Hallbera ans Bett ging und das Mädchen rüttelte, und erst dann, öffnete es die Augen. Es öffnete sie mit Anstrengung, zwinkerte verängstigt, sah verwirrt um sich. Schließlich wurde ihm klar, wo es sich befand; es drückte die Stirne in den gebeugten Arm und schluchzte.

Das junge Mädchen hatte dunkles Haar, ein blasses Gesicht, lange Kiefer und ein starkes Kinn; auf einem Auge schielte es ein klein wenig. Es hatte dunkle Brauen und Wimpern, Augen so grau wie gebrochenes Eisen. Es war das einzige Antlitz im Gehöft, das Farbe und Form hatte, und deshalb schaute der Junge oft seine Schwester an, als wunderte er sich darüber, woher sie wohl käme. Sie war sehr blaß, das schmale Erwachsenengesicht war von Besorgnis, fast von Erfahrung gezeichnet. So weit der Junge sich zurückerinnern konnte, war Asta Sollilja immer die große Schwester gewesen. Obwohl Busen und Schultern nicht die knospenartige Form der Kindheit hatten, weil sie ihr entwachsen waren oder sie nie erlangt hatten, so fehlte Asta Sollilja dennoch nicht die rundliche jugendliche Weichheit; ein Kind war sie nicht, aber sie war ebenso weit entfernt davon, erwachsen zu sein.

»Deinen Kaffee stelle ich dorthin, Sollilja«, sagte Großmutter und trug ihre Tasse in die äußerste Ecke der Stube, »ich kann ihn jetzt nicht näher zu dir bringen.«

Das Mädchen fuhr eine Weile fort, sich am Kopf zu kratzen, zu gähnen und mit seinem Speichel zu schmatzen; dann nahm es seinen Unterrock unter dem Kopfkissen hervor und zog ihn in der Wärme des Bettes an. Sie steckte ihre schlanken, langen Beine unter dem Oberbett hervor, zog dicke Wollsocken über die ungewaschenen Füße und legte dabei einen Knöchel auf das andere Knie, ohne Scham, so daß der Junge, als er ihren unvollkommenen Körper betrachtete, es diesmal wie auch sonst nur deshalb tat, um sich davon zu überzeugen, daß sie, obwohl sie die große Schwester sein sollte, dennoch auf Grund ihrer Körperbeschaffenheit ein weniger bedeutendes Wesen war als ihre Brüder.

Doch jetzt war die Zeit der Grübeleien vorbei, denn in diesem Augenblick brachte ihm Großmutter den Kaffee und weckte seine älteren Brüder. Jetzt brauchte der Junge keine Vermutungen mehr darüber anzustellen, von einem wie großen Teil des Brotlaibs seine Schnitte wäre, ob der Trantalg ganz bis auf die Kruste reichte, ob sein Stück Zucker groß oder klein war: Durch das Fenster kam schon Licht.

Noch einmal war es dem Wintermorgen gelungen, seine schweren Augenlider aufzuschlagen.

Der Tag brach an.

26

Tag

Die Mahlzeiten dieser Familie verliefen in der Regel schweigend, mit fast geheimnisvoller Feierlichkeit, wie merkwürdige Zauberkünste. Jeder beugte sich konzentriert über den Teller auf seinen Knien, die Gräten wurden mit einer Sorgfalt aus dem Fisch gepult, die einem Uhrmacher Ehre gemacht hätte; der Brei wurde mit Hingebung verschlungen, die Schüssel unter das Kinn gehalten; es war bewundernswert, welche Mengen Brei in welch kurzer Zeit der Vater der Jungen zu vertilgen imstande war. Die alte Frau aß ohne Messer am Herd und drehte den anderen den Rücken zu. Zum Frühstück gab es stets heißen Brei aus Haferflocken, Innereien, ein Stück Brot, kalten Klippfisch vom Tag zuvor und zweiten Aufguß mit einem Stück Zucker. Auf das Stück Zucker freute man sich am meisten. Die Mutter hatte nicht einmal Appetit wie ein Spatz, sie richtete sich im Bett mühsam auf den Ellenbogen auf und nahm Medizin aus einer der achtzig Flaschen vom Althingsabgeordneten ein; sie war grau im Gesicht und schlapp, hatte große fiebrige Augen und konnte wegen ihres kranken Mundes nicht kauen. Manchmal dachte der jüngste Knabe, es wäre nicht schön von Papa, so viel Brei zu verschlingen, wie er da vor ihr saß, während sie mit solchem Widerwillen an ihrem Fischschwanz aß und sich beim Schlucken schüttelte. Nie hatten die Kinder so großen Appetit auf ein ordentliches Stück Fleisch oder eine dicke Schnitte Roggenbrot mit Trantalg, wie wenn sie gerade gegessen hatten.

Bjartur legte sich nach dem Frühstück zu seiner Frau ins Bett, es war eine häßliche Angewohnheit aus seiner Kindheit, schnarchte eine ganz kurze Weile grimmig, sprang dann aus dem Bett mit einem Blick wie ein Mann, der in unglaubliche Strapazen und Gefahren geraten ist, und verschwand, um nach den Schafen zu sehen. An der einen Giebelseite war jetzt ein Koben voller Mutterschafe und ein Koben für Böcke; die Jungschafe hausten noch unter demselben Dach wie die Menschen. Die älteren Jungen fegten die Krippen, harkten das heruntergefallene Heu zusammen, zerschlugen das Eis auf der Quelle, gruben im Schnee Gänge um die Gebäude – in den unablässigen Schneestürmen wehten die Gänge wieder zu. Die Schafe gingen achtzehn Schneestufen hoch, um aus der Schneewehe um das Gehöft zu gelangen, die Leute hinterher; man mußte vor dem Fenster einen Schacht in die Schneewehe graben, um etwas Tageslicht zu bekommen.

Und wenn Papa und die älteren Jungen nach dem Frühstück weg waren, um zu füttern, da erst hatte der Tag im Haus begonnen, unwiderruflich begonnen, in seiner Länge, seiner Breite begonnen, der Tag mit seinem nicht voraussehbaren Abend. Die Helligkeit war wegen der Kleinheit des Fensters und der Dicke des Schnees äußerst gering. Zwei Betten waren bereits gemacht, im dritten lag regungslos die Mutter, ihr Wochenbett fiel wie schon öfter mit ihrer obligatorischen Winterkrankheit zusammen, die in den seltensten Fällen weniger als zwölf Wochen dauerte. Im vorvorigen Jahr bekam sie auch ein Kind für den Gemeindevorsteher und den Pfarrer und lag sechzehn Wochen. Ab und zu legte sie sich wegen des Wundliegens mit langsamen Bewegungen und unterdrückten Seufzern anders hin. Auf ihrem Bett am Fenster sitzt Asta Sollilja, sie strickt sich ein Hemd. Ihre Füße reichen nicht bis auf den Fußboden, sie sitzt so hoch im Bett; hingegen kann sie dann und wann den Nacken am Klinkerdach ausruhen. Manchmal lehnt sie den Kopf an das Dach und schläft ein.

Großmutter nahm ihr Spinnrad und spann.

Und das Spinngeräusch der langen Tage füllte das Haus, und dieses eine Rad des Spinnrads, es ist wie das Rad der Zeit, das jede Seele in ihr Land bringt.

Jetzt darf der kleine Nonni eine kleine Weile spielen. Und er treibt seine Hörner auf allen Betten auf die Weide, steckt einige hinter die Sparren, das sind die Berggipfel; recht besehen, klettern die Schafe auf der Innenseite der Berggipfel. Er bindet die Kieferknochen an die Herdfüße, denn dort liegt die Grenze zwischen ihm und Bjartur in Sommerhausen: der kleine Nonni hat zehn Kühe. Dann geht er auf seinen Beinknochen auf weite Reisen. Er findet sich zurecht an unbekannten Orten jenseits der Berge und Heiden, er reitet auf seinen Pferden hinunter in die Fjorde, lange und beschwerliche Wege, denn in dieser Stube gibt es unerhörte Entfernungen, wenn die Reise den Regeln folgt, die nur er versteht; selbst die Bettenden sind gefährliche Gebirgswege mit Pässen, Schneemassen und Wiedergängern. Er muß unterwegs übernachten (unter dem Tisch am Fenster). Erst im Frühjahr, wenn der Schnee taut und es seiner Mutter besser geht, treten die Entfernungen der Wirklichkeit in Erscheinung, und die Entfernungen der Stube zerfließen in nichts. Und so geheimnisvoll sind die Entfernungen der Stube, daß trotz der endlosen Wege das Ziel an der Luke nur eine Spanne von seinem eigenen Stall entfernt ist.

Im Marktflecken spricht er mit dem Arzt und dem Kaufmann. Er entnimmt auf seine Rechnung Unmassen von Rosinen, denn in seiner Wirtschaft lebt man davon, Rosinen in Bütten, Rosinen in Kisten, Rosinen in Säcken, ebenso Weißzucker. Der Arzt hat ungefähr fünfhundert Arzneiflaschen, etwa soviel wie die Mutterschafe des Gemeindevorstehers auf Außen-Rotenmoor, und erstaunlicherweise entnimmt der Junge keine Arzneien. Demzufolge verspricht er nicht, den Arzt für Arzneien in das Thing zu wählen, wie sein Vater; er kennt nichts so Bitteres und Scharfriechendes wie diese Arzneien. Im stillen hegt er den Verdacht, daß sie an der fortdauernden Krankheit seiner Mutter schuld sind, ja sogar, daß sein Vater sie kauft, um sicher zu sein, daß sie nicht aus dem Bett kommt, und daß der Arzt davon weiß. Deswegen kann er den Arzt nicht leiden und will er einen solchen Mann nicht ins Thing wählen. Hingegen wählt er den Kaufmann ins Thing, aus Achtung vor den Rosinen. Jetzt wird der Arzt böse und droht, den Bezirksvorsteher zu rufen. Doch dem Jungen ist nicht bange, er verspricht, beim Arzt einen alten

Hund in Rechnung zu geben, eine Kniescheibe vom Schaf; daraus entsteht in Fjord ein Streit.

»Was für ein verflixter Deibelskrach ist das da«, sagt die Großmutter; doch der Junge antwortet einstweilen nicht darauf, denn Großmutter gehört einer anderen Ebene an, anderen Weiten. Wenn sie aber noch mehr sagen sollte, dann ist das höchstens eine Schneebö aus Nord.

»Wenn du vor dir selbst keine Ruhe hast, dann ist es wohl das beste, du kriegst die Rute zu kosten.«

»Großmutter«, sagt der Junge. »Du bist gar nicht da. Du bist nur Wetter in der Luft. Ich bin auf einer Reise.«

»Jetzt bist du in deinem Element«, erwidert die Großmutter. »Es ist eine Schande, ein so großer Bengel, phantasiert mitten am Tag so unnützes Zeug zusammen und kann noch nicht mal stricken.«

Da läßt der Junge alle Auseinandersetzungen mit den Herrschaften in Fjord fallen und sagt: »Na, da haben wir das Unwetter«, verabschiedet sich ärgerlich und reitet, was das Pferd hergibt, die krummen Wege kreuz und quer durch die Stube nach Hause. Doch auf halbem Weg ergreift ihn seine Großmutter wie ein Unwetter, das unversehens oben auf der Hochfläche ausbricht, und auf diese Weise kommt er oben auf der Hochfläche um; er wird mit seinen Stricknadeln auf das Bett der Großmutter gesetzt.

Er schlingt verdrießlich den Faden einmal um den Finger und beginnt zu stricken. Es ist noch dieselbe Einlegesohle, mit der er sich schon eine Woche abgequält hat, und doch ist er nicht weiter als bis zum Mittelstreifen. Es ist, als ob nichts vorangehen will, alles schleicht, man sieht kein Ende, weder von der Einlegesohle, dem Tag noch dem Leben im Vaterhaus. Angesichts dieser endlosen Strecke wird er sehr schläfrig. Da erinnert er sich plötzlich daran, daß er auf der Hochfläche umgekommen ist. »Großmutter, ich gehe um«, sagt er gähnend.

»Du hast heute sicher noch nichts Gutes gehört, mein Kleiner«, sagt sie da.

Ja, das war richtig, jetzt fällt es ihm ein: er hat heute noch nichts Gutes gehört; es gab vieles, was schlimmer war, als etwas Gutes zu hören. Oft wurde seine Großmutter von dem

Guten, das sie hersagte, so in Anspruch genommen, daß sie
vergaß, seine Strickerei zu bemängeln, und da kam es vor,
daß er über den Stricknadeln einschlief, besonders wenn sie
etwas wirklich Gutes aufsagte.

>   In dulci jubilo
>   liegt unsres Herzens Wonne
>   impre sepio,
>   du helle Geistessonne,
>   matrix Gremio,
>   alpha hesido,
>   alpha hesido.
>
>   O Jesu parvule,
>   sei bei dir mein Sinn,
>   o pura optime
>   mit aller deiner Güte,
>   o princeps Gloriae,
>   trag du dein Kreuz,
>   trag du dein Kreuz.
>
>   O Peters Karitas,
>   o Kari Penitas,
>   der Tod ist unser Lohn,
>   per nostra crimina
>   umlauert hat er uns
>   selorum gaudia,
>   eia, wären wir da,
>   eia, wären wir da.
>
>   Bereit ist Gaudia,
>   wo man hören kann,
>   daß Gottes Engel singen
>   viele cantica,
>   und Posaunen klingen,
>   ein tritt Kuria,
>   eia, wären wir da,
>   eia, wären wir da.

So geht es lange weiter. Nie kommen einem die Psalmen länger vor als in den Tagen der Kindheit, nie ist deren Land und Sprache der Seele fremder. Im Alter verhält es sich umgekehrt, dann sind die Psalmen für die Tage zu kurz. In diesen heiligen, mit Latein durchsetzten alten Gedichten, welche die alte Frau von ihrer Großmutter gelernt hatte, lag ihre zweite Welt; ihr Rhythmus beim Treten des Spinnrads war ihre Musik, der sie sich hingab, bis die niedrige Stube zum Horizont der Ewigkeiten hin zerflossen war, der Faden gerissen, die Hände in den Schoß gefallen, das Spinnrad still. Dann war das Gedicht zu Ende. Mit dem Klang des Gedichts in der Seele und auf den Lippen begann sie, auf der Spule nach dem Faden zu suchen, und wenn sie ihn endlich gefunden hatte, sog sie das Ende durch die Tülle der Spindel. Danach weckte sie den Jungen.

»Es tut einem weh, diesen Murks anzusehen«, sagt sie. »Heute ist es zu lose gestrickt, gestern zu fest – ist bei seiner vierten Einlage und kann noch nicht stricken. Versuch doch, den Faden zweimal um den Zeigefinger zu schlingen, Bürschchen; eigentlich geschähe es dir recht, wenn ich alles wieder aufrebble.«

Jetzt gilt es, einen Weg zu finden, sich vor dieser unausbleiblichen täglichen Kritik zu retten, ohne jedoch ihre Berechtigung offen zu bestreiten. Das kann auf verschiedene Weise geschehen. Manchmal kann man die alte Frau dazu bringen, mehr Psalmen herzusagen, manchmal dazu, eine Geschichte zu erzählen; am sichersten jedoch ist es, ihre Aufmerksamkeit möglichst auf einen noch größeren Skandal zu lenken, als es zu lose Strickerei ist. Heute hat er das Glück, daß Asta Sollilja den Nacken an das Klinkerdach gelegt hat; das Kinn ist auf die Brust gesunken, die Stricknadeln ruhen in ihrem Schoß, sie schläft.

»Großmutter«, sagt der Junge da hochentrüstet. »Die Asta Sollilja schläft.«

So war es dem Jungen gelungen, die Aufmerksamkeit seiner Großmutter auf Asta Sollilja zu lenken, diese schläfrige Person, die eine so sonderbare Form hatte und in Wirklichkeit nur ein halber Mensch war. »So ein Elend mit ansehen zu müssen.« Nachdem Asta Sollilja mit allen dazugehörigen Formeln geweckt worden war, begann alles wieder von vorn; der Tag schien nicht um Daumensbreite vorgerückt zu sein; die Mutter seufzte unter gleich großen Schmerzen wie zuvor, o pura optime, trag du dein Kreuz.

Trag du dein Kreuz.

Das Spinnrad dreht sich wieder, und dem Jungen fällt ein, daß er schon lange ein Wiedergänger ist.

»Wiedergänger«, sagt er. »Bekommen sie nicht alles, was sie wollen?«

»I Gott bewahre.«

»Sie können alles, was sie wollen.«

»Strick weiter.«

»Großmutter, erzähl mir eine Wiedergängergeschichte.«

»Ach, wie sollte ich dazu Zeit haben.«

»Nur von einem Wiedergänger.«

»Was für eine Geschichte von einem Wiedergänger sollte ich schon kennen, eine altersschwache Person ohne Gedächtnis.«

Doch nicht lange darauf murmelte sie etwas vor sich hin; es war wie ein Sturm, der mit Böen beginnt, bis er losbricht. Ihre Geschichten waren alle von derselben Art. In der Hungersnot von 1784 und 1785 aßen die Leute Schuhflicken; sie waren so abgemagert, daß die Läuse auf ihrem lebenden Körper eingingen, ihre Großmutter konnte sich an die Zeit erinnern. Es war einmal ein französischer Dogger, es passierte bei uns im Südland. Sie strandeten in einem Orkan auf den Sandern, die ganze Besatzung kam auf einer Sandbank um; ein reicher Bauer stahl das Strandgut, darunter ein Fäßchen mit Geld und einen Anker Rotwein. Der Kapitän ging um und der Koch, sie folgten dem Dieb bis ins neunte Glied, die Familie ist sie bis heute noch nicht los, es gibt viele Geschichten darüber. Zwei Brüder reisten in einen Marktflecken, der eine machte sich an einem Morgen auf den Heimweg, der andere wollte einen Tag später aufbrechen. Der Weg durch das Gebirge war weit. Ein heftiger Schneesturm brach aus, und der Bruder erreichte eine Schutzhütte. In dieser Schutzhütte spukte es sehr. In der Nacht beginnt das Gespenst draußen gegen die Hütte zu schlagen, doch der Bruder verrammelt mit den Steinen des Fußbodens von innen die Tür. Das Gespenst heult draußen schauerlich. Der Bruder trägt mehr Steine an die Tür und wünscht das Gespenst zum Teufel. Am nächsten Morgen herrscht bitterer Frost, der Sturm hat nachgelassen. Der Bruder trägt die Steine von der Tür und öffnet. Als er öffnet, fällt ihm sein Bruder erfroren in die Arme. Er ging um und folgte seinem Bruder. Endlose Weiten mit grundlosen Schneemassen, mit bösen Schluchten, in die die Menschen stürzten; mit eisbedeckten Strömen, in die die Menschen durch Waken einbrachen und unter deren Eisdecke sie ins Meer trieben; sie gingen um, kamen ans Fenster, sprachen Verse. Seeungeheuer belästigten Menschen an den Vorgebirgen, brachen durch die Hausdächer bei Frauen ein, die allein zu Hause waren. Der Unhold Kolumkilli, er soll unsterblich sein, und die Hexe Gunnvör, sie wohnte hier auf diesem Gehöft und verschrieb sich ihm und mordete Menschen, darüber gibt es viele Geschichten, endlose Geschichten; zuletzt wurde sie am Sonntag Trinitatis im Kirchhofseingang bei der Kirche von Rotenmoor gerädert, und Arme und Beine wurden vom Rumpf getrennt, keiner bleib bei Gunnvör, der an Gott glaubt, sie hat meine Rippe und mein Schlüsselbein und meinen Mittelhandknochen zerbrochen und fillibu, und wenn du an Kolumkilli glaubst, dann sagt er so: Mark und Blut, Mark und Blut und dododo –

Plötzlich steckt Bjartur seinen Kopf durch die Luke und ruft: »Leg unter dem Kessel an, Hallbera, es kommen Gäste.«

Da schiebt die alte Frau mitten in einer Geschichte das Spinnrad beiseite und erwidert mürrisch: »Och, das weiß ich. Die Rumtreiberei bei dem Pack nimmt überhaupt kein Ende. Auch war hier heute morgen ein gespenstischer Schatten.«

»Sola hilft dir, ein paar Plinsen zusammenzuklitschen, und ihr könnt reichlich Kaffee in die Kanne tun, weil der nicht ohne Grund Wege zu machen pflegt, der heute hier über den Hof reitet. Und nun dalli.«

Kurz darauf hob sich das scharfgeschnittene Gesicht des Gemeindevorstehers, von dichtem, graumeliertem Haar umgeben, über den Lukenrand. Er trug eine sehr dicke Reitjoppe und einen Schal, beinlange rechts und links gestrickte Schneestrümpfe, Seehundsfellschuhe; seine Peitsche war mit drei prächtigen Silberhülsen verziert. Er war auf dem Weg zum Marktflecken und hatte einen Knecht als Begleitung mit, reichte zwei, drei Finger zur Begrüßung und brummte etwas vor sich hin. Asta Sollilja bereitete ihm einen Platz auf dem Bett der Geschwister; Bjartur setzte sich bei seiner Frau auf die Bettkante. Der Duft der ersten Plinsen verbreitete sich.

»Jaja, mein lieber Jon«, sagte Bjartur, als bemitleide er diesen Gemeindevorsteher ein bißchen, »du probierst, wie es sich reiten läßt.«

»Och, ich denke, da gibt es nicht viel zu probieren«, erwiderte der Gemeindevorsteher schläfrig, strich sich um das Kinn und gähnte, während er sich in der Stube umsah.

»Na, zuzeiten hätte man gemeint, daß hier im Osten der Heide bei diesem Schnee nicht durchzukommen wäre, denke ich«, sagte Bjartur, der im kleinen wie im großen dem Gemeindevorsteher gegenüber immer recht hatte, »zumal wenn ich die Pferde anderer Leute hätte haben wollen«, fügte er hinzu. »Man weiß natürlich am besten, was man den Pferden zutraut, die einem selbst gehören.«

»Och, ich bin selten zu meinem Vergnügen hier auf den Hochflächen«, sagte der Gemeindevorsteher anzüglich. »Und es sind meine Pferde.«

Bjartur antwortete auf diese Anspielung, daß große wie kleine Leute wohl immer etwas im Sinn hätten, sowohl in den Siedlungen wie in den unbewohnten Gegenden, und er daran festhielte, daß es in letzter Zeit auf der Heide weiß gewesen wäre, ganz gleich, wie es unten im Tal aussah.

Der Gemeindevorsteher sagte, es sei nicht mehr als das, womit man an Wintertagen rechnen müßte. Er zog eine silberne Dose hervor und maß an seinem Finger einen schönen Priem ab, den er abbiß; das Ende, von dem er abgebissen hatte, steckte er sorgfältig in die Dose und schloß sie behutsam. Dann lehnte er sich auf dem Bett zurück, ohne sich vor Läusen zu fürchten.

»Jaja, Alter«, sagte Bjartur kameradschaftlich. »Ja, akkurat. Und was gibt es unten Neues?«

Der Gemeindevorsteher sagte, es gäbe nichts Neues, wenigstens nicht bei ihm, und über andere wüßte er nicht Bescheid.

»Hat man Würmer oder Füchse bemerkt?«

»Bei mir?« fragte der Gemeindevorsteher.

»Och, gewöhnlich antwortest du für dich selbst zuerst, Alter, wenn ich mich nicht irre.«

»Ich denke, es ist ziemlich gleich, ob sie Würmer haben oder keine Würmer«, sagte der Gemeindevorsteher, »so wie heutzutage dafür gezahlt wird. Diese Schafe sind heutzutage wie die Gemeindearmen, die den Leuten zur Last fallen.«

Bjartur gestattete sich, daran zu zweifeln, daß die Großen es wirklich so meinten, wenn sie schlecht von den Schafen sprachen.

»Meinetwegen kannst du meinen, was du willst«, sagte der Gemeindevorsteher.

»Läßt du den Schnee abschaufeln?«

»Mein Heu ist bisher noch nicht alle.«

»Meins auch nicht«, sagte Bjartur.

Der Gemeindevorsteher hatte sich jetzt bequem aufs Bett gelegt, sog mit aller Kraft am Kautabak; in seinem Mund hatte sich schon so viel Saft angesammelt, daß er lange Sätze vermied. Seine halbgeschlossenen Augen wanderten von einem zum anderen, bis sie auf der Wange Asta Solliljas haftenblieben, die beim Backen war.

»Es ist vorgekommen«, sagte der Gemeindevorsteher, »daß du das Notwendigste von anderen holen mußtest.«

»Ja, das kannst du mit deiner Alten abmachen, daß sie die Bezahlung für ein paar Tropfen zurückgewiesen hat, die ich von dir für die Flasche der Kinder holte, als sie klein waren, und was die Hütte angeht, so bin ich dir weiß Gott nichts mehr schuldig, Freund, wenn es auch zwölf Jahre gedauert hat.«

»Es sieht ganz so aus, als ob du nach wie vor kein Land besitzt.«

»Wie?«

»Ja, ich habe mich doch nicht getäuscht, daß du gestern etwas auf dem Rücken zu mir gebracht hast. Wenn ich mich recht erinnere, so ist es das vierte Mal. Ich verstehe bloß nicht, wozu du mir das Land hier oben im Tal abgekauft hast, wenn du auch noch den Kirchhof bei mir erobern willst?«

»Vielleicht habt ihr auf Außen-Rotenmoor den Tod überwunden«, sagte Bjartur, doch darauf antwortete der Gemeindevorsteher nicht.

»Was soll ich sagen, wenn ich den Bezirksvorsteher da unten treffe?« fragte er.

»Einen bösen Durchfall hatte sein hornloses Mutterschaf, das ich hier voriges Jahr am Johannistag aus dem Sumpf gezogen habe«, sagte Bjartur.

Der Gemeindevorsteher antwortete darauf nur, indem er die Lippen eine Weile an den Tabaksaft preßte, bis er alles zusammen auf den Boden spuckte, Bjartur vor die Füße. »Wie alt ist jetzt das Mädchen da«, sagte er, ohne den Blick von Asta Sollilja zu wenden.

»Och, sie wird jetzt vierzehn Jahre, das arme Ding, sie dürfte wohl um die Zeit der ersten Abzahlung für die Hütte zustande gekommen sein, möchte ich annehmen.«

»Was ist das für eine Schlamperei, dreizehn Jahre zu wirtschaften, ohne die Tatkraft zu besitzen, sich eine Kuh anzuschaffen«, sagte der Gemeindevorsteher.

»Hätte mir nicht diese armselige Hütte zwölf Jahre auf dem Gewissen gelegen, dann hätte ich mir selbstverständlich eine Kuh und einen Menschen dazu gekauft. Doch es ist nun einmal meine Ansicht im Leben, daß Unabhängigkeit und Freiheit mehr wert sind als all das Großvieh, das man sich mit Schulden anschaffen kann.«

Der Gemeindevorsteher pustete ein bißchen durch die Nase.

»Wie heißt sie denn?« sagte er.

»Och, sie heißt Asta Sollilja.«

»Was soll das bedeuten?«

»Es soll bedeuten, Freund, will ich dir sagen, daß sie es nie nötig haben wird, auf andere angewiesen zu sein, weder in leiblicher noch in geistiger Hinsicht, solange ich mich hier auf diesem Grundstück halte. So, sprechen wir lieber nicht weiter davon, Alter.«

Doch die Verachtung des Gemeindevorstehers für die Unabhängigkeit Bjarturs in Sommerhausen kannte keine Grenzen, und er sagte: »Du kannst sie nach dem Hornung zu mir schicken, der Frau macht es Spaß, Kinder im Lesen und dergleichen zu unterrichten. Wir geben ihr einen Monat lang zu essen.«

»In Sommerhausen gibt es genug zu essen«, sagte Bjartur. »Und so ein Seelengequatsche wie eure Lehren auf Außen-Rotenmoor ist sicher am besten für die Kinder, die ihr selbst als eure anerkannt habt.«

Der Gemeindevorsteher beugte sich wieder nach vorn und spuckte Bjartur gewaltig vor die Füße, strich sich dann schläfrig über Stirn und Kinn und unterdrückte das Gähnen.

»Ich sorge für meine Leute, du für deine«, fügte Bjartur hinzu, ohne einen Blick auf das Ausgespuckte zu werfen.

»Es ist noch immer dasselbe mit deiner Frau«, sagte der Gemeindevorsteher. »Wieviel hast du diesen Winter für Arzneien für sie bezahlt?«

»Das ist eine ganz andere Sache«, sagte Bjartur. »Und es fällt mir nicht ein, abzustreiten, daß ich das Unglück habe, herzleidende Frauen zu haben, was nun einmal Gottes Wille und eine Tücke der Vorsehung ist. Es geht keinen etwas an.«

Der Gemeindevorsteher, der sich durch patzige Antworten nie beleidigt fühlte, sondern diesen Ton am liebsten hatte, kratzte sich hier und da, denn das Ungeziefer fing an, auf ihn zu kriechen. Dann sagte er aufs Geratewohl: »Ja, ich kümmere mich auch nicht darum. Aber meine Frau meint, es würde notwendig, das Kind zu unterrichten, und es gibt jetzt Gesetze über Prüfungspflicht. Hingegen ist meine Ansicht in dieser Sache offenkundig, ich meine, daß die ganze Lernerei für das Volk nur zum Schaden ist.«

»Dann bin ich der Meinung, daß es am besten ist, wenn diejenigen, die zum Volk gehören, ihr Volk unterrichten, und diejenigen, die zu den großen Leuten gehören, ihre großen Leute unterrichten. Und schöne Grüße an die gnädige Frau.«

»Ich habe nichts davon, wenn das Volk lernt«, sagte der

Gemeindevorsteher. »Aber die in Reykjavik wollen es so. Doch was ich sagen wollte – die Frauen unten in der Siedlung sind voll davon, daß du dir eine Kuh anschaffen solltest.«

»Ich bin ein freier Mann.«

»Ja, was soll ich sagen, wenn es dem Bezirksvorsteher einfällt, sich in die Sache zu mischen?«

»Sage ihm, wir hier auf der Heide sind selbständige Leute.«

»Selbsttote Leute«, sagte der Gemeindevorsteher.

Doch ehe Bjartur Zeit hatte zu antworten, erscholl eine gedehnte spröde Stimme vom Herd her: »Es ist, wie die Obrigkeit sagt: Das ist kein menschenwürdiges Dasein. Ich wohnte vierzig Jahre in Steinhütte, und wir hatten immer eine Kuh. Ich brauchte Gott in all diesen vierzig Jahren um nichts Besonderes zu bitten.«

»Höre mal«, sagte der Gemeindevorsteher plötzlich. »Ich habe eine Kuh zu verkaufen, sieben Jahre alt, ein prachtvolles Tier. Sie kalbt im Sommer. Sie gibt nicht übertrieben viel Milch, doch sie milcht lange.«

Fängt er schon wieder an, dachte Bjartur, der seinen Gemeindevorsteher von früher kannte, sie hatten früher miteinander gesprochen, es war, wie wenn man mit dem Kopf gegen einen Felsen schlug. Er hatte die Angewohnheit, immer wieder da anzufangen, wo man vorher aufgehört hatte. Es war schwer zu sagen, ob sich Bjartur über diese Eigenart mehr ärgerte oder ob er sie mehr bewunderte. Doch da trat ein Ereignis ein, das bewirkte, daß Bjartur einstweilen keine Antwort wußte: Frau Finna versuchte plötzlich, sich auf den Ellenbogen aufzurichten, sah die Männer mit ihren fiebrigen Augen an, flüsterte sanft: »Gott gebe es« und legte sich wieder hin. Erst als dieser Seufzer vorbei war, kam Bjartur dazu, dem Gemeindevorsteher zu antworten: »Du hättest mir voriges Jahr kaum eine Kuh angeboten, Freund, als noch nicht heraus war, ob ich die letzten Raten für die Hütte pünktlich bezahlen würde.«

»Ich könnte dir Heu für sie beschaffen«, sagte der Gemeindevorsteher.

»Der gute Mann«, seufzte die Frau wieder aus ihrem Krankenbett.

»Och, du bekommst deine Arzneien von Finsen, meine Liebe«, sagte Bjartur. »Dir hat es nie an Arzneien gefehlt.«

Der Gemeindevorsteher, der für seine homöopathische Behandlung von Gemeindemitgliedern nicht ganz unbekannt war, wollte etwas von den Arzneien sehen, die Bjartur vom Bezirksarzt in Fjord, dem Althingabgeordneten Finsen, für seine Frau auf Vorrat nahm. Die Frau zog den Vorhang vom Eckbord an ihrem Bett; dort konnte man eine große und schöne Sammlung von Medizinflaschen erblicken, in allen Größen und Farben, drei Bretter voll. Die meisten Flaschen waren leer. Der Gemeindevorsteher nahm einige davon in die Hand, zog den Korken heraus und roch daran. Sie hatten alle die gleiche Beschriftung, mit der gelehrten Fraktur des Arztes geschrieben: Gudfinna Thorarinsdottir. 3 x täglich in gleichen Abständen. Innerlich. Nachdem der Gemeindevorsteher verächtlich an einigen Flaschen gerochen hatte, stellte er sie wieder an ihren Platz mit der Bemerkung: »Er ist schon immer ein Giftmischer gewesen, der alte Kerl.«

In diesem Augenblick wurde der Kaffee gebracht, und Bjartur forderte Gast und Begleiter großzügig auf, ordentlich über die Plinsen herzufallen. Die alte Frau fuhr fort, im Herd herumzustochern, und hörte nicht auf, vor sich hin zu murmeln; und Asta Sollilja, die alles, was gesprochen worden war, mit angehört hatte, sowohl das von der Kuh wie das von der Bildung, steckte den Finger in den Mund und sah dem Gemeindevorsteher voller Ehrfurcht zu, wie er die Plinsen verschlang, die sie selbst gebacken hatte. Die Augen der Jungen wurden größer und größer, je niedriger der zuckersüße Plinsenberg auf dem Teller wurde, die Gesichter länger und länger, und schließlich waren Rosen, das Märchen und das Mädchen wieder zu sehen, wollten sie denn nichts übriglassen?

»Was ich sagen wollte«, sagte der Gemeindevorsteher. »Es kann sein, daß mein Sohn Ingolfur im Frühling hier oben in den Tälern wegen einer Kleinigkeit unterwegs ist.«

»Ja so«, sagte der Bauer. »Ich verbiete ihm nicht den Weg.

Man hört, daß er einer von den großen Leuten in Reykjavik geworden ist.«

»Genossenschaftsbeauftragter«, berichtete der Gemeindevorsteher.

»Ja, das hat schon etwas zu sagen.«

»Ich weiß nicht, ob dir bekannt ist«, sagte der Gemeindevorsteher, »daß die Wolle den dreifachen Preis von dem kostet, was Bryne voriges Jahr dafür gegeben hat. Und es hat den Anschein, daß er letzten Herbst am Fleisch nicht weniger verdient hat.«

»Ja, ich sage mir«, antwortete Bjartur, »solange ich meinen gesetzlichen Verpflichtungen gegen dich und den Kaufmann nachkommen kann, ja, daß es mir so lange ziemlich egal ist, was ihr großen Leute für passend haltet, euch gegenseitig vorzuwerfen, Unterschlagungen oder Diebstahl, seit der Landnahmezeit bis zum heutigen Tag.«

»Ja, ihr seid allesamt Trottel«, sagte der Gemeindevorsteher, »und lebt und sterbt im Glauben an den, der euch am meisten das Fell über die Ohren zieht.«

»Och, man sagt, du gibst für das, was du lebend kaufst, auch nicht mehr, Freund. Wie der Kaufmann mir im Herbst sagte, sollst du deine fünf bis acht Kronen an jedem Jungschaf verdienen, das du in Wiek im Süden verkaufst. Um nicht noch das wiederzuerzählen, was darüber hinausgeht.«

Nun war es die Art des Gemeindevorstehers, daß er, wenn ihm auch Diebstahl oder sogar Mord vorgeworfen wurde, nie böse wurde; im Gegenteil, er hatte es anscheinend ganz gern. Es gab jedoch ein Verbrechen, mit dem er um keinen Preis in Verbindung gebracht werden wollte, nämlich daß er Geld verdiente; dann warf er den Eispanzer ab und wurde gesprächig, eine solche Beleidigung nahm er von keinem schweigend hin. Er bewegte den Körper vor und zurück und sprach in einem fort; ein fanatisches Zittern ging durch seine Gesichtszüge, die Augen glühten, seine Argumentation war voll von übertriebenen Behauptungen und unpassenden Vergleichen. Im Nu war jede Schläfrigkeit von ihm abgefallen.

»Es paßt nun gut, daß ich über meine Lage besser Bescheid weiß als das Geschäft in Fjord. Und ich kann es jederzeit schriftlich beweisen, daß meine Schafkäufe für mich in den vergangenen Jahren ein größerer Schaden waren als der ganze Fuchsschaden in den letzten Menschenaltern für alle Bauern hier in der Gemeinde und den umliegenden Gegenden. Du läßt dir vom Kaufmann da unten weismachen, daß ich zur Herbstzeit Schafe zu meinem Vergnügen kaufe. Doch die Wahrheit ist, daß, wenn ich Leuten hier in der Gemeinde und den umliegenden Gegenden Schafe abgekauft habe, es immer nur aus Barmherzigkeit geschehen ist. Und was ist Barmherzigkeit? Man mischt sich in das Elend ein, das die erste und letzte Privatangelegenheit eines jeden sein sollte; man läßt sich dazu verleiten, rettungslos verlorene Leute aus Hunger, Schulden oder drohendem Bankrott zu retten, der Gemeinde wegen, statt daß man ihnen gestattet, daß sie der Gemeinde zur Last fallen, und die Gemeinde dem Bezirk, und der Bezirk dem Land. Und alles dem Teufel. Habe ich sie etwa zu meinem Vergnügen eingeladen? Nein, ich lade keinen ein, aber sie kommen trotzdem, und da stehe ich. Einer kommt wegen Getreide, der andere wegen Zucker, der dritte wegen Heu, der vierte wegen Geld, der fünfte wegen Schnupftabak, ich habe vielleicht nicht einmal Tabak für mich selbst, der sechste kommt wegen all diesem zugleich, der siebte verlangt sogar den Schnupftabak geschnitten, ich soll wohl Schnupftabak für die Leute schneiden, und denkt sich Bryne etwa, daß ich eine Spendenbank bin, aus der alle ohne Entgelt alles holen können? Warum verwandelt denn Tulinius Jensen das Geschäft von Bryne nicht in eine ewige Spendenbank, möchte ich wissen? Nein, Freund, richte Bryne von mir aus, daß zu mir zu allen Jahreszeiten arme Leute kommen, denen er im Handel so mitspielte, daß er ihnen verboten hat, auf ihren eigenen Namen auch nur einen Mundvoll für ihren ausgehungerten und abgemagerten Anhang aus dem Geschäft zu entnehmen – als sei das Mord. Und was ist im Herbst von diesen Leuten zu kriegen? Murkel und Krücken, die nicht einmal als Giftköder gegen Füchse zu gebrauchen sind.«

Nach diesem Erguß fummelte der Gemeindevorsteher in seinen Taschen nach der Tabaksdose herum, doch steckte er den Priem meistens erst in den Mund, wenn er seinen Gegner für sich gewonnen oder wenn er von ihm genug hatte.

»Es ist an der Zeit«, sagte er, statt zu priemen, »und das schon lange, daß die Bauern, die etwas Tatkraft besitzen, sich zusammentun und sich darüber klarwerden, wo ihre eigenen Interessen liegen, hier nicht weniger als in vielen anderen Gemeinden, so daß es nicht auf kraftlose Einzelpersonen wie mich mit geringem Vermögen, aber mit großer Verantworttung fällt, Menschen zu helfen, wenn der Kaufmann sie verhungern lassen möchte – und zum Dank dafür wird man dann als Dieb verschrien.«

»Zu anderen Zeiten hätte man es für unwahrscheinlich gehalten, daß du an die Interessen anderer denkst, Alter«, sagte Bjartur.

»Auf eins kannst du dich dennoch verlassen, nämlich daß ich viel bessere Arzneien für deine Gudfinna zusammenstellen kann als diese kraftlose Kampfersoße vom alten Finsen. Sie sitzen ja auch beide auf demselben Hintern, er und Tulinius Jensen. Soweit ich weiß, hat er auf dem Thing nichts weiter erreicht, als daß für das Geschäft ein Seesteg gebaut wird; jetzt haben sie schon aus der Staatskasse Zuschüsse für zwei Stege herausgeschlagen, die natürlich beide in der Brandung sofort zu Staub wurden; sie sind ja jetzt auch hartnäckig hinterher, aus dem Thing zusätzlich hunderttausend Kronen herauszuschinden, um einen Wellenbrecher zu bauen, der als eine Art Schutzmauer für die zertrümmerten Seestege bis an den Horizont reichen soll. Und wer bezahlt dann alle diese Hafenbauten, die der Brandung wie Schutt vorgeworfen werden? Natürlich wir Bauern, die wir mit direkten und indirekten Steuern für die Staatskasse bis aufs Blut gemolken werden. Nein, wenn die isländische Bauernschaft nicht zu erbärmlichen Fußabtretern der städtischen Macht werden will, dann müssen wir Bauern für unsere Interessen zusammenstehen in derselben Weise, wie sie vor mehr als dreißig Jahren im Bezirk Thingeyrar begannen.«

Dann stand er auf, reckte sich und begann den Schal um den Hals zu wickeln.

»Jaja, kleine Freundin«, sagte er und blieb vor Asta Sollilja stehen, und seine Augen waren so heiß, sein gemeißeltes Antlitz so stark, daß das Mädchen über und über errötete und Herzklopfen bekam, »ich denke, ich schenke dir hier zwei Kronen, junge Mädchen haben oft Freude daran, Geld für ein Taschentuch zu haben«, und nahm aus seiner Börse eine wirkliche Silbermünze und reichte sie ihr. Schon immer hatte sie Angst vor dem Gemeindevorsteher gehabt, doch noch nie so wie jetzt. Die Jungen würdigte er keines Blicks. Dann knöpfte er die Joppe zu.

»Die Kuh soll nicht über anderthalb Hundert kosten«, sagte er. »Und das Heu nach Übereinkunft.«

27

Abend

Dann wird es dunkel. Nach den Liedern und Erzählungen des Tages fühlt sich der Junge nicht mehr sicher; wegen der mystischen Mächte der Welt wagt er nicht mehr, die Beine vom Bett herunterhängen zu lassen; er kauert sich zusammen und strickt, ohne sich zu rühren. Seine Großmutter und seine Schwester drehen ihm über dem Ritual verantwortungsvoller Essenszubereitung den Rücken zu. Das Reisig knistert und brennt schlecht, die Stube ist voll Qualm, es beißt im Hals, es ist die Poesie des Tages, sie wohnt in diesem Rauch mit all ihren augenlosen Schneestürmen, bösen Schluchten und Wiedergängern per nostra crimina. Ab und zu hörte man von draußen die zänkischen Stimmen der älteren Jungen, doch das befreite nicht; bei dieser Freudlosigkeit wurden die Maschen immer loser, der linke Zeigefinger war vom Aufrechtstehen schon lange abgestorben. Und in der Dämmerung schienen sich die Entfernungen in der Stube noch beträchtlich zu vergrößern, keine Macht der Menschen konnte sie mehr überbrücken, am allerweitesten entfernt war seine Mutter. Selbst ihr Herz schien in diesem unendlichen, von der Poesie des Lebens, von der Poesie des Todes geschwängerten Qualm unwiderruflich verschwunden zu sein.

Die Mahlzeit war durch Anstrengung und erfrorenes Schweigen spannungsgeladen. Der eine und der andere sah Bjartur verstohlen an, dann einer den anderen. Asta Sollilja rührte das Essen kaum an. Die alte Frau murmelte unverständliche Worte vor sich hin, ohne die Augenlider zu heben. Dann hatten sich alle an Klippfisch satt gegessen, die Kartoffeln waren alle, keiner hatte seit heute morgen Appetit auf mehr Brei. Asta Sollilja begann den Tisch abzuräumen, sie schielte unglaublich. Die älteren Brüder sagten leise etwas Häßliches, und die Mutter antwortete: »Aber meine Lieben«, ebenfalls leise. Die alte Frau nahm ihre Stricknadeln vom Wandbrett und sagte dabei laut etwas mitten aus einer Erzählung: »Brüll jetzt, brüll jetzt, meine Bukolla, wenn du irgendwo am Leben bist.«

»Wie?« sagte Bjartur mürrisch von seinem Bett her.

»Nimm ein Haar aus meinem Schwanz und leg es auf die Erde«, murmelte die alte Frau ohne Erklärung in ihre Stricknadeln. Es war wie Frostkrachen im Schweigen. Die Jungen balgten sich an der Luke. Asta Sollilja blieb plötzlich mit einem Teller in der Hand vor ihrem Vater stehen, sah ihn mit dem geraden Auge an und sagte: »Papa, ich will lernen.«

Die Frostfesseln waren gesprengt.

»Ich fing erst den Winter zu lernen an, als ich zum Konfirmandenunterricht ging, und ich las die Sage von Örvaroddur, während ich im kleinen Katechismus unterwiesen wurde«, sagte er.

»Papa, ich will lernen«, sagte das Mädchen weinerlich, ließ den Kopf hängen, senkte die Augenlider, und ihre Kehle und ihr Mund zitterten ein wenig. Sie hielt einen zerbrechlichen Teller in der Hand.

»Jaja, mein Kind, ich werde mit dir die Bernotusreime durchbuchstabieren.«

Da biß sich das Mädchen ein wenig auf die Lippe und sagte: »Ich will keine Bernotusreime lernen.«

»Das ist merkwürdig«, sagte Bjartur. »Was willst du dann lernen?«

»Ich will Christentum lernen«, sagte das Mädchen.

»Das kannst du von der alten Hallbera lernen.«

»Nein«, sagte das Mädchen. »Ich will hinunter nach Außen-Rotenmoor gehen, wie es der Gemeindevorsteher gesagt hat.«

»Und wozu denn?«

»Um etwas von Gott zu lernen.«

»Auf Unsinn gehe ich nicht ein«, sagte Bjartur in Sommerhausen.

»Ich will trotzdem nach Außen-Rotenmoor gehen dürfen«, sagte sie.

»Jaja, armes Ding«, sagte er. »Es ist nun einmal so, daß ich eher die Kinder von denen auf Außen-Rotenmoor aufziehe, als daß ich die von Außen-Rotenmoor meine Kinder aufziehen lasse.«

»Ich will nach Außen-Rotenmoor gehen«, sagte sie.

»Ja, wenn ich tot bin«, sagte er.

»Nach Außen-Rotenmoor«, sagte sie.

»Deine Mutter selig wollte auch gern hinunter nach Außen-Rotenmoor«, sagte er. »Doch sie wollte lieber sterben als diesem Verlangen nachgeben; und sie starb; das war ein Mensch. Außen-Rotenmoor ist Außen-Rotenmoor. Ich ging mit achtzehn Jahren dorthin und habe danach dreißig Jahre lang nicht aufrecht gestanden, und noch ist es nicht zu Ende. Jetzt drohen sie damit, mir eine Kuh aufzudrängen. Doch deine Mutter starb hier in dieser Stube und hat sich nie etwas bieten lassen. Sie war eine unabhängige Frau.«

Bjartur war dreizehn Jahre nach ihrem Tod sehr stolz auf diese seine Frau, verliebt in die Erinnerung an sie, und ihre Schwächen hatte er vergessen. Als er an den zuckenden Schultern ihrer Tochter sah, daß sie beim Abwaschen weinte, erinnerte er sich noch einmal daran, daß das weibliche Geschlecht schwächer ist als das männliche und sich nach dauerndem Trost sehnt. Hinzu kam, daß er gegen nichts so wehrlos war wie gegen dieses schielende Ding mit dem schönen Namen; er betrachtete sie manchmal an Sonntagen, und im Sommer sorgte er dafür, daß sie nicht in den Regen kam, beides ohne ein Wort zu verlieren. Er versprach also, sie morgen lesen zu lehren, so daß die auf Außen-Rotenmoor sich kein Bein auszureißen brauchten. Er besaß sieben Reimzyklen, Meisterwerke. »Wer weiß, vielleicht können wir uns im Frühjahr die Saga von Örvar-Oddur kaufen. Und auch ein Taschentuch.«

Schweigen.

»Du solltest mir diese Silbermünze geben, mein Kind. Es ist ein Judaspfennig.«

Keine Antwort.

»Wer weiß, ob ich nicht unten in der Kiste in meiner Sonntagsjacke etwas Hübsches zum Anziehen habe. Du beeilst dich dann, bis zum Frühjahr zu wachsen.«

»Brüll doch, brüll doch«, murmelte die alte Frau in die Spindel, indes sie den Faden durch die Tülle sog.

»Ich verbiete dir, vor den Kindern dummes Zeug zu sprechen, Hallbera«, sagte Bjartur.

»Nimm ein Haar aus meinem Schwanz und leg es auf die Erde.«

Die Tränen Asta Solliljas fielen weiter auf das Geschirr.

»Mir kommt der Gedanke, weil du schon so groß bist«, sagte er, »daß es an der Zeit ist, dir ein Lamm zu schenken. Es ist ein hellbraunes Mutterlamm mit einem Stirnbüschel, das dir nicht unähnlich ist, Kind.«

Er blickte weiter halb verlegen auf diesen schmalen Körper, der in einem so verschneiten Tal auch seine Sehnsucht hatte und untröstlich weinte, ging zu ihr und streichelte sie ein bißchen wie ein Schaf – diese kleine Blume.

»Im Frühjahr«, sagte er, »nehme ich dich mit in den Marktflecken, das ist viel besser, als nach Moor zu gehen, dann kannst du das Meer und die Welt auf einer Reise sehen.«

Und als er sie so berührte, da war sie nicht mehr traurig, sondern sie vergaß ihren Kummer, er berührte sie so selten. Da lehnte sie sich an ihn und fühlte, daß er die stärkste Kraft in der Welt war. Es gab eine beglückende Stelle an seinem Hals, zwischen dem Halsausschnitt und dem Bartansatz; wenn ihr Mund vom Weinen zitternd heiß ist, sehnt sie sich nach dieser Stelle und findet sie. So schwindet die Widerwärtigkeit des Lebens, vielleicht ganz plötzlich; nur ein Atemzug in der Dämmerung, fort ist sie.

Dann wird Licht angezündet.

In dieser kleinen Menschenwelt, die hier in der Vergessenheit der schneebedeckten Weite kauert, ist wieder alles beim alten. Bjartur schnitzt eine Sprosse für ein Traggestell, paßt sie immer wieder in den Holm, Moos und Hobelspäne hängen in seinem Bart, er deklamiert in langen Abständen einen halben Kehrreim. Die älteren Jungen zupfen Wolle. Sie sind die Vertreter zweier Charaktere; der ältere hat borstiges Haar und schlaksige Glieder, eine komplizierte und schwierige Seele; der jüngere ist gedrungen, eifrig und aufbrausend, wie es bei simplen Naturen oft der Fall ist. Der ältere schneidet hinter dem Rücken seines Vaters Grimassen und läuft mitten am Tag ins Haus und ritzt den Tisch mit einem Nagel, während er blöd und verstockt nach seiner Mutter schielt und da, wo er sitzt, die Knie aneinanderschlägt. Der zweite Bruder steckt sich unaufgefordert die Wachhaltestäbchen auf die Augenlider und tut dauernd etwas, bis er ohnmächtig umfällt. Sie zupfen und zupfen und stoßen einander mit dem Ellenbogen, es kann mit Ohrfeigen ausgehen. Und Asta Sollilja strickt noch eine Tour an ihrem Hemd, pst, sie ist nur ein halber Mensch, es fehlt ihr dies und das, auch heult sie für nichts, keinem fällt es ein, so für nichts zu heulen wie Asta Sollilja. Endlich heult sie nicht mehr. Hingegen geht es Mama heute nicht besser, alles wie gestern und vorgestern. Ob der Gemeindevorsteher wirklich die Arzneien zusammenstellen kann, die sie gesund machen?

Und das Spinnrad dreht sich im Raum der Zeit.

Jetzt denkt der kleine Nonni nicht mehr an den Abend, er sieht ihn nicht, obwohl er da ist. Menschen und Geschirr entgleiten nach und nach seinem Gesichtskreis, die Entfernungen der Stube verlängern sich bis ins unwahrscheinliche, man kann sich unmöglich etwas Verrückteres denken als eine Stube, die sich ausdehnt. Auch das Geräusch von Großmutters Spinnrad hat die Eigenschaften der Nähe verloren, es ist wie ein unendlich ferner Wind, der an unbekannten Bergen entlangstreicht, ihre Wange im Kopftuch zerfließt in unwirklichen Dunst. Wurde Sola hinunter nach Außen-Rotenmoor geschickt, um etwas von Gott zu lernen? Oder bekam sie eine Kuh? Nein, es war bloß der Hund an der Luke, der sich gähnend an der Backe kratzte und mit der Haxe ein paarmal gegen die Verschalung schlug, ehe er sich zusammenrollte. Seine Mutter ist nur eine stumme Erinnerung an einen undeutlichen Weltgesang, ein Ziel, nach dem man sich den ganzen Tag sehnt und das man dann vergessen hat. Eia, wären wir da; eia, wären wir da. Die Stunde kommt, die in sich das Ziel aller Wünsche birgt, ohne daß sich ein bestimmter Wunsch erfüllt hat.

So kommt der Abend, ohne daß einem bewußt geworden ist, daß der lange Tag ganz vergangen ist. Er kommt verkleidet, in Bildern, die sich auflösen und vergehen. Und man entgleitet der Zeit mit anderen Bildern, die vergehen.

Dann zieht ihm seine Großmutter die Schuhe aus.

28

Literatur

Eine herzensgute Dirne,
mild in Worten,
hell von Haar mit reiner Stirne,
hatt ich dorten.

Froh und flink die Augen wendet
sie mit Wonne,
ganz wie Strahlenspeere sendet
blanke Sonne.

Weiße Haut umhüllt die Nase
ganz von oben.
Ihre netten ebnen Maße
sind zu loben.

Weiß und rot die Bänderbraut
möchte prangen,
wie wenn Blut in Schnee getaut
auf beiden Wangen.

Kam herbei das schönheitsrare
holde Mägdlein;
hatte Lippen wunderbare,
wie zwei Herzlein.

Rot und weiß sind ihre Wangen,
froh die Worte.
Lebt in meinem Sinn seit langem
hier wie dorten.

Wohlgestalt wie Steina keine
wird geboren.
Auf der Welt bin ich alleine,
sie ist verloren.

Mit diesem Liebeslied aus den Jomswikingerreimen begann Asta Sollilja ihren Bildungsweg. Nachdem sie sich durch eine Strophe hindurchbuchstabiert hatte, lehnte sich Bjartur auf seinem Sitz zurück, schloß die Augen und deklamierte. Er erklärte ihr die Umschreibung. Sie lernte jede Strophe, die sie las, auswendig, auch die Sprechmelodie; sie summte die Verse vor sich hin, wenn sie allein war. Die Liebeslieder dieses Reimzyklus waren alle an dasselbe Mädchen gerichtet, es hieß Rosa. Asta Sollilja fragte nie, wer jenes Mädchen war, dem diese Gedichte ein so schönes Zeugnis ausstellten, doch sie sah es mit ihrem Vater, liebte es mit ihm in dieser ursprünglichen, holprigen Ausdrucksweise, die an die andächtige, doch unbeholfene Technik in der Schnitzerei des Spinnrads erinnerte. Sonst hatte sie unklare Vorstellungen darüber, wie Dichtungen entstehen und zum Druck gelangen; sie konnte die deklamierende Stimme ihres Vaters und die Liebe, die im Herzen eines toten Dichters eines vergangenen Jahrhunderts lebte, nicht auseinanderhalten; sie spiegelte sich im Wassereimer in dem kindlichen Wunsch, der wohlgestalten, schönheitsraren Bänderbraut zu gleichen, die verloren war.

Die Dinge wurden wieder schwieriger, wenn es an die Reimerzählungen selbst ging. Dort reichten die Erklärungen Bjartus bei weitem nicht aus, die wenigen klaren Stellen aneinanderzureihen; die ungeübte Leserin schwebte irrend und verzagt in dem stockfinsteren Höhennebel unaussprechbarer Wörter, die keinen Zusammenhang zu haben schienen – die Helden der Jomswikinger, ihre Seefahrten und Schlachten überstiegen ihr einfaches Vorstellungsvermögen. Und wenn sich die Erzählung den Liebesabenteuern der Jomswikinger zuwandte, dann las ihr Vater nur für sich und lachte, »was für verfluchte Weibergeschichten«, machte dann das Buch zu und sagte, junge Menschen hätten nur Schaden davon, wenn sie so etwas hörten, es seien Zoten. Schließlich gingen die Weibergeschichten der Jomswikinger so weit, daß sie mit dem Buch aufhören mußten. Ihr Vater nahm die Bernotusreime vor; das sei eine für junge Menschen viel besser geeignete Reimerzählung.

»Warum darf ich nichts von Weibergeschichten hören?« fragte das Mädchen.

»Wie?«

»Ich möchte so gern etwas von Weibergeschichten hören.«

»Pfui«, sagte er, haute ihr eine runter und sprach den ganzen Tag nicht mehr mit ihr. Danach wagte sie es nie wieder, offen von diesen Dingen zu sprechen. Und als sie in den Bernotusreimen bis an jene Stelle gelangt war, wo der Held verkleidet in das Schlafgemach der Königstochter Faustina gelangt ist, die aus Verehrung Rosenkranzducht genannt worden ist, da errötete sie.

Bernotus sprach:

> Lindwurmlehmes Göttin, eure Güte pflanzte
> große Lieb in meine Sinne,
> daß ich nirgends Ruhe finde.
>
> Sprach die Fürstentochter: Ich will es gestehen,
> keinem Manne zeig ich Liebe
> außer dir mit heißem Triebe.

Und da saßen sie die ganze Nacht, der Schwerterbaum und die Scharlachsonne, bis Dellingurs Sohn aufging. Asta Sollilja sagte nichts, kein Wort, hütete sich aufzusehen. Doch des

Abends, wenn sie im Bett lag, zog sie die Decke über den Kopf, und die kleine Stube in Sommerhausen existierte nicht mehr, sondern in ihrem Schlafgemach saß Faustina, die schöne Rosenkranzducht, und dachte an den Ritter, der alle aus dem Sattel hob, und wartete auf ihn.

Lang, lang war die Wartezeit zu Hause in Frygia, nachdem Bernotus vor dem Zorn des Königs auf die Insel Borney geflüchtet war, und die schlimmsten Menschen der Welt wurden ausgesandt, ihn umzubringen, und sie saß zu Hause in ihrem Schlafgemach, allein. Und er kämpfte allein auf fernem Strand gegen unzählige Meuchelmörder, einer gegen alle.

> Über Leichen hin schritt er,
> stark die Kämpen fällte;
> hieb zu Hälften dieses Heer,
> laut die Schneide gellte.
>
> Aus vor bösen Hieben wich
> Tatenahorn fleißig;
> Thorleif gab er einen Stich
> in den Bauch, das weiß ich.
>
> Blut'ge Ströme watet er,
> Odin alle richtet.
> Steht allein zuletzt im Heer,
> tote Leiber schichtet.

Es ist ihr Vater, der deklamiert.

Sie lugt unter dem Deckbett vor, und da sitzt er noch auf der Kante seines Bettes, nachdem alle anderen sich hingelegt haben, und repariert Geräte, nichts rührt sich mehr, die Stube schläft, er allein ist wach, deklamiert allein, in Hemdsärmeln, mit starken Armen, wirrem Haar. Seine Brauen sind zottig, steil und abschüssig wie die Absätze am Berg, doch an seinem dicken Hals ist eine weiche Stelle unterhalb des Bartansatzes, und sie betrachtet ihn lange, ohne daß er es bemerkt: der stärkste Mann der Welt und der größte Dichter, er wußte Antwort auf alles, verstand alle Reime, fürchtete nichts und niemanden, kämpft einer gegen alle auf fernem Strand, unabhängig und frei; einer gegen alle.

»Papa«, flüsterte sie da unter dem Deckbett, denn ihr kommt es ganz so vor, als ob er und kein anderer Bernotus ist, der Kämpe von Borney, und sie muß es ihm sagen. Doch er hört nicht.

»Papa«, flüstert sie da wieder und erkennt ihre eigene Stimme nicht, und dann wagt sie doch nicht, es zu sagen. Als er sie ansah, durchfuhr sie ein Zittern, und sie flüchtete unter das Deckbett und hatte starkes Herzklopfen. Vielleicht hätte er ihr eine runtergehauen wie bei den Jomswikingerreimen. Sie war froh, daß sie es nicht gesagt hatte.

Er ging nach unten, um die Jungschafe vor der Nacht zu tätscheln; sie zählte seine Schritte auf den Stufen, er summte den Jungschafen etwas vor, sie verfolgte alles aufmerksam, er kam summend wieder die Stiege herauf, sie hatte noch immer Herzklopfen.

> Was ich sag, gefällt nicht dir;
> Altes kehrt nie wieder.
> Doch hast du allein bei mir
> alle Liebeslieder.

Als sie unter dem Deckbett hervorlugte, hatte er schon das Licht ausgemacht.

Nacht.

29

Die Meerkuh

An einem windstillen Tag um die Mitte des Hornungs, bei blendendem Schneelicht, geschahen große Dinge; sie gerieten nie wieder in Vergessenheit. Nur wer so etwas erlebt hat, weiß, was es ist. Auf dem Paß im Westen bewegte sich etwas Umfangreiches, Geheimnisvolles. Die Jungen, an denen die Reimerzählungen auch nicht spurlos vorbeigegangen waren, wollten am liebsten glauben, es wäre eine Heerschar, die in den Krieg zog. Mitten im tiefen Winter, wo selbst ein Mann mit einem Stock ein Ereignis ist, bedeutete dies keine geringe Abwechslung. Dann bewegte sich die Heeresabteilung langsam ins Tal hinunter. Der kleine Nonni und Asta Sollilja waren schon draußen auf der Schneewehe am Haus. Sogar die Großmutter hangelte sich die achtzehn Schneestufen aus der Schneewehe empor und legte die Hand vor die Augen. Es war eine Kuh.

»Ja, es ist bestimmt eine Kuh«, sagten die Jungen.

Zuletzt war Bjartur dazugekommen, grau von Heuschimmel und in schlechtester Laune. Hier war kein Platz für Großvieh, er ließ nicht zu, daß seinem eigenen Vieh auf diese Weise das Heu vom Maul genommen und einem Stück Großvieh vorgeworfen wurde; er hatte keine Lust, einem hergelaufenen Rindvieh die Box seines eigenen Pferdes abzugeben, dem er mehr als irgendeinem anderen Geschöpf zu verdanken hatte, mit Ausnahme des Hundeviehs – verzog sich dann und ließ sich erst wieder sehen, als in aller Form nach ihm geschickt wurde.

Und Zoll um Zoll kam die Expedition über das Wiesenmoor näher, die Kuh mitsamt dem Futter für sie auf einem Pferdeschlitten. Es war eine Meerkuh.

»Ja, es ist bestimmt eine Meerkuh«, sagten die Jungen.

Sie war nicht groß, über den Rücken war eine Decke gebunden; daraus schaute ein apfelgrauer Kopf hervor, verwundert und mißtrauisch; unter das Euter war ein wollener Lappen gebunden, damit die Zitzen nicht den Schnee streiften. Gunsa, die Wirtschafterin von Außen-Rotenmoor, war zur Winterszeit in eigener Person über diesen Paß gewandert, reiseungewohnt, ohne Ankündigung. In dem stillen Frost kamen Dampfstrahlen aus den Nüstern der Kuh, an den Maulhaaren saß Reif. Der Rauch und der Geruch des Gehöfts steigerte ihre Neugierde noch; sie begann die Ohren zu drehen, zu schnuppern und zu schnaufen, versuchte immer wieder zu brüllen, wie um zu grüßen, doch das Halfter war zu eng.

Die alte Frau humpelte ihr an einem Stock entgegen. »Das liebe Tier«, murmelte sie, »es sei willkommen.«

Und die Kuh schnupperte der alten Frau entgegen, es war, als ob sie sich sofort an eine solche Frau erinnerte; sie versuchte immer wieder zu brüllen, um sie zu begrüßen.

»Das liebe Tier«, murmelte die alte Frau noch einmal, ihr fiel nichts anderes ein, so freundlich redete sie sonst niemanden an. Sie streichelte ihr die bereifte Backe, und die Kuh brummte tief unten im Hals. Sie verstanden einander sofort. Nichtsdestoweniger zog der ungewohnte Bestimmungsort weiter das Auge des Gastes an, die Bewegungen waren ein wenig furchtsam, die Schritte unsicher, sie zitterte, der Atem war unregelmäßig, pustend, brummelnd.

Bjartur fragte die Ankömmlinge nach ihrem Anliegen. Anliegen? Sie sollten ihm eine Kuh bringen. Von wem? Natürlich vom Gemeindevorsteher.

»Gebe er als der erbärmlichste aller Menschen«, sagte Bjartur im Sagastil und drohte sofort, die Messer zu schleifen. »Deine Sache«, sagten sie.

»Dem Gemeindevorsteher soll es nicht gelingen, mich mit einer Kuh unterzukriegen, nachdem es ihm in den vergangenen dreißig Jahren nicht gelungen ist«, sagte Bjartur. Die Sache ging so aus: die Kuh wurde in der Box des alten Blesi untergebracht, trockene Soden wurden unter dem Rasenbelag des Heuschobers hervorgeholt, um sie ihr unterzulegen, das Pferd bekam seinen Platz neben ihr, wo vorher eine Bucht für von der Krippe verdrängte Lämmer war. Bjartur verstopfte sorgfältig alle Ritzen des Stalls, wo Gefahr bestand, daß Licht und Luft hereinkam; er wußte aus früherer Zeit, wie man mit Kühen umgeht, und auf Grund der tausendjährigen Erfahrung der Nation wußte er, daß Tiere dieser Art keine Verbindung mit diesen Elementen haben dürfen, wenn sie Milch geben sollen.

Doch als die Sendboten im Begriff standen, sich zu verabschieden, bat Bjartur sie, ein bißchen zu warten; er begann im Bett der Eheleute zu wühlen, bis er schließlich einen alten Handschuh hervorzog, der im Unterbett seiner Frau aufbewahrt wurde.

»Ihr richtet dem Gemeindevorsteher aus«, sagte er und zählte hundert Kronen vor, »daß ich ihm bisher nicht mehr geschuldet habe, als vertraglich festgelegt war. Wenn er sich gedacht hat, im Herbst meine Jungschafe zu beschlagnahmen, dann hat er sich geirrt. Und ich nehme euch als Zeugen dafür, daß er, wenn ihm diese Summe nicht genügt, gleich morgen dieses Rind hier abholen soll, andernfalls behalte ich mir die Entscheidung vor, ob ich es abschaffe oder nicht.«

Das war ein stolzes Verhalten; hier hatte man einen Mann vor sich, der seine Freiheit und seine Unabhängigkeit in barem Geld beweisen konnte, wenn es darauf ankam, sowohl gegenüber dem Gemeindevorsteher wie anderen unten im Tal. Doch die Leute wollten ungern an die Sache heran, sie hatten keine Befugnis dazu, sie wußten nicht einmal, ob der Gemeindevorsteher meinte, er habe für dieses sogenannte Rind von Bjartur Geld zu bekommen, vielleicht ist es bezahlt. Bezahlt? Ja, woanders. Woanders?

Waren sie verrückt, steckte denn eine Verschwörung dahinter? War er denn auf irgendwen woanders angewiesen? Glaubten sie etwa unten im Tal, daß er aus Armut davor zurückscheute, eine Kuh zu kaufen? Nein, liebe Leute, hier fehlte es an nichts, er hatte Geld genug. Es war zwar nicht nach seinem Geschmack, Kühe wie Gemeindearme auf Kosten der Schafe zu halten, doch wenn es darum zu tun war, konnte er soviel Kühe kaufen, wie er wollte, und bar bezahlen. Er hatte von Anfang an in seiner Wirtschaft weitgesteckte Ziele vor Augen. Er wußte wohl, was er in Zukunft mit seinem Geld anfangen würde. Was wollte er damit anfangen? Was? »Wenn ihr danach habt fragen sollen, dann will ich mir dafür vielleicht ein Schloß bauen. Und einen Obstgarten darum anlegen. Glück und Segen!«

Es dauerte nicht lange, bis diese Meerkuh der traute Freund aller in Sommerhausen geworden war, mit Ausnahme Bjarturs. Auf seiner Seite standen außerdem der Hund und Blesi. An diesem Abend, als die alte Frau mit Milch im Eimer auf den Lukenrand kletterte und jedes Kind eine Tasse dieser lauwarmen Köstlichkeit bekam und die Hausmutter Finna einen ordentlichen Schluck in einer Kanne, da konnte man sagen, daß ein neuer Zeitabschnitt über diesem Heidetal angebrochen war. Nach Mitte Hornung war es, als würde alles lebendig; in diesen bedrückten Seelen, die hier angesichts der weiten Schneefläche wohnten, begann der Frühling. Die älteren Brüder hörten sogar auf, sich ewig zu zanken, sich gegenseitig ungehörige Schimpfnamen und Strafandrohungen an den Kopf zu werfen. Asta Sollilja kettelte ihr Hemd ab und schlug sofort, ohne vorzeitige Schläfrigkeit, Maschen für eine neue Hose auf, mit dem Fleiß, der Umsicht und dem Optimismus, die für ein solches Kleidungsstück erforderlich sind. Aus der Erinnerung der Großmutter quollen sogar bessere Psalmen hervor, verständlichere, weniger mit Latein durchsetzte; die Gespenster in ihren Geschichten wurden bedeutend harmloser als früher; sie erinnerte sich plötzlich an ein berühmtes Gespenst im Südland, das sich leiten ließ, wenn es wie andere Leute täglich zu essen bekam. Die Erzählungen vom Lebensende derer, die draußen umkamen, waren nicht mehr so schrecklich wie sonst; es kam sogar vor, daß Leute, die an Felsen abgestürzt waren, am nächsten Tag gerettet wurden, obwohl es unglaubhaft ist, und danach noch lange lebten, obwohl sie sich beide Oberschenkel gebrochen hatten. Am erstaunlichsten war jedoch, daß keine ganze Woche verging, bis die Hausmutter Finna aus ihrem Bett aufstand und sich, an den Sachen Halt suchend, durch die Stube bewegte. Sie gewann ihre Sprache wieder und fragte drei Wochen früher nach dem Feuerholz als nach ihrem Krankenlager im vorigen Jahr. Sie fragte sogar nach den Strümpfen, und da war alles kaputt; sie suchte ihre Stopfnadel vor, setzte sich im Bett auf und begann zu stopfen. Eines Morgens war sie einfach vor den anderen aufgestanden und schon dabei, mit ihren geschickten Händen im Herd Feuer anzumachen. An diesem Morgen war viel weniger Rauch in der Stube, knisterte das Reisig eher, das Kaffeewasser wurde schneller heiß. Und an einem anderen Morgen, als Bjartur herauskam, fand er seine Frau bei der Kuh; sie hatte sie schon versorgt und stand neben ihr in der Box, kraulte sie und sprach mit ihr.

»Ich dachte nicht, daß die Krücke es eiliger hätte als das andere Vieh«, sagte er und begann die Schafe zu füttern.

Von da an wurde es Brauch, daß die Frau jeden Morgen aufstand, um die Kuh zu füttern. Sie brachte ihr auch Wasser, sorgte dafür, daß ihre Box eben und trocken war; Kühe sind dankbar für so etwas; sie melkte sie mit geschickter Hand, sie sprachen viel miteinander. Die Frau hatte ein Einfühlungsvermögen, das zu dem Erfahrungswissen der Nation bezüglich dieser merkwürdigen Geschöpfe in Widerspruch stand, und deshalb ließ sie den Stall dann und wann halb offenstehen und zog bei gutem Wetter das Rasenstück aus dem Luftloch im First. Der alte Blesi war mit der Nachbarschaft dieser langweiligen Meerkuh sehr unzufrieden, er war jetzt mißgünstig von Charakter, im vorgerückten Alter gefiel ihm solche Gesellschaft nicht, es reichte schon, den Bock Sira Gudmundur und seinen Bruder in der Bucht auf der anderen Seite der Jaucherinne zu haben; sie kämpften und randalierten die ganze Nacht. Manchmal legte er aus Verachtung stundenlang die Ohren an und lauerte darauf, über das Gitter zu langen und sich ein Maulvoll von dem guten Rotenmoorheu aus der Krippe der Kuh zu verschaffen. Er war auch darauf aus, sie des Nachts, wenn er schlecht schlafen konnte, zu beißen. So daß die Frau selbst noch eine Latte an das Gitter nagelte.

»Sie ist unser aller Rettung«, sagte die Frau liebe- und ehrfurchtvoll.

»Dann übernehmt ihr es hoffentlich, im Herbst den Lohn für einen Erntearbeiter für sie zu bezahlen«, sagte Bjartur, »denn ich schlachte wegen dieses verfluchten Blutsaugers keine Schafe, wenn das Heu nicht reicht.«

»Ich weiß, daß Gott für unsere Bukolla sorgt«, sagte die Frau darauf mit Tränen im Auge und streichelte die Kuh noch sanfter als zuvor, denn diese Frau kannte Gott auf ihre Weise und fand ihn in der Kuh, wie im Orient, wo die Allmacht sich in Kühen offenbart und das Volk diese heiligen Geschöpfe anbetet.

Das Frühjahr war annehmbar, bald blieben nur noch Schneeflecken zurück; Bjartur hielt die Schafe auf den Sumpfwiesen, wo sie nach Wurzelstöcken suchten und dem berühmten Sprießgras, das alles heilt, wenn nur die Tiere es vertragen. Die Mutterschafe kamen verhältnismäßig gut voran; im Frühling strotzten sie sowieso nie vor Kraft, auch nicht bei günstiger Witterung; sie trotteten langsam über das Wiesenmoor, waren schwer zu treiben, hatten dürre Hälse; das Brustbein stand heraus, ihre Wolle war schmutzig wie ein Bild der Trauer. Bjartur streifte durch das Wiesenmoor, bereit, sie herauszuziehen, wenn sie steckenblieben, doch in diesem Frühjahr schienen verhältnismäßig wenige geneigt, sich auf Sumpfstrecken aufzuhalten, wo sie bis zu den Haxen einsinken konnten. Dann tauten die Schneereste in den Senken.

Die Sonne schien auf das ausgebleichte vorjährige Gras des Wiesenmoors; der Bach schwoll an, die ersten Freunde der Heide kamen aus dem Süden nach Hause geflogen; der Regenpfeifer sang irgendwo in der warmen Brise in seinem schüchternen Frühlingstonfall, während das tauende Wiesenmoor nach Fäulnis und Wachstum roch; der geschwätzige Rotschenkel verfolgte den Schafhirten bis an das Gehöft, er mußte unbedingt diese nette Geschichte erzählen und wurde nie fertig: djü – dü – dü – dü. Der kleine Nonni trägt seine Schafbeine, Kiefer und Hörner hinaus auf den Hügel, der Bach ist fast so groß wie das Meer, man kann sich einbilden, die Welt sei auf der anderen Seite, so groß ist der Bach. Etwas später war der Bach wieder klein und der Schnee auf dem Berg geschmolzen. War der Bach jetzt vielleicht langweilig? Nein, keineswegs. Er floß klar und fröhlich über den sauberen Sand und die Kieselsteine zwischen den Ufern, auf denen weißes, vorjähriges Gras steht; seine Freude ist tausend Jahre lang in jedem Frühling ewig neu, er erzählt kleine Geschichten in seiner kleinen Sprache, mit kleinen Stimmschwankungen. An seinem Ufer sitzt der Knabe und lauscht tausend Jahre lang. Der Knabe und die Ewigkeit, zwei Freunde, der Himmel über dem Land heiter und unendlich.

Ja.

30
Große Leute

Der Gemeindevorsteher reitet auf den Hof, er kommt von der Küste. Er reist wie gewöhnlich nicht allein, doch dieses Mal hat er eine Begleitung, die ihm Ehre macht; es sind seine beiden Kinder, die eben aus Reykjavik gekommen sind, der Beauftragte Ingolfur Arnarson und die schöne zwanzigjährige gebildete Audur. Die Leute haben auf der Hauswiese gestanden und Mist zerklopft, jetzt hören sie auf zu klopfen, stützen sich auf die Dungklopfer und starren auf dieses Ereignis. Bjartur verläßt seine Schafe und die hilflosen, zur Welt kommenden Lämmer und geht nach Hause. Die Tochter sitzt auf ihrem Pferd, sie lehnt es ab, in den Hofschmutz zu treten, doch der Gemeindevorsteher steigt ab, obwohl er es offensichtlich nicht gern tut, und der Beauftragte in seinen großen Stiefeln steigt ebenfalls ab. Der Gruß des Gemeindevorstehers ist der alte, er reicht höchstens zwei Finger. Ganz anders verhält es sich in dieser Hinsicht mit Ingolfur Arnarson Jonsson. Dieser Vertreter der Welt, Vertreter jenes Lebens, das in Möglichkeiten gelebt wird, mit Macht und in der Nähe der Regierung, er hat keine Angst vor dem Volk, es macht ihm nichts aus, die Pranke Bjarturs in Sommerhausen zu schütteln, er klopft ihm sogar auf die Schulter, es sieht so aus, als wolle er ihn umarmen, wer weiß was. Er hat es von seiner Mutter. Ganz recht, er ist kein Landwirtschaftsstift mehr, dem es Spaß macht, feiertags unbekümmerte Vögel in den Wiesenmooren anderer Leute zu schießen oder im Jungmännerverein vom Pferderücken herunter patriotische Lieder zu singen, nein, mit den Jahren hat er das gesetzte volksverbundene Auftreten erworben, mitsamt jener Beleibtheit, die so notwendig ist, um den Worten der Menschen auf Thingversammlungen Überzeugungskraft zu verleihen. Er hat gelernt, die Hände befehlend zu bewegen, sich in die Brust zu werfen, den Kopf zurückzulegen. Aber Bjartur in Sommerhausen, er ist der, der er in den Augen Asta Sollilja ist; er hegte Zweifel gegenüber allen besseren Leuten, wie volksverbunden sie auch sein mögen; es ist, als verlören sie in seinem Schatten plötzlich jegliche berechtigte Geltung, ganz wie wenn sie sechs Finger oder auch drei Augen hätten.

»Darf man dem Fräulein nicht helfen abzusteigen, damit es sich auf dem Sattel nicht die Hüften verrenkt?« sagte Bjartur höflich. Doch da hüpfte die Jungfer selbst vom Pferde auf die Steinplatte vor der Haustür. Sie hatte glänzende Gummistiefel und Hosen an, war gesund und stark wie Pflanzen, die an windgeschützter, nach Süden offener Stelle wachsen; mit glattem Haar, städtisch gebildet und blühend stand sie vor der niedrigen Tür, auf der Steinplatte, die Gudbjartur Jonsson samt seinen lebenden und toten Kindern zwölf Jahre lang gekauft hatte – und noch achtzehn Jahre dazu; sie, die auf einem glatten Weg vor einem unsterblichen, von Blumen umgebenen Haus beheimatet war.

»Danke, nein, auf keinen Fall, wir möchten nicht eintreten. Ich möchte so schnell wie möglich nach Hause.«

Doch der Gemeindevorsteher mußte auf einen Augenblick mit dem Hausherrn nach oben, er und sein Sohn hatten etwas mit ihm zu regeln, es geht leider nicht anders. Als sie oben angekommen waren, ohne im Morast des Eingangs Schaden genommen zu haben, da versuchte sie mit verschiedenen Schlichen zu verhindern, daß Vater und Sohn auf den Betten Platz nähmen, wegen der Läuse. Doch der Gemeindevorsteher wollte nichts von Zimperlichkeit wissen, er war mit Läusen aufgewachsen. Er setzte sich bequem auf das Bett, auf dem er zu sitzen pflegte, wenn er hierherkam. Ingolfur Arnarson Jonsson setzte sich auf die Kleiderkiste und sah sich um, mit erhobenem Kopf und einem Gesicht, so feist wie die Sonne, doch mit dem kalten Lächeln der Mutter. Die Jungfer setzte sich auf den Tisch. Der Gemeindevorsteher aber dachte angestrengt nach und gab keine Antwort, als über die Schafhaltung und das Wetter gesprochen wurde; er zog mit unsicheren Handbewegungen seine Börse hervor; er hatte zittrige Hände, besonders bei Geld; dann überkam ihn nahezu fanatischer, verbissener religiöser Ernst, verbunden mit feierlicher, drückender Verantwortung; so war es auch heute. Er öffnete die Börse und blickte hinein, doch so, daß er den

Kopf ein wenig nach hinten beugte und die Unterlippe ein wenig nach oben zog, damit ihm beim Sprechen der Tabaksaft nicht aus dem Mund floß.

»Ich hatte mir schon lange vorgenommen, dir dieses Geld für die Kuh zurückzuzahlen, das du im Winter mit meinen Knechten geschickt hast; es ist von woanders bezahlt worden.«

Na, na, wer wollte sich denn damit brüsten, Bjartur in Sommerhausen Geschenke gemacht zu haben? Von woanders? »Ich habe niemanden gebeten, meine Schulden zu bezahlen, weder hier noch woanders. Der Teufel soll die holen, die angeblich meine Schulden bezahlen wollen.«

»Ja, es ist trotzdem bezahlt worden«, sagte der Gemeindevorsteher.

»Ich bin auf niemandes Almosen angewiesen, weder im Himmel noch auf Erden. Und wenn es der Erlöser selber wäre, er hat kein Recht, meine Schulden zu bezahlen, ich verbiete es ihm.«

»Nein, es ist nicht der Erlöser, es ist der Frauenverein«, sagte der Gemeindevorsteher.

»Habe ich es mir nicht gedacht«, sagte Bjartur und begann seinen Ärger an diesem Verein auszulassen; er sagte, er betrachte ihn als eine Verschwörung gemeiner Ehrabschneider, die es darauf anlegten, ehrliche Bauern zu ihren Fußabtretern und Schuldnern zu machen, damit sie sich hinterher im Himmel wie auf Erden damit brüsten könnten. »Und du kannst dich darauf verlassen, daß ich diese Kuh absteche und in Stücke haue, wann es mir paßt, denn sie nimmt meinen Kindern bloß den Appetit, so daß sie ganz herunterkommen und keine Kraft mehr haben, sich zu balgen – und außerdem verursacht sie Starrsinn und Unfrieden bei den Frauen.«

»Dennoch sagen alle unten im Tal, daß sich deine Leute seit dem Winter sehr gut herausgemacht haben.«

Diese Bemerkung trug nicht gerade dazu bei, den Heidebauern zu beruhigen; kaum etwas machte ihn so mißtrauisch wie die Sorge der Gemeindemitglieder unten im Tal um seine Lage, »oder gehen meine Frau und ich dich oder den Frauenverein auch nur im geringsten etwas an, möchte ich wissen? Oder meine Kinder? Wenn ich weder dir noch dem

Frauenverein etwas schulde, dann möchte ich darum bitten, daß weder du noch der Frauenverein sich in die Angelegenheiten meiner Frau und meiner Kinder einmischen. Meine Frau und meine Kinder gehören mir im Leben wie im Tod. Und es geht mich allein etwas an und weder dich noch den Frauenverein, ob meine Kinder sich gut oder schlecht herausmachen. Eher sollen alle Grashöcker im Land von Sommerhausen in den Himmel hüpfen und alle Löcher in die Hölle sinken, als daß ich auf meine Menschenrechte und meine Unabhängigkeit verzichte.«

Der Gemeindevorsteher gab keine Antwort auf diese Sturmbö, seine Miene ließ auch nicht darauf schließen, daß er sich nicht wohl fühlte – er selbst war ein Musterbeispiel für Unabhängigkeit und hatte demzufolge insgeheim kaum eine bessere Meinung von Nächstenliebe und christlicher Denkart als Bjartur. Er steckte den Packen Geldscheine mit unvermindertem Ernst und gleicher Gefaßtheit wieder in seine Börse, äußerte, daß diese Kleinigkeit ihren Weg zurückginge, »ich habe nichts aus dem Fenster zu schmeißen«. Damit war es vorbei mit diesem guten Werk, das sonst so christlich hätte sein können. Es wäre nicht unwahrscheinlich gewesen, wenn die großen Leute der Gesellschaft es nun aufgegeben hätten, diesem unabhängigen Heidebauern Wohltaten zu erweisen, doch das war nicht der Fall. Jetzt reichte ihm der Beauftragte seine silberne Dose mit feingeschnittenem, duftendem Schnupftabak und begann seinerseits dem alleinwirtschaftenden Bauern der Nation zu helfen.

»Jaja, alter Junge«, sagte er, »du läßt den Kopf nicht gerade hängen.«

Dann nahm man eine Prise. Danach äußerte der Beauftragte die Vermutung, daß Bjartur in Sommerhausen vielleicht wegen einiger Kleinigkeiten mit seinem Kommen gerechnet hätte.

»Habe ich dir etwa den Weg verboten?« sagte Bjartur.

»Es war einmal eine Bewegung, die von den Webern in Kaschmir in Großbritannien ausging. Diese Bewegung ist was für arme Bauern, die ihr Recht gegenüber dem Kaufmann behaupten wollen. Im vergangenen Jahrhundert griff sie in Island um sich, als arme Bauern im Bezirk Thingeyrar, denen vom Kaufmann übel mitgespielt worden war, eine Einkaufsgenossenschaft gründeten. Das war der Anfang des Genossenschaftswesens in Island, und jetzt sind nach und nach im ganzen Land Handelsgenossenschaften gegründet worden, um den Bauern gerechte Preise für ihre Produkte wie für gekaufte Waren zu garantieren.« Diese Genossenschaften seien jetzt auf dem besten Wege, die mächtigsten Handelsunternehmen des Landes zu werden und die Kaufleute auszurotten. Die armen Bauern im Bezirk Thingeyrar, die dem Beispiel der britischen Weber gefolgt waren, seien jetzt zu einem wichtigen Leitstern der jungen isländischen Gesellschaft geworden.

»Nun verhält es sich hier in der Gemeinde so, daß das Geschäft in Fjord euch Bauern wenig günstig gesinnt ist; es setzt für eure Produkte den niedrigsten Preis fest, wie es ihm paßt, aber für eure Bedürfnisse den Höchstpreis und schröpft euch dadurch jährlich um große Beträge«, so daß der Beauftragte auf Grund genauer Berechnung zu dem Resultat kam, daß der unrechtmäßige Gewinn, der auf diese Weise aus den armen Bauern der Gemeinde gezogen wird, sich in jedem Jahr auf die Kosten eines, in manchen Jahren zweier erstklassiger Betonhäuser beläuft oder wenigstens noch auf die Kosten einer erstklassigen Elektrizitätsanlage auf einem Gehöft. (»Och, diese Elektrizität ist wohl hauptsächlich in eurem Hintern«, warf Bjartur ein.) »Dieses ganze Geld steckt Brynes Geschäft in die Tasche, wenn auch selbstverständlich der größte Teil davon der Verschwendung des Direktors selbst, Tulinius Jensens und seiner Familie, anheimfällt, die zum Vergnügen und zur Erholung ständig nach Dänemark reisen, so daß die Kinder es nicht schaffen, die Reichtümer zu vergeuden, die das Geschäft den Händen armer und gänzlich mittelloser Menschen entzieht.« (»Och, du bist auch nach Dänemark gefahren, kleiner Ingi«, sagte Bjartur.) »Wie jeder weiß, hat sich der Direktor in Fjord eine stattliche Villa mit einer Art Turm errichten lassen und die Geschäftshäuser für ...zigtausend renoviert.« (Bjartur: »Och, er darf doch wohl einen Turm haben, der Alte.«) »Nun, außerdem betreibt bekanntlich der Arzt die Geschäfte der Firma auf dem Althing, er hat es zuwege gebracht, daß die Staatskasse der Firma große Summen für den Bau von Kaianlagen und Wellenbrechern zuschanzt; die Ursache dafür ist, daß der Arzt selber einen großen Anteil an der Fischreederei hat, die die Firma in Fjord betreibt.

Obwohl wir hier seit undenklichen Zeiten in einem fruchtbaren Landstrich wohnen, kann man doch nicht abstreiten, daß wir in organisatorischen Dingen seit langem hinter anderen Gegenden zurückstehen. Doch jetzt ist die Zeit gekommen«, sagte der Beauftragte, »daß volksverbundene Männer in der Hauptstadt, die ein offenes Auge für die unhaltbare Lage der Bauern in entlegenen Landstrichen haben, die Notwendigkeit erkannt haben, sich dafür einzusetzen, die Bauern in diesen Landstrichen dazu zu bewegen, sich nach dem alten Beispiel der Kleinbauern im Bezirk Thingeyrar zu richten und sich gegen diese Verschwörer zusammenzuschließen, die den einzelnen wie den Staat um jede Öre, an die sie herankommen, schröpfen und rupfen, um ihre verschwenderischen Unternehmen voranzubringen. Da schwitzt ihr armen Bauern Tag und Nacht Blut über euren kleinen Wirtschaften, habt kein ordentliches Kleidungsstück auf dem Körper und so knapp Lebensmittel, daß man an vielen Orten auf dem Land von regelrechter Hungersnot sprechen kann, wenn diese Zeit des Jahres heranrückt, und Geld bekommt ihr jahrlang nicht zu sehen, es seien denn ein paar Öre, die es euch gelingt, aus der Ungewißheit herauszuschinden (Bjartur: »Geld genug in Sommerhausen.«) – vielleicht einige Kronen im Jahr. Du weißt es selber, lieber Bjartur, daß dies die Wahrheit ist, und es ist leeres Gerede, wenn man diese Notlage in glänzenden Farben ausmalt. Jetzt frage ich dich als einen aufrechten Mann: Was sagst du zu all dieser Räuberei in der Gesellschaft?«

Bjartur: »Ja, ich habe nun einmal, um die Wahrheit zu sagen, nie die Gewohnheit gehabt, die Ohren zu spitzen, wenn ihr sogenannten großen Leute einander mit Dreck bewerft, es ist meistens nicht angenehm. Ich kümmere mich nicht darum, wie der Kaufmann leben mag, das geht mich nichts an, solange ich mich über nichts zu beklagen brauche. Ich weiß nur, daß meine Schafe sich gut machen, ich bin schuldenfrei bei Gott und Menschen, Geld habe ich genug, meine Leute sind – verhältnismäßig gesehen – ebenso gesund wie die Leute auf Außen-Rotenmoor, von denen mir keiner zu sagen braucht, daß sie unsterblich sind, und auf jeden Fall viel gesunder als die Kinder des Kaufmanns in Fjord, von denen du sagst, daß sie jedes Jahr ostwärts in ferne Erdteile geschickt werden, um sich behandeln zu lassen. Wir hier auf der Heide verspüren keine Lust, mit irgend jemand zu tauschen.«

»Was du nicht sagst, mein lieber Bjartur«, sagte der Beauftragte.

»Ich bin nicht dein lieber Bjartur. Ich heiße Gudbjartur Jonsson, Bauer in Sommerhausen.«

»Nun ja denn, Gudbjartur Jonsson«, sagte der Beauftragte mit seinem kalten Lächeln und seiner lässigen, gebieterischen Kopfhaltung. »Und ich heiße Ingolfur Arnarson. Und wie mein Name andeutet, bin ich Landnahmemann.« (Bjartur: »Ja, du warst von jeher der unwahrscheinlichste Kerl.«) »Ich will dieses Land besiedeln und besiedeln lassen. Man hat darin tausend Jahre lang vegetiert, darin gehungert und notgeschlachtet, doch es ist noch nicht besiedelt worden. Ich will dir eine Neuigkeit mitteilen, und zwar die, daß es jetzt zwei Parteien im Lande gibt, die sich von jetzt an nie vertragen, sondern stets bekämpfen werden, bis die Entscheidung fällt. Auf der einen Seite sind die Konservativen und Reaktionäre, die alles zum Schaden der Bauern tun wollen, und dieser Partei gehören die Kaufleute, die Fischreeder und Beamten an wie der Arzt. Die andere Partei besteht aus denen, die alles für die Bauern tun, ihnen gerechte Preise für ihre Waren geben, ihnen Waren des täglichen Bedarfs ohne Aufschlag verkaufen wollen; dafür werden die Handelsgenossenschaften gegründet; weiter sollen ihnen billige Arbeitskräfte verschafft werden, und das soll dadurch geschehen, daß die Macht der Kapitalisten an der Küste gebrochen wird, so daß die Arbeiter gezwungen sind, wieder aufs Land zu gehen. Und nicht zu vergessen, man muß den Bauern Geld verschaffen, und das tun wir, indem wir eine Landwirtschaftsbank gründen, zu der der Staat das Stammkapital gibt und die den Bauern Betriebskapital gegen niedrige Zinsen leiht, so daß sie ihre Höfe aufbauen, elektrische Beleuchtung anlegen und Meliorationsmaschinen in großem Ausmaß anschaffen können. Das ist unser Programm, das Programm der neuen Landnahmemänner Islands. Jetzt bricht eine neue Landnahmezeit an, in der der isländische Bauer ein freier Mann in freiem Lande ist. Wir wollen dem isländischen Bauern zu Ruhm und Ehre verhelfen, ihn zu einem tüchtigen Stand entwickeln, der durch Geburt dazu berufen ist, dem Schöpfer selbst im Kampf gegen die finsteren Mächte beizustehen.«

»Ja, den Salm kenne ich«, sagte Bjartur und kratzte sich.

»Ja, du begreifst doch wohl, Mann, daß man dir einen Weg zeigt, Geld zu verdienen.«

Nein, das war es gerade, was Bjartur nicht begriff. Es wollte ihm absolut nicht in den Kopf, daß Großbauern und Großbauernsöhne ihm auf einmal helfen wollten, Geld zu verdienen. Er hatte nichts dagegen einzuwenden, daß sie Frauenvereine und Handelsgenossenschaften für sich selbst gründeten, je nachdem es ihnen der Geist eingäbe, »doch solange ich die Großen nicht um Hilfe bitte, wird man darauf warten müssen, daß ich die Geschäfte der Großen betreibe. Bisher ist es so zugegangen, daß ihr großen Leute verdient, ob mit oder ohne Genossenschaft; doch wenn ihr verliert, dann verliert ihr große Summen, und ihr fangt mich nicht für eine Bürgschaft ein, eure Verluste zu bezahlen.« Es war seit dreißig Jahren das erste Jahr, daß er den Gemeindevorsteher los war; wer konnte denn wissen, ob er nicht zu gegebener Zeit hier einen schönen Stall für Mutterschafe bauen würde und vielleicht auch einen besonderen Lämmerstall, seine Wirtschaft hatte sich eher vergrößert als verkleinert, soviel er wußte, besaß er siebzig Mutterschafe mit Wolle und Lämmern und zwanzig Jungschafe, »und das ist dem Umstand zu verdanken, daß ich es mir nie gestattete, eine Kuh anzuschaffen, jedoch ist es denkbar, daß ich am Ende ebenso viele Kühe besitze wie ihr auf Rotenmoor und daß ich auch ein Haus für die Menschen baue, so einfach aus Spaß, obwohl es nicht nötig ist, denn das Holzwerk in der Stube ist größtenteils noch nicht morsch, wenn es auch hie und da vielleicht an einem Sparren leckt. Aber mit Großlachsen in eine Genossenschaft mit Haftung gegen den Kaufmann einzutreten, der mich immer redlich bedient hat, seit ich vor mehr als dreißig Jahren meinen ersten Verdienst hatte ...«

»Ja, aber es endet damit, daß du der Gemeinde zur Last fällst, Mann«, unterbrach ihn Ingolfur Arnarson.

Da wurde Bjartur wütend und sprach ohne Zusammenhang und sagte, er wäre ein freigeborener Isländer, und und und er mache sich den Teufel daraus, »und eher sollt ihr mich bei lebendigem Leibe in Stücke hacken, wie es mit der seligen Gunnvör im Kirchhofseingang von Außen-Rotenmoor geschah, und sie gab nicht auf, sondern verfluchte sie alle im Sterben, und alles traf ein, Frauenverein oder Handelsgenossenschaft, ich werde nie aufgeben.«

»Nein, Papa und Ingi, kommt jetzt endlich, seht ihr denn nicht, daß es gar keinen Zweck hat, mit dem Mann zu reden, ich reite einfach allein los, wenn ihr mit diesem verflixten Unsinn weitermacht.«

Es war die Tochter des Gemeindevorstehers, sie hatte von diesem Vergnügen genug, sie war kein solcher Dickkopf wie Vater und Sohn, sie sah die Notwendigkeit nicht ein, daß sie, diese großen Männer, sich solche Mühe gaben, einen Heidebauern zu überzeugen und ihn zu retten – als ob es dem Mann nicht vollkommen freistünde, so verrückt zu sein, wie er wollte. Es ist niemand imstande zu sagen, wie lange sie noch gesessen hätten, wenn sie nicht ein Ende gemacht hätte.

»Dieses Mädchen heißt Asta Sollilja«, sagte der Gemeindevorsteher zu seinem Sohn und wies mit der Reitpeitsche auf die Tochter des Bauern, wie sie verwundert mit ihrem Dungklopfer auf der Hauswiese stand und sie vom Hof reiten sah. »Sie wird vierzehn Jahre.«

»Ja, richtig«, sagte der Beauftragte und zügelte sein Pferd, während er sie ansah, »das hatte ich ganz vergessen. Glück und Segen, Asta Sollilja. Wie groß du schon bist.«

»Hast du dir schon das Taschentuch gekauft, wofür ich dir im Winter Geld gegeben habe?« fragte der Gemeindevorsteher.

»Das Geldstück«, rief Bjartur von der Türplatte aus dazwischen, »ist aus Versehen in ein Sickerloch hier im Wiesenmoor gefallen. Doch das macht nichts. Es war so ein Geldstück.«

»Ja, du bist ein verfluchter Querkopf«, sagte der Gemeindevorsteher.

»Ach, trödelt doch nicht so«, rief die Gemeindevorsteherstochter unten vom Wiesenmoor her. »Wir wollen machen, daß wir nach Hause kommen.«

»Na denn, Asta Sollilja«, sagte der Beauftragte. »Du bist wirklich schon ein sehr tüchtiges Mädchen. Glück und Segen. Und Glück und Segen euch allen.«

»Glück und Segen.«

31

Vom Gesang

Brachvogel dichtet klug sein Lied,
Regenpfeifer die Welt umsingt,
übers Luch die Möwe zieht,
weithin ihre Stimme klingt.

– Alle Sänger sind aus dem Süden nach Hause ins Moor und auf die Heide geflogen gekommen; das schneeweiße vorjährige Gras vereint sich mit der Grasnarbe, die seine Heimat ist; in Senken und Heidedellen ist es schon ganz grün, so weit war der Frühling vorgeschritten, ja, es war an der Zeit, die Kuh herauszulassen. Darüber wurde einige Tage lang gesprochen, Finna wollte für dieses feierliche Ereignis einen hellen und warmen Tag abwarten. Dann kam ein warmer und heller Tag. Der Stall wurde geöffnet und die Kuh losgebunden. Unsicher auf den Beinen, zögernd, mit aufgeblähten Nüstern, schnaufend und schnuppernd, mit erwartungsvollem Brummen steckte sie den Kopf aus der Stalltür, aus der Finsternis und dem Gestank des Winters, in das Licht und den Frühling. Der Umschwung war plötzlich, sie brauchte Zeit, um sich zurechtzufinden. Auf der Hoframpe brüllte sie laut in den Frühling hinaus, machte dann einige vorsichtige Schritte, als ob sie der Erde unter ihren Beinen nicht traute, fuhr fort, den Duft des schönen Wetters in großen Zügen zu schlürfen, versuchte wieder zu brüllen, doch es war, als ob sie vor Verwunderung nichts mehr sagen konnte; träumte sie denn? So oft hatte sie im Gestank und in der Finsternis des Stalls von schönem Wetter und saftgrüner Weide geträumt, daß sie es nicht glauben wollte, als es im Begriff stand, sich zu erfüllen. Dann setzte sie sich in Trab, die Rampenböschung hinunter. Bald konnte sie ihre Freude nicht mehr in vernünftigen Grenzen halten, dieses war die Freiheit selbst: sie stellte den Schwanz hoch, ging zum Galopp über, steif und schwerfällig nach dem winterlangen Stehen im Stall, hinunter ins Wiesenmoor, so schnell ihre Beine sie trugen, ohne Plan lief sie in großen Bogen und Kreisen, stumpf gegenüber allen Weiten, muhend, brüllend, es war ihr Frühlingstanz; die Kinder lachend und schreiend hinterher, bis sie in einem Sumpfloch des Wiesenmoors stehenblieb, bis an die Haxen eingesunken, und schwer atmete. Der Tag war schon weit vorgeschritten, als sie sich in ihrer Freude so weit beruhigt hatte, daß sie zu weiden begann.

Die ersten Tage, an denen die Kuh draußen war, durfte sie aus Gnade auf der Hauswiese stehen. Nichtsdestoweniger tat es Bjartur um jedes Maulvoll leid, das sie abrupfte; das bißchen Gras von der Hauswiese war nämlich das wertvollste Futter für die Mutterschafe ausgangs des Winters, denn die Ernte von der Hauswiese machte gerade den Futtervorrat für die Kuh aus. Er fuhr fort, verächtlich von diesem Rind zu sprechen, das in seine Wirtschaft eingebrochen war, um alles durcheinanderzubringen. Und die Hündin richtete sich nach dem Beispiel ihres Herrn. Es war eine alte und konservative Hündin, die obendrein nie so klug wie ihre Mutter gewesen war, die Kinder entgegennehmen und ihnen das Leben erhalten konnte. Oft saß die Hündin auf der Türplatte, schläfrig und schwermütig, doch nicht so schläfrig, daß sie nicht mit mürrischer Miene jede Bewegung der Kuh verfolgte, und ehe man sich dessen versah, schlich sie sich auf die Hauswiese und paßte es ab, von hinten an sie heranzukommen und ihr die

Zähne in die Haxen zu jagen. Die Kuh versuchte dann, sich zu wehren, und schlug hinten aus, wendete der Hündin den Kopf zu und machte den Versuch, ihr nachzulaufen, gab es jedoch bald auf, denn die Hündin entkam ihr schnell. Dann standen sie sich gegenüber, die Hündin mit gefletschten Zähnen, häßlichem scheelen Blick, ab und zu kläffend; die Kuh schüttelte den Kopf und pißte.

»Dieses Biest von einer Kuh kann den armen Hund nie in Ruhe lassen«, sagte Bjartur, der stets die Partei des Hundes gegen die Kuh ergriff.

Bjartur machte sich beträchtliche Sorgen darüber, daß die Kinder mit jedem Tag weniger Appetit auf Klippfisch aus Seewolf, Köhler und Brosme, sogenannten minderwertigen Fischen, hatten, ebensowenig auf die eingesäuerten Innereien vom vorigen Jahr, und er hielt es für unpassend von seiner Frau, eine solche Kreatur zu segnen, die den Kindern den natürlichen Appetit auf das Essen nahm, das er für teures Geld in Fjord kaufte.

Dann eines Tages wurde die Kuh auf den Haken getrieben, das sind Heideflächen mit Bodensenken weiter am Berg entlang. Das Wildgras war über das trockene vorjährige Gras hinausgewachsen, das Wiesenmoor, das Tal waren ergrünt. Doch der Kuh gefiel es allein nicht auf der Weide, sie entlief in Richtung Westen über den Paß. Am Tag darauf wurden die älteren Jungen hingeschickt, um sie zu hüten, doch sie hatte an einer solchen Gesellschaft keine Freude, sie sehnte sich nach ihren Freundinnen auf Außen-Rotenmoor, stundenlang stand sie und brüllte in Richtung des Tals unten, und zuletzt fragte sie nicht nach den Jungen und setzte ihren Willen durch. Es war eine große Jagd. Sie holten sie auf einer winderodierten Stelle mitten auf dem Paß ein, halfterten sie mit einer Schnur und führten sie nach Hause, sie stand da auf der Hoframpe mit erschöpfter und hoffnungsloser Miene; die Adern auf ihren Kiefern waren geschwollen, sie drehte die Ohren kummervoll nach vorn und hinten und hörte nicht auf zu brummen, bis Finna aus dem Haus kam, sie streichelte und mit ihr über das Menschenleben sprach. Es ist viel wert, einen Freund zu haben, der uns in der Unruhe des Daseins, der man nicht entrinnen kann, Frieden schenkt. Am Tag danach nahm sich Finna vor, die Kuh selbst zu hüten, sie nahm den kleinen Nonni mit zum Hüten. Es waren gute Tage. Sie waren ganz schlicht, und das ist der Adel der besten Tage, der Knabe verlor sie nie aus der Erinnerung. Es geschieht nichts, man lebt nur und wünscht nichts weiter, und weiter ist nichts.

Es waren die Tage, als die Weidenkätzchen auf der Heide knospten, das Rauschbeerenkraut seine duftenden roten und weißen Blüten öffnete und die Wildbiene im jungen Gesträuch summte. Die Heidevögel hatten ihre ersten Eier gelegt, ohne daß die Liebe ganz aus ihrem Gesang verschwunden war. Durch die Heideflächen rannen klare Bächlein; grüne Senken für die Kuh ringsum, und dann waren da die Elfenfelsen und dann der Berg selbst mit seinen grünenden Abhängen, den ganzen Tag war Sonnenschein. Dann kam Nebel, und einen ganzen Tag lang war kein Sonnenschein, zwei Tage lang. Da stiegen die Heidehügel in den Nebel, und die Berge existierten nicht mehr. Das Moos auf den Erdhöckern färbte sich, der Duft wurde stärker und stärker. Tau im Gras kostbare Perlengewebe auf bloßer Erde und Heidekraut. Der Nebel selbst war weiß und leicht, hoch oben konnte man fast durch ihn hindurchsehen; der Horizont lag gleich hinter dem Rand der Senke; der Heidehügel wuchs mit seinem Duft, seinem Grün und seinem Gesang in den Himmel, es war, als wenn man in den Wolken wohnte. Die Kuh schlang die Zunge mit rhythmischen Maulbewegungen um das Wildgras, langte auch nach den Weidenkätzchen, die in den Bach hineinwuchsen. Und der Junge saß bei seiner strikkenden Mutter in den Erdnischen über der Senke, und sie hörten der Kuh zu und dem Gras und dem Bach und allem.

»Es war einmal ein Mann. Er verirrte sich im Nebel auf dem Weg zwischen zwei entfernten Höfen, bis es ihm schien, daß die Bäche bergauf flössen. Zuletzt landete er auf Geröllhalden und scharfen Schottersteinen, die kein Ende nehmen wollten, und die Felsen waren so hoch wie Berge und standen auf der Spitze. Schließlich sah er keine Rettung mehr. Da kam aus dem Nebel eine Frau im blauen Kleid mit einem weißen Kopftuch zu ihm. ›Komm mit mir‹, sagte die Frau und machte nicht viel Worte; sie nahm ihn mit in ein kleines Gehöft, wo alles so hübsch und sauber war; sie gab ihm Fleischsuppe mit Zwiebeln, soviel er wollte, es war fettes und mageres Fleisch darin, und Kaffee danach. Dann begleitete sie ihn hinaus auf die Hoframpe und zeigte ihm den richtigen Weg. Und da stieg der Nebel hoch, und er erkannte, wo er war; aber als er sich bedanken wollte, da war die Frau verschwunden, und das Gehöft war auch verschwunden, dahinter stand nur ein gewöhnlicher Felsen. Er schlug die Richtung nach Hause ein. Es gab kein Geröll mehr. Und die Bäche flossen wieder bergab.

Es war auch einmal ein anderer Mann. Er war auf dem Heimweg. Er hatte es beim Gemeindevorsteher und beim Kaufmann so schwer gehabt. Es konnte leicht so kommen, daß ihm nichts mehr blieb als die Armenfürsorge. Er hatte seinen Verpflichtungen nicht nachkommen können, und er konnte im Geschäft nichts mehr auf eigene Rechnung entnehmen. Der Gemeindevorsteher hatte gedroht, den Haushalt aufzulösen. Vielleicht würden sie in die Herkunftgemeinden abgeschoben, dann würden die Fürsorgekinder dahin und dorthin kommen und an Wochentagen Hunger leiden und an Sonntagen geschlagen werden. Jetzt warteten sie zu Hause auf ihn, und er würde mit leeren Händen aus dem Marktflecken kommen, er war so stolz, daß er es nicht über sich brachte, etwas auf Rechnung anderer zu erbitten. Ja, seine Schritte waren schwer. Es sind viele schwere Schritte hierzulande getan worden, ohne daß man davon weiß. Was sollte er tun? Da sah er auf einmal Licht in den Felsen.

Sein Weg hatte ihn unzählige Male hier vorbeigeführt, im Hellen und im Dunklen; er konnte sich nicht erklären, was es bedeuten sollte, hier brannte Licht in den Felsen. Also schlug er die Richtung auf das Licht ein, und da war es ein kleines Gehöft. Dort stand ein Mann in der Tür, ein freundlicher junger Mann, es war der Elfenbauer. Er war nicht besonders gesprächig, doch hörte er bereitwillig zu. Er hatte das milde und ernste Wesen der Elfen, die Elfen haben keine Sorgen, sie suchen das Gute und finden es. In den Felsen bekommt er

Kaffee mit genug Zucker, mit Sahne, und ehe er sich dessen versah, erzählte er schon diesem gütigen Mann rückhaltlos von seiner Lage. Beim Abschied sagte der Elfenbauer zu ihm: ›Morgen, wenn du aufwachst‹, sagte er, ›sollst du dich im Flur bei dir zu Hause umsehen.‹

Dann ging der Bauer nach Hause, und sie gingen schlafen, ohne daß der Bauer sich getraut hätte, etwas von seinem Kummer laut werden zu lassen. Am Morgen, als er hinunterkam, waren Lebensmittelvorräte im Flur, Mehl in Säcken, Zucker in Kisten und erstklassiger Salzfisch in einem Beutel, so wie ihn die Leute auf dem Gehöft noch nie gekostet hatten; dort war sogar Sirup in einer kleinen Tonkruke.

Und es war einmal ein kleiner Junge. Er war ein angenommenes Kind bei Leuten, die oben in einem Heidetal wohnten, und deswegen durfte er nicht zur Kirche gehen, wenn alle anderen zur Kirche gingen. Er hatte keinen Bruder und auch keine kleine Schwester, sie waren ihm weggenommen worden. Es war eines Sonntags im Sommer. Alle waren fort zur Kirche, in Sonntagskleidern, jeder auf seinem Reitpferd, und er stand allein auf der Hoframpe und sah ihnen nach, wie der Staub aus den Reitpfaden unten auf den grasigen Gründen längs des Flusses aufstieg.

Er war allein zu Hause bei den alten Leuten geblieben. Meinst du nicht, daß ihm traurig zumute war?

Weinend ging er langsam vom Gehöft fort, hinauf zu den Felsen unten am Berg, und war ganz niedergebeugt von dem Schlechten, das im Menschenleben so oft den Sieg davonzutragen und es sogar zu regieren scheint. Aber was meinst du, was hat er in den Felsen unten am Berg gehört? Hörte er da nicht einen herrlichen Gesang! Wer konnte es sein, der da sang? Es war nicht eine Stimme oder zwei Stimmen, und es waren auch nicht drei Stimmen, es war eine ganze Gemeinde, die sang, es war Gottesdienst, nie hatte der Junge einen so schönen Psalm gehört. Und woher kam dieser ganze Gesang? Da sieht der Knabe, daß die Albenburg kein Felsen mehr ist wie sonst, sie ist jetzt eine Kirche, und die Kirche steht im Sonnenschein offen, und die Elfen sitzen alle in der Kirche, und der Pfarrer steht vor dem Altar in grünem Ornat. Und der Junge geht in die Kirche der Elfen. Solche Leute hatte er noch nie gesehen, so edel und glücklich; so ist es, wenn man in Frieden und Gesang lebt. Als der Psalm zu Ende ist, besteigt der Pfarrer die Kanzel und hält eine Predigt. Noch nie hatte der Junge eine so schöne und zu Herzen gehende Predigt gehört. Er hörte auch später nie wieder eine solche Predigt, er behielt sie von da an sein ganzes Leben lang in Erinnerung und dachte über sie nach und versuchte, nach ihr zu leben; doch ihren Inhalt sagte er keinem Menschen. Manche glauben, daß die Predigt davon gehandelt hat, wie das Gute am Ende doch im Menschenleben siegt. Danach trat der Pfarrer vor den Altar und intonierte mit weicher Stimme, ganz anders als unsere Pfarrer hier auf der Erde. Es war, wie wenn eine gute Hand auf sein Herz gelegt würde. Dann kam ein Schlußpsalm, und alle Leute standen auf und gingen hinaus. Und der Junge stand auf auf und ging hinaus. Doch als er sich umsah, waren die Leute verschwunden, und die Kirche war auch weg, und die Albenburg stand noch da, steil und kahl wie gewöhnlich, und er hörte nur das Gezwitscher einiger Vögel, die durch die Felsspalten ein und aus flogen, es sind wahrscheinlich Steinschmätzer gewesen. Danach sah er nie mehr die Albenburg sich öffnen. Doch er bewahrte die Erinnerung an diesen Sonntag zeitlebens im Gedächnis, und sie gereichte ihm stets zum Trost, wenn er auf die Freude verzichten mußte, die andere im Leben genießen; er wurde ein genügsamer Mann, als er heranwuchs, und war froh und zufrieden mit dem Seinen.«

Der weiße Nebelhimmel, in dem die Sonne wie in einer lieblichen Ahnung verborgen war, ließ tausend köstliche glitzernde Perlen auf ihr Haar fallen, während sie erzählte; und am Ende der Erzählungen schloß sie feierlich, nahezu fromm den Mund, als ob es heilige Geschichten wären, und strich vorsichtig über die Maschen auf den Stricknadeln; die Landschaft war geheimnisvoll und heilig, atme leise! Ihre beste Freundin war eine Elfenfrau gewesen, und sie hatte auch einen Elfenmann gekannt, er war der Bruder der Freundin, »es ist lange, lange her, es war bei uns zu Hause in Steinhütte. Habe ich Maschen fallen lassen?« fragte sie und seufzte.

»Aber das macht nichts.« Vorbei ist vorbei und kommt nie wieder.

Doch der Junge meinte, daß es etwas ausmachte; er schlug vor, sie sollten zu ihren Freunden gehen und Elfen werden wie sie, wenn Papa und Asta Sollilja unten in Fjord wären, »und wir nehmen Bukolla mit«, sagte er.

»Nein«, sagte die Frau nachdenklich. »Es ist zu spät. Wer soll sich dann um Großmutter kümmern?«

Darauf wußte der Junge keine Antwort, er sah nur weiter in das Gesicht seiner Mutter, das Höchste von allem, was auf der Welt lebte; seine Güte stand über allem, seine Schönheit und seine Trauer. Und als er später an diese Tage und das sie beherrschende Angesicht dachte, da schien ihm, daß auch er die Feierlichkeit der tiefen Andacht erlebt hätte wie die blauen Berge. Sein Ich hatte voller Ehrfurcht angesichts der Meisterschaft geruht, die alle Fernen in Schönheit und Trauer vereint, so daß man sich nach nichts mehr sehnt – in unüberwindlichen Widerwärtigkeiten, in unstillbarer Sehnsucht fühlte er, daß das Leben doch lebenswert gewesen war.

> Bruder, wenn die Fiedeln schweigen
> und die Vögel sich verstecken,
> Fels und Hügel sich nicht zeigen
> unter kalten Winterdecken,
>
> seh ich oft in schöner Halle,
> fernen Wäldern, grünen, hellen,
> meinen Freund, der konnte alle
> Isländer in Schatten stellen.
>
> Ihn, der einst bei mir sich freute
> wie der Ton auf Geigensaiten,
> ihn, der weit von hier ist heute,
> Friedensgrüße stets begleiten.
>
> Dorne fallen aus den Spangen,
> Auf den Geigen reißen Saiten,
> Doch von mir soll er empfangen
> Wünsche bis in ferne Weiten.

Seine Mutter lehrte ihn singen. Und als er erwachsen war und auf den Gesang der Welt gelauscht hatte, da schien ihm, es gäbe nichts Erhabeneres, als zu ihrem Gesang zurückkehren zu können. In ihrem Gesang lebten die innerlichsten und unbegreiflichsten Träume des Menschengeschlechts. Damals waren die Heidehügel mit dem Himmel verwachsen. Die Singvögel der Luft lauschten verwundert auf diesen Gesang; den schönsten Gesang des Lebens.

32
Über die Welt

Johannisnacht; jetzt kann man sich etwas wünschen, wenn man im Tau badet.

Jung und schlank geht sie am Bach hinunter in das Wiesenmoor, watet barfuß im warmen Sumpfboden. Morgen darf sie in den Marktflecken reisen und die Welt durch eigene Erfahrung kennenlernen.

Lange hatte der herannahende Tag wie eine liebliche Ahnung in ihren Tagträumen geschwebt; an jedem Abend seit damals im Winter war sie mit der Vorstellung dieser Zukunftsreise eingeschlafen; hundertmal träumte sie wachend und schlafend davon, wie sie auf die Reise gehen würde. In den letzten Nächten mochte sie bis zum Morgen nicht einschlafen, sondern sie blieb wach in der Vorfreude auf den künftigen Genuß. Die Stunden des heutigen Tages waren vergangen wie ein ferner Hauch, sie hatte kein Gefühl in den Fingerspitzen, ihr brannte das Gesicht, sie hörte nicht, was gesagt wurde. Sie hatte sich wollene Wäsche aus blauweißer Flaumwolle gestrickt und verwahrte sie für diese Reise, betrachtete sie nur an Sonntagen. Und sie hatte sich einen braunen Unterrock mit zwei Streifen, einem blauen und einem roten, gestrickt. Und heute abend hatte ihr Vater in einer Truhe nachgesehen, es war die einzige verschließbare Aufbewahrungsmöglichkeit im Gehöft, und hatte aus seiner Sonntagsjacke ein geblümtes Kleid gezogen: »Wenn dir auch vielleicht noch etwas Fülle fehlt, so ist es doch an der Zeit, daß du das Sonntagskleid deiner Mutter trägst. Meiner Tochter soll es weder außen noch innen an etwas fehlen, an dem Tag, an dem sie in die Welt hinausgeht.«

Sie glühte vor Glück, ihre Augen strahlten. Es war ein feierlicher Augenblick. Gewiß war das Kleid faltig, das Leinen mürbe und durchscheinend vor Alter, doch Motten und Stockflecken waren nie darangekommen. Es war bedruckt mit üppigem ausländischem Pflanzenwuchs und hatte an der Brust Garnierungen. Doch obwohl Asta Sollilja in den vergangenen Monaten ganz unglaubhaft herangereift war und der Körper begonnen hatte, die erwachsene Rundung des Lebens zu bekommen, war ihre Länge noch immer am auffälligsten, und es fehlte noch viel daran, daß sie dieses Kleid ausfüllte. Es hing ihr lose um die schmalen Schultern und lag ihrem Körper nicht an. »Sie ist wie die Vogelscheuche auf dem angesäten Grasland auf Außen-Rotenmoor«, sagte Helgi, doch sein Vater schubste ihn durch die Luke. Sonst paßte das Kleid gut.

Aus Dankbarkeit fiel sie ihrem Vater um den Hals und fand die Stelle am Hals und drückte sich mit dem Gesicht an ihn; ihre Lippen waren groß; wenn man ihr Profil gegen das Fenster sah, so hatte sie eine dicke Unterlippe, ungefähr so wie eine hübsche Masche; sie bekam einen so erwachsenen Zug um den Mund, das arme Ding – und sein Bart kitzelte sie an den Augenlidern.

Und der warme Sumpfboden spritzte zwischen ihren bloßen Zehen hindurch, und es platschte, wenn sie ging. Heute nacht will sie sich im Tau baden, als habe sie zum erstenmal einen Körper. Das Odinshühnchen verneigte sich vor ihr auf jedem Kolk des Flusses, kein Vogel im ganzen Wiesenmoor hat feinere Gesten in der Johannisnacht. Die Uhr ist zwölf und geht auf eins. Die Frühlingsnacht, sie herrscht über das Tal wie ein junges Mädchen. Sollte sie gehen oder sollte sie nicht gehen? Sie zögert, schleicht auf den Zehen – und es ist Tag. Die hellen Nebel der Moorwiesen zogen sich in die Talwinkel hinauf und legten sich in unschuldiger Scham wie ein Schurz an die Mitte des Abhangs. In der durchsichtigen Nacht hob sich ein Schaf von dem weißspiegelnden See ab wie ein Neck.

Die junge Göttin der Sonnennacht, vollkommen in ihrer halberwachsenen Nacktheit. Es gibt nichts Schöneres im Leben als die Nacht vor dem Künftigen und ihr Tau. Sie wünscht sich etwas, halbentsprossen und schmal in dem halbgesprossenen Gras und dessen Tau. Körper und Seele sind eins, und diese Einheit ist vollkommen rein im Wunsch. Dann wusch sie sich den Kopf am Fluß und kämmte sich sorgfältig, wie sie da saß und die Füße vom Ufer hängen ließ und die Zehen im sandigen Grund vergrub. Diese merkwürdigen Vögel des Flusses schwammen in merkwürdigen Bögen weiter um sie herum, sie drehten sich unvermittelt höflich um und verneigten sich völlig grundlos vor ihr. Es gibt auch niemanden auf der ganzen Welt, der sich so fein verneigen kann.

Dann war es ihr kalt, und sie lief am Flußufer hin und her, ihre Spur verlief in vielen Bögen wie die Straßen in den Städten der Welt; sie war unpersönlich und leicht, aus dem Tau aufgestanden wie der weiße Nebel selbst, wunderbar in der grünen kühlen Landschaft der Sonnennacht. Und als sie eine Weile gelaufen war, war es ihr wieder warm, und da erwachten die Vögel, und der Himmel strahlte in köstlichen Farben, nach einer Weile glitzerte die Sonne im Tau des Frauenmantels, und der Tau verschwand vor der Sonne, der heilige Tau der Johannisnacht.

Bei den ersten Morgenstrahlen, lange bevor das Schnarchen der Nacht in den Hals hinaufgelangt war, sprang Bjartur aus seinem Bett, er nahm flugs eine Prise und zog sich an. Verschlief Asta Sollilja denn heute morgen, an diesem großen Tag, da sie die Welt zu sehen bekommen sollte? Nein, ganz im Gegenteil, auch sie stand auf, rieb sich die Müdigkeit aus den Augen und sah zu, wie er sich anzog. Danach ging er hinaus, um das Pferd zu holen. Und als er weg war, nahm sie ihre neue Wäsche hervor und zog sie über ihren reinen Körper, den sie heute nacht zum erstenmal gebadet hatte, den sie in diesem Jahr zum erstenmal entdeckt hatte, den sie in Wirklichkeit eben erst bekommen hatte; sie zog ihren Unterrock an, ihre neuen Flaumwollstrümpfe, ihre neuen

Schaffellschuhe; zuletzt zog sie das schöne Kleid an, das Andenken an ihre Mutter. Sie drehte sich in der Stube hin und her mit Herzklopfen vor Eifer und Reisefieber, während ihre Stiefmutter den Kaffee kochte. Auch die Großmutter hatte sich in ihrem Bett aufgerichtet und hielt den Zeigefinger im zahnlosen Mund.

»Vergiß deine Jacke nicht, armes Ding, du bist schlecht dafür angezogen, wenn es schlechtes Wetter gibt.«

Das sah Großmutter ähnlich. Als ob es Asta Sollilja in den Sinn kommen könnte, sich im Marktflecken in so einem verschlissenen und schmutzigen Lumpen sehen zu lassen.

»Och, es kann regnen, ehe man sich dessen versieht.«

»Es ist kein Wölkchen am Himmel«, sagte Asta Sollilja.

»Bei schönem Wetter denkt man nicht gern voraus«, sagte die Großmutter. »Und noch nie hat einen Verdrehtheit geschützt.«

Jedoch erfüllt kaum etwas die Seele mit vollkommenerem Vertrauen als wolkenlose Morgen von dieser Art, die Sonne strahlt über dem grünen Tal, und die Blauberge ruhen vor dem heiteren Himmel in verträumter Sicherheit wie die Kinder in einem reichen Hause, mit erhabenem und glücklichem Antlitz, als ob nichts, nichts diesen stillen Sonnenschein unter diesem tiefen, trockenes Wetter verheißenden Ewigkeitshimmel jemals überschatten könnte; es ist wie ein häßlicher Einfall, an einem solchen Morgen eine alte, abgetragene Schlechtwetterjacke hervorzuziehen, und Asta Sollilja verabschiedete sich von ihrer griesgrämigen Großmutter.

Dann machte sie sich mit ihrem Vater auf den Weg hinaus in die Welt, der alte Blesi zog den Wollkarren. Als sie den Weg erreicht hatten, sagte ihr Vater, daß sie sich auf die Wollsäcke setzen dürfe, er ging voraus und leitete das Pferd. Es war ein schöner Morgen. Noch nie war Asta Sollilja der Tag so weit vorgekommen, noch nie war sie so frei. Nach kurzer Zeit öffneten sich neue Ausblicke, die Alltäglichkeit ihres ganzen bisherigen Lebens hatte sie hinter sich gelassen, noch nie waren die Heidewinde so frisch in ihrer Nase, noch nie war das Konzert des Heidegezwitschers in solche Ferne gedrungen; als sie weiter nach Osten kamen, war das Echo anders, die Stimmen anders; es waren nicht mehr die Vögel des Tals, es waren neue Vögel, sie sangen hinaus in andere Weiten, es waren Vögel der Welt. Die Grashöcker am Weg bekamen eine andere Form mit anderem Bewuchs, die Berge veränderten ihre Stellung zueinander, aus ihnen schauten neue Formen hervor, alte Höhenzüge und Vorgebirge verschwanden in sich selbst oder glitten auseinander in selbständige Berge. Die Bäche flossen in eine andere Richtung als unten im Tal, die Felsen sahen anders aus, von den Hängen der Hochebene strömte der unerfahrenen Reisenden der Geruch anderer Pflanzen entgegen. Sie wankte und schwankte heftig oben auf dem Karren, denn der Weg war schlecht, doch ihre Sinne waren empfänglich für jede Kleinigkeit des Tages und des Weges, die Welt neu wie am ersten Morgen, als Gott sie erschuf.

Sie wanden sich auf dem krummen Weg die Hänge der Hochebene hinauf, und auf jedem Absatz kamen ihnen neue Heidevögelfamilien entgegengeflogen, die ihnen mit heftigem Gezwitscher bis auf den nächsten Absatz folgten, immer wieder neue Empfangsgeschwader. Dann waren sie auf der Hochebene angelangt. Der halbe Vormittag war vergangen. Hier war der Pflanzenwuchs schwächer, die Brise kälter. Die Hochebene breitete sich vor den Blicken der jungen Reisenden aus, einsam und grau, mit immer weniger Vögeln, keinen Bächen. Weit, weit weg glitzerte ein weißer See. Eine Bodenwelle folgte der anderen, mit unbewachsenen offenen Stellen, kahlgewehten Hügeln, bloßen Schotterfeldern und eintönigen Moosflächen hie und da, wo bergliebende Schafe wiederkäuend im Morgensonnenschein lagen und die Flucht ergriffen, wenn Vater und Tochter sich näherten. Das Mädchen stieg vom Karren und ging in dem weiten geblümten Kleid neben ihrem Vater, um sich zu erwärmen. Die kalte Einsamkeit der Hochebene lag über diesen beiden Wanderern, und sie schwiegen. Die Sinne des Mädchens stumpften angesichts der gleichförmigen Wiederholung der Landschaft ab, sie begann hungrig zu werden, sie hörte auf, das Neue zu sehen und sich daran zu erfreuen. Immer wieder wartete sie darauf, daß die nächste Welle dem Auge eine Abwechslung böte, einen neuen Ausblick, und dann kam immer wieder das gleiche, nur daß der weiße See sich längst hinter ihnen verloren hatte. Ihre Erwartung war schon lange gestillt, sie hatte es aufgegeben, etwas Besonderes zu erwarten, als der Weg plötzlich schräg in eine Senke führte, die sich auf der Hochebene beiderseits einer tiefen Klamm bildete. Und als sie nach Osten durch die Senke sah, darauf gefaßt, eine neue Bodenwelle zu erblicken, da geschah es, daß sie nichts mehr sah, ihr war, als bräche die Welt plötzlich vor ihr ab und die Himmelstiefe selbst läge dahinter, nur mit einer neuen Bläue. Oder stand gar der Himmel hier draußen am Horizont auf einer blanken Mauer aus blaugrünem Spiegelglas? Es war, als vereinte diese neue Bläue unter dem Himmel das ganze Geheimnis der Fernen, sie stand mit bestürzter Miene vor dieser unendlichen Weite, ihr war, als wäre sie ans Ende der Welt gelangt.

»Papa«, sagte sie zögernd in ihrer Verwirrung, »wo sind wir?«

»Wir sind am Ostrand«, sagte er. »Das ist das Meer.«

»Das Meer«, flüsterte sie betroffen und starrte weiter nach Osten, und ein kalter Schauer der Ergriffenheit durchfuhr sie, daß sie das Glück hatte, auf dem Ostrand der Hochebene zu stehen und zu sehen, wo das Land aufhört und das Meer beginnt, das Meer der Welt.

»Ist denn nichts auf der anderen Seite?« fragte sie schließlich.

»Auf der anderen Seite sind die Länder«, sagte er, stolz darauf, diese Erscheinung erklären zu können, »die Länder, von denen in den Büchern erzählt wird, die Königreiche.«

»Ja«, flüsterte sie verzückt.

Erst später wurde ihr klar, wie dumm sie gefragt hatte, denn sie hätte wirklich wissen müssen, daß in den Büchern gerade über dieses Meer junge Männer zu ihrem Ruhm segelten, weit, weit hinter diesem Meer waren die Länder der Abenteuer. Sie hatte das Glück gehabt, das Meer zu sehen, das die Länder der Abenteuer drüben bespült, sie hatte die Wege des Unglaublichen gesehen.

Und als sie auf dem obersten Abhang an der Ostseite rasteten, da hatte sie ihren Hunger wieder vergessen, sie starrte nur fortwährend aufs Meer, sprachlos vor diesem Wunder. Nie hätte sie sich vorstellen können, daß das Meer so weit war.

Im Osten fiel die Hochebene noch steiler ab. Bald konnte man auf die Dächer des Marktfleckens sehen und auf die kaffeebraunen Gemüsegärten mit geraden Wegen zwischen den Beeten. Sonderbare Vorstellungen hatte Asta Sollilja von Fjord gehabt, doch daß so viele Häuser, und jedes für sich ganz so wie das Wohnhaus auf Außen-Rotenmoor, in einer Reihe an einem kurzen Wegstück stehen könnten, das hatte sie sich nicht träumen lassen. Und der Rauchgeruch, der von diesen Häusern den Hang hinaufstieg, war sozusagen Parfüm, etwas anderes als der stinkende Qualm von dem faserigen Torf in Sommerhausen. Kurz darauf führte der Weg an den höchstgelegenen Häusern am Hang vorbei, und sie begegneten allerlei Passanten, zu Pferde, zu Fuß oder mit einem Gefährt; sie begegneten sogar einigen gutgekleideten jungen Männern mit Schlips und Kragen am Wochentag und Zigaretten zwischen den Lippen, und diese jungen Männer waren so fröhlich, sie sahen sie an und lachten dabei über sie und hatten sie im nächsten Augenblick schon vergessen.

»Was für Burschen waren das?« fragte sie.

Ihr Vater war jedoch nicht so begeistert von diesen feinen Männern. »Das sind verdammte Zigarettensauger.« Sie waren auf eine befestigte Straße gelangt mit Häusern an beiden Seiten; und an den Fenstern waren Vorhänge und Blumen – was für schöne Blumen nur draußen in der Welt wachsen! Und dort auf der Straße gehen zwei junge Mädchen untergehakt, beide haben richtige Schuhe und einen Mantel an, die eine trägt eine rote Mütze, die andere eine blaue; sie waren so großartig, daß sie aus der Ferne glaubte, wenigstens die eine von ihnen müsse Audur auf Moor sein, doch als sie näher kamen, schien ihr auch die andere Audur zu sein, und daraus wurde sie nicht klug; es waren aber nur zwei Mädchen aus dem Marktflecken, und sie kreischten vor

Lachen einander in den Busen, als sie an ihr vorbeigingen. So heiter und froh waren die Leute in Fjord.

Ihr Vater hatte sie nicht einmal bemerkt. »Was für Mädchen?« wiederholte er, als sie fragte. »Das sind natürlich ein paar verfluchte eitle Fratzen. So etwas hat nur Lust, sich zu putzen, und liegt den Eltern auf der Tasche wie ein Alpdruck.«

Die Häuser standen immer dichter beieinander, schließlich war dazwischen kein Platz mehr für eine Hauswiese, geschweige denn für Weideland, höchstens für einen kleinen Garten; Leute und Reisende, Pferdekarawanen und Pferdewagen in einem Gewimmel auf der Straße, Schiffe auf dem Meer. Sie war des Fragens müde geworden, so viel bot sich dem Auge auf einmal. Sie war ganz durcheinander, sie durchschritt alles wie im Traum; unbekannte Leute eilten in alle Richtungen, ohne zu grüßen. Sie kam erst wieder zu sich, als sie neben ihrem Vater vor dem Ladentisch der Firma Bryne selbst stand, vor all den Waren, die die Zivilisation zu bieten hat: engelweiße Strümpfe, fünfzig Regenmäntel, Tassen mit erhabenen Rosen, Petroleumkocher, Kautabak. Hinter dem Ladentisch standen gutgekleidete Herren und schrieben dies und das auf und zeigten den Leuten Goldketten und Zwieback. Sie stand davor in ihrem lose herabhängenden Kleid, mit hinuntergerutschten Strümpfen und ein bißchen schmutzigen Schuhen und starrte verdattert in die Luft. Dann trat der Lagerist in Erscheinung und wog draußen auf dem sogenannten Hof die Wolle Bjarturs ab; er hatte ein handfestes und imponierendes Aussehen und sah Asta Sollilja zweimal an. Er sagte, er hätte keine Ahnung davon gehabt, daß Bjartur eine Tochter im Konfirmationsalter hätte; »sie ist bald richtig für meinen Mangi«, sagte er. Doch Bjartur sagte, es sei noch Zeit genug, darüber zu sprechen, sie solle erst im nächsten Frühjahr konfirmiert werden, das arme Ding, einstweilen gehe noch alles in die Länge. Bei diesen unvermittelten Werbungsversuchen wurde das Mädchen aus den Tälern dunkelrot, und sie war ihrem Vater dankbar, daß er in dieser Angelegenheit nicht unbesehen Verhandlungen aufnahm, sondern sie damit entschuldigte, daß sie für so etwas noch nicht dick genug wäre. Sie bedachte nicht, daß Bewohner eines Marktfleckens manches von sich geben, was in den Tälern als unüberlegt gilt.

Danach durfte Asta Sollilja mit ihrem Vater in das Kontor des Kaufmanns selbst kommen. Sie hatte immer gemeint, der Kaufmann heiße Bryne, doch wie sich jetzt zeigte, hatte er einen noch merkwürdigeren Namen: er hieß Tulinius Jensen. Es war, als würde sie während des Gottesdienstes in der Kirche von Rotenmoor vor den Altar geladen, doch auf ihren Vater machte es keinen Eindruck. Nichts kam ihm unerwartet. Selbst darüber, daß der Kaufmann ihn umarmte, war er nicht verdutzt, nein, für ihn war es sicher nichts Ungewöhnliches, daß ihn große Männer umarmten.

»Es freut mich, meine treuen und wahren Freunde zu sehen«, sagte dieser feine dicke Mann, »in diesen schweren Zeiten, wo niemand mehr seine Freunde wertschätzt. Du hast natürlich von der Versammlung gehört?«

»Ja und nein«, sagte Bjartur. »Ich habe keinen Grund zu verhehlen, daß ich von ihrer Vereinsmeierei läuten gehört habe. Und in den letzten Wintermonaten bekam ich diesbezüglich Besuch. Doch bisher war ich es gewohnt, nur auf das zu hören, was ich mir selber sage, auch wenn der Alte und der Junge von Außen-Rotenmoor damit zu tun haben.«

»Sehr richtig, der Beauftragte Ingolfur Arnarson Jonsson war hier in der sogenannten Handelsgenossenschaft als vorläufiger Leiter eingesetzt; den ersten Posten Ware bekamen sie neulich mit dem Dampfschiff; alle Bauern, die von der Firma loskommen konnten, waren zu ihnen gelaufen. Ob sie nach einigen Jahren nicht noch klein und häßlich werden, wenn man darangeht, die Schulden der Großen auf die Kleinen umzulegen und ihre Hütten zu pfänden, wie es mit den Mitgliedern der Handelsgenossenschaft in Hrappswiek geschah?«

»Das weiß ich nicht«, sagte Bjartur. »Solange ich nicht nach dem Gewinn anderer Leute trachte, habe ich auch keine Lust, anderer Leute Verluste zu tragen.«

Der Kaufmann behauptete, die Handelsgenossenschaften würden nur zum Ruin der Nation führen wie andere Monopoltheorien, die einzig darauf abzielten, die private Initiative, die Freiheit und Unabhängigkeit des Individuums abzuschaffen. »Hingegen steht dir, lieber Bjartur, unser Geschäft mit allem, was darin ist, zur Verfügung. Nebenbei bemerkt, was für ein Prachtmädchen deine Tochter ist, groß und tüchtig.«

»Och, sie ist noch ein junges Ding«, sagte Bjartur, »noch nicht einmal eingesegnet. Doch sie hat Knochen im Leib. Und lesen kann sie. Und weiß allerlei aus dem Altertum. Was ist ein Baum der Schilde, Sola? Laß den Kaufmann hören, was du weißt.«

»Das hast du gut gemacht«, sagte der Kaufmann, als das Mädchen »Baum der Schilde« erklärt hatte. »Man kann sie an den Fingern abzählen, die Jugendlichen, die Dinge aus der Edda beantworten können. Das muß ich meiner kleinen Svanhvita sagen, die nur Dänisch lernt.«

»Ja, Dänisch«, sagte Bjartur und gab wenig darauf, »das kann für die großen Gemeinden gut sein. Doch bei uns da oben in den Tälern haben wir mehr Vertrauen zu den Meistern früherer Zeiten wie dem seligen Magnus Magnusson von Magnusskogar. Island wird nie wieder seinesgleichen haben. Es ist, wie der Alte sagte:

> Bildung ziert den Menschen sehr,
> Reden gern wir preisen;
> unsrem Volke dienen mehr
> klargeformte Weisen.

Laß den Kaufmann das Liebeslied aus seiner dreigestabten, vierfach gebundenen Reimerzählung hören, kleine Sola.«

Asta begann ohne Umschweife den zwölften Gesang aus dem Bernotus aufzusagen, »Humpen-Götter milden Met«, leierte ihn furchtbar schnell vor sich hin, rang nach Luft, rot bis unter die Haarwurzeln, ohne die Lider zu heben, die einzelnen Wörter waren nicht zu verstehen. Doch als sie mitten im Liebeslied war, verhaspelte sie sich im Wechsel, rang noch ein paarmal nach Atem, bekam immer mehr Angst, bis sie zuletzt die Sprache verlor und förmlich im Boden versank.

»Ausgezeichnet«, sagte der Kaufmann, »großartig. Das nenne ich Köpfchen« und rettete sie, indem er ihr zur Ermutigung beide Hände reichte. Er war davon überzeugt, daß sie noch ein ungewöhnlich begabtes Mädchen würde, und sagte, er wolle ihr aus diesem Anlaß ein blankes Zehnörestück schenken, damit sie sich ein schönes Taschentuch kaufen könnte, denn es ist ein Kennzeichen aller großen Männer, daß sie dazu neigen, anderen Leuten Taschentücher zu schenken. Dann öffnete er vor Vater und Tochter die Tür und bugsierte sie höflich nach vorn in den Laden, den er ihnen in Wirklichkeit schon mit allem, was darin war, geschenkt hatte.

Der Rest des Tages verging mit Warenentnahme und Besorgungen. Asta Sollilja durfte ein Taschentuch entnehmen, und es war ihr erstes Taschentuch, es war am Rand geblümt, sie durfte auch eine Perlenkette mit hellblauen Perlen entnehmen; sie hängte sie sich gleich um den Hals, um zu dem großen Ort zu passen; das Taschentuch hielt sie in der Hand, denn sie hatte keine Tasche. Doch das war nicht alles. »Mir ist, als ob ich dir im Winter einmal die Saga von Örvar-Oddur versprochen habe«, sagte ihr Vater, und sie gingen zum Buchhändler.

Der Buchhändler war ein alter Mann, der im Haus nicht mehr allein stehen konnte, sondern sich am Stock fortbewegte. Trotzdem stand er in dem Ruf, ganz unwahrscheinlich gut mit der Zeit mitzugehen. Sein Buchladen befand sich in einem Winkel im Dachgeschoß eines alten zerfallenen Hauses, das versteckt hinter anderen Häusern lag. Der Weg ging über eine dunkle, knarrende Treppe, die kein Ende nehmen wollte. Der Buchhändler kochte gerade frischen Fisch auf einem Petroleumkocher, und der Kochdunst verbreitete sich im Zimmer, so daß sich die vielen Bücherbretter, die sich unter der Last der Literatur durchbogen, wie Felsengürtel im Nebel verloren. Er ließ den Topf stehen, griff nach seinem Stock und reichte den Gästen die Hand zum Gruß.

»Gibt es hier Bücher?« fragte Bjartur.

»Bücher und Bücher«, antwortete der Buchhändler, »es kommt darauf an.«

»Ja, es ist bloß wegen meiner Sola«, sagte Bjartur. »Sie

steckt schon die Nase in Schwarten, das junge Ding, so daß ich ihr im letzten Winter wohl versprochen habe, ihr die Saga von Örvar-Oddur zu schenken. Ich bezahle in bar.«

»Wo hast du deinen Verstand, Mann«, sagte der Buchhändler. »Es ist über dreißig Jahre her, seit ich das letzte Exemplar der Saga von Örvar-Oddur verkaufte. Die Nation steht heute auf einer ganz anderen Bildungsstufe. Hingegen habe ich hier die Geschichte von den Goldminen König Salomos, in der von dem Helden Umslopogas berichtet wird, der seinerseits ein großer Mann war und meines Erachtens um nichts geringer als Örvar-Oddur.«

»Das glaube ich kaum«, sagte Bjartur. »Es ist wohl so eine verfluchte moderne Weltanklage. Und daß dieser Mann, den du genannt hast, an Örvar-Oddur herangereicht hat, der volle zwölf dänische Ellen groß war, das braucht mir keiner zu sagen.«

»Ja, die Nation hat nun einmal diese Stufe erreicht, Freund, daß sie mit der Zeit mitgehen will, und danach müssen wir uns richten, wir Buchhändler. Oder meinst du nicht, kleines Fräulein, daß man sich nach der Gegenwart richten muß? Komm mal her, Kleine, und sieh dir meine Gegenwartsliteratur an. Hier ist ein weltbekannter Roman von einem Mann, der in einem Wagen ermordet wurde, und ein wissenschaftliches Werk über die Verderbtheit des Papsttums, alles darüber, wie diese schlechten Menschen im Ausland, Mönche und Nonnen, sich im Mittelalter gegenseitig zur Unzucht verführten. Und hier zeige ich dir ein Buch, das fast neu ist und heutzutage ganz hochmodern, sieh es dir nur an, kleines Fräulein, ob es nicht etwas für uns ist?«

Obwohl der Mann alt und gebrechlich war, konnte Asta Sollilja nicht verhindern, daß sie wegen der Anrede, die er gebrauchte, bis an die Haarwurzeln errötete. In ihren kühnsten Träumen hätte sie nicht erwartet, daß man sie Fräulein nannte, und noch weniger, daß sie mit ihm gemeinsame literarische Interessen haben könnte. Als sie auf das Titelblatt des obersten Buches sah, stand ihr Herz vor Erstaunen fast still. Über diese merkwürdige Sache, von der sie nie mit Namen gehört hatte, obwohl sie allerlei von den Jomswikingern und den Haustieren wußte, gab es also sogar ganze Bücher. »Geheimnisse der Liebe. Ratschläge, die Beziehungen zwischen Jüngling und Mädchen betreffend.«

Beziehungen? dachte das Mädchen, benommen vor Angst, als fürchtete sie, ihr Vater würde sie schlagen. Wie sind die Beziehungen zwischen Jüngling und Mädchen? Sie wünschte und hoffte, ihr Vater würde dieses Buch nicht bemerken. Selten hat ein Buch so sehr die Neugier eines jungen Mädchens erregt, und selten ist ein junges Mädchen so schüchtern gegenüber einem Buch gewesen; auch wenn niemand zugegen gewesen wäre, hätte sie nicht gewagt, ein solches Buch zu verlangen. So gewaltig wirkte der Titel auf sie, daß sie, obwohl sie sich beeilte, wegzusehen und zu tun, als hätte sie nichts bemerkt, in dem großen Bücherladen kein anderes Buch mehr sah. Doch in diesem Augenblick mußte natürlich auch ihr Vater das Buch entdecken, und selbstverständlich wurde er wütend wie immer über dergleichen. »Das ist so ein verdammter Liebesquatsch, den die Südländer zusammenschreiben, um die Frauen herzkrank zu machen.«

»Ja, aber die Frauen wollen trotzdem so etwas haben«, sagte der Buchhändler. »Ich habe in den letzten fünf Jahren über dreißig Exemplare dieses Buchs verkauft, und noch immer wird danach gefragt. Nur Morde und Wissenschaften reichen nicht aus. Es muß auch Liebe in der Literatur sein. Lang war Örvar-Oddur seinerzeit, doch wer ist imstande, die Länge der Liebe zu messen?«

Es kam, wie es zu erwarten war, Bjartur geriet mit dem Buchhändler in Streit über den Geist der Gegenwart und die Genialität der Vorzeit, und Asta Sollilja war ganz zerstreut, bis das Wasser im Kochtopf des Buchhändlers überkochte. Der Besuch endete damit, daß Bjartur das Märchen von Schneewittchen kaufte und es seiner Tochter schenkte.

»Er hat nicht weniger als sieben uneheliche Kinder, was sich am besten daraus erklärt, womit er handelt«, sagte Bjartur, als sie die dunkle und knarrende Treppe, die zu den »Geheimnissen der Liebe« führte, wohlbehalten hinuntergelangt waren.

Er ging mit großen Schritten, gebeugt, stapfend, des

Gehens auf allzu ebener Erde ungewohnt; sie folgte ihm mit Abstand und ahmte seinen Gang nach, denn sie verstand nicht, nach eigenem Gutdünken zu gehen, schmal und ängstlich in ihrem weiten geblümten Kleid, mit dem Taschentuch in der schwitzenden Hand, der Perlenkette um den Hals; und alle sahen sich nach ihnen um.

Am Abend gingen sie in das Gasthaus, um dort zu übernachten; es war ein großes Haus mit einem Stockwerk über dem anderen, es war mit ungestrichenem Wellblech verkleidet, Stufen führten zum Eingang. Was für ein Haus: drinnen herrschte großer Lärm; Asta Sollilja war nicht gefaßt auf solchen Tumult, solches Geschrei, solch brüllenden Gesang, knallende Türen, Geschirrklappern, Streit, Mädchengekreisch, Jessesrufe, Hundegebell. Welche unerhörten Dinge mußten sich in einem solchen Haus zutragen, nur an einem Tag; das vielgestaltige Leben, das sich in diesem ganzen Lärm offenbarte, flößte dem erschrockenen Mädchen das Gefühl des Ausgeschlossenseins und der Bedeutungslosigkeit ein, sie stand außerhalb des Lebens selbst, dieses große Haus war für sie so etwas wie das Buch über die Geheimnisse der Liebe, voller Lockungen, aber verschlossen. Selig die, die hier in diesen herrlichen Freuden des Lebens zu Hause sein und an dem wilden Geklapper der Küche teilhaben durften! Sie saß wie ein verunglückter Gegenstand auf einer Bank in einer Ecke des Speisesaals, ohne grundlos zu schreien, während ihr Vater sich mit anderen Gästen des Gasthauses abgab, meistens Landleuten auf Stadtreise wie er, und mit ihnen über Graswuchs, Geschäfte und Würmer sprach. Es tröstete sie nur das eine, daß die Leute vom Lande einen nicht so komisch ansahen wie die feinen Leute des Marktfleckens; die meisten beachteten sie nicht.

Sie war müde und hungrig, stumpf nach all den verschiedenen Dingen, die den ganzen Tag lang ihre Sinne ermüdet hatten, sie hatte nicht einmal mehr so viel Unternehmungsgeist, die eine Einlage, die ihr auf den Rist gerutscht war, zurechtzuschieben, sie starrte mit dem Taschentuch in der Hand vor sich hin, und es war bereits schmutzig und zerknüllt. Dann kam ein großes Mädchen, rot und weiß, mit blauen

Augen und vollem Busen, dreimal voller und runder als Asta Sollilja, die konnte ein Kleid ausfüllen. Sie segelte hier aus den Freuden der Küche herein, beneidenswert, mit frischem gekochtem Fisch auf einer riesigen Platte, und ließ alle essen – Asta Sollilja war so schmal, daß sie sie nur mit einem Auge anzusehen wagte. Mit einer Bestimmtheit, die ihrer Schönheit entsprach, fragte das Mädchen, zu wem Asta Sollilja gehöre, und sie setzte sie zu ihrem Vater und achtete darauf, daß jeder sein Teil von dem Fisch bekam, und angesichts der großen Stücke Fisch trat in der diskutierenden Schar Ruhe ein.

Sie wurden erst wieder gesprächig, als sie schlafen gingen. Da begann der Handel und die Wurmkrankheit von neuem. Hinzu kam, daß jetzt sonderbare Männer in den Schlafraum kamen, Männer, die ohne bestimmten Grund sangen und denen es schwerfiel, sich auf dem ebenen Fußboden auf den Beinen zu halten; sie hatten gerötete Augen, waren voll Erde und rochen nach Gärung. Asta Sollilja bekam sofort Angst, denn ihr schien, daß sie sie so sonderbar ansahen; außerdem betasteten sie sie. Doch ihr Vater sagte, daß sie keine Angst zu haben brauche, es seien nur Betrunkene. Nichtsdestoweniger hörten sie nicht auf, und sie fragten, wer eine so junge und hübsche Frau hätte. Bjartur sagte ihnen in barschem Ton, sie sollten das Kind in Ruhe lassen, es sei erst dreizehn Jahre alt und noch nicht einmal konfirmiert. Die Männer sagten, daß sie der Teufel holen sollte, wenn das Mädchen noch nicht mannbar wäre, und einer von ihnen erbrach sich auf den Fußboden. Niemand nahm den Neuankömmlingen etwas übel, und der Streit um die Handelsfragen ging weiter, als wenn nichts geschehen wäre. Wie immer teilte man sich in zwei Parteien; die einen lobten die, die alles für die Bauern tun wollten, die anderen stellten sich auf die Seite derer, die den Bauern nur Schaden zufügten. Es wurde gesagt, daß die ganze Nation Handelsgenossenschaften gründen solle, nach dem Beispiel der Kleinbauern im Bezirk Thingeyrar vor mehr als dreißig Jahren. Dennoch schien es Asta Sollilja übertrieben, daß die Kaufleute Blutsauger und Diebe wären, denn ihr Vater ergriff Partei für den Kaufmann. Hingegen konnte sie nicht begreifen, weshalb ihr Vater kein gutes Wort für Ingolfur Arnarson übrig hatte, diesen guten und schönen Mann, der sie im Frühjahr einmal so freundlich gegrüßt hatte. Außerdem hatte der Vater des Beauftragten ihr zweimal zwei Kronen für gar nichts geschenkt, und obwohl ihr der Kaufmann einen blanken Groschen für Reimzyklendichtung geschenkt hatte, konnte sie nicht umhin zu wünschen, daß ihr Vater jegliche Feindschaft gegen den vornehmen Sohn des Gemeindevorstehers, der alles für die Bauern tun wollte, aufgeben möge.

Der Streit verschärfte sich mehr und mehr, zuletzt wußte das Mädchen nicht, welchen von beiden sie sich erlauben konnte weniger zu lieben, den Kaufmann oder den Handelsgenossenschaftsleiter, sie versuchte nur, möglichst nahe an ihren Vater heranzurücken. Einer sagte, die Kaufleute seien nicht nur Diebe, sondern auch Mörder; ihm wären viele Fälle bekannt, wo Bryne Leuten die Warenentnahme verweigert hätte, so daß sie Mangel leiden mußten; er könnte die Leute namentlich aufführen, die deswegen in seiner Gemeinde direkt an Unterernährung gestorben seien, und das in den letzten Jahren; die Handelsgenossenschaften wären hingegen der Handel der Bauern selbst, da hätten sogar Kleinbauern die Garantie, daß sie nicht erst betrogen und dann durch Hunger umgebracht würden. Ein anderer sagte, in den Handelsgenossenschaften bestimmten nicht mehr die Kleinbauern, wie ursprünglich im Bezirk Thingeyrar, jetzt hätten die Großbauern die Handelsgenossenschaften in ihren Dienst genommen, oder weshalb kämpfte plötzlich der Gemeindevorsteher auf Moor für eine Handelsgenossenschaft? War jemand so einfältig, zu glauben, daß es aus Sorge um die Kleinbauern geschah? Nein, es war deshalb, weil sein eigenes Geschäft in Wiek bankrott war. Die Handelsgenossenschaft in Wiek hatte es bankrott gemacht. Jetzt wollte er hier in Fjord sichergehen, nein, der Kleinbauer würde von den Handelsgenossenschaften keineswegs auf einem fetteren Pferd wegreiten als früher vom Kaufmann, es würde dasselbe Schuldenjoch bleiben, nur daß das Monopol dazukäme, »lest ihr denn nicht einmal die Zeitungen, verfluchte Kerle?« –

»Ich habe keine Schulden«, sagte Bjartur in Sommerhausen. Aber die Diskutierenden hatten beide Schulden, sie besaßen nämlich beide Kühe; es beginnt damit, Kühe zu besitzen; und sie antworteten einem schuldenfreien selbständigen Mann wie Bjartur nicht; andererseits konnten sie sich nicht einigen, bei wem man am ehesten Schulden haben sollte. Sie ereiferten sich immer mehr, bis der eine sagte, man könne von ihm keine menschliche Denkweise erwarten, von ihm, der nicht einmal bei seiner Frau etwas auf Zinsen legte. Der andere benannte eiligst Zeugen dafür und fügte hinzu, es sei überall bekannt, daß die Frau des ersteren ihn zwölf Jahre lang mit dem Knecht betrogen hätte und daß ihm nicht einmal seine eigenen Kinder gehörten. »Nein, jetzt ist es genug«, sagte Bjartur, »breitet diesen Unflat nicht vor dem Kind aus«, ohne daß jedoch Asta Sollilja etwas Häßliches darin erblickt noch sich Gedanken darüber gemacht hätte, wem die Kinder gehörten. Sie sagten, hier sei keine Kinderbewahranstalt, oder was zum Teufel wolle er hier mit einem halberwachsenen Gör unter erwachsenen Männern, die ernste Dinge zu besprechen hätten. Dann wurde der Streit immer schlimmer, sie wußten genau Ort und Zeit, wann wer es mit wem gehalten hatte, sie hatte an dem bewußten Tag sogar rote Hosen an, und da brauchte man nicht weiter nach Gründen zu fragen, es konnte natürlich nicht weniger kosten als eine in die Fresse. – »Hast du rote Hosen gesagt? Ich sage rote Nase. Ja, und blaues Auge.« Da erst begriff Asta Sollilja, daß hier ernste Dinge besprochen wurden. Die bergehohen Leichenhaufen der Reimerzählungen waren nichts im Vergleich dazu, einen Mann im Gasthaus wegen roter Hosen verprügelt zu sehen, nach allem gab es also doch böse Menschen. Man versuchte einzuschreiten, sogar Bjartur legte Hand an, alles landete in einem Haufen mitten im Zimmer, ihr schien, daß einer den anderen schlug, und sie glaubte, daß sie ihren Vater totschlagen würden, schrie auf und brach in lautes Weinen aus. Das Knäuel bewegte sich zur Tür, immer mehr kamen dazu, zuletzt wurden die beiden Gegner an die frische Luft gesetzt, und verschiedene Leute begannen sie auszusöhnen und ihnen Tabak zu geben, und Bjartur kam wieder herein und einige andere auch, doch das Mädchen zitterte und weinte, wie sehr sich ihr Vater auch bemühte, sie zu trösten.

»Papa«, brachte sie unter Weinen hervor. »Ich will nach Hause. Lieber Papa, laß mich nach Hause.«

Doch er sagte seinem Kind, sie solle nicht mehr weinen, »sie machen bloß Spaß, die armen Jungens, sie haben ein bißchen intus, und dann lieben sie einander so heiß; zieh dir die Oberkleider aus und leg dich hin, wir sparen fünfundzwanzig, wenn wir in einer Koje liegen.«

Die Betten standen in zweigeschossigen Reihen an den Wänden, obere Kojen und untere Kojen. Das Mädchen kroch in eine der unteren Kojen und schlüpfte aus dem geblümten Kleid, den Unterrock wagte sie nicht auszuziehen. Die Friedfertigen unterhielten sich noch lange über die Schlägerei und ihre Ursache, immer wieder von vorn, in verschiedenen Formen, von verschiedenen Gesichtspunkten aus; schließlich sprachen sie mitten in der Stube im Vertrauen, sie flüsterten miteinander, die Seitensprünge waren ganz gewaltig. Obwohl Asta wenig von dem Geflüster hörte, konnte sie doch nicht einschlafen, sie fand auch keine Ruhe, sondern zitterte noch immer unter dem Deckbett, so stark war ihre Gemütserschütterung, weil sie die Reimerzählungen in dieser ungereimten alltäglichen Weise erlebt hatte.

Es bedeutete eine große Erleichterung für sie, als endlich die Müdigkeit die Männer überkam und sie sich allgemein vor der Nacht die Nase schnaubten, Schuhe und Hosen auszogen. Auch ihr Vater setzte sich vor ihr auf die Bettkante, schnaubte sich die Nase, zog Schuhe und Hosen aus. Erwartungsvoll lauschte sie auf seine Bewegungen, ihr schien er unendlich lange Zeit für jedes Kleidungsstück zu brauchen, sie glaubte sich nicht sicher, bis sie ihn neben sich fühlte, noch nie hatte sie ein so dringendes und unwiderstehliches Bedürfnis empfunden, sich an ihn zu kuscheln, wie nach dieser Schlägerei; sie wurde noch immer nicht Herr über das Zittern ihres Körpers, ihre Zähne klapperten noch immer. Dann sagten die Männer einander in christlicher Weise gute Nacht, und es knarrte in den Betten, wenn sie sich hinlegten.

»Mach ein bißchen Platz, mein Kind«, sagte ihr Vater, »es

ist so verteufelt schmal«, und sie versuchte, so dicht wie nur möglich an die Wand zu rücken, »gut so, dreh dich zur Wand und schlaf.«

Und dann drehte sie sich zur Wand.

Doch sie konnte unmöglich schlafen, die Verschalung schien ihr starke Kälte auszuströmen, vielleicht zitterte sie deshalb; das Deckbett war viel zu schmal, und ihr Vater zog es ihr fast ganz weg, von seiner Körperwärme wurde ihr nur der Rücken warm, das Zittern überfiel sie immer wieder. Die Leute rundherum schliefen mit lautem Schnarchen unversehens ein, doch sie konnte wegen der Kälte der Wand nicht einschlafen.

Einige Zeit verging, und sie lag wach; schließlich öffnete sie die Augen, die Fenster waren zugezogen, es war halbdunkel im Saal, es mußte weit nach Mitternacht sein; ihre beiden Knie ragten unter dem Deckbett hervor, durch das Paneel an der Wand neben ihr schien es zu ziehen, ihr Papa hatte ihr nicht einmal gute Nacht gesagt, obwohl er wußte, daß sie Angst hatte. Rundherum schnarchten die fremden Männer in diesem großen, geheimnisvollen Haus der Welt, der Welt, auf deren Bekanntschaft sie sich so gefreut hatte, daß sie des Nachts nicht schlafen wollte; und jetzt, wo sie hinaus in diese Welt gekommen war, hatte sie plötzlich solche Angst vor ihr, daß sie vor Furcht nicht schlafen konnte, so gern sie es auch wollte; sie war unter böse Männer geraten, die Frauen in roten Hosen hatten. Wie sollte sie hier allein einschlafen können, in dieser unzuverlässigen, unbegreiflichen Welt? Allein? Nein, nein, nein, sie war nicht allein. Solange ihr Papa bei ihr war, würde sie nie allein sein, auch wenn er vergaß, ihr gute Nacht zu sagen, wenn er nur bei ihr lag und lebte, Papa, mein lieber Papa, du bist bei der kleinen Asta Sollilja. Und ehe sie sich dessen versah, dachte sie an die weiße, weiche Stelle an seinem Hals, zwischen dem Bartansatz und dem Hemdkragen, die Stelle, die allen Kummer heilte, wenn sie dort nur ihren Mund ruhen lassen durfte. Und weil alle schnarchten, und weil sie nicht einschlafen konnte, und weil ihr so kalt war, weil sie so allein war, so traurig und verängstigt draußen in der Welt – und doch so glücklich, ihn noch neben sich zu haben, ihn, den Inbegriff der Sicherheit, der alles konnte und keinem etwas schuldete, der nie staunte, auf alles eine Antwort wußte, den König über Sommerhausen, den Dichter – begann sie sich furchtbar langsam im Bett umzudrehen, so langsam, daß es gar nicht knarrte; so langsam, daß niemand es bemerken sollte, daß sie sich bewegte; nur ganz, ganz wenig auf einmal; und dann verging eine Zeit; und dann wieder ganz wenig; und das Haus war still, ausgenommen das nächtliche Schnarchen wie aus einer anderen Welt, und die Vögel, die draußen zwitscherten, hoch über dem großen Ort; und am Ende hatte sie sich ganz umgedreht, sich ihm zugedreht, nein, sie war draußen in der Welt nicht allein, sie lag wach an seiner starken Brust, sie schob den Kopf vorsichtig auf dem Kopfkissen vor, bis ihre Lippen unter seinem Bart und ihre geschlossenen Augen an seinem Barthaar Ruhe fanden – des Mannes, der mit bloßen Fäusten gegen die Unholde des Landes angegangen war in derselben Nacht, in der sie geboren wurde.

Sie dachte zuerst, er schlafe und habe nichts bemerkt. Einige Zeit verging. Sie hörte seine Atemzüge und lauschte auch auf das dumpfe und starke Pochen seines Herzens. Doch allmählich spürte sie an seinen Bewegungen, den allzu schwachen und vorsichtigen, daß er wohl nicht schlief, er war wach. Und sie schämte sich – würde er aufstehen und sie schlagen, böse darüber, daß sie sich erdreistet hatte, sich umzudrehen, nachdem er ihr befohlen hatte, sich zur Wand zu drehen, und dann schmiegte sie sich in ihrer Schutzlosigkeit noch dichter an ihn. Dann verging eine lange Weile, und ihre Herzen schlugen schnell eins gegen das andere, zuletzt rührte sie sich nicht mehr und tat, als ob sie schliefe, ihr Gesicht an seinem Hals. Nach und nach, fast ohne daß sie es merkte, hatte seine Hand sich ihr genähert, natürlich unwillkürlich, er hatte nur ein wenig seine Lage geändert; an ihrem Bündchen war unbemerkt der zweite Knopf aufgegangen, und im nächsten Augenblick fühlte sie, wie seine warme und starke Hand ihren Leib berührte.

Sie hatte noch nie so etwas erfahren. Alle Furcht war mit einemmal fort. Der Schauder, der ihren Körper und ihre

Seele durchfuhr, war von ganz anderer Art als vorher; etwas kam ihr in den Mund wie unbändiger Appetit, wenn man sich hungrig und müde zu Tisch setzt, nur daß es seine Bewegungen waren, die ihren Hunger weckten; nichts, nichts durfte jemals zwischen sie kommen, und im Rausch dieser unpersönlichen fordernden Selbstsucht, die sie in einem Augenblick alles vergessen ließ, klammerte sie sich mit beiden Händen an seinen Körper. Waren das die künftigen Freuden der Welt...

Und da – da trat das Ereignis ein, das sie nie wieder vergaß, das einen unaustilgbaren Schatten auf ihre erwachende Jugend werfen sollte, das das Maß an Hartherzigkeit und Grausamkeit, das ihr schon zuteil geworden war, voll machte: gerade in dem Augenblick, als sie alles außer ihm vergessen hatte, da – stieß er sie von sich und stieg aus dem Bett. Er zog sich schnell Strümpfe und Hosen an, band sich die Schuhe an, schlüpfte in seine Jacke und war aus dem Schlafsaal verschwunden. Er machte die Tür hinter sich zu, sie hörte seine Schritte auf dem Gang, er öffnete die Außentür des Hauses und war verschwunden. Sie blieb allein bei den schnarchenden Männern zurück. Eine Weile lag sie wie gelähmt, in ihrem Bewußtsein war jeder Gedanke ausgelöscht; er aber kam nicht wieder. Langsam schlichen sich Vorwürfe in ihr Gemüt ein. Was hatte sie getan? Was war geschehen? Sie war weit davon entfernt, es zu verstehen, sie fühlte nur, daß es etwas Schreckliches war, etwas hundertmal Schlimmeres als das im vergangenen Winter, als er sie wegen einer zum Lesen ungeeigneten Stelle in einer Reimerzählung schlug, etwas, was er ihr von jetzt an niemals würde vergeben können, wie alt sie auch wurde. Was hatte sie nur getan? Und weshalb mußte sie dieses unbedingt tun? Wie hätte sie ahnen können, daß etwas so Unbegreifliches und Fürchterliches sich hinter etwas so Unschuldigem und Gutem verbergen konnte, wie sich an seinen Hals zu schmiegen? Was war mit ihr geschehen? Papa, lieber Papa, was habe ich dir getan? Bin ich denn so furchtbar schlecht? Und ihre Tränen begannen zu fließen, sie wurde von bitterem Schluchzen geschüttelt, und aus Angst, die schnarchenden Männer zu wecken, preßte sie ihr Gesicht in das Kopfkissen; wahrscheinlich war ihr Papa schon zu Hause und würde sie fortjagen, wenn sie nachkäme.

Schließlich konnte sie nicht mehr weinen; sie richtete sich im Bett auf und blickte verzweifelt um sich. Ja, er war bestimmt weg, sie stand allein und hilflos draußen in der bösen Welt. Wer würde ihr jetzt zu essen geben, wenn sie Hunger hätte? Ihr fiel ein, daß sie vielleicht bei Mangis Vater bleiben könnte, dem Lageristen, der gestern ihre Wolle gewogen hatte. Oder sollte sie sich ein Herz fassen und zum Kaufmann selbst gehen? Vielleicht würde der Beauftragte, der Sohn Jons auf Moor, der sie im Frühjahr so freundlich gegrüßt hatte, ihr Unterkunft gewähren? Ohne zu einem Ergebnis zu gelangen, stieg sie in ihrer Verzweiflung aus dem Bett, schlüpfte in ihr Kleid und zog die Schuhe an. Und da bemerkte sie, daß ihre Perlenkette gerissen war, die Perlen lagen im Bett verstreut, doch ihr war es gleich, sie hatte keine Freude mehr an diesen Perlen, denn ihr Vater hatte sie verlassen; ihr Leben war vernichtet, sie stand allein in der Welt.

Leise schlich sie zur Tür, schlüpfte auf den dunklen Gang hinaus und stand kurz darauf draußen auf den Stufen in der hellen Sommernacht, in dem menschenleeren Ort. Es nieselte, der Nebel hing bis über die Mitte der Hänge hinunter. Sie wußte nicht, wie spät es war; es mußte lange vorm Aufstehen sein, niemand war unterwegs, die Meeresvögel schrien draußen auf dem Fjord anders als jedes Vogelgezwitscher. Ohne etwas zu denken, trat sie langsam auf die Straße hinaus.

Eine so seelenlose Welt, einen so trostlosen Ort hatte sie sich nicht vorstellen können. Keine lebende Seele, kalter Nieselregen über Straße und Häusern. Viele Häuser waren schief, die Fensterscheiben waren häufig zerbrochen. Vom Wellblech war der Anstrich abgeblättert, an manchen Stellen waren im Winter ganze Platten vom Wind abgerissen und nicht wieder angenagelt worden, von der Dachpappe hatte der Regen den Kalk abgewaschen, oft hing die verschlissene Pappe in Fetzen an den Häusern. Übelriechende Fischköpfe und -rückgrate auf Gattern und Mauern. Triste Kühe beim Wiederkäuen auf dem Abhang. Eine Katze lief quer über die Straße und war verschwunden. Kein feiner Mann, kein feines Mädchen. Leere.

Sie schlenderte gedankenlos die Hauptstraße entlang in Richtung auf das Gebirge, mit unsicheren Schritten, schutzlos. Der Regen fiel auf ihr Haar, und das Kleid war in kurzer Zeit durchnäßt, doch das war ihr gleich. Dann zeichnete sich im Nebel ein Mann mit einem Pferd am Zügel ab. Als er näher kam, sah sie, daß es ihr Vater war. Er hatte das Pferd von der Weide geholt.

»Was soll das? Warum schläfst du nicht?« sagte er.

Sie blieb nur auf dem Weg stehen, mit gesenktem Kopf, wendete sich von ihm ab, ohne zu antworten.

»Warte hier«, sagte er. »Ich gehe den Wagen holen.«

Sie setzte sich auf einen Stein an der Straße; der Regen näßte weiter ihr Haar und ihren Hals, nach einer Weile war sie klamm. Doch sie blieb sitzen, stumpf, verfroren, hungrig, unausgeschlafen. Endlich war das Gepolter des Karrens in der nächtlichen Stille zu hören, und ihr Vater kam wiederum näher und hatte das Pferd angespannt.

»Du kannst dich in den Wagen setzen, wenn du willst«, sagte er.

Doch sie zog es vor, zu gehen.

Dann führte er das Pferd auf dem steilen, krummen Weg den Abhang hinauf, das Mädchen ging hinterher. Der Regen wurde um so stärker, je höher man auf den Paß kam, oben war er schwer und dicht, das Mädchen war schon lange bis auf die Haut durchnäßt, das Wasser strömte aus ihrem Haar auf Rücken und Brust hinunter. Da erinnerte sie sich plötzlich an ihr Taschentuch, auf das sie sich so lange gefreut hatte, bei dessen Kauf ihr die großen Leute der Welt so gern behilflich sein wollten. Wo war das Taschentuch von Asta Sollilja? Es war verloren. Doch das machte nichts. Ihr war es egal. Alles egal. Sie glitt auf dem matschigen Weg aus, und als sie wieder aufstand, war ihr Kleid schmutzig und zerrissen.

»Ich will das Pferd hier am Rand ausruhen lassen«, sagte ihr Vater. »Und es ist am besten, den Proviant aufzuessen.«

Das große Meer von gestern war vollständig in dem

ekligen Nebelregen unten verborgen, ebenfalls das Unterland mit seinem großen Ort; die Bodenwellen der Hochebene verloren sich im Regen; der Weg, den sie noch bis nach Hause zurückzulegen hatten, schien kalt und endlos, und das Mädchen dachte ungetröstet an die ganze eintönige Endlosigkeit, die ihnen bevorstand.

Sie setzten sich auf einen nassen Stein am Rand der Hochebene. Ihr Vater saß mit dem Rücken zu ihr und hatte den Proviantbeutel auf den Knien. Über seine Schulter hinweg reichte er ihr eine hartgewordene Brotschnitte und ein Stück gedörrten Fischschwanz, Reste ihres gestrigen Proviants. Obwohl sie vor kurzem Hunger gehabt hatte, hatte sie jetzt keinen Appetit, der Regen machte dieses Fischzeug noch unappetitlicher als sonst, sie schluckte jeden Bissen mit Anstrengung und Ekel hinunter. Ihr Vater sagte nichts; auf dem nassen Stein drehten sie einander den Rücken zu, der Regen klatschte auf die Steine ringsumher. Nach einigen Bissen wurde ihr so übel, daß sie aufstehen mußte; sie ging ein paar Schritte und übergab sich. Sie erbrach die wenigen Mundvoll, die sie heruntergewürgt hatte; dann krampfte sie sich noch eine Weile und erbrach schließlich ein wenig Galle.

Dann begann die Hochebene.

33

Unterdrückung der Menschen

Dieser Sommer unterschied sich insofern von allen anderen Sommern, als Bjartur in Sommerhausen zum erstenmal fremde Arbeitskraft kaufte; das war ein Wendepunkt in der Geschichte: die Ereignisse, die davor stattfanden, lagen soundso lange vor dem Sommer, »in dem ich dieses Biest, die Frida, hier hatte«; die später stattfanden, soundso lange, nachdem Frida hier war, was nie hätte geschehen sollen.

Wer war Frida?

Mit ihr verhielt es sich so: jetzt gehörte eine Kuh zur Wirtschaft, und man brauchte eine Hilfe, weil man mehr Heu machen mußte. Und wie Bjartur die Kuh durch die Hartnäckigkeit der Leute von Rotenmoor aufgedrängt worden war, so wurde dem Bauern in Sommerhausen die Arbeitskraft durch die Hartnäckigkeit aus derselben Richtung aufgedrängt – natürlich nach der selbstverständlichen Diskreditierung des Ansehens der ersteren von seiten des letzteren. Dann kam die Erntearbeiterin.

Der Gemeindevorsteher, der Verstand für eine ganze Gemeinde hatte, war natürlich verständig genug, für Bjartur eine Arbeitskraft auszusuchen, die seiner Finanzkraft entsprach; es war eine Jammergestalt, die lange von der Gemeinde Unterstützung bekommen hatte; sie hatte ein dementsprechendes Maulwerk, und keiner wollte sie gern im Hause haben. Sie vertrug sich nie mit ihren Arbeitgebern, und am schlechtesten sprach sie von den Brotgebern, die sie gerade hatte; meinte, daß sie zu kaum etwas taugten; in der Regel waren es auch nur Kätner; sie dachte laut. Sie hatte auf ihre Weise eine schwache Gesundheit und brauchte ständig Arzneien, um sich aufrecht zu halten, sonst legte sie sich ins Bett, das war ihre Freude. Anfänglich wurden diese Arzneien lange Zeit beim Arzt Finsen entnommen und der Gemeinde in Rechnung gestellt, doch es kam so weit, daß es dem Gemeindevorsteher zuviel wurde; diese Rechnungen trugen dazu bei, die Steuerzahler fertigzumachen; er begann also, selbst für sie Arzneien zu brauen, denn er war an der ärztlichen Kunst interessiert, besonders wenn es sich um Gemeindearme handelte. Diese Arzneien wurden niemand in Rechnung gestellt, obwohl sie gallebitter waren; und obwohl sie nicht ohne Gerede abgegeben wurden, knapste er bei ihr nicht mit dem Quantum, wenn es soweit war, gab nie weniger als eine Dreiviertelflasche auf einmal, manchmal zwei. Es war nicht üblich, ihr Lohn zu zahlen, außer im Hochsommer; diesen Sommer konnte der Gemeindevorsteher es so einrichten, daß sie Bjartur zufiel; er sollte ihr pro Woche drei Kronen zahlen, die Hälfte davon in Wolle. Sie glaubte an Jesuspeter und pflegte ihn anzurufen.

In dieses Gehöft, wo die Leute einander anscheinend nur noch wenig zu sagen hatten, wenigstens öffentlich, kam die alte Frida wie ein neues Kapitel. Es war Bjarturs Gewohnheit, mit seiner Frau von der Hoframpe her zu sprechen, er rief dann bloß durch die Haustür oder sprach in die Luft, als redete er das Weltall an, und es war ungewiß, ob sie ihn oben im Wohngeschoß hörte. Es waren meistens Mitteilungen über das Wetter oder Überlegungen über die Arbeiten in der Wirtschaft und indirekte Befehle zu diesem Punkt. Der Inhalt war vollkommen unpersönlich, und es war gleich, ob sie antwortete. Die älteren Jungen knufften sich heimlich, doch wenn ihr Vater es sah, schlug er sie, manchmal mit einem Gerät, das er zufällig in der Hand hatte. Sie sollten nicht aufhören zu arbeiten. »Helgi, schäm dich und laß den Jungen in Ruhe«, denn immer hatte Helgi schuld, Gvendur war der gute Junge. Großmutter bewegte den Oberkörper vor und zurück und brummelte. Und Asta Sollilja sah mit ihren fragenden Erwachsenenaugen durch die Wand; oder durch den Himmel. Wer einen Wunsch hatte, mußte alleine denken, nach dem Vorbild Bjarturs, der Verse dichtete, ohne daß es jemand wußte, und sie – für alle überraschend – Gästen vortrug.

Plötzlich stürzte sich die unaufhaltsame Wortflut dieser Gemeindearmen über das große Unabhängigkeitsheim, wo jeder für sich allein stand. Sie kam, mit ihrem Beutel auf dem Rücken, redend zum Gehöft, und sie redete diesen ganzen Tag, bis sie sich ganz ausgezogen zur Großmutter und Nonni ins Bett legte. Ihr Gerede sickerte wie unaufhaltsames Leckwasser durch die Tage. Beim Harken auf der Heuwiese sprach sie mit sich selbst, und die Jungen schlichen lauschend um sie herum, sie sprach über Gemeindeangelegenheiten, Wirtschaftsweise und private Dinge, veranschlagte Bauernhöfe, kümmerte sich um Geburten und Ehebrüche, schimpfte sogar angesehene Bauern wegen Notschlachtungen aus Futtermangel aus, äffte Hausfrauen und Stützen der Gemeinde nach, beschuldigte ehrenwerte Leute des Diebstahls, schlug sich mit dem Gemeindevorsteher, dem Pfarrer und sogar dem Bezirksvorsteher herum, beschimpfte die Behörden, wo andere nichts anderes als das nasse Wiesenmoor sahen, und sie trug immer den Sieg davon, da diese Partner abwesend waren; sie stieß in einem fort Beleidigungen aus; in erster

Linie jedoch beklagte sie sich über das Unglück, das in der Unterdrückung der Menschen besteht. Diese Unterdrückung der Menschen war ihr ein solcher Dorn im Auge, daß sie wachend und schlafend alle ihre Reden auf diesen einen Schwerpunkt lenkte, und das unabhängig davon, ob sie mit sich selber sprach oder mit den Leuten oder dem Hund oder den Schafen, die zufällig ihren Weg über die gemähte Wiese nahmen, oder den unwissenden Singvögeln der Luft. Sie lebte in ständigem und gänzlich aussichtslosem Aufruhr gegen diese widerliche Unterdrückung, und deshalb lag in ihrem Blick etwas Grimmiges, Rücksichtsloses und Unüberlegtes, wie bei einem bösen, doch unentschlossenen Tier, das man im Traum gesehen hat, ohne Gestalt und doch unzweifelhaft da. Die Großmutter drehte dem Wortschwall den gebeugten Rücken zu und zog sich noch tiefer in das uralte Heideschweigen ihres eigenen Selbsts zurück. Mutter Finna fand geeignete Stellen, um in empfindsamem Ton bedeutungslose einsilbige Wörter einzuwerfen. Helgi zwinkerte boshaft grinsend mit den Augen und versteckte manchmal des Abends ihren Rock oder schmuggelte einen Kieselstein in ihre Suppe. Bjartur selbst, der bei ihrem ganzen Gewäsch manchen Vorwurf zu hören bekam, antwortete dieser verfluchten Kratzbürste nie, sondern setzte eine sture Miene auf, wenn er an ihr vorbeiging, und Gvendur richtete sich hier wie auch sonst nach seinem Beispiel. Doch der kleine Nonni lauschte mit großen Augen allem, was sie sagte, und versuchte, darin einen Zusammenhang zu finden. Oft stand er genau vor ihr, um besser beobachten zu können, wie sie das Mundwerk bewegte, und er tat es nicht ohne Bewunderung für ihren Wortreichtum. In ihrer Rede machte sie keinen Unterschied zwischen ihm und erwachsenen Leuten, sie sprach mit ihm im selben Stil und über ähnliche Gegenstände, in der Unterhaltung nahm sie ihn für voll.

»Es war einmal mitten im Winter, und die Schneeflocken fielen wie Federn vom Himmel herab, da saß eine Königin in ihrem Schloß am Fenster und nähte« – es war eines Nachts kurz vor der Heuernte; sie saß auf dem Türstein, paßte auf die Hauswiese auf und las dieses Buch. Sie las das ganze Buch draußen vor der Tür, und als die Mitternacht vorbei war, hatte sie es ausgelesen; sie begann sofort noch einmal, und als sie zum zweitenmal fertig war, da ging die Sonne auf. Und sie starrte lange nach Süden über die Hochflächen, ging das Märchen noch einmal in Gedanken durch. Wieder und wieder ging sie in den Spuren Schneewittchens über die sieben Berge, ein Jäger ließ ihr das Leben, und sie kam in ein Zwergenhaus. Schließlich, nachdem ihr alle Bosheit der Welt begegnet war, kam der schöne Königssohn und nahm sie in dem Sarg aus Glas mit in sein Reich. So tief war ihr Mitgefühl mit dem kleinen Schneewittchen in Freude und Kummer, in Glück und Bedrängnis, daß ihr die Tränen in die Augen traten und ihre Brust bebte, doch es war nicht das schmerzliche und bedrückende Gefühl, wie wenn man wegen des Bösen leidet, sondern vielmehr, wie wenn man für das Gute leben und sterben will. So natürlich war dieses Märchen, sie sah den Königssohn in voller Größe durch ihre Tränen, und sie sah auch sich selbst, wie sie im gläsernen Sarg lag und die Diener des Königssohns sie forttrugen; und sie stolperten, und der Apfel fuhr ihr aus dem Hals, und sie richtete sich auf und sah ihn an, und sie begrüßten sich, und es war, als wenn sie sich seit undenklichen Zeiten gekannt hätten, und er machte sie zur Königin – nach allem, was sie seit ihrer Geburt hatte erdulden müssen. Es war das erste Mal, daß ihre Seele von der beeindruckenden Wirkung der Dichtkunst ergriffen wurde, die uns die Verhältnisse der Menschen so wirklich und mit so viel Sympathie und mit so großer Liebe für das Gute zeigt, daß wir selbst bessere Menschen werden und das menschliche Leben besser verstehen als vorher und wünschen und hoffen, daß im Leben der Menschen das Gute immer siegen möge.

Bjartur ging von der Arbeitsweise des alleinwirtschaftenden Bauern nicht ab, sondern stand wie im ersten Sommer frühmorgens auf; ihm auf den Fersen folgten seine erwachsenen Arbeitskräfte, die Frau und Frida. Sie arbeiteten mit nüchternem Magen bis gegen sechs Uhr; die Kinder durften schlafen, bis der Kaffee fertig war, die alte Frau hantierte mit dem Feuer. Ob Sommer oder Winter, der Großmutter gelang es gleich schlecht, sie zu wecken; so etwas von Kindern hatte sie noch nie erlebt. Wenn sie auf gutes Zureden nicht reagierten, versuchte sie, sie mit Gewalt aus dem Bett zu ziehen; doch es war, wie wenn man an einem Gummiband zog: wenn sie ihren kraftlosen Griff gelockert hatte, waren sie weiter von ihr weg als vorher; ihre Augenlider waren schwer wie frisch geschnittene Soden. Auch wenn sie aus dem Bett gekrochen waren und sich die Strümpfe anzogen, fielen ihnen die Augenlider wieder zu, dann verloren sie das Gleichgewicht und sanken zurück ins Bett. Oft mußte die alte Frau ihnen mit einem nassen Lappen ins Gesicht schlagen, damit es ihnen gelang, diese sonderbaren Augenlider zu öffnen. Jeden Morgen meinte sie, aus ihnen würden niemals Menschen werden.

Oft war ihnen so schlecht, wenn sie endlich aufgestanden waren, daß sie weder den Kaffee noch den Happen Brot hinunterbekamen; für Leckerbissen waren sie erst empfänglich, wenn sie länger als eine Stunde auf waren. Dann schlenderten sie mit Kaffee für die Erwachsenen in einem Lägel das Wiesenmoor hinunter, mit unsicheren Schritten, wie die vielbesprochenen drehkranken Schafe; die Füße waren noch nicht wach; in den Kniegelenken kitzelte es, als wären sie eingeschlafen. Ein wollüstiges Verlangen nach mehr Schlaf befiel sie, es war wundervoll, zwischen den Grashöckern hinzufallen, denn niemand konnte ihnen verbieten hinzufallen, es machte nichts, daß man naß wurde oder sich im nächsten Atemzug die Mühe machen mußte, wieder aufzustehen; der Fall war so wundervoll, er war ein Augenblick in der seligen Umarmung der Ruhe. Auf ihrer Stirn brach kalter Schweiß aus, so übel war ihnen, sie standen manchmal vornübergebeugt auf dem Wiesenmoor und erbrachen sich, der Schweiß wurde kälter und kälter, wie Eiswasser um Stirn und Schläfen mitten im Sommer; der Kaffee, der aus ihnen herauskam, war nicht mehr süß, sondern bitter, zuletzt füllte sich der Mund mit einer unbekannten Flüssigkeit. Sie hatten auch des Morgens oft Zahnschmerzen, die bis weit in den Tag, manchmal den ganzen Tag anhielten, und es war ganz unglaublich, wieviel Arten von schlechtem Geschmack sie spürten. Die älteren Jungen hatten jeder eine kleine Sense bekommen, und der kleine Nonni sollte harken helfen, damit den Frauen das viele Heu nicht über wurde. Es war ein sechzehnstündiger Arbeitstag für die Kinder, unterbrochen von zwei Mahlzeiten, einer Kaffeepause und einem kurzen Mittagsschlaf unter freiem Himmel nach dem Mittagessen. Wenn klares Wetter war, vergaß man dann und wann im Schein der Sonne die alles beherrschende Macht des verzweifelten Kampfes, und die Gedanken schweiften zu fernen Zielen, fanden Ruhe in der Hoffnung auf künftige Jahre mit einem freieren Leben an einem besseren Ort, diese Träume sind von jeher der Adel des Sklaven gewesen; es ist, als ergriffe die Sonne darin für ihn Partei, doch leider gab es in diesem Sommer besonders wenige Tage, in denen die Wunschländer in Tagträumen bei Sense und Harke in den Seelen auftauchten, es war nämlich ein Regensommer, und durchgeregnet in Wiesenpfützen vergißt niemand die Nähe der Gegenwart. Diese Kinder besaßen ebensowenig wetterfeste Kleidung wie Sonntagskleider, höchstens daß sie eine Jacke hatten, meistens aus Sackleinen oder dünnem Nanking, in diesen schweren Zeiten konnte man es sich nur leisten, die notwendigsten Unterkleider aus Wolle weben oder stricken zu lassen. Bjartur besaß eine Joppe, die er bei feierlicheren Anlässen wie Hochweideabtrieb und Reisen zum Marktflecken trug, es war das einzige wetterfeste Kleidungsstück im Gehöft, das einen solchen Ehrennamen verdiente. Doch er zog diese Joppe nie bei seiner Arbeit an, sie war nur ein Symbol seiner Unabhängigkeit; hingegen kam es vor, daß er sie des Morgens Asta Sollilja reichte, wenn es nach Regen für den ganzen Tag aussah. Und Asta Sollilja nahm sie entgegen und blickte ihren Vater an, ohne den Kopf zu heben; nein, nicht sprechen. Die alte Frida jedoch, obwohl sie Gemeindearme war, besaß eine dicke Lodenpelerine, und dieses Stück nannte sie Umhang; sie besaß auch einen großen Rock aus Segeltuch, den sie Überwurf nannte. So fiel der Regen des nassen Sommers auf drei kleine Heidearbeiter, die schutzlos auf dem Wiesenstück rackerten, und auf die Frau, die im Winter sechzehn Wochen darniederlag. Er durchnäßte jeden Faden ihrer Flicken, die

Kopfbedeckung wurde klatschnaß, ebenso der Haarschopf, das Wasser lief in Streifen über Hals und Gesicht und nahm die Farbe der Kopfbedeckung an, rann auf den Rücken hinunter und auf die Brust. So standen sie im Wiesensumpf und in den Pfützen zwischen den Grashöckern, in Wasser und Lehm; der dicht verhangene Regenhimmel war unerschöpflich, es rauschte trostlos im nassen Gras vor der Sense, der Schwaden wurde immer schwerer, die Zeit wollte nicht vergehen, es war, als ob sich die Augenblicke an einen klebten wie die klatschnassen Kleider; Hochsommer; die Vögel still, nur der Rotschenkel schwebte emsig über dem gemähten Gras und erzählte ein kleines Bruchstück aus seiner erstaunlichen und endlosen Geschichte: djü – dü – dü; diese glücklichen Vögel sind so beschaffen, daß das Wasser nicht an ihrem weichen, dichten Gefieder haftet. Auch der Schall vom Gerede der alten Frida verlor sich in diesem großen Regen, stundenlang vernahmen die Kinder kein anderes Lebenszeichen als das Knurren in ihrem eigenen Gedärm, denn sie waren nicht nur durchgeregnet und unendlich müde, sie hatten auch einen Wolfshunger, und es gab keine tröstlichen Aussichten auf Beziehungen zu den Elfen.

Groß ist die Unterdrückung der Menschen.

»Es macht nicht so viel aus, wenn er mich umbringt, der Teufelsmensch, denn wie Gott und Menschen bezeugen können, bin ich schon im voraus umgebracht, mehrfach umgebracht und auf die Gemeinde angewiesen. Doch so weit kam es trotz der Betrügereien, der Unterdrückung und des Todes nie, daß ich keinen Umhang und keinen Überwurf hatte. Und du wirst es erleben, mein Junge, daß er das Leben aus deiner Mutter schindet, ehe ihr Gott den nächsten Sommer gibt, der höllische Sklavenhalter.«

Das war ihr Text. Und man konnte nicht abstreiten, daß die Mutter selbst im Hochsommer wegen Krankheit oft von der Arbeit fernblieb, und was die Kinder betraf, so vermischte sich die grüne Ausscheidung aus ihren Nasen mit den Wasserstreifen auf ihren Gesichtern.

»Es ist meine eigene Schuld, daß ich darauf eingegangen bin, mich von dem Schurken von Gemeindevorsteher Sommer für Sommer bei diesem verdammten Kätnerpack unterbringen zu lassen, das den Teufel zu knauserig ist, dem Kaffee Farbe zu geben; und da sollst du lebendig oder tot den Klippfisch herunterwürgen, gar nicht zu reden von den eingelegten Innereien vom vorigen Herbst, diesem lodernden Feuer, sauer wie die Hölle. Ein Fetzen Fleisch an Sonntagen, Jesuspeter, ebensogut könnte man das Mord nennen.«

Die Unterdrückung der Menschen, das war wie der stetige Tropfen, der auf einen Stein fällt und ihn allmählich aushöhlt, und dieser Tropfen fiel weiter, fiel stetig, ohne Unterlaß, auf die Seelen der Kinder.

»Und ob ich sie nicht kenne, diese verdammten Kätnerlumpen, nachdem ich zwei Menschenleben lang ihr Sklave und Fußabtreter gewesen bin! Es ist doch nicht das erste Mal, daß ich sehe, wie sie ihr bißchen Verstand für die drehkranken Schafe opfern, die sich im Frühjahr um sich selbst drehen und mit dem Kopf voran in die Sumpflöcher stürzen. Da vermute ich den Wolf, wo ich die Ohren sehe. Daran fehlt es auch nicht, alle wollen sie reich werden, an Großmannssucht fehlt es nicht. Sie sind ja auch nicht Gemeindearme, es sind freie Menschen. Die Unabhängigkeit, ich gebe nichts darauf. Doch wo ist die Unabhängigkeit, bitte? Ist sie nicht am ehesten in den Eingeweiden der Schafe, wenn sie im Frühjahr verhungert in ihren Händen umkippen? Ob die Freiheit nicht ebensoviel wert ist wie die Wurmpest ihrer Schafe von Ewigkeit zu Ewigkeit? Und glaube mir, mein Junge, ich erkenne ihren Reichtum an dem farblosen Kaffee und dem verrotteten Klippfisch im Diesseits und Jenseits. Es ist nichts Neues, daß Kolumkilli das Mark aus den armen Menschenkreaturen saugt, für die das Pack angeblich aufkommen soll.«

Die Kinder hatten dieses Gerede lange Zeit wie eine komische Leier angehört, die bei ständiger Wiederholung zur Landplage werden kann; auch sagte ihr Vater: »Leer sind die Reden der Bedürftigen.« Es war wie ein neues Herzleiden im Gehöft, eine neue Art von Psalmen, und es hatte keinen Anspruch auf Achtung. Man durfte ihr an Sonntagen Fratzen schneiden. Von Anbeginn waren die Kinder an die uneingeschränkte Autorität des Vaters gewöhnt. Er war die höchste Instanz und zugleich das letzte Argument für alles, was auf dem Gehöft geschah; er war in erster Linie das unbestrittene Schicksal dieser kleinen Welt, unüberwindliche Ursache widriger Dinge und frei von Verantwortung, seine Diktatur ließ keine Kritik von ihrer Seite zu, und noch weniger war es möglich, planmäßig und zielbewußt gegen seine Maßnahmen anzugehen. Trotzdem gab es bei den Jungen seit langem unbestimmte Gefühle, eine stumme Antipathie gegen den Vater, nicht zuletzt wegen des langen Krankenlagers der Mutter in jedem Winter und der Totgeburten, die sie in ihrem Unterbewußtsein mit ihm in Beziehung brachten, ohne direkt an eine Auflehnung zu denken. Doch als es nach dem Tage der Enthauptung Johannes des Täufers noch immer regnete, da kam die Zeit, da es nicht mehr bloß ein leidiges Herzleiden war; am Ende war doch etwas an diesem Gerede, das für sie gegen den kalten Regen Partei ergriff, gegen diesen ständigen peitschenden Regen, der ihre alten, groben Flicken an die junge Haut klebte und jeden Frohsinn der Seele ertränkte, gegen die hoffnungslose, aufreibende Ruhelosigkeit des sechzehnstündigen Arbeitstages. Es war etwas Neues für sie, ihr schlechtes Befinden und ihre Sklaverei auf eine erklärliche Ursache zurückgeführt zu sehen. Im Gewäsch dieses verantwortungslosen alten Weibes gab es Argumente gegen das niederdrückende Joch des Lebens, es war die Stimme des Befreiungskampfes selbst, die in dieser unkenntlichen Gestalt zu ihrem eigenen Unterbewußtsein stieß, und schließlich kam es dazu, daß Helgi kein Verlangen mehr hatte, sie zu piesacken oder ihr an Sonntagen Fratzen zu schneiden; hingegen gehorchte er den Anordnungen seines Vaters noch langsamer als früher; er begann, seinem Vater ebensooft Grimassen ins Gesicht zu schneiden, wie er es früher hinter seinem Rücken getan hatte. Der kleine Nonni erklärte auf dem Wiesenstück, daß Mama heute krank läge, weil Papa ihr keinen Mantel geben wolle.

Hatte denn diese Wüste der Tage keine Oasen? Ja, sie hatte ihre Oasen: die Mahlzeiten, der gekochte Klippfisch, der mit Wasser gekochte Brei und die gesäuerte Blutwurst;

das war die Freude des Lebens, die Kuh hatte noch nicht gekalbt. Der erste Hoffnungsschimmer des Tages war der lang ersehnte Auftrag, das heißt, wenn Papa Asta Sollilja rief und sie nach Hause schickte, Mittag zu kochen. Lange Zeit sah es so aus, als würde diese Stunde nie kommen, doch dann fanden die Jungen heraus, daß, je öfter sie deshalb zu ihrem Vater hinsahen, er es um so länger hinausschob, Asta Sollilja zu rufen.

Endlich ging Asta Sollilja nach Hause, Mittag zu kochen. Nie waren ihre Schritte so leicht, auch sie hatte lange darauf gewartet, daß ihr Vater zu rufen geruhte, daß sie mitten in der Härte des täglichen Kampfes die Harke hinlegen, nach Hause gehen und Feuer machen durfte. Das Feuer; sobald es zu lodern begann, zog sie die nassen Sachen aus und trocknete sie am Herd, vielleicht brach sie sich ein kleines Stück Kandis ab und ließ es unter der Zunge zergehen; wenn der Fisch im Topf lag, saß sie vor dem Feuer und wärmte sich.

»Uns vor deinem Zorn bewahr,
den verdient wir haben.
Wie einst die in Sodoma,
in Sünd sind wir begraben.
Wenn du treibst aus unserm Sinn
drohend, was jetzt ist darin,
bereut wir es schon haben.«

Es war die Großmutter, die das auf ihre Stricknadeln hinabmurmelte, ohne aufzusehen. Doch das junge Mädchen kannte weder Gott noch seine Psychologie, sondern genoß diese Stunden unter dem Dach der Hütte, während der Regen draußen peitschte, ihre Geborgenheit und die reife Ruhe, die zum Hochsommer gehört – die Erntemüdigkeit sowie das schwere Gras und die lehmigen Sumpfstrecken, der unaufhörliche Regen und der triste Ruf der Watvögel und Raubmöwen, alles war augenblicklich verschwunden, allmählich fing es im Breitopf an zu kochen, der Klippfisch begann zu duften, vor ihr brannte das Feuer des Hauses. Doch die Sensen der Jungen auf dem Wiesenstück schnitten nicht mehr, sie hatten schon lange keine Kraft mehr in den Gliedern, sie schlugen in irgendeiner unendlichen Dummheit bloß mit der Sense in die nasse Grasnarbe, und es geschah nichts weiter, als daß ein kleiner Spritzer unter der Sense hervorkam oder ein Stück Grasnarbe – höchstens, daß sie ein paar Halme trafen. Jetzt ist Asta Sollilja natürlich im Haus eingeschlafen und hat vergessen, den Fisch aus dem Topf zu nehmen. Es war ein erfreulicher Anblick, als sie sie am Rand der Heuwiese mit dem Essenträger in der Hand erblickten.

Die Mahlzeit auf dem Wiesenstück war, wie jede wahre Freude, am schönsten in der Vorfreude. Eine beständigere Speisekarte war in keinem Königreich zu finden als gesalzener Brosme und Roggenbrot, Wasserbrei und gesäuerte Blutwurst, den Regen nicht zu vergessen, der ununterbrochen auf diese Gerichte strömte, während die Leute aßen. Auch war der Hausherr auf Sommerhausen nicht der Mann, der sich vor jemandem demütigte, wenn auch sowohl der Kaufmann wie der Genossenschaftsleiter im letzten Halbjahr sich darum gerissen hatten, ihn umarmen und küssen zu dürfen. Der Klippfisch roch erfrischend im Regen, und der Geruch haftete lange danach in den Sinnen, in den Kleidern, an den Händen. Doch zu keiner Zeit hatten die Kinder ein größeres Verlangen nach Essen als in dem Augenblick, wenn sie sich aus dem Schutz der Heumiete erhoben.

Nach beendeter Mahlzeit ging Bjartur bei jedem Wetter von den Leuten fort auf die Wiese hinaus, legte sich mit seiner Mütze über dem Gesicht auf einen Heuhaufen und war sofort eingeschlafen. Wenn er sich herumwarf, fiel er vom Heuhaufen herunter, manchmal in eine Pfütze, das hatte er gern. Er war der Ansicht, daß es für einen Mann ausreiche, vier Minuten am Tag zu schlafen, und er hatte schlechte Laune, wenn er länger schlief. Die Frauen verkrochen sich in der Heumiete, wenn sie mit Essen fertig waren; dann kam das Frösteln, die Nässe war von unten durchgeschlagen, und sie standen mit klammen Händen und eingeschlafenen Füßen auf und gingen zu ihren Geräten. Und wenn Bjartur sie über die Nässe murren hörte, dann entgegnete er, es seien Schwächlinge, denen es nicht gleich ist, ob sie naß oder trocken sind.

Er verstand nicht, wozu solche Leute überhaupt zur Welt kämen. »Es ist nur eine verfluchte Marotte, trocken sein zu wollen«, sagte er, »ich bin mehr als die Hälfte meines Lebens naß gewesen, und krank bin ich auch nicht geworden.«

34

Große Ereignisse

Eines Abends, die Heumahd war weit fortgeschritten, die Kuh hatte noch nicht gekalbt, es wurde an diesem Abend schon dunkel, die Tage waren kürzer geworden, sah man einen Mann mit einem Lastpferd oben vom Rand der Hochebene ohne Weg und Steg herunterirren; er landete auf dem Ostufer des Sees. Es war eine etwas merkwürdige Wanderung, sichtlich ein Ortsfremder, der vielleicht nicht recht bei Trost war. Oder war es ein Geächteter? Was hatte der Mann eigentlich auf anderer Leute Land zu suchen? Vielleicht war es ein Elfenmann. Jedenfalls war es kein natürlicher Mann. Sogar Bjartur hörte auf zu mähen, lehnte sich auf den oberen Sensengriff und folgte dem wegeunkundigen Mann mit den Augen. Wonach suchte der Mann? Er untersuchte die Ufer des Sees, betrachtete den See selbst, ebenso die Luft. War es ein ausländischer Wissenschaftler? Oder ein Grundstücksmakler aus Reykjavik? Wollte er spekulieren? Auf anderer Leute Land? Schließlich nahm er seinem Pferd die Last ab und ließ es auf dem Wiesenmoor östlich des Sees los, was denn, zum Teufel. Dann ging er im Halbkreis um den See herum und kam auf die Leute zu. Alle warteten, ohne zu arbeiten. Rätsel. Geheimnis. Was ist märchenhafter als ein Unbekannter in der Landschaft? Die Kinder vergaßen sogar die schmerzende Müdigkeit der fünfzehnten Stunde.

Er hatte mit anderen Leuten nicht viel gemein: barhäuptig, braunes Hemd, ärmellose Jacke, wettergebräunt, schlank, ein wenig gebeugt, frisch rasiert, mit einem feinen Gesicht und klugen Augen, wie ein Ausländer.

»Guten Abend.«

»Guten Abend«, sagten die Leute vorsichtig, und die alte Frida bewegte die Harke mit vermehrter Kraft, gleichsam aus allgemeinem Protest: »Was strolchen diese Männer eigentlich herum, Ausländer oder Halbausländer, können sie nicht in ihrem eigenen Land bleiben, oder haben sie etwa alles bei sich zu Hause in so gutem Stand zurückgelassen, ehe sie weggingen?«

»Die Leute von Sommerhausen?« fragte der Mann, als er herankam.

»Ja, wie man es nimmt«, sagte Bjartur ein wenig schroff und ging mit erhobener Sense ein paar Schritte auf den Gast zu, »das gilt jedenfalls als mein Land, wer du auch bist. Ich verstehe wahrhaftig nicht, was das heißen soll, auf anderer Leute Land zu spekulieren.«

Er gab ihnen nicht die Hand nach Landessitte, sondern blieb einige Schritte entfernt stehen und sah sich in der Dämmerung um, zog gemächlich Pfeife und Tabak hervor. »Ein schönes Tal; eines der schönsten Täler.«

»Schön«, erwiderte Bjartur, »ja, das hängt ganz davon ab, ob das ganze Heu verdirbt oder nicht. Oder hat dich jemand hergeschickt?«

»Geschickt?« Nein, der Gast war von niemandem geschickt, er wollte wegen der Schönheit um Erlaubnis bitten, dort auf dem Ostufer zu zelten.

»Dieser Landbesitz«, sagte Bjartur, »reicht nach Süden bis hin zur Hochebene und bis zu den Gipfeln im Norden, im Westen bis auf die Paßmitte und im Osten zu den Erdhängen. Mir gehört das ganze Unterland.«

Der Gast machte eine schwerverständliche Bemerkung des Inhalts, daß dieses ganze Unterland ein einziger Acker sein könnte.

»Ja, ob es ein Acker sein könnte oder nicht«, sagte Bjartur, »es ist mein Land, und mir gefällt es nicht, daß Unbekannte damit spekulieren. Es ist jetzt das vierzehnte Jahr, seit ich dieses verfallene Gehöft wiederaufbaute, und was die Leute von Rotenmoor angeht, so bin ich mit ihnen quitt. Anfangs hat man mir gesagt, hier gäbe es ein Gespenst, doch ich fürchte weder Gespenster noch Menschen. Ich habe gute Schafe.«

Der Gast verstand und nickte mit dem Kopf: »Private Initiative.«

»Ja, davon weiß ich nichts«, sagte Bjartur, »ich brüste mich auch nicht. Doch das ist sicher, ich stehe mich nicht schlechter als die meisten anderen Einzelpersonen hier in der Gemeinde. Ich bin ungefähr so wie die Allgemeinheit hier in der Gemeinde und doch nicht ganz so schlecht wie manch anderer, insofern ich es mir nicht angewöhnt habe, Schulden zu machen. Das kommt daher, daß ich zu vermeiden gesucht habe, unversorgtes Vieh zu halten, bis zum letzten Winter, wo man mir von gewisser Seite ein Stück Großvieh aufgedrängt hat. Natürlich fällt mir nicht ein, mich mit großen Leuten zu vergleichen, nur scheint mir, daß ich für mich selbst groß genug bin, und demzufolge verbitte ich mir alle Einmischung in meine Angelegenheiten und gebe auch nichts darauf, mit anderen zusammenzuarbeiten.«

Doch der Gast gab sofort die Erläuterung zur privaten Initiative: daß damit natürlich nicht gesagt wäre, daß alle zu Großbauern oder reichen Leuten würden, er machte sich auch nichts daraus, mit Großbauern zu tun zu haben, ihm gefiele es besser, wenn seine Groschen bei einem Kleinbauern landeten.

Da dachte Bjartur, es handele sich um einen Mann, der eine neue Handelsorganisation plante, und er sagte, er habe sich in den Kopf gesetzt, nur mit seinem Kaufmann zu handeln, »er hat das Lebensfünkchen bei vielen erhalten, der alte Kerl, und wenn Jon auf Moor eine Handelsgenossenschaft gründet und in guten Jahren einen Zuschlag auf die Einlage verspricht, so kann ich mir vorstellen, daß dieser Zuschlag für ihn selbst mit seinen dreihundertundfünfzig Jungschafen jeden Herbst am reichlichsten ausfällt, doch geringer für uns mit unseren dreißig, vierzig Jungschafen, die wir natürlich das Defizit bezahlen sollen, wenn bei ihnen in einem schlechten Jahr alles koppheister geht. Also, was Geschäfte angeht, lieber Mann...«

Der Gast beeilte sich jetzt, Bjartur verständlich zu machen, daß er nicht die Absicht habe, die feste Verbindung zwischen ihm und dem Kaufmann zu zerstören, es mache ihm bloß

Spaß, am See zu angeln und nach Vögeln zu schießen, wenn er im Sommer draußen auf dem Lande war, »und man sagte mir, daß du dir aus dem Weidwerk bei dir nichts machst, da kam mir der Gedanke, ob du mir nicht gestatten würdest, hier zu angeln – gegen Bezahlung.«

»Es sind bloß Unglücksfische und Stachelflosser«, sagte Bjartur, »ordentliche Leute können sich nicht mit so etwas abgeben, auch würde das, was hier im Wiesenmoor an Vögeln oder Fischen getötet wird, bei meinen Geldern nicht viel ausmachen. Es kann sein, daß es bei den Geldern großer Leute viel ausmacht, ich nehme zum Beispiel den Sohn des Gemeindevorstehers von Außen-Rotenmoor, der jetzt Beauftragter genannt wird; er ist ja auch in der Religion der Perser erzogen und Leiter dieser Handelsgenossenschaft geworden, die Vater und Sohn gegründet haben, nach dem Beispiel der gnädigen Frau, die hier einen Frauenverein aufrechterhält, zu dem Zweck, unschuldigen Leuten unerbetene Stücke Großvieh aufzudrängen. Er konnte nichts sehen, was atmete, ohne ihm den Garaus zu machen.«

Da schrie die alte Frida auf dem Wiesenstück mit ihrer gewohnten Unverschämtheit dazwischen: »Eine Schande ist das, zu hören, wie sie über Leute herziehen, die besser sind als sie selbst, diese verdammten Kätner, die alles unterdrücken, Eigene und Fremde, Tote und Lebendige, außer den Läusen, die auf ihnen herumkriechen.«

Der Gast blies den Rauch in ihre Richtung, ohne recht zu wissen, wie er sich in dieser Sache verhalten sollte.

»Och, mach dir nichts aus dem, was aus der da herauspladdert, es ist bloß eine verfluchte Gemeindearme, und es ist nichts Neues, daß ihr das Maul durchgeht«, sagte Bjartur, um jedem Mißverständnis vorzubeugen, so daß der Gast sich nicht mehr behindert fühlte, sein Anliegen zu wiederholen.

»Ja, wenn du keine Grundstücksspekulation betreibst und auch in keiner Genossenschaft bist, dann sollte es eigentlich auf einen Zeltplatz für dich für ein paar Nächte nicht ankommen, nur daß du mir nicht zuviel im Ungemähten herumtrampelst! Doch Grundstücksspekulanten will ich auf meinem Land nicht haben. Und Vereinsmeier auch nicht, denn ich bin der Ansicht, daß alle Organisationen für die Einzelperson von Schaden sind. Außerdem ist mein Grundstück nicht verkäuflich, zuallerletzt für Geld. Ich und meine Leute leben hier in Ruhe und Frieden für unsere Schafe, und uns geht es gut, solange es den Schafen gut geht, und wir haben von allem genug, solange die Schafe von allem genug haben. Wenn bloß der Himmel endlich einmal diesen verfluchten Regen ausgepißt hätte.«

Als es dem Gast endlich gelungen war, Bjartur davon zu überzeugen, daß er weder ein Grundstücksmakler noch Mitglied einer Organisation sei, begannen zwischen ihnen Verhandlungen. Er war nur ein gewöhnlicher Reykjaviker, wie er im Sommer öfter auftaucht, ein Sommergast, der harmlos zelten wollte; irgend jemand hatte ihm erzählt, daß man hier gut jagen und angeln könnte; den Namen des Gewährsmannes hatte er vergessen. Er wollte einige Tage bleiben, es fehlte ihm an nichts, er hatte alles. Zum Beweis zog er die Brieftasche mit Banknoten, richtigem Geld in einem Bündel; sie sind näher an den Banken dran, diese Reykjaviker, manche sagen, sie gebrauchen so etwas auf dem Klosett, und trotz Bjarturs Geringschätzung des Geldes verfehlte es nicht seine Wirkung auf ihn. Er erbot sich sogar, dem Mann das Zelt aufbauen zu helfen, doch der Gast lehnte dankend ab, er konnte alles selber. Er verabschiedete sich von den Leuten ebenso oberflächlich, wie er gegrüßt hatte, und ließ blaue Rauchwolken zurück, die in der Windstille des Abends über dem Wiesenstück verschwanden, und einen wunderbaren Duft. Er hatte so wenig gesagt, so kurz gegrüßt und so viel Geld gehabt, daß der Faden weder Anfang noch Ende hatte, den die Phantasie um einen solchen Mann spinnen konnte; ein großer Mann, ein feiner Mann, die Ferne selbst in einem Mann, der Königssohn des Märchens, und er war jetzt der Nachbar der Leute in Sommerhausen. Seine Nähe war wie Sonntagsstimmung mitten in der Woche, Aufklaren im Regen, Farbe im Grau, Stoff zum Denken im Stumpfsinn, Spannung mitten in der Freudlosigkeit des Lebens. In der Nacht träumte Asta Sollilja immer wieder, daß ihr das Stück Apfel aus dem Hals fuhr.

Dann, den Tag darauf, kalbte die Kuh, und so geschahen auf der Heide zwei große Ereignisse in vierundzwanzig Stunden.

Sie war in den letzten Wochen äußerst füllig gewesen, die arme Kuh, und die Frau, die das kannte und verstand, traute nur sich alleine zu, sie des Morgens hinauszulassen oder sie des Abends zu holen; kein anderer ging behutsam genug an sie heran, keiner hatte Geduld genug, zu warten, während sie sich durch die enge Stalltür schob und die Flanken die Türpfosten an beiden Seiten streiften. Nie wäre es der Frau in den Sinn gekommen, dieser Kreatur mit einem Knüppel nachzuhelfen, wenn sie sich ihren Weg durch den Hofmorast bahnte, der ihr bis zu den Haxen reichte. Sie blieb bei jedem Schritt stehen, schnaufte und brummelte; dann und wann sah sie die Frau an, wackelte mit den Ohren und brüllte. Sie trennten sich in der Senke oben am Hofbach, und die Frau streichelte ihr die Wamme, und bald bekommen wir ein kleines Kalb, mit kugelrunder Stirn, mit langen schlaksigen wackligen Beinen, und sie sagte, sie hoffe, daß alles gut für uns ablaufen werde, und wir sehen uns heute abend wieder, und wir wollen ruhig bleiben und aneinander denken. Dann ging die Frau heim zum Hof, und die Kuh begann zu weiden mit ihren schweren Kaubewegungen und dem genießerischen Muskelspiel über dem Maul, denn das Trockenlandgras längs des Bachs war fett und kräftig.

Doch an diesem Abend fand die Frau die Kuh nicht an der gewohnten Stelle, und das kam ihr um so merkwürdiger vor, als die Kuh in letzter Zeit, seitdem sie guter Hoffnung war, besser auf der Weide blieb und seit langem aufgehört hatte fortzulaufen. Sie ging langsam von Anhöhe zu Anhöhe, dann immer weiter am Berg entlang und rief: »Bukolla, Bukolla.« Schließlich antwortete ihr die Kuh aus einer kleinen Mulde an einer Klamm, sie brüllte nur einmal zur Antwort und war gefunden. Sie hatte gekalbt. Da begriff die Frau sofort.

Heute abend verhielt sich die Kuh der Frau gegenüber ungewöhnlich eigenartig; sie fügte sich ihr nicht, ließ sich kaum treiben, drehte sich dauernd um das Kalb, beschnupperte und beleckte es leise muhend bei jedem Schritt, hatte keinen Gedanken für etwas anderes. Doch die Frau verstand das. Wenn man ein Kalb bekommen hat, tritt das Kalb zwischen die Mutter und den, den sie vorher am liebsten gehabt hat. Die rücksichtslose, geschäftige Miene einer glücklichen Mutter hatte ihre Verhaltensweise geprägt und die menschlicheren Eigenschaften ausgelöscht. Es war, als wäre für diese Kreatur alles an einem Tage in Erfüllung gegangen, als hätte sie weiter nichts mehr nötig; die Sympathie anderer war jetzt reiner Mumpitz. Endlich gelang es der Frau, sie mit gutem Zureden nach Hause zu bugsieren.

Alle Leute, außer Bjartur, standen draußen, um die Kuh und das neugeborene Kalb zu empfangen. Die Kinder kamen ihnen noch vor der Hauswiese entgegen, um das graubunte Kalb zu betrachten, die Meerkuhrasse war nicht zu verkennen, es war ein kleiner Bulle, und Asta Sillilja begrüßte ihn mit einem Kuß auf die zottige kugelrunde Stirn, und die Kuh sah leise muhend den Kuß mit an, und der Hund unternahm heute abend keinen Versuch, der Kuh in die Haxen zu beißen, er bellte sie an diesem Abend nicht einmal an, obwohl sie dumm war, sondern klemmte den Schwanz zwischen die Hinterbeine und nahm sich höchlich in acht, falls die Kuh Anstalten machte, auf ihn loszufahren; er betrachtete Mutter und Sohn respektvoll aus einiger Entfernung. Die alte Großmutter stolperte, auf einen abgebrochenen Harkenstiel gestützt, an der Hausmauer entlang, um das Kalb und die Kuh zu befühlen. Sogar der alten Frida war es weicher ums Herz als sonst; »das liebe arme Ding«, sagte sie, »Jesuspeter.«

Dann kam Bjartur aus dem Haus.

»Nun ja«, sagte er. »Es ist wohl besser, das Messer bereitzuhalten.«

»Das sieht dir ähnlich, verfluchter Totschläger«, sagte die alte Frida.

Doch Bjarturs Frau sah ihn bloß bittend an, und als sie auf der Türplatte an ihm vorbeiging, sagte sie nur halblaut: »Mein lieber Bjartur.« Dann wurde die Kuh in ihrem Stand angebunden und das Kalb neben ihr.

Später am Abend, als man schlafen ging und die Frauen in seliger Andächtigkeit über die Niederkunft der Kuh und das Kalb sprachen und alle über dieses neue Wesen auf dem Gehöft so glücklich waren und so dankbar, daß alles für die Kuh so gut abgelaufen war, und so innigen Anteil an der Freude der Kuh nahmen, da begann Bjartur wieder, wo er vorher aufgehört hatte: »Ich komme bloß vor Sonntag nicht dazu, mit dem ausgeschlachteten Kalb hinunter nach Fjord zu gehen.«

Am Tag darauf gab es Beißbacken.

Die Tage, die jetzt kamen, waren stolze Tage. Man brauchte nur diese Kreatur zu betrachten, die vorher so allein gewesen war, wie leicht ihr Gang geworden war, wenn sie des Morgens mit dem Kalb, das neben ihr umhersprang, eilends den Hofweg entlang hinausstrebte – sie brauchte kein Zureden und keine Liebkosungen mehr. So flink wie möglich versuchte sie aus der Reichweite der Kinder zu gelangen, die den kleinen Bullen ins Herz geschlossen hatten und ihn immerfort streicheln wollten. Unbesorgt in ihrem neuen Leben, trottete sie den Tag über den ganzen Berg entlang und war fast nicht wiederzufinden, so wenig glaubte sie an das Leben der Menschen gebunden zu sein, sie, die früher bei der Frau Zuflucht gesucht hatte – keine Gemeinsamkeit mehr mit dem Leben der Menschen! Des Abends, wenn die Frau sie holte, sah sie sie an, als ginge die Frau sie nichts mehr an; doch die Frau war darüber ganz und gar nicht beleidigt, denn sie verstand die Mutterfreude, die Menschen stolz über das Menschenleben erhebt und andere Dinge wertlos macht. Ja, so gut verstand die Frau diese Freude, daß sie mit niemandem über die allzu geringe abendliche Milchleistung der Kuh zu sprechen wagte, aus Furcht, Bjartur könnte anordnen, daß das Kalb den Tag über eingesperrt würde; sie konnte den Gedanken nicht ertragen, daß die Kuh der Freude beraubt werden sollte, ihr Kalb in diesen Tagen auf der Weide bei sich zu haben, sie, die so lange allein gewesen war.

Sonntagmorgen; die Leute pflegten an Sonntagen länger liegenzubleiben, manchmal sogar den halben Vormittag, nur Bjartur nicht, für ihn waren alle Tage gleich. An Sonntagvormittagen bastelte er oft etwas, reparierte Geräte oder dergleichen, der arme Kerl. An diesem Morgen steckte er den

Kopf durch die Luke und fragte, ob die Leute tot wären, oder was?

»Soll jetzt die Unterdrückung auch auf die Sonntage übergreifen?« fragte die alte Frida.

»Die Eingeweide des Kalbs liegen auf der Türplatte«, sagte er. »Es ist eure Sache, ob ihr sie im Dreck einregnen lassen wollt. Ich reite mit dem Rumpf nach Fjord.«

An diesem Tag brachte es die Frau in Sommerhausen nicht fertig, aufzustehen, sie drehte sich bloß zur Wand, sie war ein wenig krank. Die alte Hallbera stand auf und die alte Frida und die Kinder. Die warmen Eingeweide des Kalbs lagen in einem Trog auf der Türplatte, als sie hinunterkamen; Bjartur war schon weit nach Osten auf die Wiesenmoore gelangt; er ritt den alten Blesi und hatte den Rohstoff zu einem Kalbsbraten für den Kaufmann quer vor sich liegen.

»So schlachtet er euch alle«, sagte die alte Frida und übernahm mit schändlichen Reden das Regiment über die Eingeweide; die Kinder standen auf der Hoframpe, steckten den Finger in den Mund und sahen zu; und lauschten.

Bukollas Kälbchen, sie erinnerten sich alle an seinen Blick, denn es hatte wie andere Kinder einen Blick gehabt, es hatte sie alle angesehen, es war erst gestern hier auf der Hauswiese umhergehüpft, hatte beide Vorderbeine zugleich hochgenommen und beide Hinterbeine, es hatte gespielt; und es hatte eine kugelrunde Stirn, das haben kleine Kälber immer; Asta Sollilja hatte gesagt, daß es zweifellos dreifarbig war. Es war auch die Hänge am Berg entlanggetrottet und hatte am Thymian der Welt geschnuppert; wenn es regnete, stand es im Schutz seiner Mutter. Es war ein dunkler Sonntag. Die Kuh brüllte unablässig im Stall; man versuchte, sie auf die Weide zu treiben, doch sie kam unverzüglich zurück und brüllte auf der Hoframpe; sie brüllte ins Haus hinein. Es echote vom Berg, aus ihren großen Augen flossen große Tränen, ja, ganz bestimmt, Kühe weinen.

Eine ganze Woche lang wagte die Frau nicht, nach der Kuh zu sehen, die alte Frida mußte sie melken. Nichts ist so mitleidlos wie das menschliche Leben. Es ist auch sehr schwer, das menschliche Leben zu entschuldigen, besonders vor der stummen Kreatur um uns herum. Doch die ersten Tage sind immer die schlimmsten, und großer Trost liegt darin, daß die Verbrechen und der Kummer nicht minder verblassen als die Liebe.

35

Der Gast

Es regnete weiter.

Asta Sollilja machte Essen; sie hatte die nassen Kleider ausgezogen und sie zum Trocknen auf den Herd gelegt, aus ihnen stieg Dampf auf. Sie war dabei, Essen aufzusetzen, barfuß, in einem alten Unterrock. Als es gerade am Boden des Topfes zu brodeln begonnen hatte, hörte sie etwas unten umgehen; jemand öffnete die Haustür, Schritte im Stall, Knarren auf der Stiege, der Lukendeckel klappte hoch. In der Luke stand ein Mann und sah sich um. Er hatte einen Südwester auf. Sein Mantel war weit und dick, mit Kragen, Klappen, Gurt und Knöpfen; den Regen gab es nicht, der da durchkäme. Er hatte auch hohe wasserdichte Stiefel an; seine blauen Augen waren klar und gut. Er sagte guten Tag. Sie getraute sich nicht, guten Tag zu sagen, sie antwortete nichts. Wenn sie gegrüßt wurde, reichte sie schweigend die Hand, doch dieser Mann gab ihr nicht die Hand. Er nahm sehr viel Platz ein in diesem weiten Mantel und dieser kleinen Stube, sie hatte ihn sich so jugendlich vorgestellt, jetzt hatte sie Angst, er würde ihr eine herunterhauen. Auch die alte Frau erwiderte seinen Gruß nicht, sie hörte aber auf zu stricken und versuchte, ihn forschend anzusehen. Er hatte zwei Bündel mit, eins mit Vögeln, es waren Schneegänse, das andere mit Fischen, Saiblingen.

»Frische Kost«, sagte er, »zur Abwechslung.«

Seine weißen Zähne blitzten wie ein Schmuck in seinem männlichen gebräunten Gesicht; ein fremder Klang lag in seiner Stimme.

»Sola«, sagte die alte Frau tief und heiser. »Willst du dem Mann keinen Platz anbieten?«

Aber Asta Sollilja hatte keinen Mut, dem Mann einen Platz anzubieten, ihr Unterrock war so schlecht, die Arme so lang, die Hände so groß, sie hatte Lehm an den Füßen. Sie wagte nicht, ihn anzusehen, nicht einmal die schöngefärbten Forellen in seinem Bündel. Ihre Unterkleider lagen direkt vor ihm auf dem Herd und dampften. Er glaubte wohl, sie hätten nicht genug zu essen. Was sollte sie sagen? Was hätte Papa gesagt?

»Hauen wir ein paar Saiblinge in den Topf«, sagte der Mann und langte nach dem Messer. Er hatte eine schmale braune Hand ohne Schmutz, ohne Schwielen, ohne eine Schramme; seine Hand hielt das Messer gut. Er putzte schnell einige Saiblinge, tat die Eingeweide in eine Schüssel, die Fische in den Topf. »Sehr schöne Fische«, sagte er, »bis zu vier Pfund.« Er hielt sie vor der Großmutter hoch: »Schöne Fische.«

»Och ja«, sagte die alte Frau, »es könnte etwas für die sein, die es vertragen. Doch keiner weiß, was dem anderen bekommt. Und ich vertrage keinen frischen Fisch, am allerwenigsten Süßwasserfisch, ich habe nie viel Frischgekochtes vertragen. Wegen der Nesselsucht. Es ist zu kräftig.«

Doch er meinte, das könne kaum stimmen, frische Nahrungsmittel seien gesund.

»Von wo ist dieser Mann?« fragte sie.

Er sagte: »Aus dem Südland.«

»Ja, eben, armer Mann«, sagte sie mit der Anteilnahme, die alte Menschen gern Leuten erweisen, die von weit her gekommen sind.

Und Asta Sollilja sah einfach zu, wie er die Forellen putzte, wie geschickt er war; wenige sichere Handgriffe, es war, als ob die Arbeit sich von selbst machte, und doch mit erstaunlicher Schnelligkeit. Auf seiner Wange lag ein Lächeln, ohne daß er lächelte; er war so hübsch und ein so guter Mann. Er tat Saiblinge in den Topf, bis der Topf randvoll war; er war ein großer Mann, niemand durfte erfahren, wovon sie geträumt hatte, seit er auf ihr Land gekommen war. Er fragte nach Salz.

Der Duft von frischen, kochenden Forellen füllte die Stube,

er nahm seine Pfeife heraus, stopfte sie und rauchte. Es war ungefähr wie Mädesüß, nur lieblicher; in gutem Geruch liegt eine andere Welt, und dieser Duft blieb zurück und sprach und existierte weiter, nachdem der Mann selbst gegangen war. »Glück und Segen«, sagte er und ging.

Und war weg. Er machte die Haustür hinter sich zu. Da eilte sie hinüber zum Fenster und sah ihm nach, wie er in seinem weiten Mantel gegen den Regen lief; mit dem Südwester auf dem Kopf. Der Regen machte einem solchen Mann nicht viel aus – wie leicht doch seine Schritte waren! Da fühlte das Mädchen, daß ihr ein wenig schwindlig wurde, und sie hatte Herzklopfen; sie wartete am Fenster, bis sich das Herzklopfen legte und der Regen sie einschläferte. Jetzt erst fiel der alten Frau wieder ein, daß sie den Mann nach etwas fragen wollte, weil er doch vom Südland war; doch sie war schon so hinfällig, daß sie nichts mehr behalten konnte. »Schäm dich, Sola, dem armen Mann keinen Kaffee anzubieten.« Doch Asta Sollilja hörte nicht, was sie sagte, denn alles an ihr war so sonderbar, mit bloßen Armen und Beinen, in einem alten Unterrock, mit schmalen Knien; häßlich.

»Vögel«, sagte Bjartur am Abend und sah verächtlich auf das Bündel, das der Gast zurückgelassen hatte. »Es wird keiner fett vom Vogelmord.«

»Man kann versuchen, sie zu kochen«, sagte die Frau.

»Gehört habe ich es schon, daß feine Leute Vögel essen sollen«, sagte die alte Hallbera.

»Ja, die Franzosen sollen auch Strandflöhe essen«, sagte Bjartur und aß nichts von den Vögeln. Dennoch vergab er seinem Gast Vögel wie Fische, und am nächsten Sonntagmorgen sagte er beim Frühstück: »Mit Freuden Nahrungsmittel von Fremden annehmen und sich wie Bettler bedanken, das sieht euch ähnlich. Aber dem armen Kerl am Sonntag einen Tropfen Milch zu schicken, das kommt euch nicht in den Sinn, das übersteigt euren Gedankenflug.«

Es endete damit, daß Asta Sollilja mit Milch in einer hölzernen Schüssel in den Osten des Landbesitzes geschickt wurde, und der kleine Nonni begleitete sie. Sie wusch sich Gesicht und Hände und kämmte sich. Ihre Augen, das eine gerade, das andere schief, waren sehr groß, sehr dunkel. Sie zog ihre Schaffellschuhe an und das Kleid ihrer verstorbenen Mutter. Es war gewaschen worden, als sie aus dem Marktflecken zurückkam und geflickt, wo es zerrissen war; doch es war sehr ausgeblichen und gar nicht mehr schön, wirklich ein schrecklich erbärmliches Kleidungsstück. Hingegen war die Freude der Seele in den zehn Tagen, seit die Kuh gekalbt hatte, beträchtlich größer geworden, und das sah man an der Haut.

Sie gingen nach Osten über das Wiesenmoor und trugen beide die Schüssel. Asta Sollilja sagte kein Wort, sie hatte solche Angst. Drei Tage lang war es leidlich trocken gewesen, wenn auch nicht durchgehend, dennoch war es ihnen gelungen, fast alles in die Miete zu bringen. Auch heute schien die Sonne, doch das Riedgras fing an, gelb zu werden; und jene Bläue, die das Frühjahr kennzeichnet, war seit langem aus dem Sonnenschein verschwunden. Die Regenpfeifer sammelten sich bereits, die Bekassine kauerte einsam im Gras, als bereute sie alles, sie flog einem unversehens vor den Füßen auf und erschreckte einen; kein Gesang mehr, außer dem Gesang des Herzens.

Um das Zelt herum war keine Bewegung zu sehen, und die Geschwister blieben in einiger Entfernung ratlos stehen, denn sie waren sich nicht sicher, wie man bei dieser Art Behausung ohne Tür und Türpfosten anklopfen sollte. Zuletzt faßten sie sich ein Herz und guckten unter dem Zeltrand durch. Da kroch der Mann aus einem nach innen gekehrten Fellsack und sah sie verschlafen an.

»Wollt ihr zu mir?«

»Nein«, sagte Asta Sollilja und stellte die Schüssel vor das Zelt, nahm ihren Bruder bei der Hand und wollte eilends davonlaufen.

»He«, rief er ihnen nach. »Was soll ich mit dieser Schüssel?«

»Es ist Milch«, sagte der kleine Nonni auf der Flucht.

»Bleibt stehen«, rief er; und da wagten sie nicht, weiterzulaufen; sie blickten auf ihn zurück wie junge Tiere auf dem Sprung.

»Kommt her«, sagte er, doch das wagten sie für ihr Leben

nicht, sondern sie standen weiter still und sahen ihn an. Er öffnete die Schüssel, setzte sie an den Mund und trank vorsichtig einen Schluck, wischte sich den Mund mit dem Handrücken und spuckte aus.

»Ich will euch Braten geben«, sagte er.

Sie sahen ihn noch eine Weile an, dann setzten sie sich hin, beide auf denselben Grashöcker, ohne zu wissen, was Braten bedeutete, und warteten darauf, was kommen würde. Er begann vor seinem Zelt zu wirtschaften, barfuß, in Hemd und Hose.

Sie sahen verwundert zu, wie er wirtschaftete und sich überhaupt bewegte. Dann rief er ihnen zu, ohne aufzusehen: »Ihr könnt ruhig ein bißchen näher kommen.«

Nach einer kleinen Weile, als er ihnen den Rücken zukehrte, nutzten sie die Gelegenheit und kamen ein bißchen näher. Er sagte, sie könnten ihm ruhig ins Zelt nachkommen, und er hütete sich, sie anzusehen, damit sie nicht den Mut verloren. Und sie kamen ihm ins Zelt nach, erst der Junge, dann das Mädchen. Sie standen mit dem Rücken an die Zeltstange gelehnt, in ein solches Abenteuer waren sie noch nicht geraten; es duftete nach Tabak, Früchten und Haarwasser. Sie betrachtete seine milchkaffeebraunen Arme, wie er den Primus ansteckte und Butter in die Pfanne tat; drei zurechtgemachte Enten, dann kam der Bratengeruch dazu. Auf seiner weichen, gebräunten Wange lag ein schwaches Lächeln; sie war sehr froh, daß er sie nicht anblickte.

»Könnt ihr nicht spielen?« fragte er, ohne aufzusehen.

»Nein«, sagten sie.

»Nun ja«, sagte er. »Warum?«

»Wir sollen immer etwas tun«, antwortete der kleine Nonni.

»Wozu?« fragte der Mann.

Das wußten sie nicht.

»Spielen macht Spaß«, sagte er, doch sie verstanden nicht, was er meinte, ob er sie meinte oder sich selbst oder alle Leute in der Gemeinde. Das junge Mädchen hatte heiße Wangen bekommen, vor Furcht, er könnte sie ansehen oder sie besonders anreden.

»Warum schießt ihr keine Vögel?« sagte er.

»Papa will es nicht«, sagte der Junge, ohne daran zu denken, daß sein Vater seine Meinung zu dieser Sache bereits geäußert hatte.

»Was habt ihr mit den Vögeln getan, die ich euch neulich brachte?«

»Wir haben sie gekocht.«

»Ihr hättet sie in Butter braten sollen.«

»Es ist keine Butter da.«

»Warum?«

»Papa will kein Butterfaß kaufen.«

»Was will euer Papa dann?« fragte der Mann da.

»Schafe«, sagte der Junge.

Da endlich sah der Gast die Kinder an, und es war, als bemerkte er erst jetzt, daß es eine Unterhaltung war und daß diese Unterhaltung sogar einen Inhalt hatte, und er staunte ein wenig. »Er will Schafe haben«, sagte er mit starker Betonung auf »Schafe«, als verstände er das Wort in diesem Zusammenhang nicht, wendete dann die Vögel auf der Pfanne um, und da stellte sich heraus, daß die Seite, die der Pfanne zugekehrt war, braun geworden war, und es brutzelte laut in der schmorenden Butter, als er die Vögel umwendete, und das Zelt füllte sich mit Rauch. »Er will also Schafe haben«, sagte der Mann zu sich selbst. Er schüttelte im stillen den Kopf, sie verstanden das zwar nicht, fühlten jedoch, daß es nicht ganz richtig sein konnte, Schafe haben zu wollen, und Nonni beschloß, seinem Bruder Helgi zu sagen, daß dieser große Mann wohl nicht gänzlich einer Meinung mit ihrem Vater wäre.

Sie betrachtete ihn von oben bis unten, seinen Gürtel, seine Zehen; sein Hemd war aus braunem Tuch mit offenem Halsausschnitt, so etwas war ihr noch nie begegnet, er konnte wohl alles, was er wollte. Sein Haus, ihr fiel plötzlich das traumhaft schöne Haus auf dem Kuchenteller ihrer Mutter ein, doch das konnte nicht sein. Und warum konnte es nicht sein? Weil vor diesem Haus ein junges Mädchen stand. Sein Haus stand allein im Wald, wie auf dem schönen Wandkalender, der vorvoriges Jahr durch die Luke fiel und von den Klauen der Schafe zertreten wurde – allein im Wald. Er wohnte dort allein. In seinem Haus waren noch mehr Stuben, noch schönere als die Stuben von Rotenmoor, er hatte ein Sofa, das schöner war als das Sofa von Rotenmoor; er ist es, von dem im Märchen von Schneewittchen erzählt wird.

»Wie heißt du?« sagte er, und ihr Herz in der Brust stand still.

»Asta Sollilja«, sagte sie schnell, voller Angst.

»Asta – wie noch?« fragte er, doch sie wagte nicht, es noch einmal zu bekennen.

»Sollilja«, sagte der kleine Nonni.

»Merkwürdig«, sagte er und sah sie an, wie um sich zu vergewissern, ob das richtig sein könnte, und ihr war es sehr peinlich, einen so ausgefallenen Namen zu haben. Er aber lächelte ihr bloß ins Gesicht und verzieh ihr und tröstete sie, und etwas in seinen Augen war so gut und so gut; so milde; darin zu ruhen, sehnt sich die Seele; von Ewigkeit zu Ewigkeit. Und sie sah es zum ersten Mal in seinen Augen, und vielleicht nie wieder, und stand dem gegenüber und verstand es. Und das war es.

»Jetzt verstehe ich, warum das Tal so schön ist«, sagte der Mann.

Da wußte sie nicht, was sie sagen sollte – das Tal schön? Noch lange danach zerbrach sie sich darüber den Kopf. Was hatte er gemeint? Sie hatte oft von schöner Wolle und schönem Faden und besonders von schönen Schafen sprechen hören – aber das Tal? Das Tal war doch nichts anderes als Wiesenmoor, Sumpf; man steht bis zum Unterschenkel in den Pfützen zwischen den Grashöckern und noch tiefer in den Sumpfwiesen; ein See, in dem ein Nöck hausen soll, ein kleines Gehöft auf einem niedrigen Hügel, ein Berg mit Felsengürteln oben, sehr selten Sonnenschein. Sie sah das Tal um sich herum an, das Wiesenmoor, dieses böse Wiesenmoor, wo sie den ganzen Sommer über das nasse gemähte Gras herausgetragen hatte, durchnäßt und unglücklich; die Tage hatten anscheinend keinen Morgen und keinen künftigen Abend – und dann war das Tal schön. Jetzt verstehe ich, warum das Tal so schön ist. Warum also? Nein, nicht weil sie Asta Sollilja hieß. Wenn das Tal schön war, dann deswegen, weil ein seltsamer Mann ins Tal gekommen war.

Der Braten brutzelte weiter.

Er sagte, sie sollten hinausgehen. Sie setzten sich ans Ufer des Sees. Es war füher Nachmittag, Seewind im Tal, warm. Er lag lang im Gras und sah in die Luft, und sie sahen ihn an, seine Zehen.

»Wißt ihr etwas?« fragte er in den Himmel hinauf.

»Nein«, sagten sie.

»Habt ihr schon ein Gespenst gesehen?«

»Nein.«

»Könnt ihr etwas?« fragte der Mann dann.

Da schien es den Kindern, daß es sich vielleicht nicht gehörte, alle Fragen mit Nein zu beantworten, so daß sie nicht abstritten, etwas zu können. Was konnte Asta Sollilja? Sie dachte eine kleine Weile nach, doch jetzt, da sie es brauchte, hatte sie alles vergessen, was sie konnte.

»Nonni kann singen«, sagte sie.

»Sing«, sagte der Mann. Doch da hatte der Junge auch vergessen, wie man es anstellt zu singen.

»Wieviel Zehen habe ich?« fragte der Mann dann.

»Zehn«, platzte der kleine Nonni heraus, ohne sie jedoch gezählt zu haben; er bereute es sofort, denn wer konnte wissen, ob dieser Mann nicht elf Zehen hatte? Doch Asta Sollilja wendete sich ab, es war die komischste Frage, die sie je gehört hatte; sie konnte sich unmöglich das Lachen verkneifen, und als sie wieder aufsah, da schaute der Mann so schelmisch drein, daß sie laut auflachte. Sie schämte sich sehr, aber sie konnte nicht anders.

»Ich wußte es«, sagte der Mann siegesfroh und stand im Gras auf, um zuzusehen, wie sie lachte, und vom Lachen wurde sie ganz lebendig, der Schalk sah ihr aus den Augen, sie ergab sich, es war ein Mädchengesicht.

Dann mußte man wieder nach dem Braten sehen, der Duft verbreitete sich um das Zelt, es war ein herrlicher Gedanke, eine so gut riechende Speise zu essen, den Kindern lief das Wasser im Mund zusammen. Dann brachte der Mann Dosen voller süßer Früchte, die er in eine Schale schüttete, und er war so mit diesen duftenden Leckerbissen beschäftigt, daß er nicht mehr auf die Geschwister achtete. Asta Sollilja war plötzlich böse auf ihren kleinen Bruder Nonni, weil er so dumm und langweilig war: »Warum hast du dem Mann nicht vorgesungen, du Esel, wo ich dich doch mitgenommen habe?« sagte sie. Am Abend saß sie allein an der Hausmauer und bereute, daß sie das, was sie konnte, nicht aufgesagt hatte – warum zum Beispiel hatte sie nicht das Märchen von Schneewittchen erzählt, das sie fast auswendig konnte? Es war einmal mitten im Winter – sie war nahe daran gewesen, es zu sagen, doch sie hatte wirklich geglaubt, daß er dieses Märchen falsch auffassen könnte. Aber wie es sich auch damit verhielt, sie konnte nicht aufhören, an das zu denken, was sie ihm zu sagen versäumt hatte, und es zu bereuen. Sie sprach mit niemandem, sondern sah nur nach dem Zelt hinüber, das sich auf dem Seeufer in der Dämmerung abhob, und nahm sich vor, erst nach oben schlafen zu gehen, wenn alle eingeschlafen waren. Doch wenn ihr Auge sie nicht täuschte, sah sie einen Mann über das Wiesenmoor nach Westen durch das Tal gehen, als ob er in die Siedlung hinunter wollte. Das war er.

Wenn hier, in Sommerhausen, die Zeit zum Schlafengehen kommt, strebt er nach Westen über den Paß. Wohin kann der Mann so spät gehen? Bisher war ihr das nicht aufgefallen, vielleicht ging er jeden Abend dorthin, ohne daß sie es wußte. Hatte er denn nicht gesagt, das Tal wäre schön? Was hatte er gemeint? Nichts? Sagte er es bloß so zum Spaß, wo sie doch sicher war, daß es ihm Ernst war? Denn wenn das Tal schön war, warum ging er dann nach Westen über den Paß – in der Nacht? Es war kalt geworden.

Zwei Tage lang sahen sie ihn nicht, doch sie hörte ihn schießen. Dann kam er. Es war wieder gegen Abend, man ging gerade schlafen. Zum Glück hatte sie den Unterrock noch nicht ausgezogen. Seine Pfeife brannte, er steckte im Dunkeln den Kopf durch die Luke und sagte guten Abend. Er zog eine blanke Tabaksdose aus der Tasche, die Frauen standen im Unterrock.

Er rauchte sehr stark, der duftende Tabaksrauch füllte augenblicklich das Dachgeschoß.

»Ich reise bald ab«, sagte er.

»Was kümmert ihr euch um diesen Südländer«, sagte Bjartur. »Ich dachte, solche Leute sind überall zu Hause. Und die Moorwiese kann man dir gönnen, Freund.«

»Ja, so ist es.«

»Neulich hast du den Kindern gebratene Vögel gegeben«, sagte Bjartur.

»Och, das ist nicht der Rede wert«, sagte der Gast.

»Nein«, stimmte Bjartur zu, »es war ein jämmerlicher Hungerfraß wie in den Elendsjahren von 1784 und 1785. Natürlich hast du da im Wiesenmoor halb gehungert armer Kerl, wie zu erwarten war.«

»Nein, ich habe zugenommen.«

»Ja, uns hier schmeckt kräftiges Essen besser«, sagte Bjartur, »wir wollen es salzig und sauer haben. Nebenbei bemerkt, du weißt natürlich im Häuserbau gut Bescheid; die Sache ist nämlich die, daß ich nächstens bauen möchte.«

Da konnte sich die alte Frida nicht mehr beherrschen. »Du bauen?« fiel sie ihm ins Wort. »Ja, es ist höchste Zeit, daß du deinen Verstand aufbauen läßt. Und am besten auch anstreichen. Innen wie außen.«

Ja, er war entschlossen zu bauen, doch es war nicht ratsam, viel darüber zu sprechen, wenn solche Kindsköpfe zuhörten, unbotmäßige Gemeindearme und Hemmschuhe im Leben.

»Doch was das andere betrifft, so bist du jederzeit hier auf meinem Land willkommen, ob Tag oder Nacht.«

Dann begann der Gast sich zu verabschieden.

Doch da stellte sich merkwürdigerweise heraus, daß die alte Frau etwas in einem Schubfach ihres Gehirns aufbewahrte, sie, die mit niemandem zu sprechen brauchte; es fiel ihr anscheinend so schwer, ihre schlaffe Hand aus seiner abschiednehmenden Hand zu ziehen; es gab etwas, was sie ihm noch sagen wollte. Was war es?

»Ist es so, wie ich neulich zu hören glaubte, daß der Mann aus dem Südland ist?«

»Ja«, antwortete Bjartur laut und ersparte seinem Gast die Mühe. »Natürlich ist der Mann aus dem Südland, wir haben es dir oft genug gesagt.«

Doch die alte Frau hatte vielleicht gedacht, sie hätte sich verhört; sie sagte, sie sei schon ein altes Wrack.

»Ja«, sagte Bjartur, »du stehst schon mit einem Fuß im Grabe. Das sieht der Mann.«

»Ich möchte den Mann fragen, ehe er abreist, weil ich aus dem Südland stamme, ob dir meine Schwester bekannt ist oder ob du sie vielleicht im Südland gesehen hast.«

»Nein, nein«, rief Bjartur, »das ist ausgeschlossen, er hat sie nicht gesehen.«

»Den Deibel weißt du«, sagte die alte Frida.

Doch der Gast wollte der Sache nachgehen und hielt es nicht für ausgeschlossen, daß er die Schwester dieser alten Frau gesehen hätte, »und wie heißt sie?«

Er leuchtete sie mit seiner Taschenlampe an, und sie versuchte, ihn mit ihren stumpfen, flackernden Augen anzublicken. Ihre Schwester hieß Oddrun.

»Oddrun. Wohnt sie in Reykjavik?«

Nein, sie wohnte nicht in Reykjavik. Sie wohnte nirgends, hatte nie gewohnt, war lange Dienstmagd in Medalland gewesen – »wir sind von da.«

»Pah«, rief Bjartur dazwischen, »wie sollte er denn diese Leute kennen, der Mann, es sind einfache Leute.«

»Als ich zuletzt von ihr hörte, war sie in Stellung bei Leuten in der Nähe von Wiek im Myrdalur und lag an einem Beckenbruch. Sie ließ mir damals einen Brief schreiben. Ich bekam ihn mit der Post. Seitdem sind über dreißig Jahre vergangen. Wir waren Schwestern.«

»Pah, sie muß schon lange tot sein«, rief Bjartur.

»Pfui«, erwiderte die alte Frida und hielt ihm den Kampfschild entgegen. »Du bestimmst nicht über Gott und die Menschen; zum Glück.«

Der Gast entschuldigte sich dafür, daß er diese Oddrun nicht kannte, er war noch nie in Medalland gewesen.

»Ja, sie ist schon lange von Medalland weg«, sagte die alte Frau. »Aber im Südland ist sie doch.«

»Ja, ja«, sagte der Mann. »Ach so.«

»Über weiten Weg dringt Kunde schwer«, sagte die alte Frau.

»Ja«, sagte der Gast.

»Deswegen möchte ich dich bitten, sie von mir zu grüßen, wenn du ihr zufällig begegnest, und sei so gut und sage ihr, daß es mir, Gott sei Dank, gut geht, nur daß ich so ein Wrack an Körper und Seele geworden bin, wie Sie sehen. Und daß ich vor dreizehn Jahren den Thorarinn selig verloren habe; und daß die Jungen schon lange in Amerika sind. Ich bin jetzt hier bei meiner verheirateten Tochter.«

»Er weiß es, der Mann«, rief Bjartur.

Dann verabschiedete sich der Gast noch einmal mit Händedruck von der alten Frau und versprach, diese Mitteilung Oddrun im Südland zu überbringen. Dann verabschiedete er sich von den übrigen. Und er verabschiedete sich von Asta Sollilja.

»Asta Sollilja«, sagte er und streichelte ihr die Wange, als wäre sie ein Kind. »Ein schöner Name in einem schönen Tal«, sagte er. »Ich vergesse ihn bestimmt nicht.«

Sie lag wach und betete zu Gott, ohne Gott zu kennen, und dachte hin und her darüber nach, daß er den Namen nie vergessen wollte. Nie. Sie freute sich auf den nächsten Sommer, wenn er wiederkommen würde. Dann kam der Zweifel. Wenn er ihn nie vergessen wollte, warum war er dann vorgestern abend nach Westen über den Paß gegangen?

Am nächsten Morgen, als alle aufstanden, hatte er sein Zelt abgebrochen und war aus dem Tal verschwunden. Der Regen im Tal war eiskalt, der Sommer ging zu Ende; der Regen fiel mit einem Rauschen wie unendliche Wasserfälle hinter der Welt, er legte sich beklemmend über die Gemeinde, gleichmäßig, gleichmäßig, über den ganzen Bezirk, ohne Rhythmus und Steigerung, unwiderstehlich in seiner Weite und Breite. Doch der Duft seines Tabaks blieb noch eine Zeitlang in der Stube, sie roch ihn, wenn sie zum Kochen nach Hause kam. Doch mit der Zeit wurde er schwächer. Und schließlich war kein Duft mehr da.

Hausbau

Dieser Jon, Gemeindevorsteher auf Außen-Rotenmoor, war seit langem dafür berühmt, daß er seine Schafe verkaufen konnte, wo es ihm gefiel, zu dem Preis, der ihm gefiel; doch die kleineren Bauern waren wegen der Schulden an Bryne gefesselt. Er war der einzige Mensch in der Gegend, der es sich leisten konnte, öffentlich gegen Tulinius Jensen aufzutreten. Er kaufte Schafe auf und trieb sie nach Norden über die Hochebenen und verkaufte sie für gutes Geld im Norden in Wiek, denn er war an der Wieker Handlung beteiligt. Dann verging die Zeit. Schließlich kam es dazu, daß die Handelsgenossenschaftsepidemie an immer mehr Orten ausbrach, und in Wiek wurde eine Handelsgenossenschaft gegründet. Und diese Handelsgenossenschaft wurde so stark, daß die Wieker Handlung an Auszehrung einging, trotz der Unterstützung durch den Gemeindevorsteher von Moor, was beweist, wie gefährlich in diesen schweren Zeiten Organisationen für die Einzelperson sein können, wie stark auch die Einzelperson sein mag. Nun liegt der Gedanke sehr nahe, daß Jon auf Moor sich mit Feuer und Schwert gegen solche Vereinigungen kleiner Bauern wendete, wie die, welche die Wieker Handlung zum Erliegen gebracht hatte. Doch was geschah? Er gründete mit Ingolfur Arnarson Jonsson eine Handelsgenossenschaft in Fjord. Und in dieser Handelsgenossenschaft vereinte er nicht nur alle schuldenfreien Bauern aus umliegenden Gemeinden, sondern er gab auch Darlehen zu günstigen Bedingungen, damit man sich aus den Schuldenfesseln bei Bryne lösen und in die Genossenschaft eintreten konnte. »Wir müssen zusammenstehen, wir Bauern«, sagte er. Er, der zeit seines Lebens für sich gestanden hatte, stand jetzt plötzlich zusammen. Diese Leute wußten ihr Schäfchen ins trockene zu bringen. Wenn die isländische Bauernschaft nicht zu armseligen Fußabtretern der Bourgeoisie werden will, dann müssen wir unsere Maßnahmen treffen, uns um unsere Interessen scharen. Die Handelsgenossenschaften kaufen die Erzeugnisse der Bauern zu reellen Preisen und verkaufen ihnen Bedarfswaren zu niedrigsten Preisen; es sind in Wirklichkeit keine Geschäfte, sondern Wohltätigkeitsvereine, die den Bauern selbst gehören und die sie benutzen, um sich selbst Gutes zu tun. Jemand, der dreißig Jungschafe auf sein Konto liefert, kann sechzig Kronen Prämie auf seine Einlage bekommen, wenn die Lage auf dem Weltmarkt günstig ist. Ein Mann mit drei- bis vierhundert Jungschafen bekommt vielleicht tausend Kronen Prämie. Alle müssen einsehen, wie notwendig diese Genossenschaften für Arme und Reiche sind. Keiner bestiehlt den anderen.

Doch mit dem Herbst kam ein Rundschreiben von Bryne. Er teilte mit, daß er soeben von einer Auslandsreise zurückgekommen sei. Auf dieser Reise habe er Gelegenheit zu besonders günstigen Warenkäufen gehabt, und er habe mit dem Ausland Verträge abgeschlossen, die seinen Kunden in Zukunft ganz einmalige Bedingungen sicherten; Preisliste anbei. Er unterbot die Genossenschaft von Ingolfur Arnarson in allen Waren, überbot sie in allen Produkten. Bessere Geschäfte als in diesem Herbst hatte man in Fjord noch nie gemacht. Wenn Ingolfur Arnarson den Leuten auf die Schulter klopfte, dann tätschelte ihnen Tulinius Jensen die Wange. Wenn Ingolfur Arnarson die Leute mit »lieber Freund« anredete, dann redete Tulinius Jensen sie mit »mein Liebster« an. Wenn Ingolfur Arnarson die Leute umarmte, dann war es Tulinius Jensen, der sie küßte. Die christliche Gesinnung im Handel hatte alle schicklichen Grenzen überstiegen. Niemand sprach von Schulden. Den Leuten wurden teure städtische Waren wie Dreck aufgedrängt. Alle sollten nach zwei Jahren Großbauern sein. Bjartur nutzte die Gelegenheit und kaufte Bauholz und Wellblech.

»Und solltest du dir ein zweistöckiges Betonhaus bauen wollen«, sagte Tulinius Jensen und umarmte ihn. »Und wenn du ein Darlehen brauchst, dann finden wir schon einen Rat.«

»Bauen«, sagten die Kinder in Sommerhausen in Spannung und Vorfreude. Sie beratschlagten miteinander, ob das Haus zweistöckig sein sollte wie auf Außen-Rotenmoor oder einstöckig wie beim Bergkönig, nur mit einem Gästezimmer außer der Leutestube. Das Baumaterial wirkte stark auf ihren Hang zum Träumen, doch wenn sie sich erkühnten, Bjartur zu fragen, war er kurz angebunden; er war nicht der Mann, über seinen Plan im voraus zu sprechen, »tut etwas.« Und dann fuhren sie fort, etwas zu tun, und erfanden in ihrer Vorstellung immer neue Verbesserungen für das ungebaute Haus. Asta Sollilja dachte sich eine große Küche mit einem vielfach unterteilten Herd und Geschirrkästen und -haltern wie auf Außen-Rotenmoor; denn natürlich war plötzlich genug Geschirr da. Sie freute sich darauf, im Sommer nach Hause zu gehen und zu kochen. Plötzlich geht die Küchentür auf, und ein Gast kommt zu ihr in diese schöne Küche, in einem weiten Mantel, mit zehn Zehen und einem Bündel mit Vögeln und Fischen, er reicht ihr seine gute Hand, manche haben so gute Hände, man denkt an sie in seiner Todesstunde. Dann dachte sie bei sich: Aber wenn Papa jetzt eine gute Stube bauen sollte, woher soll man dann die Bilder nehmen? Und das Sofa?

Sie waren dabei, die letzten Bündel nassen Heus aus dem Wiesenmoor nach Hause zu bringen. Sie hatte ihm tatkräftig zugetragen, er band. Es machte ihr Freude, in der Nähe ihres Vaters zu arbeiten, wenn niemand sonst zugegen war, nichts kam seinem Lob gleich. Dann war das letzte Bündel gebunden. Sie setzten sich auf einen Heuhaufen, naß und mit Lehm bespritzt. Er nahm eine Prise. Sie legte ihre großen verarbeiteten Hände in ihren nassen Schoß und sah auf ihre Füße, die bis über den Fellschuhrand im Wasser standen. Sie hatte eine hohe Stirn, nein sie kamen nicht aus seiner Familie, diese hohen Stirnen, die Stirnen seiner Leute waren niedrig und breit; ihre Augenbrauen, gewölbt und dunkel, wiesen auf ein anderes Geschlecht, ebenso die feine, schmale untere Gesichtshälfte mit dem gemeißelten, formschönen und leicht gebogenen Kinn, das die Wange kunstvoll fortsetzte. Und diese geschwungene, blutvolle Unterlippe mit einem eigentümlichen Liebreiz in ihrer Bogenlinie. Da blickte sie ihn an, und er sah ihre Augen. Das rechte Auge war sonderbar klar, es war jung, fast glücklich und ganz frei. Doch das linke Auge, das nichts in gerader Linie sah, das war eine ganz andere Seele, das war ein anderes Volk – das in eine andere Richtung strebte; darin lagen unausgesprochene Dinge verborgen, wirre Sehnsüchte, die von der Angst selbst in Schranken gehalten wurden, die Sehnsüchte eines Gefesselten in Feindeshand, das schiefe Auge ihrer Mutter, die starb, ohne Worte zu finden, die sich fürchtete und verschwand; die er heiratete, aber nie bekam. Sie war jung gewesen wie die Blume. Ihm war, als sähe er durch die Zeiten in ferne Tage. Und plötzlich wurde er müde, in einem Augenblick wurde es Herbst in seiner Miene, oder genauer gesagt, sein Gesicht verschmolz mit den farb- und formlosen Wegen des Herbstes, man kommt mit sich selbst nicht mehr zurecht.

»Papa«, sagte sie. »Ich freue mich so darauf, wenn du baust.«

Da bemerkte sie sein Gesicht, jenes Gesicht, das er bei Tage nie zeigte, das keiner kannte und keiner zu sehen bekam, das nicht einmal in seinen kunstvollen Versen zum Ausdruck kam, das Gesicht seines inneren Menschen. Dieses Gesicht hatte nur sie gesehen, sonst niemand. Seine Verse waren so kunstvoll gedichtet, daß sie keinen nennenswerten Inhalt bekommen konnten; und so war auch sein Leben. Es verlangte sie noch immer danach, ihm um den Hals zu fallen und ihr Gesicht an eine bestimmte Stelle zu pressen. Er stand auf und strich seiner Tochter mit der lehmigen Hand über den Kopf.

»Später einmal baut Papa ein großes Haus für seine Lebensblume«, sagte er. »Doch nicht diesen Herbst.«

Nein, es geschah nicht diesen Herbst.

Diesen Herbst begnügte er sich damit, einen Stall für Mutterschafe mit Wellblechdach statt des alten Kobens zu bauen, den er vor zehn Jahren auf dem Bachufer zusammengehauen hatte. Der Kuhstall wurde zum Lämmerstall umgebaut, das Haus unten wurde für die Kuh und das Pferd eingerichtet, eine Jaucherinne gepflastert, in eine Seitenwand eine Tür gebrochen, damit man hinter dem Haus einen Misthaufen anlegen und den Mist daran hindern konnte, durch dieselbe Tür wie die Menschen zu gehen.

Trotz aller Enttäuschung war es doch ein großes Ereignis.

Andere Leute auf dem Hof, in der Gegend bekannte Baumeister, die schräggeschnittene Sodenziegel schichteten, mit Sodensträngen zwischen den Schichten, so daß die Mauer des Mutterschaftstalles ein Fischgrätenmuster bekam; ein gelernter Zimmermann mit Zollstock, Bleistift und Säge, Kopfrechnung im Blick; erfrischender Hobelspangeruch, vermischt mit dem Geruch des Herbstmatsches und des Regens; laute Unterhaltung zu den Mahlzeiten, duftender Kautabak, Dichtkunst, Kaufleute und Handelsgenossenschaften, Schafe und wieder Schafe, Wissenswertes aus unerreichbaren Orten, unbekannte Ausdrücke, Streiterei, süßer Kaffee.

»Die Kaufleute waren von jeher so gemein, die Bauern zu unterdrücken, billig zu kaufen, teuer zu verkaufen und den Unterschied in die eigene Tasche zu stecken. Es sollte jedem klar sein, daß der Kaufmann einer der Hauptfeinde des Bauern ist.«

»Dennoch haben sie in schweren Zeiten viele am Leben erhalten.«

»Ja, aber wie weit reichte ihre Liebe? Wie groß mußten die Schulden sein, daß man nicht mal eine Handvoll Roggenmehl auf seine eigene Rechnung entnehmen konnte? Es ist ein schwerer Schritt, wenn man eine Handvoll Roggenmehl auf die Rechnung anderer entnehmen muß.«

»Jetzt hat die Handelsgenossenschaft Prozente eingeführt. Jetzt zahlt sie Prozente zusätzlich zur Einlage, wenn der Verkauf gut ist. Wann ist es dem Kaufmann je eingefallen, Prozente zu zahlen?«

»Ja, das sieht denen von Rotenmoor ähnlich, Prozente zu erfinden. Ob diese Prozente nicht doch zum größten Teil in ihrem Hintern stecken?«

»Jetzt haben sie auch vor, in Fjord eine Sparkasse einzurichten, wo das Geld der Leute Zinsen bringen kann.«

»Zinsen?«

»Ja, das sind eine Art Junge, die das Geld kriegt, wenn es auf eine Sparkasse gebracht wird. Irgendein sicherer Mann bekommt bei der Sparkasse Darlehen und zahlt ihr dann noch höhere Zinsen.«

»Och, denen von Rotenmoor dürfte es nicht schwerfallen,

das zu verlieren, was sie geliehen bekommen, wenn sie nur einen Vorteil dabei sehen.«

Bjartur blieb seinem Kaufmann treu, was auch gesagt wurde; er glaubte fest daran, daß er eher durch Geschäfte mit ihm als mit dem Gemeindevorsteher wohlhabend würde; er war überzeugt davon, daß alle Vereinigungen und Unternehmungen derer von Rotenmoor allein darauf abzielten, ihnen sowohl die Zinsen wie die Prozente zu verschaffen. Ihm waren zwei Verse eingefallen:

> Mancher Arme hat kein Brot,
> quält sich mit den Tieren;
> lieber will ich liegen tot,
> als Geld an Moor verlieren.
>
> Eher sterben wird die Kuh
> und der Bock verenden,
> als an Rotenmoor ich tu
> rotes Gold verschwenden.

Doch stärker als alle Kaufleute und Genossenschaften ist die Verträumtheit des Herzens, besonders im Herbst, wenn es schummerig wird und die Wolken der Welt voller sonderbarer Bilder sind. Asta Sollilja sitzt am kleinen Hausfenster und sieht den Wolken zu. Ihre Stiefmutter ist unten im Haus und spricht mit der Kuh und füttert sie und streichelt sie und wartet darauf, daß sie Durst bekommt; die Großmutter sitzt in der Dämmerung gebeugt auf ihrem Bett und hat den Finger im Mund und spricht fast nie mehr einen Psalm, dieses unbegreifliche Wesen, das also eine Schwester im Südland hatte. Und vom Himmel leuchten dann ferne Erdteile mit verschiedenfarbigen Meeren und Küsten, die sich verändern; Wunderländer, Städte. Aus dem grünlich klaren Meer erheben sich dunkelrote Schlösser, die mit ihren Türmen versinken, und das Meer verwandelt sich in einen fruchtbaren Garten, der von eigenartigen Bergen mit lebenden Gipfeln umgeben ist, die sich einander zuneigen und in die Arme fallen, bis sie sich zerteilen. Sie hatte noch nie so am Fenster gesessen. Und jetzt vereinte sie ihre Vorstellungen von ihm mit den vergänglichen Bildern der Luft. Er. Diese wunderbaren Länder mit Meeren und Jachten, Städten und Gärten, die in fremdländischer Farbenpracht am Himmel lebten und webten, das alles waren wortlose Gedanken an ihn, eine wirklichkeitsferne Erinnerung, ein Zukunftstraum ohne Erde, ohne Tage. Er, er, er. Sie hörte die Kuh unten das Wasser schlürfen, und ihre Stiefmutter sprach in weiter, weiter Ferne mit der Kuh über das menschliche Leben, und das junge Mädchen hörte teilnahmslos ihr Gemurmel von seinen Wolken aus, wo es zu Hause war, wo es mit ihm Länder besaß, wie es in dem Tanzlied heißt:

> Junker reitet in den roten Wald,
> wo das Laub wächst an den Bäumen.
> Segel auf den Sunden.
> Doch meinen Schatz hab ich an nichts gebunden.
>
> Junker wohnt in der verborgnen Stadt.
> Keiner kennt in seinem Schlosse
> bittre Schmerzensstunden.
> Doch meinen Schatz hab ich an nichts gebunden.
>
> Hab getroffen Junker, Junker in dem grünen Wald,
> hab den wunderschönen Garten
> endlich doch gefunden.
> Doch meinen Schatz hab ich an nichts gebunden.

Oh, wenn es doch nie zu Ende wäre; wenn es doch in seinem bunten Wechsel ewig dauern könnte. Und so sieht sie Abend für Abend die stumme Musik der Wolken.

Ein Blümelein

Der geräumige neue Schafstall bedeutete eine große Versuchung, und Bjartur nahm äußerst viele Schafe in den Winter, zumal wenn man bedachte, daß er jetzt eine Kuh füttern mußte. Ihm war jeder Tag willkommen, an dem die Schafe draußen weiden konnten; die Jungen hüteten sie im Wiesenmoor. Und obwohl Bjartur Schafe gern hatte und ständig an Schafe dachte, sogar dafür bekannt war, daß er mit Schafen recht gut umging, bestand doch nur eine geringe Sicherheit dafür, daß diese vielbesprochenen Schafe den Winter überstanden und besonders das Frühjahr. Es ist überall dieselbe Geschichte, im Frühjahr muß die Rechnung aufgehen, sonst ist das Schaf tot; so ist es tausend Jahre lang gewesen. Diese unschuldige Kreatur hat seit der Landnahmezeit eine ganz besondere Neigung gezeigt, im Frühjahr zu sterben.

Hingegen gediehen in diesem Winter die Menschen bestens, und die Frau brauchte ihr mittwinterliches Krankenlager nicht, das erste Mal seit vielen Jahren; erst nach Mitte des Lenzmonats begann man zu merken, daß sie schwanger war. Gewiß hatte sie es dauernd auf der Brust, genau wie ihre Mutter, ein schlechter Herd, ewiger Rauch; sie husteten, wenn sie anfingen, Feuer zu machen, bis weit in den Tag hinein; des abends bekamen sie dann einen zweiten Hustenanfall. Jetzt kam im Haus ein starker Geruch von Kuhmist und Pferdejauche hinzu, er legte sich der Hausmutter zusätzlich zum Rauch auf die Brust und verursachte allerlei Unwohlsein. Sie kümmerte sich weiter selbst um die Kuh, nur daß sie ihr das Heu nicht in die Krippe tun durfte; sie nahm sonst zuviel von dem bißchen Wiesenheu, das Bjartur lieber an solche Lämmer und Mutterschafe verfüttern wollte, die keinen Platz an der Krippe fanden und in Gefahr waren herunterzukommen. Doch sonst fütterte sie sie, fegte bei ihr, tränkte sie und mistete bei ihr aus, gab sich alle Mühe, ihren Stand möglichst sauberzuhalten, denn Kühe sind für so etwas dankbar; sie striegelte sie mit einem alten Wollkamm, hielt sich lange in ihrem Stand auf und sprach mit ihr. Sie brachte ihr auch manches Fischskelett, das sie dem Hund wegstibitzen konnte, ohne daß Bjartur es wußte, sogar einen Klumpen Brotteig. Es kam jetzt häufig vor, daß die Kuh Schwermutsanfälle bekam und lange in hoffnungslosem, mürrischem Ton brummelte, als ob es nie mehr Frühling würde. Dann wußte die Frau, daß das Herz der Kuh in Ängsten schlug, daß ihr das Leben leer und sinnlos erschien. Dann ging sie mitten am Tage zu ihr hinunter, diese Frau, die selbst auch nicht allzuviel Freuden hatte, strich ihr über Wamme und Kopf und sagte, daß im menschlichen Leben das Gute am Ende siegen würde, bis die Kuh ruhig wurde und anfing wiederzukäuen. Doch der alte Blesi, der diese dumme und wiederkäuende Gesellschaft anscheinend nie mehr loswerden würde, wieherte barsch über die Trennwand. Hingegen lernten alle Kinder von der Mutter, zu der Kuh Zuneigung zu fassen und Achtung vor ihr zu haben wegen der Milch, welche die Freude der Seele vermehrt und das Einvernehmen in der Familie verbessert. Die alte Bera bekam auch Milch, und der Hund bekam Milch. Doch Bjartur trank keinen Tropfen von diesem Kuhsaft, der einem den Appetit nimmt und die Hartleibigkeit verstärkt; er gab nur seinen an Durchfall erkrankten Lämmern in Milch gekochten Kautabak.

Ja, sie bekamen sogar Röte auf die Wangen und gesundes Jugendfeuer in die Augen, diese Kinder, die vorher nichts als Erkältung und Schlappheit waren; alle vorsätzliche Faulheit war verschwunden, sie empfanden nicht mehr diese elende Unlust und freudlose Leere in der Brust, als ob ihr Inneres von Wasser und Wind aufgeschwemmt wäre. Asta Sollilja verstand besser als früher die dunkleren Stellen in den Reimerzählungen ihres Vaters; sie lernte von ihm, Buchstaben auf eine Rußscheibe zu schreiben, und machte Fortschritte im Kopfrechnen. Und so schnell entwickelte sie sich in diesem Winter, daß ihr alle ihre Plünnen zu eng wurden; man mußte die Ärmellöcher größer schneiden und neue Keile in Ärmel und Seiten setzen; sie war jetzt ein Mädchen von vierzehn Jahren, hochaufgeschossen, mit Farbe, Busen, komischen Gefühlen und gesundem Unwohlsein dann und wann; man mußte sogar ihren Rock durch einen breiten Saum länger machen wegen des Knies, das unter dem Rand hervorsah und seit dem vorigen Sommer stark und rund geworden war.

Im Winter kam der Pfarrer und ließ sie lesen; er staunte, wie gut sie las; sie hatte auch ihren ältesten Bruder lesen gelehrt, doch was hatte sie vom Christentum gelernt? Sie hatte also nichts vom Christentum gelernt, nur manchmal Gott um etwas gebeten, ohne ihn zu kennen. »Das geht so nicht«, sagte der Pfarrer, »das ist strafbar: das Mädchen ist im Konfirmationsalter.«

»Ja, ich halte allerdings nicht viel von diesem modernen Christentum«, sagte Bjartur. »Doch es gab eine Zeit, da hatten wir hier einen guten Pfarrer. Wer den verstorbenen Sira Gudmundur gekannt hat, wird diesen hervorragenden Mann nicht vergessen, solange er lebt. Seine Schafsorte wird seinen Namen in dieser Gegend unvergeßlich machen. Für alle Zeiten.«

Dieser neue Pfarrer, i, das war kein Pfarrer, ein glatzköpfiger Lulatsch, was verstand der von Schafzucht! Daran fehlte es nicht, daß er über Schafe sprach und so tat, als wäre er dafür besonders veranlagt; er redete unablässig über irgendwelche Lehren aus der Landwirtschaftszeitung Islands. Jetzt sprach er darüber, daß man ein Mutterschafbuch führen, die Lämmer kennzeichnen und die Nummer jedes Lamms in das Mutterschafbuch eintragen sollte, damit man im Herbst von jedem einzelnen Lamm wußte, von welchem Bock und welchem Mutterschaf es stammte – es wäre eine Todsünde gegen die Ökonomie, gegen sich und die Seinen, die kleinsten Lämmer in den Winter zu nehmen, weil sie so wenig Schlachtfleisch bringen, und auf diese Weise die minderwertigsten Kümmerlinge die Zuchtgrundlage bilden zu lassen – und so weiter.

»Nie sprach der verstorbene Sira Gudmundur mit anderen Leuten über Schafe«, sagte Bjartur da. »Und nie hatte er ein Mutterschafbuch oder ein anderes Buch außer seinem Hebräischbuch. Doch war er in bezug auf Schafe ein großer Mann. Seine Knechte behaupteten, daß er die Spuren seiner Schafe von anderer Leute Schafspuren unterscheiden konnte.

Seinesgleichen werden wir in dieser Gemeinde nie wieder bekommen.«

Sie kamen überein, daß Asta Sollilja ein Jahr auf Helgi warten sollte. Der Pfarrer hielt es für unerläßlich, daß beide im nächsten Winter herunter in die Siedlung kämen, ehe sie konfirmiert würden, um das Notwendigste vom Christentum und anderes zu lernen, was für eine solche Konfirmation gesetzlich vorgeschrieben ist, Länderkunde, Zoologie, vaterländische Geschichte. »Um darauf zurückzukommen, hast du Länderkunde gesagt?« Sie kannten das ganze Land hier im Tal, jeden Erdsockel, jeden Felsen, die Sickerlöcher im Wiesenmoor, die Windungen des Bachs; es würde ihnen nie passieren, sich in diesem Landbesitz zu verirren, was für Wetter es auch sein mochte. Und was die Zoologie betrifft, so kannten sie jedes einzelne Schaf auf dem Hof, sie waren mit Tieren aufgewachsen, sie verstanden sich auf Vieh. Und die vaterländische Geschichte. – »Wer war Grimur Aegir, Asta?« Asta Sollilja, schüchtern: »Der Feind Göngu-Hrolfurs.« Bjartur: »Richtig. Als er umkam, wohin ging er dann?« Asta Sollilja, verschämt, vor sich hin: »Zum Teufel.«

»Da siehst du, wie es ihm erging, lieber Sira Teodor«, sagte Bjartur und lachte laut, und ein wenig später: »Glück und Segen, lieber Sira Teodor, und laß es dir nun gutgehen.«

Es geschah kurz nach Mitte des Lenzmonds, daß Bjartur wie schon öfter ins Wiesenmoor hinunterging, um seine Schafe in den Stall zu treiben. Zu Anfang des Tages herrschte regnerisches Wetter mit nassen Schneeschauern, unterbrochen von Aufheiterungen, sogar Sonne. Die Jungen hatten sich beim Hüten abgewechselt. Da bemerkte der Bauer, daß ein Mutterschaf mit dem Namen Hetja am Kopf ganz blutig war. Er dachte zuerst, daß ein Horn des Schafs verletzt wäre: doch als er näher zusah, stellte sich heraus, daß das Schaf tatsächlich auf der Weide an beiden Ohren neu gekennzeichnet war. Wie zu erwarten war, wunderte er sich sehr darüber. Er befühlte behutsam die blutigen Ohren und versuchte herauszubekommen, was für ein Entwendungszeichen es wäre, doch das Schaf war sehr unsauber gekennzeichnet. Es war eine Art Stumpfzeichen, am ehesten schien es ihm »Doppelschlitz im

Stumpf beiderseits« zu ähneln, oder auch »Doppellücke auf einer Seite«. Das war mehr ein unheimlicher Vorfall als ein direktes Unglück, und er wurde sehr nachdenklich. Er fragte im Haus genau danach, ob man an diesem Tag jemanden im Tal gesehen hätte, doch alle verneinten es mit Bestimmtheit. Da sagte Bjartur: »Wenn es sich so verhält, daß hier niemand unterwegs gewesen ist, dann ist es das erste Mal in all diesen Jahren, daß hier im Tal etwas vorgekommen ist«, und er berichtete von der Kennzeichnung.

Helgi antwortete leichthin: »Mir kam es so vor, daß jemand in einem Schneeschauer in den See ritt.«

»In den See? Bist du verrückt, Junge? Und welche Farbe hatte das Pferd?«

»Das konnte ich nicht richtig erkennen«, sagte der Junge. »Aber mir schien es kein Pferd zu sein.«

»Und nach wem sah er denn aus, der darauf saß, Bengel?«

»Das konnte ich nicht erkennen, denn es war mitten im Schauer«, sagte der Junge. »Doch schien er mir nicht wie ein Mensch auszusehen.«

»Wonach sah er dann aus?«

Das konnte der Junge nicht beschreiben, es sei nur etwas Unförmiges gewesen, das sich im Schneeschauer irgendwie vorwärts wälzte und im See verschwand.

Bjartur dachte angestrengt nach. Alle dachten angestrengt nach. Die alte Frau murmelte dies und das auf ihre Stricknadeln hinunter; es bedeutete etwas Ungutes, man tut gut, sich jetzt im Frühjahr vorzusehen. Zwar ist man auf diesem Hof schon immer allerlei gewahr geworden, und eigentlich wußte man, daß die Hexe noch immer nicht tot war, doch Schafe am hellichten Tag aus der Herde blutig zu zeichnen ...

Dann kamen milde Tage, die den Leuten die Besorgnis über diesen Vorfall nahmen, Tauwind, Frühlingsregen; in tieferen Lagen taute der Schnee, braun von altem Gras kam das Tal hervor, auf den Quellwiesen wurde es grün, die Hauswiese bekam Farbe, der Fluß war offen, der See eisfrei, die Frau stand an der Türöffnung, um die Brise zu spüren. Die Hofraben waren weggeflogen.

Der kleine Nonni brachte seine Beinknochen auf den Hügel. Eines Tages brachte er die Nachricht in die Stube, daß an der Hausmauer ein Löwenzahn aufgeblüht sei. Ein aufgeblühter Löwenzahn. Ein seltenes Ereignis in einem Seitental zu dieser Zeit des Jahres. Alle Geschwister und die Mutter gingen hinaus an die Hausmauer, um diesen kleinen Löwenzahn zu betrachten, der seine Blüte so fröhlich und kühn gegen die Wintersonne ausbreitete, diese junge, empfindliche Blüte. Ein Blümlein der Ewigkeit. Lange, lange blickten sie in andächtiger Bewunderung auf diesen neuen Freund, diesen zierlichen und liebenswerten Vorboten des Sommers inmitten der Winterstrenge. In schweigender Verehrung berührten sie ihn leicht mit den Fingerspitzen, wie gläubige Menschen, die beim Papst Gebeine des Heiligen Geistes berühren dürfen, um erlöst zu werden: es war, als ob sie sagen wollten: du bist nicht allein, wir sind auch da, wir versuchen auch zu existieren. Es war ein Tag mit heiterem Himmel. Die Angst des Winters war an einem einzigen Tag verflogen. Wie auf dem Erdenrund, so herrschte der heitere Himmel des Tages ohne Grenzen in der Seele, es war einer der Glückstage des Lebens, und sie vergaßen diesen Tag ihr ganzes Leben nicht. Dann konnte man den Goldregenpfeifer hören, und sein erstes Flöten hat einen sonderbaren Klang. Es ist ein schüchternes und zugleich dankbares Flöten, kurzatmig wie die erste Begrüßung nach großer Lebensgefahr und doch erfüllt von stiller Freude.

Und das junge Mädchen, das das Christentum nicht kannte, ja, alles hatte den Winter in ihrer Seele überlebt. Hatte sie sich denn in den langen Unwetterperioden um nichts gebangt? Doch, ihr war oft bange gewesen. Ihnen allen war bange gewesen. Die Nächte waren sehr lang. Und die Tage, das waren keine Tage. Man lebt für den Frühling, und doch glaubt man wohl erst an ihn, wenn er da ist. Ein Löwenzahn, ein Goldregenpfeifer, es war, als ob jetzt alles käme, alles, wofür man lebt, bis man stirbt. Bald ergrünt das Wiesenmoor und schallt von Leben wie voriges Jahr, das Odinshühnchen wiegt sich anmutig auf den Kolken, es ist, wie wenn man junge Mädchen ansieht. Und der kleine Wasserfall am Berg fließt im Seewind nach oben. Und er, er, der aus der Ferne kommt ...

Dann kam Karfreitag, der längste Tag des Jahres. Sie hatten eine Ahnung davon, daß an diesem Tag jemand gekreuzigt worden war, Gott oder Jesuspeter; sonst aber hatten sie nur sehr unklare Vorstellungen davon, wie man Menschen kreuzigte, denn sie hatten noch nie ein Kreuz gesehen, geschweige denn gekreuzigte Menschen; ihnen war nichts daran gelegen, es zu sehen, sie fragten nie genauer danach, die Gegend war voller alter Klatschgeschichten. An diesem Tag mußten unbedingt Frost und Unwetter eintreten, eisiger Wind am Abend und dunkler Himmel. Zur Zeit des Schlafengehens schneite es schon. Bjartur in Sommerhausen blickte an diesem Abend ebenfalls finster drein, und gegen Mitternacht zog er sich Hosen und Schuhe an, ging hinunter und sah nach dem Wetter. Da herrschte schon Schneegestöber. Der Schnee reichte über die Fellschuhe. Am Morgen tobte ein fegender, dichter Schneesturm mit beißendem Frost.

Bjartur hatte sich von allen auf dem Hof am wenigsten über die vorausgegangene Schönwetterperiode gefreut, die Zeichen des Frühlings hatten auf ihn keinen mildernden Einfluß gehabt, er glaubte weder an Blumen noch an Vogelgezwitscher. Die Wahrheit war, daß trotz der bisher außerordentlich günstigen Witterung seine Schafe sich nicht gut entwickelt hatten und daß die Heuvorräte nach dem nassen letzten Sommer sehr gering waren; der Boden hatte ihn verleitet, mehr weiden zu lassen, als gut war. Eine Tatsache jedoch hatte ihn mehr beunruhigt als irgend etwas anderes, daß nämlich bei den Mutterschafen immer wieder der Drehwurm zu beobachten war und was dazu gehört, Röcheln, Schlappheit, stinkender Durchfall. Anscheinend verschlug bei den Schafen das Futter nicht, einige Mutterschafe waren so leblos, daß er für sie fürchtete; er hatte schon vor, einige von ihnen nach Hause zu nehmen und sie mit Heu von der Hauswiese, sogar mit Essen zu füttern. Jetzt gab es plötzlich weiße Ostern, wer weiß, wie lange das dauert, und die Schafe waren schon an draußen gewöhnt, waren schon darauf gekommen, das sprießende Gras auf den Quellwiesen abzunagen; jetzt beginnt erneut Stallhaltung, Rückkehr zum verdorbenen Heu auf unvorhersehbare Zeit.

Es war eins der schlimmsten Unwetter. Es war eins jener eigenartigen Unwetter, bei denen es im Gebirge oberhalb des Hofes klang, wie wenn die Trolle verrückt geworden wären und ihre Musikinstrumente hervorgeholt hätten; der Hund hockte heulend am Lukenrand und zitterte am ganzen Körper. Und der Ostermorgen war einer der verhältnismäßig seltenen Morgen, an denen die alte Hallbera den Unwetterpsalm von Anfang bis Ende hersagte, während die Kinder sich wie ein geschlagenes Heer in den Betten zusammenkauerten – jenen seltsamen Psalm vom Sturm und dem wütenden Mann, der ihnen als das leidigste Gedicht der Welt erschien: es kam ein Mann voll Wut, vom bösen Geist gepackt, rasend, wahnsinnig, nackt. Dieser unheimliche Held des Unwetterpsalms war noch lange, lange, nachdem sich das Wetter gebessert hatte, der Schrecken ihrer Träume; wenn sie später ungewollt an ihn dachten, konnte ihnen jede Freude an schönem Wetter vergehen; wie ein Verbrechen riß er sich unversehens aus der Erinnerung los, sogar wenn sie sich wieder wohl fühlten.

> Aus Ketten und aus Eisen
> mit Grimm er oft brach aus,
> daß keiner wagt zu reisen
> vor seines Schreckens Graus
> auf Wegen allbekannt.
> Auf dunkler Heid er lauert.
> auf Gräbern Toter kauert,
> schlägt um sich wutentbrannt.

Wenn sich die alte Frau gezwungen sah, diesen Psalm zu sprechen, dann war es ein Zeichen dafür, daß alle bösen Kräfte in und auf der Erde entfesselt waren. Sie sagte ihn auf jene sonderbare unirdische Weise auf, die allein mit der eisigen Furcht vor dem Letzten vereinbar ist – jetzt ist das letzte Stündlein gekommen. Sie wandte all ihre Sinne von der Welt ab, wiegte langsam den Oberkörper vor und zurück und hielt die knorrigen Hände ineinander verkrampft vor der Brust; ihre Stimme glich einem schartigen alten Eisen, mit dem man in lebendes Fleisch sägt. Nie ist der Winter mächtiger als an solchen Frühlingstagen. In stummer Furcht schlugen diese von Schuld freien Herzen in der Gegenwart der grausamen Mächte, die den kleinen unabhängigen Hof der Nation umringten. Die Mutter zog die Schuhe aus und hüllte sich am Ostermorgen wieder in ihr Deckbett.

38

Der Kampf

Fünf Tage schwerer Schneesturm, es war kaum zu glauben, wie sehr die Schafe in so kurzer Zeit herunterkommen konnten. Und da sie nicht dazu zu bewegen waren, das schimmlige Wildheu anzurühren, blieb nichts anderes übrig, als zum Heu von der Hauswiese zu greifen, das bisher der Kuh und den Lämmern vorbehalten war. Doch wie lange würde das gute Heu reichen, wenn damit allein das ganze Vieh versorgt werden sollte? Der Schober hatte nicht mehr als fünfzehn Pferdelasten. Natürlich mußte man vor allem an die Mutterschafe denken. Andererseits war es aber auch ganz zwecklos, der Kuh das Hauswiesenheu zu entziehen und ihr schlechtes Wildheu vorzuwerfen, sie sah es nicht an, brummte mißlaunig vor der vollgestopften Krippe, ihre Milchleistung sank schnell. Sie würde sich sicher nicht mehr auf den Beinen halten können, wenn man mit der Kuhweide rechnen konnte, und das war vielleicht erst zu Johannis, in unabsehbarer Zukunft. Hingegen war es denkbar, wenn der Kälteeinbruch aufhörte und der Boden wieder zu sehen war, daß man dann mit diesem bißchen Hauswiesenheu die Mutterschafe am Leben erhalten könnte. Der Kampf um das Futter wogte also zwischen der Kuh und den Mutterschafen hin und her, und je mehr stürmische Tage hinzukamen, um so deutlicher wurde es, daß hier die eine oder die andere Seite siegen mußte. So sind auf einem kleinen Hof im Tal die Schneesturmtage von großem Ernst begleitet. Es ist kein Wunder, wenn die Seele arm an Freude wird, die Hoffnung im Herzen der Leute gering, der Trost in schlaflosen Nächten schwach. Auch die schönsten Erinnerungen verlieren ihren Glanz, wie eine blinkende Münze, an der sich Grünspan ansetzt, weil sie verlorenging. Die Kinder sahen, wie ihr Vater morgens Böses ahnend und übernächtig aufstand, wie das Gesicht der Mutter von stillem nächtlichem Weinen geschwollen war.

Noch immer ging sie zur Kuh hinunter, um sie zu kraulen und zu trösten. »Jetzt wird es bald milder«, sagte die Frau, »bald kommt wieder Sonnenschein für uns beide, und der Schnee taut, und die Schafe gehen wieder auf dem Wiesenmoor, und meine Muhkuh bekommt wieder genug gutes Heu. Dann beginnt das liebe grüne Gras zu sprießen, und der kleine Nonni geht mit seiner Mama unsere Muhkuh hinten am Berg hüten. Und die Vögel.« Die Vögel? – Nein. Es kam so weit, daß ihr die Worte fehlten, das verschimmelte Wildheu lag unberührt in der Krippe der Kuh, und sie brummelte weiter; es wurde nichts besser dadurch, daß vielleicht im Sommer die Vögel singen würden, schließlich streichelte sie die Kuh nur schweigend. Die Sangeskunst spendet dem keinen Trost, der im Frühling dem Tod ins Auge sieht. Sie streichelte sie in Ängsten. Schließlich begann die Kuh zu brüllen.

Dann hörte dieses Osterunwetter auf wie andere Schneestürme. Es kam Sonnenschein. Bei dem langen Sonnentag wurde die Schneedecke verhältnismäßig schnell dünner. Doch es wehte ein ziemlich kalter Wind mit strengen Nachtfrösten. Bjartur trieb seine Mutterschafe wieder auf das Wiesenmoor, doch die Wurzelstöcke waren an der Spitze ausgeblieben oder abgestorben, die Quellwiesen kamen schwarz unter dem Harsch hervor. Viele Mutterschafe waren schon so geschwächt, daß sie sich kaum mehr treiben ließen, manche überhaupt nicht. Wenn sie durch den Hofbach gingen, kostete es sie alle Mühe, auf das andere Ufer zu gelangen, obwohl es kaum kniehoch war; vielleicht kamen sie mit dem Vorderteil hinauf, das Hinterteil blieb zurück, sie machten Waage auf der Kante. Wenn Bjartur sie hinaufhob, dann legten sie sich auf das Ufer; und wenn sie sich erst einmal gelegt hatten, dann waren sie schwer dazu zu bewegen, auch nur einen Versuch zu unternehmen. Er packte sie an den Hörnern und versuchte sie aufzurichten; dann erhoben sie sich höchstens auf die Vorderknie; das nennt man auf den Kniescheiben gehen und ist bei unserem Volk seit der Landnahmezeit nichts Ungewöhnliches. Wenn sie eine kleine Weile auf den Kniescheiben gegangen waren, fielen sie wieder um. Unten im Wiesenmoor blieben sie in den Rinnsalen stecken. Wenn sie bis über die Afterklauen einsanken, machten sie keine Anstrengungen mehr. Die Raben waren ins Wiesenmoor zurückgekehrt, sie lauerten darauf, die Schafe hinter dem Kreuz aufzubrechen, ihnen bei lebendigem Leibe die Gedärme herauszuzerren und die Augen auszuhacken. Einen Tag fielen drei unten an der Hauswiese um, sie rührten sich nicht, obwohl man den Hund auf sie hetzte und um sie herum lärmte, sie blinzelten nur ein bißchen mit den Augen. Da nahm Bjartur sein Taschenmesser heraus. Er strich ihnen die Wolle von den Kiefern und schnitt ihnen die Kehle durch, grub sie ein.

Die meisten Mutterschafe hatten den Drehwurm. Einige nahm Bjartur beiseite und fütterte sie im Stall, doch sie nahmen kaum einen Halm zu sich. Des Morgens lagen eines oder mehrere verendend auf der Seite, oder sie waren schon tot. Er trug seiner Frau auf, Teig aus Roggenmehl zu kneten; einige nahmen ihn an, andere nicht. Der Vorrat der Familie an Roggenmehl war klein und reichte auf diese Weise nicht weit, obwohl sie mit Brot sparten. Des Abends versuchte er, die Mutterschafe heim in den Stall zu locken, indem er mit einem vorgehaltenen Teigstück rückwärts vor ihnen her ging; bei jedem zweiten Schritt ließ er sie an dem Stück knabbern, doch es ging sehr langsam, denn auf diese Weise war es nur möglich, die Schafe einzeln nach Hause zu bringen; ehe man sich dessen versah, waren sie umgefallen. Die Kinder taten das Ihre, ihm bei dieser neuen Methode des Schaftreibens zu helfen. Ja, es ist doch etwas ganz anderes, das Schaf im Sommer zu sehen, diese stolze Kreatur, die Zierde der Hochweide, die Königin der Hochfläche, wenn es mit erhobenem Kopf sich seitwärts schlägt oder von einer Anhöhe herab scheu schnaubt und spöttisch hinter einem Weidenstrauch hervorlugt, im Vergleich zu dieser Trauergestalt des Weidemoors im Frühling. Er schnitt immer mehr Schafen die Kehle durch.

Dennoch gab es eine ansehnliche Schar von Mutterschafen, die erstaunlich gut bei Kräften blieben und sich an die Krippe drängten. Für diese Schafe war es notwendig, soviel wie möglich zu tun, bei ihnen nicht mit dem Hauswiesenheu zu geizen, solange noch eine Handvoll davon da war. Und der Schober wurde von Tag zu Tag kleiner, die Kuh von Tag zu Tag magerer und leistungsschwächer.

Der Tropfen Milch reichte keineswegs mehr für die Leute im Hause, obwohl man den Brauch aufgenommen hatte, nur einmal am Tage zu essen, was allerdings im Frühjahr keine Seltenheit war. Menschen und Tiere hungerten. Doch da raffte die Frau sich auf und schnitzte ein längliches Stück Holz mit einem Knoten an einem Ende, und um den Knoten befestigte sie Fransen aus dicken Wollfäden. Die Kinder betrachteten verwundert dieses Gerät. »Was soll das sein?« – »Es ist ein Schlegel«, sagte die Frau. Es war einmal eine arme Frau. Und Jesus kam zu ihr und lehrte sie einen Schlegel machen und gesäuerte Milch rühren, um die wenige Milch zu strecken. Finna tat Labmagen in die wenigen Tropfen, die man noch aus der Kuh herausquetschte, schlug sie dann in einem Topf, und nach kurzer Zeit gab es Schlegelmilch, es war so viel, daß sie nach einer kleinen Weile den Topf bis zum Rand füllte; wer weiß, wieviel es noch geworden wäre, wenn die Frau weitergerührt hätte, und dann bekamen die Kinder Schlegelmilch, und alle waren von Jesu begeistert.

Da sagte die Frau eines Abends: »Lieber Bjartur, du mußt dich unten in der Gemeinde nach mehr Hauswiesenheu umsehen.«

In diesen Tagen war er zu Hause nicht gesprächig, gab meistens nur kurze Anordnungen, wie ein Bootsführer in Lebensgefahr; jetzt reagierte er scharf, wie wenn er die Messerspitze auf der bloßen Haut spürte, und fragte: »Ich? Unten in der Gemeinde? Ich wüßte nicht, daß ich jemandem unten in der Gemeinde etwas schulde.«

»Aber lieber Bjartur, die Kuh gibt fast keine Milch mehr, und es ist schrecklich zu sehen, wie leer ihr Bauch ist und wie dieses arme gute Tier vor meinen Augen abmagert.«

»Das ist nicht meine Sache«, sagte er. »Ich möchte keinem

unten in der Gemeinde etwas schulden. Wir sind unabhängige Leute. Ich bin auf niemanden angewiesen. Ich bin ein freier Mann auf meinem eigenen Land.«

»Wir haben der Bukolla so viel zu verdanken«, sagte die Frau.

»Ja, das weiß ich«, sagte er. »Und haben ihr über kurz oder lang wahrscheinlich noch mehr zu verdanken. Nicht zuletzt, wenn sie es schaffen sollte, mir meine Schafe umzubringen, wie sie sich jetzt befinden.«

»Und wenn es nur etwa eine Pferdelast gutes Heu wäre«, flehte die Frau.

»Keine Macht zwischen Himmel und Erde soll mich dazu kriegen, meine Schafe wegen einer Kuh zu verraten. Ich habe für meinen Zuchtstamm achtzehn Jahre gearbeitet. Es kostete mich zwölf weitere Jahre, das Grundstück abzuzahlen. Meine Schafe haben mich zum unabhängigen Menschen gemacht, und ich werde mich vor niemandem beugen. Die Schande werde ich nie auf mich nehmen, daß ich an irgend jemandes Tür klopfe, um im Frühjahr um Heu zu bitten. Und die Kuh, die mir vom Gemeindevorsteher und vom Frauenverein aufgehalst wurde, um den Kindern den Appetit und den Schafen das Bessere vom Heu zu nehmen, für sie tue ich bloß eins. Und das wird getan.«

»Bjartur«, sagte da die Frau tonlos und sah ihn mit irren Augen aus der unüberbrückbaren Entfernung an, die zwei Menschen trennt, »wenn du die Bukolla schlachten willst, dann erst mich.«

39

Tod im Frühling

Derselbe Zustand, keine Aussicht auf Besserung, häßliche Witterung, kalter Wind, Hagelschauer. Die Häuser rochen alle stark nach der Durchfallseuche, der Drehwurm breitete sich immer mehr aus, der röchelnde Husten der kranken Schafe vermischte sich mit dem Brummen der Kuh im Haus, die Würmer krochen ihnen aus der Nase, hingen wie Fäden im

Eiter am Maul, am Morgen lagen eins oder mehrere zertrampelt in der jauchigen Bucht, mitunter noch mit Lebenszeichen; er tötete sie, schleifte sie hinaus in eine Torfkuhle und grub sie ein, wischte sein Messer am Moos ab, fluchte. Fündundzwanzig waren tot, alle ihm geboren, er kannte jedes einzelne, seit es Lamm war, kannte seine Abstammung; das Bild eines jeden, Ausdruck und Kennzeichen, war in sein Bewußtsein gegraben wie das eines nahestehenden Kameraden, sich an sie zurückerinnernd, sah er viele vergangene Jahreszeiten, er erinnerte sich an sie, wie sie gesund und schönwollig zur Herbstzeit aus dem Gebirge kamen, stolz über ihre strammen Nachkommen, oder wenn sie im Frühling in einer grünen Mulde ihre neugeborenen und hilfsbedürftigen Lämmer beleckten. Jedes einzelne hatte seine Eigenart, seinen Charakter gehabt. Er hatte noch die Hörnerform von ihnen allen in Erinnerung, den Wollbüschel am Kopf des einen, die dunklen Flecken des anderen, den Zopf des dritten; eins fürchtete sich vor den Menschen wie eine jungfräuliche unverheiratete Tochter, ein anderes rannte wild gegen Mauern an und sprang in unüberquerbare Wasserläufe, ein drittes hielt sich in Erdrinnen versteckt – und er hatte ihnen die Kehle durchgeschnitten, die Würmer wanden sich hinaus auf den blutigen Stumpf, die Lungen waren zerfressen wie Aas von Fliegenmaden: Ringa, Schelle, Hexe, Kämpe, Wilde, Taube, Woge, Halbhorn, Scheuweiße, Kluggelbe, Schwalbe, Pelz, Schopf, Gelbstrumpf, Königin, Streif, Kleine, Scheue, Brave, Breithorn, Veilchen, Braune, Hellnase, Dünne, Adlerkopf – diese Tiere waren die Tragsäulen und der Hauptinhalt seines Lebens. Fünfundzwanzig. Welches ist das nächste?

Staubstürme, unmöglich, heute Schafe hinauszubringen, drei Mutterschafe heute morgen zum Tode verurteilt: Runde, Laub, Schnur. Im Haus kein Wort gesprochen, der Heuschober ist von oben abgetragen, die gefrorene Deckschicht ist abgestützt, die Kuh will nicht aufstehen. Im Lauf des Tages hören die Pausen zwischen den Schneeschauern auf, noch ein Schneesturm ist losgebrochen, Dunkelheit an dem kleinen Hoffenster; zum Gestank des Seuchenauswurfs unten im Haus kommt der Rauch, der nicht abzieht; das Atmen fällt schwer.

Und an einem anderen Ort der Welt ist ein Garten und ein Schloß.

Hatte denn die Welt diesen kleinen Hof im Tal ganz vergessen, stand er denn mit seinen angsterfüllten Herzen ganz allein und verlassen da, ohne Heldensage, ungerühmt in Büchern? Nein, o nein. Auf der Rampe waren Gäste, wiehernde Pferde im Schneesturm, klirrende Trensen, unbekannte Stimmen – eine plötzliche Ablenkung in der gepreßten wortlosen Angst, eine unerwartete Freude für Mensch und Hund.

An der Luke erschien ein Mädchen in schneebedeckten Kleidern; sie war füllig in ihren enggeschnittenen Reithosen, in ihren graublauen Augen stand das Glück, vom Wetter war sie schön gerötet; sie klopfte sich den Schnee ab, durch die Luke, lachte mit ihren gesunden Zähnen und fluchte ein wenig, hahaha. Ihre Reitpeitsche war eine Kostbarkeit in dieser Behausung, wo kein Stück des Mobiliars auch nur fünfundzwanzig Öre eingebracht hätte, Audur Jonsdottir von Moor. Später kam ihr Begleiter nach oben, einer der Knechte des Gemeindevorstehers; er wollte mit ihr hinunter nach Fjord, sie wollte morgen mit dem Postschiff nach Reykjavik, in ein glücklicheres Landesviertel.

»Das liebe Fräulein, wie füllig sie geworden ist, die Beste hat einen hübschen Po mit Kimme; sie ist ja auch nicht vernachlässigt worden«, sagte Bjartur und klopfte ihr höflich auf die Hüften, »trichtert ihr starken Kaffee mit genug Zucker ein, sie ist nicht bei Abwaschwasser aufgewachsen, das Herzchen, das mir nicht einmal bis mitten an die Oberschenkel reichte, als ich das erste Mal heiratete.«

Die Kinder stellten sich auf dem Fußboden in einer Reihe auf und starrten sie voller Bewunderung an, wie groß und kräftig sie war, wie glücklich sie war, wie gut sie fluchte, wie weit sie wollte; dann hatte sie allen Schnee abgeklopft und stand hier wie eine vollentwickelte reichtragende Pflanze, die sich unter dem Gewicht ihrer eben aufgegangenen Blüten biegt, im Begriff, Samen auszustreuen.

Nein, es war unmöglich, sich bei diesem Wetter auf den Weg über die Hochebene im Osten zu machen, es war ein mörderischer Sturm für Frauen, hier mußte sie sich aufhalten, bis er aufhörte, und sie sah sich nach einer Sitzgelegenheit um. Doch die Decken auf allen Betten waren gleich wenig einladend, schließlich geruhte sie, sich auf die äußerste Bettkante des Ehebetts zu setzen; sie wollte nicht, daß man sich ihretwegen Umstände machte, hoffentlich ließ es vor dem Abend nach; sie fragte aus Höflichkeit nach dem Vieh.

»Im Lenzmond kam hier jemand durch, der mir ein Schaf umzeichnete«, sagte Bjartur. »Doch was ist das schon im Vergleich zu dem, was ich von da unten höre.«

Ja, es waren trübe Nachrichten von da unten, bestätigte der Knecht. Olafur in Obersttal hatte ungefähr vierzig verloren, trotz komplizierter und wiederholt angewandter Wissenschaft; Einar in Unterleite über dreißig, doch seine Schafe haben hoffentlich im Jenseits bessere Weiden; Thorir auf Kluftwiesen ließ nicht einmal laut werden, was er verloren hatte; jetzt hatte seine jüngste Tochter ebenfalls ein uneheliches Kind bekommen (die Gemeindevorstehertochter: »Warum verheiraten sie sich nicht ordnungsgemäß mit den Männern«), doch Bjartur sagte, das käme davon, wenn man Speisetang ißt, und lachte – »das hat man von den Kühen. Zuletzt fressen sie einem die Seele aus dem Leib, die verfluchten Biester, ihr Bauch ist bodenlos wie das Mittelmeer.« Beim Bergkönig hingegen verlief alles einigermaßen, und auf Außen-Rotenmoor wurde Essen verfüttert, sagte der Knecht, doch waren einige Schafe schlapp wie oft im Frühjahr, sie mußten einem und dem anderen Schaf die Kehle durchschneiden.

Ja, Bjartur kannte das, es war ein alter Brauch auf Außen-Rotenmoor, dem Gemeindevorsteher kam es auf eine Wurst zur Schlachtenszeit nicht an, wenn bloß die Reitpferde das Ihre bekamen.

Der Sturm wollte nicht aufhören, das Mädchen wurde unruhig, sie ging immer wieder zur Haustür, der Erdstaub kam direkt durch die Tür, ihr direkt ins Gesicht, Stürme sind nie so scharf wie im Frühjahr. Sie fluchte leise eine ganze Weile, dann hörte sie auf zu fluchen und wurde nachdenklich, dann wurde sie herzkrank, zuletzt war sie ganz außer sich: »Und mein Bruder Ingolfur, der mich heute abend erwartet, sicherlich denkt er, ich bin umgekommen; wenn ich nun das Schiff verpasse.«

»Och, es läßt heute nacht nach.«

»Herr mein Gott, wenn ich nun das Schiff verpasse.«

»Es läßt schon nach.«

»Allmächtiger Jesus, hilf mir, wenn ich das Schiff nicht erreiche.«

»Och, es kommt ein anderes Schiff.«

»Aber wenn ich nun dieses Schiff verpasse.«

»Och, es ist doch nicht alles zu Ende in Reykjavik, auch wenn du ein Schiff später kommst.«

»Ja, aber ich muß mit diesem Schiff mitkommen«, sagte sie in einem fort. »Und wenn ich auf der Hochebene umkomme. Ich muß am Sonnabend in Reykjavik sein.«

Was war los?

Keine Antwort, Verzweiflung. Sie sagte, daß sie am Ersticken wäre, nahm nichts zu sich. Doch sie blieb über Nacht, in all dem Gestank, es gab keine andere Möglichkeit. Sie zog sich nicht aus, wickelte sich in die Schabracke ihres Pferdes und legte sich auf zwei Kisten hin, lehnte es strikt ab, sich in ein Bett zu legen, in der Nacht hörte man sie seufzen und stöhnen; immer wieder tastete sie sich in der nächtlichen Finsternis die Stiege hinunter und hinaus. Fehlte ihr ein Nachtgeschirr? fragte Bjartur. Nein, sie hatte nur nach dem Wetter gesehen. Und sich übergeben. Sie mußte vor Sonnabend in Reykjavik sein.

Im Haus wurde wenig geschlafen. Was wollte sie denn bloß in Reykjavik? Wen wollte sie denn treffen? Hatte Asta Sollilja nicht auch eine hohe Stirn und geschwungene Augenbrauen? Sie war auch nicht mehr schmal, sie war ein junges Mädchen voller Sehnsucht und Verzweiflung. Sein Haus stand allein im Wald, nicht mit einem Mädchen davor wie auf dem Kuchenteller, sondern allein im Wald, wie auf dem Wandkalender, der vorvoriges Jahr durch die Luke fiel und unter den Klauen der Schafe zertreten wurde. Sie hatte ihn zuerst gehabt, er war Gast auf ihrem Land, nicht auf dem der anderen. Mein Gott, wie sehr sie sich den ganzen Winter etwas gewünscht hatte, bis in den roten Tod des Frühjahrs;

sie lag auch heute nacht wach und wünschte sich etwas ebenso heiß wie sonst, noch heißer als je zuvor. Während die einen im Tod des Frühjahrs zurückbleiben, fahren andere in die Hauptstadt.

Asta Sollilja wachte nach kurzem Schlummer frühmorgens durch ein helles, lebensfrohes Lachen auf; es hatte sich aufgeklärt, die Tochter des Gemeindevorstehers war glücklich und aß wie ein Wolf von ihrem Proviant, ohne ihr Schiff zu verpassen. Zwar sagte der Begleiter, daß der Himmel nicht gut aussähe, doch die Tochter des Gemeindevorstehers lachte und sagte, das mache doch verdammt noch mal nichts aus, und sie konnte wieder fluchen, ging aus dem Haus nach ihren Reitpferden und rief draußen von der Hoframpe in kurzen Abständen nach dem Begleiter, »ach, wollen wir nicht endlich aufbrechen.« Er aber trank oben in der Stube gerade Kaffee mit den Hausbewohnern, der Mann; was ist das bloß für ein Geschrei und Gerufe.

»Sie hat es eilig, die Gute.«

»Ja«, sagte der Begleiter schlürfend, »es läßt sich nicht verbergen, wie kribblig sie sind, die Weibsleute, wenn sie im Begriff stehen, sich zu verheiraten.«

»Ist es so, wie es mir scheint, daß sie in dieser Richtung stärker geworden ist?« fragte Bjartur.

»Ich glaubte, man könnte ein kleineres Haar in seiner Suppe finden«, sagte der Begleiter.

»Es ist anzunehmen, daß dort jemand ein und aus gegangen ist«, sagte Bjartur.

»Glaubst du, daß sie nicht auch woanders schießen als bei dir auf dem Land, diese Handelsgenossenschaftshelden aus Reykjavik?«

»Ach so, hing der auch an den Strippen der Handelsgenossenschaft, der Satanskerl«, sagte Bjartur. »Man konnte es sich denken.«

Dennoch brachte er seine Gäste auf den Weg. Es war naßkaltes Wetter, wahrscheinlich kam noch mehr Schnee. Der Teufel soll das alles holen. Können die Gören nicht endlich aus den Betten finden?

Er zog zwei in ein Stück Sack gewickelte Schlachtmesser

hervor, wickelte sie aus, legte sie neben sich ins Bett, nahm einen Wetzstein vom Brett, spuckte; das Geräusch des Wetzens drang in Totes und Lebendes.

»Helgi, raus mit dir, Junge, du mußt mir helfen.«

Der Junge richtete sich mißmutig auf, schob sich unter dem Deckbett heraus, zog sich argwöhnisch die Unterhose an, suchte nach seinen Kleidern. Bjartur wetzte weiter. Die anderen Kinder guckten unter den Deckbetten hervor. Er wetzte noch eine Weile, riß sich ein Haar vom Kopf und legte es an die Schneide. Danach holte er aus einer Kramkiste ein rostiges Sticheisen hervor, wischte es an seinem Hosenbein ab, machte es scharf.

»Hast du deine Plünnen noch nicht an, Junge?«

»Was soll ich tun?«

»Was du tun sollst? Du sollst tun, was ich dir sage. Hinunter mit dir.«

Er trieb den Jungen vor sich die Stiege hinunter, und die Frau sah ihren Mann mit seltsamen Blicken an, wie er da an der Luke stand mit einem Messer in jeder Hand. Diese abgezehrte Frau, die an den Sieg des Guten im menschlichen Leben glaubte und sich einen Schlegel gemäß der Lehre Jesu Christi angefertigt hatte, glaubte sie vielleicht, daß sie etwas vermochte gegen den unerschütterlichen Siegeswillen, der tausend Jahre lang die Grundlage für die Freiheit und Selbständigkeit der Nation gewesen ist? Islands tausend Jahre. Sie warf sich ihrem Mann an den Hals, wie er da an der Luke stand mit einem Messer in jeder Hand.

»Damit tötest du auch mich, Gudbjartur«, sagte sie, »ich ertrage es nicht länger, die Kinder hungern zu sehen«, und sie bebte am ganzen Körper. Ein Blümelein der Ewigkeit mit zitternder Träne. Er gab sich einen Ruck und schüttelte sie ab, und sie sah ihm mit noch seltsameren Blicken nach, wie er auf der Stiege nach unten verschwand.

Eine Zeitlang hörte man ihn nur stumm hantieren, er knotete einen Strick von einem Seilbündel ab und machte einen Halfter, dann wurde die Kuh, die fast nicht mehr stehen konnte, hochgetrieben; Stöhnen und Anstrengungen, er band sie vom Stand los, sie brüllte kläglich durch die offene Haustür.

In diesem Augenblick war für Finna in Sommerhausen alles zu Ende, für diese wortkarge, den Gesang liebende Frau, die für die Selbständigkeit der Nation viele Kinder bekommen hatte, jedoch besonders für den Tod. Sie war gut. Sie hatte Freunde unter den Elfen. Doch ihr Herz hatte lange in Ängsten geschlagen. Das menschliche Leben? Es war, als ob das menschliche Leben sich in diesem Augenblick seinem Anfang zuneigte.

Ihr wurde schwach in den Knien; sie wandte sich in vollkommenem Schweigen zur alten Hallbera; wie armseliger Staub sank sie in den welken Schoß ihrer Mutter.

Schwere Zeiten

40

Auf der Türplatte

Wenn der Frühling mit Sterben beginnt, der Sommer mit einer Beerdigung vorübergeht, und die Seele – die Seele? Was denkt sie dann, in einem neuen Herbst, vor dem Winter?

»Und wenn jetzt ein langer Winter käme«, sagte der älteste Bruder – dies geschieht auf der Türplatte, und es dämmert schon –, »wenn jetzt so ein Winter käme, der sich immer weiter in die Länge zieht und dann in einen Kreis, aus lauter Verrücktheit, wie ein Hund, der sich rundum dreht, weil man ihn leicht am Schwanz angefaßt hat, und so zieht es sich hin, in die Länge und dann in einen Kreis, weiter, weiter, immer in denselben Kreis, bis es nicht mehr aufhören kann, was man auch tut – was dann?«

Und er antwortet sich selbst: »Dann kann nichts mehr geschehen.«

Der jüngste Bruder: »Es kann kein so langer Winter kommen. Denn wenn ein so langer Winter käme, zum Beispiel hundert Jahre, dann würde ich wenigstens auf unseren Hofberg klettern.«

»Wozu?«

»Um nachzusehen, ob ich nicht die Länder sehe.«

»Was für Länder.?«

»Die Länder, über die ich mit Mama gesprochen habe, als sie noch lebte.«

»Es gibt keine Länder.«

»Es gibt doch Länder. Ich habe es im Frühling oft gesehen, der Wasserfall stiebt manchmal rückwärts über den Berg.«

Natürlich geht der ältere Bruder auf eine solche, jeglicher Vernunft widersprechende und der Welt der Wünsche entstammende Beweisführung nicht ein, sondern beginnt nach einer kleinen Weile wieder da, wo er aufgehört hat.

»Aber wenn es nun eine so lange Beerdigung gäbe«, sagt er, »so lang, daß die Predigt des Pfarrers von selbst weiterginge, wie zum Beispiel ein Leck im Dach oder bloß ein gewöhnliches Rinnsal, so ein bißchen und noch ein bißchen, und nie zu Ende ginge, daß er ungefähr einhundertfünfzig Amen hintereinander sagte. Daß er hundertundfünfzig Jahre lang immer wieder amen sagte. Was dann?«

»Eine so lange Beerdigung gibt es nicht. Die Leute würden aufstehen und gehen.«

»Und der Sarg, du Dummkopf? Steht er auf und geht?«

»Die Leute würden den Sarg mitnehmen.«

»Bist du verrückt, Mensch? Denkst du, daß einer wagt, den Sarg zu nehmen und damit wegzugehen, ehe der Pfarrer das letzte Mal amen gesagt hat?«

»Als Mama beerdigt wurde, da hörte der Pfarrer schließlich doch auf zu sprechen«, sagte der jüngere Bruder. »Wenn der Pfarrer Kaffee haben möchte, dann hört er von selbst auf. Ich wußte immerzu, daß er schließlich aufhören würde.«

Der ältere Bruder rückt noch näher an den jüngeren heran, wie sie da beide auf der Türplatte sitzen, legt ihm wie ein Beschützer die Hand auf die Schulter: »Du bist noch so klein, Nonni, man kann nicht erwarten, daß du etwas verstehst.«

»Klar, verstehe ich«, sagt der kleine Nonni und will die schützende Hand seines Bruders nicht auf seiner Schulter dulden, »ich verstehe alles, was du verstehst, und noch mehr.«

»Nun ja«, sagt der ältere, »wenn du alles verstehst, was ist denn eine Beerdigung?«

Der jüngste Bruder dachte eine Weile nach, denn er hatte den festen Willen, richtig zu antworten; dann dachte er ein wenig länger nach, ohne jedoch eine ausreichende Antwort zu finden; und schließlich dachte er so lange nach, daß er auf diese einfache Frage keinerlei vernünftige Antwort sehen konnte; und da war es der älteste Bruder, der sie selbst beantwortete. »Beerdigung ist Beerdigung, du Dussel«, sagte er. Und der kleine Nonni war über sich selbst halb verwundert, daß ihm das nicht eingefallen war, so naheliegend es doch war. Dann fährt der ältere Bruder fort: »Und von da an hört sie nicht mehr auf; auch wenn die Leute weggehen; auch wenn der Pfarrer das allerallerletzte Mal amen sagt; auch wenn der Wasserfall rückwärts über den Berg fließt, wie du sagst, daß er es im vorigen Frühjahr getan hat, denn der Wasserfall kann nicht über den Berg fließen – nie, nie hört sie danach auf. Und weißt du, warum?«

»Ich antworte dir nicht, du Quatschkopf.«

»Weil der Tote nie aufsteht.«

»Ach, rück mir doch nicht so auf den Leib. Kannst du mich nicht in Ruhe lassen« – und der jüngere Bruder setzt sich weg.

»Hast du Angst?«

»Nein.«

Die Dämmerung über der Türplatte wird schwerer und schwerer, frostig. Dunkle Wolkenballen am Horizont, vielleicht kommt ein Unwetter, Großmutter rechnet mit dem Mondwechsel.

»Hör mal, Nonni, soll ich dir etwas sagen?«

»Nein«, sagte der kleine Junge, »ich will es nicht hören.«

»Wenn wir hier hundert Jahre, vielleicht hundertundfünfzig Jahre auf der Türplatte säßen, und es würde schon dunkel wie jetzt, und Papa würde in einem fort die Schafe füttern mit demselben Heu von demselben kleinen Haufen, und ...«

»Wenn Papa zu Hause wäre, dann würde er euch bestimmt für so ein Gequatsche verhauen, wo ihr doch nicht aufhören sollt, etwas zu tun« – es ist Gvendur, der zweitälteste Bruder, der wie ein Dieb in der Nacht in dieses geheimnisvolle Zwiegespräch eintritt.

Obwohl es für unwahrscheinlich gelten dürfte, ergreift derjenige der Brüder, der weniger verstanden hat, Partei für den anderen, der mehr geredet hat, und antwortet dem zweitältesten Bruder unverzüglich: »Hat jemand mit dir gesprochen?« Und der älteste fügt hinzu: »So verrückt ist keiner, daß er mit dir spricht.« Ihr Bruder Gvendur, er hatte nie die Seele verstanden, wohingegen sie ohne Unterlaß unter vier Augen über ihre Hoffnungen und ihre Hoffnungslosigkeit stritten. Die Zwietracht wegen der Hoffnungen der Seele vereinte beide gegen ihn, der nur daran dachte, nicht aufzuhören, etwas zu tun.

»Papa weiß aber trotzdem, daß ich mehr bin als ihr beide zusammen.«

»Dagegen hatte Mama uns gern.«

»Daß du dich nicht schämst, wo dir nicht einmal eine Träne in die Augen trat, als sie beerdigt wurde; keinem von euch. So daß die alte Gunsa auf Moor sogar gesagt hat, daß es eine Schande war, euch zu sehen, wo man doch eure Mutter selig begrub und ihr die ganze Zeit wie Kälber den Pfarrer angeglotzt habt, hat sie gesagt.«

»Denkst du, daß es uns in den Sinn kommt, unserem Papa zuliebe zu heulen? Nee. Wir ergeben uns auch nicht, wir sind auch Jomswikinger. Du bist es, der heult. Wir fluchen.«

Gerade als der Streit richtig in Gang kommen will, steckt Asta Sollilja den Kopf aus der Haustür und schaut in das Dunkel hinaus auf den Weg, während sie ihre langgliedrigen nassen Hände am Rock abtrocknet. »Jungens, könnt ihr ihn noch nicht sehen?«

»Wen, ihn?«

»Wen sollte ich denn meinen? Man muß schon sagen, daß ihr sehr schlau seid.«

»Denkst du, er ist tot, oder was?«

»Pfui, ihr solltet euch schämen, so wie ihr von Papa denkt und sprecht.«

Gvendur: »Ja, bestimmt möchten sie am liebsten, er wäre tot, damit sie aufhören könnten, etwas zu tun, und wie Hunde draußen auf der Hoframpe liegen und quatschen könnten.«

Der kleine Nonni: »Och, wir reisen durch die ganze Welt, wenn es uns paßt, und lassen euch hier zurück.«

Asta Sollilja: »Ach, ihr Guten, reist durch die ganze Welt, und das je eher, je lieber. Es beneidet euch keiner.« Das sagte sie, weil sie die Welt aus eigener Erfahrung kannte; dann verschwand sie wieder im Haus.

So bleiben sie allein auf der Türplatte sitzen wie vorhin.

»Sie heulte auch«, sagte schließlich Helgi laut, als das Schweigen zu lang geworden war.

Nonni: »Ja, und heult noch. Sie heulte vorgestern abend.

Und gestern abend heulte sie wieder. Keinem fällt ein, darüber zu heulen wie Asta Sollilja.«

»Weißt du, Nonni, sie hat kein Recht zu heulen. Sie war nicht einmal mit Mama verwandt. Und also auch mit keinem hier.«

»Nein, sie ist mit keinem verwandt.«

»Das sieht man auch am besten an ihrem Auge; es schielt.«

»Ja, es schielt.«

»Und wenn sie sich auch einbildet, daß sie schon groß ist und etwas zu sagen hat, weil es vorn auf ihrer Brust auf beiden Seiten wächst wie bei einer Frau, so ist sie noch gar nicht groß und hat einem nichts zu sagen, ich habe es erst gestern abend gesehen, als sie sich auszog, aber sieh dich vor, daß sie dich nicht hört, sie kann auf der Lauer liegen und einen verprügeln, ehe man es ahnt.«

»Mir ist es ganz egal, es war ihre Schuld, daß Mama starb; sie hat einen Mantel gekriegt und Mama keinen, und sie durfte am Tag zweimal nach Hause gehen, während Mama krank auf der Wiese bleiben mußte.«

»Nonni, weißt du noch, wie Mama Großmutter in die Arme fiel und nicht aufstehen konnte? Weißt du noch, wie sie am ganzen Körper zitterte?«

Wiederum getraute sich der kleine Junge nicht zu antworten.

Der ältere: »Es war an dem Tag, als Bukolla geschlachtet wurde.«

Schweigen.

»Nonni, hast du bemerkt, daß manche Leute tot sind, obwohl sie leben? Hast du es nicht an den Augen mancher gesehen, die zu uns kommen? Ich sehe es gleich. Ich kann sofort lebende Leute und tote Leute unterscheiden, sie brauchen mich nur anzusehen, dann sehe ich es, sie brauchen mich nicht einmal anzusehen. An dem Tag, als Mama Großmutter in die Arme fiel, da starb sie, danach war sie nicht mehr lebendig. Weißt du nicht mehr, wie sie uns am Abend ansah?«

»Ach, sei still, Helgi, warum rückst du mir so auf den Leib?«

»Jetzt ist alles eingetroffen, was die alte Frida vorvoriges Jahr gesagt hat, obwohl sie verrückt war. Unterdrückung der Menschen, sagte sie, so bringt er euch alle um.« Es war der älteste Bruder; manche haben die Fähigkeit verliehen bekommen, das Schicksalhafte in allem zu erblicken, alle ihre Sinne wenden sich zum Verborgenen hin, auch zum Verborgensten, sogar zu den schauerlichen Räumen, die sich hinter Leben und Welt auftun, vor denen aber Gott sterbliche Augen sonst verschont. Solchen Mächten stand der jüngere Bruder einfältig und hilflos gegenüber, er, der einen Wunsch hegte, Wünsche. »Helgi, ich wünschte, ich wäre schon groß«, sagte er, denn er versuchte, mit seinen Wünschen und den Wünschen, mit denen seine verstorbene Mutter ihn ausgestattet hatte, die Mächte des Schicksals und das, was hinter dem Schicksal ist, zurückzuweisen. Ja, es wäre eine Freude, Flügel zu haben und über das Schicksal hinwegfliegen zu können wie die Vögel, die über den großen Zaun auf Außen-Rotenmoor fliegen, ja sogar über die Telefonleitung; doch wie er sich auch anstellte, er war doch nur wie ein Stück Vieh, barfuß und ohne Flügel, und sein älterer Bruder war um ihn wie ein vielfacher Zaun, wie ein riesiger Stacheldrahtverhau; er konnte die Dämmerung über der Türplatte zu einem unendlichen Amen ausdehnen, und es half nichts, wenn man aufstand und sich auf den nächsten Stein bei der Türplatte setzte, es war ein nur noch lebloseres Amen...

»Hör mal, Helgi«, sagte er schließlich, denn jetzt war ihm ein guter Einfall gekommen: »Warum können wir nicht weglaufen? Du erinnerst dich an den angenommenen Jungen auf Kluft, der im Frühjahr weglief. Er lief weg. Er lief den ganzen Weg nach Osten bis Wiek.«

»Er hatte Eltern in Wiek«, belehrte ihn der ältere Bruder, »und sie nahmen ihn auf, als er vom Gebirge herunterkam. Aber wir – wer nimmt uns auf, wo? Keiner, nirgends.«

Wiederum die Türplatte, und die Finsternis des Abends dunkelt weiter, besonders über dem jüngeren Bruder, der so unglücklich ist, Wünsche nach einer besseren Aussicht zu hegen, und als er es nicht länger ertragen kann, beginnt er aufs neue.

»Als Mama jung war, da war sie mit verschiedenen Elfenleuten bekannt, es war bei ihr zu Hause in Steinhütte«, sagte er. »Voriges Jahr, als wir die Bukolla hüteten, Mama und ich, erzählte sie es mir. Und sie sagte ein Gedicht her. Und einmal vor langer, langer Zeit, als ich noch klein war, da sagten die Elfenleute zu Mama, wenn ich erst groß bin, dann sollte ich singen – Gedichte...« er wagte nicht, seinem Bruder anzuvertrauen, daß er für die ganze Welt singen sollte, voller Furcht davor, daß sein Bruder diesen schüchternen Wunschtraum mit zu rauher Hand anpacken würde, denn die schönsten Wünsche der Seele sind wie ihr tiefster Kummer; er sagte nur: »Ich soll für die Leute in der Kirche von Rotenmoor singen.«

»Weißt du denn nicht, daß einem manches erzählt wird, wenn man klein ist? Und warum wird es einem erzählt? Weil man klein ist. Sie hat mir dasselbe erzählt; es gibt Elfenleute, sagte sie, sie leben hinter der Luft und dem Wetter; hinter dem Sonnenschein, in einem anderen Sonnenschein. Hinter den Tagen. Und dann bekam sie ein Kind, und es starb, und sie lag lange, lange krank, und jedesmal, wenn sie atmete, hörte ich, welche Schmerzen sie hatte, und manchmal lag ich des Nachts wach und hörte ihren Schmerzen zu. Des Abends ging ich hinaus, manchmal war Schneetreiben, es wußte niemand etwas davon, und ich ging zu jedem einzelnen Felsen an der ganzen Bergseite und flüsterte in sie alle hinein; und von einigen schlug ich das Eis ab, damit sie mich besser hören könnten, und ich bat jeden einzelnen Felsen, ihr zu helfen, wie die Felsen den Menschen in ihren Geschichten geholfen hatten; einen Abend bat ich mehr als zehn Felsen, ich bin sicher, ich habe dreißig Felsen gebeten, denn ich dachte mir, wenn in diesem Felsen keine Elfenleute sind, dann sind sie vielleicht in dem anderen. Und ich war sicher, wenn es sie gäbe, würden sie ihr helfen. Und vielleicht uns allen. Bis sie starb. Dann starb sie. Sag mir, warum sie ihr nicht halfen – du, der du alles verstehst. Ja, ich weiß, du kannst es mir nicht sagen, ich weiß, ich muß es dir selber sagen, warum sie ihr nicht halfen. Weil es sie nicht gibt. Nicht in diesem Felsen und nicht in jenem Felsen, in gar keinem Felsen. Mama hat uns das nur erzählt, weil wir so klein waren; und weil sie nicht schlecht genug war.«

»Du lügst«, sagte der jüngere Bruder verletzt und war dem Weinen nahe.

»Und als ich schon groß war«, fuhr der andere fort, »da ging ich oft mitten am Tag hinauf in die Stube, und sie lag krank im Bett, und da wollte ich sie fragen, ob es wahr wäre. Dann gab ich es auf, sie danach zu fragen. Denn wenn es wahr ist, dann helfen ihr die Elfenleute. Und uns allen. Und wenn es nicht wahr ist, dann will ich nicht, daß sie denkt, daß ich schon groß bin. Dann kam Papa und jagte mich hinaus.«

»Du lügst, lügst, lügst«, schrie der kleine Nonni und hämmerte mit der Kante der geballten Faust auf seinem Bruder herum, als handgreiflichen Beweis für die Existenz einer anderen und besseren Welt.

»Nonni, erinnerst du dich noch an den Unwetterpsalm?« fragte der große Bruder unerschütterlich, als der andere zu schlagen aufgehört hatte. »Nonni, soll ich dir etwas sagen?«

»Nein«, sagte der jüngere Bruder, »laß mich in Ruhe; es ist komisch, daß du einen nie in Ruhe lassen kannst.«

»Hast du bemerkt, wenn etwas vorkommt, dann sagt Großmutter jedesmal: ›Ja, das weiß ich‹, oder sie sagt: ›Das ist noch nicht alles, heute morgen war hier ein Schatten.‹ Ihr ist ganz gleich, was passiert. Nichts macht ihr Freude und nichts Verdruß. Weißt du noch, was sie tat, als Mama tot war und Sola die Leiche zugedeckt hatte? Sie küßte die Leiche und sagte: Och, ich frag nicht danach.«

»Das kommt daher, weil sie bald hundert Jahre ist«, sagte der jüngere Bruder tonlos und aufs Geratewohl.

Doch auch nicht einmal hierin bekam er recht. »Nein«, sagte der ältere Bruder, »es ist so, weil sie alles versteht. Sie weiß alles in und auf der Erde. Erinnerst du dich nicht mehr an den wütenden Mann im Unwetterpsalm, wie er sich in Tiere verwandelte? Wer Großmutter versteht, versteht alles.«

»Mama sagte nie einen Psalm her«, sagte der kleine Nonni. »Und Papa sagt, es gibt keine Jesusse.«

»Kann sein«, sagte der andere, »daß es sie nicht gibt, doch den Mann im Unwetterpsalm gibt es, und das ist Kolumkilli und kein anderer, und das weiß ich selbst. Woher ich das weiß? Ich weiß es, weil ich ihm selbst zugesehen habe. Wann? Oft. Weißt du noch voriges Jahr, es war an einem Abend in den letzten Wintermonaten, und Papa trieb gerade die Schafe heim. Da war ein Schaf blutgezeichnet auf der Weide. Ich sah selbst zu, wie er aus dem Wirbel im Schneesturm herauskam und zu dem einen Schaf ging und ihm etwas antat, ich wußte nicht, was es war, doch das war er. Das war er.«

»War er es?« fragte der kleine Junge sonderbar berührt.

»Und voriges Jahr im Frühling, als die Schafe krepierten, da war es, weil er ihnen erst etwas antat. Dann krepierten sie. Er ist es, der siebenmal umgebracht worden ist, und immer wieder ist er auferstanden, er hat das Gehöft siebenmal zerstört, das weiß die ganze Gegend. Ich sehe ihn jeden Tag.«

»Nichts siehst du«, sagte der jüngere Knabe und begann wieder, seinen Bruder zu schlagen, dieses Mal halb weinend.

»Und weißt du, warum ich ihn sehe«, sagte der andere, griff den kleinen Nonni um die Handgelenke und hielt sie fest, während er ihm ins Gesicht sagte: »Weil ich auch tot bin. Nonni, schau mich an und sieh mich, sieh meine Augen, du siehst einen Toten.«

Zwei zusammengehörige Gegensätze, die ewigen Gegensätze in Menschengestalt; in einem neuen Herbst, vor dem Winter; Abend; die Grenzen zwischen Welt und Nichtwelt verwischt; Vollmond hinter Wolken.

41

Ratten

Advent.

Bjartur ist in die Schafställe gegangen – Stallfütterung und Harsch –, mit tauben Fingern plagt sich die Großmutter wie immer mit dem trägen Feuer des Winters, im Rauch kuscheln sich die Kinder in ihre Betten, schlafend oder wach wie voriges Jahr oder vorvoriges Jahr, und lauschen oder lauschen nicht auf das feine Knistern im Reisig, und ehe die Großmutter den ersten ergebnislosen Versuch unternommen hat, Asta Sollilja zu wecken, macht der kleine Nonni einen noch ergebnisloseren Versuch, seine Gedanken an etwas zu heften, das wenigstens irgendwann einmal geschehen könnte, auf irgendeine Weise, an irgendeinem Ort; und hoffentlich vor irgendwelchen Anwesenden. Im vorigen Jahr lebten hier alle im Schutz einer einzigen lebenden Qual, eines Atems, der jetzt zerrissen ist wie jene Geigensaite, von der in Gedichten die Rede ist, keine Qual mehr, die uns alle liebt und den Seelen Leben spendet und sogar den toten Dingen innerhalb der Seele: der bewaldete Kuchenteller, auch er ist längst zerbrochen.

Und dann kommt plötzlich ihr Vater heraufgestürmt, und zwar lange bevor das Feuer begonnen hat zu brennen oder gar das Wasser kocht, zwängt sich durch die Stube und greift nach seinen Schlachtmessern, wickelt sie aus.

»Ich müßte mich irren, wenn nicht wieder etwas abgemurkst werden soll«, sagt die Großmutter.

Er jagt die Kinder aus dem Bett, mit den blanken Messern in der Hand: »Es ist am besten, ihr kommt mit mir in den Stall und seht, was los ist, damit ihr eurer Großmutter antworten könnt.«

»Och, ich denke, daß sich keiner mehr darüber zu wundern braucht, wenn hier etwas passiert«, sagt sie, »ich frag nicht danach.«

Gelichtete Reihen an der Krippe in diesem Winter. Es ist, wie Olafur in Obersttal sagte: »Das Beste bleibt leben, der Ausschuß geht.« Er tröstete sich und andere mit dieser These, die sogar Ausländer wiederholt in den Zeitungen aufgestellt haben. Und es waren auch stattliche, schöne Schafe, die diesen Winter an den Krippen Bjarturs in Sommerhausen standen, und der Bauer hatte sie in ihrer geringen Zahl ebenso gern oder lieber als früher die ganze Herde. Er pflegte dem nicht nachzutrauern, was er verlor; manche tun es, doch der Mensch soll sich über das freuen, was er besitzt; oder genauer gesagt, über das, was ihm bleibt, nachdem er verloren hat, was er besitzt, so dachte Bjartur in Sommerhausen. Der Wurm ist nicht das Schlimmste, was in den Tälern vorkommen kann, sondern die geheimen Mächte des Daseins, die man nicht einmal mit einem guten Heuvorrat bannen kann. Es war, wie die Alte sagte, noch nicht alles. Jetzt kamen die geheimen Mächte an die Reihe.

Heute morgen will er die Heuschoberleiter im Schafstall hinuntersteigen und das erste Futter in die Krippe tun, doch was steckt da zwischen den Sprossen? An dieser unwahrscheinlichen Stelle findet er eins seiner Mutterschafe tot, es ist in die Leiter gezwängt worden, wie ein Lappen zwischen die Sprossen gestopft, das Rückgrat ist gebrochen und das Horn um den Leiterholm gehakt. Er murmelte alles Böse, was ihm in der Eile einfiel, löste das Schaf aus den Sprossen, legte es draußen auf eine Schneewehe, rief die Kinder. Er stand bei dem toten Schaf, die Kinder standen dabei, alle verwundert, im bläulichen Schimmer des Morgens; es war Frost, doch kein klarer Himmel; manche Tage erscheinen einem sonderbar dumm, wenn man sich umsieht, und sie können auf nichts eine Antwort geben, wohingegen andere Tage klug sind und alles beantworten können. Gvendur meinte, daß das Schaf in den Heuschober wollte und hängengeblieben sei. Helgi antwortete: »Du bist ein Esel.« Der kleine Nonni ergriff die Hand seines ältesten Bruders und ließ sie wieder los. Asta Sollilja klapperten die Zähne. »Du kommst nicht nach deiner seligen Mutter«, sagte Bjartur, »sie kriegte keinen Schock wegen kleiner Dinge wie ein altes Weib auf dem Nachttopf.« Doch sie behauptete, keine Angst zu haben, denn es ist häßlich, Angst zu haben, ihr war bloß kalt.

Der Schatten dieses Ereignisses lastete zwei Tage auf dem Gehöft. Es kamen Gäste von unten aus der Gemeinde, harmlose Leute ohne Namen, doch Bjartur hatte schlechte Laune und sagte, er böte solchen Leuten nur ungern Kaffee an, es wäre eigentlich nicht richtig, solche Leute mit Kaffee an sich heranzuziehen, solchen Leuten müßte man Plörre geben, sie stammten bestimmt von Verbrechern ab, und dann hauptsächlich und besonders von Schafdieben, noch nie hätte sich hier ein so bösartiger Unhold vor dem Eintreffen irgendwelchen Gesindels gezeigt. Was denn vorgekommen sei? »Wenn ihr danach habt fragen sollen, Jungens, dann sagt, ihr habt es nicht zu erfahren bekommen.« Sonst verlief alles nach Wunsch. Dann machten sich die Leute auf den Heimweg.

Doch als er am dritten Morgen in den Lämmerstall geht, da stößt er mit dem Kopf gegen ein Bündel, das vom Dach herunterhängt. Nanu, dachte er und begann höhnisch zu schimpfen. Es war eins seiner stattlichsten Lämmer, mit einer Schlinge um den Hals, und er schnitt es ab und untersuchte die Schnur genau; aus seiner Wirtschaft war sie ihm nicht bekannt. Nein, das konnte nicht Menschenwerk sein – er konnte sich kein menschliches Wesen vorstellen, dem eine solche Schurkerei in den Sinn kommen könnte, ein Schaf zu erhängen. Er betrachtete den Schnee um das Haus herum, doch der Schnee war hart und die Erde gefroren, keine Spuren – und das mußte ausgerechnet ihm zustoßen, Bjartur in Sommerhausen, einem Mann, der nicht einmal an die Seele glaubte, geschweige denn an den Teufel und noch weniger an Gespenster. Doch zu Hause äußerte er sich dieses Mal zufrieden, er sagte, er hätte ein Lamm schlachten müssen, weil es einen Wollklumpen im Leib hatte; niemand sollte merken können, daß er in seinem Unglauben an Gespenster schwankend wurde, der ihn von Anfang an mit größerer moralischer Kraft ausgestattet hatte als andere Leute; zuallerletzt sollten es seine Kinder merken. Doch als er allein war, stürmten die Ereignisse der letzten Tage weiter auf ihn ein, und mit verzerrtem Gesicht betrachtete er seine Schafe und murmelte etwas vor sich hin. »Zum Teufel«, dachte er hundertmal laut und konnte sich in und außer Haus nichts vornehmen. Schließlich sagte er zu Asta Sollilja: »Gib mir reine Überstrümpfe, mein Kind, ich will mal hinunter in die Gemeinde.« – »In die Gemeinde?« – »Ja«, sagte er, »es ist nicht ausgeschlossen, daß in den Schafställen Ratten sind.« Dies fügte er zur Erklärung hinzu, entschuldigend, wie ein Mensch, der an Krebs leidet und sich damit entschuldigt, er habe ein bißchen Durchfall.

»Ratten«, sagte die Gemeinde verwundert, »woher kommen diese Ratten? Ob es nicht bloß Mäuse sind?«

Er suchte die Nachbarn auf, Olafur in Obersttal und Einar in Unterleite; sie gaben Wettervoraussagen und schnupften vor der Dämmerung, wie es im Advent üblich ist, und Bjartur bekam auch eine Prise und prophezeite ein wenig. Sie sagten, es könnten nicht Ratten sein. Darauf antwortete Bjartur, in seinen Augen sei zwischen Ratte und Maus nur ein kleiner Unterschied. Einar sagte, es bedeutet natürlich nicht viel, was ich sage; dennoch meinte er, bisher sei eine Ratte als Ratte angesehen worden und eine Maus als Maus, und ehe ich es vergesse, er hatte seit langem Bjartur einige Verse geben wollen, die er im letzten Herbst gemacht hatte, als nach der Heuernte etwas mehr Zeit war. »Da ich einen Nachruf auf deine erste Frau gedichtet habe«, sagte er, »wollte ich gern auch einen Nachruf auf die zweite dichten; sie waren beide hervorragende und tüchtige Frauen, ja, sonderbar sind die Wege des Herrn.« Hingegen sagte Olafur, wenn es Mäuse wären und wenn sie die Schafe angriffen, dann behaupteten alte Männer, und das sei erprobte empirische Wissenschaft, obwohl sie vielleicht nicht – oder noch nicht – in die Zeitungen gelangt sei, wenn sich eine Maus zum Beispiel in das Schulterstück einfrißt, sollte man sie in die Hand nehmen und in die Wunde reiben, bis ihr die Eingeweide herausquellen und sich in die Wunde schmieren, das soll heilen.

»Ich mache mir den Teufel was aus Psalmen, weder für Lebende noch Tote; ich dachte, das wüßtest du seit langem. Für die Jomswikinger wurden auch keine Psalmen gedichtet, und dennoch fielen sie sehr ruhmvoll, und soviel ich weiß, wurde für Grettir da unten in Konstantinopel Rache ohne Psalmendichtung genommen, und doch galt er als der größte Mann in Island; und wenn auch zwei Weibsbilder das Zeitliche segnen, so sehe ich nicht ein, weshalb man darüber Gotteswort dichten soll – mir war zeit meines Lebens Gotteswort und alles Geistliche zuwider. Doch wenn einer von euch beiden mir einen Kater verkaufen möchte, dann würde ich das für einen Freundesdienst ansehen; er darf ruhig bissig sein.«

Er kam am Abend mit einem Kater im Sack nach Hause und kippte ihn am Lukenrand aus. »Und was ist das?« sagten die Kinder. »Und das ist eine Katze«, sagte er. Und es herrschte Freude am Abend, während die Geschichte wie ein

Wettersturz durch die Gemeinde lief und alle sagten: die Ratten in Sommerhausen. Da steht der Kater am Lukenrand, graugestreift und mißtrauisch, und blickt vorsichtig mit großen, geweiteten Pupillen um sich, steht auf drei Beinen und miaut in vollkommenem Jammer, ohne jedoch den Mut zu verlieren. Die Katze gibt den erbärmlichsten Laut in Island von sich, und doch kann niemand sagen, daß eine Katze aufgegeben habe; Katzen geben nicht auf. »Nur aufpassen, daß die Hündin und er nicht zusammengeraten«, sagte Bjartur. Insgeheim machte er sich Gedanken, ob er nicht verrückt geworden sei, eine Katze anzubringen.

Ja, es war eine Katze auf dem Gehöft. Sie saß manchmal am Tage auf dem Lukenrand und lauschte mit gespannten Ohren auf das wütende Geheul der Hündin unten, denn die Hündin war sehr wütend, weil jetzt ein Katze da war. Ihr sträubten sich die Haare, wenn sie sie in der Nähe wußte, und sie begann zu heulen. Wenn sie nach oben kam, schoß die Katze auf das kleine Fensterbrett am Bettende der Großmutter – sie fand gerade darauf Platz – und betrachtete eine Weile lang aufmerksam die Hündin, dann zogen sich die Pupillen zusammen, und die Augen schlossen sich philosophisch. Wenn die Hündin fort war, sprang die Katze auf das Bett der alten Frau hinunter, putzte sich sorgfältig und legte sich mit dem Maul quer über den Hinterbeinen schlafen. Die alte Frau nannte sie nie anders als Katzenschande oder Katzenschmach; dennoch fühlte sich die Katze bei ihr am wohlsten, denn sie gab nichts auf die Worte, sondern auf den Charakter; nie sah man sie einem Tier ein Leid antun. Es ist sonderbar, wie Katzen sich zu alten Leuten hingezogen fühlen, sie wissen nämlich den Hauptvorgang des Alters zu schätzen, den Mangel an Einfällen und die damit verbundene Sicherheit, oder verstand vielleicht der eine bei dem anderen das Grau, das jenseits des Christentums und der Seele liegt?

Die linke Wange

Wie gelang es nun dieser Katzenschmach, weiteres Unglück auf dem entlegenen Hof im Tal zu verhindern?

Gegen Ende der Abendwache nahm Bjartur sie unter den Arm und ging hinaus zu den Ställen; trotzdem hatte er kein volles Vertrauen zu der Katze; er ging nicht schlafen und blieb länger auf als gewöhnlich und bastelte an etwas herum, lange nachdem die Kinder und die Alte zu Bett gegangen waren. Die letzte beim Schlafengehen war Asta Sollilja. Sie war den ganzen Abend vorn am Herd beschäftigt; nachdem sie die Strümpfe gewaschen und ausgebessert hatte, wusch sie sich selbst und machte sich zurecht; sie war jetzt im Frisieralter. Manchmal machte sie sich Wasser warm und wusch sich die Füße und die Beine bis übers Knie und den Hals und ein bißchen den Rücken hinunter; und die Brust; und er konnte es ihr keinesfalls verbieten, diese Wassernatur entwickelt sich bei dem weiblichen Geschlecht in einem gewissen Alter und dauert einige Jahre, es ist die Jugend, es ist die Blüte – so saugt das Gras den Tau auf, solange es wächst; nach einigen Jahren hören sie auf, sich zu waschen, wenn sie anfangen, Kinder zu bekommen. Er machte das Licht vor sich aus, legte sich aufs Bett und gähnte, die Hände im Nacken, ohne daß ihm jedoch nach Schlaf zumute war. Im Schein einer Tranlampe wusch und kämmte sie sich weiter vor einem Stück Spiegel in ihrem Unterrock; sie schob die Achselbänder zur Seite und wusch sich Schultern und Achselhöhlen, das arme Ding, es war schon so erwachsen, es konnte nichts dafür. Hingegen wußte sie wohl, daß er ihr zusah, und sie hätte sich viel gründlicher gewaschen, wenn er ihr nicht zugesehen hätte – wenn sie sich gründlicher wüsche, so daß er es sehen könnte, das wäre häßlich. Es war sonderbar, wie sehr es sie danach verlangte, ihn davon zu überzeugen, daß ihr nichts Häßliches in den Sinn kommen konnte, nichts Unrechtes; und weshalb? Weil sie sich draußen in der Welt an ihn gepreßt hatte, als sie klein war, und es nie vergessen konnte; oft, wenn sie daran dachte, wurde sie rot, besonders bevor ihre Stiefmutter starb; doch seitdem, fast jedesmal, wenn sie daran dachte, bekam sie Angst – sonderbar, wie längst vergangene Irrtümer aus unverständigen Tagen der Kindheit die Gedanken heimsuchen, dennoch hatte sich in der Tat nichts ereignet, sie hatte nur, so klein, wie sie war, draußen in der Welt Angst bekommen – und er hatte sie von sich gestoßen und war weggegangen. Und hier blieb es nicht aus, daß die Furcht in ihrem Körper aufkeimte, um das Herz herum; die Furcht vor etwas, von dem sie nicht wußte, was es war; diese Furcht vor dem Unfaßbaren verbarg sich ständig in ihrem Körper, und wenn sie daran zu denken begann, flammte die Furcht auf, und am heftigsten dann, wenn sie sich vorgenommen hatte, nicht daran zu denken; manchmal verfolgte sie sie bis in ihre Träume und nahm die Gestalt häßlicher Kreaturen oder Gespenster oder böser Menschen an oder die Gestalt von Engpässen, in denen sie keinen Weg mehr finden konnte, weder vor- noch rückwärts; besonders jedoch von gänzlich unbegreiflichem Schmutz, den sie forttragen sollte, der sich aber immer mehr häufte, je mehr sie davon forttrug. Weshalb war es häßlich gewesen, weshalb war es nicht richtig gewesen, sie meinte nichts Schlechtes, sie hatte sich einfach nicht helfen können, sie fühlte sich so unwohl – immer wieder von neuem, und dann: nein, niemals würde sie diesen Unterrock ausziehen, wenn es irgendein Mensch sähe, am allerwenigsten er.

Und er betrachtet ihre Wange im Schimmer der Tranlampe und hat gewiß keine Ahnung von dem, was ihre Seele beunruhigt, und doch, er sieht, es ist die linke Wange, ihre linke Seele, diese ewig unzufriedene, verängstigte Seele, die tausendmal älter ist als das Mädchen selbst, die Seele eines anderen Zeitalters mit scheelem, boshaftem Blick, wirren Sehnsüchten und Zügen, die an Schwur und Haß erinnern; und die geschwungene Unterlippe, die von rechts so anmutig in der Linienführung ist, auf dieser Seite ist sie wie eine Grimasse; es ist ausgeschlossen, daß dies ein fünfzehnjähriges Kind ist; es ist, als ob es sich hier um vollkommene Niederlage, sogar Blindheit handle; und dennoch befindet es sich gewissermaßen in haßerfüllter Aussöhnung mit seiner eigenen Welt, ohne Forderung nach einer anderen, besseren, ausgestattet mit der Schwermut, die jedes Unheil sieht und zu sehen erträgt...

»Hör mal, Kleine«, sagt er und denkt im stillen: Ich bin doch nicht verrückt geworden? Das Mädchen schrickt zusammen und zieht so schnell wie möglich die Träger ihres Unterrocks wieder auf die Schultern, sieht ihn erschrocken an, mit Herzklopfen in den Augen, und ringt nach Luft, was hatte sie getan? Doch er wollte sie nur darum bitten, sich auf ihrem Sitz umzudrehen, er mochte von Leuten lieber die rechte Seite sehen, etwas Ähnliches hatte er ihrer Mutter gesagt, als er ihr den Hof machte, das war vor dieser Geschichte. »Die rechte Seite, meine Beste, auf der linken Wange bist du so ein bißchen wie ein Wechselbalg, es wird immer auffälliger, na so, ja. Und verkühl dich nicht mit diesem Geplansche, es ist ungesund, viel im Wasser zu planschen, wenn es nicht nötig ist, meine Liebe, ich habe nie im Wasser geplanscht. Und deck das Feuer zu für deine Großmutter bis morgen früh, es ist für sie eine Plackerei geworden, Feuer anzumachen, sie ist so hinfällig.«

Etwas später steht er auf und geht hinaus.

In den Ställen sah er genau nach, ob alles in Ordnung war. Alles in Ordnung. Die grünen Augen der Katze leuchteten auf, entweder hinten im Krippengang oder oben auf dem Mauerrand; im übrigen verachteten sie einander, denn Bjartur war ein Hundefreund. Als er wieder hereinkam, war sie schon im Bett, ja, ja, das arme Ding, daß sie sich nur gut zudeckt. Trotz der Katze war er sich nicht sicher, so daß er in der Nacht zweimal aufstand, manchmal dreimal, in die Ställe ging und nach allen Richtungen ausspuckte; sternklarer Himmel, der Hund bellte in die Luft hinauf. Sonst wurde anscheinend geschlafen wie gewöhnlich, geträumt wie gewöhnlich, manchmal von zwei Kronen in Silber, manchmal nur von fünfzig Ören; manchmal vom Meer selbst, manchmal nur vom kleinen See, den man an einer Stelle undeutlich erkennen konnte.

Gespräch mit höheren Mächten

Nach Mitte Advent fiel wieder Schnee, Tag für Tag eine dünne Schicht; sonst nichts, keine Spuren im Schnee. Stiller Schneefall, das Banalste und Nichtssagendste von allem, was vom Himmel kommt; man schaut in Blindheit hinaus in den fallenden Schnee; es ist, als ob man nicht mehr existierte. »Gut, solange nichts passiert«, sagte Bjartur. Manche klagen über Mangel an Abwechslung, das ist ein Zeichen von Jugend, vernünftige Leute fühlen starkes Unbehagen vor großen Neuigkeiten. Hingegen können wenige Kreaturen den Mangel an Abwechslung so gut ertragen wie die Katze. Während der Schnee im Fensterschacht zunimmt und die Scheibe wie bläuliche Mischwolle verdeckt, schließt sie einfach in possierlicher Würde und boshafter Weichheit die Augen. Dann hört es auf zu schneien. Es klärt sich auf, der Wind treibt Schneewehen zusammen, zunehmender Frost, eisiger Wind. Doch in diesem Winter hatte man genug Heu, diesen Winter brauchte man keine natürlichen Ursachen zu fürchten. Gab es dann noch mehr heimliche Mächte? Im Augenblick nicht.

Das Gefühl der Unsicherheit, das den Bauern nach einer Katze hinunter in die Gemeinde getrieben hatte, schien wieder zu vergehen. Er streichelte das Tier vom Maul bis zum Schwanz, wenn auch nur einmal und flüchtig, und sagte: »Aufpassen, daß der Hund und die Katze sich nicht gegenseitig reizen.« Dennoch begriff er selber nicht, wenn er darüber nachdachte, wie er hatte glauben können, daß ein einfacher Kater Macht über das Übernatürliche hätte. Wie dem auch sei, er wachte nachts nicht mehr auf, um in den Ställen nachzusehen.

Doch die geheimen Mächte des Daseins waren durchaus noch nicht am Ende ihres Lateins, trotz des Katers. Sie hatten nur auf Frost gewartet, denn es gefällt ihnen nicht, Spuren im Schnee zu hinterlassen. Wie schon so oft öffnet Bjartur frühmorgens seinen Mutterschafstall, zündet die Tranlampe an und sieht sich um: es war der scheußlichste Anblick, den er je gesehen hatte. Zehn Mutterschafe lagen tot und verendend auf dem Boden oder dem Krippengang. Sie waren auf die sonderbarste Weise umgebracht worden, einigen war die Kehle halb durchgeschnitten, bei anderen steckten rostige Nägel im Kopf, andere wieder waren mit einem Knüppel totgeschlagen worden; es ist schwer, jemandem so etwas zu erzählen; auch machte Gudbjartur Jonsson Menschen gegenüber über diese Ereignisse nicht viel Worte, weder jetzt noch später. Er war wie vom Schlage gerührt. Er riß seinen Deckel herunter und kratzte sich mit beiden Händen den Kopf, so stark er konnte, dann packte er einen Kadaver nach dem anderen an, untersuchte die Verletzungen und tötete die verendenden Schafe. Doch dann konnte er sich nicht mehr beherrschen. Er drehte sich um, schlug die Fäuste zusammen, spuckte und fluchte nach allen Richtungen. Er forderte den Unhold Kolumkilli samt seiner Kebse Gudvör zum Zweikampf heraus und lud sie mit heidnischen und christlichen Ausdrücken ein, mit ihm zu kämpfen, beide zugleich; er schlug ihnen den Grashügel vor dem Schafstall als Kampfplatz vor – was sollte der Mann tun, was sollte er sagen? Er forderte alle geheimen Mächte des Daseins auf einmal auf, Mannesmut zu beweisen und offen hervorzutreten, sagte, daß sie es sich nicht zur Ehre anrechnen könnten, sich weiterhin hinter dem Dasein zu verstecken, wenn sie auch nur einen Fetzen ihres guten Rufs behalten wollten. »Es ist sehr leicht, ein Schuft und Bösewicht zu sein, wenn alle schlafen«, sagte er und reckte die Fäuste gegen die hartgefrorene Natur und hinauf gen Himmel, und zuletzt hatte er keine genügend starken Worte mehr, sondern heulte, der Hund heulte auch, es war eine vollkommene Gotteslästerung; und nichts half, Da fiel es ihm ein, ob es nicht eine falsche Methode sein könnte, Gespenstern zu fluchen; ihm fiel eine alte Sage von einem Kobold ein, der dadurch groß und stark geworden war – doch was sollte der Mann sagen? Psalmen, dachte er, sollte er vielleicht die alte Hallbera bitten, hierherzuhumpeln und einen Psalm herzusagen? Oder den Pfarrer holen und ihn Jesunamen auf hebräisch vorlesen lassen? Nicht daß er, Bjartur in Sommerhausen, an Theologie glaubte, selbständige Menschen brauchen kein Christentum, er wagte sich an jedes Gespenst heran, welcher Art auch immer, und hatte zeitlebens keine Angst im Dunkeln gehabt, und Angst vor etwas anderem auch nicht. Hingegen gab es alte Geschichten darüber, daß Gespenster an Gottesgelahrtheit und Jesunamen in altberühmten Sprachen glaubten und sich davor beugen mußten, wenngleich wenig Aussicht darauf bestand, daß die Gelehrsamkeit Sira Teodors, eines glatzköpfigen jungen Mannes, viel gegen Unholde ausrichten konnte, die von unerschrockenen, in Beschwörungskünsten gestählten Pfarrern alter Zeiten wieder und wieder ergebnislos in die Erde hinab bekreuzigt worden waren. Der einzige Mann hier in der Gemeinde, der je über Gottesgelahrtheit und Schafe voll verfügte, war schon lange verschieden.

Als die Kinder draußen auf der Schneewehe vor dem Mutterschaftstall standen und schweigend zusahen, wie Bjartur die Köpfe der toten Mutterschafe auf die Stallmauer legte, einen nach dem andern, da ist es der kleine Nonni, der schließlich das Schweigen bricht.

»Papa«, sagt er, »Bruder Helgi sieht hier oft jemand am Hof.«

Bjartur richtet sich auf und fragt mit dem blutigen Messer in der Hand: »Was?«

»Nichts«, antwortet Helgi. »Er lügt.«

»Ich lüge? Weißt du denn nicht mehr, was du an einem Abend im Herbst gesagt hast, als Papa unten in der Gemeinde war und wir auf der Türplatte saßen und über den Wasserfall sprachen?«

Bjartur trat mit dem Messer in der Hand zu seinem Sohn und verlangte in barschen Worten genauere Auskunft über seine Gesichte. Doch der Junge behauptete, er habe nichts gesehen. Da packte ihn Bjartur bei den Schultern und schüttelte ihn und sagte, es würde ihm schlecht ergehen, und der Junge bekam Angst und gab dann zu, daß er einen Burschen sähe oder fast einen Kerl – »und manchmal hat er graue Zöpfe wie eine alte Frau.«

»Wo siehst du ihn?«

»Er läuft manchmal zwischen dem Stall und dem Haus lang, ich habe immer wieder versucht, ihm nachzulaufen.«
»Warum hast du mir das nicht früher gesagt?«
»Ich wußte, daß es mir niemand glauben würde.«
»Wohin ging er?«
»Er lief.«
Jetzt drang Bjartur wieder in seinen Sohn und verlangte eine genauere Beschreibung dieses unbekannten Läufers, doch die Antworten des Jungen wurden immer verworrener, einmal hatte der Bursche einen Bart, dann wieder Zöpfe, zuletzt trug er schon einen Rock ...
»Rock«, fragte Bjartur, »was für einen Rock?«
»Es war ein roter Rock. Und etwas um den Hals.«
»Um den Hals, was hatte er um den Hals?«
»Ich weiß eigentlich nicht, wie es aussieht, mir scheint, am ehesten wie eine Halskrause.«
»Hat er eine Halskrause, du verfluchter Idiot«, sagte Bjartur und geriet in Wut und gab seinem Sohn eine Backpfeife, daß er wankte – »das ist der Lohn für deine Auskunft.«
Übernatürliche Ereignisse sind deshalb so unangenehm, weil sie die Kenntnisse über die Welt, die die Grundlage des Menschen sind, erschüttern und die Seele frei in der Luft zurücklassen, wo sie nicht zu Hause ist. Man wagt nicht mehr, Schlüsse zu ziehen, nicht einmal mit gesundem Verstand, denn alle Grenzlinien, sogar die zwischen den Gegensätzen, sind verwischt. Der Tod ist nicht mehr Tod, noch ist Leben Leben, wie Einar in Unterleite meinen dürfte, er, der die Dinge verschiedenen Orten zuordnet, wie wenn man Spielkarten in der Hand sortiert – da brechen plötzlich die geheimen Mächte des Daseins in die menschliche Wahrnehmungswelt ein und bringen alles zum Schwimmen, wie das Grummet, das in den Regenfällen des Herbstes auf dem Wasser treibt. Manche sind der Ansicht, das Übernatürliche rühre daher, daß Gott klüger ist als die Menschen und er sie darauf hinweisen will, daß es so ist. Was denkt Bjartur in Sommerhausen? Sollte er geheimen Mächten gestatten, sich ihm zu widersetzen? Oder sollte er Leute um Rat fragen gehen? Oder für sich allein fluchen und so lange warten, bis Wesen

aus einer anderen Welt alle Schafe umgebracht und den Hof wie im Jahr 1750 zerstört hatten?

Er ließ sich Zeit, die Schafe einzuholen, es war stilles Wetter. Er schlenderte auf seinem Land nach Westen und sprach mit sich selbst und zankte mit den höheren Mächten. Vielleicht merkt er nicht, wohin er geht, und dann geht es unversehens bergauf, er ist schon bis auf den Paß im Westen gelangt, vielleicht hat er Einar in Unterleite und die anderen aufsuchen wollen. Ein voller Goldmond spiegelt sich prächtig auf dem vereisten Schnee, die Dämmerung blaut und blaut, vielen dünkt der Tag am schönsten, wenn es zu dämmern beginnt. Und hier erhebt sich das steinige Grab des Gespenstes in der stillen Winterlandschaft, an der höchsten Stelle des Passes, am Rand einer Schlucht, dunkel auf der einen Seite und auf der anderen hell vom Mondlicht zwischen Tag und Abend, in einer Unschuld, die an Anmut grenzt, in nahezu majestätischer Ruhe. Doch Bjartur war nicht im gleichen Maße anmutig, auf dem letzten Stück beschleunigte er seine Schritte, ähnlich einem wilden Stier, der sich einem unglücklichen Menschen nähert und entschlossen ist, ihn zu überwältigen. Dennoch griff er das Grab nicht sogleich an, sondern löste einen Stein aus dem Geröll und hielt ihn hinter dem Rücken. »Also dort liegt ihr«, sagte er und schaute mit erfrorenem Haß in den Augen dorthin, wo sie lagen. Dann stampfte er vor ihnen mit dem Fuß. Doch sie antworteten ihm nicht.

Dennoch sprach er eine lange Weile mit ihnen. Er sagte, er sei sich jetzt über ihr Vorhaben nicht mehr im unklaren. Er beschuldigte sie ganz offen, daß sie ihm Frauen und Kinder umgebracht hätten, und jetzt sei die Reihe an die Schafe gekommen. »Macht weiter«, sagte er. »Macht nur weiter, wenn ihr es wagt. Aber ich lasse mich nicht unterkriegen. Stürzt den Berg über die Hütte, wenn ihr es wagt, doch hier stehe ich, solange ich noch einen Atemzug habe. Es kommt nicht in Frage, daß ich mich unterkriegen lasse.«

Keine Antwort, nur die zierlichen Sterne des Himmels lächelten mit ihren eigentümlichen Goldaugen diesem irdischen Menschen und seinen Feinden zu.

Da sagte er: »Hier habe ich einen Stein in der Hand« und hielt ihnen diesen kleinen Stein vor, den er aus dem Geröll gelöst hatte – »hier habe ich einen Stein in der Hand. Ihr denkt, ich will euch diesen Stein geben. Ihr sagt, er hat Angst, denn er steht hier mit einem Stein. Ihr sagt, jetzt hat er endlich einen Stein gebracht, denn er hat sicher Angst, Asta Sollilja zu verlieren wie seine Frau. Aber ich sage: Hier stehe ich, Bjartur in Sommerhausen, ein freier Mann im Lande, selbständiger Isländer von der Landnahmezeit bis zum heutigen Tag. Ihr könnt den Berg über mich stürzen. Doch einen Stein gebe ich euch nie.«

Zum Beweis für seine Respektlosigkeit vor diesen höheren Mächten des Tals warf er den Stein hinunter in die Schlucht, und das Echo des Steins drang herauf, wie er von Stufe zu Stufe bis auf den Grund der Schlucht fiel, und von unten waren alte, entsetzte Stimmen zu hören, als ob der Felsbewohner und seine Leute staunend aus jahrhundertelangem Schlaf aufschreckten. Der Hund lief an den Rand der Schlucht und bellte sonderbar. Nie lag es Bjartur ferner als in dieser Stunde, irgend jemandes Beistand zu suchen, nachdem er mit dem Gespenst abgerechnet hatte. Nie war er so entschlossen wie in dieser Stunde, allein und ungestützt den bösen Geistern des Landes bis zum Ende standzuhalten; und er ging heim in sein Tal.

44

Gehen

Es waren aber Gäste in Sommerhausen gewesen, Bauern aus der Gemeinde unten auf dem Heimweg, und sie hatten die Ereignisse von den Kindern erfahren. Sie brachten die Neuigkeiten in die Gemeinde. Die Geschichte von dem Gespenst brauchte nicht lange, um Beine zu kriegen, alt und jung nahm sie in dem weithin bekannten Mangel an Gemütsbewegung zur Zeit der kurzen Tage mit Freuden entgegen; und den Leuten fiel es um so leichter, an den Spuk zu glauben, je schwerer es ihnen gefallen war, an die Ratten zu glauben, denn die Menschenseele neigt zum Unglaublichen und bezweifelt das Glaubhafte. Es dauerte nicht lange, bis die Besuche im Heidetal häufiger wurden; es ist sonderbar, aber Menschen sind auf nichts so versessen wie darauf, Beweise für Spukgeschichten zu bekommen, die Seele nimmt alle Dinge dieser Art auf ihre eigene Rechnung. Bjartur hingegen meinte, es sehe denen von da unten ähnlich, wie angeschossen hinter einem Gespenst herzulaufen; er sagte, daß er sich auf kein Gespenstergerede einlasse, doch das sei wahr: die verdammte Katze hätte die Schafe in der Nacht scheu gemacht, sie wären vor Angst wahnsinnig geworden, wären gegen Wände und Krippe gerannt, hätten sich die Knochen gebrochen und die Augen in verrostete Nägel getrieben. Doch die Kinder gaben sich bereitwillig mit den Gästen ab und schwatzten mit ihnen insgeheim über das Gespenst, vorwärts und rückwärts. Sie waren das erste Mal im Leben wichtige Persönlichkeiten, die Zuhörer hatten, und die Frau auf Rotenmoor schickte Asta Sollilja persönlich gegen den Willen Bjarturs Kaffee und Zucker sowie das Buch »Das einfache Leben« von einem berühmten ausländischen Denker und genialen Schriftsteller. Es stellte sich sogar heraus, daß die Jungen das Gespenst mit eigenen Augen gesehen und mit ihm gesprochen hatten, besonders der älteste und der jüngste, sie brauchten nur hinaus in den Stall der Mutterschafe zu gehen und eine kleine Weile die Tür hinter sich zuzumachen, dann erschien das Gespenst, sie sahen seine Augen im Dunkeln, doch verstanden sie nicht recht, was es sagte, denn es lispelte und krächzte. Dennoch hatten sie soviel verstehen können, daß es des Schweigens und Vergessenseins schon lange überdrüssig geworden sei; deswegen hatte es sich erneut bemerkbar gemacht und würde sich nicht beruhigen, ehe ihm nicht die gebührende Ehre erwiesen würde, am liebsten durch Reden und Gesang, aber auch durch Gebet, am liebsten durch ein Begräbnisgebet. Verschiedene Gäste gingen hinaus zu den Schafställen und sangen einen kurzen Psalm vor sich hin oder beteten leise ein Stück des Vaterunsers. Asta Sollilja konnte gar nicht so viel Kaffee brühen. »Ja«, sagte das Gespenst, »morgen dann noch mehr Gäste schicken.« Das war kein Fabelgott, das war ein wirklicher Gott, der zu den Menschen betete und sagte: »Gib uns heute unser tägliches Gebet«, dann ging es ihm besser. Und in der Gemeinde liefen die ungeheuerlichsten Geschichten über den Unhold um, der auf den Häusern im Heidetal ritt und den man am hellichten Tag die Dächer hinauf- und hinuntersausen sah und der mit Strafen drohte, wenn er kein Gebet bekam. Dieses kleine Gehöft, das bis zu diesem Tag niemand bemerkt hatte, war zum Tagesgespräch in einem ganzen Landesviertel, sogar in anderen Landesvierteln geworden. Jetzt kamen hier auf die Schneeschanze am Gehöft Leute und Hunde, die noch nie etwas hatten von sich hören lassen, sie kamen sogar bis in die Stube. Die Geschichten über dieses Gespenst, die Streitgespräche, Standpunkte, religiösen oder philosophischen Auslegungen – es wäre kein Vergnügen gewesen, dieses alles aufzuschreiben, wenn sich jemand dazu gefunden hätte –, es wäre ungefähr so lang wie die Bibel geworden. Man teilte sich in zwei Hauptparteien wie bei anderen Religionen; einige waren davon überzeugt, daß es eine Offenbarung war; andere fragten, was ist Offenbarung? Und die dritten behaupteten, allen Tatsachen zum Trotz, daß die Schafe von selbst umgekommen wären. Einige sagten, das Gespenst habe Trollsgestalt; manche, daß es von mittlerem Wuchs sei; andere, daß es klein und verhutzelt wäre. Verschiedene wiesen mit historischen Argumenten nach, es sei ein männliches Gespenst, andere führten ebenso gültige Argumente dafür an, daß es ein weibliches Gespenst sei, und schließlich gab es solche, die sich die lehrreiche und beachtenswerte These zurechtgelegt hatten, es sei ein geschlechtsloses Gespenst.

Zuletzt suchten irgendwelche Leute, die den Leuten in Sommerhausen wohlgesinnt waren, den Pfarrer auf, denn das Gerücht lief um, daß das Gespenst zu Weihnachten das Gehöft einreißen würde, irgend jemand hatte es von den Jungen, die mit dem Gespenst in ständiger Verbindung standen, und hatte es weitererzählt – ob der Pfarrer nicht so gut sein könnte, einmal auf der Heide einzusehen und eine kleine Handlung vorzunehmen, damit vielleicht dieser Unhold durch eine Botschaft des Herrn gefügig würde. Es freute den

Pfarrer in verschiedener Hinsicht, daß endlich etwas eingetreten war, wodurch diese glaubensschwache Gemeinde an den Herrn erinnert wurde; selber hatte er es nicht gewagt, außerhalb der Kanzel und aus eigenem Antrieb an den Herrn zu erinnern, seit er sein Amt angetreten hatte, denn alles Geistliche belustigte die Leute oder ärgerte sie.

Dann geschah es eines Abends. Es sah ganz so aus, als ob ein Fest stattfinden sollte; noch nie waren so viele Leute auf dem Gehöft. Es war ruhiges Wetter und sternenklar, beinahe Vollmond, Harsch. Eine große Schar junger Leute kam, sie standen linkisch draußen auf der Schneeschanze und genossen den spannenden Schauder, den die Nacht mit ihrem starren blauen Licht in sich barg. Da war auch ein aus Fjord stammender junger Mann, Winterknecht auf einem der Höfe unten, er unterhielt die Leute und kannte alle modernen Schlager, nach denen man jetzt in Fjord tanzte, und alle versuchten mitzusingen, um das beängstigende Gefühl loszuwerden. Hier waren nicht nur abenteuerlustige Leute, hier waren verschiedene ältere und erfahrene Männer, gute alte Bekannte, darunter unser Bergkönig, der vor zwei Jahren in den Gemeinderat gewählt worden war und der infolgedessen viel zu bedenken hatte angesichts der Verantwortung, die in diesen schweren Zeiten auf der Gemeindeverwaltung lastete. Und der Pfarrer hatte sich dazu bewegen lassen, einmal oben im Tal einzusehen, dieser glatzköpfige junge Mann mit den Abschürfungen an den Händen; er meinte, daß es jetzt an der Zeit wäre, hier in der Gemeinde eine Schafbockschau zu veranstalten und dafür einen Mann aus der Hauptstadt zu gewinnen, zitierte zu diesem Thema die letzten Weisheiten aus der Landwirtschaftszeitung Islands. Verschiedene sprachen mit den Jungen unter vier Augen, um sie über das Gespenst auszufragen, über sein Aussehen und seine Sprache; Bjartur war übelster Laune, er erwiderte kaum den Gruß seiner Gäste, lud niemanden nach oben ein, murmelte halbe Reimstrophen in seinen Bart.

So lungern die Leute müßig einer um den anderen herum, draußen auf der Schneeschanze oder drinnen im Eingang, in Gesellschaft der Schatten der Nacht, viele in dem Bewußtsein, nicht gerade willkommen zu sein; dann brach endlich der alte Hrollaugur auf Quellen, ein natürlicher und jeder Trödelei abholder Mann, das Schweigen: »Nun ja, Jungens, es ist wohl Zeit, daß wir mit dem Gehen beginnen.«

Er meinte die sogenannten Hofbegehungen um den Stall herum, sie hatten sich in den vergangenen Tagen allmählich zum festen Ritus entwickelt, und das Wort »Gehen« war ein Begriff geworden. Ja, andere stimmten dem feierlich zu, es dürfte an der Zeit sein, mit Gehen zu beginnen. Man schickte nach den Jungen und rief die jungen Leute, von denen einige schon am Berg entlang auf ihre Weise zu gehen begonnen hatten, denn die Nacht mit ihren blauen fließenden Schatten war sehr verlockend, nicht nur für Gespenster, sondern auch für die Liebe. Dann kamen die Jungen mit weitaufgerissenen Augen, und der Pfarrer, der in einem heftigen Disput über die Lehren der Landwirtschaftszeitung die geheimen Mächte zu vergessen versucht hatte, schnappte nach Luft und antwortete auf die Aufforderung Hrollaugurs auf Quellen: »Ja, in Gottes Namen.« Der Bergkönig, Einar in Unterleite, Olafur in Oberstal, die Wind von der Sache hatten, traten der Reihe nach hinzu, die Hände auf dem Rücken, absonderlich, mit Heu im Bart; die Hunde liefen vor oder hinter ihnen; sie waren lebhaft und hoben in Erkenntnis dieser feierlichen Stunde in einem fort das Bein. Einige Jungen boten den Mädchen den Arm, und die Mädchen waren puterrot vom Gespensterspuk, obwohl Bjartur meinte, sie witterten etwas anderes, du verstehst.

»Nun, Jungens, wollt ihr nicht mal in den Stall gehen und fragen, wie herum wir gehen sollen«, mahnte Hrollaugur auf Quellen; es war sicherer, erst danach zu fragen, denn manchmal ließ das Gespenst rechtsherum gehen, manchmal linksherum. Helgi nahm seinen Bruder bei der Hand, und sie schlichen auf Zehenspitzen an die Tür, niemandem außer ihnen war gestattet, das Gespenst zu sprechen. Sie zogen den Riegel weg und spähten vorsichtig hinein. »Pst«, sagte der ältere Junge und wies mit einer Handbewegung die neugierigsten Gäste zurück, »nicht zu nahe!« Die Mutterschafe stoben in das andere Ende der halbleeren Bucht, sie waren unnatürlich scheu. Dann verschwanden die Jungen im Stall und machten die Tür hinter sich zu. Eine ältere Frau aus der Gemeinde unten begann »Lobet den Herrn« zu singen, und viele stimmten ein. Doch Hrollaugur auf Quellen sagte, mit dem Singen hätte es keine Eile, bis man anfinge zu gehen – er machte sich an diese Sache wie an eine vernünftige Arbeit, die ihre bestimmten Methoden verlangt. Gleich darauf bekamen alle einen Schreck, denn die Jungen sausten rücklings aus dem Stall und kugelten über das Schnee-Eis, als wären sie herausgeschleudert worden – »die Psalmenbücher, die Psalmenbücher«, riefen sie, während sie immer weiter rutschten: »Das Gespenst hat befohlen, neunmal um die Ställe zu gehen und neun Strophen zu singen.«

»Ob es nicht Verse meint?« sagte Einar in Unterleite feierlich.

Wie dem auch sei, jetzt fing man an zu gehen. Die älteren Leute plärrten den Psalm, nach bestem Gewissen, und die Hunde jaulten auch; doch die jungen Leute konnten den Psalm nicht und dachten an andere Psalmen, und es gab ein bißchen Gedränge, ganz unauffällig, die blauen Schatten des Mondes flossen einander zu. Bjartur stand abseits von der Schar und rief seine Hündin, damit sie nicht auf Abwege geriet.

Als er dann soweit war, hatten die jungen Leute keine Lust, alle diese Kreise zu gehen, eine kleine Schar sonderte sich ab und ging am Berg entlang, um noch einmal von den Lippen des Sängers den neuesten Schlager aus Fjord zu hören: Flink beim Tanz, flink beim Tanz, flink beim Schwingen und Tanz. Zwei beherzte Männer schlüpften ohne Genehmigung in den Stall, um das Gespenst zu sehen. Doch ihr Bleiben war nur von kurzer Dauer. Kaum waren sie über die Schwelle getreten, da sahen sie auch schon in der Ecke am Ende der Krippe neben dem Durchgang zur Heumiete flammende Augen aufleuchten; es starrte sie an, der Blick war keineswegs schöner als in der Saga von Grettir; im späteren Alter werden diese Männer einer neuen Generation von dieser längst vergangenen Nacht erzählen, als sie als junge Männer in die Augen der Volkssage blickten. Es war auch kein stummer Blick, er war begleitet von einem jämmerlichen Laut, schrecklicher als die Stimme irgendeines isländischen Tieres, es hörte sich am ehesten an wie das blödsinnige Quietschen einer alten teuflischen Tür. Nach Ansicht des Pfarrers, der selber blitzschnell in den Stall guckte, war es die Stimme des Wesens, das an den Pforten des Himmels in Ewigkeit zur Verzweiflung verurteilt ist, und diese meergrünen Augen sind die Augen, die das Licht des Himmels nie erblickt haben und nie erblicken werden, so daß er die Gelegenheit benutzte, ein Gebet aufsteigen zu lassen, daß sich uns die Pforten des Himmels öffnen mögen, damit wir das Licht des Himmels erblicken dürfen. Und gerade jetzt floß der Mond zornig in eine Wolkenbank, und diese höllenblaue Schneewelt glitt im selben Augenblick in ein noch geheimnisvolleres Dunkel als je zuvor, die Physiognomie des Landes löste sich auf, selbst die Menschen wurden in den Schatten dieser ungewöhnlichen Nachtwache jenseits aller Vernunft einander unwirklich. Aus Angst, allein zu sein, suchte einer unwillkürlich die Hand des anderen; was konnte man denn noch tun? So standen die Leute hier und hielten sich bei den Händen; es schauderte einen, der Mond verschwand in immer tieferen Wolken, es verlangte einen nach Kaffee, man fror.

45

Über die Seele

Ja, jemand hatte Kaffee vorgeschlagen, und alle hatten beigepflichtet, die religiöse Handlung löste sich von selbst auf, immer mehr Leute versammelten sich unaufgefordert oben in der Wohnstube, die Gemeinde hatte Bjartur das Hausrecht genommen. Es knarrte rücksichtslos in den Dielen, und jemand forderte die jungen Leute auf hinauszugehen, sie hätten hier nichts zu suchen, hier war weder Ort noch Zeit für Mädchengekreisch und andere Musik, wenn sie Kaffee haben wollten, könnten sie unten im Haus warten; und man machte die Luke hinter ihnen zu. Die Leute setzten sich, so gut sie konnten, in einer Reihe auf die Betten, die Frauen unter den Gästen halfen das Feuer entfachen.

»Tja und nun ja«, sagte der eine.

»Das war das«, sagte ein zweiter.

»Und so ist es«, sagte der dritte.

Man stand noch unter dem Einfluß der geheimnisvollen Erscheinungen und hatte es infolgedessen schwer, die Gedanken unvermittelt auf faßlichere Dinge zu konzentrieren, ausgenommen Hrollaugur auf Quellen. Er machte zwischen den Erscheinungen keinen Unterschied nach ihrer Herkunft, sondern nahm alles, wie es kam, Natürliches und Übernatürliches, erledigte alles ausschließlich nach seiner Dringlichkeit.

»Jaja, lieber Pfarrer«, sagte er, »ich habe zwei hübsche Bocklämmchen, wie viele in der Gemeinde hier wissen; ich kriegte es nicht fertig, sie im Herbst abzuschlachten, obwohl ich mich vielleicht selbst dadurch in die Hölle bringe, daß ich sie auf gut Glück aufziehe; doch wer weiß, vielleicht gelingt es, sie zu Geld zu machen, wenn man jemanden von der Landwirtschaftszeitung dafür gewinnt, sie sich anzusehen und höheren Orts in Reykjavik über sie zu schreiben.«

»Gerade das ist es«, antwortete der Pfarrer, glücklich darüber, daß er doch wenigstens eine Seele von seinem Verständnis für Schafe und seinem Interesse an Rassezucht überzeugt hatte; und er begann den Leuten den Erfolg von Bockausstellungen im Westland klarzumachen, gemäß der Landwirtschaftszeitung, besonders im Hinblick auf Fleischschafe.

Und der Bergkönig, der gewiß noch kein Großbauer war, obwohl er in den Gemeinderat gerutscht war, sondern ein Mittelbauer, der mehr als ein Jahr lang wegen des Kaufmanns und der Genossenschaft einen Seelenkampf geführt hatte, denn wenn zwei starke Parteien sich streiten, dann kommt es darauf an, Ausdauer zu haben, um abzuwarten – er meinte auch, daß es in diesen schweren Zeiten von sehr großem Wert wäre, wenn die Augen der Bevölkerung für die Notwendigkeit der Rassezucht geöffnet würden. »Doch«, sagte er, »will ich ausdrücklich betonen, daß ich niemals viel auf Fleischschafe an und für sich gegeben habe, wie es unser Pfarrer zu tun scheint. Meines Erachtens hat es sich in harten

Jahren, wie voriges Jahr, oft genug erwiesen, daß Fleischschafe, wenn es darauf ankommt, nicht soviel Widerstandskraft haben, wie verschiedene angesehene Männer behaupten. Hingegen sind diese zähen, stämmigen Winterweideschafe, wie zum Beispiel die von Rotenmoor, von denen doch bisher niemand zu behaupten gewagt hat, daß sie kein Fleisch hätten – die sind in meinen Augen seit jeher das Vorbild dafür gewesen, wie gute Schafe in Wirklichkeit sein sollen, das sind in meinen Augen die Schafe, auf die man sich in guten und schlechten Jahren voll und ganz verlassen kann, wenigstens solange nicht andere, bessere Schafe kommen.«

Seit der Veranlagung zu den Kommunalsteuern waren erst wenige Tage vergangen, und da der Bergkönig nun einmal zu sprechen begonnen hatte, kam Olafur in Obersttal der Gedanke, es wäre schön, zu erfahren, wie es ihnen diesen Winter gelungen wäre, die kleinen Leute zu veranlagen. Olafur hatte nämlich seinerzeit den Bergkönig gewählt, hatte auf dessen großes Verantwortungsgefühl vertraut und die Zuversicht gehegt, daß dieser das hinsichtlich der kleinen Leute halb und halb gegebene Versprechen erfüllen würde, ganz so, wie er seinerzeit im stillen die Hoffnung genährt hatte, durch die Arbeit als Hilfshundereiniger einen fetten Bissen zu erlangen, und dem Bergkönig in dieser Sache vertraut hatte.

»Ja, die Kommunalsteuern«, sagte der Bergkönig bedächtig. »Es ist nun einmal leider so, daß der Gemeinderat – das ist in diesen Zeiten nicht gerade ein Vergnügungsausschuß, lieber Olafur. Sowohl Gemeindevorsteher Jon auf Moor seinerseits wie der Bezirksrat und die Landesregierung überhaupt können bestätigen, daß es keine Kleinigkeit ist, in solchen ernsten Zeiten die Kommunalsteuern zu veranlagen, wenn innerhalb und außerhalb der Gemeinde auf allen Gebieten Trafik und Konkurrenz herrschen und wirklich niemand weiß, welche Kräfte siegen werden; ob es Bryne ist, der sich bankrotte und schlimmer als bankrotte Leute auflädt, oder ob die Handelsgenossenschaft zugrunde gerichtete kleine Leute mit riesigen Schuldenlasten auf ihre Arme nimmt. Oder ob Jon auf Moor, unsere große Zierde und die Stütze des Landes, die letzte Zuflucht der Menschen in der

Gemeinde wird. Nun, oder drittens oder sogar viertens, ob nicht einfach die Gemeinde dazu gezwungen sein wird, der Bevölkerung Unterstützung zu gewähren, obwohl sie in Wirklichkeit noch und noch bankrott ist, bis in den bodenlosen Tod.«

»Ja, das habe ich ja immer gesagt«, sagte Olafur in Obersttal, ohne über das Gemeinderatsmitglied, das er selbst gewählt hatte, allzusehr enttäuscht zu sein – »das Menschenleben ist so kurz, daß die einfachen Leute es sich nicht leisten können zu existieren, und ich nehme nicht zurück, was ich viele Jahre behauptet habe, sowohl dem Gemeindevorsteher wie anderen gegenüber, daß, wenn die menschliche Gesellschaft von Anbeginn an wissenschaftlich wäre und demgemäß ein vernünftiges Verhältnis bestände zwischen dem, was man sich auferlegt, und dem, was man im Marktflecken entnehmen kann, und man sich eine annehmbare Wohnstube zusammenzimmern könnte, ehe die Kinder von der Tuberkulose ergriffen werden, wie bei mir, dann – ja, was war es denn nun eigentlich, was ich jetzt sagen wollte? Es ist für mich aussichtslos, aus den Schulden herauszukommen, auch wenn ich diese Plackerei dreitausend Jahre lang weitermache.«

Als man hier angelangt war, ergriff Einar in Unterleite das Wort und bat zu entschuldigen, daß ihm in ernster Stunde dieses Gerede nahezu geistlos schiene, nachdem geheimnisvolle höhere Mächte auf einzigartige Weise in unser Leben eingegriffen hätten – »ist es denn gänzlich ausgeschlossen, daß wir selbst in ernster Stunde unser eigenes Schulden-, Hunger- und Tuberkulosenleben vergessen können, wo uns doch der Herr so sehr ermahnt?«

»Ja, ich habe nicht angefangen«, sagte Olafur in Obersttal. »Wie jeder weiß, bin ich wo und wann auch immer bereit, über ernste Dinge zu sprechen und alle Nichtigkeiten fallenzulassen, doch es ist alles andere als ein Vergnügen, mit Sachkenntnis zu sprechen, wenn man aus Geldmangel ganz und gar von jeglicher wissenschaftlichen Verbindung mit der Welt abgeschnitten ist und außerdem unter solchen familiären Umständen leben muß wie ich; was mit den Kindern ist, weiß jeder; und die Frau, die mit dieser Sache nichts zu tun hat, ist vollkommen verbraucht. Es sind jetzt schon zehn Jahre her, seit ich aus dem Volksfreundeverein austreten mußte, der einzigen Organisation, mit der ich je in Verbindung gekommen bin. Und dieser Lesezirkel, den wir eine Zeitlang hier hatten, ist schon lange verrottet, und manche sagen, daß Ratten darin sind; eins ist sicher, fünf Jahre lang hat niemand den Mut gehabt, die Schränke zu öffnen, so daß ich nicht weiß, wie man hier in der Gemeinde viel Vernünftiges sagen sollte, so wie die Dinge liegen.«

Doch Einar in Unterleite meinte, daß wir doch die Gelegenheit nutzen sollten, da wir gebildeten Leuten wie dem Pfarrer gegenüberstehen, »denn wenn ich den Pfarrer richtig einschätze, ist er so, daß ich weiß, er verzeiht mir, daß ich nicht gelehrt bin, obwohl der verstorbene Sira Gudmundur starb, ohne es mir je zu verzeihen. Doch was ich noch fragen wollte, war dieses: wie kommt es, daß manche Seelen nie Frieden erlangen können, weder im Himmel noch auf Erden, noch in der Hölle?«

»Doch wohl, weil sich der Teufel in ihnen auf die Hinterbeine stellt«, antwortete Krusi auf Kluft forsch, lange ehe der Pfarrer wegen einer annehmbaren Antwort mit sich ins reine gekommen war. Der eine und der andere gab ein Wort dazu, ohne daß sich jedoch noch viel an der Sache klärte; Olafur in Obersttal zitierte sogar aus einem Buch, das sein Bekannter in Fjord vor einigen Jahren als Einwickelpapier um Tassen und Untertassen bekommen hatte; dort wurde unter Berufung auf ausländische Wissenschaftler entschieden bestritten, daß das Böse existierte.

»Nein, hör mal, lieber Olafur«, sagte der Bergkönig, »das zu behaupten könnte mir nie einfallen, wenigstens nicht, wie die Dinge jetzt liegen. Von meinem Standpunkt aus gesehen, war ich immer der Ansicht, daß es sowohl das Böse wie das Gute gibt, wie es auch in der Religion der Perser sein soll und was die Frau auf Rotenmoor, wie jeder weiß, eine hochgebildete Frau, oft in ihren Reden hervorgehoben hat, sowohl privat wie unprivat hier im Bezirk und darüber hinaus. Hingegen sind die höheren Mächte der Welt meines Erachtens in der Hauptsache keineswegs so gut, wie gesagt wird, und wahrscheinlich auch nicht so böse. Ob es wohl nicht so ungefähr mitten dazwischen ist, lieber Olafur.«

Da gab endlich der Pfarrer zur Antwort, es stimme wenigstens mit moderner Denkweise besser überein, anzunehmen, wie er schon draußen am Stall hervorgehoben habe, daß es sich hier um unglückliche Seelen handelte, die ruhelos zwischen den Welten umherirrten.

Doch jetzt hatte Einar in Unterleite genug. »Nein, Sira Teodor«, sagte er, »jetzt wage ich auf meine eigene gewissenhafte Verantwortung hin zu sagen, daß Sie zu weit gehen. Es ist wahr, der verstorbene Sira Gudmundur war mir die meiste Zeit nicht gut gesinnt und beachtete wenig oder gar nicht die ärmlichen geistlichen Verse, die ich mir zum Trost und weder zum Lob noch zum Ruhm dichtete, und obwohl er streng und schwierig gegenüber ungelehrten Leuten war, so brauchte doch niemand über sein Bekenntnis herumzurätseln; das war ein Mann, dem es nicht einfiel, sein Augenmerk auf die Jetztzeit zu richten, geschweige denn hätte er solche Worte in den Mund genommen, daß der Satan und seine Sendboten bloß unglückliche Seelen wären. Und wenn er auch gute Böcke und schöne Schafe hatte, so vermengte er doch nie unterschiedliche Dinge miteinander, er wußte, an wen er glaubte, und das, glaube ich, ist mehr, als manche von euch jungen Pfarrern wissen, die ihr euch nach der Jetztzeit richtet.«

Sira Teodor versuchte dann, nach bestem Vermögen Einar davon zu überzeugen, daß die neuen Theologen auch wüßten, an wen sie glaubten, selbst wenn sie ihre Vorstellungen in ein wenig andere Worte kleideten als die alten Theologen.

»Darf ich dann dem Pfarrer eine Frage stellen«, sagte Einar und begann dreister zu werden. »Glauben Sie zum Beispiel der Bibel, wie sie ist, beiden Testamenten miteinander?«

Der Pfarrer: »Seien Sie dessen voll und ganz versichert, lieber Einar, ich glaube beiden Testamenten miteinander: ich glaube dem Neuen Testament, und ich glaube dem Alten Testament.«

Einar in Unterleite: »Dürfte ich Ihnen dann noch eine Frage stellen, Sira Teodor? Glauben Sie zum Beispiel, daß

Jesus, Gottes Sohn, Lazarus von den Toten auferweckt hat, nachdem er im Grab zu verwesen begonnen hatte?«

Der Pfarrer überlegte eine kleine Weile, wischte sich den Schweiß von der Stirn und antwortete schließlich mit Überzeugung: »Ja, ich glaube, daß Jesus, Gottes Sohn, Lazarus von den Toten auferweckt hat, nachdem er wenigstens drei Tage im Grab gelegen hatte. Doch bin ich natürlich der Ansicht, daß er tatsächlich nicht sehr stark in Verwesung übergegangen war.«

»Ja, ob der Mann zu verwesen begonnen hatte oder nicht, das ist mir gleich«, fiel da Olafur mit seiner dünnen, schnellen Stimme ein, »ich möchte meinen, die Hauptsache ist doch, daß er zu sich kam; doch da der Pfarrer hier anwesend ist und wir auf einen Schluck Kaffee warten und ich sowieso nicht annehme, daß ich mich vor der Morgenfütterung hinhaue, da möchte ich gern wie Einar die Gelegenheit nutzen und den Pfarrer nach einer Kleinigkeit fragen. Welche Ansichten haben Sie eigentlich über die Seele, Sira Teodor?«

Der Pfarrer überlegte erst und lächelte dabei schmerzlich und sagte dann, daß er eigentlich keine besonderen Ansichten über die Seele hätte, nur diese alten guten Ansichten, die Seele, ja, die Seele, sie ist natürlich in gewisser Weise unsterblich; wenn sie nicht unsterblich wäre, ja, dann wäre sie auch nicht Seele.

»Weiß ich, kleiner Sveinn«, sagte Olafur, dem die Antwort unbedeutend schien, »das ist dasselbe, was dem seligen Jon Arason gerade in dem Augenblick gesagt wurde, als ihm der Kopf abgeschlagen werden sollte. Doch jetzt will ich euch etwas erzählen, was ich aus einer zuverlässigen Reykjaviker Zeitung habe, die mir mein Bekannter voriges Jahr lieh, und zwar soll es jetzt häufig vorkommen, daß die Seelen Verstorbener bei hochgestellten Leuten in Reykjavik in die Möbel fahren.«

Der alte Olafur, er blieb sich immer gleich, schenkte allen Schrullen Glauben, wenn er sie nur gedruckt sah. Verschiedene schüttelten den Kopf und lachten.

»Ja, ihr lacht vielleicht«, sagte er, »das ist eure Sache. Doch könnt ihr mir einen einzigen Fall nachweisen, wo ich etwas behauptet hätte, ohne dafür die letzten Quellen zu haben? Sicher fahren sie in die Möbel angesehener Leute in der Hauptstadt, so wahr ich lebe, es ist typisch für euch und überhaupt die Leute hier in der Gegend, daß ihr nichts glaubt, was in der Ferne geschieht, und überhaupt nichts, weder Psychisches noch Physisches, außer dem, was ihr in den Schafställen seht oder nicht seht.«

Da kam der Pfarrer Olafur zu Hilfe und sagte entschuldigend, daß es leider so sei, hochgestellte Leute in Reykjavik bemerkten dies und das in den Möbeln, doch ob es richtig wäre, so etwas Seelen zu nennen, »das ist eine ganz andere Sache; achtbare Leute haben geäußert, es wären vielleicht umherirrende Geister, die noch nicht das Licht des Himmels erblickt haben.«

Olafur in Obersttal, heftig: »Jetzt möchte ich den Pfarrer eines fragen: Was ist die Seele? Wenn man einer Kreatur den Kopf abschneidet, fliegt dann die Seele durch den Stumpf und verschwindet in den Himmel hinauf wie eine Fliege? Oder ist die Seele wie ein Pfannkuchen, den man zusammenrollen und wieder hinunterschlucken kann, wie von dem Lügenbjarni erzählt wird? Wieviel Seelen hat ein Mensch? Wurde denn Lazarus irgendwann später erneut entseelt? Und wie kommt es, daß die Seelen, oder wie man es nennen mag, gegenüber hochgestellten Amtspersonen höflich auftreten, doch armen Bauern in den Tälern übel mitspielen?«

Doch gerade in dem Augenblick, als die Seele in der Unterhaltung festen Halt gewinnen sollte, da und nicht eher steckte der Hausherr selber den Kopf durch die Luke und sah sich in der dichtbesetzten Stube um, alles andere als liebenswürdig. Er zerschlug im Nu den wissenschaftlichen gordischen Knoten, den sein alter Freund Olafur in Obersttal soeben der Gesellschaft vorgelegt hatte.

»Jetzt gehe ich schlafen«, sagte er, »und meine Leute auch. Wir haben nicht die Geduld, uns diese Weihnachten noch mehr Seelengequatsche anzuhören. Und wenn ihr in Zukunft Psalmen grölen müßt, dann möchte ich euch bitten, euren Spektakel woanders anzustellen. Jetzt habe ich nach der Justizbehörde geschickt. Sie soll den Schuldigen finden und bestrafen. Und wenn ihr heute nacht von hier weg seid, dann möchte ich euch bitten, die Sache so anzusehen, als ob ihr nicht hier gewesen wärt. Und jetzt runter mit dem Kessel vom Feuer, Sola, ich kenne diese Leute nicht, sie sind auch nicht zu mir gekommen.«

In dieser Nacht kannte er seine besten Freunde nicht, er warf sie hinaus. Und ihnen war ihr alter Freund fremd, oder richtiger gesagt, der gefrorene Zorn im Ausdruck dieses Mannes, der zu dem Zeitpunkt hereinkam, als sie schon den Blick für natürliche Ursachen verloren hatten. Er war es, der plötzlich alles begriffen zu haben schien und nichts weiter forderte als die Justizbehörde. Es durchfuhr sie kalt. Beschämt und unsicher, wie ertappte Speisekammerdiebe, schlängelten sich alte und neue Freunde des Hauses durch die Luke nach unten, murmelnd, ohne daran zu denken, sich zu verabschieden, und draußen auf der Schneeschanze gingen sie auseinander. Der Mond verschwunden, kein Zauber, kein Kaffee, nichts.

Es mag sonderbar scheinen, doch hörte man später in der Gemeinde überhaupt nichts von dieser Nacht. Sie war auf ähnliche Weise in Vergessenheit geraten wie jener Renbulle, auf dem Gudbjartur Jonsson einst über die Fernerach auf der Heide ritt. In den Tagen danach, wenn sich bärtige Männer mit Moos an den Kleidern zufällig mit ihren Schnupftabaksdosen an Ställen oder auf Weideflächen begegneten, sahen sie sich schamhaft an, wie ein Bursche und ein Mädchen, die es gestern abend reichlich weit getrieben und sich fest vorgenommen haben, es nicht wieder zu tun. Selbst viele Jahre später war diese Nacht ein wunder Punkt in der Gemeinde, sie lebte im Unterbewußtsein wie eine krankhafte Grille, beladen mit Scham und Schuld – schwarzblaue huschende Schatten, Blick der Volkssage, gotteslästerlicher Psalmengesang, Kaffee, der nie kam, die Seele; und Bjartur in Sommerhausen, der seine Freunde verleugnete, als sie eine Heerschar gesammelt hatten, um gegen seinen Feind anzugehen, gegen Kolumkilli.

46

Die Justizbehörde

Mit diesem Sieg Gudbjartur Jonssons war der Spuk auf der Heide für dieses Mal tatsächlich beendet. Wie man wurmkranke Schafe im Frühling abschlachtet, so schlachtete er in dieser Nacht sowohl Glauben wie Philosophie ab, wies der Gemeinde die Tür und befahl den Kindern, schlafen zu gehen.

Manche sagten, er hätte auch den Kater erhängt. Wenn das Gespenst zu Anfang geglaubt hatte, Bjartur würde bei dem neuen Schafverlust den Mut verlieren, den Hof aufgeben und sich an andere Orte begeben, so hatte es sich verrechnet. Der Unhold hatte sich alle diese Anstrengungen umsonst auferlegt; Bjartur rührte sich nicht. Und obwohl er bei den Zwistigkeiten Schaden erlitt, lernte er nie, nachzugeben. Was hiernach geschah, waren nur Nachwehen der Ereignisse, die sich bereits zugetragen hatten.

Es war Wintersonnenwendtag, am Morgen bezog sich der Himmel, aus den tiefhängenden Wolken fiel Schnee bis auf die Mitte der Berghänge, kein zauberischer Schimmer über den Gedanken und der Welt, nur ein klein wenig Mittagshelle, die zur selben Stunde zur Neige ging; es ist nicht wenig Finsternis nötig, um einen so kurzen Tag einzuhüllen; und der Bezirksvorsteher wurde erwartet. Der Bauer teilte niemanden zur Arbeit ein, es war, als ob er auf die Entscheidung der Justizbehörde warten wollte, wer hier der Herr im Hause wäre, er oder der Teufel; doch der kleine Gvendur und die Hündin liefen ihm nach, als er hinausging, um die Schafe zu versorgen, die er noch besaß. Der älteste Junge saß am Fenster und schlug die Knie zusammen, starrte auf altes Gekritzel auf dem Tisch und antwortete nicht, wenn er angesprochen wurde; noch weniger kam ihm in den Sinn, eine Spindel abzuwickeln, und der kleine Nonni, der strickend neben seiner Großmutter saß, sah ihn an und verstand ihn auf jene mystische Weise, die weiter reicht als Worte und Bilder, und ging schließlich tröstend zu ihm.

»Helgi«, sagte er. »Mach dir nichts daraus, der Bezirksvorsteher kann einem Gespenst nichts anhaben.«

Und als der älteste Bruder nichts erwiderte, setzte sich der kleine Nonni wieder zu seiner Großmutter; keine Geschichte; nicht einmal ein kleiner Psalm; nur armseliges, unverständliches Gemurmel.

Dann kam der Gemeindevorsteher von unten aus dem Tal, um hier den Bezirksvorsteher aus Fjord zu treffen, denn hier sollte eine Gerichtsverhandlung stattfinden. Doch hier war kein Bezirksvorsteher, sondern es hatte zu schneien begonnen, und der Gemeindevorsteher war übelgelaunt und gebrauchte häßliche Wörter und hatte keine Zeit für so etwas; und es war keine Aussicht mehr, daß der verfluchte Bezirksvorsteher sich auf die Hochfläche wagte; die Akademiker haben Angst vor ein bißchen Schnee. Der Gemeindevorsteher legte sich ins Ehebett, er hatte lange Schneestrümpfe an und rief Asta Sollilja, sie solle sie ihm ausziehen. Keiner war liebenswürdig, weder der Gast noch der Hausherr. »Immer ist bei dir etwas los«, sagte der erstere zum Bauern und suchte nach seiner Tabaksdose, »wenn nicht Tote und krepiertes Vieh, dann Unholde und Teufel.«

Und der Bauer antwortete fast zornig: »Was den Tod und die Teufel betrifft, so habe ich keinen und niemanden dazu bestellt, hier mitten in der Nacht mit Kirchengesang und Seelengequatsche herumzuspektakeln, Gott und den Menschen zum Gelächter und der Gemeinde zur Schande. Hingegen fordere ich die Gerechtigkeit, auf die jeder freie Mann in einem freien Land Anspruch hat; ich weiß nur, daß die Behörden jedes Jahr wegen Steuern und Abgaben zu mir kommen, und dieses ist das erste Mal, daß ich mich an die Behörden wende, also schulde ich ihnen nichts.«

»Hör mal«, sagte da der Gemeindevorsteher und legte mit der Zunge den Priem im Mund zurecht, »du solltest mir die Hütte wieder verkaufen und mich noch einmal übers Ohr hauen.«

Nach der Erregung der letzten Tage hatte sich Bjartur fest vorgenommen, allem mit Ruhe zu begegnen und sich vom Gemeindevorsteher nicht aufbringen zu lassen. »Ja, lieber Jon«, sagte er mitleidig, »dir fällt doch immer etwas Amüsantes für dich und andere ein, Alter.«

Der Gemeindevorsteher: »Ich begreife nicht, was so eine Wurstelei jetzt noch für einen Sinn hat, zwei Frauen tot, die Schafe tot, die Kinder tot oder schlimmer als tot, hat das noch eine Art? – Und dort steht die arme Solbjört, oder wie sie heißt, fast erwachsen, dabei hundsheidnisch und ungebildet, und noch denkt man nicht daran, sie konfirmieren zu lassen.«

»Das ist das Neueste«, sagte Bjartur, »daß du Leute zu Christen machen lassen willst. Vielleicht denkst du, du bist nun in den Jahren, wo es für dich besser ist, auf alles vorbereitet zu sein.«

»Kümmere dich nicht darum, ich habe von jeher mein Christentum für mich gehabt, und ich verlange, daß andere auch so viel Christentum haben, wie nötig ist, um das Volk dem Gesetz untertan zu machen; ich habe in meiner Wohnung immer ein Christusbild hängen gehabt, das ich von meiner seligen Mutter geerbt habe«, (»Ja, und den Zaren«, warf Bjartur ein.) »ja, den Zaren, ich weiß nur, daß der Zar ein angesehener Fürst ist, der sein Volk in rechter Weise dem Gesetz untertan gemacht hat, weshalb auch in diesem Volk keine heidnischen Querköpfe sind, die sich Gespenster und Hexen auf den Hals laden wie du.«

»Ja, nun galt Grettir Asmundarson zu seiner Zeit auch nicht als Glaubensheld, und doch wurde für ihn in Konstantinopel unten im Süden Rache genommen, und darum wurde er der größte Mann auf Island genannt.«

Doch der Gemeindevorsteher antwortete auf solches Gerede nicht, sondern nahm den Priem aus dem Mund und wollte sich ausstrecken; »ich spreche eingehender mit dir, wenn ich wieder wach bin«, zog die Beine ins Bett, drehte sich zur Wand.

»Du rührst Plinsenteig für die Justiz an, Sola«, sagte Bjartur und ging hinaus, seine Arbeiten zu verrichten; der Schnee fiel langsam dichter, und der Tag ging mit zunehmendem Schneefall und schlafendem Gemeindevorsteher und voraussichtlicher Gerechtigkeit sozusagen gar nicht weiter.

Das unangenehmste am Mittwintertag ist nicht seine Dunkelheit; vielleicht ist es noch unangenehmer, daß er nicht so schwarz werden kann, daß man die Unendlichkeit vergißt, deren Symbol er ist; die Unendlichkeit, die in der Tat nur mit der Gerechtigkeit selbst etwas gemein hat, die die Welt erfüllt wie diese, unentrinnbar wie diese. Der Mittwintertag und die Gerechtigkeit sind von der gleichen Art; man versteht es am besten im Frühling, wenn die Sonne scheint, daß sie beide schlecht waren. Heute ist der kürzeste Tag, vielleicht ist denen geholfen, die diesen Tag überstehen, wir wollen es hoffen, jedenfalls ist heute der Tag der Gerechtigkeit; diese kleinen Leute auf dem kleinen Gehöft, sie warteten auch auf jene Gerechtigkeit, die die Welt bewohnt und nichts versteht. Der Vater ist es, der die Justizbehörde rufen ließ. Wer für die Schafe Heu macht, hat die Justiz auf seiner Seite; die Schafe sind Schafe der Justiz; wenn auch die Frau hinausgetragen wird und die Kinder auf dem Friedhof angepflanzt werden, so ist die Justiz bei den Schafen, und nur da. Wer den Traum und die Seele liebt und wer seine Hoffnung in den Aufruhr setzt – die Justiz ist gegen beide, weil sie nicht zu siegen verstanden; und weil die Justiz dumm von Natur ist und böse; nichts ist ebenso böse, man braucht nur den Gemeindevorsteher schlafen zu hören, um es zu verstehen, man braucht nur den Geruch der Plinsen zu wittern, die für die Justiz gebacken werden. Und der älteste Sohn in Sommerhausen macht die Haustür hinter sich zu.

Noch schläft der Gemeindevorsteher unter lautem Schnarchen, es ist, als ob dieser gealterte Mann mit dem scharfen, starken Gesicht ein Leben lang kein ruhiges Schläfchen getan hat. »Sola, hast du kein Bruststück für den Magen des Gemeindevorstehers, wenn er wach werden sollte?« – Denn diesen Winter brauchte man in Sommerhausen mit Fleisch nicht zu sparen, alle Gefäße drohten von dieser köstlichen Speise zu platzen, die keiner kaufen wollte, weil es Kadaverfleisch wäre, doch selbstverständlich war es kein Kadaverfleisch, an dem Fleisch war nichts, nur daß die Dummheit und der Aberglaube es gestempelt hatten; doch jetzt soll die Justizbehörde entscheiden. Wo ist Helgi?

Ja, wo war Helgi? War er nicht eben hier in der Stube?

Och, er wird schon kommen, er war heute an der Reihe, beim Pferd auszumisten. Der Gemeindevorsteher wacht nicht auf, jaja, wir kümmern uns nicht darum; er kann schlafen, der Kauz, meine ich. Wir brauchen nicht mehr damit zu rechnen, der Bezirker hat sich bei dem Wetter nicht auf die Hochfläche gewagt; jetzt herrscht schwärzester Schneefall, man sieht die Hand nicht vor Augen; wenn man über die Schneeschanze vor der Tür hinausblickt, dann ist es, als sei die Welt verschwunden, nirgends eine Spur von Farbe oder Linie, keine Welt mehr; es ist, als wäre man blind oder sänke in tiefen Schlaf.

»Was ist nur mit dem Jungen los? Gvendur, geh hinunter und sieh nach. Zu den Ställen hinaus ist er kaum gelaufen.« Dann waren alle satt, und Bjartur ging selbst hinaus, um nach dem Jungen Ausschau zu halten. Da wurde der Gemeindevorsteher wach, stand mürrisch auf, gähnte.

»Was?« sagte der Gemeindevorsteher.

»Der Helgi«, sagte Asta Sollilja. »Wir wissen nicht, was mit ihm ist.«

»Helgi?« sagte der Gemeindevorsteher und hatte den Namen nie gehört.

»Ja«, sagte sie, »der Helgi, mein Bruder.«

»Nun«, sagte der Gemeindevorsteher, noch schlaftrunken, und suchte nach dem Tabak. »Dein Bruder Helgi. Hör mal, Kleine«, fügte er dann hinzu, »du solltest Bjartur sagen, er soll verkaufen. Du kannst zu uns kommen, sobald du willst, du brauchst keinen um Erlaubnis zu fragen. Du hast den Mund meiner seligen Mutter.«

»Was?« sagte das Mädchen.

»Du mußt jetzt fünfzehn Jahre alt sein.«

Ja, sie war vor gut einem Monat fünfzehn Jahre alt geworden.

»Ja, es ist eine Schande, doch was soll man tun? Wir hätten dich gleich nehmen sollen. Doch was ich sagen wollte, hattest du da einen Happen Fisch, Kleine?«

»Nein, Fleisch.«

»Ach ja, es ist wahr, diese Weihnachten ist in Sommerhausen alles auf Fleisch eingerichtet.«

»Ich habe dir Plinsen gebacken«, sagte sie.

»I zum Deibel«, sagte er. »Für so was ist mein Magen nicht mehr, ich verdrücke lieber einen Happen Fleisch. Das sieht dem Teufelsmenschen von Bezirksvorsteher ähnlich, mich hierherzulotsen und selber zu Hause im Kahn zu liegen; ich sehe nicht, daß ich heute abend weit von hier wegkomme.«

Doch Asta Sollilja, sie war während der Unterhaltung nicht bei der Sache, denn sie konnte sich nicht denken, was mit Helgi passiert war; eine Ahnung hatte sich ihrer bemächtigt, die an Entsetzen grenzte, so daß sie selbst die Bedürfnisse des Gemeindevorstehers mißachtete und durch die Luke nach unten verschwand, hinaus auf die Hofschanze. So blieb der Gemeindevorsteher allein oben bei der alten Frau und dem jüngsten Bruder sitzen und betrachtete seinen Tabak und strich sich über den Kopf und kratzte sich und gähnte. So verstrich eine Weile, und sicherlich schien es ihm, daß er etwas sagen müßte.

»Jaja, liebe Bera, was sagst du zu diesem ganzen verfluchten Blödsinn?«

»Was?« sagte sie.

»Meinst du nicht, daß alles im Himmel und auf der Erde verrückt geworden ist?«

Er war weit entfernt davon, zu der alten Frau unfreundlich zu sein, andererseits jedoch schien er nicht mit großer Spannung auf die Antwort zu warten, denn er gähnte gewaltig.

»Och, ich denke, ich sage weder viel, noch glaube ich viel, nur das eine glaube und sage ich, daß man immer damit rechnen konnte. Und selbst wenn es schlimmer käme. Es sind nicht gerade Gottes Engel, was hier um diese Hütte streift. Sind es nie gewesen. Und werden es nie sein.«

»Nein, ist nie gewesen und wird nie sein«, sagte der Gemeindevorsteher, »und hättest du etwas dagegen, wenn man dich unten im Tal auf einem guten Hof unterbrächte, falls der Bezirksvorsteher sich einmal zusammenreißen sollte und Gudbjartur amtlich von hier wegbeordert?«

»Och, ich glaube nicht, daß ich viel was gegen die Behörden sagen werde, auch ist es eigentlich gleich, was aus mir wird. Wie der Gemeindevorsteher weiß, wirtschafteten der selige Thorarinn und ich vierzig Jahre lang in Steinhütte, und alle diese Jahre kam dort nichts vor. Unsere Nachbarn da auf der Heide waren gute Nachbarn. Aber hier ist es, als ob unbedingt immer etwas passieren muß. Nicht daß ich meine, es passiert etwas anderes, als die Vorsehung will, wie zum Beispiel, daß ich leben gelassen werde, wenn man es Leben nennen soll, meine arme Tochter aber von Haus und Familie abberufen wird, beim ersten Trockenwetter in der Heuernte, ganz zu schweigen vom Schafverlust im vorigen Frühjahr, und dann jetzt dieses letzte Vorkommnis.«

»Ja, es ist ein häßliches, verteufeltes Vorkommnis«, sagte der Gemeindevorsteher.

Dann murmelte die Frau noch eine Weile etwas vor sich hin.

»Was?« sagte der Gemeindevorsteher.

»Was?« sagte die Alte.

»Ja, ich meine, was du davon hältst«, sagte der Gemeindevorsteher. »Von dem Spuk, wie sie es nennen.«

»Ja, da der Gemeindevorsteher sich herabläßt, mich zu fragen«, sagte sie, »will ich dir sagen, lieber Jon, zu meiner Zeit war es Brauch, und man hielt ihn für gut, den Spuk mit Harnlauge zu bespritzen, und manch ein Unhold war froh, vor einem Spritzer zu fliehen, wenn nichts anderes half; aber der Hausherr hier mag nichts davon hören, was den christlichen Glauben angeht, er ist ein Sonderling, der Bjartur, und ist es immer gewesen, und alles Derartige wird weggeworfen und weggeschleudert und weggeschmissen wie manches andere heutzutage.«

»Ja«, sagte der Gemeindevorsteher, »er sitzt wie eine Muschel im Lehm, er ist ein Dickschädel. Und ist es immer gewesen. Man müßte die Kinder auf einer guten Stelle unterbringen, auch wenn es Polizeigewalt kostet. Und was uns betrifft, alte Bera, so bin ich sicher, daß Markus Jonsson auf Kluft sich unser erbarmen wird, er hat jetzt schon über zwanzig Jahre lang alte Leute für mich aufgenommen, er ist ein gutmütiger Mensch, ich wüßte nicht, daß er je einen alten Menschen geschlagen hat.«

»Ich klage über nichts«, sagte die alte Frau, »auch weiß ich, daß mein Schöpfer es mit mir so halten wird, wie es ihm am besten paßt. Ich bin soviel wie nichts, wie jeder sehen kann, ich kann kaum sagen, daß ich am Leben bin, obwohl ich nicht sterben kann, es ist gerade noch so, daß ich von mir weiß. Doch wäre es mir angenehmer, den kleinen Jon hier in meiner Nähe zu wissen, denn er ist ein in Wort und Tat begabtes Kind und hat nicht verdient, von einer Hand in die andere zu gehen.«

»Ja, ich werde beim Bezirksvorsteher die Rede darauf bringen, wenn wirklich Schritte unternommen werden sollten, den Haushalt aufzulösen.«

»Ja, der Gemeindevorsteher sagt natürlich dem Bezirksvorsteher, was er für richtig hält; so ist es immer zugegangen. Doch wenn ich die Wahl hätte, dann würde ich am liebsten nach Steinhütte gehen. Ich habe es mir nie angewöhnt, etwas Besonderes zu erwarten, nicht einmal, als ich jünger war. Ich habe mich auch nie vor etwas gefürchtet, weder vor Mensch noch Teufel.

Und wenn es des Schöpfers Wille ist, dieses Gehöft endgültig veröden zu lassen, dann ist das eigentlich nur das, was alle erwartet haben; es wissen alle, was für eine Hütte es ist. Und was aus mir wird, lieber Gemeindevorsteher, ich kümmere mich nicht darum, so taub und blind, wie ich bin; und ich kann nicht sagen, daß ich noch Finger hätte, die sind tot. Und die Brust kaputt. Doch der Sonnenuntergang in Steinhütte war schön.«

Der Gemeindevorsteher sah sie eine Weile halb ratlos an; was soll man mit so einem Menschen tun, der in Wirklichkeit kein Mensch mehr ist und nach seinen eigenen Worten weder lebt noch tot ist; er wußte wirklich nicht, wie er diese Unterhaltung noch fortsetzen sollte. Also strich er sich um die Kiefer, gähnte und biß sich einen ordentlichen Priem ab. »Willst du nicht ein bißchen Kautabak, Alte?« sagte er menschenfreundlich.

Eine ganze Weile hörte sie nicht, noch verstand sie, was er wollte; schließlich wurde ihr klar, daß es sich wohl um Tabak handelte. »Dir zur Stärkung«, sagte er. Doch sie dankte höflich für das Angebot. »Nein, aber nein«, sagte sie, »ich habe nie Tabak gebraucht. Und das kommt daher, weil ich weiß, daß mein Schöpfer alles gehen läßt, wie er es für gut hält.«

47

Die rechte Wange

Eine einzelne Spur verliert sich schnell im Schnee, in den Schneeschauern des kürzesten Tages, der längsten Nacht; sie ist verloren, schon wenn sie getreten wird. Und noch einmal liegt Schnee auf der Heide. Und kein Gespenst, außer dem einen Gespenst, das in der Brust des Mutterlosen lebt, bis seine Spur verloren ist.

Und was ist von der Seelenverfassung zu sagen am Tage nach der längsten Nacht?

Nicht zum ersten Mal lastete jene nagende Angst, die in den Augen der Nation die Freude so beachtenswert macht, auf Herz und Heide. Andererseits gab es genug Fleisch, es hatte auf dem Gehöft noch nie so viel Fleisch gegeben, Fleisch in runden Fässern und viereckigen Kisten, allerdings Kadaverfleisch nach Ansicht der Gemeinde, doch es war, verdammt nicht noch einmal, kein Kadaverfleisch, obwohl es niemand kaufen wollte und die Leute gezwungen waren, es selbst zu essen; es war wie jedes andere Weihnachtsfleisch von guten Schafen, und so etwas war auf diesem Gehöft noch nicht vorgekommen, wo alte Mutterschafe, zäh wie Leder, an Feiertagen gegessen worden waren. Jetzt hatten die Leute rote Wangen, einen schweren Kopf; sie waren stumpfsinnig von Magenschmerzen; Fleisch zum Morgenkaffee, Fleisch zum Frühstück, Grieben wie Brei, Fett wie Wasser, sogar der Hund war rund und dick von zu vielem Fressen, und wonach sehnt sich die Seele noch?

Dann kommt Weihnachten heran.

An dem Abend, da die alte Frau gegen sechs Uhr zu strikken aufhört und zu Asta Sollilja sagt: »So, mein Kind, jetzt kannst du dich waschen«, ist Weihnachten da. Sie denkt nämlich, daß Asta Sollilja sich nur an diesem Abend wäscht und sich auch heute abend nicht waschen würde, wenn es ihr nicht befohlen würde. Sie selbst wäscht sich nicht mehr, sie ist zu alt, außerdem wird keine Harnlauge mehr gesammelt, weder für dies noch für das. Ist dies dann das ganze Weihnachten? Nein, auch die alte Frau holt an diesem Abend ihr Kopftuch hervor. Sie nimmt den alten, verschlissenen Schal ab und bindet sich das Kopftuch um. Es ist ein schwarzes Seidentuch, es ist aus der Zeit des Handelsmonopols, es hat sich von Großmutter auf Großmutter vererbt, die Mitte ist noch ganz, jahrhundertelang wurde es von knorrigen Händen gehandhabt, gleichsam ein winziger Bruchteil vom Reichtum der Welt oder wenigstens ein Beweis dafür, daß er existiert. Doch das war noch nicht alles. Weihnachten ist das Fest aller Kleinode. Nachdem die alte Frau das Kopftuch umgebunden hat, nimmt sie den Ohrenschaber hervor. Der Ohrenschaber, das ist die Zivilisation der Heide, ebenfalls ein viele hundert Jahre altes Erbstück, aus kostbarem Silber gemacht, verziert, in den Vertiefungen schwarz vor Alter, auf der gewölbten Rundung zwischen den Vertiefungen blank durch Abnutzung. Dann beginnt sie, in den Ohren zu bohren. Und als sie angefangen hat, in den Ohren zu bohren, mit dem Gemurmel und den Grimassen, die dazugehören, ist Weihnachten erst richtig da, dann ist Festzeit.

Dieses Mal hatte Bjartur angeordnet, eine ganze Schafslende zu kochen; dann ist die Lende gekocht, und der Bauer betrachtet sie im Trog, fett und duftend, und er kann nicht umhin, seiner Bewunderung Ausdruck zu verleihen, trotz allem, was voraufgegangen ist, und er sagt: »Ja, das ist ja ein kolossales Weihnachtsfest.«

Die Kinder konnten sich nicht daran erinnern, je gehört zu haben, daß er Weihnachten als etwas Besonderes erwähnte, doch jetzt sagte er, daß es nicht jedermanns Schafe wären, die zu Weihnachten eine solche Lende abgäben. Sie schlangen aber bloß schweigend das Fleisch hinunter, mit stumpfer, verdrießlicher Miene; jetzt waren nur noch drei übrig, und die übrig waren, mußten unaufhörlich an ihren älteren Bruder denken, der im Schnee verschwunden war; und die Gemeinde hatte an den beiden letzten Tagen vor Weihnachten vergeblich gesucht; Bjartur in Sommerhausen aber dachte nie an etwas, das er verloren hatte, sofern er dessen ganz sicher war, daß er es verloren hatte; er wurde etwas ärgerlich auf die Kinder, daß sie keinerlei Freude zeigten, nicht einmal zu Weihnachten; dann kommt die Schlafenszeit heran und danach die Weihnachtsnacht mit ihrem unruhigen, magenkranken Schlaf; oder ihrer Abendwache.

Und am Ende der Abendwache fährt Asta Sollilja fort, sich zu kämmen und Wasser heiß zu machen und im Schimmer der Tranlampe zu hantieren; und er sieht ihr von seinem Bett aus zu, nachdem die anderen schlafen gegangen sind, und ihr Wasser wird in der weihnachtlichen Stille langsam warm. Sie hütete sich, einen Blick in die Stube zu werfen. War sie denn ein schlechtes Mädchen – ach, wie kam es bloß, daß sie wieder anfing, daran zu denken? Sie hatte doch nichts getan. Aber es kam ihr in diesem Winter immer wieder in den Sinn, und jedesmal verband sie es mit dem Tod ihrer Mutter, als ob sie davon gewußt hätte und es ihre Schuld gewesen wäre, daß Papa nicht genug Arzneien kaufte, daß er ihrer Mutter keinen Mantel schenkte – und dennoch, dennoch war ihr in jener einen Nacht draußen in der Welt nichts Häßliches in den Sinn gekommen, als sie klein war; sie konnte einfach nicht anders. Auch wenn alles im tiefen Wintertag der Welt selig und still war, wie in dieser Weihnachtsnacht, überfiel sie plötzlich die Furcht davor; die Furcht vor der Furcht vor dem, was in Wirklichkeit nicht gewesen war; die Furcht davor, daß ihr noch immer nicht verziehen war; daß irgend etwas ihr noch nicht irgend etwas verziehen hatte; und daß dieses Etwas weiterhin zwischen ihr und ihm so schrecklich unausgesprochen blieb; zwischen ihr und diesem Etwas; vielleicht standen sie beide demselben gegenüber, ohne es zu verstehen, jedes mit seiner Seele, er stark, sie schwach. Ja, es lag ganz gewiß ein unüberbrückbares Meer zwischen ihnen, sein Leben war zu kunstvoll gedichtet, um sich mit ihrem prosaischen, wortarmen Leben zu reimen, seine Seelenstärke mit ihrer Empfindsamkeit: sogar als ihr Bruder verschwand, der noch vor wenigen Nächten hier gelebt und geatmet hatte,

hatte er ihnen allen zu schweigen befohlen, und sie hatte die ganze Nacht geweint, während er schlief, vielleicht nicht, weil sie ihrem Bruder so sehr nachtrauerte, sondern weil die Finsternis dort so groß war, wo er umkam; und weil sie so gerührt darüber war, daß sie ihm vergeben hatte, wie oft er böse zu ihr gewesen war, als sie noch Geschwister waren – Papa, wie sollten sie je einander verstehen können, er und sie, er, der schlief, wenn sie weinte? Und was schlimmer war, wie sollten sie jemals gegeneinander frei von Schuld werden können, da sie einander nicht verstanden? Wenn sie auch alle, alle Kleider auszöge und sich noch so viel wüsche und wüsche, immer noch einmal, würde sie nie den Schatten der unbestimmten, unbegreiflichen Schuld zwischen ihnen abwaschen können, den Schatten, der über ihrem Körper und ihrer Seele lag. Und während sie denkt, lehnt er den Nacken an den Bettpfosten und sieht verwundert zu, wie der Wasserdampf und seine Schatten um dieses junge Geschöpf spielen.

Sie hatte eine solche rechte Wange, die keine zwei Stunden des Tages sich gleich war, die Gedanken darauf wechselten zwischen Furcht und Erwartung wie der Sommerhimmel des Landes mit seinem lebendigen Wetter, seinem flüchtigen Sonnenschein und seinen gleitenden Schatten. Eine solche Wange ist in Wirklichkeit eine einzige lebende Blöße, hilflos in ihrer Überempfindlichkeit für Äußeres und Inneres. Es ist, als ob ihr Lebensnerv nackt ist, der ganze Körper eine einzige Seele, die das Böse nicht verträgt und vielleicht nur ihm begegnet; es ist die Erwartung, die eine solche Seele rettet, wie die Freude selbst. Wo käme dieses Mädchen hin, wenn sie keine böse linke Wange hätte, um ihr zu helfen?

Er ruft sie und bittet sie, ihm zuzuhören. Nein, sie hatte sich nicht verhört. Sie stand auf und kam weiter in die Stube hinein. Er wollte, daß sie sich hinsetzte. Sie setzte sich hin. Ja, er wollte ein wenig mit ihr sprechen, da sie schon ein vernünftiges Mädchen sei. Sie sagte nichts. Dann, ohne weitere Einleitung: »Nach Weihnachten gehe ich weg und lasse euch allein. Ich komme erst zu Ostern wieder.«

Sie sah ihn mit großen, fragenden Augen an, und etwas in ihrem Antlitz stürzte zusammen.

»Ich habe viel Vieh verloren«, sagte er. »Es ist, wie geschrieben steht: ›Stirbt Vieh.‹«

»Ja«, sagte sie und hatte vor, noch viel mehr zu sagen; daß sie hoffe, daß die Geschwister ihm helfen könnten, mehr Vieh zu bekommen; doch er wollte fort, und so konnte sie nichts sagen.

»Nicht, daß ich mich beklage«, sagte er. »Hierzulande haben schon viele Schaden erlitten. Ich sage wie das Sprichwort: ›Jetzt ist das Bettuch groß genug, jetzt ist Ranka tot.‹ Etwas anderes ist es, mein Kind, daß ich selber nicht tot bin, noch nicht. Das ist nicht so zu verstehen, daß es mir nicht gleich ist, wenn ich selber krepiere. Doch ich stehe, solange ich stehen kann.«

Sie sah ihn mit Herzklopfen an und wußte, daß er über ernste Dinge sprach, obwohl es ihr schwerfiel, ihn zu verstehen; zwei Menschen fällt es so schwer, einander zu verstehen, nichts ist so traurig wie zwei Menschen.

»Voriges Jahr sagte ich dir, mein Kind, oder war es vorvoriges Jahr, daß ich dir mit der Zeit ein Haus bauen werde. Was ich gesagt habe, das habe ich gesagt.«

»Ein Haus?« fragte sie zerstreut, denn sie hatte es schon vergessen.

»Ja«, sagte er, »richtig, ein Haus. Ich werde es ihnen zeigen«, und er fügte milder hinzu, indem er mit seiner Pranke ihre Schulter berührte: »Wenn man eine Lebensblume besitzt, baut man ein Haus.«

Sie hatte volles braunes Haar, das in natürlichen Locken herabfiel; ihre Augenbrauen beschrieben fragende Bögen; lange Wimpern, unter denen große Tränen hervordrangen; er betrachtete noch ihre Wange, sah in die empfindliche Blöße der Züge; dann hauchte sie vor sich hin: »Willst du fort?«

»Ich habe vor, dich über alles in und außer dem Haus zu setzen«, sagte er. »Und morgen werde ich dir und dem kleinen Gvendur genau zeigen, wie das Vieh versorgt werden soll.«

Da begann sie zu weinen, die Angst in ihrer Brust wuchs wie ein Berg, sie verzweifelte ganz und gar und überließ sich dem seltsamen Wonnegefühl, das in vollkommener Verzweiflung Körper und Seele befällt, und wußte nicht, was sie sagte, denn es war die Verzweiflung, die aus ihr sprach. Sie sagte etwas derart, daß es nichts ausmachte, wenn sie krank würde und wie Mama selig mitten im Winter stürbe, wenn Eis und Schnee über der Heide liegen, »und wollte Gott, daß ich nie zum Leben erwacht wäre, um nie eine frohe Stunde zu haben, und es ist meine Schuld, daß meine Pflegemutter starb, weil ich sie nicht lieb genug hatte, und der arme kleine Helgi, mein Bruder, er hatte sie so gern, daß er Tag und Nacht an sie dachte; und ich habe ihn früh im Herbst hier auf der Türplatte sagen hören, er wäre gestorben, und lieber hätte ich mich draußen in der Finsternis verirren sollen und im Schnee auf der Heide sterben; oh, ich bin sicher, es ist so gut, gestorben zu sein, denn wenn du von mir fortgehst, Papa, dann hilft mir keiner« – und so fuhr sie lange fort und lehnte sich weinend an ihn, schüttelte verzweifelt den Kopf an seiner Brust.

Nun blieb nicht aus, daß es dem Bauern die Sprache verschlug; von Anbeginn an war ihm der Gedankengang, der vom Weinen geboren wird, unbegreiflich gewesen; er konnte Weinen nicht leiden, hatte es nie leiden können; hatte so etwas nie verstanden, war manchmal mit Härte dagegen angegangen. Doch ihm schien, daß er diese Blume seines Lebens nicht schelten könnte, dieses unschuldige Geschöpf; Tränen gehören zur Jugend, außerdem war Weihnachtsnacht. Also deutete er nur noch einmal an, ob sie vergessen hätte, daß er versprochen hatte, ihr ein Haus zu bauen; es war in jenem Herbst gewesen, nachdem die alte Frida hier war, was nie hätte sein sollen.

Doch sie machte sich nichts daraus, in einem festen Haus zu wohnen, ja, vielleicht früher einmal, vor langer, langer Zeit, doch jetzt nicht mehr; dieses Gehöft war für sie vollkommen gut genug, »wenn du nur bei Sola bleiben willst, wenn du nur nicht von der kleinen Asta Sollilja weggehst. Wenn ich allein bleiben soll, Papa, alles, was hier umgeht, alles, was hier vorkommen kann...«

Er aber sagte, daß nichts vorkäme und nichts umginge, ja, er garantierte es. Er wußte, was sie meinte; sie meinte ein

Gespenst; doch es war so, wie er es oft zum Hund gesagt hatte: der Mensch findet, wonach er sucht, und wer an Gespenster glaubt, findet Gespenster. Jetzt war er entschlossen, wegzugehen und für Geld zu arbeiten und im Herbst mehr Schafe zu kaufen; es war das erste Mal im Leben, daß er etwas für Geld tat; er würde irgendwelche Arbeit bei Bryne bekommen, falls Tulinius Jensen nicht zum Teufel gegangen war. Na und, außerdem konnte es gut sein, daß die Kinder nicht allein zu bleiben brauchten, er hatte nämlich einen Mann aus Fjord im Sinn – doch er sagte nicht mehr, damit er nicht in Versuchung geriet, zuviel zu versprechen. »Na, Kleine, nicht diese Unglücksmiene. Deine Mutter war hundertmal mehr alleine, als sie damals hier oben am Lukenrand starb. Och, ich denke nicht, daß man bereuen soll, die Nase in die Welt gesteckt zu haben, Kind, man hat doch wenigstens gratis Gelegenheit bekommen, seine Kräfte auszuprobieren, und es ist noch genug Zeit zu jammern, wenn man tot ist, und wisch dir nun die Tränen ab, mein Kerlchen, und geh jetzt ins Bett.«

Mehr war nicht zu besprechen. Er ging vor ihr schlafen. Sie ging ganz niedergeschlagen nach vorn zum Herd, ihr schmerzte der Hals vom Weinen, doch das machte nichts. Auch wenn sie ein berühmter Redner mit einer goldenen Zunge gewesen wäre, hätte alles weitere Reden keinen Zweck gehabt; er hatte sich hingelegt und zugedeckt; blauer Schnee vor dem Fenster. Eisblumen gab es keine, es war warm in der Stube, das Wasser im Topf heiß, Dampf, große Schatten, wenig Licht, Weihnachtsnacht. Die Macht gab es nicht, weder stark noch mild, die seine Entschlüsse rückgängig machen konnte. Es war eine schwere Sache, einen solchen Vater zu haben, und doch wollte sie niemals einen anderen Vater als ihn haben. Es hatte sie jener träge, seelenlose Zustand überkommen, der den Körper nach schwerem Weinen erfaßt, wie wenn Wasser nach starkem Kochen verdampft und in der Luft bleibt; sie zog die Nase hoch, die Tränen trockneten nach und nach auf den Augenlidern. Selbst ihr Seelenkampf hatte sich verflüchtigt. Sie zog die Strümpfe aus, dann den Unterrock, legte ein Kleidungsstück nach dem anderen gedankenlos auf die Bank vor sich, ohne nach rechts und links zu sehen; alles, was sie von jetzt an tut, ist richtig. Sie steht hochaufgeschossen und gebeugt wie eine Pflanze über dem Wasserdampf, ihre hohen, gewölbten Brüste heben sich weich gegen den schwachen Schimmer der Tranlampe in der Weihnachtsnacht ab, gegen die huschenden Schatten des Dampfs; ihre Lippen sind vom Weinen geschwollen, die Wimpern schwer von Salz.

48

O *pura optime*

Die Einsamkeit ist auf ihre Weise nicht weniger abwechslungsreich und interessant als die Geselligkeit, wo auch immer auf der Welt ein Lebensfünkchen flackert; und diese Kinder, die aus geheimnisvollen Gründen hier auf der Heide nicht gestorben waren, hatten viele interessante Nuancen der Einsamkeit erlebt, nicht nur an Festtagen, sondern auch zwischen den Festtagen. Es ist sehr spannend, seine Mutter beim ersten Trockenwetter des Sommers zu verlieren, und wenn Papa nach dem Verschwinden des ältesten Bruders mitten in den Feiertagen weggeht, so ist auch das eine eigenartige Erfahrung, eine Einsamkeit neuer Art, ganz wie bei der Geselligkeit, wo die Leute angeblich einen gewaltigen Unterschied zwischen Musik und Tanz machen. Ein kleiner Verlust bezieht seine Macht von dem größeren Verlust, und so tritt beim Weggang des Vaters die Mutterlosigkeit wie ein Steuereintreiber hervor; kaum einer ist wie Vater, keiner wie Mutter; und mitten im Winter schwebt den Jungen jener Tag im vorvorigen Sommer vor Augen, als ihre Mama draußen im Lämmerstall inmitten von Bovisten gegen Mittag aufgebahrt wurde und die Sonne dennoch weiterschien. Ja, und die Schmeißfliege hatte im Schutz des Fensterrahmens mitten im Sonnenstrahl weitergesummt, unberührt von der Tatsache, daß die liebende Qual des Lebens im Hause still geworden war und oben in der Stube das Schweigen des Todes herrschte, das mit dem des Herzens nicht verwandt ist – diese musikalische Kreatur, die zu einem einzigen Ton hinneigt. Heute kommt diese Musik, diese andere Welt – denn ein beständiger Ton, lieblos und fern, das ist sie –, heute kommt sie den Kindern wieder in den Sinn, und der Fensterschacht ist voller Schnee. Sie dachten jedes für sich daran, ohne einander anzusehen; am Horizont Himmel und Firn mitten am Tag in Flammen. Die Gipfel der Blauberge weißglühend vor brennendem Frost. Und ihr Leben, dem schon die schützenden Wände fehlten, ist nun plötzlich ohne Firstbalken wie ein abgerissenes Dach. Das Schaf steht heilig an der aufgeschlagenen Quelle, starrt blökend über seine verharschten Heideflächen, ohne den Menschenkindern etwas von den Vorzügen seines Charakters abgeben zu können. Als dann das letzte Futter gegeben ist, sitzen die beiden Jungen auf der Schneeschanze, ohne einander zu verstehen, und blicken tatenlos über dieselben Heideflächen. Es ist schwer, sich nie ausruhen zu dürfen, doch es ist noch schwerer zu leben, wenn einem keiner mehr sagt, was man tun soll – wie soll man da fortfahren, etwas zu tun? Da kommt dem jüngeren Bruder die Großmutter in den Sinn, sie, die alles weiß, wenn man sie überhaupt versteht, und er antwortet dem älteren Bruder, was auch vorkomme, sie weiß es vorher und strickt weiter.

»Ja«, sagt Gvendur, »es ist sehr einfach, wenn man fast hundert Jahre ist und nur zu stricken braucht. Doch wie sollen wir es anstellen?«

Der kleine Nonni dachte lange nach und antwortete schließlich: »Wir brauchen Tabak.«

»Tabak?« fragte Gudmundur, ohne diesen Gedankengang zu verstehen.

»Ja, Tabak. Wer den Schöpfer nicht kennt, braucht Tabak. Ich habe gehört, wie Großmutter es zum Gemeindevorsteher gesagt hat.«

»Den Schöpfer?« fragte Gvendur. »Was für einen Schöpfer? Ich weiß nicht einmal, wovon du sprichst?«

»Ich spreche davon«, sagte der kleine Nonni, »wenn man Tabak kaut, dann ist es einem zum Beispiel gleich, wenn der Schöpfer nicht alles so gehen läßt, wie es einem recht ist.«

Gvendur: »Du redest schon, wie unser verstorbener Bruder Helgi immer geredet hat. Statt daran zu denken, daß wir einmal groß werden und Papa dann helfen, den Zuchtstamm zu verdreifachen, und ordentlich viel Bültenwiesen einebnen, wie die auf Rotenmoor, und Kühe anschaffen und bauen. Und vieles andere.«

»Ja, ich habe auch oft daran gedacht«, antwortete der kleine Nonni, »doch es dauert so lange, darauf zu warten. Und manchmal habe ich daran gedacht, wegzugehen, zum Beispiel, wenn hundert Jahre lang nichts geschieht. Denn es muß möglich sein, wegzukommen, auch wenn unser verstorbener Bruder Helgi gesagt hat, daß es nicht möglich ist. Ich habe mir auch viele Wege ausgedacht, wegzukommen. Wenn aber wirklich nichts geschehen sollte und es auch nicht möglich ist, vor irgendwann einmal wegzukommen, denn sicher ist irgendwann irgend etwas möglich, dann ist es möglich, sich nichts daraus zu machen, wenn man nicht gleich groß wird und die Schafe sich nicht vermehren und man keine Kühe anschafft: man nimmt einfach Tabak.«

Gudmundur Gudbjartsson hörte solchen Unsinn nicht länger mit an, sondern ging schweigend weg; und wieder schiebt sich ein neuer Tag über den großen Schnee mit den kleinen, angsterfüllten Herzen der Leute, bis sie am Tage danach wieder auf derselben Schneeschanze stehen; und nirgends ist ein dunkler Fleck zu sehen, nicht anders als gestern. Da sagt Gudmundur Gudbjartsson unvermittelt: »Hör mal, Nonni, hast du den Lämmertabak gestohlen, der voriges Jahr übrigblieb? Er müßte in der Kramkiste im Gang liegen.«

Nonni: »Gestern wolltest du anscheinend keinen Tabak haben. Warum willst du heute welchen?«

Gvendur: »Wenn du ihn nicht gleich herausrückst, verhaue ich dich.«

Es gab eine kleine Schlägerei auf der Schneeschanze, bis der ältere Bruder eine verschimmelte Rolle Kautabak aus den Hosen des jüngeren zog. »Denkst du, daß du dies hier alles allein zu essen bekommst, du Freßsack?«

Schließlich vertrugen sie sich und begannen an dem Tabak zu riechen, zu lecken und zu schmecken, und sie einigten sich, daß sie ihn kameradschaftlich teilen und nicht mehr als einen Priem am Tag essen wollten, solange der Vorrat reichte. Doch im Laufe des Tages wurden sie schrecklich krank, schleppten sich nach oben in die Stube mit Leibschmerzen, Erbrechen und Schwindel; und Asta Sollilja mußte sie ausziehen und ins Bett bringen, doch wie sie auch in sie drang, sie waren nicht dazu zu bewegen, etwas über die Medizin verlauten zu lassen, die den Menschen mit der Furcht davor aussöhnen soll, daß der Herr nicht alles so gehen läßt, wie es dem Menschen recht ist.

Und Asta Sollilja, die ihre Wolle zupft, wie soll sie alle diese künftigen Abende vergessen, die einen gegenwärtigen Abend so lang machen? Sie versucht, daran zu denken, wie gestern morgen die Stiege knarrte, als ihr Papa das letzte Mal hinunterging, und wie beim alten Blesi die Trense klirrte, als er das Zaumzeug auflegte und aufstieg, quer über seine Kisten; das Knirschen des verharschten Schnees unter den Schritten des Pferdes. Sie läßt die Gedanken so lange wie möglich bei diesem Weggang verweilen, wie bei dem ersten Teil einer Geschichte, um sich um so mehr an der Vorstellung von seiner Heimkehr zu Ostern erfreuen zu können, und vielleicht werden es grüne Ostern, da es weiße Weihnachten waren, und dann, nach unvorhersehbar vielen Abenden hört sie draußen wieder die Trense klirren, denn jetzt nimmt er das Zaumzeug ab, und die Stiege knarrt von neuem, und sie sieht sein Antlitz und die starken Schultern über dem Lukenrand emporkommen, und er ist es, er ist da. Sie springt über unendlich viele endlose Abende diesem Zukunftsbild entgegen. Doch als es darauf ankam, konnte sie es nicht, sie konnte nicht hoch genug kommen, und sie steht diesen vielen Abenden allein gegenüber, die noch kommen sollen, wie wenn eine Schar Toter durch eine lebende Seele geht; die Menschenseele braucht jeden einzigen Tag ein wenig Trost, um leben zu können, doch es gibt anscheinend keinen Trost.

»Wenn diese Feiertage jetzt vorbei sind, was kommt dann, Großmutter?«

»Was?« sagt die Großmutter. Und fügt hinzu: »Ob dann wohl viel kommt? Ich dächte, dann kommt nicht viel. Zum Glück.«

Aber es muß doch etwas danach kommen, Großmutter,

wenn Neujahr vorbei ist, ich meine einen Festtag, etwas, das näher an Ostern herankommt, fügte sie in Gedanken hinzu, wagte jedoch nicht, es zu sagen.

»Och, ich denke, es kommen eigentlich keine großen Feiertage, nur daß nach Neujahr die Heiligen Drei Könige kommen, doch das ist kein großer Feiertag, ich dächte, es sind gar keine großen Feiertage.«

Ja, es waren gerade die Heiligen Drei Könige, auf die Asta Sollilja aus war; die Erwartung will auf lauter Feiertagen in die Zeit voraushüpfen und die endlosen werktäglichen Abende vergessen – ja, die Heiligen Drei Könige, was dann?

»Dann geht es auf den Hornung zu.«

Hornung, dachte das Mädchen traurig, denn er erinnerte sie nur an Froststürme und Tauwetter, die abwechselnd kommen und deswegen zwecklos sind; Tauwetter, das in Frost umschlägt; Frost, der in Tauwetter umschlägt, Ewigkeit auf Ewigkeit. – »Nein, Großmutter, nicht der Hornung, nicht der, ich meine Feiertage. Feiertage...«

»Zu meiner Zeit beobachtete man zur Paulsmesse und zur Lichtmesse das Wetter, damals war ja auch noch mehr vom alten Glauben übrig.«

Doch Asta Sollilja hatte auf den Aschermittwoch gehofft, denn sie glaubte sich zu erinnern, daß er eine Erhöhung wäre, von der aus man bis Ostern sehen könnte; aber da war es nicht mehr und nicht minder als der Hornung und der Lenzmond, die zuerst kamen, und dann kam – die Fastenzeit. Fastenzeit? Neun Wochen lang? Wer überlebt das? Dennoch nahm sie sich zusammen und gab ihrer Hoffnung Ausdruck, wenn die Fastenzeit endlich vorbei wäre, dann müßte doch der Aschermittwoch kommen.

»Och, ich dächte, der Fastnachtsdienstag kommt vorher.«

»Aber dann kommt schließlich doch der Aschermittwoch, Großmutter, und dann ist es nicht mehr lange bis Ostern.«

»Das wäre das Neueste«, antwortete die Alte und lehnte den Kopf zurück und sah schräg auf ihre Stricknadeln hinunter. »Zu meiner Zeit begannen die Fasten am Mittwoch des Fastenanfangs.«

»Was für Fasten?«

»Nun, die Passionszeit selbst, Mädel, was ist das für eine Weisheit, zu meinen, daß Ostern nach Aschermittwoch kommt, und dabei im sechzehnten Jahr! Das wäre zu meiner Zeit ein Armutszeugnis gewesen, die Passionszeit nicht zu kennen und die wichtigsten Gedenktage darin, wie etwa der Quatember und Mariä Verkündigung.«

»Ich kenne aber doch den Karfreitag«, sagte das Mädchen, denn es ging ihr ein Licht auf, »irgendwann kommt er.«

»Och, ich möchte doch denken, daß die Magnusmesse vorher kommt«, sagte die Großmutter. »Und Gründonnerstag.« Damit war der Versuch des jungen Mädchens zu Ende, Ostern in den Brennpunkt zu ziehen, sie gab es auf. Sie war kreuz und quer in den Einöden des Kalenders umhergeirrt und hatte die Richtung verloren; die Wolle war plötzlich zwischen den Fingern feucht geworden, jede Wollflocke war ein unauflösbares Gewirr. Warum konnten diese jungen Leute sich nicht damit trösten, daß alles irgendwie so verlief, wie es dem Schöpfer recht ist?

»Och, die großen Festtage bringen auch nicht alles, armes Ding«, sagte da die Großmutter mitleidig. »Ich weiß noch, daß mein seliger Vater am Pfingstsonntagmorgen selbst die Kuh hinausbrachte, damit sie die dürren Grashalme abrupfen konnte, die aus der Eiskruste hervorsahen; wir legten ihr einen Rückenschutz über und banden einen Lappen unter das Euter. Und zu meiner Zeit war es sogar nichts Ungewöhnliches, daß es zu Johannis Schneewetter gab.«

49

Bessere Zeiten

Klirrende Trense? Dröhnendes Eis unter Hufen? Ist es nicht Blesi, der im Dunkel draußen auf der Schneeschanze schnaubt? Ja, sie irren sich nicht. Schnell jagten sie durch die Luke nach unten, durch den Schneegang, hinauf auf die Oberfläche. »Ist da jemand?«

»Gott sei Dank«, hörten sie ganz in ihrer Nähe flüstern,

»das liebe Tier hat also den Weg gefunden. Ich bin hier. Kommt her!«

Und die Kinder gingen hin, und auf der Schneeschanze war ein Mann, sie nahmen seine kalte Hand, beide Seiten waren gleich froh, einander zu erblicken.

»Hat das Haus keine Tür?« fragte der Gast.

»Nein«, sagten sie, »aber es geht ein Loch in die Schanze hinunter.«

»Zeigt mir schnellstens den Weg in das Loch«, sagte der Gast. »Ich glaube, ich bin krank. Mir ist noch immer unbegreiflich, daß ich auf der Hochfläche nicht umgekommen bin. Für mich ist das ein fürchterliches Unwetter gewesen.«

Während Gvendur den alten Blesi in den Stall brachte, führten die Geschwister ihren Gast in die Schneeschanze und zeigten ihm, wie man über die Schwelle kroch. »Nicht zu schnell«, sagte er, »ich muß nämlich am Stock gehen.« Dann krabbelte er die Stiege hinauf, stand zitternd am Lukenrand und begrüßte die alte Frau. Er stand auch keineswegs gerade, er war schlecht für eine Gebirgsreise ausgerüstet; es war ganz deutlich ein Städter; er meinte, er hätte Erfrierungen und vielleicht eine leichte Lungenentzündung. Später dachten sie oft daran, wie komisch es war, als er zum ersten Mal hier an der Luke stand; damals war er ihnen wie ein alter Mann vorgekommen, er, der später so jung wurde. Keine seiner Bewegungen, kein Knopf an seinen Kleidern entging ihren gierigen Sinnen, die so schrecklich hungrig auf ein Ereignis gewesen waren in dieser Welt der Einsamkeit, wo nirgends ein dunkler Fleck zu sehen war – ja, er hatte sogar Ladenschuhe an, es war ein feiner Mann. Schließlich versäumt wenigstens die Großmutter nicht, zu fragen: »Woher kommt der Mann?« Und er kam von unten aus den Fjorden.

»Ja, das weiß ich, armer Mann«, sagte sie. »Sola, mein Kind, hilf ihm, wenn er die Oberkleider ausziehen möchte, und beeil dich, ihm etwas Warmes zu machen. Darf man dir nicht anbieten zu bleiben?«

Doch, zum Glück wollte er nicht weiter, flüsterte er, ja, er flüsterte, alles im Vertrauen, ja, alles im Vertrauen, man hatte das Gefühl, daß es sich auf keinen Fall herumsprechen sollte.

Asta Sollilja hoffte und wünschte, daß er keine Lungenentzündung bekäme; sie hatte solche Angst, daß sie das nicht für ihn tun könnte, was er brauchte; ihr schien, daß sie eine so große Verantwortung trüge, alles in und außer dem Haus war ihr anvertraut; es war das erste Mal, daß sie einen Gast bekam; wenn sie bloß wüßte, was sie für ihn tun sollte, was ihm anbieten, wie ihn pflegen, was ihm sagen. Und da ist er es, der schließlich flüstert: »Nein, bis hierher und nicht weiter: Ich bin von Gudbjartur Jonsson hierher geschickt worden, der euch ganz bestimmt grüßen läßt, wenn er auch vergaß, es besonders zu sagen. Ich bin nämlich der Lehrer, der diesen Winter bei euch bleiben soll. Ich glaube es selbst nicht, dennoch ist es wahr.«

Er zog seinen abgetragenen städtischen Mantel und den einen Schuh aus; den anderen Schuh zog er nicht aus, der andere Schuh war ganz leblos, ohne Mienenspiel und lebendige Natur, als ob er durch und durch gefroren war; sie war schon nahe daran, ihn zu fragen, ob sie ihm nicht diesen Schuh ausziehen und seinen Fuß ansehen sollte; doch sie brachte es nicht fertig, vielleicht war es von einem jungen Mädchen nicht richtig, sich um einen Männerfuß zu kümmern, auch wenn Verdacht bestand, daß er erfroren wäre. Dann legte er sich ins Ehebett und bat Asta Sollilja, ihn zuzudecken. Sie hatte noch nie einen Mann zugedeckt und bekam Herzklopfen; dennoch deckte sie den Mann zu, wie sie die Jungen zugedeckt hatte, als sie noch klein waren, ganz bis ans Kinn, nur nicht den rechten Schuh. Er zog ihn nicht einmal unter das Deckbett, er ragte bewegungslos über den Bettrand, und es wurde immer schwieriger, zu wissen, wie man sich demgegenüber verhalten sollte. Er hatte eine hohe Stirn und dichtes Haar, das sich wohl mehr in einem zerzausten Schopf als in Locken über die Stirn erhob, und ein regelmäßiges Gesicht, das von tiefen Furchen durchzogen war; es wurde immer schöner, je mehr sich die Haut nach der Kälte draußen erholte. Und als sie ihn zudeckte, bemerkte sie, daß er ein braunes Hemd anhatte; ja, auf ihrem Land war jetzt wieder ein Gast wie einst, und er kam im Vertrauen und wohnte hier zu Hause in der Stube, niemand sollte es erfahren, sie würde den ganzen Winter lang bestimmt niemanden hereinbitten, damit es sich nicht herumsprach, damit keine Gefahr bestand, daß er ihnen weggenommen würde wie einst ein anderer Gast, als sie klein war.

»Weiß der Mann etwas Neues von da unten?« fragte die Großmutter, doch da begann er über das unbegreifliche Labyrinth des Schicksals zu sprechen, das einen Menschen mit seiner Gesundheit mitten im Winter auf solche gefahrvolle Reise geschickt hatte, nachdem er jahrzehntelang in den geheizten Stuben des Welttrubels geweilt hatte.

»O ja«, sagte die alte Frau, »es gibt geteilte Meinungen über diese Herde oder Öfen, wie sie genannt werden. Zu meiner Zeit habe ich nie einen Ofen gesehen; ich war daher auch nie unpäßlich, solange man sagen konnte, daß ich lebte; nur einmal bekam ich eines Nachts, als ich im fünfzehnten Jahr war, Nesselfieber, doch nicht so, daß ich am Morgen nicht hätte aufstehen und meine Arbeit verrichten können. Es kam vom frischen Fisch, den die Burschen damals aus den Seen dort in der Nähe zu ziehen pflegten, das war bei uns im Südland, wo ich herstamme.«

Der Mann gab darauf eine Zeitlang keine Antwort, sondern dachte im stillen über den Gesundheitszustand dieses seltsamen Menschen nach, der in den letzten fünfundsechzig Jahren nicht krank geworden war, ohne je einen Ofen gesehen zu haben. Schließlich erwiderte er: »Recht besehen, alte Frau, sind die Ofenflammen der Zivilisation Flammen, die nicht nur die unaufhörliche Not des Herzens anheizen; es ist auch eine große Frage, ob nicht der Körper selber unter kälteren Bedingungen besser daran ist als unter denen, die von der Waberlohe der Zivilisationsöfen geschaffen werden. Es ist wahr, die Welt sieht schön aus, wo sie am besten ist, zum Beispiel in den rauschenden Wäldern Kaliforniens oder den sonnenvergoldeten Palmengängen des Mittelmeeres, doch die Glut des Herzens wird um so schneller zu Asche, je größer der Glanz ist, mit dem die Diamanten des Schöpfungswerks sie bestrahlen. Und dennoch, alte Frau, habe ich zeitlebens das Schöpfungswerk geliebt und versucht, aus ihm das herauszuholen, was zu bekommen war.«

»Ja«, antwortete die alte Frau, die nur die Hälfte der Weisheiten des Lehrers gehört, den Rest aber mißverstanden hatte, »deswegen verstehe ich bloß nicht, was der Bjartur hier damit bezweckt, in dieser Witterung ordentliche Leute hierherzuschicken, selbst aber wegzugehen.«

»Mach dir keine Sorgen um mich, alte Frau, es ist an der Zeit, daß ich mich eine Weile lang von dem Irrlichterfeuer des zivilisierten Lebens ausruhen kann«, flüsterte der Gast bescheiden. »Ich bin lange draußen in der großen Welt gewesen und habe über den Ozean des menschlichen Lebens geblickt. Wenn es sich so verhält wie bei mir, dann beginnt man sich nach einer kleinen Welt hinter den Bergen zu sehnen, nach einem einfachen und glücklichen Leben wie in dieser Stube; es gelangen nur nicht alle bis dorthin, die Welt läßt ihre Beute nur ungern fahren. Ich dachte, ich würde im Gebirge umkommen, wie manche Leute, von denen in Büchern erzählt wird; sie flohen vor ihren Feinden in die Hände noch schlimmerer Feinde, das heißt vom Regen in die Traufe, wenigstens rechnete ich damit, eine lebensgefährliche Krankheit zu bekommen. Doch jetzt schreitet dieses schlanke junge Mädchen wie eine Blume des Menschenlebens mit Kaffee heran, und ich fühle, daß ich noch eine kleine Weile leben werde; nein, alte Frau, man wird nie so elend, daß einem das Glück nicht doch noch einmal zulächelt, ehe man stirbt.«

Er richtete sich dankbar auf den Ellenbogen auf, dem Kaffee und der schlanken Blume des Menschenlebens entgegen, nur daß der beschuhte Fuß noch immer stumpfsinnig über den Bettrand ragte; die Jungen konnten ihre Blicke nicht von diesem vornehmen Glied wenden, von Anfang an war es in ihren Augen samt dem Stock eines der sichersten Zeichen für den Adel des Mannes. Ja, und sie hatte den Trantalg, den sie ihm auf das Roggenbrot geschmiert hatte, mit Zucker bestreut; so etwas tat sie sonst für keinen, nur manchmal insgeheim für sich; das war das Äußerste, wozu es dieses tüchtige Mädchen in Fragen des Genusses gebracht hatte, und er hatte auch noch nie ein so köstliches Zubrot gegessen. »Gott sei Dank«, fügte er hinzu, »daß es noch Mädchen gibt, die rot werden«, denn sie errötete jedesmal, wenn er sich bei ihr bedankte. Wie konnte er im Ernst einem schmalen Mädchen in einem verblichenen Kleid dankbar sein, und ein Ellbogen sah heraus, er, der über den Ozean des Menschenlebens geblickt hatte. Wie bescheiden große Männer immer sind! Mit jedem Dankeschön wurde sie entschlossener, ihm alles recht zu machen, diesem Mann, der über schneebedeckte Hochflächen aus den rauschenden Wäldern Kaliforniens und den sonnenvergoldeten Palmengängen des Mittelmeeres zu ihnen gekommen war, um sie Gutes zu lehren. Sie, die sich so lange vor dem Aufwachen gefürchtet hatte, freute sich jetzt schon darauf, morgen früh zeitig wach zu werden und ihm Plinsen für den Morgenkaffee zu backen. Gewiß hatte er kein solches Gesicht, das von selbst lächelt, ohne zu lächeln; er war ja auch ein Gast des Winters und nicht des Sommers; doch er hatte kluge, ernste Augen voll harmlosem Spaß, die ihr mit liebevollem Verständnis tief in Körper und Seele blickten; solche Augen – scheint einem – können die Probleme des Körpers und der Seele lösen; man denkt vielleicht an sie, wenn es einem schlecht geht, und man weiß, sie können helfen; nein, sie war in Wirklichkeit nicht mehr schüchtern, obwohl sie ein wenig errötete; sie raffte sich sogar dazu auf, nach Papa zu fragen.

»Ja, meine Liebe«, sagte er, »das ist eine Wikingernatur, doch daß er eine so kleine, blasse Tochter mit kastanienbraunem Haar hätte, das hätte ich mir nicht träumen lassen.«

»Ich hoffe, Bryne konnte ihm Arbeit verschaffen«, sagte die alte Frau.

»Nein, leider nicht«, sagte der Gast, »die Zeiten sind vorbei. Die Zeiten des Absolutismus und des Monopols sind hier im Bezirk vorbei. Endlich sind wir reif genug, um den Segen zu genießen, den die Demokratie beinhaltet.«

»Nanu«, sagte die alte Frau.

»Jetzt ist es Ingolfur Arnarson Jonsson, alte Frau«, sagte der Gast. »Diejenigen, die die Häuser der Witwen und Waisen aussaugen, müssen jetzt endlich teuer bezahlen. ›Sieh, die jungneue Zeit / kommt mit Stürmen und Streit. / Werk der Vordern ist stolz / mißt mit eigenem Maß. / Kätnern fordert sie Recht, / ab die sklavische Schicht / wirft ihr Joch und erkennt, / sie ist mächtig und stark‹, wie es in unserem Gedicht zur Jahrtausendwende heißt. Die Macht ist in die Hände derer gelangt, die Handel auf gesunder Grundlage betreiben. Tulinius Jensen zog mit dem letzten Schiff vor Weihnachten fort.

Wir haben für die Geschäftsideale Ingolfur Arnarsons gekämpft und gesiegt. Dieser junge Großbauernsohn hat die Geschäftsideale ausländischer humanistischer Ökonomen mit ins Land gebracht und das Schuldgefängnis der Handelsbourgeoisie niedergebrochen und Konten für diejenigen eröffnet, denen jahrelang nicht gestattet war, eine Handvoll Roggenmehl auf ihr eigenes Konto zu entnehmen; wir haben ihn jetzt fest angestellt. Ich habe einen armen Familienvater gekannt, der zu keiner Arbeit taugte, weil er Interesse an Literatur und ausländischer Bildung hatte; ihm schickte er zu Beginn des Winters unentgeltlich einen halben Anker gepökeltes Hammelfleisch, außerdem eine große Kiste Kolonialwaren, und gab ihm vierzehn Tage Arbeit im Schlachthaus, während viele im Bezirk berühmte Hünen auf dem Platz standen, steif und mit verfrorenen Gesichtern, weil sie an Alleinherrschaft und Unterdrückung glaubten und meinten, ihre Rettung liege bei dem Blutegel, der ihr eigenes Blut gesaugt hatte. Ja, alte Frau, Ingolfur Arnarson ist ein großer Mann, er, dieses Genie, das die große Welt in seiner Hand hatte, er hat sein Amt in der Nähe der Regierung aufgegeben, um sein Leben und seine Ehre für die Übergangenen aufs Spiel zu setzen. Denn es ist nicht fein, was in den Zeitungen über diejenigen geschrieben wird, die sich für die Sache der kleinen Leute einsetzen. Wie dem auch sei, so haben wir es jetzt zuwege gebracht, daß er das Wohnhaus von Bryne übernommen hat. Das letzte, was ich weiß, ist, daß Gudbjartur Jonsson aus Sommerhausen die Möbel Ingolfur Arnarsons ins Turmhaus transportiert. Danach, heißt es, soll er Außenarbeiten bei der Handelsgenossenschaft bekommen.«

»Ja, das weiß ich«, sagte die alte Frau, »es ist schon immer so gewesen, daß einer kommt, wenn der andere geht. Viele haben für die Kaufleute kein gutes Wort übrig; und wahr ist es: ›Mißgönntes Geld will weg.‹ Die neuen hält man immer für die besten und den letzten immer für den schlechtesten. Ich habe schon viele Kaufleute überlebt, lieber Mann.«

Der Lehrer sah, daß es wenig Zweck hatte, wenn man diese Dinge einer so alten Frau näher zu erläutern versuchte; er beendete diesen Teil der Unterhaltung mit den Worten: »Wenn es auch spät ist, so geht die Sonne der Gerechtigkeit am Ende doch auf, alte Frau. Jetzt kommen bessere Zeiten für uns alle.«

Ja, nun kommen bessere Zeiten für uns alle. Dieser sein Refrain klang wie ein neues Motiv munter und licht durch die dunkle Musik des Winters, um die fröstelnden Herzen des Winters zu erwärmen, auf denen das Gesetz des Kalenders lastete, so daß keiner mehr nach Feiertagen fragte, Tabak nicht mehr die einzig denkbare Medizin gegen den Herrn war, den niemand versteht. Dann schnürte er sein Gepäck auf und gestattete den Kindern, in einiger Entfernung im Halbkreis zu stehen.

Aus der Sacköffnung nahm er zuerst seine eigenen Sachen, sein eigenes Umzugsgut, den Besitz, der den Menschen mit den stärksten Banden an das Leben fesselt oder es ihm wenigstens erträglich macht. Und was war das für ein Besitz? Es war ein geflicktes Hemd und ein einzelner Strumpf. Er nahm diese Kostbarkeiten mit vielsagendem Ernst in die Hand, als ob sie ein Geheimnis wären, und steckte beides unter sein künftiges Kopfkissen, ohne ein Wort zu sprechen. Die Kinder folgten diesen beiden Dingen mit den Augen, bis sie unter dem Kopfkissen verschwanden, als ein Beweis dafür, wie große Männer sich in kleinen Dingen offenbaren. Danach kamen die Sachen zum Vorschein, die sich direkt auf die Kinder selbst bezogen – die Lern- und Lehrmittel, die er ihnen kraft seines Amtes brachte. Und er strich freundschaftlich über diese viereckigen Pakete und sagte: »Jaja, liebe Kinder, jetzt wollen wir mal sehen: diese Pakete enthalten die Wissenschaft der Welt.« Und das stimmte wohl. Aus der Verpackung kamen neue duftende Bücher, jedes für sich in glattes, farbenfrohes Papier gewickelt und mit weißem Bindfaden verschnürt, Bücher in Regenbogenfarben mit Bildern innen und außen, voll von unglaublichstem Text; eins über unbekannte Tierarten, ein zweites über andere Völker und gestorbene Könige, ein drittes über fremde Länder, ein viertes über das einzigartige Zauberwerk der Ziffern, ein fünftes über das langersehnte Christentum Islands, alles, alles, was die Seele begehrt, funkelnagelneu vom Buchhändler, Heerscharen von wunderbaren Neuigkeiten, welche die Seele zu höheren Werten erheben und die mannigfache Tristheit der Einsamkeit aus dem Leben des Menschen verbannen, ja, jetzt kommen bessere Zeiten für uns alle.

Sie durften jedes Buch ein ganz klein wenig anfassen, heute abend nur mit den Fingerspitzen, Literatur verträgt keine unsauberen Finger, zuerst mußten alle Bände eingeschlagen werden, die Deckel dürfen nicht schmutzig werden, der Rücken darf sich nicht abnutzen, Bücher sind der wertvollste Besitz der Nation, sie haben das Leben der Nation durch Handelsmonopol, Epidemien und Vulkanausbrüche hindurch gerettet, die Schneelast nicht zu vergessen, die tausend Jahre lang den größten Teil des Jahres auf den verstreuten Siedlungen des Landes gelegen hat; und das weiß euer Vater, wenn auch seine äußere Schale hart ist, und deswegen hat er extra einen Mann mit diesen Büchern zu euch geschickt, und jetzt müssen wir ordentlich damit umzugehen wissen; und sie dachten an ihren Vater mit einer Dankbarkeit, die fast Ergriffenheit war, an ihn, der von ihnen gegangen war, sie aber nicht vergessen hatte. Trotz allem hatten sie einen solchen Vater, und Asta Sollilja stellte fest und sagte es den Jungen: »Da seht ihr, kein Kind hat einen solchen Vater wie wir, der uns extra einen Mann herschickt, um uns alles zu lehren.«

»Steht denn in den Büchern etwas über die Länder?« fragte der kleine Nonni.

»Ja, mein Junge, über neue und alte Länder, über neue Länder, die jungfräulich aus dem Meer aufsteigen und ihre kostbaren Muscheln und tausendfarbigen Korallen im ersten Licht des Sommers baden, und über alte Länder mit duftenden Hainen und friedlichem, rauschendem Laub, über tausendjährige Burgen, die in römischem Mondlicht von blauen Bergen emporragen, und über sonnenweiße Städte, die ihre Arme vor grünen, stillen Meeren in einem einzigen tanzenden Sonnenglanz ausbreiten. Ja, es ist, wie eure Schwester sagt, nicht alle Kinder haben das Glück, von einem kundigen Mann etwas über die Großmächte der Welt lernen zu dürfen.«

Dann beschäftigte man sich noch eine Weile mit den Büchern, doch man durfte nicht alle Bilder auf einmal ansehen, heute abend nur in jedem Buch eins, zum Beispiel das Bild von Rom, das ungefähr so groß ist wie das Gebirge oberhalb des Gehöfts, und von der Giraffe, die einen so langen Hals hat, daß, wenn sie hier unten im Hauseingang stände, ihr Kopf aus dem Schornstein sehen würde, denn das Haus hat doch hoffentlich einen Schornstein – und da staunt ihr, der Abend ist plötzlich vergangen; so schnell war seit Menschengedenken kein Abend vergangen, die Bücher wurden wieder sorgfältig eingepackt, nein, heute abend nicht mehr, und sie hatten doch vorgehabt, ihn hunderterlei zu fragen. Er war müde und wollte schlafen gehen, und sie wagten nicht, seine Weisheit unnötig zu vergeuden.

Die Jungen standen voller Ehrfurcht bei ihm, während er sich auskleidete, und sie sahen zu, wie er sich auskleidete, doch Asta Sollilja wandte sich um und ging nach vorn zu ihrer Großmutter. Er ließ seinen Stock von da an am Kopfende des Bettes liegen und deckte ihn zu, vielleicht hatte der Stock eine Seele. Schließlich begann er, den Schuh am rechten Fuß aufzumachen, jede Bewegung schien ihn anzustrengen, er erinnerte manchmal ein wenig an den Gemeindevorsteher, gelegentlich auch an den Buchhändler, ach, welcher Unsinn, er hustete sehr stark in sein Taschentuch, alles zeugte davon, daß er ein besonderer Mann war. Und was kam schließlich aus diesem leblosen rechten Schuh? Ein Fuß. Doch es war kein gewöhnlicher Fuß, kein natürlicher Fuß wie bei uns, mit weißer Haut, oder wenigstens heller, und Haaren, sondern es war ein besonderer Fuß, ein dunkles Handwerksstück, ohne Fleisch und Blut, Industrie. Und da konnte der kleine Nonni nicht mehr an sich halten und rief: »Nein, komm mal her und sieh dir den Fuß an, Sola!« Aber Asta Sollilja wollte natürlich nicht den Fuß eines Mannes ansehen, so etwas verletzte verständlicherweise ihr Schamgefühl. »Eine Schande, wie du dich benimmst«, erwiderte sie, ohne sich umzudrehen. Doch konnte sie sich nicht enthalten, am Tag danach draußen im Schafstall ihre Brüder danach zu fragen, was für ein Fuß es gewesen wäre, ob es ein etwas komischer Fuß war. Über diesen Fuß sprachen sie des langen und breiten, wenn sie mit dem Füttern fertig waren, und dann über den ganzen Mann, was für ein Wundermensch er wäre und wie man sich darauf freuen könnte, von ihm unterrichtet zu werden, und wieviel sie im Frühjahr wissen würden, wenn er seinen Unterricht beendet hätte. Er war ein unerschöpfliches Gesprächsthema für sie, wenn sie allein waren; alles was ihn betraf, war etwas Besonderes und Geheimnisvolles, angefangen bei seiner flüsternden Stimme bis zu dem künstlichen Fuß, den Stock nicht zu vergessen, der bei ihm schlafen durfte, als ob er eine Seele hätte; sie hatten Glück, die Kinder in Sommerhausen, einen solchen Mann zu bekommen. Und dann hatten sie die Vorstellung, daß in Wirklichkeit er es war, der Bryne das Turmhaus abnahm und es Ingolfur Arnarson Jonsson übergab, damit arme Leute eine Handvoll Roggenmehl auf eigene Rechnung entnehmen konnten. Und ist es nicht sonderbar, daß feine und schöne Männer, die aus großen, unbestimmten Orten kommen, alle ein braunes Hemd anhaben...

Jetzt liegt er hier in ihrer kleinen Stube, er, der im Ausland neue und alte Länder sich im ersten Licht des Morgens und im Mondschein hat baden sehen, ja, und so viel anderes, wenn man bloß behielte, was er sagte, und es wiederholen könnte; kein Mensch hatte eine so goldene Zunge, ja, und er liegt hier mit diesem klugen, ernsten Ausdruck in den Augen und zieht die Bettdecke auf die Brust und ruht bei ihnen, unter ihrem Dach, nach den Strapazen auf den Hochflächen, alles ihretwegen, er, der aus rauschenden Gärten stammt, oh, könnten wir es ihm nur danken und gut zu ihm sein. Als die Kinder an diesem Abend zu Bett gingen, schien ihnen plötzlich, daß sie gut bis an die hundert Jahre leben könnten, ohne Tabak wie ihre Großmutter und ohne es satt zu bekommen, denselben Körper jeden Abend auszukleiden und ihn am Morgen wieder anzuziehen. Und das ist das eigentliche Glück: voll Erwartung dem kommenden Tag entgegenzusehen.

»Ja«, flüsterte er, »hier ist das Königreich unschuldiger Herzen, merkwürdig, daß ich dies hier noch erleben sollte, besonders wenn man die Pracht der Welt an großen Orten gesehen hat wie ich.« Dann seufzte er und fügte hinzu: »Ja, ja, ja, mein Fuß ist durch ferne Länder gegangen, hat die Steilhänge des Zwiespalts in der Enge der Eigenliebe erklommen, wo der Flügelschlag des Menschengeistes keine Pause kennt; wo die Gletscherkälte des Alleinseins über die Moosflächen des Alltagslebens streicht, wo es keine Unschuld und keine Ruhe gibt und keine Liebe. Jetzt fühle ich, daß alles wieder gut werden wird. Asta Sollilja, darf ich dich bitten, so freundlich zu sein, meine Gute, eine Kanne mit einem bißchen Kaffee bei mir hinzustellen, wenn ich heute nacht Herzschmerzen bekommen sollte. Doch ich fühle, daß ich heute nacht keine Herzschmerzen bekomme.«

Dann lagen die Jungen im Bett, und die Küchenlampe war ausgemacht, nur die kleine Tranlampe auf dem Wandbrett der Großmutter brannte noch, ja, und da dachte das Mädchen daran, daß sie sich nicht gewaschen hatte, seit ihr Papa wegging, also wusch sie sich ein wenig, aber nur ein ganz klein wenig, und kämmte sich unauffällig ein ganz klein wenig, ehe sie schlafen ging. Dann kam sie weiter in die Stube, jetzt war sie die Bettgenossin des kleinen Gvendur, und an ihrem Kleid krachten die Nähte, als sie es sich über den Kopf zog, es war eben ein altes Kleid und viel zu eng; doch den Unterrock wagte sie nicht auszuziehen, aus Furcht, der Lehrer könnte es sehen; sie schlüpfte zu ihrem Bruder im Bett gegenüber unter die Decke; im selben Augenblick machte die Großmutter die Tranlampe aus.

»Gute Nacht«, flüsterte der Lehrer in der Dunkelheit, doch Asta Sollilja wußte nicht, wie man solche Höflichkeit erwidert: sie bekam ein wenig Herzklopfen und flüsterte nach kurzer Überlegung zurück: »Ja...«

Nachdem der Gast zu schnarchen begonnen hatte, blieben die Kinder noch wach in der Herrlichkeit dieses neuen Zeitabschnitts, von dem sie wußten, daß er nun in ihrem Leben angebrochen war, mit dem Duft der Bücher in den Sinnen. Doch allmählich zerfloß ihre Wahrnehmung in selige Benommenheit, sie entschwanden ins Grenzenlose, das wohl die wirklichste aller Welten sein mag, obwohl es kaum etwas Unvernünftigeres zu geben scheint; und die Hälse der Tiere schauen aus dem Schornstein heraus, und der Berg selbst ist zu einer herrlichen christlichen Kirche geworden mit knarrenden Treppen bis ganz oben in den Turm. Sie heißt Asta Sollilja, und jetzt möchte sie ganz oben in den Turm hinauf. Zuerst ist sie äußerst vorsichtig und voller Angst, und da sie schon unterwegs ist, muß sie weiter und weiter, höher und höher gehen, und es knarrt und knarrt. Doch sie weiß, daß ihr Vater irgendwo hinter ihr herkommt, und deswegen hat sie Angst. Und wenn sie umkehrt, dann läuft sie ihm in die Arme, und er wird sie schlagen. Sie beeilt sich immer mehr, sie muß ihm unbedingt voraus sein, schließlich ist sie ganz erschöpft und hat schreckliche Angst, doch es ist eine solche Wonne, allein auf einer dunklen Treppe zu laufen und in einen Turm hinaufzuwollen, ganz, ganz, ganz hinauf; nein, es soll sich nicht herumsprechen. Doch dann wird die Treppe schmaler, und sie stößt sich an den Wänden, und es knarrt lauter und lauter, und da wird die Angst größer als die Wonne, ach, wie kommt es, daß sie erst in diese christliche Kirche hineingegangen ist, statt draußen geblieben zu sein, wo man nichts zu befürchten braucht, und jetzt hat Papa sie bald eingeholt, und er haut ihr eine runter, wenn er sie einholt, wenn sie nur in den Glockenturm gelangt, ehe er sie einholt. Und dann sieht sie endlich über sich den Schimmer eines Spalts, es ist eine halbgeöffnete Tür, der Glockenturm, und dort steht ein Gesicht und sieht sie an, wie sie da kommt. Was für ein Gesicht? Ist es die Freude? Nein, nein, nein, es ist ein ganz anderes Gesicht, es ist der alte, böse, häßliche Buchhändler, dem alle die alten, bösen, häßlichen unehelichen Kinder gehören, er ist es, der sich dort auf seinen Stock stützt und ein braunes Hemd anhat, wo hatte dieser häßliche alte Mann ein braunes Hemd herbekommen? Und er ist es also, der mit seinem Buch in der Hand auf sie gewartet hat.

»Hier will ich dir ein Buch zeigen, das fast neu ist und heutzutage höchst modern, sieh es dir nur an, kleine Jungfrau, ob das nicht etwas für uns ist?«

Sie schreckte in Schweiß gebadet auf, mit nassen Händen und dem unbezwingbaren Schauder, der das Kennzeichen böser Träume ist und den Schlaf einer ganzen Nacht verderben, jede Minute des kommenden Tags mit angsterfülltem Lebensverdruß durchsäuern kann; indem sie die Augen aufschlug, hörte sie noch das Ende ihres eigenen Angstschreis, sprang im Bett auf, rang nach Atem. Sie hörte ihr Herz schlagen wie einen Hammer, der auf weißglühendes Eisen fällt. Dann strich sie sich mit der nassen Hand über die Stirn. Nein, nein, nein. Es war keine Gefahr, bloß ein schlechter Traum. Es waren nur zwei Ellen über den Fußboden bis zu dem Gast, der gekommen war, ihnen bessere Zeiten zu bringen und dem Leben Wert zu verleihen, und sie beabsichtigte, ihm morgen früh Plinsen zu backen, damit er sich wohl fühlte. Ihre Angst schwand nach und nach, indem sie auf seinen Schlaf lauschte und ihm Gutes wünschte. Ja, es kommen bessere Zeiten für uns alle. Und sie legte sich wieder hin.

50

Poesie

Und das Licht der Erkenntnis beginnt zu scheinen.

Es ist weder die Giraffe noch Rom, die vor allem die Weltzivilisation ausmachen, wie es sich die Kinder vielleicht am ersten Abend eingebildet hatten, sondern auch der Elefant und Dänemark samt anderem. Ja, an jedem Tag ein neues Tier und ein neues Land, neue Könige und neue Götter, nicht zu vergessen die flinken kleinen Ziffern, die nichts zu bedeuten scheinen und dennoch mit Leben und Wert an und für sich ausgestattet sind, die man nach Herzenslust addieren und subtrahieren kann. Und schließlich die Poesie, die über allen Ländern steht, dort erheben sich helle Schlösser. Über allem schwebt die Seele und betrachtet das himmlische Licht wie der Adler in der Halle der Winde.

Des Morgens draußen bei den Mutterschafen sprachen sie untereinander oft darüber, wie merkwürdig es war, daß nach all der Ideenarmut, die die Heide zu regieren schien, Leute kamen, die nicht nur wußten, was in den Büchern stand, sondern die Welt, wie sie im Druck vorlag, selbst gesehen hatten und dort gewesen waren. Er hatte nicht nur die Städte und zoologischen Gärten gesehen, sondern war auch durch die Wälder gestreift, wo man das Glück findet oder wenigstens den Frieden; er wußte die Worte, die wie Schlüssel zu den verschlossenen Fächern der Seele paßten und sie öffneten. Während der kleine Gvendur sich damit begnügte, an die Tiere zu denken, die höher als das Schaf geschätzt werden, oder versuchte, die Lämmer mit den Mutterschafen über Kreuz zu multiplizieren oder die Bretter im Klinkerdach von den Dielen im Fußboden zu subtrahieren, dachte der kleine Nonni unablässig an die Länder, wofür er erst jetzt den vollen Beweis erhalten zu haben glaubte, daß sie wirklich existierten und nicht nur das Gerede guter Leute waren, die kleine Kinder trösten wollten. Und Asta Sollilja schwebte auf den Flügeln der Poesie in die Welten, deren sie gleichsam in einem fernen Echo in einer Frühlingsnacht im vorigen Jahr gewahr geworden war, als sie von dem kleinen Mädchen las, das über die sieben Berge ging; dieses Echo war plötzlich in ihrem Ohr zu Musik geworden, und hier fand ihre Seele zum ersten Mal ihren Ursprung und ihre Herkunft; das Glück, das Schicksal, die Trauer, sie verstand das alles und vieles mehr. Wenn man eine Blume betrachtet, die zart und hilflos oben in den Einöden zwischen hunderttausend Steinen wächst und die man nur zufällig gefunden hat, dann fragt man: Wie kommt es, daß das Leben versucht, sich Bahn zu brechen? Nein, auch sie kennt die Begrenztheit und Unbegrenztheit alles Lebens und lebt in der Liebe zum Guten über diese hundert Steine hinaus, wie du und ich; schütze sie, reiß sie nicht aus, vielleicht ist es Asta Sollilja.

Sie hatte früh die Fertigkeit erworben, die komplizierte Sprache der Dichter der Reimerzählungen zu verstehen; jetzt kam ihr diese vorbereitende Bildung zustatten. Der Unterschied lag darin, daß die Reimerzählungen an rauhe Länder erinnerten, die arm an Pflanzen und reich an steinigem Boden waren, während die neue Poesie voller wonniger Blütensträucher des Geistes, voller wehmütigen Dufts war. Der Lehrer behandelte gebundene Sprache ganz anders als ihr Vater; statt die Hauptbetonung auf den Reim – und besonders den Mittelreim – zu legen, flüsterte dieser Mann seine Gedichte mit Magie, denn er verstand die innersten Geheimnisse der Dichter, so daß jeder tote Gegenstand in der Stube ein Geheimnis bekam, und wenn man mit der Hand über die kalte Bettkante strich, so war das Holz weich und warm, als schlüge ein lebendiges Herz darin. Sie wußte noch die Worte, die sie aus den Wolken zu lesen versucht hatte, als sie das erste Mal verliebt war, doch damals war sie noch klein; sie fühlte es erst jetzt, und es war nicht zu erwarten, daß sie die Wolken verstand oder sogar in den Wolken nach dem suchte, was gar nicht vorhanden war – er, der damals hier auf ihrem Land geschossen hatte, er konnte bestimmt keine Gedichte, er hatte die Poesie bestimmt nicht verstanden, das Wertvollste im Leben des Menschen; sie frohlockte stolz darüber, daß Audur Jonsdottir, obwohl sie sich mit ihm verheiratet hatte, nie ein Gedicht von seinen Lippen hören würde. Es war wahr, er hatte gelächelt, und das, ohne zu lächeln, doch seinen Augen fehlte der funkelnde Farbenglanz, seiner Stimme die vertraulichen Heimlichkeiten des Mannes, der Gedichte konnte und sie flüsterte, so daß ein wehmütiger Schauer sie, die zuhörte, überlief; und tote Dinge eine Seele bekamen.

Man sollte annehmen, ein junges Mädchen auf einem entlegenen Hof wäre am meisten davon ergriffen, das Gedicht von der Tugend zu hören; oder wenigstens vom Opfer, von großen Seelen, die in Selbstverleugnung lebten oder sich um des Guten willen etwas Unglaubliches auferlegten, zum Beispiel für das Vaterland; etwa so, wie sie in jener Nacht im vorvorigen Frühjahr auf der Türplatte geglaubt hatte, es selbst tun zu können; doch so war es nicht, nicht eigentlich. Was ihr Herz am meisten berührte, die innersten Fasern ihres Herzens, und sie mit erhabener Wehmut erfüllte, so daß ihr war, als ob sie alles umschlösse, das waren die Gedichte über jene Trauer, die im Herzen lebt, wenn sich die Träume nicht erfüllt haben, und über die Schönheit dieser Trauer. Das Gedicht von dem Schiff, das bei Anbruch des Herbstes unaufgesetzt am kalten Meer liegt, das war ihr Gedicht; und das von dem Vogel, der ohne Federn geduckt nach Schutz sucht, ebenfalls bei Anbruch des Herbstes, der vor den Unwettern flieht und nicht mehr singen und schwimmen kann; das von der Harfe, die an der Wand hängt und sich nach dem Mann aus der Hütte sehnt – all dies verstand sie. Und obwohl das Gedicht von Kolma auf der Heide keinerlei Reim hatte, konnte sie es auswendig, ehe sie es sich versah. Man hätte sich gut vorstellen können, daß ihr Gedicht davon handelte, wie Liebe der Liebe auf der Heide begegnete. Jedoch wurden des Abends, wenn sie im Bett lag, in ihrer Brust unversehens die Kehrreime darüber wach, wie die Heide und die Liebe sich des Nachts begegnen, die Liebe und die Heide. Und die Tränen tropften ihr über die Wangen, und sie weinte nicht wegen Kolma allein und nicht allein ihretwegen, sondern sie glaubte in Liebe mit der ganzen Welt zu weinen:

> Komm, o Mond, her-
> vor aus dunklen Wolken!
> Leuchtet, Nachtfackeln!
> Dorthin, Licht,
> erhell die Wege,
> wo mein Liebster schläft.
>
> Schweigt jetzt stille,
> schwere Stürme,
> schweigt, ihr wilden Ströme,
> damit zu hören sind
> meine Lieder
> auf des Freundes Wegen,

und sie drehte sich im Bett um, um ihr Weinen zu verbergen, denn es durfte niemand wissen, daß sie wegen Ossian weinte; keinem fällt es ein, über etwas zu heulen, wie Asta Sollilja. Aber weshalb weinte sie denn über dieses Gedicht? Weil sie wie Ossian sowohl die Liebe wie die Heide verstand, denn wer die Heide versteht, der versteht die Liebe; und wer die Liebe versteht, der versteht die Heide.

Und der Jäger am Mississippi. Es war einmal ein Mann. Er war Jäger und hatte selbstverständlich die ganze Welt bereist. Im Gedicht steht, er wäre »in der Franken goldnem Garten geboren – meine edlen Eltern wohnten dort«. Ja, die ganze Welt. Alles, was gut ist, und alles, was schön ist, stritt darum, ihn zu erfreuen. In seiner Kindheit pflückte er Blumen auf den Seinewiesen. Paris mit seinem bezaubernden Trubel – dort stand seine Wiege. Er weilte bei lieben Brüdern und hatte Gespielinnen, und sie waren so schön, tausendmal schöner als Asta Sollilja,

> oh, seh ich noch das schwarze Mädchenauge
> und heißer Lippen Liebeslächeln auch,

und dennoch fand er weder das Glück, von dem er geträumt hatte, noch den Frieden, nach dem er sich gesehnt hatte; und sie verstand ihn, sie liebte ihn gerade aus dem Grunde, daß er weder das Glück noch den Frieden gefunden hatte, in ihrem Allerinnersten liebte sie ihn, weil er außer Landes floh. Und jetzt sitzt er hier am bewaldeten Ufer, an dem der Mississippi vorbeirauscht,

> wo Wölfe heulen tief im Waldesdunkel,
> der müde Hirsch dem Jäger noch entweicht,
> wo vorsichtig, im Auge Mordgefunkel,
> das böse Panthertier heran sich schleicht.

Von jeher hatte sie Poesie und anderes auf ihre Weise verstanden. Zum Beispiel liegt sie eines Abends im Bett. Sie tut, als schliefe sie schon, wie immer, wenn sie zu Bett gegangen ist, doch sie schlief noch nicht. Sie wartete darauf, daß die alte Großmutter ihr Licht ausmachte. So vergeht die Zeit. Und da sieht sie von der Seite, daß ein Mann halb aufgerichtet dasitzt und den Kopf auf die Hand stützt, und es ist er; sein Haar flutet ihm über die Hand. Sie betrachtet seine gemeißelte Wange und die buschige Augenbraue über dem suchenden Blick, dem zu anderen Zeiten der betörende Farbenglanz der großen Poesie zu eigen ist, und sie sieht auch seinen bloßen Hals bis hinunter zum offenen Hemdausschnitt, und er fährt fort zu starren und zu denken, wie in dem Gedicht steht:

> Vom Schauplatz meiner ersten Kinderstreiche
> zog ich weit über Land und Meere kalt;
> nach Frieden suchte ich in manchem Reiche,
> und endlich fand ich ihn in diesem Wald

– denn über seinem Kopf wird das morsche Klinkerdach mit seinen Sparren zum rauschenden Urwald mit Hirsch und Panther, und der Sturm des Lenzmondes, der den Schnee zu immer höheren Schneewehen zusammentreibt, sind die brausenden Stromtiefen des Mississippi; und er, der aus den herrlichen Städten der Welt geflohen ist, sitzt hier und überschaut sein früheres Leben.

> Die Jugendrosen sind vergilbt und trocken,
> gefallen grünes Laub vom dürren Ast,
> der Reif des Alters liegt auf blonden Locken,
> geschwundner Tage Ruhm ist längst verblaßt;
> und überfliegt das klare geist'ge Auge
> das kummertrübe Leben, sieht es nur
> verführte Einfalt, Eidbruch, nichts, was tauge,
> Verrat, gebroch'nen Treu- und Liebesschwur.

Nein. Es waren weder die Helden noch die Opfer und auch nicht die Tugenden, die sie am liebsten hatte, sondern das Gedicht von den Wünschen, die sich entweder zufällig oder gar nicht erfüllten, von dem Glück, das als Gast kam oder nicht kam, das kam und ging oder niemals kam. Sie sah und verstand diesen Mann nicht auf reale Weise, sondern auf ihre Weise, im Spektrum der Poesie, mit Wäldern im Hintergrund, im Brausen des tiefsten und reißendsten Stroms der Welt.

Gott

Jetzt soll von Gott berichtet werden.

Zwei Jahre oder mehr hatten die Kinder und sie sich danach gesehnt, Gott kennenzulernen, zu wissen, woran er denkt und wo er ist; und ob er tatsächlich die Welt regiert.

Jetzt waren zwei Bücher über Gott hierher gelangt, die biblischen Geschichten und der Katechismus, sowie ein Lehrer, von dem anzunehmen war, daß er in der Hauptsache alles über dieses sonderbare Wesen wußte, das über alle Wesen erhaben ist. Es war für sie sofort interessant zu hören, wie er die Welt erschuf, ohne daß sie jedoch eine Antwort darauf bekamen, weshalb er es tun mußte. Hingegen fiel es ihnen schwer, die Sünde zu verstehen, wie sie in die Welt kam, denn ihnen war es ein gänzlich undurchdringliches Geheimnis, weshalb es die Frau so sehr nach einem Apfel verlangte; sie hatten überhaupt keine Vorstellung von der Anziehungskraft eines Apfels; sie meinten, es wäre eine Art Kartoffel. Jedoch noch schwerer fiel es ihnen, die Sintflut zu begreifen, die durch einen Regen von vierzig Tagen und vierzig Nächten verursacht wurde. Denn hier auf der Heide gab es Jahre, in denen es zweihundert Tage und zweihundert Nächte fast ohne Unterbrechung regnete, und dennoch kam keine Sintflut. Als sie den Lehrer genauer danach zu fragen begannen, antwortete er, vielleicht nicht ganz ohne Verärgerung: »Ach, ich garantiere auch nicht dafür.« In der Bibel steht, daß Gott einmal in Begleitung zweier Engel einen berühmten Mann im Ausland besuchen kam, doch der Bericht war sonst sehr unklar, wie sah Gott aus? »Ob er nicht einen Bart hatte«, sagte der Lehrer, ohne von der Sache überzeugt zu sein. Er war jetzt oft zerstreut und lag einfach im Bett mit den Händen im Nacken und blickte hinauf zu den Dachbalken. Da kam dem kleinen Nonni der Gedanke, ob Gott Kleider angehabt hätte – oder war er nackt? »Du solltest dich schämen«, sagte Asta Sollilja. Später schickte er uns seinen eingeborenen Sohn, diesen guten Mann, der Geschichten erzählte und Wunder tat, doch irgendwie brachten die Kinder dieses alles in Verbindung mit Olafur in Obersttal, der wegen seines Interesses am Unbegreiflichen nie großes Ansehen genossen hatte, und sowohl Geschichten wie Wunderwerke gingen an den Kindern vorüber wie Neuigkeiten aus einem sehr entfernten Landstrich, von dem man nicht einmal weiß, wo er liegt. Sogar der kleine Nonni, der doch die Länder liebte, hatte kein Verlangen dorthin. Und da der Lehrer versuchte, jedes Gespräch über diese Dinge zu vereiteln, gewannen die Kinder unwillkürlich die Vorstellung, daß es sich um etwas Unschickliches handelte. Die Kreuzigung war etwas unnatürlich Brutales und verletzte ihr Schamgefühl, obgleich sie keine Vorstellung von einem Kreuz hatten; sie vermengten dergleichen unwillkürlich mit den Adventsereignissen hier in diesem Winter, mit etwas, wovon man nicht sprechen darf, mit etwas, was nur in den häßlichsten Träumen eine Heimstatt hat; des Nachts wacht man mit einem Schauder davon auf, wenn man schlecht oder auf etwas Unebenem liegt, und man blickt nach oben und hofft, daß es am Fenster bald hell wird. Asta Sollilja machte das Buch schaudernd zu, ihr schienen die Dinge so häßlich, und sie wollte nicht, daß ihr Bruder Nonni etwas davon läse, bis er größer geworden wäre; er war so empfindsam. Sie legte das Buch auf ein Wandbrett. Von Jesu Auferstehung und Himmelfahrt lernten sie nichts. Gott stand ihnen nie ferner als nach der Lektüre dieses Buches.

Asta Sollilja war von Gott sehr enttäuscht. Doch entschwand er ihr erst ganz, als sie den Katechismus zu lesen begann. Sie war sehr traurig und nachdenklich über dieses alles. Immer wieder versuchte sie, ihn von den Toten aufzuerwecken und ihrem Lehrer eine ungeschickte Frage zu stellen. Doch es wurden immer neue Niederlagen für Gott.

»Hast du einmal versucht, Gott zu bitten?« fragte sie eines Tages.

Lange Zeit war er nicht bereit zu antworten, doch schließlich stellte sich heraus, daß er Gott gebeten hatte. »Worum?« Ohne aufzusehen und offensichtlich ganz gegen seinen Willen vertraute er ihr an, er hätte Gott darum gebeten, daß er seinen Fuß behalten dürfte; er hatte im Krankenhaus gelegen. Dann wurde ihm der Fuß abgenommen.

Da sagte Asta Sollilja: »Ich finde es schön, so einen Fuß zu haben wie du.«

Und für diesen Tag war es mit Gott aus.

Ein anderes Mal:

»Da steht, daß Gott allgütig ist. Ist er auch allgütig, wenn es jemand schwer hat?«

Der Lehrer: »Das halte ich für sicher.«

Asta Sollilja: »Dann kann er auch nicht allglücklich sein.«

Er: »Ich weiß das, meine Gute« – und verlor plötzlich die Geduld: »Kein Wort davon ist wahr. Es ist reiner Unsinn. Es ist nur etwas für Schwachsinnige.«

Asta Sollilja: »Mein Papa ist hart.«

»Ja«, sagte der Lehrer. »Er ist ein Held wie im Roman.«

Und Gott war wieder aus dem Gespräch verflogen.

Am dritten Tag: »Heute morgen wurde ich früh wach, und gerade als ich die Augen aufmachte, kam mir plötzlich in den Sinn, daß es Gott geben muß. Denn wie könnte es überhaupt etwas geben, wenn es Gott nicht gibt?«

Der Lehrer flüsterte, nach langer Überlegung: »Doch, es ist wahrscheinlich, daß es etwas gibt. Aber wir wissen nicht, was es ist.«

Punkt.

Am vierten Tag: »Warum ließ denn Gott die Sünde in die Welt kommen?«

Zuerst schien der Lehrer diese Frage nicht gehört zu haben; er blickte lange wie in Trance vor sich hin – das kam am Tage immer häufiger vor; schließlich richtete er sich erstaunlich schnell auf, sah das Mädchen mit großen Augen an und wiederholte die Frage: »Die Sünde?« Danach bekam er einen langen Hustenanfall, es war ein tiefer, tonloser, röchelnder Husten; er wurde immer röter im Gesicht, die Adern an seinem Hals traten hervor, die Augen wurden naß. Als endlich der Husten vorbei war, wischte er sich die Augen und flüsterte erschöpft: »Die Sünde – das ist die kostbarste Gottesgabe.«

Asta Sollilja sah ihren Lehrer noch eine Weile an, sowohl mit dem geraden wie mit dem schiefen Auge, doch mehr zu fragen, wagte sie nicht, aus Furcht vor den unberechenbaren Resultaten der Theologie, außerdem war der Lehrer heute besonders matt. Sie stand auf und legte ihren Katechismus unauffällig zu den biblischen Geschichten auf das Wandbrett.

»Ja«, flüsterte der Lehrer, »es ist ganz unvermeidlich.« Doch sie wagte auch nicht zu fragen, was unvermeidlich sei; es ist besser, das Unvermeidliche nicht zu kennen, ehe es kommt; sie dachte schweigend weiter nach; vielleicht ist eines am unvermeidlichsten von allem: die zwei Gesichtspunkte, die in der Menschenseele miteinander bis zur Entscheidung ringen, wie der Hirsch und der Panther, die sich im Wald vor dem Jäger verstecken. Gegen Abend schrieb der Lehrer mit sorgfältiger, schmuckvoller Handschrift einen Brief, steckte ihn in einen Umschlag, schrieb die Adresse des Arztes Finsen darauf und klebte ihn zu.

»Lieber Gvendur«, sagte er, als die Jungen hereingekommen waren. »Wenn du morgen jemand hinunter nach Fjord gehen siehst, dann sei so gut, ihm diesen Brief mitzugeben. Er ist an den alten Finsen wegen des Hustens.«

Am Abend hörten sie ihn schwer atmen, gähnen, ein langgezogenes und unfrohes Ja oder Achja oder Ach sagen; oder nur Ah. Dann und wann brach er, mit sich selber flüsternd, verzagt das Schweigen: »Es hat keinen Zweck.« Oder: »Ich denke, es ist egal.«

Da befürchtete sie, er hätte jetzt von diesem kleinen, niedrigen Haus genug bekommen und herausgefunden, daß hier nicht das Glück herrschte und vielleicht nicht einmal die Unschuld, wie er zuerst gedacht hatte. Sie fürchtete sich mehr vor seinen Monologen als vor seinem Husten; denn sie war unter Husten aufgewachsen, ihre Pflegemutter hatte gehustet, ihre Großmutter hustete von morgens bis abends. Hingegen gab es ihr einen Stich, daß er sich bei ihnen nicht mehr wohl fühlte und sich vielleicht von ihnen hinwegwünschte, hinaus in die Welt.

Und sie fragte ihn, wie sie ihre Pflegemutter oft gefragt hatte: »Willst du nicht einen Schluck Wasser?« Sie hatte die Gewohnheit angenommen, einen Schluck Wasser anzubieten, wenn sich jemand nicht wohl fühlte; kaltes Wasser hilft.

Doch er antwortete mit einem langgezogenen Nei-i-n. Sie fuhr fort, ihn unauffällig zu betrachten, und sie konnte sich vor Unruhe darüber, daß sie nichts für ihn tun konnte, nichts vornehmen; ach, wenn er jetzt von ihnen ginge! Sie hatte versucht, alles für ihn zu tun, ihm stets den besten Bissen aus der Brühe zugeteilt, ihm sechs- bis achtmal am Tag Kaffee gebracht, so daß sie bald keinen Kaffee mehr hatte, und es schien keinen Zweck zu haben, was sollte sie tun? Er wurde von Tag zu Tag unfroher, rezitierte immer weniger Gedichte, wurde immer unwilliger, über die Kultur der Welt zu sprechen, konnte sich von diesen schweren Gedanken nicht losreißen. Sehr gern wollte sie ihm ein freundliches Wort sagen, denn obwohl sie jung war, wußte sie aus eigener Erfahrung, wie die Seele im stillen zu kämpfen haben kann, wie ein freundliches Wort die Wolken vom Himmel der Seele vertreiben kann; doch sie hatte keinen Mut, etwas zu sagen, sondern wandte sich von ihm ab, und ihre Augen füllten sich mit Tränen.

Am Tag darauf stolperte die alte Großmutter an sein Bett und sagte: »Sie ist wohl nicht viel wert, deine Gesundheit, Mann«, denn sie kannte kein Beispiel dafür, daß vollkommen gesunde Männer mit den Händen im Nacken daliegen und die Dachbalken anstarren. Er sah eine Weile furchterfüllt dieses alte Gesicht an, das keine Hoffnung enthielt, doch alles vertrug. »Sollte dem Mann nicht Tabak fehlen?« sagte sie. Doch ihm fehlte kein Tabak, er schüttelte den Kopf und winkte mit der Hand ab. »Setz dich wieder hin, Alte«, flüsterte er.

Gleich am nächsten Tag, nachdem der Brief abgeschickt worden war, begann er zu fragen: »Seht ihr keinen von unten kommen? Wenn ihr einen von unten kommen seht, lauft gleich zu ihm und fragt ihn, ob er nichts für mich vom alten Finsen gegen den Husten hat.«

Je mehr Tage vergingen, um so öfter fragte er, mitunter mehrmals an einem Tag wie ein kleines Kind. Asta Sollilja nahm Anteil an seiner Erwartung und ging oft am Tag hinaus auf die Schneeschanze und hielt die Hand vor die Augen und schaute hinunter auf die Wiesengründe, ob Leute zu sehen waren, die von unten kamen. Immer wieder schickte sie ihre Brüder zu Leuten auf den Weg, doch niemand hatte etwas für den Lehrer bei sich.

Und schließlich tritt das ein, was sie jeden Tag befürchtet hatte, seitdem sie seinen Mißmut bemerkt hatte: sie hat ihm den Kaffee gebracht, und er bittet sie, sich zu ihm auf die Bettkante zu setzen, während er Kaffee trinkt. Er trinkt. Dann reicht er ihr die leere Tasse. Sie sitzt mit der Tasse auf dem Schoß und weiß nicht, ob sie bleiben oder nicht bleiben soll, denn es ist das erste Mal, daß er sie gebeten hat, sich zu ihm zu setzen, und sie wagt nur dann zu gehen, wenn er ihr erlaubt hat aufzustehen, er ist ihr Lehrer. Dann sagt er: »Wenn ich morgen nichts von Finsen bekomme, muß ich selber gehen.«

Wenn es jemand anders gewesen wäre, wäre sie berechtigt gewesen, aufzublicken und ihn mit großen fragenden Augen anzusehen, und etwas in ihrem Gesicht wäre zusammengestürzt. So aber blickte sie nicht einmal auf, sie hatte kein Recht dazu. Statt daß sich ihre Augenlider hoben, senkten sich ihre Wimpern, sie sah in verschämtem Schweigen hinunter auf die Steinguttasse auf ihrem Schoß. Und der Mann sah sie selbst an, wie sich ihre blutjungen Formen unter dem abgetragenen, ausgeblichenen Kleid verbargen; sie sagten seinen Sinnen um so mehr, je ärmlicher die Kleidung war, so wie die zarte Blume, die Gott hinter vielen Gletschern erschaffen und dann vergessen hat, die ihren Zauber hunderttausend Steinen, unendlichen Einöden zu verdanken hat. Und schließlich berührte er sie, wie man eine kleine Blume berühren muß, die für sich allein hinter vielen Gletschern zwischen hunderttausend Steinen wächst. Er strich weich mit der flachen Hand über ihr Schultern und ihren Rücken, und schließlich hielt seine Hand auf ihrer Lende an; doch nur einen Augenblick. Und als er seine Hand wieder an sich gezogen hatte, da erst blickte sie auf. Ihre Augen fragten betrübt und hilflos wie die eines Kindes, das Schläge und im selben Augenblick ein Stück Zucker bekommen hat. Doch sie sagte nichts. Sie schüttelte nur kurz den Kopf wie in natürlicher Selbstverteidigung, schloß die Augen und öffnete sie wieder. Er legte seine feuchte Hand auf ihren Handrücken und versuchte, ihr in die Augen zu sehen – merkwürdig, wie ihr linkes Auge blicken kann, ohne daß die Pupille das untere Lid berührt. Man sieht ihr in die Augen, bis man seine eigene Seele nicht mehr begreift. Etwas bewegte sich unter ihrem Kinn, als ob sie schluckte. Sie beeilte sich, aufzustehen und vor der Hand zu fliehen, die auf ihrem Handrücken ruhte.

Hätte sie es sich nicht von Anfang an selbst sagen können, daß sie ihm alle nichts bedeuteten? Dieses niedrige Gehöft im Schnee – ach, weshalb hatte er kommen müssen, auch er? Weshalb hatte er hierbleiben und ihre Fürsorge jeden Tag in Anspruch nehmen müssen, wie ein Kind die Mutter, so daß ihr letzter Gedanke am Abend war, was sie am Morgen für ihn tun könnte – und dann weggehen? Woran sollte sie denken, wenn er weg war?

52

Die Wunschstunde

Als der kleine Nonni freudestrahlend mit der Medizin des Lehrers in einer Flasche in die Stube hinaufkam, da heiterte sich Asta Solliljas Miene sichtlich auf. Sie sah ihn mit froher Anteilnahme an und klatschte ganz unwillkürlich in die Hände.

Doch nur einmal. Denn als sie ihn ansah, da war es trotz allem gar keine Freude, was sie in seinem Gesicht antraf; hingegen riß er dem Jungen die Medizin heftig aus der Hand und sprang elastischer aus dem Bett, als sie ihn sich je zuvor bewegen sah, blickte gierig auf die Beschriftung. Dann steckte er die Flasche in eine Ecke seines Betts und fragte, ob es nicht bald Essen gäbe. Asta Sollilja legte Holz unter dem Topf nach.

Schließlich fragte sie schüchtern, ob er nicht die richtige Medizin bekommen hätte, denn ihr schien ihrer aller Zukunft davon abzuhängen. Wenn er vielleicht eine falsche Medizin bekommen hatte, dann – das war soviel wie keine Medizin. Doch er erwiderte, wir sollten heute abend nicht ins Lehrbuch sehen, sondern früh schlafen gehen. »Wir wollen früh schlafen gehen, damit die Medizin dem Lehrer guttut«, sagte Asta Sollilja.

Dann ging man früher als sonst schlafen, nur daß die alte Frau aufblieb und im Schimmer ihrer Tranlampe mit schwachem Gemurmel strickte, bis ihre Zeit gekommen war. Endlich machte auch sie ihr Licht aus und legte sich hin. Da hatte Asta Sollilja schon lange zu träumen begonnen. Ihre Träume hatten wieder den Charakter angenommen, der den Schlaf zum Freund macht, und vor sich sah sie wieder in der Unvergleichlichkeit des Glanzbildes die feine, unnatürlich grüne Waldlandschaft des alten Kalenders, der vor langer Zeit unter die Klauen der Schafe geriet; ja, es war noch immer die Landschaft ihrer besten Träume. Und in ihre Sinne nistet sich der schwere Duft von Thymian, wie manchmal des Sommers vom Berg her, besonders an Sonntagsmorgen zu der Zeit, wenn der Tau der Nacht vor der Sonne des Ruhetags schwindet. Und in Ruhe gleitet sie durch diese Landschaft wie ein Vogel, der an den Felsengürteln des Abhangs entlangschwebt, ohne mit den Flügeln zu schlagen; in diesem Traum ist nichts zu befürchten, keiner hat es schwer, sie ist selig. Es ist sogar niemand hinter ihr her: so kann die Jugend auch gesunde Träume träumen. Dann glaubt sie zu hören, daß das Land selbst zu ihren Füßen, da, wo sie schwebt, zu flüstern begonnen hat, oder unter ihren Flügeln; es ist, als bereite der Abhang mit seinen Felsengürteln sich vor, ihr unwiderstehliche Gedichte unter die Flügel zu flüstern; und sie wird wach. Sie weiß nicht, wie lange sie geschlafen hat, doch der Traum war schön, und ihr Herzklopfen ist anfänglich frei von Furcht, obwohl sie die Augen in schwarzer Finsternis aufmacht. Und wahrhaftig, es wurde geflüstert, es war nicht bloß ein Traum gewesen. Ja, es war ein Gedicht. Und es war hier in der Stube. Es war er. Er sprach ein Gedicht. Wie kommt es, daß er wacht, zwischen Mitternacht und frühem Morgen, und ein Gedicht spricht? Sie richtet sich im Bett auf und räuspert sich ein wenig, fragend, und er sagt noch eine ganze Strophe her.

»Ich bin es bloß«, sagt er.

»Kannst du nicht schlafen?« fragt sie.

Doch er antwortete:

»Stolze
Silberspangeneiche,
sanftmütig und fein,
oft von
ganzem Herzen will ich,
wenn ich bin beim Wein,
dich für mich,
Bergesblume mein,
wenn geweckt ist worden
Adams inneres Sein.«

»Was sagst du da auf?« fragte sie.
»Es ist nur ein altes Gedicht.«
»Sollen wir denn wach werden?« fragte sie, denn sie glaubte vielleicht, daß er ihnen Unterricht geben wollte.

»Die Stunde naht«, sagte er und fuhr mit dem Gedicht fort und flüsterte, und ihr schien, daß er es zu ihr hinüber flüsterte, als spräche er besonders mit ihr. Es war ein etwas sonderbares Gedicht, sie kannte es nicht, und er sprach es so, als beträfe es sie allein, und deshalb wurde sie in der Dunkelheit furchtbar schüchtern und wußte nicht, was sie tun und sagen sollte, am allerwenigsten um Mitternacht, denn die Poesie soll man am Tage laut aufsagen, aber des Nachts in der Stille verstehen. Doch wie soll ein junges Mädchen ein Gedicht verstehen, das gerade ihr ins Ohr geflüstert wird, mitten in der Nacht? Kann sie es unpersönlich auffassen wie ein Gedicht am Tage?

»Dunkel mir
sind des Denkens Gleise,
sie führen mich zur Zeit
zu dir;
Frau der Dichterweise,
voller Fröhlichkeit,
sei mir
hier in Liebe hold,
schätze ich sie höher
als Aarons Kalb aus Gold.«

Nein, hoffentlich sprach er das nur für sich selbst; hoffentlich wußte er, daß sie zu jung dafür war, etwas so Komisches zu verstehen. Und wenn sie ihm auch oft Kaffee gab und mitunter Plinsen, so geschah es, weil sie nur ein kleines Mädchen war, und es hatte deswegen keinen Sinn, so etwas direkt zu ihr zu sprechen. Und obwohl es ihr vielleicht manchmal selbst schien, daß sie schon ein großes Mädchen war, so hatte sie das doch noch nie geäußert. Und außerdem hatte sie sich auch nicht denken können, daß es jemandem einfallen könnte, ein Kalb in Verbindung mit der Liebe zu erwähnen, auch nicht ein goldenes Kalb, nein, das konnte kein ernsthaftes Gedicht sein, und es war ausgeschlossen, daß er sie meinte. Was sollte sie sagen?

>»Herzrein,
goldgeschmückt durch Tugend,
froh zu jeder Zeit,
fußfein,
schlank und rank von Jugend,
augenschön zum Teil
wie ein
grader Mast verziert,
Muster edlen Sinnes,
Schönste in der Menge.«

Nein, dem Himmel sei's gedankt, daß solch sonderbare Poesie nicht auf sie gemünzt sein konnte, es stimmte ganz und gar nicht, daß sie schöne Augen hatte, nicht einmal zum Teil, und wie konnte man sie als das schönste Mädchen ansehen, das mußte von einem anderen Dichter vor hundert Jahren und über ein anderes Mädchen gedichtet worden sein. Sie war nie inmitten einer Menge anderer Mädchen gewesen, sie war wie eine einzelne Pflanze, die abgesondert im Geröll wächst; niemals, nicht einen Augenblick, war ihr etwas anderes in den Sinn gekommen, als daß andere Mädchen in der Welt sie übertrafen; auch war sie kein richtiges Mädchen, nur ein kleines Mädchen – und wie hätte es denn herauskommen können, daß sie schon groß war, sie hatte es niemandem erzählt, nur manchmal darüber nachgedacht; was würde zum Beispiel ihr

Papa sagen, wenn er es wüßte; sie, die noch nicht einmal konfirmiert war.

Mit jeder Strophe wurde ihr Herz unruhiger, bald konnte sie es nicht mehr ertragen.

>Ich fand
weiß wie Sonnensegel,
heller als Geschmeid
deine Hand,
Knöchel, Fingernägel,
jugendfrische Haut.
Todesband
fällt in dieser Zeit
oft von meinen Sinnen,
bald sind sie befreit.«

Weshalb legte er auf dies alles solchen Nachdruck, wie man ihn nur auf die Worte legt, die man einem anderen im Vertrauen zuflüstert und die niemand hören darf? Wußte er denn nicht, daß es Grenzen dafür gibt, was ein kleines Mädchen, von dem niemand weiß, daß es schon groß ist, mitten in der Nacht anhören kann, ohne die Gewalt über sich zu verlieren und in Ohnmacht zu fallen oder vielleicht zu sterben?

Er, der vollkommene Macht über sie besaß und die Gedichte der Welt und ihre Geschichte aus eigener Erfahrung kannte -- wollte er denn nicht das wehrlose Mädchen verschonen?

Weibes
Wert recht einzuschätzen,
Worte es nicht tun.
Treibt es
von mir alle Schmerzen,
schwinden sie wie Schaum,
weckt es
meines Lebens Blume,
hab ich deiner Mitte
kleines Heiligtum.«

Vollkommen verwirrt sprang sie aus ihrem Bett, suchte nach den Streichhölzern und machte Licht. Da bemerkte sie, daß sie noch nicht einmal ihren Unterrock angezogen hatte, so voller Angst, so verwirrt war sie gewesen. Sie zog ihn sich eilends über und strich ihn die Hüften hinunter glatt, und es war Licht in der Stube, und, mein lieber Gott, wenn er sie jetzt gesehen hätte. Schließlich strich sie sich angstvoll das Haar aus der Stirn und sah ihn an.

Ja, es ging ihm besser. Er war jetzt so gesund, daß er es mitten in der Nacht nicht mehr im Bett aushielt, geschweige denn, daß er schlief. Er saß auf der Bettkante, mit gerötetem Gesicht und heißen Augen; die tiefen Furchen in seinem Antlitz schienen sich plötzlich geglättet zu haben; er war wie ein Jüngling, die Freude in seinen Mienen fast kindlich. Er saß da mit der Medizin auf den Knien und lächelte das Mädchen und das Licht an, das sie angezündet hatte. Die Jungen wurden von dem Licht ebenfalls wach und richteten sich auf, um diese Freude mit anzusehen.

War er denn – ganz gesund? Ja, er war ganz gesund. Und mehr als gesund. Er war selig. Er war vollkommen selig. Und er fügte hinzu: auch gut, vollkommen gut. Und warum? Er schwenkte die Medizin vor dem Angesicht der Welt: »Weil es heute nacht keiner schwer hat. Ich habe alles zusammen ausgestrichen. Keiner hat es mehr schwer. Heute nacht bestimme ich. Kein zitternder Herzenskummer mehr, keine unbekleideten Kinder mehr in einem schwarzen Schuppen auf einer Geröllbank, wo der Bach auf den Sand hinausfließt, kein Wurm mehr in den gemächlich wiederkäuenden Schafen der Täler, keine erdrückenden Lasten mehr auf den edlen Lastpferden des selbständigen Menschen, sondern rauschender Laubwald über den Sandwüsten des Äquators und herzlicher Glückwunsch zum Geburtstag zwischen dem Jäger und dem Hirsch und dem Panther auf den Ufern des Mississippi. Alles, was das Herz begehrt, gebe ich euch; kommt, ihr meine Kinder, an meine Brust und sucht euch Länder aus. Es ist die Wunschstunde.«

Lange Zeit konnten die Kinder dieses sein Glück nicht von den Gedichten unterscheiden, die er ihnen schon beigebracht hatte. Doch der Schlaf schwand aus ihren Augen, um so mehr, je länger er sprach. Die Jungen stiegen ebenfalls aus den Betten auf den Fußboden, um an der Erlösung der Welt teilzuhaben. Er nahm sie zu sich und setzte sie neben sich auf die Bettkante und legte ihnen den Arm über die Schulter, drückte sie an seine Brust und sagte unglaubliche Gedichte auf.

Die Wunschstunde kam für die Kinder so überraschend, daß sie zuerst nicht wußten, wie sie sich verhalten sollten. Es ist nicht das erste Mal, daß Leute in der Wunschstunde die Sprache verlieren, es ist sogar sehr selten, daß Leute die Wunschstunde verstehen, wenn sie kommt, obwohl es vielleicht die einzige Stunde ist, die sie von jeher ersehnt haben, mit der sie sogar gerechnet haben. Sogar der kleine Nonni, der schon immer an Wünsche geglaubt hatte, er, der ein Kind der Wünsche war – als die Stunde kam, zögerte er. Und Asta Sollilja glaubte, daß dieses alles Poesie sei, nur von neuer Art. Sonderbarerweise war es der kleine Gvendur, der Realist, der sich zuerst auf die heilige Stunde einstellte, der zuerst begriff, daß sie da war. Es war jene Vernunft, die – analog zu der Vernunft Hrollaugurs auf Quellen – die Dinge nimmt, wie sie kommen, ohne nach ihrem Charakter zu fragen. Er war der erste, der sich etwas wünschte.

»Ich wünsche mir«, sagte er, »daß Papas Schafe gut durch den Winter kommen. Und daß er sich diesen Winter viel Geld verdienen kann. Und im Herbst mehr Schafe kaufen.«

»Mein Freund«, antwortete der Lehrer und küßte ihn, »dein Wunsch soll in Erfüllung gehen. Die gemächlich wiederkäuenden Mutterschafe mit je zwei Lämmern sollen zum Hochweideabtrieb die schönsten Jungschafe liefern. Der Zuchtstamm zu Hause und das Guthaben in Fjord sollen im gleichen Verhältnis zunehmen. Hierher soll ein spiegelglatter Fahrweg aus der Zivilisation der Welt führen, und große Silbermünzen sollen wie Wagen hergebraust kommen. Und hier auf dem Grashügel soll ein zweistöckiges Haus aus Stein sich erheben wie das Schloß im Märchen, erleuchtet mit den stärksten modernen elektrischen Lampen.«

Das war der erste Wunsch, und er war erledigt. Der kleine Nonni begriff, daß, wenn diese Stunde vielleicht auch nur ein Traum war, es doch ratsam wäre, sich diese Gelegenheit nicht entgehen zu lassen, für den Fall, daß sie kein Traum war, ganz wie Menschen sich in der Todesstunde zu Gott bekennen, für den Fall, daß es ihn trotz allem doch geben könnte. Und was gedachte er in dieser Stunde zu verlangen, da das Schicksal ihm seinen Willen zu Füßen zu legen schien? Manchen Menschen ist nur ein Wunsch eingegeben, und das sind Glückskinder, denn das Leben ist gerade groß genug für einen Wunsch, nicht für zwei. Seine Mutter hatte ihm in ihrem Leiden diesen einen Wunsch ins Herz gepflanzt: er wünschte sich andere Länder.

»Was für Länder?« fragte der Lehrer.

»Länder mit Wald«, sagte er. »Zum Beispiel wie das Land, wo der Mississippi im Gedicht dahinbraust. Wo der Hirsch und der Panther im Wald zu Haus sind. Ich möchte in so ein Land.«

Da sagte der Lehrer: »Bring mir Papier, Federhalter und Tinte.«

Er lehnte sich über den Tisch und schrieb mit großen, ungezügelten Buchstaben, und die Feder knirschte. Der Knabe sah ihm beim Schreiben verwundert zu und wußte noch immer nicht, ob es ein Traum war oder ob er tatsächlich wach war, ob dieses alles Spiel und Dichtung war oder ob es Stunden gibt, die über alle anderen Stunden im Leben Macht haben und ihnen das Ziel setzen.

»Bitte«, sagte der Lehrer und reichte ihm mit vornehmer Würde den Brief. »Schick diesen Brief bei der ersten Gelegenheit hinunter nach Fjord. Es ist dein Empfehlungsschreiben. Und dir soll nach deinem Wunsch geschehen.«

Der Junge betrachtete einfältig die Anschrift, der Brief war an eine Frau mit einem ausländischen Namen gerichtet, vermutlich zur Zeit beim Bezirksvorsteher, keine weiteren Erklärungen. Ehe er wieder schlafen ging, legte er das geheimnisvolle Empfehlungsschreiben bei seiner Großmutter auf das Wandbrett und kniff sich ins Ohr – war es nicht ein Traum? Vielleicht würde der Brief am Morgen verschwunden sein. Dann wurde er am Morgen wach, und sein erstes war, auf das Wandbrett zu greifen, und siehe da, da lag ein

Brief mit einer großen Anschrift an eine Ausländerin beim Bezirksvorsteher. Und er gab ihn Leuten, die unterwegs waren, und bat sie, ihn abzugeben.

So war der zweite Wunsch in Erfüllung gegangen, und jetzt kam die Reihe an den dritten. Er sagte den Jungen, sie könnten jetzt wieder schlafen gehen. Und die Jungen gingen schlafen. Als sie sich wieder ins Bett verfügt hatten, griff er nach der Lampe, machte das Licht aus und nahm Asta Sollilja.

53

Das Unvermeidliche

Es war ganz furchtbar.
Nie, nie durfte etwas so Furchtbares wieder vorkommen.

>»Ave, Herr, erbarme dich
deines armen Menschen.
Sieh von deinen Höhn auf mich,
möchte Trost mir wünschen.
Schrecklich die Versuchung ist,
hart bedrängt die Seele,
schwer auch ist der Sünden Last,
schnürt mir ein die Kehle.

Satan droht mir, schreckt der Tod
täglich mich aufs neue.
Höllenfurcht bringt mich in Not,
schmerzt der Sünden Reue.
Obendrein des Himmels Glut,
brennend aus Verlangen,
offenbart mir ihre Frucht,
Angst hält mich umfangen.«

Asta Sollilja steht frühmorgens vor dem Herdloch und lauscht auf diesen Psalm in ihrem Rücken. Ihre Hände sind Mädchenhände mit grober bläulicher Haut und breitem

Handrücken, mit großen Knöcheln, doch schlanken Fingern, mit feinen Fingergliedern und starken Gelenken, mit einem Näherinnendaumen, mit großer Daumensehne, knochigem erwachsenem Handgelenk. Sie legt schwarze Heidekrautzweige auf den Rost, denn sie hat die Asche herausgenommen. Die dünnen Äste der Zwergbirke und der Saft unter der Rinde knistern, wenn man Feuer daran hält, und sie beeilt sich, trockene Stücke Brennung daraufzulegen; der Wind schlägt durch den Schornstein, die Stube füllt sich mit Rauch. Ja, sie ist schon ein großes Mädchen; sie ist es, die das Feuer anmacht, und es gibt keinen Weg zurück.

Es ist Ende des Lenzmondes, am Fenster graut schon der Morgen. Doch er ist sehr kalt. Er ist besonders kalt nach dieser Nacht, sie schaudert vor Kälte zusammen, sie muß immer wieder die Zähne zusammenbeißen. Ihr Haar ist zerzaust, der eine Zopf ist aufgegangen, sie hat sich noch nicht gekämmt. Sie hat noch nicht einmal ihr enges Kleid über den Hüften glattgezogen, so daß es oberhalb der Lenden Säcke bildet, und wenn sie sich bückt, sieht man ihre Kniekehlen, grob im Vergleich zu dem schmalen, ungeformten Knie des Kindes, fast plump, mit einer starken Rundung oberhalb, mit starker Wade – sie hat vergessen, ihren Unterrock anzuziehen, wo ist nur ihr Unterrock? – und sie hat auch nicht die Strümpfe hochgezogen, sie hängen ihr in dicken Falten um die Beine – doch das macht nichts. Sie kommt sich plötzlich so unnatürlich breit vor, sie, die immer so unnatürlich schmal war – ihr ist ungefähr zumute wie einem Fisch, der aufgeschnitten und aufgeklappt worden ist, ja, mit einem Messer, mit einem scharfen Messer. Ihr tut alles weh, der ganze Körper, bei jeder Bewegung hat sie irgendwo Schmerzen, doch nicht so, als wäre sie nur sauber aufgeschnitten, sondern als wäre sie auch zerrissen und zerschunden; am liebsten hätte sie totenstill unter einem großen Deckbett liegen wollen, ohne daß jemand sie störte; viele Tage lang, nur schlafen, schlafen, sogar sterben – sie war gegen Morgen in einen kurzen Schlummer gesunken und vor Angst wieder aufgeschreckt – nein, nie, nie durfte etwas so Schreckliches wieder vorkommen, nein, nichts dergleichen.

Sie vermied vor allem, sich nach ihrer Großmutter umzudrehen, und dennoch sah sie mit dem Nacken, wie sie dasaß und sich ein wenig nach vorn wiegte mit den Stricknadeln auf dem Schoß; ihr Kopf wackelte, das Antlitz – unlesbare Runen, flackernde Augen unter den schweren blauen Augenlidern – und doch sahen sie alles und wußten alles und waren Wahrzeichen für die Wirklichkeit bei Gott und Teufel, die am Ende der Nacht begann, die mit Traum und Wäldern gekommen war; aus der Entrückung der Wunschstunde erwacht man zu den uralten Psalmen der Großmutter, sogar ehe der Tag heraufkommt; und ehe das neutrale, beruhigende Feuer des Alltags zu brennen begonnen hat, beginnt der Psalm, in dem die verebbende Wonne mit heranflutender Qual multipliziert wird, wie wenn tausend mit einer Million multipliziert wird; es ist, als ob sich das Leben in einer einzigen Nacht abgespielt hat. Sie kam sich wie geschlachtet vor. Ihr Körper war wie ausgeblutetes, zerlegtes Fleisch. Nie, nie ...

> Die Versuchung zeigt mir an,
> daß ich nicht find Erbarmen.
> Mich verzehrt dein Zorn sodann,
> keiner hilft mir Armen.
> Wähl' den Kelch des Todes mir,
> fürcht mich doch zu sterben.
> Wohin soll ich blicken hier,
> muß allein verderben.

Sie versuchte im stärker werdenden Rauch den Husten zu unterdrücken, damit sie niemanden aufweckte; daß bloß keiner wach würde, daß bloß alle weiterschliefen, daß keiner sie bemerkte, sie sähe, sie anspräche, daß kein Tag anbräche, daß das Wasser so bis ins unendliche stehenbliebe, halbkalt, über halbentbranntem Feuer, denn sie war sich dessen sicher, daß sie sich verändert hatte, daß alle einen Schreck bekommen würden, die sie sähen, sie nicht erkennen, sie fortjagen würden. Ihre Brüder waren nicht mehr ihre Brüder; oder richtiger gesagt, sie war nicht mehr ihre Schwester. Schon lange hatte sie gewußt, daß sie eine andere Natur hatte als sie; hatte sie beneidet, seit sie klein waren; hatte von Anfang an ihre verborgene Überlegenheit anerkannt, und jetzt trat es schließlich ein, daß sie für das büßen mußte, was ihr nicht gegeben war. Nichts dergleichen würde jemals ihnen passieren können. Und die Aussichtslosigkeit, daß sie jemals ihr Schicksal verstehen könnten, sonderte sie auf ewig von ihnen ab; nein, kein Mensch auf der Welt konnte verstehen, was ihr passiert war; sie stand allein, außerhalb der ganzen Welt; es war in aller Ewigkeit nicht möglich, es in Ordnung zu bringen, so würde sie sterben. Alle Verbindung zu verwandten Wesen war abgebrochen, sie gehörte einem anderen Leben an, alles war wie früher, nur sie eine andere, und niemandem war etwas geschehen außer ihr. Von jetzt an mußte der Tag ihr fremd sein, jeder Tag, alle Tage; und mehr als fremd; unlösbare Probleme, Schwierigkeiten, unerträgliche Bürde. Wenn sie nur ewig vor diesem unerhitzten Wasser stehen könnte, ohne Gefahr zu laufen, die Gemeinschaft zu wecken, von der sie getrennt war, die Bande, die sie zerrissen hat, die Zusammengehörigkeit, die sie zerstört hat; leben, oder richtiger gesagt, nicht leben, an der Grenze zwischen Sein und Nichtsein, am kaum entfachten Feuer mit knisternder Zwergbirke, bei grauer, unbestimmter Morgendämmerung, ohne eine Erklärung für die Erfahrung der Nacht, wie in undeutlicher Erinnerung an den Flügelschlag eines namenlosen und unheimlichen Vogels mit häßlichem Schnabel, den man ein einziges Mal über das Wiesenmoor flattern sah.

Und dann fordert sie schon im nächsten Augenblick von sich selbst eine Erklärung des Geschehenen – was war geschehen? Und vor allem: was hatte sie getan? Nein, sie hatte nichts getan. Sie hatte sich über seine Freude gefreut, ein Strom durchfuhr sie, und sie hatte sich ganz unwillkürlich an ihn gelehnt, weil ein Strom sie mitten in der Nacht durchfahren hatte, als er das Licht ausmachte, konnte sie etwas dafür, daß sie ein Strom durchfuhr? Weshalb durchfährt einen ein Strom? Das Leben selbst, man kann nichts dafür, man lebt. Darf man denn das nicht? Ja, aber warum ist man denn geboren? Weshalb hatte sich unbedingt ein bißchen Leben in ihr unter dem Bauch der Hündin verborgen halten müssen?

Eine warme Hündin und sicher verlaust, vielleicht mit Würmern – weshalb hatte ihr Vater die Hündin nicht mitgenommen, als er auf Nachlese ging? Nein, sie hatte nichts getan. Nichts – seit sie unter dem Bauch der Hündin lag bis heute morgen – es hatte sie nur ein unbekannter Strom gepackt.

Und dennoch. Sie hatte ihn gelassen – warum hatte sie ihn gelassen? Warum hatte sie nicht an ihren Papa gedacht, statt ihn zu lassen? Papa – es war wie ein bitterer Schmerz, der direkt durch das Herz geht, nein, nein, er durfte es nie wissen, er, der ihr alles anvertraut hatte, in und außer dem Haus, hatte er denn nicht vor allem sie selber ihrer Obhut anvertraut?

Er, der sie einen kurzen Augenblick hier am Lukenrand an sich gedrückt hatte, sie war seine Lebensblume; er ging, um ihr ein Haus zu bauen; und er ging die Stiege hinunter, und sie hatte gelobt, nie einen anderen Vater als ihn zu haben, und er machte das Haus hinter sich zu, und es war dasselbe wie ihr Herz hinter sich zumachen, als er ging; und sie weinte, als er ging, und keiner durfte hereinkommen, und niemand wußte, daß sie weinte, und jetzt kommt er zu Ostern wieder, und wie soll sie ihn dann ansehen? Und da schüttelt ein unwiderstehlicher Weinkrampf ihre Brust, und was sie auch tut, sie kann sich nicht beruhigen, die Tränen strömen über ihre Hände in das Wasser auf dem Feuer, und sie preßt die Ellbogen an die Seiten, um die Brust im Zaum zu halten; doch das Weinen ist auch ein selbständiges Element in der Brust des Menschen, ein zweiter Strom, und er wird auch von einer anderen Welt regiert; und der Mensch ist wehrlos gegen sein eigenes Weinen und kommt nicht weg und kommt nicht weg; und so war es heute nacht, als er die Arme um sie legte und sie beide eins beim andern waren; und es gab nichts, was sie trennte; und sie glaubte, es wäre die Freude selbst; und sie hatte ihren Vater vergessen und alles; und da war es ihr dennoch in den Sinn gekommen, zu versuchen, wegzukommen, weg – doch sie kam nicht weg, sie kam nicht weg, sie kam nicht weg. Man kommt nicht weg, es ist das Leben. Und sie steht hier weinend bei dem schwachen Feuer, das man angezündet hat.

Um dein Erbarmen bitte ich,
wie ein Hund ich flehe.
Komm zu mir, beeile dich,
frei mach meine Seele.
Hilf, daß Verzweiflung mich nicht packt
in meiner Sünden Schwere.
Nimm mir die Versuchung ab,
gern gesund ich wäre.

Diese langgezogenen Karawanen frommer Denkweise wanderten in ihrem Rücken weiter umher wie Gespenster, während der Allerweltsfeind sie von der Seite anfiel, das feindliche Überselbst, das die menschliche Natur auf christlicher Grundlage beurteilt, und schließlich konnte sie es nicht mehr ertragen und wurde von Verzweiflung gepackt, denn es gibt doch Grenzen dafür, was die menschliche Natur an christlicher Ethik aushalten kann. Sie flüchtete entsetzt an ihrer Großmutter vorbei, nach hinten in die Stube, und blieb an seinem Bett stehen, als wären seine Arme ein sicheres Versteck.

Sie berührte in panischer Angst seine Wange, legte ihre kalte Hand unter seinen offenen Halsausschnitt. Doch anstatt sie zu retten, gab er im Schlaf einen jämmerlichen Laut von sich und drehte sich zur Wand; das Deckbett glitt von ihm ab, und er war nackt, und dort lag ihr Unterrock verknüllt in seinem Bett, und sie riß ihn an sich und deckte ihn zu, alles in derselben Angst, sie hatte noch nie einen nackten Mann gesehen, doch zum Glück sah er sie nicht, am Fenster hatte es gerade erst angefangen zu dämmern, und was hatte sie getan? Wer war dieser Mann?

Es war fast ganz hell, als sie mit ihren Brüdern aus den Schafställen kam. Es tat ihr wohl, in den frischen Wind des Lenzmonds hinauszukommen, und es beruhigte sie, sich mit Schafen und Heu abzugeben, aber sie wagte nicht, ihre Brüder anzusehen, vermied, sich ihnen so zuzuwenden, daß sie ihr ins Gesicht sehen konnten, aus Furcht, sie würden sie nicht erkennen. Er lag noch im Bett und drehte sich der Wand zu; sie horchte, hörte ihn aber nicht atmen. Sie bekam große

Angst, denn sie dachte, er wäre vielleicht gestorben. »Möchtest du nicht etwas trinken«, flüsterte sie einige Male, »der Kaffee ist heiß.« Er war jedoch nicht gestorben, sondern wachte auf und öffnete die Augen, und sie war sehr froh, daß er tatsächlich wach wurde, wenn er auch nur mit schmerzlichen Seufzern antwortete; sie hoffte, es würde vergehen. Sie brachte ihm den Kaffee und half ihm, sich aufzurichten.

Sein Gesicht war grau und krank; große Bartstoppeln, wirres Haar, er sah sie nicht an. Sie setzte sich unaufgefordert auf sein Bett und begann ihn mit ihrem Stück Kamm zu kämmen. »Hier ist dein Kaffee«, flüsterte sie, gleichsam im Vertrauen. Dann fuhr sie fort, ihn zu kämmen; ja, sie kämmte ihn, es war nicht zu begreifen, und doch tat sie es bedenkenlos und natürlich; sie setzte sich sogar weit auf sein Bett und berührte ihn, brachte das Bett unter seinen Schultern in Ordnung; alles wie von selbst, alle Schüchternheit geschwunden; sie fragte ihn, ob er Schmerzen hätte und wo er Schmerzen hätte – wünschte er etwas Besonderes? Was machte es aus, was ihr geschehen war, im Vergleich mit der Möglichkeit, daß ihm etwas geschehen könnte?

»Ich bin ein Mann des Todes«, flüsterte er beim Kaffee. Dann: »Kümmere dich nicht um mich. Ich verdiene es nicht.«

Er dankte ihr nicht dafür, daß sie ihn kämmte und ihm die leere Tasse abnahm; er legte sich wieder unter Seufzern hin, und sie deckte ihn sorgfältig zu, trocken im Hals, mit unaufhörlichem Herzklopfen; und er sah sie noch immer nicht an, geschweige denn, daß er ein nettes Wort sagte, flüsterte. Doch als er eine Weile so gelegen hatte, während sie bei ihm saß und ihn mild und treu ansah, bewegten sich seine Lippen, und er flüsterte:

»Allmächtiger Gott, hilf mir. Allmächtiger Gott, vergib mir.«

Sie konnte sich nicht von seinen Qualen losreißen, sondern blieb auf der Bettkante sitzen und lauschte auf seine Seufzer und Schmerzenslaute.

Die Medizin war alle, die Flasche leer; zu guter Letzt war nicht mehr übrig, außer Gott.

> Gib deine Kraft dem schwachen Geist,
> daß er im Kampf gewinne.
> Hilfe deine Hand verheißt,
> wie auf dem Meer einst Peter.
> Lösch in des Herzens Ofen aus
> der Versuchung Feuer ...

An diesem Tag war Gott plötzlich die Hauptperson auf dem Gehöft, und alle schienen ihn zu verstehen, jeder auf seine Weise. Nach all dem Vorhergegangenen war er also so. Im Lauf des Tages übertraf der Lehrer die Großmutter im Gottesdienst, seine Gebete waren den ihren überlegen, es waren ungereimte Gebete des Herzens, und sie setzten die festgeformten auswendig gelernten Gebete der Großmutter matt. Wieder und wieder richtete er sich in seinem Bett auf und sah mit offenen verzweifelten Augen ins Weite, wischte sich den Schweiß von der Stirne und seufzte: »Lieber Gott, ich bin verloren, lieber Gott, was habe ich getan.« Oder: »Wenn du mich zertreten willst, Herr, dann zertritt mich gleich.«

Das junge Mädchen bot ihm Wasser zu trinken an, sie hatte noch immer die unbegründete Vorstellung, kaltes Wasser könnte Körper und Seele heilen. Er trank ein klein wenig kaltes Wasser und legte sich wieder unter Seufzern hin. Sie hoffte, er würde einschlafen. Doch unversehens richtete er sich wieder auf und fragte: »Was habe ich getan?«

Da bot sie ihm kein Wasser mehr an, sondern lehnte sich an ihn und flüsterte: »Du hast nichts getan.« Und fügte hinzu, noch leiser, ihm ins Ohr: »Du durftest es tun. Wenn es falsch war, so war es meine Schuld. Aber es war gar nicht falsch. Und du hast mir nicht weh getan. Und du darfst es wieder tun, wann du nur willst, Papa soll es nie zu wissen bekommen. Gott ist lange nicht so böse, wie du denkst.«

Sie legte ihm den Arm und den Hals, ihre Wangen an sein Gesicht, um so entschlossener, ihm bis ans Ende der Welt zu folgen, je schwerer er es hatte; und sich selbst zu vergessen. Er ließ ihre Hand nicht los, als er sich wieder hinlegte, mild ist die helfende Hand. Er fuhr fort, ihr befreiendes Gesicht mit halbgeschlossenen Augen zu betrachten; allmählich wurde er ruhiger.

54
Wenn man eine Lebensblume hat

Er ist die ganze Nacht gegangen.

Er war um Mitternacht aufgebrochen und sah von Westen her der Morgendämmerung entgegen. Es ist an einem Frosttag in der Karwoche. Langsam ist es hell geworden, hinter ihm schwindet die Nacht mit tausend Schritten, tausend wirren Gedanken, wie Schlaflosigkeit von stockfinsterer Nacht bis zum grauenden Morgen. Bald wirft die Dämmerung ihr kaltes Schattenlicht über die gefrorene Heide, über steinige Höhenzüge, die aus der Schneedecke hervorschauen, über die glitzernden, festgetretenen Spuren auf dem Weg, und vergoldet alles. Er sieht wieder über seine schuldenfreie Welt, die er vor langer Zeit kaufte, begrüßt sie in der grauen Bläue vor Sonnenaufgang vierzehn Tage vor Sommeranfang, vierzehn Tage nach der Tagundnachtgleiche im Frühjahr. Das Wiesenmoor ist noch spiegelglatt, festes Eis auf dem See, die Hochflächen im Süden schneeweiß, und hinter ihnen die Blauberge in mystischer Verwandlung, die nichts mit der Materie und dem Geist der Erde zu tun hat. Und dort steht das kleine Gehöft des Mannes unterhalb der Spalte im Berg, mit festgetretenem Schnee darum und dem vereisten Wasserfall in der Schlucht oberhalb; man kann deutlich sehen, wie das Dach sich abhebt. Am Rand der Hochebene legt er seine Bürde ab, lehnt sich an eine Wegwarte und betrachtet sein eigenes Land, das sein kleines Volk verwahrt; und die Lebensblume, von der er diesen Winter versehentlich gesprochen hatte – zu einem fremden Mann. Er steht hier wie ein Heer, das zum Kampf in andere Länder zog und jetzt mit Sieg in der Seele heimkehrt; mit gekauften Waren und, dem Unglaublichsten von allem, einem Guthaben bei der Handelsgenossenschaft.

Es geschehen unglaubliche Dinge in der Welt zwischen

den hohen Festen. Und was geschieht, überrascht den Talbauern immer wieder von neuem, diesen Gehilfen Gottes, der so wenig prophetische Gaben besitzt, daß er nicht damit rechnet, das Land könnte sich umkehren und sich über den Schnee wölben, ohne Vorwarnung und ohne daß er um Erlaubnis gefragt wurde, von Weihnachten bis Ostern. Niemand hielt treuer zu seinem Kaufmann als Bjartur in Sommerhausen, kaum einer war so wenig neidisch auf das Licht der Welt in einem Turmhaus. Pflegte er nicht ständig zu sagen: »Mir ist es ganz egal, ob er in einem Turmhaus wohnt, das er aus den Knochen der Leute gesogen hat, solange er seinen Verpflichtungen gegen mich ordentlich nachkommt, der alte Knacker.« Das war seine Meinung, und weder Argumente, Drohungen noch Versprechungen konnten daran etwas ändern. Und dann? Trotz des ganzen Vertrauens von Gudbjartur Jonsson ist es nun dahin gekommen, daß der Kaufmann nicht mehr existiert. Der Kaufmann ist weg, gewesen, verduftet; der Laden leer, die Geschäftsbücher verschwunden, das Turmhaus zur Tilgung der Schulden verkauft. So verschwinden eines schönen Tages die Fundamente, auf die der Talbauer sein Leben gründete, diese allgewaltigen Größen, die sogar Beziehungen zum Ausland haben, eines schönen Tages werden sie weggewischt wie Spucke. Das Guthaben Bjarturs in Sommerhausen ist verloren, und niemand da, den man zur Verantwortung ziehen könnte. So sah es diesen Winter aus, als Bjartur auf Arbeitssuche nach Fjord hinunterkam: Bryne bankrott, mit dem Guthaben des Mannes in der Tasche. Nach Viehverlust und Spuk steht der Mann hier ohne Guthaben an der Arbeitsstelle wie ein Idiot, und Tulinius Jensen ist zum Teufel gegangen. Weiter konnten Götter und Menschen nicht darin gelangen, dieses selbständige Individuum auszupowern; und es ist nicht möglich, jemanden zu verprügeln; niemand da, um seinen Zorn an ihm auszulassen, wenigstens niemand, dem es besonders nahegehen würde, zu Boden geworfen zu werden.

Dennoch ging er zum Bezirksvorsteher. »Wo ist denn eigentlich eure vielgepriesene Gerechtigkeit, wenn man sich einen Spaß daraus machen kann, den Leuten sozusagen die

Seele aus dem Leib zu stehlen, während sie an anderes zu denken, vielleicht mit einem Gespenst zu kämpfen haben? Wozu ist denn die verdammte Justiz da, wenn sie mein Geld nicht ausfindig machen und mir zurückgeben kann? Im Winter hast du dich davor gedrückt zu kommen, weil ein bißchen Schnee fiel, und darum habe ich meinen ältesten Jungen verloren, er hatte Angst, er lief in das Schneegestöber hinaus, während du hier zu Hause in der Bude langlagst; der Gemeindevorsteher ist zwar ein verfluchter Kerl, aber er hat sich immerhin sehen lassen, aber jetzt hast du eine Gelegenheit, deine Tatkraft zu beweisen; fordere mein Geld mit Hilfe des Gesetzes!«

Der Bezirksvorsteher hingegen ergriff Partei für Tulinius Jensen: »Das Geschäft ist bankrott, Mann; es besteht keine Aussicht, daß jemand auch nur eine Öre aus der Konkursmasse sieht, es sei denn nach vielen Jahren; ich habe nichts damit zu tun, vom König ist ein Mann eingesetzt worden, die Sache zu untersuchen; man kann nichts tun, wenn ein Geschäft Bankrott macht, man muß alle Umstände verstehen; mit Bryne ging es schon lange bergab, schließlich nahm ihm die Handelsgenossenschaft alle Kunden weg, das ist das ganze; Leute wie du hatten Gelegenheit genug, sich beizeiten zurückzuziehen; ihr habt selber schuld, wenn ihr so lange ausgehalten habt, bis alles futsch war, statt beizeiten in die Handelsgenossenschaft einzutreten.«

»Beizeiten? Das Bedauerlichste ist«, sagte Bjartur, »daß einem nicht die Idee kam, diesen verfluchten Hunden beizeiten die Kehle durchzuschneiden.«

»Ihr habt selber schuld«, wiederholte der Bezirksvorsteher.

»Ja. Und wenn der Mensch Ursache hat, etwas zu bereuen, dann ist es dies, daß sein Charakter nicht schlecht genug ist, um mit Dieben und Räubern fertig zu werden.«

»Wer ist ein Dieb und ein Räuber?«

»Wer? Der und die, für die du Partei ergreifst. Das ist nicht so zu verstehen, als ob ich sehr daran glaube, daß ihr besser seid, ihr verdammtes Justizpack, die ihr denen am Hintern hängt, aber euch nicht bei Schneefall über den Paß getraut, obwohl ein Leben davon abhängt.«

»Willst du nicht Platz nehmen, lieber Bjartur, damit wir in Ruhe und Vernunft über die Dinge sprechen können?«

»Ich setze mich, wann ich will.«

»Darf man dir dann eine Prise anbieten?«

»Deine Sache, was du anbietest. Doch es ist meine Sache, was ich annehme.«

Beim Arzt:

»Ich habe von niemandem etwas anderes gehört, als daß Tulinius Jensen ein sehr ehrlicher Mann war, lieber Bjartur. Ich selbst kannte ihn gut. Mir ist nicht bekannt, daß er jemals jemanden betrogen hat. Es waren andere, die Bryne betrogen haben; das Unglück fing an, als die Bauern auf die demagogischen Reden der Handelsgenossenschaftsführer zu hören begannen. Dergleichen kann man jedem antun, lieber Bjartur. Die Bauern waren es, die Bryne betrogen haben.«

»Ja, ich will mein Geld haben«, sagte Bjartur. »Und soviel ich weiß, bist du Brynes Althingsabgeordneter gewesen, den ich gewählt habe, seit ich Verstand genug zum Wählen hatte. Und weswegen, denkst du, habe ich dich gewählt? Denkst du, ich habe dich wegen deiner Brille gewählt? Wenn ich mein Geld nicht bekomme, dann soll dich der Teufel an meiner Stelle wählen. Und wenn du als Althingsabgeordneter den Standpunkt vertrittst, daß es erlaubt ist, Menschen zu bestehlen, dann bin ich gegen die Regierung. Ich bin gegen die Regierung.«

»Hör mal, lieber Bjartur, ich bin schon ein alter Mann, und es ist an der Zeit, daß ich in der Politik die Ruder einziehe. Doch weil wir stets gute Freunde und Parteigenossen gewesen sind, darf ich dir da nicht ein Glas echten Kornbranntwein anbieten?«

»Man soll mir nichts anbieten als mein Eigentum, das mir selbst gehört.«

»Die Zeiten sind schwer, lieber Bjartur. Es gibt Kursstürze im Ausland. Was man hierzulande verliert, ist nichts im Vergleich zu dem, was sie in Amerika verlieren.«

»Jaja, lange soll man den Menschen prüfen«, sagte Bjartur, »also du bist auch wie die Justiz, hängst am Hintern derer, die die Leute bestehlen.«

»Och, man hat nun immer versucht, etwas für die Leute zu tun, lieber Bjartur, sowohl auf dem Thing wie in seinem Amt außerhalb des Things. Ich bin meinen Parteigenossen gegenüber nie genau gewesen, wie du dich erinnern wirst. Jährlich habe ich Hunderte und Tausende an Arzneien verloren, die ich den Leuten zur Verfügung stellte. Keiner macht sich ein Gewissen daraus, daß er mich zu bezahlen vergißt. Und ich klage nie.«

»Och, soviel ich weiß, hast du durch Überweisung im Geschäft für das Gift bezahlt bekommen, das du mich meinen Frauen eingeben ließest. Und beide hauchten sie ihr Leben aus für nichts. Ich möchte fast glauben, daß du beide umgebracht hast.«

»Och, das habe ich noch von niemandem gehört, lieber Bjartur«, sagte der Arzt. »Vielleicht werden sie dir besser gesinnt sein, diese neuen Männer, die sich jetzt das Land erobern.«

»Schlimmer als ihr Bryne-Leute können die von Rotenmoor niemals werden. Früher dachte ich das; doch ich denke es nicht mehr.«

Sie sprachen mit ihm wie mit einem ungezogenen Kind, und wieder stand er wie ein Idiot am Landungsplatz. Nun waren bloß noch die Rotenmoorer übrig, alle Wege versperrt außer in die gnadenreichen Arme Ingolfur Arnarson Jonssons.

Bisher hatte die Ideologie dieses Mannes darin bestanden, auf die Schulterblätter Tulinius Jensens Flügel zu nageln und Ingolfur Arnarson Schwanz und Klauen anzuhängen. Dreißig Jahre lang hatte er sich für die Rotenmoorer abgeschuftet, erst als Knecht, dann als Grundstückskäufer, und er erblickte seine Freiheit in der Abwechslung, die darin liegt, sich nicht endlos für denselben Räuber abzuschuften. Er hatte geglaubt, es gäbe einen Unterschied zwischen den Räubern. Dann verschwand Bryne mit seinem Guthaben und ließ ihn im ungewissen. Wenn es darauf ankam, gab es keinen Unterschied zwischen den Räubern, sie waren sich alle gleich, an der Küste und innen im Land. Doch das mußte man dem Rotenmoorgeschlecht lassen: es war nie mit seinem Guthaben in barem Geld in einen fremden Landesteil entlaufen. Nach all dem Geschehen beruhte also die Freiheit und Selbständigkeit des Menschen nicht auf Tulinius Jensen. Und schlimmer als Bryne konnte Ingolfur Arnarson nie werden. Doch konnte man nicht abstreiten, daß es der Seele ein bißchen zuwider war, jetzt schließlich bei der Handelsgenossenschaft Zuflucht zu suchen nach der Enttäuschung über die Freiheit, die auf Tulinius Jensen beruhen sollte. Oder sollte sich zu guter Letzt die Freiheit auf die Rotenmoorer gründen, die wahre Freiheit, die den alleinwirtschaftenden Talbauern selbständig im Lande macht?

»Jaja, der selbständige Mann, es ist höchste Zeit, daß du uns hier in der Genossenschaft besuchst.«

»Och, es geschieht nicht gerade aus Höflichkeit«, sagte Bjartur entschuldigend.

»Nein, lieber Bjartur, ich weiß es wohl. Nun mußt du es ausbaden, daß du meinen Rat nicht befolgt hast, sondern bei Bryne ausgehalten hast. Doch lassen wir das, Kamerad, von meiner Seite ist alles in Ordnung. Wie geht es bei dir?«

»Wie es geht? Ich gebe keine Antwort auf solche Fragen. Soweit mir bekannt ist, geht es keinen etwas an, wie es mir und den Meinen geht. Ich hatte Schafverluste, doch damit hat die Nation seit der Landnahmezeit zu kämpfen gehabt. Ihr Rotenmoorer habt auch notgeschlachtet, ihr notschlachtet jedes Frühjahr. Meine Schafe kommen besser über den Winter als die Rotenmoorschafe.«

»Ja, ich meinte nun eigentlich diese sonderbaren Ereignisse, die sich bei dir neulich zugetragen haben. Du hast einen Jungen verloren...«

»Ja, und es war mein eigener Junge.«

»Jemand hat gesagt, daß Kolumkilli dir zu schaffen gemacht hat.«

Kolumkilli – ja, kommt er nicht in der Religion der Perser vor?«

»Nun, lassen wir das. Was können wir für dich tun?«

»Nichts«, sagte Bjartur. »Ich bin bestohlen worden. Ich brauche Arbeit. Ich bitte niemanden darum, etwas für mich zu tun. Doch ich erbiete mich, für andere zu arbeiten, gegen Bezahlung.«

»Ja, lieber Bjartur, es ist alles eingetroffen, was ich dir voriges Jahr gesagt habe. Doch ich kann nichts dafür, wenn du mir nicht glauben wolltest. Es gibt zwei Parteien im Land, die, welche die Bauern bestehlen, und die, welche den Bauern zu Ansehen verhelfen. Du glaubtest an die ersteren, und wo stehst du jetzt? Übriggeblieben sind wir, die das Land für das Volk regieren wollen.«

»Ja, rede nur, kleiner Ingi. Doch ich glaube an nichts, am wenigsten an Worte. Und deswegen bitte ich nicht um Geschenke. Ich beklage mich auch über nichts. Es kann sein, daß ich bei meinen wenigen Schafen, die noch am Leben sind, hätte bleiben sollen, und manch einer möchte sagen, daß es mir an nichts fehlte: erst vorvoriges Jahr baute ich Ställe für meine Schafe. Ich strebe nicht nach einem Turmhaus, kleiner Ingi, habe auch die nie beneidet, die in einem Turmhaus wohnen. Doch«, fügte er hinzu, »wenn man eine Lebensblume hat...«

Da schien es ihm, daß er zuviel gesagt hatte, und er sprach den Satz nicht zu Ende.

55

Wonnemond

Nach kurzer Zeit war der Schnee stellenweise weggetaut, die Mutterschafe fanden etwas Futter im Wiesenmoor, und zu den Mahlzeiten, wenn Papa und die Jungen in die Stube kamen, stand das Essen auf dem Tisch. Doch wo war Asta Sollilja? Sie spülte draußen im Bach Strümpfe oder sah nach der Wäsche auf der Leine oder knetete Brotteig vorn im Eingang; sie ließ sich fast nie oben in der Stube sehen, wenn die anderen dort waren; und des Abends ging sie schlafen, nachdem die anderen schlafen gegangen waren; es kam nicht vor, daß sie sich wusch, so daß jemand es sah. Wenn sie im Bett war, zog sie sich sogleich das Deckbett über den Kopf und ließ nichts von sich sehen und hören. Sie hatte plötzlich einen gebückten Gang, als ob sie ihr Gesicht verbergen wollte, ihre langen Wimpern hingen über die Augen, sie sah niemanden besonders an, selbst ihrem Vater antwortete sie einsilbig und machte, daß sie fortkam. Er war es gewohnt, daß sie ihn fragend, mit offenen Augen aufrichtig ansah, und er hatte mit Schweigen geantwortet; jetzt war er es, der sie fragend ansah, und sie, die mit Schweigen antwortete.

Es war vielleicht nicht neu, daß auf dem Hof keiner vom anderen wußte, was er dachte, und vielleicht ist es auch am besten so. Manch einer dürfte annehmen, daß auf einem kleinen Gehöft alle Seelen gleich geformt sind, doch weit gefehlt, nirgends gibt es ungleichere Seelen als auf einem kleinen Gehöft, zum Beispiel die beiden Brüder – wann hatten sie miteinander sprechen können? – der eine, der die Erfüllung der Wirklichkeit an einer bestimmten Stelle ersehnte, der andere, der die Deutung des Traums in unbestimmter Ferne ersehnte. Tauwind und Schneeschmelze, der vereiste Wasserfall in der Schlucht längst aufgetaut und im Wachsen begriffen; der kleine Junge blickt verzaubert hinaus in den Frühling; dann kommt der Südwind und läßt den Wasserfall rückwärts über den Berg stieben. »Klopf weiter und glotz nicht in die Luft«, sagte der ältere Bruder; sie standen auf der Hauswiese und zerklopften Dung. Dieser Wasserfall in der Schlucht und sein Südwind, eine ganze Menschenseele kann ihr Ursymbol aus einem Vorgang in der Natur gewinnen und durch ihn geformt werden; er hatte mit seiner Mutter darüber gesprochen, und sie verstand ihn und erzählte ihm einen Traum. Jetzt verstand es niemand mehr, doch er lebte von diesem Traum; und ihren Wünschen. Er paßte die Gelegenheiten ab, allein zu sein. Seine Brust war erfüllt von poesievoller Sehnsucht und einem geheimnisvollen Gefühl der Trauer; wenn er zu den Schafen ging, sang er vielstimmige Melodien, die er nie gehört hatte. Ja, in seiner Brust war ein so sonderbares Instrument, nein, er konnte nicht selbst darauf spielen, er berührte nur voller Verwunderung und Ehrfurcht dessen Saiten und lauschte im zeitigen Frühjahr auf einen und noch einen Ton, manchmal zitternd, oft mit Tränen in den Augen; und seine Augen waren tief und ernst und rein wie eine Quelle und wie Silber tief, tief am Grund einer Quelle, Silber in einer Quelle.

Dennoch gab es weiterhin wenig Gras auf den Bergen, und es war nicht ausgeschlossen, daß es plötzlich Schneeschauer geben könnte; Bjartur hatte es daher nicht gern, wenn die Mutterschafe weit auf die Hochfläche hinaus verschwanden. Er ging oft nach Süden und Osten auf den Rand der Hochfläche, um sie auf das tiefer gelegene Land zu scheuchen. Je erstickender das Schweigen im Haus wurde, um so lieber waren ihm die Willkommensgrüße der atemkräftigen Tage des Wonnemonds mit ihrem bezaubernden Reiz, ihrem Geruch von Tauschnee und Schneeschmelze, von sonnenheller Weite und Verheißungen des Unendlichen. Nach und nach taute die Sonne den Schnee auf, und es begann nach verdorrtem Gras, nach Heidekraut und Wintergras zu riechen und nach Fadenwurzelsegge, die aus einer Schneewehe am Hang hervorkam. Die Mutterschafe hielten sich in Senken und Schluchten auf und knabberten ab, was unter dem Schnee hervorkam. Doch unversehens liefen sie geradewegs die Seite der Schlucht oder Senke empor und stürmten in einer einzigen Karawane mit allen Kräften dem Wind, den Weiten, dem Unendlichen entgegen; denn auch das Schaf liebt das Unendliche und glaubt daran.

Seit einigen Tagen flatterten Raben über der Schlucht.

Er ging am Grund der Schlucht entlang, falls das Raubzeug hier tatsächlich über irgend etwas kreiste; der Bach führte ziemlich viel Wasser, doch war es vor einigen Tagen mehr gewesen; da ereignete es sich, daß der Hund bei etwas, das der Bach auf die Sandbank gespült hatte, stehenblieb und bellte. Die Raben flogen krächzend über der Schlucht umher. Nun hatte Bjartur keine Veranlassung anzunehmen, hier etwas Totes zu finden, denn er hatte dieses Frühjahr nichts verloren, auch war das zum Glück kein Schaf, es war eine Leiche. Es war der Körper eines schlanken Jünglings, der irgendwann im Winter hier von den Felsen gestürzt war und bis zur Schneeschmelze unter dem Schnee gelegen hatte. Als dann das Wasser im Bach neulich am höchsten gestiegen war, hatte es die Leiche mitgerissen und sie hier auf der Sandbank zurückgelassen, als der Wasserspiegel sank. Nein, sie war unkenntlich, das Gesicht war weggerieben, und ein neues Antlitz war erschienen. Das Nasenbein lag bloß, und der Mund lachte ohne Lippen gen Himmel, die Augen waren ausgerissen, die Lumpen am Körper waren so verfault, daß die Fäulnis bis auf die Knochen ging; außerdem war das Raubzeug daran gewesen, es war kein guter Anblick – man stieß das da ein- oder zweimal mit seinem Stock an, beschwichtigte den Hund und murmelte: »Jeden trifft es, wie er's verdient« und nahm eine tüchtige Prise. Der Hund bellte weiter.

»Ja, es hat keinen Zweck, das Maul aufzureißen, davon verstehst du nichts«, sagte er. »Manche wollen Kolumkilli die Schuld geben, doch es ist wohl eher so, daß der Bestimmungsort eines jeden in der eigenen Brust liegt.«

Dennoch fiel es ihm schwer, Kolumkilli ganz von der Beteiligung am menschlichen Schicksal freizusprechen, denn obwohl man sicher weiß, daß die Sage von Kolumkilli nicht wahr ist und daß sie sogar eine Lüge ist, enthält sie oft anscheinend nach wie vor mehr Wahrheit als irgendeine andere Wahrheit. Es gibt einen Unhold auf der Heide, der Menschen frißt. Jedoch irgend etwas Gutes mußte man der Leiche antun, da man sie nun einmal gefunden hatte, und das so schnell wie möglich, denn die Mutterschafe hatten begonnen, aus der Schlucht zu laufen. Er hatte fast neue dicke Fäustlinge an, und er zog den Fäustling von der rechten Hand und warf ihn auf die Leiche, denn es gilt als Unhöflichkeit, von einer gefundenen Leiche fortzugehen, ohne ihr etwas Gutes erwiesen zu haben. Im nächsten Augenblick war er oben auf dem Rand der Schlucht: es war, wie er es sich gedacht hatte, die Mutterschafe liefen davon, auf einer fernen Bodenwelle zeichneten sich die ab, die am höchsten gekommen waren, sie nahmen Richtung auf die Blauberggipfel. Er lief ihnen nach, glücklich darüber, diese Mutterschafe zu besitzen, die wie gläubige Frauen vor Sommeranfang hinaus in die endlose Wüste strebten.

»Hallbera«, sagte er am Abend und warf ihr den Fäustling zu, »strick mir einen Fäustling zu dem einzelnen da.«

»Aber wo ist der andere?« fragte die Alte, denn sie hatte nie erlebt, daß der Hausherr einen Fäustling verloren hätte.

»Sprechen wir nicht mehr davon, Alte«, sagte er.

»Ach so«, antwortete sie mit flackerndem Blick und wandte den Kopf von ihm ab, wie sie es zu tun pflegte, wenn sie Leute angesehen hatte; und sie brauchte nicht weiter zu fragen; brauchte nicht zu fragen.

56
Die große Schwester

Dann kamen starke Regenfälle, die über die ganze Welt zu reichen schienen; hundert Regenbäche im Gebirge, der Schnee des Winters wurde ins Meer gespült. Als die Sonne wieder zu sehen war, lag kein Schnee mehr im Tal; der Bergeshang grün, Hahnenfuß auf der Hauswiese, lieblicher Wind. Der Bach auf der Hauswiese war sehr groß geworden und war auch wieder sehr klein geworden, ohne daß der jüngste Sohn des Bauern es bemerkt hätte. Nur ein Jahr war vergangen, und er stand nicht mehr am Hofbach. Er stand mit seinem Dungklopfer auf dem Grasland und zerklopfte den Schafdung wie ein Idiot, er, dem die Elfen im Traum bessere Länder versprochen hatten. Die Länder, denen er diesen Winter in Büchern nähergekommen war, entfernten sich im Frühling und verschwanden noch gründlicher als zuvor. Er brauchte nur Asta Sollilja anzusehen, um sich von der Ferne der Länder zu überzeugen, die sich in der weißen Länderlosigkeit des Winters wie eine Fata Morgana gezeigt hatten. Dennoch lehnt seine Seele es ab, Frieden zu schließen. Der Frühling, seine Vögel aus der Ferne, seine Winde, sein Himmel, die Unendlichkeit – es ruft und ruft. Jedesmal, wenn er aus der niedrigen Tür tritt und auf der Hoframpe stehenbleibt, ruft es. Und hört nicht auf zu rufen. Er lauscht. Das traurige Lebensgefühl in seiner Brust erwacht. Er hatte den ganzen Winter, seit der Lehrer um Ostern wegging, auf ihr Schweigen gelauscht. Doch er wußte nicht, daß sie weinte, bis zu einem bestimmten Tag. Es war ein Sonntag. Es ging auf den Abend zu. Vom Hause aus sah er, daß sie oben in einer Mulde lag. Er ging zu ihr. Sie bewegte sich nicht, denn sie merkte nicht, daß jemand kam. Als er näher kam, sah er, daß ihre Schultern bebten. Sie weinte in die Erde hinein. Er wußte wohl, daß sie ein unbedeutenderes Wesen als die Brüder war, auch wenn sie die große Schwester war, und sie tat ihm sofort leid. Selbst weinte er immer seltener, er hatte seit dem vorigen Sommer nicht mehr nennenswert geweint, er war bald groß.

Schließlich sagte er ihren Namen. Sie schrak zusammen, richtete sich auf und saß mit ausgestreckten Beinen da; mit dem Saum ihres Kleides wischte sie sich die Tränen ab. Doch es kamen bloß immer mehr Tränen.

»Warum weinst du?« fragte er.

»Wegen nichts«, antwortete sie und zog die Nase hoch.

»Hast du etwas verloren?« sagte er.

»Ja«, sagte sie.

»Was?«

»Nichts.«

»Wein doch nicht«, sagte er.

»Ich weine ja gar nicht«, sagte sie und hörte nicht auf zu weinen.

»War Papa böse zu dir?«

»Ja.«

»Was sagte er?«

»Gar nichts.«

»Hat er dich geschlagen?«

»Ja, einmal. Vor langer Zeit. Aber es ist so lange her. Es machte nichts. Ich habe es vergessen. Nein, er hat mich gar nicht geschlagen.«

»Möchtest du denn etwas haben?« fragte er.

Und sie antwortete fast gierig und rang zugleich nach Luft: »Ja« und weinte noch heftiger als zuvor.

»Was?« fragte er.

»Das weiß ich nicht«, und sie weinte verzweifelt.

»Du kannst es mir ruhig sagen, Sola. Vielleicht kann ich es dir verschaffen, wenn ich erst groß bin.«

»Du verstehst es nicht. Du bist so klein. Niemand versteht es. Ich verstehe es selbst nicht – Tag und Nacht.«

»Ist es deshalb, weil du so geschaffen bist?« flüsterte er voller Anteilnahme und war sich bewußt, daß sich die Rede den intimsten, geheimsten Dingen des menschlichen Körpers zuwendete, von denen sonst nie gesprochen wird; vielleicht war es nicht richtig, doch er dachte erst daran, als er schon damit herausgeplatzt war.

»Ja«, seufzte sie nach einiger Überlegung, untröstlich.

»Das macht nichts, Sola« flüsterte er dann, entschlossen, sie zu trösten, und streichelte ihr die Wange. »Es braucht niemand zu wissen. Ich sage es keinem. Ich werde Gvendur bitten, es keinem zu sagen.«

»Weißt du es denn?« fragte sie und nahm ihr Kleid von den Augen und sah ihn gerade an. »Weißt du es?«

»Nein, Sola, ich weiß nichts. Ich habe nicht danach hingesehen; es macht nichts. Es kann auch keiner etwas dafür. Und wenn ich ein großer Mann bin und vielleicht in anderen Ländern ein Haus baue, dann sollst du zu mir kommen und Erdäpfel bekommen...«

»Erdäpfel? Was soll ich mit Erdäpfeln anfangen?«

»Wie in den biblischen Geschichten«, sagte er.

»Es gibt keine Erdäpfel in den biblischen Geschichten.«

»Ich meine, was die Frau in den biblischen Geschichten gegessen hat.«

»Ich will nichts aus den biblischen Geschichten«, sagte sie und sah mit vom Weinen geschwollenen Augen ins Leere. »Gott ist gegen die Seele.«

Da fragte er plötzlich:

»Was hast du dir diesen Winter gewünscht, Sola, als der Lehrer uns einen Wunsch schenkte?«

Sie sah ihn erst prüfend an, und ihre Augen schielten wegen des Weinens mehr als sonst; dann ließ sie die Augenlider sinken und begann Gras aus der Grasnarbe zu rupfen – »Du darfst es keinem erzählen«, sagte sie.

»Nein, ich werde es nie jemandem sagen. Was war es denn?«

»Es war die Liebe«, sagte sie, und da brach sie wieder in Weinen aus, und sie wiederholte mitten im Schluchzen verzweifelt immer wieder: »Die Liebe, die Liebe, die Liebe.«

»Wie denn?« fragte er.

Da warf sie sich wieder zu Boden mit dem Gesicht zur Erde, und vor Schluchzen begannen ihre Schultern wieder zu beben wie vorhin, als er zu ihr kam, und sie jammerte: »Ich wollte, ich könnte sterben. Sterben. Sterben.«

Er wußte nicht, was er angesichts dieses Kummers sagen sollte, sondern saß im Frühlingsgrün schweigend neben seiner zu jungen Schwester; und die verborgenen Saiten in seiner Brust begannen zu schwingen und zu klingen.

Es war das erste Mal, daß er in das Labyrinth der menschlichen Seele blickte. Er verstand es keineswegs. Aber was mehr war: er litt mit ihr. Viel, viel später durchlebte er diese Erinnerung im Gesang, in seinem schönsten Gesang, in dem schönsten Gesang der Welt. Denn das Verständnis für die Hilflosigkeit der Seele, für den Kampf zwischen zwei Polen, ist nicht die Quelle erhabensten Gesangs. Die Quelle des erhabensten Gesangs ist das Mitleid. Das Mitleid mit Asta Sollilja auf Erden.

57

Der Junge und die Länder

Das merkwürdigste an den Träumen der Menschen ist, daß sie alle in Erfüllung gehen; das ist von jeher so gewesen, auch wenn die Menschen es nicht wahrhaben wollen. Und es ist typisch für das Verhalten des Menschen, daß er durchaus nicht erstaunt ist, wenn seine Träume in Erfüllung gehen; es ist, als ob er von jeher damit gerechnet hat. Bestimmung und Endpunkt sind Geschwister, die beide im selben Herzen schlummern.

Es geschah am Tag vor Himmelfahrt. Um diese Zeit gehen häufig Leute durch das Tal, wenn auch nur wenige dem Gehöft einen Besuch abstatten. Doch an diesem Tag kam ein Mann zum Gehöft. Es war in keiner Hinsicht ein wichtiger Mann. Er sah nach nichts Besonderem aus und hatte wahrscheinlich auch keine unersetzliche Rolle im Leben, wenigstens keine, auf die man hinweisen und von der man sagen könnte: Das ist seine Rolle; es sei denn die, diesen einen Brief abzugeben. In späteren Jahren, wenn Jon Gudbjartsson versuchte, ihn sich wieder vorzustellen, weigerte er sich, sich zu zeigen. Er war mit anderen Worten wie jedes natürliche Ding, das man nicht wahrnimmt, weil es so natürlich ist. Er gab nur diesen kleinen Brief bei Bjartur in Sommerhausen persönlich ab, grüßte und ging wieder.

Nun war es etwas Seltenes, fast Einzigartiges, daß Bjartur in Sommerhausen einen Brief bekam, mit Ausnahme der Steuerbescheide, denn selbständige Leute bekommen keine Briefe; so etwas ist für die, welche auf andere angewiesen sind. Er las die Adresse zweimal laut, drehte und wendete den Brief hin und her, betrachtete ihn von beiden Seiten. Beide Jungen gingen näher an ihren Vater heran, während er den Brief aufmachte. Sie sahen ihm zu, während er las. Er hielt ihn schräg von sich ab, runzelte die Brauen, lehnte den Kopf zurück. Es war unmöglich, aus seinen Mienen zu lesen, was der Brief enthalten mochte. Dann las er ihn noch einmal. Er kratzte sich ausgiebig am Kopf, und es war noch schwerer zu erraten, was der Brief enthielt. Dann las er ihn zum drittenmal, steckte ihn ein, ging seines Weges. Keiner wußte, welche Neuigkeiten er enthielt.

Helle Nacht mit leichten Schleierwolken über dem ergrünten Wiesenmoor; und die Singvögel freuen sich des Lebens, sie verstummen nicht gegen Abend; ja, wie der Frühling in allem emporsteigt und sich mit jedem Tag erweitert, mit jedem Abend. Und Bjartur geht noch einmal nach Süden auf sein Land, um nach einem Schaf zu sehen, das heute lammen sollte; es ist Schlafengehenszeit, dennoch ruft er seinen jüngsten Sohn.

Gvendur: »Ich werde mit dir gehen, Papa, damit der kleine Nonni schlafen gehen kann.«

Der Vater: »Ich habe eben gesagt, daß der kleine Jon mit mir kommen soll. Geh du schlafen. Ich werde daran denken, dich morgen um soviel früher zu wecken.«

Dann ging der Vater mit großen Schritten das Wiesenmoor hinunter, der Junge, von Grashöcker zu Grashöcker hüpfend, hinter ihm her. Sie gingen hinunter zu den Wiesengründen;

die schmale Vogelwicke war schon lang, das Fettkraut mit seiner blauen Glocke schon da, es gab auch Bachnelkenwurz. Friedliche Enten auf den stillen, zinngrauen Kolken des Flusses, sie hatten ihre Nester gebaut. Der Rotschenkel begleitete geschwätzig den Mann, er erzählte nämlich seine lange und seltene Geschichte, und wenn man sie anhört, dann scheint einem mitunter, daß in einer so langen Geschichte allzu wenig geschieht, nur hihihi tausend Jahre lang. Doch eines schönen Tages, vielleicht in einem fernen Erdteil, fällt einem diese Geschichte ein, und man entdeckt, daß sie schöner und wundervoller als die meisten anderen Geschichten war; es war vielleicht die bedeutendste Geschichte der Welt, und man wünscht, man bekäme sie auch zu hören, wenn man gestorben ist, und am liebsten keine andere Geschichte, daß man im Wiesenmoor umherstreifen darf in der Nacht, in der Nacht vor dem Himmelfahrtstag, nachdem man gestorben ist, und diese unglaubliche Geschichte hören; nein, durchaus keine andere Geschichte. Sie fanden das Schaf auf den Gründen, und es hatte gelammt. Das war ausgezeichnet. Bjartur fing das Lamm ein und schnitt ihm seine Ohrenmarke ein, das Mutterschaf kam heran und trat unruhig hin und her; er ergriff es und befühlte das Euter, ob es säugte: und es säugte. Ja, morgen ist Himmelfahrt, Sola soll hinunter in die Siedlung gehen und eine Woche lang den Pfarrer aufsuchen, sie soll zu Pfingsten konfirmiert werden; um Sonnenaufgang gibt es wahrscheinlich einen Schauer, das ist ausgezeichnet für das Gras. Er setzte sich auf einer Heidekrautinsel am Fluß hin und sah dem Fluß zu, wie er dort floß und wie ruhig er war, und zwei Enten unten am Ufer, zwei Odinshühnchen, die hin und her schwammen und sich verbeugten. Der Junge setzte sich auch hin und sah zu; es war so schlicht und milde; es war, als wollte das Wiesenmoor für alles entschädigen. Dieses Heidetal barg alle Reize des Lebens. So nahm die Heide Abschied von ihrem Liebling, der alle Isländer in den Schatten stellen konnte; sie nahm zum letztenmal Abschied von ihm.

»Nun ja, kleiner Jon«, sagte der Vater. Er nannte ihn auf einmal Jon. Er sah ihn nicht an, sondern den Fluß, der vorbeifloß, »etwas wollte ich dir sicher sagen, ehe wir nach Hause gehen.«

Schweigen.

»Unten in Fjord ist eine Frau«, sagte er. »Ich kenne sie nicht, ich weiß nur eben, daß sie existiert. Sie soll irgendwie mit dem Bezirksvorsteher verwandt sein, doch darum kümmere ich mich nicht. Sei es, wie es sei, sie wohnt nicht hierzulande, sie wohnt in der Westwelt, manche nennen es Amerika, das ist ein anderer Erdteil.«

»Ich weiß es«, sagte der Junge.

»Ach, du weißt es also«, sagte der Vater.

»Ich habe etwas darüber gelernt«, sagte der Junge.

»Ja so«, sagte der Vater. »Damit ist aber nicht gesagt, daß man alles glauben soll, was man lernt. Doch eines ist sicher, es soll dort besseres Weideland als hierzulande geben, wenigstens habe ich gehört, daß die meisten darin übereinstimmen. Jemand erzählte, daß die Schafe dort das ganze Jahr auf der Weide sind, was aber natürlich gelogen ist, wie zum Beispiel vieles, was von dort über die Fütterung der Kühe berichtet wird. Doch sollen dort viele Berufe ausgeübt werden, und manche sind gut geeignet für junge Menschen, die selbständige Leute werden wollen.«

»Ja«, sagte der Junge. »Und dort ist ein Strom.«

»Strom? Ja, es gibt auch woanders Ströme.«

»Und Städte.«

»Ja, wahrhaftig. Diese Städte; du mußt nicht alles glauben, was man dir von Städten erzählt. Wie es sich auch damit verhält, diese Frau ist gebeten worden, dich nach Amerika mitzunehmen. Dein Onkel will dich zu sich nehmen und dich einen geeigneten Beruf lernen lassen, es soll Geld von ihm gekommen sein. Sie reist jetzt am Sonnabendmorgen. Deine selige Mutter hatte immer etwas mit dir vorgehabt, so daß ich meine, es ist am besten, wenn du fährst.«

Der Junge sagte nichts.

»Ich bringe dich dann morgen abend hinunter nach Fjord«, sagte der Vater, »doch nur dann, wenn du selbst fahren willst.«

Schweigen.

»Willst du fahren?«

»Ja«, sagte der Junge und begann zu weinen.

»Nun ja«, sagte der Vater und wollte aufstehen. »Dann ist die Sache abgemacht. Ich habe dich nur so gefragt, weil es meine Meinung ist, daß man sich nur nach dem richten soll, was man sich selber sagt.«

Dann stand er auf und fügte dabei hinzu: »Es ist ein guter Brauch, nur die Hälfte von dem zu glauben, was einem erzählt wird, und sich um den Rest nicht zu kümmern. Und sich nur nach dem zu richten, was man sich selber sagt.«

Als Vater und Sohn nach Hause kamen, waren alle im Bett und schliefen schon. Der kleine Nonni kleidete sich schweigend bei seiner Großmutter aus und legte sich hin. Er weinte nicht mehr. Aus dem Wiesenmoor klang noch Vogelgesang herüber. Oder war es vielleicht der Widerhall vom Vogelgesang des Wiesenmoors in seiner Seele, der in dieser kurzen, stillen Stunde der Frühlingsnacht nicht verstummen wollte? Es war der Klang, der später seine Seele nie verlassen sollte, so weit er auch herumkam und wie herrlich auch die Säle waren, die er später betrat – das Wiesenmoor mit seinen isländischen Vögeln, eine Stunde in der Frühlingsnacht.

Ja, so bricht der Frühling der Heide nach ihrem Winter in milder Schlichtheit an. Und voraus zeigen sich neue Länder, die jungfräulich aus dem Meer aufsteigen und ihre kostbaren Muscheln und tausendfarbigen Korallen im ersten Licht des Sommers baden; oder alte Länder mit duftenden Hainen; sonnenweiße Städte, die ihre Arme vor grünen, stillen Meeren ausbreiten; die rauschenden Wälder Kaliforniens, die sonnigen Palmengänge des Mittelmeers; der Mississippi und seine Ufer, wo der Hirsch und der Panther im Urwald ihre Zufluchtsstätte haben. Und er selbst, er sollte für die ganze Welt singen.

War er denn nicht selig, war er nicht furchtbar glücklich unter dem handtellergroßen Fenster am Fußende des Bettes der Großmutter, da die Weiten der Welt mit allen ihren ebenen Wegen offenstanden? Die Weiten, zu denen er geboren war. Nein, es war Stille in seiner Seele, die Stille und

Milde der Frühlingsnacht. Nur daß er nicht schlafen konnte; ihm war, als würde er nie wieder Verlangen haben, einzuschlafen, ihm war, als wäre das ganze Leben von jetzt an eine zögernde Frühlingsnacht – nach den unglaublichen Unwettern, die hinter ihm lagen, der noch so jung war. Vorbei waren die Tage, als gesagt wurde, es gäbe keine Länder hinter den Bergen; vorbei die Nächte, als das Geschirr im Schrank und auf dem Wandbrett Reden hielt, um die Verdrießlichkeit des Lebens und den Schauder der Leere zu vertreiben; und das Schnarchen, diese absonderlichen Karawanenreisen durch fremde Gebiete – was für Reisen? Er selbst, er war es, der reiste.

Nein, er konnte nicht daran denken, die Augen zu schließen, sondern starrte hinauf zum Dach, auf den Ast in der Klinkerverschalung, den er einmal zu einem Menschen gemacht hatte, obwohl er nur ein Auge besaß; er hatte ihn sogar zu einem nahen Verwandten gemacht, und jetzt hatte dieser nahe Verwandte ihm Geld geschickt, so trifft alles ein. Alles, was man irgendwann einmal geschaffen hat, wird Wirklichkeit. Und eines schönen Tages ist man in der Gewalt der Wirklichkeit, die man einmal geschaffen hat; und man sehnt sich nach den Tagen zurück, als das Leben so gut wie ohne Wirklichkeit war, fast nichts, harmlose Gedanken über einen Ast im Klinkerdach. Seine Augen waren sogleich in dieser ersten Nacht Sehnsuchtsaugen. Mama, dachte er und erinnerte sich ihrer, die höher stand als die Welt; erinnerte sich der Seufzer, die ihm die Wehmut ins Herz gepflanzt hatten, die Wehmut, die ihn fortan das ganze Leben begleiten und jeden seiner Gesänge tönen sollte. Nein, die Stunde würde nie kommen, daß er in den Wäldern besserer Länder seine Mutter und die Tage vergessen könnte, als die Grashalden mit dem Himmel verwachsen waren; die Stunde kam auch nie. Ihm war, als ob er über ein unglaubliches Leben zurückblickte, über Meere und Länder, durch Jahre und Zeiten, und diese kleine niedrige Stube wieder vor sich sähe, in der er in der nächtlichen Finsternis auf ihre Seufzer gelauscht und gefragt hatte: schläft sie oder ist sie wach? In den Wäldern besserer Länder würde diese kleine Stube ...

»Jaja, mein Kerlchen«, sagte seine Großmutter am Tage darauf; sie saß ganz gegen ihre Gewohnheit ohne Arbeit da und sah ihn mit fast geschlossenen Augen an und drehte sich halb weg, mit dem Finger im zahnlosen Mund – »es ist sonderbar, wie lange ich am Leben bleiben darf.«

Die Abendsonne schien durch das Fenster, und der von Sonnenstaub flimmernde Strahl fiel auf den Boden. Asta Sollilja saß am Vorderfenster und besserte seine Kleider aus, ehe sie nach unten in die Siedlung ging; er hatte keine Sonntagskleider.

Aber er hatte neue Strümpfe und Fäustlinge, die seine Großmutter gestrickt hatte; und Sola hatte ihm neue Fellschuhe gemacht, in denen er nach Amerika reisen sollte. Da fiel ihm ein, daß er einmal zum Zeitvertreib die Runzeln im Gesicht seiner Großmutter zählen wollte, doch jetzt hatte er kein Verlangen mehr, sie zu zählen; er reiste ab, ohne sie gezählt zu haben, doch sie blieben in seiner Seele aufbewahrt, alle, jede einzelne. Er stand untätig zum letztenmal an ihrem Bettpfosten und betrachtete schweigend dies und das. Er betrachtete das Klinkerdach, das zwischen den Sparren durchgebogen war und an den Falzen zu faulen begonnen hatte; die Messer, in Leinwand eingewickelt; die Betten mit verschlissenen Decken in natürlichen Wollfarben und mit Sitzbrettern an den Kanten, die von anderthalb Jahrzehnte langer Abnutzung blank glänzten; den Fußboden, der beim Gehen schwappte, halbwegs sauber; das Vorderfenster mit einer zerbrochenen und einer ganzen Scheibe; die Halme im Fensterschacht, unnatürlich lang, einen Ausschnitt des Wiesenmoors, die glitzernde Biegung im Fluß; und den kleinen Herd der Leute, der all diese Jahre das Feuer des Hauses verwahrt hatte. Darauf stand ein schlecht abgewaschener Topf mit kalten Breiresten; dieser Topf, ihn kannte er auch so gut ... Und Asta Sollilja, mit der er oben in der Mulde gesprochen hatte – doch er wagt nicht, wieder mit ihr zu sprechen –, die arme große Schwester, sie hat die Liebe kennengelernt, und deswegen möchte sie sterben; ja, die Liebe, sie ist furchtbar, und ihn schaudert davor, sie hier allein zurückzulassen, allein in der Liebe; doch er kann nichts tun, er hat ein Schreiben bekommen, sein Schicksal betreffend; sie hat kein Schreiben bekommen, ihre Mutter starb, ehe sie ihr einen Wunsch schenken konnte, sie bekam als Wiegengeschenk nur die Wünsche eines Hundeviechs; und diesen Winter in der Wunschstunde, da bat sie um die Liebe, die von allem sicher das furchtbarste ist; Asta Sollilja, ich muß reisen, in der Liebe kann keiner helfen; nur man selbst; jetzt gehst du hinunter in die Siedlung, gehst zum Pfarrer und läßt dich konfirmieren; doch ich habe ein Schreiben bekommen.

Dann greift die alte Frau unter ihr Kopfkissen und holt einen kleinen Packen hervor; es waren unbrauchbare Lappen und zerrissene Stricklumpen, einer über den anderen gebunden; mit tauben Fingern und zitternden Händen wickelte sie einen Lappen nach dem anderen ab.

»Bist du noch da, mein Kerlchen?« fragte sie schließlich, als sie bis ans Herz ihres Bündels gekommen war.

»Ja, Großmutter«, sagte der Junge.

Und da waren es diese beiden Kleinodien, die einzigen Wertstücke, die sie besaß, das Kopftuch und der Ohrenschaber; sie wollte sie ihm zum Abschied schenken, ihm, der bei ihr an der Wand gelegen hatte, seit er in den Windeln lag; besser hatte sie es nicht.

»Och, das ist eigentlich kein Präsent«, sagte sie. »Doch du kannst dieses Tuch an Festtagen, wenn das Wetter gut ist, um den Hals wickeln. Und der Ohrenschaber da, er soll lange in der Familie gewesen sein.«

Sie sagte keinen Psalm her, erwähnte weder Jesus noch Kuria, warnte ihn nicht einmal vor der Sünde. Sie ließ auch ihre Söhne in Amerika nicht grüßen – ihr war ihre Verwandtschaft mit größeren Entfernungen als bis Medalland nie klar gewesen. Sie fragte auch nicht ein einziges Mal nach dem kleinen Nonni, nachdem er abgereist war. Doch sie sagte:

»Ich möchte dich bitten, zwei Dinge zu beachten, wenn du weg bist«, sagte sie, und das alte, runzlige Gesicht zitterte ganz ungewöhnlich stark. »Ich möchte dich bitten, nie überheblich zu kleinen Leuten zu sein. Und nie ein Tier zu quälen.«

»Bedanke dich bei deiner Großmutter, Nonni«, sagte Asta Sollilja. »Sie gibt dir das einzige, was sie besitzt.«

Und er reichte ihr die Hand und bedankte sich stumm, denn ihm fehlten die Worte, um für ein solches Geschenk zu danken. Sie schenkte ihm die ärmsten Weihnachten der Nation als Reiseausstattung, als er in die Welt hinausging; und er wußte, daß sie von jetzt an Weihnachten nicht mehr feiern würde.

58
Die Frau auf Rotenmoor erleidet eine Niederlage

Am Sonnabend vor Pfingsten kommt Asta Sollilja wieder von unten aus der Siedlung zurück; wir wollen hoffen, daß sie das Christentum gelernt hat, denn morgen soll sie konfirmiert werden. Doch warum kommt sie heute nach Hause? Hatte Bjartur etwa nicht mit einer Frau unten in der Siedlung ausgemacht, daß sie ihr ein Kleid nähen sollte, und hatte er nicht dafür bezahlt? War es nicht so besprochen worden, daß das Mädchen erst nach der Konfirmation nach Hause käme, am Abend des Pfingstsonntags? Sei es, wie es sei – sie kam am Sonnabend gegen Abend nach Hause. Das vollzog sich auf folgende Weise:

Das Wiesenmoor herauf kam eine Frau geritten in einem Rock, in dem die halbe Gemeinde Platz hatte, auf einem aschgrauen Reitpferd, das leichtfüßig über die Sickerlöcher schritt, nein, es war kein Steckenbleibegaul, es war Sörli von Rotenmoor mit seinen leichten Beinen und seinem Schwanenhals. Asta Sollilja lief hinterher, von Grashöcker zu Grashöcker, mit lehmbespritzten Beinen, vornübergebeugt, sah weder nach rechts noch nach links, nur einen Schritt auf einmal. Sie weinte.

Bjartur ging mit großer Würde hinunter bis vor die Hauswiese und begrüßte sie herzlich, ergriff den Zügel an der Kandare und führte das Pferd auf dem trockensten Streifen bis zur Hauswiese, bereit zu Scherzworten gegenüber der

Frau, selten sind weiße Raben und dergleichen, und er hob sie vom Pferd, als sie auf der Hoframpe angekommen war. »Noch hat sie so viel Fett wie Blut zur Wurst, die Gute«, sagte er, denn sie war dick und würdevoll und ganz wie der Papst. »Gvendur, laß den Sörli von Madame unten auf meiner Hauswiese knabbern, solange sie hierbleibt und auf Kaffee wartet. Und husch ganz schnell nach oben, Sola, und sieh nach, ob im Herd noch etwas Glut ist, obwohl wir nicht viel Feuer hatten, seit du weggingst; wir kochten vergangenen Sonntag Fisch für die ganze Woche. Doch was ist mit dir, armes Ding, du bist irgendwie niedergeschlagen und betrübt, und das in Begleitung der Dichterin Islands!«

Sie gab ihrem Vater keine Antwort, sondern bückte sich kummervoll aufs neue unter den Türbalken bei sich zu Hause und war verschwunden. Auf der Hoframpe standen Bjartur und die Frau des Gemeindevorstehers, und sie nahmen sich großartig aus vor dem poesievollen und nützlichen Frühling Islands, den sie beide im Tal besaßen, jeder auf seine Weise.

»Sind bei unserem guten Jon nicht schon viele Lämmer geboren?« fragte Bjartur. »Ja, das weiß ich. Und die Schafe so in einigermaßen gutem Zustand, wie gewöhnlich bei ihm? Ja, natürlich, bei dem armen Kerl hat es schon immer Verluste gegeben, doch zum Glück macht es bei so vielen wenig aus. Und der Graswuchs so durchschnittlich? Ja, auf der Heide wächst es auch gut. Und dieses Frühjahr wenig Raubzeug, das ist gut, dasselbe ist von mir zu sagen, ist ja auch nicht viel zu rauben bei mir, keine Verluste bei mir, kann nicht sagen, daß ich eine Mantelmöwe gehört hätte, nur einmal einen Raben. Und weniger Würmer als sonst bei deinem Alten? Dagegen keine Würmer bei mir, nicht einmal der gewöhnliche Madenwurm; die Lämmer kommen in bester Ordnung und sind fast alle da, nur habe ich ein altes Mutterschaf, es sieht aus, als trüge es eine braune Mantelkappe, ich habe es ins Herz geschlossen; es soll heute lammen, das arme Ding, es ist ziemlich dick, ich hatte vor, südlich auf mein Land zu gehen und nachzusehen, wie es sich macht. Mit mir sprechen? Wie? Nun, soviel ich höre, sprechen wir doch miteinander, Alte. Hinter dem Haus? Auf den Berg zu? Das ist das Neueste. Es fehlt nur noch, daß sie mich bittet, mit ihr hinter einen Weidenbusch zu gehen, die liebe Gnädige, obwohl man vielleicht schon in den feinen Bewegungen ungelenk wird ...«

Sie ging auf die Späße nicht ein, sondern raffte eine Handvoll ihres Rocks zusammen, um nicht auf den Saum zu treten, und sie gingen um die Hausecke den Bach hinauf in Richtung auf den Berg. Sie schlug vor, daß sie sich jeder auf einen Grashöcker am Bach setzten.

»Nun, von Rechts wegen scheint mir, meine Brave, daß ich dich hier auf dem Grundstück zum Platznehmen auffordern müßte und nicht umgekehrt«, sagte er, weiterhin gut aufgelegt, doch sie wollte keinen Spaß verstehen. Sie setzten sich. Sie strich psychologisch und künstlerisch über das Gras auf seinem Grashöcker, strich es mit ihrer vornehmen kleinen fetten Hand hin und her, vor den Knöcheln hatte die Hand Grübchen – was zum Teufel führte sie im Schilde, sie wollte ihm doch wohl nicht die Hütte ausspannen? Und das stand doch nicht mehr auf der Tagesordnung, den Haushalt aufzulösen? Wer kann die Einfälle dieses Packs ahnen? Also nahm er eine Prise. »Darf man der Madame nicht die Tabaksdose reichen, solange sie sich verpustet?« sagte er. Doch die Frau schnupfte nicht. Sie verstand überhaupt keinen Spaß.

»Ich weiß nicht, ob du bemerkt hast, lieber Bjartur«, sagte sie, »daß deine Tochter gerade keinen jugendfrohen Eindruck machte, als sie eben auf die Hoframpe kam.«

»Och, ihr ist es vielleicht komisch vorgekommen, daß du sie nicht auf eine alte Mähre gesetzt hast«, sagte Bjartur, »doch vielleicht waren sie alle auf der Grasheide, außer den Reitpferden. Das macht nichts. Ich und meine Leute sind von jeher auf unseren eigenen Beinen gegangen.«

»Um die Wahrheit zu sagen, man hatte ein Pferd für sie geholt, doch sie lehnte es ab. Sie hat einen stolzen Charakter, dies arme Ding. Sie hat den Trotz von dir.«

»Vielleicht ist ihr das Christentum nicht eingegangen, der Kleinen«, sagte Bjartur. »Es sieht dem Pfaffen ähnlich, ihr etwas gesagt zu haben. Sie ist es nicht gewöhnt, daß sie viel gesagt bekommt. Hier im Gehöft ist immer Frieden. Und was das Christentum selbst betrifft, so habe ich so etwas bei ihr eigentlich nie gefördert; um die Wahrheit zu sagen, ist mir dieses Christentum von jeher ziemlich lästig für die Gesellschaft vorgekommen, wenn auch der selige Sira Gudmundur natürlich ein großes Genie in bezug auf Schafe war. Und das wage ich zu garantieren, daß meine Sola nicht weniger gesunden Menschenverstand hat als jeder andere junge Mensch, der zur rechten Zeit konfirmiert worden ist, wenn sie auch vielleicht keinen besonderen Christentumsschädel hat. Und ich möchte gern den jungen Menschen in ihrem Alter sehen, der in der Altertumskunde stärker ist. Und wenn ihnen auch Tränen kommen, diesen armen Dingern, wenn man sie tadelt, so braucht das keine Folgen zu haben.«

»Nein«, sagte die Frau. »Es sind nicht ihre Kenntnisse im Christentum, an denen es mangelt. Leider, möchte ich fast sagen.«

Dann fuhr sie fort, mit künstlerischen, gedankenvollen Bewegungen über das Gras auf dem Grashöcker des Mannes zu streichen. Da sagte Bjartur: »Ich weiß nicht mehr, ob ich dir gesagt habe, daß ein Mutterschaf mit mir durch gute und böse Tage gegangen ist; es stammt direkt von einem Bock des seligen Sira Gudmundur; ich nenne es Kappe, weil es eine braune Mantelkappe zu tragen scheint; es schien mir hinten ungewöhnlich dick und vorn noch immer mager, und ich habe ein bißchen Angst, wenn sie tatsächlich zwei Lämmer hat, dann wird sie es mit dem Lammen sehr schwer haben; so hatte ich vor, vor dem Abend hier nach Süden auf mein Land zu gehen, denn sie wird bald lammen.«

»Ja, Bjartur«, sagte die Frau. »Jetzt will ich dich nicht mehr lange aufhalten.«

Dann kam die Geschichte. »Damit will ich anfangen, daß die Wirtschafterin Gudny immer ein gewisses Recht auf die kleine Asta zu haben glaubte, das hat seine Ursache; und sie wollte sie unbedingt bei sich haben in den Nächten, während sie unten in der Siedlung zur Prüfung war; und da bemerkt sie, gleich am ersten Abend, daß das Kind irgendwie betrübt ist, als ob irgend etwas Schweres auf seinem Gemüt lastet, und sie war so zerstreut, daß sie kaum mehr vernünftig antwortete, wenn sie angesprochen wurde. Und als sie im Bett lagen, da bemerkte sie, daß sie in das Kissen hinein weinte; sie weinte manchmal bis tief in die Nacht.«

Danach fuhr die Frau fort, mit ihren künstlerischen Fingern das Gras zu segnen, und sie schwieg. Sie hatte noch viel auf dem Herzen, doch sie mußte atmen. Sie hatte den typischen Atem beleibter Menschen.

»Nun, nun«, sagte Bjartur schließlich, denn er wußte kunstvolles Schweigen nicht zu schätzen. »Es ist doch nicht erst seit heute, daß bei diesen jungen Leuten die Tränen leicht kommen, und besonders bei der weiblichen Sorte – es ist, wie ich immer wieder gesagt habe, sowohl zur Hündin wie zu meinen Frauen: das weibliche Geschlecht ist schwächer als das männliche.«

»In den ersten Nächten verweigerte das Mädchen jede Auskunft darüber, was sie bedrückte.«

»Ja«, sagte Bjartur, »als ob Leuten, die in Unabhängigkeit aufgewachsen sind, einfällt, auszumalen, was ihnen in den Sinn kommt. Die Gedanken sind wie Luft. Und es ist, wie man sagt: in kurzer Frist wechseln die Wetter in der Luft.«

»Den Tag über war sie so zerstreut, daß wir zuerst dachten, es gefiel ihr nicht und sie fühlte sich unter Menschen nicht wohl. Es war nicht möglich, sie zu bewegen, mit den anderen Konfirmanden mitzuspielen.« (Bjartur: »Ja, weshalb sollte man auch die Schuhe bei so einem verfluchten unnützen Gehopse ruinieren?«) »Dann begann Gudny des Morgens zu bemerken, daß das Mädchen nicht ganz gesund war. Sie war matt, und ihr war unwohl, und sie erbrach sich beim Anziehen.« (Bjartur: »Das Pferdefleisch ist ihr nicht bekommen.«) »Wir bringen für unsere Gäste nie Pferdefleisch auf den Tisch, lieber Bjartur, oder wenigstens hat man noch nie davon gehört. Die Kinder hatten am Abend vorher gerade herrliches Ragout bekommen, und die Wirtschafterin meinte, daß sie sich vielleicht übergessen hätte, denn sie war ihr mitunter sonderbar heißhungrig vorgekommen. Und als sich das dann jeden Morgen wiederholte, konnte Gudny nicht umhin, so verschiedenes zu vermuten, und am Abend, wenn sie schlafen gingen, begann sie der körperlichen Verfassung des Mädchens mehr Aufmerksamkeit zu schenken. Es war ihr nämlich aufgefallen, daß das Mädchen für sein Alter reichlich entwickelt war, die Formen sind fast wie bei einer erwachsenen Frau, und dazu kam, was wir alle gleich bemerkt hatten, ohne jedoch der Sache Beachtung zu schenken, daß sie für ein so schlankes Mädchen einen ganz unnatürlichen Umfang hatte, und dann endlich gestern abend bittet Gudny sie, ob sie sie nicht ein bißchen befühlen dürfte, sie meinte, daß sie vielleicht eine Unterleibskrankheit hätte. Und da sah die Wirtschafterin natürlich schnell, was los war; und sie drang auf sie ein. Zuerst wollte das Mädchen nichts zugeben. Und da rief die Wirtschafterin mich nach oben. Und natürlich sah ich gleich, was los war. Ich sagte dem Mädchen, es wäre vollkommen zwecklos, das vor uns zu verheimlichen. Und dann gab sie es zu. Sie ist nämlich schwanger. Sie ist ungefähr im fünften Monat.«

Da sah Bjartur die Frau mit Augen an wie ein Pferd, das hinter sich ein unangenehmes Geräusch hört, die Ohren spitzt, den Hals hebt und nahe daran ist, zu scheuen; er stand rasch auf und machte einen Schritt rückwärts; im ersten Augenblick war er nicht imstande, eine passende Form zu finden, um diese Nachricht entgegenzunehmen. Schließlich lachte er blöde in die Luft und antwortete: »Schwanger? Meine Sola? Nein, den Bären binden Sie mir nicht auf, gute Frau.«

»Nun ja, dann ist es das erste Mal, daß ich Lügengeschichten von Hof zu Hof trage, lieber Bjartur«, sagte die Frau. »Und ich dachte, ich hätte anderes um dich verdient, als von dir der Lügenhaftigkeit beschuldigt zu werden. Ich habe dir stets wohlgewollt. Und euch allen. Mein Herz und mein Haus hat euch Landleuten immer offengestanden. Ich habe die Arbeit des Bauern als eine heilige Arbeit angesehen. Und zugleich habe ich die Sorgen des Bauern als meine eigenen Sorgen betrachtet, seine Niederlagen als meine eigenen Niederlagen. Mir ist immer klargewesen, daß die Zähigkeit des isländischen Talbauern von jeher der Hebel der isländischen Nation gewesen ist.« (»Ja, der Rotenmoornation«, sagte Bjartur zornig, »doch das ist nie meine Nation gewesen, wenn ich auch über dreißig Jahre lang von euch unterdrückt worden bin und jetzt schließlich aus Not in eure Handelsgenossenschaft gekommen bin.«) »Nun ja, lieber Bjartur, deine Ansichten sind deine Sache, aber das eine kann ich dir sagen, daß ich jedesmal, wenn der Gemeinderat drauf und dran war, deinen Haushalt aufzulösen, stets als dein Fürsprecher vor die Schilde getreten bin und gesagt habe: der isländische Kleinbauer ist es, der die Nation seit tausend Jahren am Leben erhalten hat, laßt meinen Bjartur in Frieden. Doch jetzt ist es schließlich dahin gekommen, daß ich zugeben muß, daß ich eine Niederlage erlitten habe. Fünfzehn Jahre lang habe ich versucht, die schützende Hand über dich zu halten, während der Gemeinde deinetwegen der Atem stockte; zuerst stirbt deine erste Frau auf diese verhängnisvolle Weise, dann sterben deine Kinder Jahr für Jahr, entweder bei der Geburt oder als Säugling, und du bringst sie Jahr für Jahr auf dem Rücken an, um sie in unserem kleinen Kirchhof begraben zu lassen; dann stirbt deine zweite Frau voriges Jahr, und alle wissen, was sie unter die Erde gebracht hat; schließlich kommen die Vorgänge hier diesen Winter und der Tod deines ältesten Jungen. Und dennoch zog ich meine Hand nie ganz von dir ab. Doch jetzt kann ich nicht mehr. Selber nach dem Schrecklichen, was hier im Winter passiert ist, wegzulaufen und statt dessen einen schlecht beleumundeten Krüppel herzuschicken, einen verrufenen Säufer und Zuchthäusler, der außerdem Gemeindearmer mit einem Haus voller Kinder ist und obendrein gefährlich tuberkulös, und so etwas soll auf deine Kinder aufpassen und auf die kleine Asta Sollilja, ein erwachsenes Mädchen...«

»Nein, hör mal, Madame, jetzt ist es genug; ja, zur Hölle, hörst du, du bist hier nicht auf deinem Grundstück, du bist auf meinem Land. Und wenn du heute wegen Asta Sollilja zu mir gekommen bist, dann möchte ich dir sagen, daß du fünfzehn Jahre zu spät kommst. Alles, was ich weiß, ist, daß du sie mir aufgeschwindelt hast, sozusagen deinen Abkömmling, als sie noch im Mutterleib war. Und wenn sie mein Kind ist, dann deshalb, weil du sie schon vor der Geburt so gut wie ausgesetzt hast und ihretwegen ein Grundstück verkauft hast, damit sie auf anderem Grund und Boden als deinem sterben könnte. Denkst du, ich habe es nicht von Anfang an gewußt, daß es von euch Rotenmoorleuten stammt, das Kind, das vor Jahren hier in der Hütte zur Welt kam, als ich auf dem Teufel östlich über die Fernerach auf der Heide ritt und nicht verrecken konnte? Du warst es nämlich, die auf meiner Hochzeitsfeier gelogen hat, als du im Zelt in Unterkaten aufstandest, mit modernem Gedankenflug und ausländischer Religion auf den Lippen, nachdem du mir die Frucht deines Sohnes aufgehökert hattest, um die Ehre von Rotenmoor zu retten. Und wenn du jetzt zu mir kommst und mir die Schuld gibst, daß Asta Sollilja schwanger ist, dann geht mich das gar nichts an, denn erstens habe ich sie nicht schwanger gemacht, und zweitens bin ich überhaupt nicht mit ihr verwandt und trage keine Verantwortung für sie. Du bist es, die mit Asta Sollilja verwandt ist und Verantwortung für sie trägt. Ihr auf Rotenmoor habt sie im Mutterleib gezeugt und sie dann verlassen, und sie geht mich nichts an, und nun will ich dir ein für allemal sagen, daß ihr mit euren Hurenkindern zum Teufel gehen und sie auf eure eigenen Namen taufen könnt; und ob sie schwanger oder nicht schwanger sind, so geht das alles auf eure Rechnung, für mich existieren sie nicht mehr.«

»Lieber Bjartur«, sagte die Frau sanft und hatte begonnen, das Gras vom Grashöcker des Mannes zu rupfen. »Wir wollen versuchen, uns nicht aufzuregen und wie vernünftige Menschen über alles zu sprechen, was geschehen ist. Mir kam nämlich der Gedanke, daß wir sie liebend gern bei uns aufnehmen würden, während sie guter Hoffnung ist.«

»Es geht mich zum Teufel nichts mehr an, ob ihr die Kinder, die euch gehören, aufnehmt oder sie aussetzt. Ich weiß nur, daß ich meine Pflicht getan habe, als ihr euch eurer Pflicht entzogt und euer eigenes Kind leblos unter dem Bauch meiner Hündin lag; und ihr hattet es schon ausgesetzt, und da nahm ich euer eigenes Kind und gab ihm eine Zufluchtsstätte und machte es fünfzehn Jahre lang zu meiner Lebensblume; doch jetzt ist es genug, und wenn ihr droht, alles hier aufzulösen und mich von Haus und Hof zu jagen, dann tut es, wenn ihr es wagt und wenn ihr glaubt, ein Recht dazu zu haben. Ich aber befehle euch, von jetzt an mit euren Kindern zum Teufel zu gehen und mich mit meinen Kindern in Frieden zu lassen; und so haben wir nichts mehr miteinander zu reden, und ich gehe südlich auf mein Land, um nachzusehen, ob das Schaf gelammt hat.«

Mit diesen Worten erhob sich der Talbauer und stapfte den Bach hinunter, fort in südlicher Richtung über das Wiesenmoor, und das war der ganze Abschied. Der Hund schloß sich ihm an. Er sah sich nicht um. Die Dichterin blieb verlegen mit dem Grund und Boden des Mannes unter der flachen Hand sitzen und schaute ihm nach: er war wie ein unbesiegbares Heer. Sie war es, die eine Niederlage erlitten hatte.

59

Ich bin es

Es war sehr spät am Abend, als er nach Hause kam. Er brauchte lange Zeit für den Heimweg. Er trieb nämlich zwei Mutterschafe vor sich her, eins, das gelammt hatte, und eins, das noch nicht gelammt hatte. Das erstere hatte ein Lamm und ein geschwollenes Euter, das andere war die alte Kapa. Sie war für ein mageres altes Mutterschaf verdächtig dick, sie hatte kein großes Euter, und es sah nicht danach aus, daß sie zwei Lämmer bringen würde. Sie ließen sich sehr schlecht treiben, den Deubel auch hielten sie sich in der Richtung. Der Hund war ungeduldig, und der Mann rief ihn unablässig zurück, man durfte sie nicht mit dem Hund hetzen, nie ein tragendes Schaf im Frühling mit dem Hund hetzen. Das eine Schaf lief mit seinem Lamm in die entgegengesetzte Richtung. Wenn er es endlich herumgeholt hatte, hatte sich Kapa umgedreht. Dann mußte er Kapa holen gehen. Das Schaf mit dem Lamm benutzte sofort die Gelegenheit und trabte mit erhobenem Kopf, so schnell es die Füße trugen, in die andere Richtung. So blieb es, und deswegen brauchte der Bauer so lange Zeit für den Heimweg. Doch schließlich setzte er seinen Willen durch, er war nämlich starrsinniger als beide Schafe zusammengenommen, er hatte in seinem Leben zuviel vom Schaf gelernt, um vor dem Schaf zu kapitulieren. Die Mutterschafe standen schließlich unten an der Hauswiese, und jetzt mußte man das Schaf mit dem geschwollenen Euter in den Stall bringen und es melken.

Zu Hause auf dem Hof kein Lebenszeichen, wahrscheinlich alles im Bett; er wollte ungern jemanden wecken und bitten, ihm zu helfen; er lief weiter um das Schaf herum; das Schaf rannte unzählige Male im Kreis; der Mann lief auch unzählige Male im Kreis; der Starrsinn schien eine Zeitlang auf beiden Seiten gänzlich unbesiegbar, doch endlich gab das Schaf auf und trottete in den Stall. Das Lamm lief behende über die Hoframpe und durch den Gemüsegarten, es sprang auf das Hausdach und blökte. Es sprang vom Dach auf die Mauer des Gemüsegartens und blökte. Es lief auf den Berg zu und am Bach hinunter. Er nahm das Schaf zwischen die Beine, das Hinterteil nach vorn, und melkte es in eine hölzerne Schüssel; es war widerspenstig, doch er melkte ihm fast einen halben Liter ab. Dann ließ er es los, und blökend eilte es zu seinem Lamm. Die alte Kapa knabberte ohne Scheu unten auf der Hauswiese. Die Nacht war hell, doch nicht warm; Regenschauer östlich auf der Hochebene, Nebel über den Bergen. Die Vögel schwiegen eine Stunde, bis auf einen Sterntaucher, der in langen Abständen auf dem See im Süden klagte.

Als er in das Haus ging, sah er auf einer Kiste im Gang eine Gestalt; sie bewegte sich nicht. Dennoch war es ein Mensch. Sie hatte ihr altes Kleid angezogen, die Ellbogen sahen heraus, sie hatte die Hände im Schoß, diese blutjungen Frauenhände mit den langen Fingergliedern und dem eigenartigen Daumenknöchel, dem Näherinnenfinger. Für ihr Alter hatte sie allzu kräftige Waden und runde Hüften, es war deutlich, daß es ein erwachsenes Mädchen war. Es war die Enkelin der Madame auf Rotenmoor. Sie sah nicht auf, als er gebückt durch die Tür kam, bewegte nicht die Hände auf dem Schoß. Schlief sie dort zusammengekauert mit dem Kopf auf der Brust? Oder wagte sie nicht aufzublicken und ihm in die Augen zu sehen?

Er gab ihr eine Backpfeife. Sie fuhr zusammen und griff mit einer Hand unwillkürlich zur Wand, um sich zu stützen, schloß die Augen und nahm die Hand vors Gesicht, um einen zweiten Schlag abzuwehren, barg das Gesicht im Arm. Doch er schlug nicht noch einmal.

»Nimm das«, sagte er, »für die Schande, die du meinem Grund und Boden bereitet hast, den ich gekauft habe. Doch zum Glück hast du keinen Tropfen Blut von meiner Familie, und deswegen möchte ich dich bitten, deine Hurenkinder bei den Leuten aufzuziehen, die mit ihnen mehr verwandt sind als ich.«

»Ja, Papa«, sagte sie und rang nach Atem; sie stand mit dem Ellbogen vor dem Gesicht auf und wich vor ihm zurück auf die Tür zu, »ich gehe.«

Er ging weiter in den Gang hinein, die Stiege hinauf nach oben und machte die Luke hinter sich zu.

Ja, es war gut, daß er sie geschlagen und aus dem Haus gejagt hatte; sein Schlag war besser als die Furcht vor dem, was kommen würde; jetzt wußte sie, was sie bekommen sollte und was sie bekommen hatte. Dieser Schlag hatte ihr eine unverrückbare Last abgenommen; es war wie eine Art Konfirmation, jetzt war sie frei, es war ihre Konfirmation. Sie stand auf der Hoframpe und schätzte die Frühlingsnacht des Lebens ein, wie ein Mensch, der über eine mörderische Kluft springen will, um sein Leben zu retten, gewiß mit starkem Herzklopfen, doch ohne zu weinen. Nein, es war nicht warm, es war naßkalt. Auf der Hochebene standen Regenschauer wie dunkle Wände, die hier und da aufgebaut und umgestellt werden. Sie sah nach Osten und nicht nach Westen. Ja, er hatte ihr Ungewißheit und Furcht aus Körper und Seele geschlagen, jetzt wußte sie, wo sie ihn hatte; Jetzt wußte einer vom anderen, wo er ihn hatte – und ihr wurde wie in einer Offenbarung klar, auch wenn er es ihr nicht gesagt hätte, daß in ihren Adern kein Tropfen Blut von seiner Familie floß; dieser Schlag, den er ihr zum Abschied gab, war der Augenblick der Wahrheit in ihrer beider Leben. Bis zu dieser Stunde war ihrer beider Leben, das eine wie das andere, ein unwahres, erlogenes Leben gewesen. Sie hatte bei ihm in

Trollshänden gelebt und geglaubt, sie sei selber ein Troll. Dann steht sie hier plötzlich draußen vor der Tür und entdeckt, daß sie nicht von Trollen abstammt. In einem kurzen Augenblick war sie von diesem Troll freigekommen, sie war nur ein Mensch, vielleicht eine Königstochter wie Schneewittchen und andere Märchenfiguren, und sie war ihm zu nichts mehr verpflichtet. Fort.

Als sie östlich auf das Wiesenmoor gekommen war, merkte sie, daß sie abgetragene löchrige Schuhe anhatte, und daß die Füße sofort naß wurden. Sie hatte ihr altes Kleid an, aus dem die Ellbogen heraussahen; sie war barhaupt; konnte denn da das Mädchen aus den Tälern einen Prinzen bekommen, wie es im Märchen steht? Nein, es hatte nichts zu sagen, daß sie nasse Füße hatte. Sie sah sich nicht nach dem Gehöft um. Sie war wenigstens frei wie eine Prinzessin und auf dem Weg zu dem, den sie liebte; es war das Märchen des Mädchens aus den Tälern, das so viel geträumt hatte. Sie gehörte ihm allein. Sie wollte alle Tage bei ihm bleiben. Sie wollte nie, nie von ihm weggehen. Sein Haus ist hell und steht auf ebenem Wiesengrund am Meer, und sie sieht die Schiffe kommen und gehen. Auch sie fahren eines Tages auf den Schiffen fort. Sie fahren in die Länder, die jenseits des Meeres liegen, dort besitzt er auch Länder, Länder mit sonnenvergoldeten Palmengängen. Ja, ja, ja. Sie will die ganze Nacht gehen bis morgen früh; es macht nichts, daß sie ihre Schuhe durchläuft, er kann ihr neue Schuhe schenken. Sie wird bestimmt nicht lange brauchen, um sein helles Haus auf dem Wiesengrund am Meer zu finden. Sie will an seine Tür klopfen, ehe er aufgestanden ist, und er hört, daß es klopft. »Wer ist da?« fragt er. Und sie antwortet: »Ich bin es.«

Das erste Wegstück ostwärts über das Wiesenmoor triumphierte sie innerlich; sie hätte nicht geglaubt, daß sie noch einen so leichten Gang hatte, sie flog, das Herz in ihrer Brust flog. Es flog dem Glück entgegen, der Freiheit und der Liebe. Sie war das arme Mädchen, das den Prinzen bekommt, nein, sie gehörte nur ihm. Immer wieder hörte sie seine flüsternde Stimme, wie er fragte: »Wer ist da?« Und ebensooft antwortete sie: »Ich bin es.« Leichtfüßig geht sie auf den gewundenen Pfaden den Rand der Hochebene hinauf. Sie ist kein verträumtes Kind mehr, frisch gebadet im Tau einer unklaren, unwirklichen Johannisnacht, nein, jetzt wußte sie, wer sie war und wohin sie ging. Sie war die liebende Frau, die alle Brücken hinter sich abgebrochen hatte und zu ihrem Liebsten ging. Es ist die Wirklichkeit. Es ist die Liebe und die Heide. Alles, was von jetzt an in ihrem Leben geschieht, ist wahr.

Die Liebe und die Heide; es liegt noch Schnee in tiefen Senken, die Erde kam verschmutzt unter dem Schnee hervor. Ein naßkalter Wind blies ihr entgegen. Bald taugten ihre Schuhe gar nichts mehr, sie bekam sehr wunde Füße. Sie hatte Durst und trank aus einer Pfütze von Schneewasser, es war schlecht. Dann kam der Hunger hinzu. Dann die Müdigkeit. Dann der Schlaf. Plötzlich befand sie sich in einem eiskalten Schauer, es war Schneematsch, sie konnte nicht aus den Augen sehen, im Nu war sie bis auf die Haut durchnäßt. Und Furcht befiel sie. Denn die Hochebene ist auch fürchterlich. Vielleicht ist sie das Leben selbst. Ihr kam ihr Bruder Helgi in den Sinn, der hier auf der Hochebene diesen Winter verschwunden war und niemals gefunden wurde. Viele kamen auf der Hochebene um. Ihr Vater konnte auf der Hochebene nicht umkommen – doch da erinnerte sie sich plötzlich, daß er nicht ihr Vater, sondern ein Troll war. Deswegen also konnte er sich nicht fürchten. Sie war es, die sich fürchtete; sie war es, die umkommen konnte. Die Angst vertrieb Hunger und Müdigkeit; sie begann darüber nachzudenken, ob sie nicht – wenn man alles betrachtete – falsch gehandelt hatte, weil sie ihm nicht um den Hals gefallen war, als er sie schlug, und ihn nicht um Nachsicht gebeten hatte. Nein, nein, nein. Sie versuchte, ihre Angst zu vergessen und sich das helle Haus auf dem Wiesengrund am Meer vorzustellen – was für ein Haus? War es nicht ein schwarzer Schuppen auf einer Geröllbank am Meer, den er einmal erwähnt hatte, mit vielen ausgehungerten Kindern? Nein, sicher gab es ein helles Haus auf dem Wiesengrund am Meer, es muß es geben, sein helles Haus im Himmel und auf Erden, und bald geht die Sonne auf, und sie steht in den Strahlen der Morgensonne an seiner Tür, und es sind Schiffe auf dem Meer, und er ruft und fragt:

»Wer ist da?« Doch in diesem Augenblick sieht sie den kleinen See auf der Hochebene weit in der Ferne glitzern, der Schneeschauer geht vorüber, und das ist also der See der ekligen Träume, wie kommt es, daß man von so einem ekligen See träumt, wenn man es schwer hat, statt vom Meer selbst zu träumen? Nein, weiter war sie noch nicht gelangt, diese einsame Fußwunde der Hoffnung, sie hatte noch eine ungeheure Strecke vor sich; und dann trank sie mehr Wasser aus einer Pfütze und stand mit Mühe auf, ja, und dann hörte sie, daß es ihr Liebster war, der aus seinem hellen Haus herausrief und fragte. Er fragte: »Wer ist da?« Und sie antwortete zum tausendsten Male: »Ich bin es.«

In dieser Nacht zog sich Bjartur in Sommerhausen nicht aus; er ging jede Stunde hinaus, um nach den beiden Mutterschafen zu sehen, die er am Abend auf der Hauswiese verlassen hatte. Eine Stunde nach Mitternacht hatte sich die alte Kapa gelegt und wiederzukäuen begonnen, doch das andere wilde Ding war mitten auf den Berg geklettert bis an die Felswand; es hatte sich gelegt und auch das Lamm. Es war Friede über allem, die ersten Morgenvögel sangen schon, doch noch kein allgemeines Singen.

Ja, es war, wie es ihm vorgekommen war, Kapa war besonders schwer gewesen. Gegen Morgen hatte sie drei Lämmer bekommen. Diese armen Dinger mühten sich ab, aufzustehen und an ihr Euter zu kommen, während sie sie am Wiesenrand beleckte. Es ist eine Leistung von einem alten Schaf, drei Lämmer zu bekommen; es hatte vieles mit Bjartur erlebt, dieses alte Schaf: Würmer, Notschlachtung, Spuk, und jetzt brachte es seine drei Lämmer hier am Wiesenrand zur Welt, als wäre nichts geschehen. Er dankte seinem Schöpfer dafür, daß er es ihm angerechnet hatte, daß es gern führte, und es im Herbst nicht abgeschlachtet hatte. Drillingslämmer – bei der kleinen Herde macht schon weniger etwas aus. Das arme Tier hatte aber nicht viel im Euter, es war schon so alt. Er machte die Milch, die er gestern abend aufgehoben hatte, warm und brachte die Drillingslämmer unter dem Arm nach Hause auf die Hoframpe; das Mutterschaf lief hinterher und blökte dunkel, denn die Kreatur mißtraut dem Menschen, auch wenn er ihr wohlwill. Er setzte sich auf die Türplatte mit den Lämmern zwischen den Knien und begann, ihnen mit dem Mund durch einen Federkiel die Milch einzuflößen. Wie furchtbar klein waren doch ihre Mäuler; der Organismus, viel macht er nicht her, besonders wenn man ihn betrachtet, wie er ist. Das Mutterschaf sah von der Hoframpe aus mißtrauisch zu. Es war allezeit ein ziemlich scheues Tier gewesen und nie vom Menschen abhängig, es war nämlich von der Siragudmundurrasse. Doch als es sah, was der Mann machte, kam es näher und näher; es heftete seine großen klugen Augen in Schwarz und Gelb auf ihn, voller mütterlicher Spannung. Das Mitleid besitzt wohl keine Schrift, doch es ist zu hoffen, daß es eines Tages in der ganzen Welt siegreich sein wird. Es war wohl keine besondere Heide und kein besonderer Hof auf der Heide, dennoch geschahen manchmal unglaubliche Dinge auf der Heide: der Mensch und das Tier verstanden einander. Es war am Pfingstsonntagmorgen. Das Schaf kam ganz dicht an ihn heran, wie er mit seinen Drillingslämmern im Arm dasaß; es schnupperte freundlich an seinem unschönen Gesicht und hauchte wie aus Dankbarkeit seinen warmen Atem in seinen Bart.

Konjunktur

60

Als Ferdinand erschossen wurde

Dieser sogenannte Weltkrieg, einer der gnadenreichsten Segen, den Gott unserem Lande erwiesen hat, seit die Napoleonischen Kriege die Nation vor den Folgen der Notjahre von 1784 und 1785 retteten und durch steigende Nachfrage nach Fisch und Tran unsere Kultur aus den Ruinen aufrichteten, ja, dieser herrliche Weltkrieg – möge Gott uns möglichst bald wieder einen solchen bescheren –, er begann auf die Weise, daß ein Halunke erschossen wurde, der bei einigen Ferdinand hieß, es war ein Ausländer; und böse Menschen waren über den Tod dieses Ferdinand so betrübt, daß sie vier Jahre hindurch und noch länger einander niedermetzelten, wie wenn man Liesen in einen Trog schneidet – es ist zur Zeit des Hochweideabtriebs in der kleinen Stube in Sommerhausen; sie sitzen hier nämlich wieder einmal beisammen, diese nicht gerade weichherzigen Streiter, die selber ein Leben lang in einem viel ernsteren Kampf gestanden hatten, als es der Weltkrieg war, zumal er aus ungleich wichtigerem Anlaß entstand und geführt wurde als dem, daß ein gewisser Ferdinand erschossen wurde.

»Ja, ob mit dem verdammten Kerl das Land nicht eine Plage los wurde«, sagte Bjartur.

»Ja, dazu will ich mich nicht äußern«, antwortete Einar in Unterleite, »da ja auch nie groß beachtet wurde, was ich und meinesgleichen in der Weltgeschichte sagen könnten. Doch ob das Land mit dem armen Wicht eine Plage los wurde oder nicht, mir ist es egal; und in einem kleinen Land, dessen Namen ich nie aussprechen kann, soll er König gewesen sein; damit sage ich nicht, daß er deshalb mehr als andere war; wir

Isländer haben nun einmal Könige nie ernstgenommen, außer Bergkönigen, denn alle sind gleich vor Gott, und solange der Bauer unabhängig und keines Menschen Untertan sein soll, ist er immer König bei sich selbst. Doch eines ist bei diesem Ferdinand, oder wie ihr ihn nennt, sicher: er war doch immerhin ein Mensch, der Unglückswurm. Und ich bin der Ansicht, daß es sich für Christen nicht schickt, häßliche Worte über ihn zu gebrauchen. Ein Mensch ist doch immer ein Mensch.«

»Ja, es ist eine Sache für sich mit diesem einen Mann; mir ist auch egal, wie er hieß«, sagte Krusi auf Kluft. »Doch etwas anderes habe ich in dieser Angelegenheit nicht verstanden, und das ist, weshalb die anderen unbedingt miteinander Streit anfangen mußten, wenn auch dieser verflixte Ferdinand erschossen wurde.«

»Och, sie sind doch wohl fürs Streiten nicht zu schade, die verfluchten Kerle«, sagte Bjartur. »Wenn sie bloß möglichst lange weitermachen. Jetzt gewöhnen sie sich die Mäkelei ab, wo sie den Ernst sehen. Jetzt essen sie alles. Jetzt wollen sie alles kaufen. Jetzt steigen die Preise für alles. Bald kaufen sie von uns den Dreck. Es wäre zu wünschen, daß sie sich weiter gegenseitig abschlachten, solange jemand davon Nutzen hat. Im Ausland dürfte es genug Leute geben. Und sicher wird sie niemand vermissen.«

»Och, es gibt auch im Krieg Ideale, wenn man sie vielleicht auch nicht bemerkt«, sagte Einar in Unterleite entschuldigend, denn ihm schien Bjartur immer reichlich scharf, sowohl in gebundener wie in ungebundener Sprache. »Bjartur«, fügte er hinzu, »du als alter Freund der Reimerzählungen müßtest wissen, daß in jedem Krieg stets ein Ideal hinter allem steht, wenn auch dieses Ideal vielleicht in den Augen jener Menschen nicht groß ist, die ernstere Dinge zu bedenken haben.«

»Ideal?« fragte Bjartur und verstand das Wort nicht.

»Ja doch, oder Sinn«, sagte Einar zur Erklärung.

»Ja, ich habe noch von keinem gehört, daß in ihrem Krieg heutzutage ein Sinn steckt«, sagte Bjartur. »Es sind einfach Verrückte. Etwas anderes war es hier im Altertum, als die

Helden vielleicht in ferne Erdteile segelten, um wegen einer vorbildlichen Frau oder dergleichen zu kämpfen, die für sie so etwas wie eine Blume des Lebens war. Doch heutzutage kann davon nicht die Rede sein. Heutzutage wird bloß ins Blaue hinein gekämpft aus lauter Idiotie und Starrsinn. Doch es ist, wie ich sage, die Idiotie ist gut, solange jemand Nutzen davon hat.«

»Ich bin nun der Ansicht, lieber Bjartur«, sagte da der Bergkönig, »daß man das von einem etwas anderen Standpunkt aus betrachten muß, was man auch sonst über so einen Weltkrieg sagen mag, und das ist selbstverständlich viel. So ein Weltkrieg hat nämlich nicht nur glückliche Umstände zur Folge, wie zum Beispiel höhere Preise für die Erzeugnisse der Bauern; er hat auch große Schäden und allerlei Schwierigkeiten in den Ländern zur Folge, wo er geführt wird, wie zum Beispiel, als sie neulich den Dom in Frankreich zusammenschossen, diese große und stattliche Kirche, die dort über hundert Jahre gestanden hatte.«

»Och, meinethalben steht es ihnen frei, den Dom in Frankreich zusammenzuschießen«, sagte Bjartur und prustete verächtlich. »Ja, und wenn sie auch die Kirche von Rotenmoor zusammenschießen, so hätte ich von mir aus nichts dagegen.«

»Es ist nun leider nicht der Dom allein«, sagte der Bergkönig. »Sie sollen sogar keine Bedenken haben, ganze Städte zu zerstören. Es geht zum Beispiel nicht wenig verloren allein an Gold und Edelsteinen in einer großen Stadt wie Paris oder London, wenn sie dem Erdboden gleichgemacht wird. Nicht zu reden von den prachtvollen Schlössern. Oder allen Bibliotheken.«

»Ja, mir vernichten sie kein Gold und keine Edelsteine«, sagte Bjartur. »Und mir zerstören sie keine Schlösser. Und was diese Bibliotheken betrifft, so ist mir nichts anderes bekannt, als daß Mäuse und Würmer in der Gemeindebücherei hier in den letzten zehn Jahren ihr Unwesen treiben. Dazu brauchte es keinen Krieg.«

»Ja, aber was sagst du zu diesen kostbaren Standbildern, die vernichtet werden, wenn eine Stadt beschossen wird?«

»Standbilder, was zum Teufel ist denn das? Willst du vielleicht Standbilder gesehen haben?«

Da war der Bergkönig um eine Antwort verlegen, denn er hatte tatsächlich kein richtiges Standbild gesehen, keiner von ihnen wußte genau, was ein Standbild war, nur daß man einmal die Frau auf Rotenmoor von einem Standbild reden gehört und daß die älteste Tochter Thorirs auf Kluftwiesen vor vielen Jahren einen kleinen Porzellanhund gekauft hatte – »ja, gut, daß wir darauf kommen, das Porzellan . . .«

»Och, ich denke, es ist kein Schaden, wenn sie solch verfluchten unnützen Kram zertrümmern, der nichts anderes ist als verfluchter Lug und Trug«, sagte Bjartur, dem nichts mehr leid tat. »Ich glaube nicht, daß ich die Leute bedaure, weil sie aus gewöhnlichen Tassen oder emaillierten Blechflaschen trinken müssen, das habe ich mein ganzes Leben lang getan, und es ging mir gut dabei.«

»Ja, wenn ich meine Meinung sagen sollte«, sagte Thorir auf Kluftwiesen, »so glaube ich, daß der Krieg hauptsächlich deshalb geführt wird, um gemeinem Lumpengesindel Gelegenheit zu geben, in die Länder anderer Leute einzufallen und ausländische Frauen zu vergewaltigen. Ich habe es von einem Mann erfahren, der eine Zeitlang im Ausland war, daß die Soldaten- und Generalsbiester die weibertollsten Viecher sind, die auf der Erde herumkriechen. Und ich habe solche Geschichten über ausländisches Soldaten- und Generalspack gehört, daß es zwecklos ist, sie weiterzuerzählen, es glaubt sie hier in Island kein Mensch. Ich habe selber drei Töchter, ich sage nicht mehr darüber, es ist nicht meine Schuld, wie es gegangen ist, doch oft habe ich in letzter Zeit meinem Schöpfer dafür gedankt, daß sich doch nie französisch-deutsche Soldatengenerale bis hierher ins Land durchgeschlagen haben, um ihre abscheulichen Kriegslisten an unseren unschuldigen Töchtern auszuführen.«

»Och, ob die sich nicht trotzdem nach dem Unfrieden umsehen«, sagte Bjartur. »Nach meiner Erfahrung mit den Frauen glaube ich, es kommt der Wahrheit nahe, daß die meisten Frauen sich vergewaltigen lassen wollen, oder so gut wie. Es gefällt ihnen vielleicht nicht, die Wahrheit zu hören, doch dürfte ich ihr ziemlich nahe kommen, leider.«

Hingegen meinte Thorir auf Kluftwiesen, daß das mit den

armen Mädchen reichlich übertrieben sei, und er dachte nicht ohne Rührung an seine Töchter. »Das aber ist wahr, wenn die Frauen ebenso befähigt wären, der List zu widerstehen wie der Gewalt, dann wäre es vielen Mädchen besser ergangen.«

»Ja, ich mache keinen großen Unterschied zwischen List und Gewalt, solange das Ziel dasselbe ist«, sagte Bjartur.

Einar ließ sich auf dieses Gespräch nicht ein, denn seine Frau und seine einzige Tochter waren an der Schwindsucht gestorben, so daß es in seinem Haus nie in Betracht gekommen war, weder mit List noch mit Gewalt. »Doch«, sagte er und nahm seinen Faden wieder auf, »ich vertrete die Ansicht unseres Bergkönigs insoweit: wenn man mit dem einen Auge die Ideale im Krieg betrachtet und mit dem anderen alle die Männer und Frauen, die des Lebens und der Glieder beraubt werden, ist es nicht zu verwundern, wenn einem mitunter der Gedanke kommt, ob es nicht die Sache wert wäre, sich mehr Mühe zu geben, die Menschenleben zu schonen statt der Ideale. Denn wenn das Ideal nicht bezweckt, das menschliche Leben auf der Erde zu fördern, statt Menschen zu Millionen umzubringen, ja, dann kann bei einem die Frage aufkommen, ob es dann nicht besser wäre, überhaupt keine Ideale zu haben, obwohl so etwas natürlich ein trauriges Leben wäre. Denn wenn das Ideal nicht Leben ist und das Leben nicht ein Ideal, was ist dann das Ideal? Und was ist das Leben?«

»Na, haben die Leute nicht selber schuld, wenn sie das unbedingt wollen?« sagte Bjarutr. »Wer Krieg will, der muß sich auch umbringen lassen wollen. Schadet es was, wenn jemand ein Narr ist? Und weil die Höllenhunde nun einmal Spaß daran haben, einer den anderen ums Leben zu bringen – aus Idiotie oder Ideal, mir ist das gleich –, ja, da werde ich bestimmt der letzte sein, dem sie leid tun. Sollen sie alle zum Teufel gehen. Ich sage nur: wenn sie bloß möglichst lange so weitermachen, damit das Fleisch und die Wolle weiter steigen.«

»Aber wenn es so geht, daß zum Schluß keiner mehr übrig ist«, warf Krusi ein.

Bjartur: »Ja, dann bemannen wir gemeinsam einen Kutter, Jungens, und fahren nach Süden in die Länder und untersuchen, wie es sich da im Süden mit Weideland verhält; ja, dann ist es an der Zeit nachzusehen, ob es da im Süden nicht günstig für eine Bauernwirtschaft ist. Es würde mich amüsieren, wenn die Enkel von Thorir auf Kluftwiesen sich auf den Ruinen von London noch Kränze aus Löwenzahn flechten sollten, wenn ihr ganzer verteufelter Porzellankram in Scherben liegt; und die Standbilder dazu. Wer weiß, ob ich mich nicht aufraffe und auf der Sandbank, wo Paris dem Erdboden gleichgemacht wurde, einen Gemüsegarten anlege, hahaha.«

Der Bergkönig: »Ich glaube, ich muß Einar darin beipflichten, daß es wohl reichlich stark ausgedrückt ist, lieber Bjartur, wenn du behauptest, der Krieg wäre aus purer Idiotie entstanden. Wenigstens zweifle ich daran, daß wir, du so gut wie ich, die wir Segen und steigenden Wohlstand durch den Krieg genießen, die Ursachen mit so unüberlegten Namen belegen dürfen. Andererseits bin ich auch der Ansicht, es ist eine reichlich starke Behauptung von Einar, daß der Krieg aus einem direkten Ideal entstanden ist. Ich möchte betonen, daß ich in dieser Angelegenheit nicht als Gemeinderatsmitglied spreche, denn der Krieg geht den Gemeinderat als solchen nichts an. Doch wenn ich meine persönliche Privatmeinung über diesen sogenannten Krieg, der in meinen Augen nur eine Art Uneinigkeit ist, sagen soll, so bin ich der Ansicht, daß diese Uneinigkeit, wie die meiste Uneinigkeit überhaupt, in erster Linie aus einem Mißverständnis entstanden ist. Nach dem, was ich in Erfahrung bringen konnte, wird der Krieg hauptsächlich zwischen Frankreich und Deutschland geführt, zwischen zwei sogenannten Ländern, obwohl natürlich England weit vorne rangiert, besonders auf dem Meer, und eine Menge stattlicher Kriegsschiffe besitzt, die jeder Nation zur Ehre gereichen würden, auch wenn sie zu etwas Nützlichem verwendet würden. Im Sommer, kurz nachdem der Krieg ausbrach, befand ich mich zufällig beim Bezirksarzt unten in Fjord, und ich trank bei ihm Kaffee wegen eines geringfügigen Anliegens, das ich wegen der Tierarzneien an ihn hatte; und da zeigte er mir Bilder von Frankreich und Deutschland, die er da in einem bedeutenden ausländischen Buch hatte. Ich möchte betonen, daß ich die Bilder so genau ansah, wie es mir möglich war. Und ich kam nach genauer Betrachtung und gewissenhaftem Vergleich der Bilder zu dem Ergebnis, daß es – richtig betrachtet – überhaupt keinen wirklichen Unterschied zwischen Frankreich und Deutschland gibt; beide sind eigentlich dasselbe Land, und nicht einmal eine Meerenge dazwischen, auch kein Fjord. Beide Länder haben Wälder, beide Länder haben Berge, beide Länder haben Äcker, und beide Länder haben Städte. Wenigstens ist es unmöglich, einen Unterschied in der Landschaft zu erkennen. Und was die Leute in diesen Ländern betrifft, so wage ich getrost zu erklären, daß sie weder idiotischer noch bösartiger aussehen als andere Leute und am allerwenigsten in dem einen Land idiotischer als in dem anderen; es scheinen, nach den Bildern zu urteilen, solche und solche Leute zu sein, nur daß die Deutschen sehr kurz geschoren sind und die Franzosen die alte Sitte beibehalten haben, sich einen Bart wachsen zu lassen, ganz wie zum Beispiel hier in der Gemeinde, wo einige kurz geschoren sind und andere sich einen Bart wachsen lassen. Ich kann mir denken, die Wahrheit ist, daß sowohl Franzosen wie Deutsche so holt und bolt sind, wie es in einer fremden Sprache heißt; es sind sogar harmlose Kerle, ganz wie es hier in der Gemeinde der Fall ist. Deshalb bin ich privat zu der Auffassung gelangt, und ich werde notfalls unprivat dazu stehen, daß die vorhin genannte Uneinigkeit zwischen diesen Menschen von einem Mißverständnis herrührt. Die Ursache ist, daß jeder von beiden sich für besser hält als den anderen, obwohl in Wirklichkeit kein Unterschied zwischen ihnen ist, außer vielleicht ein wenig in der Frisur. Jeder von beiden behauptet, sein Land wäre irgendwie heiliger als das Land des anderen, obwohl in Wirklichkeit Deutschland und Frankreich ganz genau dasselbe Land sind und es für einen Menschen bei vollem Verstand unmöglich ist, irgendeinen Unterschied zu sehen. Doch es kann – wie gesagt – dennoch sehr bedenklich sein, für einen Partei zu ergreifen, wenn zwei sich schlagen, und es ist am vernünftigsten, sich mit beiden gut zu stellen und von beiden gut zu sprechen. Ich für mein Teil sage, ich warte bloß geduldig ab, bis einer von beiden die Oberhand gewinnt, und mir ist ganz egal, wer es ist; und dennoch wünsche und hoffe ich, daß einer von beiden die Oberhand gewinnt, denn dann ist die Wahrscheinlichkeit größer, daß die Länder zusammengelegt und zu einem Land gemacht werden, wie sie es ihrer Natur nach sind, so daß im Verlauf der Zeit kein Mißverständnis aus der Annahme zu entstehen braucht, daß es zwei Länder seien.«

61

Glaubensdinge

Dann dauerte der Weltkrieg an, zum unaufhörlich wachsenden Segen für Land und Leute, er wurde von vielen nie anders als der gesegnete Krieg genannt, und besonders von unschuldigen und braven Leuten; er dauerte über vier Jahre, und die Freude wurde größer, je länger er dauerte; alle guten Menschen wünschten, daß er möglichst lange anhielte; die Preise für isländische Waren stiegen im Ausland, unter anderem schlug man sich südlich auf der Erde um isländische Waren. Diese begabten und sonderbaren Kriegsvölker, die sich in früheren Zeiten wenig daraus gemacht hatten, daß die Isländer kümmerlich ihr Leben fristeten, bis aufs Blut gepeinigt von Hunger, Knechtschaft, Kaufleuten und anderen Plagen aller Art, vereinten sich alle darin, unsere Waren kaufen zu wollen und dazu beizutragen, daß wir reich und glücklich werden könnten. Viele gingen daran, ihr Prachtgrundstück zu kaufen; so etwas gilt als Grundlage aller wahren Ehre. Und wer es schon vorher zuwege gebracht hatte, es zu erwerben, dachte jetzt daran, bei sich zu bauen; wer Schulden hatte, bekam Gelegenheit, in größere Schulden zu geraten; und vor denen, die keine Schulden hatten, breiteten die Darlehnsinstitute in unglaublichem Liebreiz die Arme aus. Man nahm sich größere Meliorationen vor als früher, man vergrößerte seinen Zuchtstamm, man schickte sogar seine Kinder zur Ausbildung; auf manchen Gehöften gab es jetzt vier Porzellanhunde von der größeren Sorte, sogar Musikinstrumente; die Frauen trugen allerlei Tombakringe; viele Leute kamen in den Besitz von Mänteln und Lederschuhen, die früher bei werktätigen Menschen Kontrabande waren. Die Landeskasse nahm allerlei Bauten in Angriff, und wer einen tüchtigen Kopf als Thingabgeordneten hatte, wie die Gemeinden, die Ingolfur Arnarsson Jonsson gewählt hatten, bekam Straßen und Brücken in seinem Gebiet. Es wurde eine Straße unten von Fjord aus durch das Tal an Bjartur in Sommerhausen vorbei bis ganz nach Westen in die Gemeinde geführt, und die ersten Automobile sausten mit unglaublicher Geschwindigkeit die Straße entlang und machten die Pferde scheu. Nun blieb es nicht aus, daß verschiedene bei diesem Wohlstandstumult und dem Geld, das über die verstreuten Siedlungen des Landes hereinbrach, ihr gesundes Urteilsvermögen verloren; es war nicht zu leugnen, daß viele Grundstücke zu überhöhten Preisen gekauft und manche zu großzügig bebaut wurden, und die Kinder mancher Leute kamen aus den Schulen schnell- und übergebildet wieder nach Hause. Doch einige gingen an alles möglichst still heran, änderten ihre Lebensweise nicht, kauften keine Porzellanhunde, gaben nichts für die Bildung ihrer Kinder aus, sondern vergrößerten ihren Zuchtstamm unablässig, meliorierten das Grundstück in Maßen und strebten im stillen nach einem höheren Ziel. Zu ihnen gehörte Bjartur in Sommerhausen. Er war ebensowenig wie früher für unnötige Dinge zu haben; gab jedoch in jedem Jahr, das verging, mehr Geld für Leute und Schafe aus. Jetzt war die Zeit vorbei, da seine Zeitrechnung mit dem Sommer begann, als das Biest, die Frida, hier war und all das andere Unglück wegen einer Kuh geschah; nein, ehe man sich dessen versah, hatte er zweihundertfünfzig Schafe, zwei Kühe und drei Pferde, Erntearbeiter und -arbeiterinnen im Sommer, eine Wirtschafterin im Winter und einen Winterknecht. Er hatte sogar den alten Stall unter der Stube aus den Neusiedlerjahren renoviert, um diese neuen Leute unterzubringen, und da, wo sich früher eine Öffnung für den Mist befand, war jetzt ein Fenster mit vier kleinen Scheiben eingesetzt. »Alles ist gut, was dazu tut«, sagt das Sprichwort; und dies war das stabile Wachstum, das sich ohne Umsturz vollzog, ohne Lärm, wie von selbst, die gesunde Entwicklung. Der Mann selbst war gleichgeblieben, er leistete sich keinen anderen Luxus als den, sich vier Minuten am Tag auf einen Heuhaufen zu werfen, in der Hoffnung, bald wieder von ihm herunterzurollen, und am liebsten in eine Pfütze; an sein Gesinde stellte er sommers und winters angemessene Arbeitsanforderungen und murmelte kunstvoll gebaute Dichtungen vor sich hin, wenn er allein war. Die alte Frau lebte auf ihre sonderbare Art weiter wie eine Kerze, die der Herrgott auszulöschen vergessen hat; sie murmelte ihre Psalmen und strickte und nahm keine Notiz von den neuen Zeiten und stritt ab, daß es jetzt eine Straße durch das Tal gab oder daß Automobile in drei Viertelstunden nach Fjord und in fünfzehn Minuten bis Außen-Rotenmoor fuhren; sie glaubte nämlich nicht, daß es feste Wege gäbe, außer höchstens den Weg des Herrn. »Einen Weltkrieg haben wir auch«, sagten die Leute fröhlich. Doch sie sagte, das wäre kein Weltkrieg, sie sagte, es wäre höchstens bloß dieser gewöhnliche Krieg, den es von jeher im Ausland gegeben hätte, solange sie denken könnte; Weltkrieg, was für ein Unsinn. Das rührte nämlich daher, daß sie nicht an die Existenz der Welt glaubte. Doch sie behauptete noch immer, über dieser Hütte hätte von jeher Unsegen gelegen, es würde sich früher oder später noch herausstellen; wer leben wird, wird sehen; Kolumkilli hat selten von denen abgelassen, die hier in der Hütte gehaust haben. Hingegen war der Sonnenuntergang in Steinhütte schön, ich wohnte dort vierzig Jahre, und es kam nichts vor. Sie hatte immer Sehnsucht nach Hause.

Jetzt wendet sich die Geschichte der Handelsgenossenschaft zu, dem gesunden Unternehmen der Bauern, das die Zwischenhändler überflüssig macht und den Bauern gerechte Preise für ihre Erzeugnisse zahlt, mit einem Wort, gesunde Selbstverwaltung in Handel, Bauwesen, Produktion und Finanzen einführt. Diese Genossenschaften werden die Bauernschaft des Landes retten und arme Bauern wohlhabend machen, wie sie es in Dänemark getan haben sollen. Die Genossenschaft in Fjord blühte, die Genossenschaften blühten im ganzen Land. Die Blutsauger an der Nation, die Kaufleute, verschwanden mehr und mehr oder hatten schwer zu kämpfen; die Bauern nahmen alle ihre Angelegenheiten immer fester in die Hand, Handel, Meliorationen, Hausbau, sogar Elektrizität; und die Zeitungen in Reykjavik sagten, daß jetzt das Fundament für die isländische Landwirtschaft in großem Stil gelegt würde, eine Landwirtschaft, die imstande sei, voll und ganz mit den Forderungen der Zeit mitzugehen; eine Landwirtschaft, die der Haupterwerbszweig der Isländer sei, ein Eckpfeiler der Freiheit, des Volkstums und der geistigen und körperlichen Kraft der Nation. Wer gegen die Interessen der Bauern kämpft, ist der schlimmste Feind der Nation. Nieder mit den Zwischenhändlern! Die Handelsgenossenschaften sparen denen, die sich ihrer bedienen, ein Viertel aller Ausgaben; die Handelsgenossenschaften sind gegen die Gewalt der Bourgeoisie gegründet, um die Rechte der kleinen Produzenten und des Volkes zu wahren. Und dennoch ist der wichtigste Punkt noch nicht genannt. Die Idee der Handelsgenossenschaften strebt nach Höherem als finanziellem Gewinn. Sie will die Menschen verbessern, ihren Horizont erweitern, sie bilden, sie mitleidiger mit den Schwachen machen.

Im Zusammenhang damit war die bäuerliche Kultur plötzlich zur großen Botschaft in den Reykjaviker Zeitungen geworden. Alles für die Bauern. Die Bauern sind der Lebensnerv und Rettungsanker der Nation. Das Volk ist am kernigsten in den Bergen. Das Leben des isländischen Bauern ist das einzig wahre Leben. Der Landmann tritt hinaus auf grasige Halden in reine und klare Luft, und indem er sie einatmet, durchströmt ungeahnte Lebenskraft seinen Körper und seine Seele. Die Städter haben keine Vorstellungen von dem Frieden, den die Mutter Natur spendet, und solange man diesen Frieden nicht gefunden hat, wird der Geist mit Sensationen genährt, und was ist natürlicher, als daß so etwas wankelmütige Augenblicksmenschen formt? Der Hirt hingegen ist erfüllt von Heldengeist, denn der Froststurm härtet und stählt ihn. So schön ist das Landleben, es ist die beste

Erziehungsstätte der Nation. Und auf den Schultern der Bauern ruht die bäuerliche Kultur. Bei ihnen steht vorausschauender Ernst an erster Stelle zum Segen für Land und Volk. Wo wäre die Geschichte des Landes, wenn sie nicht beim flackernden Licht der Tranlampe an den langen Winterabenden des Landmanns geschrieben worden wäre? Wo wäre die nationale Kultur, die Kultur, die weit über der Kultur aller zivilisierten Nationen steht, hätte das kleine Bauernkind nicht auf der Bettkante Unterricht im Lesen bekommen, auf berußter Scheibe schreiben gelernt, die Freudenbotschaft in der Stallecke vernommen oder auf die heldische Reimerzählung aus dem Munde seines Vaters gelauscht, wenn er in trüber Stimmung war, oder auf die geistlichen Lieder von den Lippen seiner Großmutter; und wäre es nicht des Abends mit den Strophen des seligen Hallgrimur Petursson auf den Lippen eingeschlafen? Und die Natur, ja, sie ist schön, unsere isländische Natur mit Halden, Senken, Wasserfällen und Bergen; und das Volk in den Gebirgstälern ist daher auch das wahre Volk, das Volk der Natur, das einzig wahre Volk. Sein Leben besteht darin, Gott zu helfen.

Die Botschaft von den Vorzügen der bäuerlichen Kultur und dem Wert des Bauernstandes war bis dahin eine nur selten gehörte Wahrheit gewesen, die die Frau auf Rotenmoor auf Zusammenkünften hochhielt – wahrscheinlich weil sie es so sehr bereute, jemals aus der Stadt fortgegangen zu sein – und besonders auf Hochzeitsfeiern, doch sonst hatte man diesen Dingen in der Gemeinde wenig Beachtung geschenkt, nicht mehr als zum Beispiel den Predigten des Pfarrers. Jetzt stand diese Wahrheit plötzlich in seriösen Zeitungen, die in Reykjavik gedruckt und in jedes Haus geschickt wurden, sie stand da jede Woche in verschiedenen Varianten. Es war, als begegnete man der Frau von Rotenmoor überall im Lande, mit einem Antlitz, das mütterlich war wie das des Papstes, trotz des unnahbaren Lächelns; sie schien allerorten gesiegt zu haben. Und man begann allgemein zu glauben; die bäuerliche Kultur erlangte hohe Wertschätzung in den bäuerlichen Landstrichen, keine armen Schlucker mehr, kein Spuk aus der Vergangenheit – Kolumkilli, wer leiht dem Unsinn noch ein Ohr? Nein, der isländische Bauer war aus dem Schlaf der Jahrhunderte erwacht, und es war sogar die Frage, ob er jemals geschlafen hatte. Wenigstens hatte er unversehens seine Partei im Land gegründet, eine Partei gegen die Konservativen, Egoisten, Kapitalisten, Zwischenhändler und Diebe, eine Partei der Kollektivisten, kleinen Produzenten, Werktätigen und fortschrittlichen Reformisten, eine Partei der Gerechtigkeit und der Ideale. Ingolfur Arnarson Jonsson war einer der ersten, die mit dem Mandat Bjarturs in Sommerhausen aufbrachen, um auf dem Althing gegen die Ungerechtigkeit im Land und für die Ideale des neuen, herannahenden Goldenen Zeitalters zu kämpfen. Das Guthaben Bjarturs bei der Handelsgenossenschaft stieg mit jedem halben Jahr. Hatte denn Bjartur in Sommerhausen begonnen, an Ingolfur Arnarson und die Rotenmoorer zu glauben? Ich weiß nicht, ob er jetzt direkt an sie glaubte, doch eines war sicher: als die Wegebauarbeiter der Landeskasse eine Brücke über die Rotenflußschlucht westlich auf dem Paß bauten, im Frühjahr, nachdem Ingolfur Arnarson auf dem Althing durchgesetzt hatte, daß durch das Tal eine Straße gebaut wurde und daß alle Flüsse überbrückt werden sollten, da spaziert er eines Abends vor der Schlafengehenszeit nach Westen auf den Paß zu den Wegebauarbeitern und spricht mit ihnen. Dieses Gespräch zeugt in gewisser Weise von der Beschaffenheit seines Glaubens zu jener Zeit.

Sie setzten Keile in Felsenstücke und zerschlugen sie, meißelten dann die Unebenheiten von jedem Stein; der Fluß wurde weit oberhalb der Furt überbrückt, wo er durch eine enge Schlucht floß; es wurden hohe Pfeiler, und man brauchte viele behauene Steine.

»Ihr meißelt, Jungens«, sagte der Bauer, stolz über den Nutzen, den die Landeskasse von dem Gestein in seinem Landbesitz hatte.

»Ja, zum Teufel«, sagten sie, »aber nicht die Jungfern.«

»Ja, ich bin nun nicht hierhergekommen, um mit euch zu schweinigeln, ihr verfluchten Kerle«, sagte er.

»Nein, es hat auch keinen Zweck, mit dir zu schweinigeln«, sagten sie, »du Schlappschwanz hast keine Töchter zu Hause.«

»Och, ihr wißt am wenigsten über meine Schlappheit Bescheid, wenn ihr auch vielleicht die Platte da auseinanderkeilen könnt«, sagte er. »Es ist Molkenkäse.«

»Willst du etwas?« fragten sie.

»Es kommt euch nicht zu, zu fragen – hier auf diesem Landbesitz«, sagte er. »Es kommt mir zu, zu fragen, und euch, zu antworten.«

»Großartiges Königreich«, sagten sie.

»Schulden habe ich nicht«, sagte er. »Und wenn ich jemanden zur Arbeit nehme, entlohne ich ihn keinesfalls schlechter als die alte Landeskasse. Doch was ich sagen wollte, kann vielleicht einer von euch Jungens einen Grabstein meißeln?«

»Grabstein?« sagten die Männer ernst, denn sie hatten Achtung vor der Trauer. »Wir sind natürlich in solchen Dingen nicht geübt, nicht in feiner Steinmetzarbeit.«

»Och, es braucht nun eigentlich keine feine Steinmetzarbeit zu sein«, sagte er. »Doch möchte ich gern, daß es ein bißchen nach einem Grabstein aussieht, etwas schmaler oben und breiter unten.«

»Versteht sich«, sagten die Männer, »doch so etwas übernimmt man nur gegen Überstundenbezahlung.«

Er sagte, er sei nicht dafür bekannt, sich über Kleinigkeiten zu streiten; zuallerletzt bei so einer Sache. Das verstanden sie gut, die Gräber lieber Freunde sind den Menschen heilig, da geizt man nicht mit dem Pfennig; sie hörten ganz auf, schmutzige Reden zu führen.

Dann begannen Verhandlungen über den Grabstein; sie verhandelten eine Weile, Vorsicht auf beiden Seiten, sogar Höflichkeit, besonders jedoch von seiten der Steinhauer, beiden Parteien waren Verhandlungen dieser Art gleichermaßen ungewohnt; schließlich wurden sie sich jedoch einig. Bjartur betonte wiederholt, daß feine Steinmetzarbeit nicht nötig wäre. Sollte eine Inschrift drauf sein? Ja, eine Inschrift. Da wurde die Sache schwieriger, sie waren nicht sehr geübt im Aushauen von Buchstaben.

»Och, es braucht gerade keine Schmuckschrift zu sein«, sagte Bjartur, »die Anfangsbuchstaben genügen, oder der Vorname, und dann, wer ihr den Stein errichtet hat.«

»Ist es deine selige Frau?« fragten sie.

»O nein«, sagte Bjartur. »Nicht direkt. Trotzdem ist es eine Frau. Eine Frau, der ich und andere eine lange Zeit unrecht getan haben – vermute ich. Man ist in seinen Urteilen oft ungerecht und folglich vielleicht auch in seinen Taten, besonders in schlechten Jahren. Man fürchtet sich davor, Brot von anderen zu nehmen.«

»Liegt sie in Rotenmoor?« fragten sie.

»In Rotenmoor? Sie?« äffte er sie nach und war gekränkt. Stolz auf die Frau, fügte er hinzu: »Nein, sie ist nie Instweib der Rotenmoorer geworden. Sie liegt auf meinem Land, sie liegt, will ich euch sagen, einen Steinwurf hier weiter draußen auf dem Paß, dicht am Rand der Schlucht.«

Sie sahen ihn eine Weile verdutzt an und wußten zuerst nicht, wie sie sich verhalten sollten, bis einer von ihnen sagte: »Du meinst doch nicht das Gespenst?« und ein anderer: »Hältst du uns zum Narren, verfluchter Kerl?«

Doch Bjartur hielt niemanden zum Narren, er hatte sich nie auf Spott verstanden, es war ihm voller Ernst, und es war schon lange her, seit ihm der Gedanke gekommen war, der Frau einen Stein zu setzen, die lange ungebüßt bei seinem Hof gelegen hatte und unter anderem damit verleumdet worden war, sie hätte für einen Teufel gelebt; nun schien es ihm an der Zeit, sie von diesem Papismus zu befreien. Er zog zwar nicht in Zweifel, daß sie eine unglückliche Frau gewesen war, aber er zweifelte daran, daß sie von größerem Unglück verfolgt worden war als die Nation überhaupt. Er hatte selber schwere Zeiten kennengelernt, doch was war das im Vergleich zu den schweren Zeiten, die früher über das Land hingingen, zum Beispiel die Notjahre von 1784 und 1785 oder die Zeit des Monopolhandels, als der Teufel Kolumkilli allein über die Nation zu herrschen schien? Und es konnte auch gut sein, daß die Frau sich etwas hatte zuschulden kommen lassen, wer hat sich nicht etwas zuschulden kommen lassen; manche sagten, daß sie Leute umgebracht hätte, und wer hat nicht Leute umgebracht, wenn man näher darauf eingeht? Was sind Leute? Die Leute sind einen Dreck wert, wenn das Jahr schlecht ist. Er sagte, er betrachtete die Frau als seine Nachbarin hier auf der Heide, er habe sie bisher nicht unterstützt, doch jetzt seien günstige Jahre zu Lande und zu Wasser, und es sei an der Zeit, die Ehre einer mißverstandenen Frau ein wenig wiederherzustellen und ihr einen Stein zu schenken, alles vergessen sein zu lassen, wenn sie vielleicht auch eine Zeitlang in eine schwierige Lage geraten war. Er wollte ihr sogar seinen Namen beigeben, der sie statt des bisherigen papistischen Schimpfnamens in alle Zukunft begleiten sollte; er gab ihnen folgende Inschrift in Auftrag: Gunnvör errichtet von Bjartur.

62

Eintrittskarten

Der kleine Gvendur war jetzt groß.

Er war ein ansprechender Bursche, in Gestalt und Bewegungen seinem Vater nicht unähnlich, aber mit weicherem Gemüt; doch hatte er kein Verständnis für Dichtkunst, was allerdings nicht viel zu sagen hatte, denn in diesen Zeiten hatte man über das meiste, was ein Gedicht wert war, bereits gedichtet, und über manches gut. Die Zeiten, in denen er aufwuchs, waren außerdem nicht für Poesie geeignet, sondern es war Weltkrieg und allgemeiner göttlicher Segen zu Wasser und zu Lande. Er war untersetzt, sogar ein bißchen vierschrötig, hatte blondes Haar, das selten geschnitten oder gekämmt war und in dem immer gesunder Schmutz hing; er hatte ein rötliches Gesicht mit gutmütigen Augen, die nicht allzu klug blickten, jedoch Willen verrieten, aber was ist der Wille? Er war sehr stark. Man nannte ihn den einzigen Sohn des Odelsbauern in Sommerhausen; ein solcher Name gab Ansehen, wo die Jungschafe bereits dreißig bis vierzig Kronen oder sogar mehr kosteten; und eine Kuh war in die Wirtschaft gekommen, ohne Nörgelei und Schwierigkeiten, und später zwei; der alleinwirtschaftende Bauer kaufte jetzt die Arbeitskraft anderer; es waren fremde Leute, die im Frühjahr und im Herbst aus allen Richtungen kamen, hohe Löhne forderten und nur vierzehn Stunden täglich arbeiteten, und dennoch standen sie auf der Stufenleiter der Gesellschaft weit tiefer als der Sohn des Bauern. Eines schönen Tages würde er dieses kleine Reich im Tal erben. Von Kindesbeinen an hatte er wachend und schlafend in der Landwirtschaft gesteckt, er liebte die Erde, wie man so sagt, ohne sich dessen jedoch bewußt zu sein. Er war bereit, den Kampf mit den Schwierigkeiten zu führen, ohne Verlangen danach, sie mit Idealen zu besiegen. Er hatte nie eine andere Freude verlangt als die, die in der Gewißheit liegt, daß die Schafe sich mit Erfolg zur rechten Paarungszeit vermehren und daß sie gut genug über den Winter kommen, um im Frühjahr nicht in den Sickerlöchern steckenzubleiben. Und vielleicht ist das die wahre Freude. Er betrachtete es nie als ein besonders Problem, daß die Stube ein wenig windschief geworden war. Nichts war für Bjartur selbstverständlicher, als einen solchen Sohn zu haben; hingegen war es vielleicht erstaunlicher, daß er nicht sieben solche Kinder hatte; doch wozu darüber klagen. Jetzt war der Junge siebzehn Jahre und besaß Schafe im Wert einer Kuh, dazu gekaufte Schuhe, einen blauen Sonntagsanzug und eine Uhr mit Uhrkette; es gibt nicht viele Isländer, die mit siebzehn Jahren so reich sind. Es beginnt damit, daß man nicht aufhört, etwas zu tun, statt über unnütze Dinge zu reden und sich unvernünftigen Träumen hinzugeben oder sogar Gespenstern, wie es seine Brüder getan hatten; sie waren auch beide gestorben, jeder auf seine Weise, während er lebte und Schafe im Wert einer Kuh besaß.

Zu dieser Zeit war die Gesellschaft in starker Bewegung, von manchen Auflösung genannt; und es war nicht vielen gegeben, einer solchen Bewegung standzuhalten, ohne sich selber zu bewegen, einer solchen Auflösung zu widerstehen, ohne sich selber aufzulösen, nein, nur wenigen. Die Hauptbewegung und die Hauptauflösung lagen im Geld, denn das menschliche Leben wird durch das Geld zusammengehalten, und verschiedene Leute sind der Ansicht, daß es allein vom Geld regiert wird, indem entweder kein Geld oder zuviel Geld da ist oder irgendwas dazwischen. Man machte plötzlich die Erfahrung, daß es insgesamt mehr Geld gibt, als man vorher gedacht hatte; und wer früher im Ernst selten höhere

Summen als zwei Kronen genannt hatte, sprach jetzt plötzlich von ... zig Kronen; und Zehn- und Zwanzigkronenleute schwatzten jetzt von tausend, als ob sie mal schnell nach draußen gingen; sogar weinerliche Schwächlinge konnten Geschäfte in Beträgen abschließen, die am ehesten an die Zahlen in dem mathematischen Gedicht Njola erinnerten. Thorir auf Kluftwiesen kaufte sein Grundstück, und einige sagten, er hätte es bezahlt; doch schlug es dem Faß den Boden aus, als ein tuberkulöser Philosoph wie Olafur in Obersttal seine Hütte käuflich erwarb; manche sagten, für ... zigtausend. Andere brachten den Gewinn auf die Sparkasse in Fjord, die nach dem Gemeindevorsteher in Moor benannt war, weil er auf ihr hunderttausend Kronen zu stehen hatte, was wahrscheinlich doch eine Lüge war, denn niemand stöhnte so jämmerlich unter der Schuldenlast wie er. Und auf dieser Sparkasse brachte das Geld a tempo Zinsen; manche sagten, das Geld hecke dort wie die Ratten. Zu denen, die dort Spareinlagen hatten, gehörte Bjartur in Sommerhausen; sein Name hatte auf der Sparkasse einen guten Klang, und er bekam Zinsen. Nach allem, was gewesen war, zahlten ihm die Rotenmoorer Zinsen.

Dann stand der Gemeindevorsteher mit zwei Ersatzpferden auf der Hoframpe und hatte Lederschuhe an, die er wahrscheinlich als Abzahlung für eine Schuld bekommen hatte; der Weltkrieg kommt mit seinem Segen zu hoch und niedrig.

Der Gemeindevorsteher klagte ein bißchen darüber, daß bei ihm ein Hufeisen abgegangen sei. »Nebenbei bemerkt, mit dieser Teufelsstraße haben sie das Außenweidemoor schön zugerichtet.«

»Och, das ist mein Wiesenmoor«, sagte Bjartur.

Der Gemeindevorsteher: »Sie soll noch immer am Leben sein, deine Schwiegermutter.«

Bjartur: »Ja, auf meine Kosten und nicht auf deine. Sie hat noch nicht anderer Leute Brot gegessen, obwohl du sie zu einer Zeit auf Rechnung der Gemeinde anderswo unterbringen wolltest.«

»Wie geht's mit ihrer Hütte?«

»Was für einer Hütte?«

»Ihrer Hütte. Der Hütte, die ihr selbst gehört. Was macht die?«

»Och, ob sie nicht weiter auf der Sandschluchtheide kauert wie gewöhnlich?«

»Du bist immer ein Querkopf gewesen«, sagte der Gemeindevorsteher. »Der schlimmste, den ich kenne. Der Teufel soll es holen, dir ist selbst bei schönen Frühlingswetter nicht zu helfen.«

Bjartur: »Die Kinderstube verrät sich immer. Oder habe ich nicht etwa meine Erziehung in der Nähe gewisser Leute erhalten?«

»Jemand hat gesagt, du hättest vor, dorthin zu ziehen und hier zu verkaufen«, sagte der Gemeindevorsteher.

»Wo dorthin? Das ist eine Lüge.«

»Vielleicht hast du vor, hier zu bauen?«

»Ich baue, wann ich will.«

»Mir fiel es nur eben so ein, dich zu fragen, für den Fall, daß es wahr sein sollte. Oder auch sowieso. Ich hätte dir vielleicht etwas für meine alten Außenställe geboten.«

»Ich habe diese kleine Hütte in den letzten achtzehn Jahren Sommerhausen genannt, lieber Jon«, sagte Bjartur. »Es ist kein Wunder, daß du es vergessen hast, wir haben lange nichts miteinander zu tun gehabt. Doch eher könnte ich glauben, daß Rotenmoor zu Sommerhausen geschlagen wird als Sommerhausen zu Rotenmoor.«

»Rotenmoor ist sofort zu haben«, sagte der Gemeindevorsteher. »Siebzigtausend Kronen auf den Tisch, und es gehört dir.«

»Ich kaufe, wann ich will.«

»Dann kannst du mir ebensogut meine Außenställe verkaufen, während du überlegst. Zehntausend auf den Tisch.«

Bjartur: »Ja, und wahrscheinlich alles falsches Geld.«

»Fünfzehntausend«, sagte der Gemeindevorsteher.

Doch Bjartur gab darauf nur auf diese Weise Antwort, daß er einige Male um den Gemeindevorsteher herumging und eine ungefähre Einschätzung seines Ansehens vornahm, wie er es schon hundertmal oder öfter getan hatte. Dann hatte man dem Pferd des Gemeindevorstehers das Hufeisen wieder angenagelt, und er stieg in den Sattel.

»Ich sagte fünfzehntausend«, sagte der Gemeindevorsteher, als er im Sattel saß. »Es ist nicht sicher, daß ich dir das Angebot noch einmal mache. Doch wenn du lieber bauen willst, so ist das deine Sache. Und solltest du zum Bau ein Darlehen der Sparkasse nötig haben, werde ich nicht gegen dich sein.«

Fünfzehntausend Kronen – dieser zusammengenähte Geizkragen, der nie ein Zweiörestück ausgab, ohne es vorher drei- oder viermal umzudrehen, hatte er nicht fünfzehntausend Kronen gesagt? War er verrückt geworden? Natürlich sind fünfzehntausend Kronen auf einmal falsches Geld, außer wenn man es selbst erarbeitet hat, und das tut keiner – das richtigste wäre, ich würde ihm nachreiten und ihn erschlagen, wie Egill Skallagrimsson den Skalaglamm, als der den Schild auf Borg zurückließ; darauf waren Heldensagen dargestellt, und überall zwischen den Bildern waren Spangen aus Gold eingelegt und in den Schild Edelsteine eingesetzt. Weshalb dem Mann unbedingt Geld verschaffen, wenn nicht für das Grundstück, dann als Hypothek auf das Grundstück? Weshalb konnten die Rotenmoorer diesen Talbauern nicht in Frieden lassen? Weshalb machten sie ihm andauernd vorteilhafte Angebote? Nein, er hatte die Absicht, sein Grundstück bis ans Ende zu besitzen, das Grundstück, auf dem er mit seinen Schafen gelebt hatte, für das er mit seinen Schafen gelebt hatte, wo er für seine Schafe gelebt hatte. Und eines schönen Tages, wenn er tot war wie seine Schafe, dann sollte sein einziger Sohn die Fahne des Talbauern ergreifen und die bäuerliche Kultur hochhalten und so fort bis in künftige Zeiten, noch einmal tausend Jahre lang. Und wenn er baute, und er hatte vor zu bauen, wenn die Zeit gekommen war, dann sollte es nicht wegen des Ansporns der Rotenmoorer geschehen, sondern aus Gründen, die nur ihn etwas angingen. »Laß dich von ihnen nie durch Geld verleiten, lieber Gvendur, wenn du es erleben solltest, und ich weiß, du erlebst es, dieses Grundstück zu besitzen. Das Grundstück, davon leben die Schafe. Gute Schafe, gesunde Schafe, gut über den Winter gekommen und mit schöner Wolle, das ist Tatkraft.«

Ja, es war nicht jedermanns Sache, in diesen Zeiten wie ein hochragender Berg zu stehen, als alles in Fluß geraten war, das Geld und die Weltanschauungen; als die stärksten Mauern und Trennwände zwischen Menschen und Dingen in Zeit und Raum einstürzten; als unerreichbare Dinge erreichbar wurden; als sogar die Wünsche jener Menschen sich erfüllten, die sich nie etwas zu wünschen gewagt hatten; als sogar die Schafe von Mehlspeisen lebten wie Beamte und leckerer Hering in ungebildete Kühe gestopft wurde – sie zerkauten ihn mit Liebe und legten die Ohren an und schlossen die Augen – und als die Isländer mit ihren Schiffen nach Amerika fuhren, was sie mehr als neunhundert Jahre lang nicht getan hatten, seit Leifur der Glückliche dieses Land fand und wieder verlor – ja, wahrlich war all dieses gewaltig und umfassend, und dann, inmitten dieses Glückstaumels, inmitten dieses strömenden Glücks mit ausgelaufenen Talsperren in jedem Wasserlauf, zu der Zeit, als man sich abgewöhnt hatte, sich über große Neuigkeiten und ebenso über unverhofftes Glück zu wundern, da kommt ein Brief an Mr. Gudmundur Gudbjartsson. Er mußte ihn unten auf Rotenmoor abholen und den Empfang eigenhändig quittieren; er war in Amerika frankiert. Er wagte ihn erst zu öffnen, als er auf den Paß gekommen war, denn er wollte auf keinen Fall die Rotenmoorer hinter Geheimnisse kommen lassen. Er setzte sich in einer Senke hin; das junge Grün war noch lange nicht aus dem weißen verdorrten Gras emporgewachsen, denn es war erst vierzehn Tage nach Sommeranfang; er öffnete den Brief. Und da fielen zwei blaue Scheine heraus mit ausländischer Beschriftung und einer gelehrten Unterschrift wie Rosen. Auf einem dritten Papier standen in deutlicher Schrift wenige Worte, unterschrieben: Nonni. Der Inhalt war: Zweihundert Dollar, die der Onkel schickt, damit du sofort nach Amerika kommen kannst, der Krieg ist zu Ende, die Zeiten sind nicht schwer, du kannst werden, was du willst. Der Mensch ist nie so heimattreu, auch nicht der heimattreueste Mensch, daß er nicht nach Amerika fährt. Es wird als wahr angenommen, daß hundert Jahre lang die heimattreuesten Menschen der Welt auf großen Dampfschiffen nach Amerika gefahren sind, über ein großes Meer. Das einzige, was die heimattreuesten Menschen dann hindert, ihren

Grund und Boden zu verlassen und nach Amerika zu fahren, ist nicht der Boden und nicht die Bindung des Menschen an den Boden, sondern der Mangel an Geld. Wie das isländische Gebirgsvolk, der Kern des Volkslebens, Hebel, Lebensnerv und Rettungsanker, die fleischgewordene gesunde bäuerliche Kultur, sich vierzig Jahre lang auf den Weg nach Amerika machte, mit einfältigen Mienen wie die Israeliten in der Wüste, mit Aschkästen unter dem Arm und mit Deckbetten, die nach Papageientaucherfedern rochen, als ob es in Amerika weder Aschkästen noch Bettzeug gäbe – so soll auch der Kern des völkischen Lebens in Polen fünfzig oder hundert Jahre lang nach Amerika ausgewandert sein und noch auswandern, wenn die Möglichkeit besteht, ebenfalls mit ihrem Bettzeug sowie mit den Rädern ihrer alten, lieben Mistwagen, aus Angst, daß es in Amerika keine Räder gibt. Zum Beispiel dieser Bursche, der hier in Island im weißen verdorrten Gras sitzt, Gudmundur Gudbjartsson, siebzehn, Schafe im Wert einer Kuh, gekaufte Schuhe und anderes mehr – es ist schwer, sich eine Person vorzustellen, der ein Stück Land auf der Heide ebenso ans Herz gewachsen ist, ein Tal mit einem Hofberg und einem See, ein väterliches Erbe, das sich in den Zukunftsträumen seiner Kinder unendlich auszudehnen vermag; keiner hat je glücklicher an der Brust der Bergkönigin gewohnt, von der in Gedichten die Rede ist. Zwei blaue Scheine mit unleserlichen Rosen, und dann ist es aus – er ist sich dessen ganz sicher, daß er jetzt die Vögel Islands zum letzten Mal singen hört, und er beginnt in Gedanken von dem Tal Abschied zu nehmen, das ihn geschaffen hat, dem Tal, das in Wirklichkeit er selber war, fest entschlossen, etwas anderes zu werden, zu werden, was er will, in einem Land, wo das Vieh nach Rindern bewertet wird und niemand von einer solchen Laus wie einem Mutterschaf spricht – vielleicht war er auf gutem Wege, Zimmermann zu werden wie tausend Isländer im Westen, darunter sein Onkel. Sie wurden Zimmerleute in Amerika aus Verbitterung darüber, daß sie tausend Jahre lang keine rechte Möglichkeit hatten, Nägel einzuschlagen, und sie bauten Wohnhäuser im Lande des Glücks und verkauften sie mit Gewinn als eine Art Blutrache für Sodenziegel und Sodenband, denn selbst in den Napoleonischen Kriegen waren die Menschen nicht dazu zu bewegen, sie unausgestochen im zähen Erdreich zu lassen.

Als er wieder ins Tal hinunterkam, heim nach Sommerhausen – weiß Gott, die Stube neigte sich ein bißchen komisch nach vorn in die Landschaft –, da geschah es, um seinem Vater zu erklären, daß er im Begriff stünde, nach Amerika zu fahren – zwei blaue Scheine, ein Haufen Geld, der Krieg zu Ende, er konnte werden, was er wollte, Rinderzucht im großen Stil, vielleicht Zimmermann.

Der Vater stand in Gedanken versunken vor der Tür und schaute in das Tal, in dem er vielleicht in seinen Zukunftsträumen sein Geschlecht hatte wachsen und blühen sehen, nehmen wir an. Und sollte er nie ein solches Bild geschaut und weder ein für den Druck geeignetes Ideal noch eine poetische Absicht mit seinem Gewühle gehabt haben, ebensowenig wie Franzosen und Deutsche, die eine Million Menschen wegen nichts umbrachten, so stand doch eines fest: Eines schönen Tages war er tot und zum Teufel gegangen, und wer sollte dann die Schafe übernehmen? Waren wirklich nur zwei blaue falsche Geldscheine nötig, um einen gesunden jungen Bauern zu entwurzeln, der eine tausendjährige Vergangenheit im Lande hatte und sich als einzelner in vollkommener Übereinstimmung mit dem Land und dem Volk befand – um in ihm auf dem Weg vom Paß bis nach Hause den festen Entschluß reifen zu lassen, das Land und das Volk und sich selbst in Vergangenheit, Gegenwart und Zukunft zu verraten? Dennoch sagte er nur dieses: »Sie sind verführerisch, die Briefe aus Amerika. Und das meiste ist gelogen, was dort über die Fütterung der Rinder berichtet wird.«

»Ja, aber dann kann ich vielleicht Zimmermann werden«, sagte der Junge.

Der Vater spuckte aus und antwortete: »Ich habe viele Zimmerleute gekannt, die haben es zu nichts gebracht, sie sausen von einer Gemeinde zur anderen, um Nägel für andere Leute einzuschlagen. Ein rollender Stein wächst nicht ein.«

Der Junge schwieg starrköpfig, und als er eine Weile geschwiegen hatte, fuhr der Vater fort: »Ich habe von euch Würmern die meisten verloren, jedes auf seine Weise, und nie etwas gesagt. Weg ist weg. Doch dir, der sich auf Schafe versteht – ich hätte dich blau und grün geschlagen, wenn du ein Jahr jünger wärst.«

»Wenn man so viel Geld bekommen hat«, sagte der Bursche, »weshalb sollte man es da nicht gebrauchen und sich in einem größeren Land umsehen?«

»In einem größeren Land, was ist das bloß für ein verdammtes Gequatsche! Sommerhausen ist so groß wie jedes andere Land, und aus wem in Sommerhausen kein Mann werden kann, aus dem kann in einem anderen Land erst recht keiner werden. Woanders wird aus dir nie ein Mann. Es war etwas anderes mit deinem Bruder Jon, von Kindesbeinen an hatte er die Fernsehnsucht, seine Neigungen waren auf etwas anderes als Schafe gerichtet; doch du, du verstehst dich auf Schafe, dich lasse ich nicht gehen, du bist es, dem ich den Besitz zugedacht habe; nimm so die Blätter vom Kohlstrunk, daß er wieder ausschlägt; das ist es, was ich mit dir vorhatte; du bist das treueste meiner Kinder gewesen, und wenn dir auch noch nicht der Bart sprießt, wer weiß, ob du nicht im Lauf der Zeit eine gute Partie machen kannst und zu den angeseheneren Bauern gehörst.«

Der Junge antwortete stockend: »Ich bin schon siebzehn Jahre. Und ich habe das Recht, mich selbst zu verdingen. Und wenn ich auch immer für Schafe gewesen bin, so weißt du nichts davon, was ich mitunter im stillen gedacht habe, wenn ich auch vielleicht nie laut gedacht habe. Ich habe nämlich oft gedacht, wenn ich eine Gelegenheit zu etwas bekäme, dann würde ich sie ergreifen, und ich bin sicher, so ist es mit allen, in meinem Alter und auch mit Älteren; man wagt nicht, etwas laut zu denken und auf etwas zu hoffen, und so fährt man bloß fort, etwas zu tun, und manche fahren fort, etwas zu tun, bis sie tot sind. Und deshalb traute ich meinen Augen nicht, als ich den Brief oben auf dem Paß öffnete, denn ich habe nie gewagt, etwas laut zu denken und mit etwas zu rechnen, wenn ich auch vielleicht unwillkürlich etwas gedacht

und mit etwas gerechnet habe; und so ist dies vielleicht das einzige Mal im Leben, daß sich mir etwas bietet. Ich bin nicht verrückt, doch ich wäre verrückt, wenn ich diese einzige Gelegenheit nicht nutzte, um in die Welt hinauszufahren und etwas in der Welt zu werden, ganz wie die, welche laut zu denken wagten.«
»Auf Unsinn gebe ich keine Antwort«, sagte der Vater. »Ich will nichts von einer verdammten Welt hören, bildest du dir ein, von einer Welt zu sprechen? Was ist die Welt? Dies ist die Welt, die Welt ist hier, Sommerhausen, mein Grund und Boden, das ist die Welt. Und wenn du auch in einer Augenblicksverwirrung die Sonne verschlingen möchtest, weil du blaue Scheine aus Amerika siehst, die natürlich gefälscht sind wie alles große Geld, das dem einzelnen ohne sein Zutun in die Hände fällt, so wirst du früher oder später erfahren, daß Sommerhausen die Welt ist, und dann, weiß ich, wirst du an meine Worte denken.«
Sie brachen das Gespräch verärgert ab.

63

Finster ragt

Er machte keinen zweiten Versuch, seinen Sohn umzustimmen; es ist ein Zeichen von Schwäche, Leute umstimmen zu wollen; ein selbständiger Mensch denkt nur an sich und läßt andere das Ihre tun; er selbst hatte sich nie von jemandem umstimmen lassen. Doch von da an war für ihn sein Sohn nicht mehr da, er redete ihn nicht mehr an, trug ihm nicht einmal Arbeiten auf; er grub einen tiefen Graben unterhalb der Hauswiese, zusammen mit einem Saisonarbeiter, und schuftete den ganzen Tag wie ein Berserker. Der Junge sagte auch nichts, doch die künftige Trennung legte sich mit angstvoller Trauer auf sein Gemüt; die Erde lag ihm nämlich im Blut, ohne Worte und Vorstellungen, und jetzt war ihm, als machte er sich auf den Weg von der Erde fort hinaus in den Äther, ins Blaue. Er konnte jedoch nichts daran ändern. Es kann niemand etwas daran ändern. Man ist Realist. Man hatte sich von Kindheit an damit abgefunden, hatte Kraft, diesem allem ins Auge zu sehen, vielleicht Kraft genug, diesem ein Leben lang ins Auge zu sehen. Dann lädt einen die Ferne ein mit ihren fließenden Möglichkeiten, man hält die Eintrittskarten in der Hand, zwei blaue Scheine. Man ist kein Realist mehr. Man ist mit dem allem nicht einverstanden, hat keine Kraft mehr, dem in die Augen zu sehen, man ist in der Gewalt der gastfreundlichen Fernen, der fließenden Möglichkeiten, vielleicht das ganze Leben lang. Vielleicht ist man erledigt.

»Ich reise morgen ab«, sagte er.

Keine Antwort.

»Willst du meine Schafe kaufen?«

»Nein, aber ich kann sie für dich in einer Torfkuhle ertränken.«

»Nun ja, dann schenke ich sie Asta Sollilja, wenn ich unten vorbeigehe.«

»Wie«, sagte der Vater. »Ich glaube, du bist verrückt geworden. Sie schlagen dich tot.«

»Es ist kein Krieg mehr, der Krieg ist zu Ende.«

Sie wechselten kein Wort mehr.

»Großmutter«, sagte der Bursche. »Ich reise morgen ab.«

»Och, doch wohl nicht weit, mein Kerlchen«, sagte sie.

»Ich fahre nach Amerika.«

Da legte sie die Stricknadeln auf den Schoß und sah ihn eine Weile von der Seite an, steckte eine Stricknadel unter die Haube und kratzte sich ein wenig. »Da bleibt mir doch die Spucke weg«, sagte sie und begann wieder zu stricken.

Er stand am Morgen unlustig auf, als wollte er sich auf den Weg in den Äther machen. Er nahm Abschied von seiner Großmutter, ohne daß es poesievoll zugegangen wäre, sie trug ihm keine Grüße auf. Sein Vater bot ihm kein Pferd an, und der Bursche machte sich zu Fuß auf den Weg nach Osten, in seinem blauen Anzug, mit Uhr und Uhrkette, seine gekauften Schuhe in einem Schnupftuch in der Hand, denn sein Gepäck war schon vorausgeschickt worden. Er zog die

Strümpfe über die Hosenbeine, um sie zu schonen. Die Vögel sangen. Weiße Nebelschleier lagen um den einen und den anderen Berg. Tau auf der Hauswiese, das Wiesenmoor braun, die Erdstreifen an den Hängen ergrünt. Sein Vater war schon im Graben, und er ging hin, um von ihm Abschied zu nehmen. Bjartur machte sich nicht einmal die Mühe, herauszuklettern, sagte aber »Glück und Segen« von unten aus dem Morast.

»Papa«, sagte der Junge am Grabenrand schüchtern, »du darfst mir nicht böse sein.«

»Ich fürchte, sie werden hart mit dir umspringen, mein Junge«, sagte er. »Sie schlagen alle tot, die nachgiebig sind. Doch hier hättest du ein selbständiger Mensch werden können wie ich. Das heißt es, wenn man sein eigenes Reich aufgibt, um anderer Leute Untertan zu werden. Doch was hilft es. Ich bleibe hier dann allein zurück. Und ich stehe, solange ich stehe. Das kannst du dem kleinen Jon sagen. Und lebe wohl!«

So verlor er, in dem tiefen Graben stehend, sein letztes Kind, gerade als er nach dem Unabhängigkeitskampf, der ihn alle seine anderen Kinder gekostet hatte, begütert zu werden begann, jetzt, da Wohlstand und Selbständigkeit in greifbarer Nähe waren. Gehe, wer gehen will, so ist es wahrscheinlich am besten. Am stärksten ist, wer alleine steht. Man kommt allein zur Welt. Man stirbt allein. Warum sollte man da nicht alleine leben? Allein zu stehen, ist es denn nicht die Erfüllung des Lebens, das Ziel? Er hatte wieder zu seinem Spaten gegriffen. Doch dann fiel ihm etwas anderes ein, er hörte auf zu graben und schwang sich auf den Grabenrand; der Junge war schon ein Stück ostwärts aufs Wiesenmoor gelangt.

»Hör mal«, sagte der Vater, ging ihm nach und holte ihn ein. »Hast du gestern abend etwas von Asta Sollilja gesagt?«

»Ich habe davon gesprochen, ihr meine Mutterschafe zu schenken, wenn du sie nicht kaufen willst.«

»Ach so«, sagte der Vater, als hätte er den Zusammenhang vergessen. »Also dann Glück und Segen. Doch was den Krieg angeht, auch wenn er zu Ende ist, so ist das kein Beweis dafür, daß sie dich nicht aus Idiotie umbringen. Sie bringen alle aus Idiotie um. Glaubst du, daß Menschen, die verrückt genug sind, vier Jahre lang in den Krieg zu gehen, etwa plötzlich begabte und edle Menschen werden, auch wenn sie Frieden schließen? Nein, es sind Verrückte.«

Der Sohn wußte keine passende Antwort auf eine so tiefschürfende Überlegung.

»Was ich sagen wollte«, sagte der Vater da und blieb wieder stehen, »wenn du Asta Sollilja sehen solltest, dann kannst du ihr sagen, daß ich im zeitigen Frühjahr hier auf den südlichen Hochflächen unterwegs war und daß mir da vor einem Felsen zwei Verse eingefallen sind:

> Finster ragt ein schroffer Stein
> auf im kalten Lande;
> steht in Eis und Schnee allein,
> weit vom Bergesrande.

> Schutz er keiner Pflanze gibt,
> drohend ist sein Schweigen;
> fort die Blume, die er liebt;
> Trug die Götter zeigen.

Glaubst du, daß du sie behalten kannst?«

»Ich behalte, was ich verstehe«, sagte der Junge, »doch was bedeutet es, wenn von Göttern gesprochen wird?«

»Das geht dich nichts an, es sind bloß Verse über einen Felsen. Ich glaube nicht an Götter und habe nie an Götter geglaubt. Und als Zeichen des Beweises kannst du sagen, daß ich der alten Gunnvör einen Stein in meinem Namen errichten ließ. Doch in der Dichtung kann ich sprechen, worüber ich will.«

Dann lernte der Junge die Verse auswendig und fragte nichts mehr.

»Sonst kannst du ihr sagen, daß bei mir alles beim alten ist«, sagte der Vater schließlich, »nur daß die Stube vor Jahren ein wenig windschief wurde, im Frostwinter. Doch wenn

ich baue, dann baue ich so, daß nichts windschief wird. Und das soll eher früher als später geschehen. Doch du sagst ihr nicht, daß ich es gesagt habe.«
Nach diesen Worten ging er zu seiner Arbeit zurück.

64
Gespräch über das Traumland

Zu dieser Zeit wurde es nicht mehr als Feigheit und Erbärmlichkeit angesehen, gleichzusetzen mit öffentlicher Fürsorge oder Zuchthaus und nur für den Abschaum der Menschheit schicklich, nach Amerika zu gehen; jetzt kam es einer Bildungsreise gleich. Amerikafahrer standen nicht mehr in schlechtem Geruch als abgewirtschaftete Dreckbauern und Landstreicher oder als direkte Ausfuhrware der Gemeindeverwaltungen, nein, es waren Leute, die Geld in der Tasche hatten und eine Reise unternahmen, um wohlhabende Verwandte und Freunde westlich des Meeres, feine Leute, aufzusuchen. Die Isländer im Westen waren plötzlich feine Leute, denn es hatte sich herumgesprochen, daß sie Geld hatten, und Besuchsreisen zu diesen wohlhabenden feinen Leuten waren recht beliebt. Gvendur in Sommerhausen, den bisher niemand bei seinen Besuchen in Fjord bemerkt hatte, war jetzt hier mit Geld in der Tasche, hundert Kronen, tausend, vielleicht noch mehr; und er stand im Begriff, zum Besuch seiner Verwandten, vermögender feiner Leute, nach Amerika abzureisen. Er war plötzlich ein angesehener Mann in Fjord, während er auf das Schiff wartete, und er bekam Kaffee beim Bezirksvorsteher, während sein Reisepaß ausgestellt wurde, sogar die Frau des Bezirksvorstehers kam, ihn zu sehen, weil er nach Amerika wollte. Ein begabter Mann, der ihm unbekannt war, traf ihn auf der Straße und lud ihn zu sich ein und gab ihm mehr Kaffee und brachte ihm bei, jess – monni – olreit zu sagen, damit er in Amerika vorankäme. Und auf der Schiffsagentur bekam er eine Stunde lang Hinweise, wie er sich in Reykjavik verhalten sollte, wen er aufsuchen sollte und was er sagen sollte und an wen er die Fahrtkosten entrichten sollte; und irgend jemand bot ihm eine Zigarre an, so daß er sich unten am Strand erbrach. Viele hielten ihn auf der Straße an und fragten, ob er der Mann wäre?

Ja, er war der Mann. Frauen zeigten sich an den Fenstern, hoben die Gardinen und betrachteten ihn mit romantischer Neugier aufmerksam von oben bis unten, denn sie wußten, daß er es war. Kinder standen hinter Häuserecken und schrien ihm nach: »Amerika, Amerika, hi.« So vergingen zwei Tage des Ruhms. Er kaufte sich ein Messer und eine Schnur, um sie mit nach Amerika zu nehmen, denn nichts ist auf Reisen so notwendig. Das Schiff wurde für den frühen Morgen erwartet; er war reisefertig und hatte noch einen halben Tag Zeit. Jetzt ist es am besten, ich gehe zu Asta Sollilja, dachte er. Er fand sie schließlich in Stellung bei einem Strandbauernpaar mit ihrem viereinhalb Jahre alten Kind, es war ein Mädchen. »Ich ließ sie Björt* taufen«, sagte Asta Sollilja. »Ich war selbst noch ein großes Kind, als ich sie bekam, mir fiel nichts anderes ein, es war durchaus nicht, um jemandem zu gefallen, sie ist groß für ihr Alter und hat jetzt genug zu essen, das arme Ding, und schielt wie die Mama.« Sie küßte sie. Sie war hochgewachsen, hatte lange Beine, war um die Hüften vielleicht zu breit, der Rücken war zu rund, doch die Schultern waren nicht so stark, die Brust nicht so hoch wie in dem Jahr, als sie fünfzehn war, die Augen silbergrau unter dunklen Wimpern, der Teint bleich, die Mundpartie hatte sich von Anmut in Härte verwandelt, ein Schneidezahn stockig, sie schielte stärker, vielleicht war es Müdigkeit, die Hände knochig und lang, doch anmutig in der Form, die Arme zu mager, der Hals noch weiß und jung, die Stimme unfreundlich und rauh, nicht hell. Sie hatte sich die Haare kurz schneiden lassen, und die Ponys hingen ihr in die Augen. In ihrer ganzen Erscheinung lag etwas Starkes und Schwaches, Anziehendes und Abstoßendes zugleich; sie mußte auffallen, es gab keinen stumpfen Zug in ihrem Gesicht,

---

* Die weibliche Form von Bjartur.

keine stumme Minute in ihrem Blick, keine Bewegung ohne persönlichen Ausdruck, und der Ausdruck insgesamt mit umgekehrten Vorzeichen, Erniedrigung und Erhöhung zugleich, ihr Leben eine ununterbrochene leidenschaftliche Qual, so daß man das Verlangen haben mußte, ihr gut zu sein und sie von sich zu stoßen und wieder zu ihr zu kommen, weil man sie nicht verstanden hatte – und vielleicht sich selbst nicht. Gvendur fühlte gleich, daß sie etwas Besseres war, wenn sie auch hier ängstlich bei der nassen Wäsche stand, in Lumpen, vielleicht in die Schmach eines ganzen Volkes gekleidet, eines unschuldigen Volks tausend Jahre hindurch, mit einem stockigen Zahn und einem unehelichen Kind – er bewunderte sie noch immer in der gleichen Weise, wie die Brüder es früher getan hatten, als sie noch die große Schwester zu Hause war. Nein, sie waren nicht verwandt.

»Ich fahre nach Amerika«, sagte er.

»Armer Junge«, sagte sie, doch ohne Mitleid, ohne jede Empfindsamkeit.

»Ich bin sicher, daß aus einem dort mehr werden kann, auch wenn es hier ein gutes Jahr gibt.«

Sie lächelte kalt.

»Wer hat dich zu mir geschickt?« fragte sie.

»Niemand«, sagte er. »Mir war nur so, daß ich mich von dir verabschieden müßte.«

»Ich dachte, du wärst der letzte von uns, der nach etwas Verlangen haben könnte«, sagte sie. »Ich dachte, du würdest ein freier Mann werden wie Bjartur in Sommerhausen.«

Sie sagte Bjartur in Sommerhausen mit kaltem Lächeln, ohne Zögern. Was sie an Kraft gewonnen hatte, das hatte sie an Empfindsamkeit verloren.

Er dachte sehr angestrengt nach und achtete darauf, nicht aufzublicken, um nicht durcheinanderzukommen: »Es gibt immer jemanden, der dort im Tal über einen bestimmt und einen in der Hand hat. Ich weiß nicht, wer es ist. Und wenn Papa auch hart ist, so ist er doch nicht frei. Es gibt jemanden, der noch härter ist als er und der über ihm steht und ihn in der Hand hat.«

Sie sah ihn eine Weile forschend an, als wollte sie aus ihm

herauslesen, wieviel er zu verstehen imstande wäre. »Du meinst den Kolumkilli?« sagte sie und schlug einen grimmigspaßigen Ton an, vielleicht wunderten sich beide gleichermaßen über einander.

»Nein«, sagte er, »es ist etwas, das einem nie Ruhe gibt, das einen antreibt, immerzu etwas zu tun.«

»Gvendur, ich kenne dich nicht wieder«, sagte sie.

»Das kommt davon, weil ich Geld bekommen habe«, sagte er, »dann sieht man alles anders.«

»Du kommst nie von ihm los«, sagte sie.

»Von wem?«

»Von Bjartur in Sommerhausen. Du kannst ihn hassen. Doch er ist in dir. Man haßt nur sich selbst. Wer ihn tadelt, tadelt nur sich selbst.«

Das verstand der Junge nicht. »Wenn man in ein fernes Land geht«, sagte er, »und dort ein neues Leben beginnt, dann kann man vielleicht frei werden.«

Sie lachte laut, ein kaltes Lachen. »Das dachte ich auch«, sagte sie, »das war in einer Nacht, als ich von ihm wegging, er jagte mich aus dem Haus, und ich danke Gott dafür, daß er mich fortjagte. Ich ging über die Hochfläche und war am Morgen barfuß. Ich ging auch in ein anderes Land.«

»Du?«

»Ja«, sagte sie, »ich bin in mein Amerika gegangen. Geh du in deins. Ich wünsche dir gute Reise.«

»Denkst du denn auch wie Papa, daß aus mir nichts wird?«

»Dazu will ich nichts sagen, lieber Gvendur. Ich weiß nur, daß Bjartur in Sommerhausen in dir ist; wie in mir, obwohl ich vielleicht nicht mit ihm verwandt bin.«

»Das ist nur gut so«, sagte da der Bursche. »Papa ist ein Mann, der nie nachgibt. Neulich wurden ihm fünfzehntausend Kronen geboten, ich hörte es, und er sagte nein. Wer so hart ist wie er, kann draußen in der Welt ein großer Mann werden – zum Beispiel in Amerika, wo das Vieh nach Rindern gerechnet wird.«

»Hast du nicht eben gesagt, daß es jemand gibt, der noch härter ist als Papa, der über ihm steht und ihn in der Hand hat?«

»Das habe ich bloß so gesagt, es war nicht, weil ich etwa an den Kolumkilli glaube.«

»Nein, es ist auch nicht der Kolumkilli«, sagte sie. »Es ist die Kraft, die die Welt regiert, du magst sie nennen, wie du willst, lieber Gvendur.«

»Ist es Gott?«

»Ja, wenn es Gott ist, der davon Nutzen hat, daß man wie ein unvernünftiges Vieh sein ganzes Leben lang schuftet und alles entbehren muß, was das Leben zu bieten hat – dann ist es Gott. Und jetzt habe ich keine Zeit mehr, mit dir zu sprechen, die Wäsche wartet auf mich.«

»Nein, hör mal«, sagte er, ohne diese höhere Weisheit begriffen zu haben, »ich muß noch ein Wort mit dir sprechen, ehe ich mich von dir verabschiede, Sola: ich hatte nämlich gedacht, ich schenke dir meine Mutterschafe.«

Sie blieb unvermittelt stehen und sah ihn an, es war vielleicht eine Spur von aufrichtigem Mitleid in ihrem Blick, wie wenn man einen auffallend dummen Mann bemitleidet, der sich in einem Gespräch verraten hat. Dann lächelte sie wieder.

»Ich danke dir, Gvendur, doch ich nehme keine Geschenke an, auch nicht vom Sohn Bjarturs in Sommerhausen. Du mußt mir das nicht übelnehmen, es ist nicht das erste Mal, daß ich Geschenke ablehne. Im vorvorigen Winter, als ich mit meiner kleinen Tochter in einem ungeheizten Keller hier weiter am Fjord hinauf hungerte, da kam der mächtigste Mann des Bezirks eines Abends heimlich zu mir, und er bot mir viel Geld an, ja, er bot an, fortan für Björt und mich zu sorgen. ›Ich will lieber mein Kind sterben sehen‹, sagte ich.« Dann lachte sie wieder kalt und fügte hinzu: »Ich und meine kleine Tochter, wir sind nämlich auch unabhängige Leute, wir sind ein selbständiger Staat. Wir lieben die Freiheit wie unser Namensvetter, die kleine Björt und ich. Wir möchten lieber die Freiheit haben zu sterben, als Geschenke anzunehmen.«

Sie war es, die hier an einem Frühlingsmorgen zu Fuß von der Hochfläche heruntergekommen war. Sie war die ganze Nacht gegangen, eine junge Seele voller Träume; heiliger Träume, der heiligsten; sie war barfuß. Auch sie hatte ihr

Amerika erhofft. Klug und ein Mensch zu werden, das ist, Amerika entdeckt zu haben. Sie fühlte sich erhaben über ihren Bruder, der noch nicht dieses berühmte Land der unbeholfensten Träume entdeckt hatte, ja, es war an einem Morgen, einem Pfingstsonntagmorgen. Neue Länder steigen aus dem Meer, dachte sie, und baden ihre kostbaren Muscheln und tausendfarbigen Korallen im ersten Licht des Sommers; und alte Länder mit duftenden Hainen und friedlichem rauschendem Laub. Und auf dem Wiesengrund am Meer steht sein helles Haus. Es war ein schwarzer Schuppen, mit Teerpappe verkleidet, die hier und dort in Fetzen herabhing. In einem kleinen Fenster, das nach dem Meer hinaussah, standen zwei verrostete Konservendosen mit Erde. Aus dem Dach kam ein schiefes, abgebrochenes Rohr. Vor der Tür zwei zerbrochene Stufen. Und der Wald? Das war vertrockneter Tang, den die Brandung überall auf den steinigen Strand gespült hatte. Ein kleiner Bach floß auf den Sand, er war einen guten Schritt breit; dort spielten zwei halbwüchsige Jungen mit alten Holzstücken und wühlten den Schlamm auf; sie schritt über den Bach. Ein halbwüchsiges Mädchen in ihrem Alter, nur schlanker, war mit zwei schreienden Kleinkindern draußen vor der Tür beschäftigt, sie waren skrofulös, sie waren blau. Und auf der Schwelle stand die Hausfrau, schwanger wie das Mädchen selbst; sie hatte einen Säugling im Arm und fluchte. Für Asta Sollilja und ihren Liebsten aber schreiben die Schunddichter und Menschenfeinde und Lügner Bücher, die voll sind von Sonnenschein und Träumen und herrlichen sonnenvergoldeten Palmengängen, um sie zu betören und zu verhöhnen und zu beleidigen. Ihr Liebster hatte keinen Besitz außer diesen Träumen. Und die Fähigkeit, sich zu betrinken.

Da dachte Gvendur daran, daß er mit seinem Anliegen noch nicht ganz fertig war, und er bat sie, noch einen Augenblick zu bleiben. »Papa hat mich gebeten, dir zu sagen, daß alles beim alten wäre, nur daß er bald bauen will.«

Sie drehte sich auf dem Absatz um und antwortete verblüfft: »Hat Papa dich gebeten? Mir zu sagen?«

Bei der Frage merkte der Junge, daß er zuviel gesagt hatte,

und er verbesserte sich:»Nein, er hat mich gebeten, es dir nicht zu sagen. Doch er hat es trotzdem gesagt. Und er hat mich gebeten, diese Verse aufzusagen«, und er sagte die Verse auf.

Sie lachte.

»Sag ihm«, sagte sie und hatte ganz vergessen, daß er nach Amerika fahren wollte,»sag ihm von mir, daß ich seine Schafställe kenne. Und sag ihm, daß ich auch sein geistloses Reimgefasel kenne, das er mit Händen und Füßen zusammenwalkt. Doch ich, ich bin mit einem jungen Mann verlobt, der mich liebt. Er hat Schule besucht und ist ein moderner Dichter, und er hat ein kleines und schönes Haus zusammen mit seiner Mutter hier draußen am Sandstrand, und es sind zwei Jahre her, seit er mich das erstemal bat, ihn zu heiraten, und er jagt mich nie von sich fort, denn er liebt mich, sag das Bjartur in Sommerhausen.«

Das war ihre letzte Antwort. So war sie geworden, das kleine Johannisnachtmädchen von damals. Es war die linke Wange, die in ihrem Leben gesiegt hatte; oder die wohl vielmehr diese hilflose rechte Wange gerettet hatte, die sie vor langer Zeit, in einer Weihnachtsnacht, Bjartur in Sommerhausen zukehrte.

Amerika

»Bist du es?« fragte sie.

»Ja«, antwortete er,»ich bin es.«

So begann ihre Bekanntschaft.

Auf einer grünen Wiese stand ein hohes, vornehmes Haus mit einem viereckigen Turm gegen Abend, von der Sonne bestrahlt. Fast flimmerte die Wiese rot im Abendsonnenschein, so hell war sie.

»Freust du dich nicht?« fragte sie.

Sie hatte hohe Stiefel an und Hosen, die um die Knie eng und oben weit waren; sie führte zwei junge, scheue, gutgefütterte und wie Seide glänzende Pferde am Zügel. Der

Sonnenschein und die Brise spielten in ihrem hellblonden Haar, in dessen Ringeln und Locken; ihre junge Brust wölbte sich über der schlanken Taille; die Arme waren bloß bis an die Achseln, die Augenbrauen beschrieben einen hohen sorglosen Bogen; die strahlenden Augen erinnerten an den Himmel und seine Habichte zugleich; ihre Haut hatte den frischen Teint der Jugend, der alle Farben überstrahlt, köstlicher frischer Milch in der Vegetationsperiode ähnlich, nicht frei von Rot, auch nicht ganz ohne Beziehung zu Grün. Sie war ganz frei. Sie war die Schönheit in Person. Er hatte noch nie etwas Ähnliches gesehen. Sie sprach ein wenig durch die Nase, nahm am Schluß des Satzes eine musikalische, leise Stimme an und lachte in Scherz und Ernst. Er war wie vom Donner gerührt.

»Du kannst ruhig auf die Wiese kommen«, sagte sie.

Er öffnete für sie das Tor.

»Du darfst meine Pferde halten, solange ich hineingehe«, sagte sie und war verschwunden. Er blieb da stehen mit den Pferden am Zügel, und sie bissen auf die Trensen und rieben sich ungeduldig an ihm. Er wartete lange, lange, und sie kam nicht wieder, und er dachte, sie würde nicht kommen, dann kam sie.

»Willst du Schokolade?« sagte sie und gab ihm Schokolade.

»Mehr«, sagte sie und gab ihm mehr.

»Ich wollte, ich könnte mitkommen«, sagte sie, »ich möchte so furchtbar gern nach Amerika. Hör mal, soll ich mit dir fahren?«

Er wurde ganz rot bei dem Gedanken daran, dieses Mädchen mitzunehmen, ihm kam der Gedanke sogar unanständig vor, dennoch erlaubte er ihr, mit nach Amerika zu kommen. »Das Schiff kommt heute nacht und fährt morgen früh.« Sie lachte sehr fröhlich, es amüsierte sie, daß er sie wirklich nach Amerika mitnehmen wollte. »Du bist furchtbar gut«, sagte sie und lachte in Scherz und Ernst, »ich glaube, ich muß dich dafür auf dem Fuchs reiten lassen, wenn er auch nur einen Bandzaum hat. Ich möchte nämlich mal schnell hinüber und Großvater und Großmutter in Moor besuchen. Es macht dir hoffentlich nichts aus, ein kleines Stück ohne Sattel zu reiten.«

Jaja ihm machte es nichts aus, ohne Sattel zu reiten, sogar einen weiten Weg, er saß sofort auf dem Pferd. Kaum waren sie aufgestiegen, griffen die Pferde mit aller Kraft aus, der Schimmel mit dem Mädchen im Galopp voraus, der Fuchs hinterher, er wechselte die Gangart wie verrückt, ließ sich nicht regieren, sondern schüttelte den Kopf und legte sich in die Zügel. Im Lauf lenkte sie den Schimmel auf die Straße, die aus dem Dorf führte, der Fuchs schnaubend hinterher mit Rucken und Zucken, als wären ihm das erste Mal Zügel angelegt worden; sie sah sich ein paarmal nach dem Jungen um und lachte, ihre Locken flatterten in der Brise, von der Sonne vergoldet. Gudmundur Gudbjartsson war noch nie etwas so lustig, so abenteuerlich vorgekommen, trotz des Reitpferdes. Sie sprengten den Abhang hinauf wie auf ebenem Feld, die Pferde nahmen die Biegungen auf dem Hang im Galopp, er mußte sich an der Mähne festhalten, um nicht abgeworfen zu werden.

Im Nu waren sie am Rand angelangt. Auf dem Paß war eine grüne Mulde mit einer glatten, grasigen Anhöhe, und als sie dort vorbeikommen, springt der Schimmel plötzlich zur Seite, setzt querab vom Weg in einem Sprung über den Graben auf die grüne Anhöhe, und plumps, da lag das Mädchen am Grabenrand, die Beine in der Luft; der Fuchs sogleich hinterher und hinten hoch, und Gvendur vornüber in einem Purzelbaum, und da lag er; die Pferde rasten ohne Reiter weiter in die Mulde hinauf, schüttelten die Mähnen und schnaubten und begannen zu weiden. Das Mädchen lag auf der Anhöhe und kicherte.

»Hast du dich nicht verletzt?« fragte er und war schon aufgestanden.

Doch sie kicherte nur weiter, »nein, so etwas habe ich noch nie erlebt«, sie krümmte sich vor Lachen. Er ging den Pferden nach und legte die Zügel nach unten, damit sie nicht weglaufen konnten; sie schnaubten in das Gras und fraßen gierig, die Trensen klirrten weiter. Als er wiederkam, hatte sie sich ins Gras gesetzt und brachte ihre Haare in Ordnung. Das Dorf unten lag in der Vogelschau vor ihnen, mit kaffeebraunen Beeten und mit gestrichenen Hausdächern dank dem

Wohlstand der letzten Jahre und dem glücklichen Krieg, und man konnte über das ganze Meer sehen, und das Meer war spiegelglatt bis zum Horizont wie die Ewigkeit, so daß man nicht glauben konnte, die Welt wäre dort zu Ende, sondern daß auf der anderen Seite eine neue und bessere Welt begänne, »ob es wohl wahr ist?«

»Du hast es so gut, daß du über dieses ganze Meer fahren darfst.«

»Ich dachte, du hättest dich verletzt«, sagte er ritterlich. »Das sind tolle Pferde.«

»I, es sind bloß mittelmäßige Pferde, was ist das im Vergleich zu einer Reise nach Amerika!«

»Wie heißt du?« fragte er.

Doch sie sah ihn bloß an und lachte mit ihren dichtstehenden, schneeweißen Zähnen ihr rhythmisches Lachen. »Warum fragst du danach, wo du doch nach Amerika fährst?«

»Ich wollte es bloß gern wissen.«

»Nee, das sage ich dir nie. Erst wenn du aus Amerika zurückkommst. Hör mal, was willst du werden, wenn du nach Amerika kommst?«

»Das weiß man nicht so ohne weiteres«, sagte er und tat sich auch ein bißchen wichtig, doch war er dabei etwas unsicher.

»Du willst es bloß nicht sagen«, sagte sie.

»In Amerika kann man werden, was man will«, sagte er. »Zum Beispiel mein Bruder, der in Amerika ist. Es weiß niemand, was er geworden ist. Er hat nur furchtbar viel Geld. Es ist auf blauen Scheinen. Er hat mir eine ganze Menge davon geschickt. Es gibt Länder in Amerika mit großen Wäldern und wilden Tieren.«

»Wilde Tiere«, wiederholte sie gespannt. »Willst du wilde Tiere jagen?«

Ja, das auch, welch Glück für ihn, daß er wilde Tiere erwähnte, wo er doch nichts anderes wollte als wilde Tiere jagen.

»Hör mal«, sagte sie, »hast du ein Bild von deinem Bruder in Amerika?«

Er hatte kein Bild.

»Wie sieht er aus? Ist er nicht furchtbar so wie, na du weißt, ganz wie ein Ausländer?«

»Er ist groß«, sagte Gvendur, »ja, ganz furchtbar groß. Und viel stärker als ich. Er kann auch singen. Furchtbar gut. Und er ist immer fein, ich bin sicher, er hat zwei oder drei gute Anzüge. Und er ist auch begabt. Das kann man seinen Augen ansehen. Er hat alles gelernt, ich weiß nicht einmal, was er gelernt hat. Er hatte die Fernsehnsucht.«

»Hat er auch wilde Tiere gejagt?« fragte sie.

»Ja, ja, im Wald«, sagte er. »Hirsche und Panther. In einem furchtbar großen Wald. Er wohnt im Wald. In einem Monat bin ich bei ihm.«

»Denk einer an«, sagte sie. »Ich möchte furchtbar gern nach Amerika.«

Er wunderte sich sehr über sich selbst, daß er Manns genug gewesen war, diesem schönen Mädchen so schnell und gut zu antworten; es war so gut, mit ihr zu sprechen, er hatte noch nie mit einem Menschen gesprochen, mit dem man sich so leicht unterhalten konnte; es war, als ob alles, was man ihr sagte, so geringfügig es auch war, aufblühte. Jetzt erst begann er nachzudenken. »Ich verstehe nicht«, sagte er, »warum du nach Amerika möchtest, wo du doch in dem Turmhaus wohnst. Und bei der Handelsgenossenschaft alles entnehmen kannst, was du willst. Und dir diese guten Pferde gehören.«

Doch als sie es sich recht überlegte, war sie seiner Meinung.

»Ja, übrigens, es ist ganz richtig, nein, übrigens, es ist reiner Unsinn«, sagte sie. »Ich möchte nicht nach Amerika. Ich würde gar nicht fahren, wenn es mir angeboten würde. Außer vielleicht, wenn Papa auch fährt. Ich bin bloß so begeistert, wenn jemand anders nach Amerika fährt, weil es so weit ist und weil ich vom Meer so begeistert bin, es ist so groß, und es ist so abenteuerlich, und sie sind so große Leute, wenn sie wiederkommen, sie sind so männlich. Als ich klein war, dachte ich, daß alle, die ins Ausland reisen, große Leute wären, zum Beispiel wie Papa. Vielleicht ist es Unsinn. Doch es kann trotzdem richtig sein, nicht wahr? Hör mal, du darfst mich nicht vergessen haben, wenn du aus Amerika wiederkommst.«

»Nein«, sagte er und wurde rot und wagte nicht aufzublicken, denn er wußte, sie schaute ihn an.

»Weißt du was«, sagte sie dann, »ich bin so verliebt in deinen Bruder, von dem du eben gesprochen hast. Erzähl mir etwas mehr von ihm. Kommt er nie wieder?«

»Nein«, sagte Gvendur, »er kommt wohl nie wieder. Aber ich, ich komme vielleicht wieder.« Dann faßte er Mut und fügte hinzu: »Wenn du willst, komme ich bestimmt wieder.«

Sie betrachtete ihn vom Scheitel bis zur Sohle, wog ihn im stillen in Gegenwart und Zukunft, in Wirklichkeit und in der Phantasie, brachte beides durcheinander und blickte mit einem Auge auf das weite Meer, über das er fahren wollte, und war wegen dieses weiten Meeres, über das er fahren wollte, so begeistert von ihm, und deshalb, weil sein Bruder auf der anderen Seite des Meers ein so großer Mann war, ja, und es gab wilde Tiere, und deshalb, daß er richtig männlich sein würde, wenn er wiederkam. Sie sagte: »Ich freue mich riesig darauf, wenn du wiederkommst.«

Ja, sie war jung, sehr jung, vielleicht fünfzehn Jahre, vielleicht erst vierzehn, vielleicht war es pedantisch und kleinlich, in bezug auf sie ein bestimmtes Jahr zu nennen; sie war die Jugend in Person, die Jugend, die die Kinder von Sommerhausen nie kennengelernt hatten, nein, er hatte so etwas noch nicht erlebt und sie übrigens auch nicht. »Wenn du wiederkommst, bist du größer als jetzt, aber du bist hierherum genauso breit« – und sie fuhr ihm mit der flachen Hand über Brust und Schultern –, »vielleicht sogar noch breiter, und trägst einen hellgrauen Sommeranzug und braune Schuhe. Ja, und einen Hut. Und ein gemustertes Hemd. Ja, und noch vieles andere. Und wenn es regnet, hast du einen großen wasserdichten Mantel an. Und dann hast du wilde Tiere gejagt.«

Sie lehnte den Kopf vor diesem Traumbild zurück, und er sah ihr unter das Kinn. Und dann lachte sie ihn an und neigte sich zu ihm, er sah den weißen Scheitel in dem dichten blonden Haar, dem goldenen Haar, das die Sonne liebte, ja, sie lachte dicht vor ihm. Er war ganz verwirrt und konnte es nicht glauben. Weshalb mußte ihm dies alles gerade jetzt begegnen, wo er im Begriff war abzureisen? Er war schon in diesem Augenblick fest entschlossen, zurückzukommen.

Dann begann sie wieder, sich fertigzumachen. Sie saß im Gras und ordnete ihr Haar und legte den Kopf zur Seite; der Bursche sah zu und legte ebenfalls den Kopf zur Seite, ein klein wenig, unwillkürlich; dann hatten sie den Kopf lange genug so gehalten. »Jetzt wollen wir die Pferde holen«, sagte sie. Dann holten sie die Pferde. Die Pferde schnaubten weiter und versuchten, das Zaumzeug abzustreifen. Sie hielten jeder seinen Zügel, und sie blickte noch einmal bewundernd auf das Meer hinaus, über das er fahren wollte; er konnte seinen Blick nicht von ihr wenden.

»Jetzt müssen wir uns wohl trennen«, sagte sie sehr traurig und reichte ihm ihre so heiße, so junge Hand, streckte ihm ihren so weißen Arm über den Hals des Pferdes entgegen. Er reichte ihr schweigend die Hand, und sie sah, daß er gern weiter mitkommen wollte, und das machte ihr Freude und tat ihr dennoch halb leid.

»Wenn du dann wiederkommst, hole ich dich ab«, sagte sie, um ihn zu trösten.

Er sagte nichts. Sie blieb stehen und sah ihn an, stützte die Ellenbogen auf den Widerrist des Schimmels und sah ihn weiter über den Hals des Pferdes an.

»Das sind gute Pferde«, sagte er und begann den Schimmel zu streicheln, und da lachte sie, denn so sind Männer immer, sie wollen immer mit irgend etwas die Zeit hinziehen.

»Willst du sie mir verkaufen?« sagte er.

»Dir sie verkaufen? Wo du abreist? Was willst du mit Pferden?«

»Sie besitzen«, sagte er. »Ich habe so viel Geld.«

»Nein, dann will ich sie dir schenken«, sagte sie, »bis du wiederkommst.«

»Wie heißt du?« sagte er.

»Das sage ich dir, wenn du wiederkommst.«

»Ich will wissen, wie du heißt, während ich weg bin«, sagte er.

»Wirst du mir denn schreiben?«

»Ja«, sagte er.

»Reit dann mit mir ein bißchen weiter«, sagte sie, »und wir besprechen es genauer.«

Sie schwangen sich auf die Pferde, die wie schon vorher willig ausgriffen, der Schimmel vorweg, der Fuchs hinterdrein, über die Hochfläche nach Westen. Der Erdboden war trocken, der Staub wirbelte hinter ihnen auf wie Wolken, der Wind blies ihnen ins lachende Gesicht, sie ritten direkt in Richtung auf die Abendsonne, es war, wie wenn übernatürliche Wesen in einer Geistererscheinung auf Wolken geradewegs ins Feuer ritten, es war die herrlichste Reise der Welt. So jagten sie lange Zeit weiter, ohne langsamer zu werden, ohne es genauer zu besprechen. Weit entfernt auf der Hochfläche schimmerte ein weißer See, sonst war das Moos grau und das verdorrte Gras weiß, die Felsen waren schwarz und die ausgedehnten Stellen braun; weit im Süden schimmerten die Berge in violetter Bläue, noch weiter schneeweiße Gletscher; das Meer war längst verschwunden, die Nacht war Tag.

Am Weg entlang flatterten erschreckt Heidevögel auf und lärmten, indem sie sich zum Flug erhoben; Schafe mit ihren Lämmern liefen fort und waren verschwunden.

Als sie schließlich auf der Höhe des Sees waren, lenkte sie unversehens ihr Pferd von der Straße ab, der Fuchs folgte; zuerst über moosbewachsenes Gestein, dann über eine Moorfläche; zuletzt, am See entlang, kam festes Ufergelände, grün wie in der Siedlung; auf dem See schwammen zwei Schwäne. Sie sprang vom Pferd, er sprang auch vom Pferd; es war mitten auf der Hochfläche; die Schatten waren schon sehr lang, die Sonne stand dicht über dem Rand der Hochfläche im Westen, es wurde schon kühl. Sie hatte einen weiten, dicken Mantel hinten auf dem Sattel; sie schnallte ihn ab und warf ihn sich über die Schultern, aus allen Taschen nahm sie Süßigkeiten und bot ihm davon. Sie setzte sich ans Ufer.

»Setz dich«, sagte sie, und er setzte sich.

»Sieh die Schwäne«, sagte sie, und er sah nach den Schwänen.

»Ist dir kalt?« sagte sie.

»Nein«, sagte er.

»Ich sehe es dir an, daß dir kalt ist«, sagte sie, »komm näher, ich lege eine Ecke meines Mantels um dich.«
»Nicht nötig«, sagte er, kam aber doch näher, und sie schlug eine Ecke ihres Mantels um ihn.
»Deine Kleider riechen nach Rauch«, sagte sie und lachte, als er näher an sie heranrückte. »Und nach Federn dazu.«
»Was?« sagte er. »Nach Rauch? Nach Federn?«
»Ja, aber du hast schönes Haar«, sagte sie und strich ihm mit ihren weißen Händen über das Haar, »und du bist so breit hierherum. Und hierherum. Und du hast echte Männeraugen.«

Die Schwäne schwammen näher ans Land und beobachteten sie und gakten ab und zu ein bißchen. »Guck, wie majestätisch sie schwimmen, wie schön sie sich bewegen.«

»Ja«, sagte er und sah die Schwäne an und sah alles, was sie sah; zuerst schienen es ihm gewöhnliche Vögel zu sein, dann begriff er, daß sie beide es waren, daß es zwei waren, er und sie – nicht schlechthin zwei Vögel, sondern zwei Vögel im Ernst, mit Sinn...

»Sie lieben sich nämlich«, sagte sie und sah sie weiter an.

Er ergriff als Antwort schweigend ihre weiße Hand, ganz unwillkürlich, wie sollte er anders antworten; er fühlte die Wärme ihres jungen Busens, es war das Leben selbst, und so hielt er ihre Hand in der seinen, und sie gestattete es ihm, und er sah weiter den Schwänen zu, und die Schwäne schwammen vorsichtig vorbei, ein kleines Stück vom Land, und sahen sie an. »Sind sie nicht wundervoll?« sagte sie, und es überlief sie ein Zittern, und sie rückte noch näher an ihn heran, und ihr Haar kitzelte ihn im Gesicht. Dann drückte er seine heißen Lippen an ihre Wange.

»Wie willst du jetzt wieder hinunter nach Fjord kommen?« sagte sie und sah ihn schelmisch von der Seite an, spitzbübisch.

»Es eilt nicht«, sagte er, »die Nacht ist lang genug.« Und fügte hinzu, flüsternd: »Ich habe dich so gern. Willst du mir versprechen, auf mich zu warten?«

»Pst, nicht sprechen«, sagte sie und küßte ihn auf den Mund, erst einmal und lachte, dann zweimal und schluchzte ein wenig, zuletzt viel und heftig, als ob er ihr gehörte, und machte die Augen zu.

Als er viel später unter ihrem großen dicken Mantel aufstand, war die Sonne schon lange hinter den Bergen, es war kalt, und die Schwäne – sie waren weg, vielleicht waren gar keine Schwäne dagewesen, alles nur Täuschung, es war nur eine gewöhnliche Nacht, Frühlingsnacht über der Hochfläche. Sie trug ihm auf, die Pferde suchen zu gehen, wendete sich von ihm ab und verbarg sich unter ihrem Mantel, brachte ihre Kleider und ihr Haar in Ordnung, während sie mit ausgestreckten Beinen unter ihrem Mantel saß. Er konnte keine Gedanken fassen, er war ein Mann, der jeden Anhaltspunkt in Zeit und Raum verloren hatte, sowohl Punkt wie Linie. Die Pferde waren auf der anderen Seite des Sees, weit weg.

Der Fuchs hatte den Zaum abgestreift, das Halfter war verlorengegangen. Ohne Zaum war er scheu, und der Bursche hatte alle Mühe, ihn zu fassen; er watete durch lehmige Sickerlöcher und beschmutzte sich bis an die Knie, mit seinen gekauften Schuhen war jetzt nicht mehr viel Staat zu machen. Mit List brachte er ihn zuletzt neben den Schimmel, faßte ihn an den Lefzen und knüpfte ihm geschwind die Schnur ein, die er gekauft hatte. Schließlich kam er mit den Pferden zu dem Mädchen; sie war schon sehr ungeduldig und fragte ihn, warum er so lange weggeblieben wäre. Sie nahm sogleich den Zügel des Schimmels hoch, stieg auf, schlug mit den Absätzen dem Pferd in die Weichen, und fort war sie, im gestreckten Galopp über jedes Hindernis hinweg.

Jetzt ist vom Fuchs zu berichten. Wenn überhaupt, so fügte er sich noch schlechter als vorher, nachdem man ihm bloß eine Schnur ins Maul geknüpft hatte; er lief ziemlich lange in unberechenbaren Kreisen und anderen Figuren, und jetzt erst wurde es Gvendur klar, daß er auf einem noch nicht zugerittenen Fohlen saß, von dem man vor lauter Kapriolen keinen Nutzen hatte. Als er das Pferd schließlich wieder auf die Straße gebracht hatte, sah er in weiter Ferne das junge Mädchen auf dem Reitpferd; sie ritt im Galopp von Bodenwelle zu Bodenwelle. Da wieherte der Fuchs und setzte dem Schimmel nach, hast du, was kannst du. Doch allmählich stellte sich jetzt heraus, daß er nicht so viel Ausdauer hatte, wie er anfänglich lauffreudig gewesen war; nach kurzer Zeit war er schaumbedeckt, und an einem Abhang trat er fehl und stürzte, und Gvendur schürfte sich am Wangenknochen und an den Knöcheln Haut ab. Er zog seine Uhr heraus, um nachzusehen, ob sie beim Sturz entzweigegangen war, doch sie war nicht entzwei; es war zwei Uhr. Das junge Mädchen bekam einen immer größeren Vorsprung. Zwei Uhr – er war viel zu weit weg, er konnte froh sein, wenn er zu der Zeit, da die Leute aufstanden, wieder in Fjord war – und was sollte er mit dem Pferd anfangen? Er mußte doch dem Mädchen das Pferd zurückgeben, ehe er zu Fuß nach Fjord aufbrach. »He«, rief er, »he!« Doch sie war schon so weit fort, daß sie ihn unmöglich hören konnte; sie war in der Vertiefung hinter einer Bodenwelle verschwunden. Ich muß sie auf jeden Fall einholen und ihr das Pferd geben, dachte er und versuchte, aus der Schnur einen beiderseitigen Zaum zu machen, vielleicht war das Pferd so besser zu regieren, stieg dann auf und versuchte, das Pferd anzutreiben. »He«, schrie er. »He, dein Pferd, dein Pferd!« Als er im Westen am oberen Rand der Hochfläche angekommen war, von wo aus man über das ganze Tal bis nach Sommerhausen sehen konnte, war es bereits drei Uhr; hinter ihm brach der Tag an, und er sah undeutlich den Staub, den sie weit, weit unten im Tal hinten bei den Wiesengründen aufwirbelte; noch immer ritt sie Galopp. Es bestand keine Aussicht mehr, sie einzuholen, und das um so weniger, als der Fuchs schon sehr müde war. Er stieg ab, und hellwache Brachvögel kicherten ihn von jedem Felsbrocken, von jedem Grashöcker auf den Hügeln an; jetzt war guter Rat teuer. Wenn er ihr Pferd hier zurückließ und zu Fuß nach Fjord ging, bestand wenig Aussicht, daß er das Schiff noch erreichte, außer wenn es beträchtliche Verspätung hatte.

Es war drei Uhr. Nach dem Ritt auf dem bloßen Pferderücken und den Stürzen war er müde geworden und außerdem furchtbar hungrig; plötzlich fiel ihm ein, daß er seit irgendwann gestern morgen im Wirtshaus außer ihren Süßigkeiten nichts gegessen hatte. Wenn er sich hingegen den

Fuchs ohne Erlaubnis lieh, wie es im Notfall gesetzlich erlaubt sein sollte, und mit ihm zurück nach Fjord ritt – hätte das Sinn, würde er dann das Schiff erreichen? Darüber zerbrach er sich eine Weile den Kopf und gelangte zu dem Ergebnis, daß man es auf den Versuch ankommen lassen mußte, es war ein Notfall, hier waren Skrupel nicht am Platze – er entschloß sich, mit ihrem Pferd nach Fjord zurückzureiten, und stieg auf. Doch da versagte ihm das Fohlen den Dienst. Wie der Junge auch mit den Absätzen und mit den Fäusten schlug, es ließ sich nicht von der Stelle bringen, es ging höchstens vorn hoch und schlug aus. Es wußte, daß sein weißer Stallbruder nach Westen gelaufen war, und keine menschliche Kraft vermochte es nach Osten zu bewegen. Schließlich gab es der Reiter auf und ließ dem Pferd den Willen. Also trottete der Fuchs mit dem Jungen die Abhänge der Hochfläche hinunter ins Tal, gähnte wegen der Schnur, schüttelte den Kopf, schnaubte, wieherte. Als sie unten auf dem Wiesenmoor gegenüber dem Hof Sommerhausen angekommen waren, war das junge Mädchen auf dem Schimmel auf der höchsten Stelle des Passes im Westen zu sehen, dann war sie den Blicken entschwunden. Es gelang ihm, sein Reittier auf dem Hofpfad nach Hause zu dirigieren. Er band ihm die Schnur ab und ließ es auf die Hauswiese, es war in den Maulwinkeln wund. Es wälzte sich vor der Böschung der Hoframpe, stand auf, schüttelte sich und schnaubte wieder, zitterte ein wenig an den Weichen und an den Schultern, war ganz mit Schaum bedeckt. Die Sonne ging gerade auf, die Schatten des Gehöfts waren wie die eines mächtigen Schlosses. Nie herrscht im Laufe eines Tages eine solche Glückseligkeit wie in der ersten Morgenstunde, dann herrscht Stille, Schönheit, Würde. Hier war Stille, Schönheit, Würde. Der Klang im Gezwitscher der Vögel war süß und mild. Der spiegelglatte See und der langsam dahinströmende Fluß im Wiesenmoor glitzerten herrlich. Die Blauberge sahen in ihren Himmel hinauf, als hätten sie mit dieser Welt nichts gemein. In der Tat war das Tal in seiner stillen Schönheit und Würde ganz unwirklich, als hätte es ebenfalls nichts mit der Welt gemein. Es kommen Stunden, in denen die Welt nichts mit der Welt gemein zu haben scheint und der Mensch sich selbst sowenig versteht, wie wenn er ewig wäre.

Im Haus war noch niemand auf, nichts dergleichen, und doch hatte der Junge noch nie einen solchen Tag erlebt. Er setzte sich an der Mauer des Gemüsegartens ins Gras und begann zu denken. Er dachte an Amerika, das herrliche Land jenseits des Meeres, jenes Amerika, wo er hätte werden können, was er wollte. Sollte er es also unwiederbringlich verloren haben? Ach, das machte nicht viel aus. Die Liebe ist besser. Die Liebe ist mehr wert als Amerika. Die Liebe ist das einzig wahre Amerika. Konnte es wahr sein, daß sie ihn liebte? Ja, nichts war so wahr. Nichts ist sich selbst so unähnlich wie die Welt; die Welt, das ist etwas Unglaubliches. Vielleicht war sie ihm jetzt davongeritten, weil sie zufällig auf einem dieser im ganzen Land berühmten Reitpferde der Rotenmoorer saß und dieses Pferd nach Hause wollte. Nichtsdestoweniger war er an diesem unvergleichlichen Morgen davon überzeugt, daß sie nach einigen Jahren, wenn er erst der Großbauer in Sommerhausen war, seine Frau werden würde. Da es so begonnen hatte, wie konnte es da anders enden? In Wirklichkeit hatte er das Glück gefunden, auch wenn sie ihm davongeritten war – und er entschuldigte sie immer wieder damit, daß sie keine Gewalt über ihr Pferd gehabt hätte. Er nahm sich fest vor, sich ein gutes Pferd zu kaufen, ein erstklassiges Reitpferd, für sein Amerikageld, damit er seine Liebste künftig begleiten könnte. So lag er ausgestreckt bei sich zu Hause an der Hoframpe und blickte hinauf in die Luft, ins Blaue, und verglich die Liebe, die ihm zuteil geworden war, mit dem Amerika, das er verloren hatte. Leifur der Glückliche hatte ebenfalls Amerika verloren. Ja, die Liebe war besser – und so immer wieder von vorn. Er sah sie vor sich, wie sie wie eine Fata Morgana über die Bodenwellen der Hochfläche durch die helle Nacht schwebte, mit schönem Haar, ein keckes Weib, ihre goldenen Locken flattern im Wind, ihr Mantel schlägt um die Lenden des Pferdes, er hinterdrein, Bodenwelle nach Bodenwelle – bis sie ins Blaue entschwunden war. Und er war selber ins Blaue entschwunden.

Er schlief.

Politik

Worauf beruhte Ingolfur Arnarsons Ansehen? Welcher Art war der Erfolg, dessen sich dieser Mann erfreute, der in so jungen Jahren mit den ersten Männern im Lande gleichgestellt wurde, der einer der einflußreichsten Leute in der Politik des Landes, der erste seiner Parteifreunde auf dem Althing war; dessen Bild die Zeitungen zierte, dessen Name in den fettesten Überschriften prangte? Lagen seine Verdienste darin, daß er unablässig für sich selbst spekulierte und handelte, wie große Männer in früheren Zeiten, die auf alles ein waches Auge hatten, was die Leute in ihrer Notlage feilboten, um es dann wieder an andere zu verkaufen, die vielleicht aus einer noch größeren Notlage heraus nicht umhinkonnten zu kaufen? Hatte er etwa in schweren Zeiten allerorts Bauerngrundstücke an sich gerissen, um sie in günstigen Jahren wieder zu verkaufen? Lieh er etwa in harten Frühjahren Heu gegen dasselbe Gewicht in Schafen aus, oder Lebensmittel und Geld bei Hungersnot gegen Wucherzinsen? Oder wurde er ein großer Mann dadurch, daß er an sich selber mit Essen und Trinken sparte und knapste fast wie ein flüchtiger Verbrecher mit wenig Proviant in den Einöden oder wie ein Kleinbauer, der achtzehn Stunden am Tag schuftet und doch beim Kaufmann pausenlos Schulden für Lebensmittel anhäuft und vielleicht nichts mehr auf eigene Rechnung entnehmen kann? Oder dadurch, daß er bei sich zu Hause nur einen Stuhl hat, der obendrein zerbrochen ist, und in zerrissenen und verdreckten Lumpen wie ein bemitleidenswerter Bettler oder Knecht herumläuft? Oder hatte er etwa die Methode angewendet, im Seitenfach der Truhe Tausende und aber Tausende zusammenzukratzen, bis er dazu in der Lage war, eine Sparkasse zu gründen und Geld gegen gesetzliche Zinsen zu verleihen, sich dann aber vor arme Leute hinzustellen und ihnen sein Elend so zu schildern, daß er am Ende seine Seele zur Deckung seiner Schulden verkaufen müßte? Nein, wahrlich war Ingolfur Arnarson Jonsson kein solcher

Mann, er hatte nichts Kleinliches an sich, er besaß die Großmut seiner Mutter. Und er war auch kein Mann, der eine Fischreederei besitzt und arme Leute unter Lebensgefahr Fisch aus dem Meer ziehen läßt und dann den ganzen Gewinn von dem Fisch, den andere aus dem Meer zogen, für sich behält und sich dafür Mahagonimöbel, Gemälde und elektrisches Licht kauft, während diejenigen, die den Fisch heraufgeholt haben, mit so wenig davongehen, daß sie es sich kaum leisten können, zur Belustigung der Familie einen Zerrspiegel zu kaufen. Oder hatte er ein Geschäft von der Art, daß er in Dänemark oder anderen fernen Ländern hohe Prozente dafür einheimste, lebensnotwendige Waren für Leute vorrätig zu halten, die es sich in Wirklichkeit nicht leisten konnten zu leben; oder daß er selbst ein Geschäft besaß und vor den Großbauern im Staub kroch und diese den Preis für ihre Schafe bestimmen ließ, weil der Großbauer immer damit drohen konnte, woanders zu handeln, oder die unbeschränkte Macht dazu hatte, den schuldenden Kleinbauern jedes Frühjahr hungern zu lassen und ihn jeder Möglichkeit zu berauben, jemals ein Mensch zu werden? Nein, der Weg Ingolfur Arnarsons zu Ehre und Ansehen war weder die blutige Laufbahn des bäuerlichen Geizkragens noch des Kaufmanns, die Laufbahn, die den einzigen Weg zum Glück und zum wahren Ansehen darstellte, den man bis dahin vor der Justiz und der Gesellschaft in Island vertreten konnte.

Was Ingolfur Arnarson zum großen Mann machte, das waren vor allem seine Ideale, seine unerschütterliche Menschenliebe, seine Überzeugung, daß die Nation Reformen und kulturelle Möglichkeiten benötigte und daß es den Leuten gutgehen müßte; sein Wille, seinen Mitmenschen den Lebenskampf dadurch zu erleichtern, daß im Land eine bessere Regierung an die Macht käme, eine Regierung, die nicht bloß ein ohnmächtiges Anhängsel der hartgesottenen Beherrscher des kleinen Bauern, der Kaufmannsbourgeoisie, darstellte, sondern eine Regierung, die vor allem ein brauchbares Instrument der kleinen Produzenten im Lebenskampf wäre, und besonders der Bauern, der Menschen, die das Land bestellten. Keinerlei Zwischenhändler und Ausbeuter sollten weiterhin den Bauern auspowern. Ingolfur Arnarson wollte dem Leben des Bauern zu Ehre und Ansehen verhelfen, nicht nur mit Worten, sondern vor allem durch Taten. Um dieser Ideale willen hatten die Bauern ihn bevollmächtigt, sie im Parlament und anderenorts, wo ihre Interessen auf dem Spiel standen, zu vertreten. Dieser Wahlbezirk war von jeher vollkommen vernachlässigt worden, abgesehen davon, daß der alte Arzt Finsen, der Knecht des Brynehandels auf dem Althing, jahrzehntelang eine einzige Sache wachgehalten hatte. Zu seiner Zeit war das eine der ewigen Angelegenheiten der Nation, wie man sie nannte, und sie bestand darin, die Landeskasse zu veranlassen, für das Geschäft in Fjord Landekais und Wellenbrecher zu bauen, doch diese Hafenbauten wurden sogleich wie Speichel hinweggespült. Seit Ingolfur im Thing war, waren Hafenbauten für diesen Wahlbezirk niemals öffentlich erwähnt worden. Hingegen hatte er Straßen und Brücken auf den verkehrsreichsten Strecken des Bezirks bauen lassen. Doch das war nur der Anfang. Jetzt wollte er großzügige Meliorationen durchführen und Wohnhäuser für die Menschen errichten lassen. Die Nationalbank in Reykjavik, die bisher der Brunnen der Geldvergeudung für Spekulanten in Fisch und Hering gewesen war, wollte er liquidieren und dem Staat als Bauernbank unterstellen, da der Staat schon große Gerantieverpflichtungen wegen ihrer Schulden hatte. Diese Bauernbank sollte dann den Bauern Darlehen für Meliorationen und Bauten gegen geringe Zinsen geben. Außerdem wollte er besondere Fonds aus staatlichen Geldern einrichten, um den Bauern zu helfen, Bodenbearbeitungsgeräte zu erwerben, Pflüge, Eggen, Traktoren, Mähmaschinen und Heurechen, bis hinunter zu Strickmaschinen und Zentrifugen. Einen zweiten Fonds wollte er aus öffentlichen Geldern einrichten, um überdachte Dungstätten und betonierte Jauchegruben bauen zu lassen, denn er war ein geschworener Feind von Misthaufen und offenen Jauchekuhlen. Ebenso war die Versorgung der Landgemeinden mit elektrischem Licht eins seiner größten Anliegen, das einstweilen allerdings noch keine klare Gestalt angenommen hatte. Wachend und schlafend unterstützte er die Landnahmeprobleme der neuen Zeit, und obwohl er zwar noch Leiter der Handelsgenossenschaft war und sich als in Fjord ansässig betrachtete, konnte man sagen, daß er nur als Gast dorthin kam; er arbeitete den größten Teil des Jahres als Redakteur seiner Parteizeitung, in Parlamentsausschüssen und anderen Vertrauensämtern der Bauern und ließ sich in der Handelsgenossenschaft hier vertreten. Für sein eigenes Fortkommen hatte er keinen Gedanken übrig. Er war, kurz gesagt, der wahre Ingolfur Arnarson der neuen Zeit, mit dem einzigen Unterschied, daß er ein Jonsson war.

War es da nicht zu erwarten, daß er jetzt im kommenden Frühjahr, wenn Neuwahlen stattfanden, als einziger Kandidat automatisch zum Thingabgeordneten des Wahlbezirks gewählt würde und niemand sonst in Betracht kam? Nein, so war es nicht. Es sollte bloß keiner glauben, daß die Kaufmannsbourgeoisie und die Kapitalisten ihr Pulver verschossen hatten, obwohl es gelungen war, an einzelnen Orten ihre Macht einzuschränken und die Bauern in Handelsgenossenschaften zusammenzuschließen. Der Egoismus der Marktflecken war in den voraufgegangenen Jahren der Konjunktur sogar noch größer geworden, und dieser Wahlbezirk hatte zwei Marktflecken, Fjord und Wiek, und der Egoismus hatte eine besonders starke Stütze bei den Fischreedern, Handwerkern und kleinen Kaufleuten in Wiek, und nicht zuletzt bei dem neuen großen Kaufmann, der an diesem Ort emporgekommen war und wohlhabende Leute vom Lande und aus dem Ort um sich geschart hatte. Gleich voriges Jahr hatte er die Tochter unseres Bergkönigs hier in der Gemeinde geheiratet, obwohl manche sagten, er sei anfänglich nur ein gewöhnlicher trüber Spekulant gewesen, der aus dem Südland stammte und seinerzeit sogar gerichtlich belangt worden wäre; eines war jedoch sicher, daß er kaum auf die althergebrachte Weise zu Ansehen gelangt war. Drittens machten sich in Wiek immer mehr die Einflüsse der Propagierung ausländischer Lehren vom sogenannten Sozialismus bemerkbar; auswärtige Demagogen gaben sich alle Mühe, Häusler und mittellose Individuen ohne verwandschaftliche Beziehungen zu verführen und sie gegen Gott und Menschen zugleich aufzubringen, als wären Gott und Menschen nicht schon von vornherein feindselig genug gegen diese Leute eingestellt. Ingolfur Arnarson: Der Sozialismus besteht darin, schwachen Kreaturen endlose Versprechungen zu machen, deren Verwirklichung erst wahrscheinlich wird, wenn das Menschengeschlecht auf die Entwicklungsstufe der Götter gelangt ist; doch in Wirklichkeit bedeutet diese Richtung nur Raub und Mord. Zum Glück befand sich Ingolfur Arnarson in keiner unmittelbaren Gefahr von ihrer Seite, so wie die Dinge lagen. Die Gefahr kam aus der anderen Richtung. Es hatte sich herausgestellt, daß die Kapitalisten dieses Frühjahr einen Mann gegen Ingolfur ausstaffiert hatten, der eine ganze Bank an der Hand hatte, eben diese berühmte Nationalbank, die Ingolfur vernichten und als Staatsbank für die Bauern wiedererrichten wollte, und zwar unter der Leitung seiner Leute, wenn er das Mandat dazu erlangte. Nun war es eine Sache für sich, wenn die Schwindler in Reykjavik einen ihnen gemäßen Vertreter aus einer halbbankrotten Bank ausschickten, um seine Freudenbotschaft auf dem Land zu verkünden. Doch was geschah? Erdreistete sich dieser ideenlose Kapitalistenknecht doch, in seiner Unverschämtheit so weit zu gehen, daß er den Bauern nicht nur alles bot, wofür Ingolfur Arnarson kämpfte, sondern noch mehr dazu! Er bot ihnen an, sofort in den nächsten Jahren jedes einzelne Gehöft im Wahlbezirk mit elektrischem Licht zu versorgen, und nicht nur in diesem Wahlbezirk, sondern im ganzen Land. Ingolfur Arnarson: Der Unterschied zwischen seinen Versprechungen und denen der Sozialisten kann in der Tat nur als ein Unterschied im Grad des Irrsinns angesehen werden, mit der einen Ausnahme, daß der Bankdirektor nicht vorschlägt, Leute zu berauben und zu ermorden, wahrscheinlich weil er sich dessen zu gut bewußt ist, daß er der Abgesandte gerade desjenigen Bruchteils der Landesbewohner ist, der seit der Landnahmezeit bis zum heutigen Tag pausenlos Leute beraubt und ermordet hat, nur mit unterschiedlichen Methoden und ohne irgendeinen Sozialismus zu propagieren. Später, nachdem der Bankdirektor den Bauern versprochen hatte, ihnen alle Fortschritte Ingolfur Arnarsons und noch mehr zu garantieren,

wenn er an die Macht käme, und das in viel kürzerer Zeit, als
Ingolfur Arnarson plante, wandte er sich an die Marktflecken,
die bis dahin im Programm des Bauernvertreters keinen festen
Platz gefunden hatten. Hier wurde nicht geknapst. Er versprach Wiek eine Bank und eine Fischgroßreederei und Fjord
eine Fischmehlfabrik und ein Kohlenbergwerk. Wie zu erwarten war, gefiel den Wählern an der Küste diese Rede gut, und
man hielt es für wahrscheinlich, daß diese bevölkerten Orte
sich um den Mann scharen würden. Jetzt war guter Rat teuer.
Jetzt wurde es für Ingolfur Arnarson des Guten zuviel. Wie
zog er sich jetzt aus der Klemme? Nein, hochverehrte Wähler, Ingolfur Arnarson war kein Schwächling auf dem politischen Schlachtfeld, er ließ es sich nicht gefallen, daß andere
Leute seine eigenen politischen Klamotten ihm vom Leib herunter versprachen. Was sagte er also? Er genierte sich nicht
lange, sondern erweckte die im ganzen Land berühmte Ewigkeitsangelegenheit seines Vorgängers, des Arztes Finsen, wieder zum Leben, nämlich den alten Wellenbrecher. Und was
noch mehr war, er versprach nicht nur einen Wellenbrecher
und einen Kai, sondern auch einen kompletten Hafen in
Fjord mit unbegrenzter Arbeit, nicht nur für die Einwohner von Fjord, sondern auch für Arbeiter aus dem Nachbarflecken Wiek, Bauten also für mindestens eine halbe Million
Kronen, wenn er durchkäme, nicht zu vergessen alle die Unternehmen, die der Staat im Lauf der Zeit im Kielwasser
des Hafens segeln lassen würde und die aufzuzählen zu weit
führen würde. Nie waren Hafenbauten ein so aktuelles
Gesprächsthema gewesen. Hingegen setzte er die Fischmehlfabrik des Bankdirektors nach Wiek um, und statt der Fischgroßreederei des Bankdirektors versprach er den Kleinreedern
in Wiek riesige staatliche Zuschüsse und andere Vergünstigungen, bis dort die blühendsten Kleinreedereien des Landes entstanden und alle wohlhabende Kleinbürger geworden
seien. Das Kohlenbergwerk teilte er messerscharf zwischen
beiden Marktflecken auf, doch unter der Bedingung, daß
sich dieses Bergwerk als kohlehaltig erweisen würde und
nicht Braunkohle oder nur gewöhnliches Gestein und Erde
enthielt. Als die Dinge so weit gediehen waren, war wirklich

nicht zu unterscheiden, wer mehr versprach, und die Entscheidung schien nicht mehr von den Angeboten abzuhängen, sondern nur noch davon, wer besser zu Herzen gehend reden konnte. Es wurde erzählt, daß schon viele Arbeiter den Sozialismus verlassen hätten, in der Hoffnung, künftig feste Arbeit zu bekommen und vielleicht Kleinbürger werden zu können und Anteil an einem Boot zu erwerben.

»Man weiß nie, wie es kommt, und deshalb ist es wichtig, sich nie zu lange nach einer Seite zu neigen, am allerwenigsten in der Politik«, sagte der Bergkönig. »Ingolfur Arnarson ist natürlich ein sehr fähiger Mann, wie auch seine ganze Verwandtschaft fähig ist, und auf Versammlungen ein glänzender Redner, doch ich ahnte schon voriges Jahr, nach dem Gewicht zu urteilen, das man neuerdings an der Küste auf die private Initiative legt, daß er sehr viele Anhänger verlieren würde. Und deswegen bin ich im vorigen Jahr sofort aus der Handelsgenossenschaft ausgetreten, Privatangelegenheiten haben damit nichts zu tun, Politik ist keine Privatangelegenheit, ich spreche ja auch nicht als Privatmann in dieser Sache, obwohl es andererseits niemanden zu wundern braucht, daß ich meine Geschäfte voll und ganz zu meinem Schwiegersohn in Wiek transferiert habe. Damit ist nicht gesagt, daß die Rotenmoorer als solche nicht wertvolle Menschen sind, auch streitet niemand ab, daß die Versprechungen Ingolfur Arnarson Jonssons wirklich großartig sind. Doch was geschieht, frage ich, wenn er nicht durchkommt? Wenn seine Partei verliert, wie die meisten voraussagen? Ob es dann bei manchen nicht aus ist mit betonierten Jauchegruben und Strickmaschinen? Und ob die Neubauten nicht ziemlich niedrig ausfallen werden? Und welche Garantie haben diejenigen dann für ihre Zukunft, die ihn gewählt haben? Hingegen ist bei dem Bankdirektor alles sicher. Die Großen in Reykjavik fallen nicht durch. Und es war wohl noch nie direkt abzulehnen, bei den Großen gut angeschrieben zu sein.«

Eines war sicher: Was sich der Bergkönig nicht getraut hatte, solange er in der Handelsgenossenschaft war, hatte er unverzüglich angepackt, nachdem er mit seinem Schwiegersohn in Wiek in Geschäftsbeziehungen getreten war. Er hatte zu bauen begonnen, Lastwagen voll Bauholz und Zement waren zu ihm gefahren worden, und sein Haus sollte zu den Ziehtagen fertig dastehen. Bjartur sah ihn eine Weile von der Seite an und antwortete: »Es haben nicht aller Leute Töchter in eine Kaufmannsfamilie hineingeheiratet.«

»Och, du hast auch nicht direkt in die Rotenmoorfamilie hineingeheiratet, lieber Bjartur«, sagte der Bergkönig. »Also brauchst du wenigstens wegen der Verschwägerung nicht nach der Seite zu wählen.«

»Ob es nicht mehreren so geht wie mir, daß sie da herum wählen, wo sie ihre Geschäfte machen?« antwortete Bjartur kurz angebunden. »Man wählt sie wenigstens so lange, bis sie Pleite machen. Ich habe keine Beziehungen zu den Großen in Reykjavik, mit denen du protzt.«

»Jemand hat gesagt, daß du bald bauen willst.«

»Ich bin dir darüber keine Rechenschaft schuldig, Freund. Und wenn es so wäre, so hat es nichts mit Politik zu tun.«

»Komisch«, sagte der Bergkönig. »Ich dachte, es wäre nicht schlecht, die Geldinstitute an der Hand zu haben, wenn man bauen will.«

»Und ich glaube nicht, daß ich Schwierigkeiten haben würde, Baumaterial von der Handelsgenossenschaft zu bekommen, wenn ich es brauchte«, sagte Bjartur.

»Das Baumaterial ist noch nicht alles, lieber Bjartur«, sagte da der Bergkönig. »Die Arbeitslöhne werden einem heutzutage nicht geschenkt. Und bei den Zimmerleuten und Betonarbeitern bekommt man nichts angeschrieben. Es ist besser, einige Tausender in bar in der Hand zu haben, wenn man so bauen will, daß es sich sehen lassen kann.«

»Och, es ist nicht schwer, Geld zu kriegen«, sagte Bjartur. »Es ist noch nicht lange her, da war hier einer unterwegs, der keineswegs weniger zu bestellen hat als du, und der sagte, ich könnte mich gern an die Sparkasse wenden, wenn ich es für nötig hielte.«

»Ja, die Sparkasse«, sagte der Bergkönig, »das ist so. Du wirst nie gehört haben, daß ich auch nur ein Wort gegen die Sparkasse gesagt habe; wir haben viele Jahre lang zusammen im Gemeinderat gesessen, Jon auf Moor und ich, ja, seit lange vor dem Krieg. Und ich habe noch niemanden gehört, der bestritten hätte, daß er ein bedeutender Mann ist. Und daraus kann man ihm keinen Vorwurf machen, daß unredliche Leute es sich zur Gewohnheit gemacht haben, aus ihm zu jeder möglichen und unmöglichen Zeit Geld herauszuholen, und sich dann am Ende zusammentaten und ihm mit dem Gericht drohten, weil sie von ihm Darlehen zu Bedingungen bekamen, die sie selbst akzeptiert hatten. Ich werde der letzte sein, der sich darüber wundert, daß er sich hier für die Gründung einer Sparkasse eingesetzt hat, wo das Geld dauernd in Fluß sein kann, wenn auch nur gegen sechs Prozent, statt sein Geld bei unsicheren Leuten stehen zu haben, privat und gegen die Gesetze, gegen zwölf bis fünfundzwanzig Prozent, und dabei mit einem Bein im Zuchthaus. Eine Sparkasse ist immer ein gleichmäßiges und sicheres Geschäft. Und es ist praktisch, hier in der Gegend eine Sparkasse zu haben, wenn man vorübergehend eine kleine Summe benötigt. Aber es handelt sich eben nur um kleine Summen für kurze Zeit. Denn niemand macht große Anleihen, so wie die Bedingungen bei der Sparkasse lauten. Wer baut, ist besser bei den Banken aufgehoben, wo die Hypothekenkredite auf vierzig Jahre lauten.«

»Ich denke, es brauchen nicht viele Jahre zu vergehen, bis ich mit ihnen wieder quitt bin. Manche meinten, daß bei Kriegsende alle Preise fallen würden, doch noch nie haben sie für die Wolle mehr gezahlt als dieses Frühjahr, und von glaubwürdiger Seite habe ich gehört, daß sie für Jungschafe im Herbst keineswegs weniger bieten werden.«

Da dachte der Bergkönig lange nach und strich sich den Bart nach verschiedenen Seiten; der Mann strengte sein Hirn immer stark an, denn in seinen Augen war kein Gedanke vollkommen, der nicht in einer offiziellen Akte stehen konnte; er selbst war zu lange Beamter für Tiere, Menschen und Pfarrer gewesen, als daß er es vor sich selber hätte verantworten können, allzu überstürzte Schlußfolgerungen zu ziehen.

»Nun ja«, sagte er schließlich, »mir kam es so in den Sinn, dir dieses vorzuschlagen, lieber Bjartur, aus alter Bekanntschaft und ohne daß es mich etwas angeht. Und du darfst auf keinen Fall die Vorstellung haben, daß ich als irgendeine offizielle Person hier bin. Hingegen kann ich andererseits nicht gänzlich unumwunden erklären, daß ich hier vollständig als Privatperson auftrete. Ich trete als etwas so ungefähr mitten dazwischen auf. Wie dir bekannt ist, habe ich nie voll und ganz die Handelsgenossenschaftsbewegung gutheißen können, obwohl ich manches Gute und Edle in dieser Bewegung sehe und von jeher der erste gewesen bin, die Vorzüge der Rotenmoorer anzuerkennen und nicht zuletzt die der Frau. Die Wahrheit ist die, daß ich von jeher so ungefähr auf dem Mittelweg war und demzufolge stets bereit anzuerkennen, daß beide Seiten recht hätten, wenigstens bis es für voll erwiesen galt, daß der andere unrecht hatte. Und jetzt hat es sich so ergeben, daß ich höheren Ortes solche Verbindungen gewonnen habe, daß ich in der Lage bin, obwohl ich allerdings keinen schriftlichen Auftrag habe, dir ein Darlehen zu günstigen Bedingungen anzubieten, einen Hypothekenkredit auf vierzig Jahre in einer Bank in Reykjavik, wenn du dieses Jahr bauen möchtest. Doch das ist natürlich nur dann möglich, wenn wir, die wir die Sehnsucht nach Selbständigkeit im Herzen tragen, unsere Stunde in der Politik erkennen und Verstand genug haben, unsere Geschäfte in die rechte Richtung zu lenken.«

67

Das Reitpferd

Dieses Frühjahr war Gvendur in Sommerhausen in aller Munde, erstens, weil er nach Amerika hatte fahren wollen, und zweitens, weil er doch nicht nach Amerika gefahren war. Drittens hatte er sich ein Pferd gekauft, es war ein Rennpferd; er hatte es von einem Mann von auswärts für sehr viel Geld gekauft. Viele lachten. Dieser Trottel hatte nämlich die einzige Tochter Ingolfur Arnarsons nachts über die Hochfläche verfolgt und das Schiff verpaßt, etwas Lächerlicheres konnte man sich kaum denken. Viele sagten, der Bengel wäre ein Idiot. Andere sagten, das Pferd sei nur mittelmäßig und sogar schon alt. So ein Dummkopf. Früher hatte niemand bemerkt, daß Gvendur in Sommerhausen existierte, jetzt war er plötzlich in verschiedenen Gegenden als Dummkopf und Idiot bekannt; er spürte alle Veranstaltungen auf, um sie zu Pferd zu besuchen. Die Landleute begrüßten ihn mit verhaltenem Grinsen. Die Städter lachten herzlich über diesen Bauerntölpel, der sich auf einem teuren Pferd auf allen Höfen herumtrieb und die einzige Tochter des Althingsabgeordneten eine ganze Nacht lang verfolgt hatte. Roßtäuscher begegneten ihm unterwegs, sahen dem Pferd ins Maul, zogen ihn auf und nahmen sich vor, ihm bei Gelegenheit ein noch schlechteres Pferd aufzuhucken und ihm dieses abzuluchsen.

Eines Sonntags um die Johannismesse wurde zu einer Wahlversammlung nach Außen-Rotenmoor eingeladen. Der Pfarrer benutzte die Gelegenheit, vorher Gottesdienst abzuhalten. Einzelne Leute trafen zu früh ein, so daß sie im Gottesdienst landeten, ansonsten schien das gesteigerte Interesse der Leute an der Politik darauf hinzudeuten, daß die Bevölkerung zu der Ansicht gelangt war, sie würde hier von der Erde und nicht vom Himmel aus regiert. Gvendur sprengte auf seinem Reitpferd auf die Hoframpe, als man gerade mit dem Gottesdienst beginnen wollte. Einige Männer unten aus der Gemeinde standen vor dem Pferdehof und begrüßten ihn mit verhaltenem Grinsen, weil er nicht nach Amerika gefahren war. Einige von ihnen betrachteten das Pferd finster, mit Mißfallen. Er blickte verstohlen zu dem großen zweigeschossigen Haus mit einem dritten Geschoß im Giebel hinüber, ob ihn jemand bemerkt hätte, als er mit seinem Pferd ankam. Doch an einem so berühmten Ort lag niemand im Fenster, um Nichtigkeiten zu bemerken, nur die blütenreichen Zimmerpflanzen der Dichterin breiteten ihre Kronen den Strahlen der Sonne entgegen. Er hoffte, daß die Familie des Gemeindevorstehers schon in der Kirche sei. Er trat in die Kirche ein. Er nahm hinten bei der Tür Platz und sah sich in der Kirche um, ob er sie entdeckte, und dann sah er sie auf der vordersten Bank direkt bei der Kanzel. Sie hatte einen roten Hut auf. Verschiedene Leute saßen zwischen ihr und ihm, und er sah den Hut mitten zwischen anderen Köpfen. Ihn durchfuhr ein Strom, der die Lungen zu groß und das Herz zu klein und das Trommelfell zu empfindlich für Sangeskunst machte; ihm war, als würde ihn der Psalm zur Raserei bringen, außerdem legte sich ein Schleier vor seine Augen. Die Zeit verging, und das Psalmengeplärr schien kein Ende nehmen zu wollen. Wie sollte er an sie herankommen? Mit welchen Kniffen sollte er ihr ein Stelldichein vorschlagen, so daß es nicht auffiel? Sollte er sie während der Ausgangsstrophe, wenn sie an ihm vorbeiging, anfassen und flüstern: Ich muß draußen allein mit dir sprechen? Nein, es gehört sich nicht und kann nicht geduldet werden, daß man in der Kirche ein Mädchen anfaßt; und noch dazu so ein Mädchen; und das zu dem Zweck, sie draußen allein sprechen zu wollen. Es wäre etwas anderes, wenn er sie zum Pferdehof einlud, sein Pferd anzusehen. Doch da fiel ihm ein, daß man in einer Kirche wahrscheinlich kein Pferd erwähnen durfte, denn im gesamten Gotteswort ist nirgends die Rede von einem Pferd, höchstens von einem Esel. Er sah wie durch einen Nebel, daß der Pfarrer vor den Altar trat und Laute von sich gab, und kurz danach sang der Pfarrer eine lange Tirade, und da standen alle auf, und sie stand auf, und er sah, daß sie einen blauen Mantel anhatte, kein Mädchen auf der Welt hatte so feine Schultern, sie waren auch nicht für schwere Lasten geschaffen, und die goldenen Locken sahen unter dem Hut hervor, es war ein kostbarer Hut, der zu dieser feierlichen Stunde paßte, und sie war stolz und steif so mitten am Sonntag in der Kirche. Wenn sie sich bloß umsähe, nur einen Augenblick, damit er den Strom der Liebe zu ihr hinsenden könnte. Und was wäre, wenn sie sich nichts daraus machte, anderer Leute Pferde anzusehen, sie, die selbst Pferde zur Auswahl hatte? Oder sollte er ihr das Pferd als Geschenk anbieten? Es war ein teures Pferd für beinahe tausend Kronen, und dennoch, wenn sie es annähme, würde er bereit sein, zu Fuß nach Hause zu gehen, ja sogar auf allen vieren nach Hause zu kriechen, wenn sie das wollte. Und gerade das war es, was er ihr am liebsten sagen wollte; sie beherrschte ihn von der Stunde an, als er sie zum letzten Mal sah, sie konnte ihm befehlen, was ihr in den Sinn kam; reiten, gehen, auf allen vieren kriechen. Er hatte ihr bereits das größte Land der Welt geopfert, in dem man werden kann, was man will, und nicht immerzu etwas aufs Geratewohl tun muß, ja, und sie hatten am Ufer gelegen, und da waren zwei Schwäne, ein Er und eine Sie, was war übrigens aus diesen Vögeln geworden, sie waren verschwunden, es ist hoffentlich nicht alles eine Täuschung gewesen, nein, nein, nein, sie hatte ihn geliebt und war vor ihm auf einem weißen Pferd ins Blaue geritten...

»Liebe Brüder und Schwestern in Christo, denn ich erlaube mir, uns Brüder und Schwestern zu nennen, was ist das mit drei Buchstaben, nur drei kleinen Buchstaben, das aufsteigt?« Jetzt war der Pfarrer endlich auf der Kanzel, und gebe Gott, daß er eine lange Predigt hielt, damit der Junge Zeit fand, zu einem Ergebnis zu gelangen, damit er inspiriert werden konnte. »Und dann wollen wir andererseits überlegen, liebe Brüder und Schwestern, was ist das mit drei anderen Buchstaben, ja nur drei kleinen Buchstaben, das herniedersteigt?«

Doch, er war bereit, ihr das Pferd zu schenken, es ihr wenigstens anzubieten, es war nicht ganz sicher, daß sie es annehmen würde, und wenn sie es auch annahm, das tat nichts, im Gegenteil, das würde sie ihm verpflichten, sie würde zwar sagen: »Ich habe Pferde genug, ich habe Pferde zur Auswahl«, doch er hoffte auch, daß sie hinzufügen würde: »dieses Pferd ist das schönste, das ich je gesehen habe, und ich nehme es von dir an, weil du es bist und weil du hierherum so breit bist, aber dann hast du kein Pferd mehr und mußt zu Fuß nach Hause gehen.« Dann würde er antworten: »Das tut nichts. Und wenn ich nach Hause krieche. Auf allen vieren krieche. Ich werde sogar wie ein Hund bellen, wenn du es willst. Ich bin nämlich der künftige Odelsbauer in Sommerhausen, und jetzt wollen wir bald bauen, wir wollen wenigstens so groß bauen wie ihr hier auf dem Moor, zwei Geschosse und das dritte im Giebel, nur daß wir aus Stein bauen, wo ihr nur aus Holz und Wellblech gebaut habt. Doch helfe mir Gott, wenn man dann kein Pferd erwähnen durfte, nur einen Esel...«

»Wer wurde hinausgeführt?« fragte der Pfarrer und beugte sich in tiefem Glaubensernst über den Rand der Kanzel zur Gemeinde hin, und der Junge aus Sommerhausen wünschte und hoffte von Herzen, es sei ein Pferd gewesen, das sie hinausführten.

»Er wurde hinausgeführt«, sagte der Pfarrer mit starkem Nachdruck auf dem Wort »er«. Leider war dem Jungen entgangen, wovon die Rede war.

»Und wer führte ihn hinaus?« fragte der Pfarrer und machte eine lange, lange Pause und sah jeden einzelnen in der Kirche an, und der Junge bekam Angst bei dem Gedanken, man erwarte vielleicht, daß er diese Frage beantworte. Doch dann beantwortete der Pfarrer sie schließlich selber: »Die Kriegsknechte des Pilatus führten ihn hinaus. Und wann führten sie ihn hinaus? Sie führten ihn um fünf Uhr hinaus. Und wohin führten sie ihn? Sie führten ihn ins Freie. Und warum führten sie ihn hinaus? Weil er nicht drinnen bleiben durfte.« Dem Burschen fiel ein Stein vom Herzen.

Angenommen, er schliche sich mitten in der Predigt aus der Kirche, es brauchte nicht sehr aufzufallen, er saß auf der letzten Bank, er konnte rückwärts hinausgehen und die Knie beugen; dann wollte er zum Pferdehof laufen. Er würde sein Pferd hinausführen. Er würde es vor der Kirchentür am Zügel halten und dort warten, bis der Gottesdienst zu Ende war. Wenn sie aus der Kirche herauskam, würde er ihr den Zügel in die Hand geben und »bitte« sagen. Doch da fielen ihm die Leute ein. Sie waren nicht allein. Was würde die Gemeinde sagen? Gehörte es sich, daß er, der Bauernbengel, der Enkelin Jons auf Außen-Rotenmoor ein Pferd schenkte? Würde nicht die ganze Gemeinde ein einziges Gelächter sein? Und würde sie selbst sich nicht durch diese Schande beleidigt fühlen? Ihm brach der kalte Schweiß aus bei dem Gedanken, sich überall lächerlich zu machen, und alles wurde um so schwieriger, je länger er darüber nachdachte.

»Liebe Brüder und Schwestern in Christo«, sagte der Pfarrer. »Die Zeit vergeht.« Und er beugte sich vor, und in der langen Pause, die er nach diesen tiefen, ernsten Worten machte, sah er wiederum jeden einzelnen in der Kirche an; am längsten jedoch blickte er auf Gvendur von Sommerhausen. »Ja, die Zeit vergeht«, wiederholte er schließlich. »Gestern war Sonnabend. Heute ist Sonntag. Morgen ist Montag. Dann kommt der Dienstag. Eben war es ein Uhr. Jetzt ist es zwei. Bald ist es drei. Dann wird es vier.«

Ihm kam es so vor, als wären diese ernsten Ermahnungen vor allem an ihn gerichtet; das Bewußtsein, nichts zu seiner Entschuldigung vorbringen zu können, brach ihm das Herz, und der Schweiß strömte weiter von seiner Stirn, an den Schläfen hinunter. Dann näherte sich das Ende der Predigt, und der rote Hut bewegte sich immer noch nicht, nur daß er sich ein wenig zurücklehnte, denn das Mädchen sah ständig zum Pfarrer hinauf und sog jedes Wort von seinen Lippen mit ihrer Seele auf, als sei sie entschlossen, sich von jetzt an ganz genau danach zu richten, während Gvendur nur hie und da einen und den anderen Satz hörte; vor seinem geistigen Auge wurde es immer dunkler. »Und die Berge zerrissen, liebe Brüder und Schwestern in Christo, ja, da gab es nicht viel, das standhielt. Und der Vorhang im Tempel zerriß von obenan bis unten, ja, da zerriß das meiste. Und es war eine Finsternis am Himmel und auf der Erde, ja, da war es nicht hell...«

Nein, es war wahrhaftig nicht hell, und jetzt war die Predigt bald zu Ende, und dann war sie ganz zu Ende. Schließlich wurde noch ein Psalm gesungen. Da sah und hörte der Junge schon lange nichts mehr. Die Leute standen auf. Er stand auch auf. Sollte er warten, bis sie vorbeikam, oder sollte er vorher hinausgehen? Er wartete. Sollte er nun einen Versuch machen, sie anzusehen, während sie vorbeiging, und einen Strom zu ihr hinsenden, denn er glaubte an den Strom der Liebe, oder sollte er in Ergebung und Ratlosigkeit die Augen niederschlagen? Er sah sie mit dem Strom der Liebe an. Und da sah er, daß es gar nicht sie war; es war ein ganz anderes Mädchen, es war ein pummeliges Ding aus der Gemeinde unten, das sogar von einem Mann ein Kind hatte, es war die zweite Tochter Thorirs auf Kluftwiesen mit einem häßlichen roten Hut. Also konnte der Junge wieder frei atmen. Aber dann schien ihm alles in seinem Herzen und außenherum so leer geworden zu sein, und er hatte die ganze

Zeit umsonst in der Kirche gesessen, und seine Seelenschmerzen während der Psalmen und der Predigt waren unbegründet gewesen.

Gegen Ende des Gottesdienstes strömten die Leute in hellen Scharen zur Versammlung. Auf der Hoframpe vor den Stubenfenstern des Gemeindevorstehers stand ein glitzerndes Auto. Die Ankömmlinge drängten sich neugierig um dieses Glanzstück und betrachteten es von innen und außen. Sie klopften mit den Knöcheln gegen die Scheiben und drückten auf die Gummidecken, um zu sehen, wie hart sie seien. Gvendur klopfte ebenfalls an die Fenster und drückte auf die Decken. Der Althingsabgeordnete war zur Zeit des Gottesdienstes gekommen und saß jetzt bei seinen Eltern in der guten Stube. Gerade jetzt kam der Bankdirektor mit seinem Gefolge von Osten aus Wiek, sie stiegen östlich der Hauswiese aus. Der Gemeindevorsteher ging ihnen entgegen, um sie willkommen zu heißen. Er hatte eine alte Jacke an, die so erbärmlich aussah, als hätte der Hund seit vorigem Jahr darauf geschlafen und als wäre sie jetzt zur Feier des Tages hervorgeholt worden. Vorn am Kragen steckte eine Sicherheitsnadel. Er hatte die Strümpfe über die Hosen gezogen, sie waren angestrickt. Es wäre ganz natürlich gewesen, wenn diese feinen und ehrenwerten Herren mit Mantel und steifem Kragen die Neigung verspürt hätten, ihm fünfundzwanzig Öre zu schenken, als er sie willkommen hieß. Den Versammlungsteilnehmern wurde gesagt, sie sollten draußen im Versammlungshaus Platz nehmen, die Kandidaten kämen, sobald sie Kaffee getrunken hätten. Gvendur setzte sich auf eine Bank in der Ecke und hielt seine Mütze auf den Knien; von einem Mann bekam er eine Prise und nieste. Dann kamen die Kandidaten. Gvendur in Sommerhausen sah nur seinen Kandidaten. Ingolfur Arnarson Jonsson, keiner war seinesgleichen. Seine elegante Erscheinung überstieg jede Vorstellung. Groß, breitschultrig und jugendfrisch, hatte er erstklassige Straßen durch abgelegene Täler zu verschuldeten Leuten legen lassen; sein Antlitz mit dem imponierenden Blick hinter der Brille strahlte wie die Sonne über ausgemergelten Kleinbauern. Er begann mit klangvoller, ungezwungener Stimme zu sprechen und bewegte seine kleinen Hände mit den Manschetten so kunstvoll, daß man nicht einmal zu hören brauchte, was er sagte; es genügte, seine Hände anzusehen. Der Junge aus Sommerhausen wunderte sich, wieso nicht alle davon überzeugt sein sollten, daß er recht hätte, und dachte mit bebendem Herzen daran, daß er die Tochter dieses Mannes geliebt hatte, wo immer sie jetzt auch war; daß eigentlich dieser mächtige Mann mit dem Auto vor dem Fenster sein Schwiegervater war.

Dann war die Versammlung in vollem Gange, die Hauptfragen des menschlichen Lebens alle griffbereit, und viele zugleich, die Handelsgenossenschaften und der Bauernstand, die Kaufmannsbourgeoisie und der Zwischenverdienst, die Bankskandale, die Verluste der Fischreedereien, die Kreditbedingungen der Bauern, der Gesetzentwurf über Meliorationen, der Werkzeugbeschaffungsfonds, die Betongrubenfrage, der Absatz der Produkte, Straßen, Brücken und Telefon, die Neusiedlerfrage, das Schulproblem, das Bauproblem, die Stromversorgung der Landgemeinden. Und Ingolfur Arnarson stand immer wieder auf und warf sich in die Brust und gestikulierte mit den Händen und zeigte auf seinen Gegner und bewies, daß er die direkte Ursache für die Verluste der Banken war, da die Spareinlagen der Nation von Spekulanten vergeudet wurden in den Finanzskandalen der Fischreeder, für die dauernd ansteigende Tuberkulose einer wohnungslosen Nation, mit der Abwertung der Krone, die einen Diebstahl aus der Tasche jedes Werktätigen im Lande darstellte, für die Kulturpolitik, deren Ziel es war, die Nation auf dieselbe Stufe wie die Schwarzen in Mittelafrika herabzuwürdigen; und jetzt war dieser Mann gegen die Organisation der Bauern für bessere Lebensbedingungen aufgestanden und war entschlossen, diesen Stand, der die Nation durch Feuer und Eis und Seuchen tausend Jahre hindurch auf seinen Schultern getragen und die bodenständige Kultur erhalten hatte, in den Schmutz zu ziehen.

Gvendur stimmte allem zu, was Ingolfur Arnarson sagte, weil er sich als dessen Schwiegersohn fühlte, und bewunderte dieses Genie grenzenlos, das sich nicht damit begnügte, Straßen und Brücken zu den Menschen zu bauen, sondern das sie auch in Häusern wohnen lassen wollte, und ihm war es unbegreiflich, daß jemand dem ein Ohr leihen konnte, was der Gegner sagte, ein kleiner, dicker alter Mann mit unbeholfener Redeweise und unverschämter Ruhe, trotz aller seiner Verbrechen, und mit einem Lächeln – erstaunlich, daß er nicht schon längst hinter Schloß und Riegel saß. Schließlich hatten beide auseinandergesetzt, jeder auf seine Weise, wie sie die Nation aus ihrer schweren Lage befreien wollten, und hatten dann keine Lust mehr und ließen die Versammlung schließen und gingen miteinander hinaus und die Hoframpe entlang und lachten herzlich, als wären sie nie so gute Freunde wie jetzt gewesen; viele hatten sich amüsiert und manche gut, sie selbst wahrscheinlich am besten. Man sah ihnen nach und begriff nicht, woran es lag, daß sie nicht wutentbrannt aufeinander losgingen. Sie verabschiedeten sich auf dem Weg zum Hof mit verständnisinnigem Blick, wie ein heimliches Liebespaar, und der Bankdirektor fuhr ab, und die Leute kratzten sich den Kopf. Kurz darauf rüsteten sich auch die Versammlungsteilnehmer zum Aufbruch, führten ihre Pferde aus dem Pferdehof und ritten in Gruppen davon. Gvendur machte sich weiterhin etwas zu schaffen und schnüffelte um das Haus herum und schielte zu den Fenstern hinauf; er dachte sogar daran, an die Hintertür zu klopfen und um einen Hammer und einen Klotz zu bitten, damit er die Hufeisen seines Pferdes festmachen könnte, oder nur einfach um einen Schluck Wasser. Es war jedoch sehr wahrscheinlich, daß nur ein Küchenmädchen an die Tür kam, und das war schlimmer als nichts. Schließlich kam er auf den Gedanken, seine Reitpeitsche in der Mauer des Pferdehofes zu verstecken, als ob er sie verloren hätte. Dann wollte er oben auf dem Paß umkehren, anklopfen und bitten, man möge seine Reitpeitsche aufbewahren, wenn man sie finden sollte, er hätte sie verloren. Dann würde es sich vielleicht im Haus herumsprechen, daß er hiergewesen war, vielleicht würde im Haus sein Name genannt, vielleicht würde jemand heimlich hinausgehen und die Peitsche suchen, vielleicht würde sie sie finden. Er steckte die Reitpeitsche zwischen die Steine der Pferdehofsmauer und ritt weg. Als er mitten auf dem Paß war, kehrte er um und ritt nach Außen-Rotenmoor, um die Leute zu bitten, seine Peitsche aufzubewahren, wenn sie sie finden sollten. Als er wieder auf die Hoframpe kam, war der Pferdehof schon lange leer, alle Leute waren fort. Er stieg ab und ging zum Haus. In dem Augenblick ging die Flurtür auf, und Ingolfur Arnarson trat in Begleitung seiner Mutter in einem großen Mantel auf die Vortreppe. Er küßte sie, öffnete die Tür seines Wagens und stieg ein. Dann kam ein junges Mädchen in einem blauen Kleid, mit blonden Locken und dem Mantel über dem Arm, sie flog ihrem Großvater um den Hals und küßte ihn zum Abschied. Im Nu war sie die Vortreppe hinuntergeschwebt und saß neben ihrem Vater, sie winkte mit ihrer weißen Hand Großvater und Großmutter zu, und er sah ihr Lächeln hinter Glas, es war der Zauber des Lebens. Dann lief der Motor, mit dumpfem, weichem Pochen. Als der Wagen lossauste, lächelte sie ihrem Vater zu; die Sonne glitzerte auf Glasscheiben und Lack, als er an dem Jungen vorbeifuhr, und ein herrlicher Benzinduft stieg ihm in die Nase, keiner von beiden hatte ihn bemerkt. Er sah dem glitzernden Automobil nach, wie es sich entfernte, und blieb allein auf dem leeren Kirchplatz stehen. Er hatte noch nie etwas so gänzlich Leeres erlebt, er holte seine Reitpeitsche aus der Mauer, stieg auf, ritt weg. Das Auto war hinter einer Anhöhe verschwunden. Wenige Minuten später sah man es hoch oben auf dem Paß. Sonderbar dieser Einfall, ihr ein Pferd zu schenken. Er trat dem Pferd in die Weichen, und es schnaubte dagegen, wahrscheinlich war es ein Klepper, ach ja, ein wertloses Pferd. Er war entschlossen, es zu verkaufen, wenn es jemand kaufen wollte.

»Warte einen Augenblick, mein Kind«, sagte der Althingsabgeordnete, »ich möchte nur einen Moment dort in die Hütte gehen und mit dem Mann ein paar Worte sprechen.« Er fuhr an den Straßenrand, zog die Bremsen und stellte den Motor ab. »Oder willst du mitkommen?«

»Nein«, sagte sie. »Ich mache mir nur meine Schuhe dreckig.«

Sie sah ihrem Vater nach, der rüstig und breitschultrig

in seinem dicken Mantel mit Gürtel den Hofweg hinaufstieg.

Bjartur kam dem Handelsgenossenschaftsleiter die Hauswiese hinunter entgegen, sagte »kleiner Ingi« und bat ihn einzutreten. Doch Ingolfur Arnarson hatte es eilig, wollte nur gern seinen alten Freund und Ziehbruder begrüßen und ihm auf Rücken und Schulter klopfen. Er fragte ihn, warum er nicht zur Versammlung gekommen sei, doch Bjartur hatte keine Lust gehabt, sich ihr verfluchtes Gezänk anzuhören.

»Es klärt euch dennoch auf, euch Bauern, über die Lebensfragen streiten zu hören«, sagte der Althingsabgeordnete.

»Och, das nenne ich nicht über die Lebensfragen streiten, wenn einer dem anderen an einem Sonntag bei schönem Wetter befiehlt, die Schnauze zu halten, wie es die Großen heutzutage tun. So etwas hätte man hier im Altertum nicht als Streit angesehen, als in den Völkern große Männer lebten und einander zum Zweikampf herausforderten oder Gefolge um sich scharten und in großen Schlachtordnungen kämpften und Leichenhaufen türmten.«

Doch der Althingsabgeordnete hatte keine Zeit, sich Reimerzählungspolitik anzuhören; hingegen hatte er erfahren, daß der Bauer in Sommerhausen bald zu bauen beabsichtigte, und wenn es so war, wann wollte er anfangen?

»Och, ich fange an, wann ich will«, sagte Bjartur.

»Ja, wenn du diesen Sommer bauen möchtest, dann ist es am besten, wir schließen gleich ab, denn ich fahre Mitte der Woche nach Reykjavik und komme wahrscheinlich erst nach den Wahlen wieder.«

»Weißt du, ob sich mir nicht woanders bessere Bedingungen bieten, kleiner Ingi?« sagte Bjartur.

»Es ist ein Irrtum, daß ich Bedingungen anbiete«, sagte der Handelsgenossenschaftsleiter. »Die Handelsgenossenschaft ist keine Feilschbude, die die Menschen wie die Kaufleute mit günstigen Angeboten anlockt. Die Handelsgenossenschaft, das ist dein eigenes Unternehmen, Mann, da legst du deine eigenen Bedingungen fest. Da gibt es keine anderen, außenstehenden Leute, die auf den Zement oder das Bauholz aufschlagen. Und auch niemanden, der dich wegen der Zahlungen drängt, außer dir selbst. Ich frage nur, welche Aufträge erteilst du mir? Ich bin dein Diener. Wann willst du dein Baumaterial haben? Und soll ich für dich ausrechnen, wieviel du aus der Sparkasse brauchst, oder willst du es selbst tun?«

»Die Kredite bei der Sparkasse sind ungünstig. Die Banken sind besser.«

»Ja, Bjartur, sie sind so gut, daß es mich nicht wundern sollte, wenn unser Bergkönig seinen Hof um Weihnachten verloren hat und an die Küste gezogen ist, wo er hingehört, und wahrscheinlich Speichergehilfe bei seinem Schwiegersohn geworden ist, den ich ins Zuchthaus bringen kann, wann ich will. Ich bin es, der das Schicksal der Nationalbank bestimmt, ehe dieser Sommer vorbei ist, glaub mir das. Dieses verdammte Schwindelunternehmen geht dann pleite. Und dann sollen die nicht jammern und klagen, die an die Schwindler geglaubt und ihren Kopf in deren Schoß gelegt haben. Dagegen ist unsere Sparkasse eine zuverlässige Einrichtung, lieber Bjartur, und wenn sie vielleicht auch nicht diese langfristigen Darlehen gibt, so ist das durchaus kein Grund zur Klage, denn ein Besitz, auf dem ein langfristiger Hypothekenkredit lastet, gehört einem nur auf dem Papier.«

Das war höhere Finanzpolitik, und Bjartur geriet in inneren Zwiespalt. Er war bloß ein einfacher Bauer aus den Tälern und hatte mit bloßen Händen gegen die Natur und die bösen Geister des Landes gekämpft, doch seine ganze höhere Bildung bestand aus Reimerzählungen und alten Geschichten, in denen man ohne viel Worte miteinander kämpfte, einander niedermachte und Leichenhaufen türmte; das war die einzige höhere Politik, die er verstand.

»Unser Baumaterial ist bis zu einem Drittel billiger als das Baumaterial in Wiek«, fuhr der Handelsgenossenschaftsleiter fort. »Wir bekamen diesen Sommer eine ganze Schiffsladung Zement für die Handelsgenossenschaften direkt vom Ausland. Diese Gelegenheit kommt vielleicht nie wieder. Und jetzt besteht außerdem die Aussicht, daß im Herbst die Jungschafe bei uns bis auf fünfzig Kronen steigen.«

»Es ist schade, daß man nicht unterscheiden kann, wann ihr lügt und wann ihr die Wahrheit sprecht«, sagte Bjartur. »Am ehesten möchte ich glauben, daß ihr immer lügt.« Da klopfte ihm der Althingsabgeordnete auf die Schulter und lachte. Dann traf er Anstalten, sich zu verabschieden.

»Ich kann dir also morgen die erste Fuhre Zement schicken«, sagte er. »Das andere kommt von selbst. Du kannst dir Bauzeichnungen bei meinem Vertreter ansehen. Und Zimmerleute und Betonarbeiter hat die Handelsgenossenschaft genug an der Hand. Was das Darlehen von der Sparkasse betrifft, so wissen wir ungefähr, was du brauchst. Besprich dich im einzelnen mit uns unten in Fjord morgen oder übermorgen.«

Das Auto stand gegenüber dem Gehöft Sommerhausen, und das Rennpferd hatte große Angst, blieb stocksteif mit gespitzten Ohren stehen; der Reiter schlug aus Leibeskräften mit den Beinen. Zuletzt mußte er absteigen und das Pferd führen. Das Glanzstück glitzerte im Abendsonnenschein absonderlich in der Landschaft, übernatürlich; er führte dennoch sein Pferd ganz heran. Aus dem geöffneten vorderen Fenster ringelte sich in der Windstille blauer Rauch; die Tochter saß mit einer Zigarette allein auf dem Vordersitz, er konnte ihre Schulter sehen, ihren weißen Hals, ihre goldenen Locken, ihre Wange. Sie sah nicht nach ihm hin, obwohl er näher kam, doch der Rauch stieg weiter in anmutigen Wolken aus dem Fenster. Er trat dicht an das Auto heran und sagte guten Abend. Sie verlor ein wenig die Fassung und versteckte schnell die Zigarette; dann hielt sie sie wieder an die Lippen.

»Warum erschreckst du mich?« fragte sie mit ihrer musikalischen, leicht nasalen Stimme.

»Ich wollte dir gern mein Pferd zeigen«, sagte er und lächelte bäurisch.

»Pferd?« sagte sie uninteressiert und kannte solche Tiere überhaupt nicht.

»Ja«, sagte er und zeigte auf das Pferd und nannte die Summe, und es war eines der teuersten Pferde in der Gemeinde.

»Nun ja«, sagte sie, ohne das Pferd anzusehen. »Geht mich das etwas an?«

»Erkennst du mich denn nicht wieder?« fragte er.

»Ich erinnere mich nicht«, sagte sie tonlos und sah durch die Vorderscheibe des väterlichen Autos geradeaus auf die Straße, die wundervolle Zigarette zwischen den Fingern. Er starrte fortwährend auf sie. Schließlich sah sie ihn hochmütig an und fragte, als hätte er ihr ein Unrecht zugefügt: »Warum bist du nicht in Amerika?«

»Ich habe in der Nacht das Schiff verpaßt«, sagte er.

»Warum bist du dann nicht mit dem nächsten Schiff gefahren?«

»Ich wollte lieber ein Pfe-e-rd haben.«

»Ein Pferd?«

Da faßte er sich ein Herz und sagte: »Ich fühlte, daß ich hier zu Hause ein Mann werden könnte, nachdem ich dich ke-kennengelernt hatte.«

»Jammerlappen«, sagte sie.

Da fing es in ihm an zu kochen, er wurde rot, und sein Lächeln verzerrte sich zu einer zitternden Oberlippe. »Ich bin kein Jammerlappen«, sagte er. »Ich werde es dir zeigen. Einmal wirst du es sehen.«

»Solche Bengel, die sich etwas vornehmen und es nicht tun, sind für mich Jammerlappen. Sie sind für mich furchtbare Jammerlappen und Schwächlinge. Sie sind Jammerlappen und Schwächlinge und Schlappschwänze. Ja, Schlappschwänze. Ich schäme mich, daß ich sie gesehen habe, sogar noch mit ihnen gesprochen habe.«

Er wich einen Schritt zurück und antwortete, als wollte er sie ausschimpfen, und seine Augen funkelten: »Es kann gut sein, daß wir ein ebenso großes Haus bauen wie ihr auf Rotenmoor. Oder noch größer.«

Sie lachte nur verächtlich durch die Nase.

»Ihr auf Außen-Rotenmoor«, sagte er, »habt immer geglaubt, ihr könntet auf uns herumtrampeln, ja, das habt ihr immer geglaubt«, und er kam wieder einen Schritt näher und schüttelte seine Faust vor ihr. »Aber ich werde es euch zeigen!«

»Ich spreche gar nicht mit dir«, sagte sie. »Warum kannst du mich nicht in Frieden lassen?«

»In ein paar Jahren bin ich der Besitzer von Sommerhausen, und ich werde dann ein so großer Bauer wie dein Großvater sein, vielleicht noch größter. Du wirst es sehen.« Sie pustete den Rauch in einer großen Wolke aus, wobei sie die Augen zusammenkniff und ihn betrachtete.

»Mein Papa bestimmt bald über das ganze Land«, sagte sie. Dann öffnete sie die Augen und beugte sich zu ihm und sah ihn scharf an, wie um ihm zu drohen. »Über ganz Island«, sagte sie. »Das ganze.«

Da wurde er wieder kleinlaut und blickte zu Boden. Dann fragte er: »Warum bist du jetzt so böse zu mir? Du weißt doch, ich bin nur deinetwegen nicht nach Amerika gefahren. Ich dachte, du hättest mich gern.«

»Esel«, sagte sie, »ja, vielleicht, wenn du weggefahren wärst, dann ein bißchen.« Ihr fiel eine witzige Bemerkung ein, und sie mußte unbedingt hinzufügen: »Und besonders, wenn du nie zurückgekommen wärst – dann vielleicht. Nein, dort kommt Papa«, und sie warf ihre Zigarette sofort in den Graben.

»Du hast also jemand zur Unterhaltung gehabt, meine Gute«, sagte Ingolfur Arnarson Jonsson. »Das ist ja fein.«

Er setzte sich ins Auto und steckte sich eine Zigarre an.

»Es ist nur ein Bauernjunge«, sagte sie. »Er wollte nach Amerika.«

»Ach, der ist es«, sagte der Althingsabgeordnete, indem er auf den Anlasser trat und die Bremsen löste.

»Es war richtig von dir, mein Freund, nicht nach Amerika zu fahren. Wir müssen den Kampf mit den Schwierigkeiten hier zu Hause führen und siegen. An sein eigenes Vaterland zu glauben, das lohnt sich. Alles für Island. Nebenbei bemerkt, wie alt bist du?«

Doch der Junge war erst siebzehn Jahre und hatte noch kein Wahlrecht.

Also kuppelte der Althingsabgeordnete ein, ohne sich weiter um ihn zu kümmern, und hob in Gedanken wie zum Gruß einen Finger an den Hut, während das Auto anfuhr; vielleicht rückte er auch nur den Hut zurecht.

Dann waren sie weg. Auf der Straße blieb nur ein bißchen aufgewirbelter Staub zurück, dann war auch kein Staub mehr auf der Straße.

68

Moderne Dichtkunst

Wenn man alles recht betrachtet, so geht alles irgendwie weiter, obwohl viele zeitweilig daran zweifeln. Und die Träume des Menschen werden Wirklichkeit, besonders wenn man nichts Besonderes dazu getan hat; die ersten Fuhren Zement waren auf der Hoframpe, ehe der Bauer sich dessen versah. Es ist eine weitverbreitete Ansicht, wenn der Mensch es wert ist, in einem besseren Haus zu wohnen, dann bekommt er ein besseres Haus; wie man sagt, wächst es von selbst für ihn aus der Erde, das Leben spielt dem einzelnen das in die Hände, was er wert ist, und dasselbe soll für die Nation im ganzen zutreffen. Der Krieg machte viele zu Leuten von großem Wert, auch einige Völker; es ist sogar sehr zweifelhaft, ob edle Politiker für das isländische Volk mehr tun können als ein Krieg mit genügend lebhaftem Menschenmord in anderen Ländern. Nachdem Bjartur ein wertvoller Mann geworden war, konnte es ihm sogar geschehen, daß er zugab, man hätte früher in Sommerhausen manchmal schwer zu kämpfen gehabt, »niemand wird kampflos Bischof, doch wir haben niemals anderer Leute Brot gegessen...« Anderer Leute Brot ist das schlimmste Gift, das ein freier und selbständiger Mann zu sich nehmen kann, anderer Leute Brot ist das einzige, was ihn der Unabhängigkeit und der wahren Freiheit berauben kann. Es gab eine Zeit, da wollte man ihm eine Kuh schenken, doch er nahm von seinen Feinden keine Geschenke an. Als er im Jahr darauf die Kuh abschlachtete, geschah es, weil er mit seiner Wirtschaft ferne Ziele im Auge hatte, oder, wie er damals den Leuten gesagt hatte, er wüßte gut, was er später mit seinem Geld vorhätte, vielleicht wollte er sich davon ein Schloß bauen. So sagte er auch jetzt in der Handelsgenossenschaft: »Es kommt nichts anderes in Betracht, als groß zu bauen, zwei Geschosse und das dritte im Giebel.« Es gelang ihnen jedoch, ihn davon zu überzeugen, daß es besser wäre, einen ordentlichen Keller und ein Geschoß weniger zu bauen, es würden trotzdem drei Geschosse: Kellergeschoß, Erdgeschoß, Dachgeschoß. Er nahm Kredit bei der Sparkasse auf. Zur Sicherung eines langfristigen Kredits galt das Grundstück ohne Gebäude allerdings nicht als ausreichendes Immobilienpfand, so daß der Kredit nur für jeweils ein Jahr gewährt wurde. Man hielt es für angemessen, dreißig von hundert auf die erste Hypothek des Grundstücks zu leihen, doch nur unter der Bedingung, daß die Handelsgenossenschaft die Bürgschaft übernähme. Die Handelsgenossenschaft übernahm die Bürgschaft sofort gegen die zweite Hypothek des Grundstücks. Hingegen erklärte sich die Sparkasse bereit, im Herbst einen zweiten Kredit zu geben, wenn das Haus fertig wäre, und dann gegen eine Hypothek auf Haus und Grundstück. Von diesem neuen Kredit sollte der Handelsgenossenschaft der Kredit bezahlt werden, der bei ihr für Baumaterialien aufgenommen worden war. Das ist höhere Finanzwissenschaft, und ihretwegen wählte der Bauer den Kandidaten Ingolfur Arnarson Jonsson zu seinem Vertreter, die Probleme der Nation auf dem Althing zu lösen, und damit war der Handelsgenossenschaftsleiter wieder ins Thing gerutscht und zugleich die Kaufmannsbourgeoisie auf diesem Schauplatz niedergezwungen. Jetzt waren alle glücklich, die den Handelsgenossenschaftsleiter ins Thing gewählt hatten, doch diejenigen, die den Bankdirektor gewählt hatten, schlugen sich an die Brust, denn die Bank stand schlecht und konnte jeden Augenblick Konkurs anmelden; und außerdem hatten diese Wähler den Rotenmoorern offene Feindschaft gezeigt, und an wen sollten sie sich nun im Tode halten? Denn zu alledem kam, daß die Ausländer sich nicht dazu bequemen konnten, den Krieg etwa noch ein Jahr fortzusetzen, und auf diese Weise konnten die Preise für die Erzeugnisse der Bauern fallen, ehe man sich dessen versah. Am Rand des Hofhügels, gleich südlich vom alten Gehöft, wurde für das Fundament ausgeschachtet, und dann kamen Betonarbeiter und Zimmerleute und fingen an, den Keller zu gießen, und es war ein prachtvoller Keller; dann machten sie eine Woche Pause, und danach packten sie wieder kräftig zu und gingen an das Erdgeschoß, das vier Zimmer und eine Küche haben sollte. Ja, jetzt fehlten wahrhaftig neugierige kleine Kinder, um sich über das Haus zu freuen, wie vor Jahren, als der Schafstall gebaut wurde, denn jetzt war viel los, Geruch von Holz und Beton, Hammerschläge und der Lärm vom Zementmischen, eine Menge Arbeiter, Wagen und Pferde, Sand und Kies. Zu jener Zeit hatte man noch nicht doppelte Wände und Eisenbeton, man beließ es bei einfachen Wänden, baute sie jedoch dick. Um die Mitte der Heuernte fehlte noch das Dachgeschoß und das Dach, aber alles Geld war aufgebraucht, und da ging Bjartur nach Fjord, um in der Sparkasse mehr Geld zu bekommen, doch Ingolfur Arnarson Jonsson war in Reykjavik, und die Sparkasse hatte Schwierigkeiten mit Geld, doch stellten sie ihm für den Herbst mehr Geld in Aussicht, und es gab auch diesen Sommer in der Handelsgenossenschaft kein Wellblech mehr und nur wenig Glas, es bauten um diese Zeit so viele, doch sie rechneten damit, später im Sommer Glas und im Herbst Wellblech zu bekommen. »Jetzt bleibt abzuwarten, wie im Herbst der Preis für Jungschafe ist«, sagten sie. Also blieb Bjarturs Haus den Sommer über in der Verschalung stehen, es war ein häßlicher Anblick; Reisende, die dorthin sahen, vermißten das freundliche, grasbewachsene Gehöft aus Stein und Soden, es verschwand jetzt hinter diesem unförmigen, unfertigen Haus, das an Naturkatastrophen und Erdbeben erinnerte. Sollte sich jedoch jemand eingebildet haben, daß es mit dem Hause Bjarturs in Sommerhausen nie vorangehen würde, so war das der größte Unsinn. Denn im Herbst stellte sich heraus, daß bei den Preisen das Kriegsglück andauerte, obwohl der Krieg selbst seit bald einem Jahr zu Ende war. Noch nie hatte man in Island solche Preise gekannt, weshalb auch die Frau auf Rotenmoor auf einer Landeskonferenz der Frauenorganisation in Reykjavik in diesem Herbst die geflügelten Worte sprach: »Island ist ein himmlisches Land.« Jungschafe waren nämlich auf fünfzig Kronen angestiegen, und die Sprache hatte verständlicherweise keine Wörter, die stark genug waren, in den Reykjaviker

Zeitungen die Vorzüge der bäuerlichen Kultur in alter und neuer Zeit zu preisen. Die Verdienste des Bauernstandes waren über alle sonstigen Verdienste erhaben. Bjartur bekam in der Sparkasse mehr Geld und außerdem sowohl Bauholz wie Scheiben und Wellblech und Arbeiter, und zum Herbst war das neue Haus unter Dach. Doch während man das Dachgeschoß goß, bemerkte man, daß der Keller Risse bekam, und der Polier und der Betonarbeiter wurden geholt, und sie waren der Ansicht, daß diese Risse von Erdbeben stammen dürften, die im Sommer stattgefunden hatten. Bjartur sagte, daß diesen Sommer niemand ein Erdbeben bemerkt hätte, jedenfalls nicht auf der Erdoberfläche.

»Es waren Erdbeben in Korea«, sagte der Polier, auch waren die Risse verhältnismäßig klein und leicht zu verschmieren, und es war trotzdem möglich, viele verlockende Zukunftsbilder in Verbindung mit dem Haus zu sehen; Bjartur sah es sich oft an und murmelte häufig etwas vor sich hin.

Nach dem Hochweideabtrieb fuhren Vater und Sohn mit zwei Karren nach Fjord, denn noch war viel Kleinmaterial für das Haus zu holen. Bjartur sprach kein Wort, bis es von der Hochfläche im Osten bergab ging. Da sagte er: »Du hast mir im Frühjahr gesagt, Asta Sollilja hätte dir gegenüber geäußert, daß meine Gedichte nur geistlose und zusammengestümperte Reimereien sind.«

»Ja«, sagte Gvendur, »so ungefähr hat sie sich ausgedrückt.«

»Und daß ihre Freunde da unten es mit moderner Dichtkunst hielten?«

»Ja«, sagte Gvendur, »sie ist mit einem Mann verlobt, der moderner Dichter ist.«

»Och, es ist keine große Kunst, wie diese modernen Dichter zu dichten«, sagte Bjartur. »Es ist wie Durchfall. Lauter stumpfe Reime.«

Gvendur konnte nicht dichten und redete daher wenig über diese Dinge. Nach einigem Schweigen sagte der Vater: »Für den Fall, daß du dieses Mal Asta Sollilja in Fjord triffst, möchte ich dir drei moderne Verse vorsprechen, damit niemand glaubt, daß es mir schwerfällt, stumpf zu reimen, wenn es nötig ist.«

»Wenn ich sie nur lernen kann«, sagte Gvendur.

»Laß bloß keinen so etwas Jämmerliches hören, daß du nicht auf der Stelle drei Verse lernen kannst.« Er murmelte eine Weile vor sich hin und sagte dann: »Es sind drei Verse über den Krieg:

> Zehn Millionen Mann sind tot,
> im Ausland gemordet ohne Not.
> Mögen sie ziehn ins Totenreich,
> ich trauere nicht, mir ist es gleich.
>
> Hingegen tobte ein anderer Streit
> in einem Felsen vor langer Zeit
> wegen einer Blume zart,
> die seinem Schutz entrissen ward.
>
> Darum fällt mir das Dichten schwer,
> was ich besitze, rühm ich nicht mehr,
> denn was sind Reichtum, Kraft und Haus,
> wenn dir die Blumen bleiben aus?«

»Willst du nicht selber zu ihr gehen?« fragte Gvendur.

»Ich?« fragte der Vater erstaunt. »Nein. Ich habe mit den Leuten nichts zu schaffen.«

»Was für Leuten?«

»Mit den Leuten, die mein Vertrauen mißbraucht haben. Ich brauche niemanden um Verzeihung zu bitten. Die mein Vertrauen mißbraucht haben, können zu mir kommen und um Verzeihung bitten. Ich bitte niemanden um Verzeihung. Außerdem«, fügte er hinzu, »bin ich nicht mit ihr verwandt.«

»Du solltest dennoch zu ihr gehen«, sagte der Bursche. »Ich bin sicher, daß sie es oft schwer hat. Und du warst es, der sie aus dem Haus gejagt hat, als sie schwanger war.«

»Das geht dich nichts an, wen ich aus dem Haus jage; danke deinem Schöpfer, solange ich dich nicht aus dem Haus jage, doch das tue ich bald, wenn du bei jeder Gelegenheit anfängst das Maul aufzureißen.«

»Ich bin sicher, Sola würde sich sehr freuen, wenn du zu ihr kämst.«

Da gab Bjartur dem Pferd kräftig die Peitsche und antwortete: »Nein, lebend werde ich sie nie aufsuchen.« Dann, nach einer Weile, fügte er hinzu und drehte sich nach seinem Sohn um: »Doch wenn ich krepiere, dann kannst du ihr von mir ausrichten, daß sie mich einsargen kann.«

Asta Sollilja war gerade erst in das Haus ihres Geliebten auf dem Sandstrand weiter draußen am Fjord gezogen. Es war ein kleines Haus. In Wirklichkeit war es kein Haus im gewöhnlichen Sinne, es war eine baufällige Hütte aus Grassoden mit einem völlig verrosteten Wellblechdach; ich möchte glauben, daß die Häuser der Schwarzen in Zentralafrika Kunstwerke im Vergleich zu einem solchen Haus sind. Im Fenster standen zwei verrostete, mit Erde gefüllte Konservendosen, und aus der einen streckte sich so etwas wie ein Pflanzenstengel empor, der zu leben versuchte. Zwei Betten, das eine für Asta Sollilja und ihren Geliebten; gegenüber schlief die Mutter des Geliebten, ihr gehörte die Hütte. Der Geliebte war zur Arbeit. Asta Sollilja begrüßte ihren Bruder nicht unfreundlich, jedoch herrschte das linke Auge über das rechte. Sie sah blaß und angegriffen aus, und der stockige Zahn war gezogen, und jetzt war da eine Lücke. Im übrigen war sie ihrem Bruder gegenüber nicht gesprächig, erwähnte nicht einmal seine Amerikareise; es erschien ihr offensichtlich nicht merkwürdig, daß er nicht gefahren war, sie glaubte weder im Frühjahr noch jetzt im Herbst an Amerika. Er sah gleich, daß sie schwanger war, und betrachtete ihre langgliedrigen Hände, die unendlich viel menschliche Wirklichkeit in sich bargen, und ihre Arme, die zu mager waren; sie hatte einen trockenen Husten.

»Bist du erkältet?« sagte er.

Sie verneinte es, sagte aber, daß sie immer Husten hätte, jeden Morgen käme etwas Blut. Dann fragte er, ob sie sich bald verheiraten wolle, doch sie betrachtete die künftige Ehe nicht mit dem Stolz wie im Frühjahr, als sie dem Sohn Bjarturs in Sommerhausen erklärt hatte, daß sie einen Liebsten hätte, der außerdem ein moderner Dichter wäre. »Geht es euch da oben etwas an, was ich tue?« sagte sie.

»Papa hat mir heute morgen drei Verse beigebracht«, sagte

Gvendur. »Sie handeln vom Krieg, es sind moderne Verse. Soll ich sie aufsagen?«

»Nein«, sagte sie, »ich mache mir nichts daraus, sie zu hören.«

»Ich möchte sie trotzdem aufsagen«, sagte er und sprach die Verse.

Sie hörte sie an, und bei dem Gedicht wurden ihre Augen feucht, ihre Gesichtszüge verzogen sich, als wollte sie weinen oder zornig werden, doch sie sagte nichts, oder besser gesagt, sie unterließ zu sagen, was sie alles sagen wollte, und wandte sich ab.

»Jetzt ist das neue Haus unter Dach«, sagte er. »Wir wollen im Herbst einziehen.«

»Nun ja«, sagte sie. »Was geht mich das an?«

»Ob es nicht so ist, wie es in dem Vers steht, daß Papa seine Absichten mit dem Haus hat? Ich bin sicher, er würde dir eine große Stube ganz für dich allein geben, wenn du kämest.«

»Ich«, antwortete sie da und warf stolz den Kopf zurück, »ich bin mit einem jungen und begabten Burschen verlobt, der mich liebt.«

»Du solltest trotzdem kommen«, sagte Gvendur.

»Glaubst du, daß ich, ich jemals einen Mann verlasse, der mich liebt?«

Da konnte die alte Frau nicht mehr an sich halten und antwortete vom Herd her: »Dann käme es dir eher zu, ein bißchen netter zu dem armen Kerl zu sein, du läßt ihn doch nie in Frieden, wenn er hier in den vier Wänden ist.«

»Das ist eine Lüge«, sagte Asta Sollilja wütend und wandte sich der alten Frau zu. »Ich liebe ihn, ja, am meisten von allem in der Welt, und du hast kein Recht, fremden Leuten zu erzählen, ich wäre nicht gut zu ihm – ich bin wenigstens doppelt so gut zu ihm, als er verdient hat, oder trage ich vielleicht nicht sein Kind? Und wenn Bjartur in Sommerhausen auf allen vieren hier auf dem Fußboden angekrochen käme, um mich für alles, was er mir seit meiner Geburt angetan hat, um Verzeihung zu bitten, so würde ich kein Wort von seinem Haus hören wollen, und noch weniger würde es mir jemals in den Sinn kommen, ihm einen Schritt entgegenzugehen, und das sollst du ihm von mir ausrichten: lebend komme ich nie zu Bjartur in Sommerhausen, aber meinen Kadaver kann er von mir aus verscharren.«

69

Wenn man nicht verheiratet ist

Man hat genug von einem Haus, ehe es zu Ende gebaut ist; es ist merkwürdig, daß man in einem Haus wohnen muß, statt sich mit dem Haus der Wünsche zu begnügen. Was gab es Neues zu berichten von dem vielbesprochenen Haus, in dem Bjartur in Sommerhausen bald zu wohnen gedachte? Wie gesagt, es hatte in Korea Erdbeben gegeben, doch sprechen wir nicht davon; wie dem auch sei, jetzt waren Fenster da und Scheiben in den Fenstern, ebenso auch ein Dach auf dem Haus, ein Schornstein auf dem Dach und ein Herd mit drei Kochstellen in der Küche, ein Gelegenheitskauf. Zuletzt wurde sogar eine hohe Treppe bis zum Windfang gegossen, damit man in das Haus gelangen konnte, fünf Stufen hoch. Dann kam der Hausflur, denn natürlich gab es einen Hausflur. Der Plan war, das Haus im Herbst zu beziehen. Das größte Zimmer im Erdgeschoß war mit Paneel verkleidet; jemand schlug vor, das Paneel zu streichen, und ein anderer schlug vor, es mit ausländischen illustrierten Zeitungen zu bekleben, um es wie in den Städten zu dekorieren, doch Bjartur wollte nicht dekorieren, er wollte nichts Unnötiges in seinem Haus haben. Doch früh im Herbst brachen Unwetter aus mit naßkaltem Ostwind und Schneeschauern, und es zeigte sich, daß es im Haus ebenso windig war wie draußen. Woher kam das? Es kam daher, daß man vergessen hatte, Türen einzusetzen, es hatte niemand daran gedacht, so etwas beizeiten zu bestellen, und jetzt war die Zeit ungünstig, es dauert nämlich lange, Türen anzufertigen, und die Tischler in Fjord hatten alle Hände voll zu tun, um vor dem Winter dringende Arbeiten für die Leute auszuführen.

»Och, bloß ein paar verdammte Bretter zusammennageln«, sagte Bjartur.

Doch der Zimmermann sagte, einfache Türen wären in Steinhäusern zwecklos, der Wind greift besonders Stein an; hingegen erbot sich der Zimmermann, erstklassige Schwellen für das Haus zu machen, ehe er wegging: »Aber das sage ich dir, zu solchen Schwellen passen nur erstklassige Türen, Türen aus speziellem Holz, Türen mit vollkommenen Haspen und Angeln.«

»Och, ich brauche nicht viel Zeit, um Scharniere von einem Schmied zusammenhämmern zu lassen.«

»Nein«, sagte der Zimmermann, »Scharniere sind hier zwecklos. Hier müssen Haspen und Angeln her, erstklassige Haspen und Angeln. In guten Jahren muß alles auf Angeln laufen.«

»Ja doch, in die türenlose Hölle damit«, sagte Bjartur, denn er war aufgebracht, weil ihn dieser gähnende Steinkoloß schon soviel bares Geld gekostet hatte.

Doch etwas anderes war noch schlimmer als die fehlenden Türen. Das Haus war zwar unter Dach, aber nichtsdestoweniger fehlte es an allem, was in einem Haus sein muß, wenn es den Namen Haus verdienen will. Der Bauer besaß kein Bett. Die Bettstellen im Gehöft waren von Anfang an in die alte Leutestube eingebaut, man konnte sie nicht transportieren. Ebenso verhielt es sich mit dem Tisch. Der Tisch im alten Gehöft war seinerzeit aus einigen schlecht gehobelten Brettern zusammengezimmert und an den Fensterrahmen genagelt worden; jetzt hatte die Zeit sie zwar schon längst glattgehobelt, aber sie hatte noch mehr getan, sie hat sie abgenutzt und morsch werden lassen, in Wirklichkeit war es nie ein Tisch, sondern ein Tablett gewesen. Es gab auch keinen transportablen Schrank, der alte Geschirrständer war an der Wandverschalung festgemacht und mit ihr verfault. Es gab auch keinen Stuhl, es hatte in Sommerhausen nie einen Stuhl gegeben, auch keine Bank, geschweige denn größeren Luxus in der Wohnungseinrichtung, wie zum Beispiel Gardinen, der Herr segne das Heim, Hallgrimur Petursson, den Zaren, einen Porzellanhund. Kurz gesagt, in Sommerhausen hatte es in diesen ganzen Jahren keinen Gegenstand gegeben, der in eine Stube gehörte oder den man überhaupt in einem Haus gebrauchen konnte. So ergeben sich viele Probleme, wenn man auf den Höhen der Zivilisation angelangt ist und begonnen hat, in einem Haus zu wohnen. Es fehlten nicht nur die Türen. Also entschloß sich Bjartur, noch einmal im alten Gehöft zu überwintern, und das um so mehr, als der Winter früh zu kommen schien. Er ließ die Türöffnungen zunageln. Danach ragte das Haus dort an der Hoframpenböschung auf wie eine Reklame für die Konjunktur, die die Wirtschaft des Mannes erlebt hatte, eine sonderbare Fassade.

Jetzt ist von Wirtschafterinnen zu berichten. Es ist schwer, Wirtschafterinnen zu halten. Wirtschafterinnen unterscheiden sich von Ehefrauen dadurch, daß sie bestimmen wollen, während Ehefrauen gehorchen müssen. Wirtschafterinnen stellen unablässig Forderungen, wohingegen Ehefrauen dafür dankbar sein dürfen, nichts zu bekommen. Wirtschafterinnen fehlt ewig alles zu allem, während Ehefrauen gar nichts brauchen und damit zufrieden sind. Die meisten Dinge halten Wirtschafterinnen für unvereinbar mit ihrer Würde, doch wer hört schon hin, wenn eine Ehefrau zu nörgeln beginnt? Es fällt in erster Linie auf sie selbst zurück. »Und dann steht die schlechte Laune außer Frage; und das will ich glauben, daß sie das Maul aufmachen, sobald ihnen etwas gegen den Strich geht; und es ist hart, eine Frau heiraten zu müssen, nur um das Recht zu haben, ihr den Mund zu verbieten. Ich möchte lieber mit drei Frauen auf einmal verheiratet sein als eine Wirtschafterin halten«, sagte Bjartur, doch war er in dieser Hinsicht nicht konsequent und fuhr fort, sich von Jahr zu Jahr mit fremden Weibsbildern herumzuzanken.

In den ersten drei Jahren hatte er drei Wirtschafterinnen, jedes Jahr eine andere, eine junge, eine in mittlerem Alter, eine alte. Die junge war schlimm, die mittlere schlimmer, die alte am schlimmsten. Schließlich bekam er eine ohne Alter, und die war noch die beste; sie hieß Brynhildur, genannt Brynja. Sie hatte jetzt zwei Jahre ausgehalten, trotz allem. Sie hatte den anderen gegenüber den Vorzug, daß sie es mit der Wirtschaft gut meinte. Sie hatte auch nicht die Gewohnheit wie die junge, die besten Happen dem Winterknecht zukommen zu lassen und ihn nachts durch Inanspruchnahme am Schlaf zu hindern, so daß er des Morgens schlapp war; sie hatte auch keine epileptischen Anfälle aus Wut über Gott und die Menschen wie die mittlere; verglich das undichte Dach in Sommerhausen nicht zu Bjarturs Schande tagaus, tagein mit den gichtlosen glücklichen Tagen ihrer Jugend bei Pfarrern, wie die alte, sondern war gegen alle gleich sparsam und belog den Hausherrn nie. Dennoch war sie keineswegs frei von weiblicher Quengelei, denn sie meinte wie andere Frauen, daß es ihr nicht vergönnt sei, alles in Anspruch zu nehmen, was ihr von Gott zugedacht sei; keiner verstand sie; wenigstens schien ihr, daß man sie immer des Diebstahls und anderer Dinge beschuldigte, und immer zu Unrecht, und deswegen verteidigte sie sich ständig gegen Angriffe. »Soviel ich weiß, hat das Kalb den Kaffeegrund gekriegt«, sagte sie, wenn Bjartur einen zweiten Aufguß gegen den Durst verlangte. »Mir ist nicht bekannt, daß ich hier umhergehe und stehle«, sagte sie, wenn Bjartur höflich nach dem Fischschwanz fragte, den er am Morgen übriggelassen hatte. »Man glaubt wohl, ich liege in der Falle und reibe mir die Glieder wie ein Nesthäkchen«, sagte sie, wenn Bjartur einmal meinte, sie käme nach dem morgendlichen Melken spät auf die Heuwiese. Sie war nie verheiratet gewesen. Man erzählte, daß sie in ihrer Jugend wohl mit einem Mann befreundet gewesen sei; manche sagten, er wäre verheiratet gewesen, und sie habe es nicht vergessen können. Sie hatte ihr ganzes Leben lang gegen Lohn gearbeitet und ihn gespart und auf die Sparkasse gebracht, und es hieß, sie säße in der Wolle. Weiter besaß sie eine alte Fuchsstute, die nie zugeritten worden war und die sie gern hatte. Außerdem gehörte ihr das Wertstück, das sie über die Gesamtheit aller arbeitenden Leute im Lande erhob: sie hatte sich ein Bett angeschafft, es war ein selbständiges Bett, das man nach Wunsch auseinandernehmen und zusammensetzen und von einer Stelle an die andere transportieren konnte, es war einfach ein Möbelstück; sie besaß ihre eigene Matratze, die sie am ersten Sommmertag lüftete, ihr eigenes Unterbett und ein Deckbett mit besten Federn, zweimal zu beziehen und ein reizendes Kopfkissen, auf das »Gute Nacht« gestickt war. Sie war in der Tat eine zuverlässige und solide Frau, von reckenhaftem Wuchs und kräftig wie ein Mann, und obwohl sie peinlich sauber war und immer recht hatte, war sie doch kein Drückeberger und keine Zimperliese und scheute sich nicht davor, notfalls Jauche zu schleppen, am Tage und in der Nacht; sie hatte Hände wie Schaufeln und wohl nicht ganz frei von den Spuren alter Frostbeulen; sie trug eine enganliegende Strickjacke, aber kein Korsett, so daß sie klotzig aussah wie ein Arbeitspferd; ein gefälliges, jugendliches Rot lag auf ihren abgehärteten Wangen, und wenn sie fror, war sie vielleicht nicht ganz frei von ein bißchen Trollweibsblau; ihre Augen hatten einen realistischen und ihr Mund einen groben angestrengten Ausdruck, frei von jeglicher moderner Überfeinerung in Denken und Fühlen. Sie sprach gewöhnlich mit hoher Stimme und in kaltem Ton, nicht unähnlich einem unschuldigen Menschen vor Gericht, immer im innersten Herzen ein wenig gekränkt und demzufolge durch die Nase schnaufend.

Dann ereignete es sich nach Wintersanfang, daß das Wetter nach einer Frostperiode umschlug; es taute und regnete in Strömen. Nun hatte man aber im Sommer nichts am alten Gehöft getan, weil die Absicht bestand, das Haus zu beziehen. In der Stube begann es heftig durchzuregnen, so daß Bjartur nach unten ziehen mußte; doch die alte Frau wollte nicht nach unten ziehen, denn sie hielt an ihren Gewohnheiten fest; sie ließ sich einen Sack überdecken und blieb im Bett, bis der Regen aufhörte. Dann saß Bjartur eines Abends unten im Gehöft, und die Wirtschafterin brachte ihm den Brei, und er begann zu essen. Während er aß, warf sie ihm Seitenblicke zu; er hielt die Schüssel auf dem Schoß und aß, und als er fast fertig war, begann sie zu sprechen und drehte ihm dabei den Rücken zu, wie sie es immer zu tun pflegte, wenn sie mit ihm sprach; es war, als ob sie gegen die Wand nörgelte.

»Wozu baut man ein feines, großes Haus, wenn man nach wie vor in einer Hütte hockt, die wie ein Sieb leckt? Was wäre das für eine Wirtschaft, wenn mir so etwas passierte.«

»Ich denke, es macht nicht viel aus, wenn es einen Winter lang auf einen heruntertropft. Die Tropfen sind gesund, die aus der Luft kommen. Auch ist es nicht meine Schuld, daß die Türen nicht fertig geworden sind.«

»An mir hätte es nicht gelegen, ich hätte Geld zu einer Tür für mein Zimmer gegeben, wenn ich zeitig genug darum gebeten worden wäre.«

»Ich hatte mir allerdings gedacht, in meinem eigenen Haus würde ich auf eigene Rechnung Türen einsetzen lassen«, sagte Bjartur. »Es waren ja auch nicht die Türen allein, die fehlten. Darauf war ich nicht vorbereitet, Möbel für ein ganzes großes Haus zu kaufen, wo der Winter vor der Tür stand.«

»Soviel ich weiß, ist man bisher ohne Möbel ausgekommen«, sagte sie. »Doch trotzdem könnte ich, wenn es nötig ist, von meinem Geld zwei Stühle kaufen. Und mein Bett hätte ich leihen oder wenigstens mit einem anderen teilen können, wenn es möglich gewesen wäre, sich mit irgendeinem Menschen zu einigen.«

»Uh!« sagte Bjartur und sah sie an, wie sie da stand. Wer hätte dieser Frau gutes Aussehen oder Tüchtigkeit bei der Arbeit oder Verstand absprechen können; und sie war nicht eitel. Vielleicht war es das richtigste, daß er sie heiratete, damit er das Recht hatte, ihr den Mund zu verbieten oder doch wenigstens mit ihr zu schlafen, wie sie es ihm eben in ihrer steifen Art selbst angeboten hatte. Ihm schien, daß er diesem berghohen Mädchen, das keine Jahre erschüttern konnte, keinesfalls böse sein oder ihm mit dummen Redensarten antworten könnte, wie es sehr nahe lag; er mußte sich selber eingestehen, daß er unökonomisch und eigenbrötlerisch war, indem er ihr immerzu Lohn zahlte, statt einfach zu ihr in dieses mustergültige Bett zu steigen, eines der besten Betten in der Gemeinde; selbst hatte er noch nie in solch einem Bett geschlafen, und außerdem hatte sie Geld auf der Sparkasse.

»Och, Geldmangel war nicht die Ursache dafür, meine liebe Brynja, daß ich im Herbst nicht das neue Haus bezog. Ich hätte genug Türen, genug Betten, genug Stühle kaufen können, wenn ich gewollt hätte. Und vielleicht Bilder von Gott und dem Zaren, um sie an die Wand zu hängen.«

»Ich brauche nicht danach zu fragen, was die Ursache war«, sagte sie und fügte gegen die Wand nörgelnd hinzu: »Über die wird gedichtet, die weder Charakter noch Verstand haben, es anzunehmen; anderen Leuten wird nie ein freundliches Wort gegönnt. Andere Leute bekommen nur das Leckwasser.«
»Leckwasser von außen schadet keinem«, wiederholte er. »Leckwasser im Haus ist am schlimmsten.«
Wenn man nicht verheiratet ist, muß man Leuten durch die Blume zu schweigen gebieten.

70

Zinsen

War es ein Wunder, daß verschiedene Leute zu dem Schluß kamen, Bjartur in Sommerhausen stehe mit dem Haus, das er gebaut hatte, keineswegs besser da? Doch darf ich fragen, wie ging es denn mit dem Haus des Bergkönigs? Die Wahrheit war, daß Bjarturs Haus im Vergleich zum Haus des Bergkönigs ein wahres Glückshaus war. Denn während Bjarturs Haus für den Kredit der Sparkasse stehenblieb und seine Schafe weiter die vereinbarten Zinsen für den Kredit bezahlten, obwohl das Haus nicht für bewohnbar galt, stürzten alle Säulen ein, die das Haus des Bergkönigs stützten. Dieses Haus war nämlich zuletzt so fein geworden, daß es als gänzlich vollwertige menschliche Behausung gelten konnte, nicht weniger als das Haus auf Rotenmoor, weshalb denn auch der Bergkönig gezwungen war, daraus zu entfliehen. Man kann es sich nicht leisten, ein Mensch zu sein, das wird sich zeigen; sogar Mittelbauern können es sich selbst in guten Jahren nicht leisten. Das einzige, was sich für das einfache Volk auszahlt, ist, in einer kleinen Hütte zu wohnen, die viel schlechter ist als bei den Schwarzen in Zentralafrika, und sich vom Kaufmann am Leben erhalten zu lassen, wie es das isländische Volk seit tausend Jahren getan hat. Die Menschen laden sich untragbare Lasten auf, wenn sie höher hinauswollen – in der Regel. Es war gewiß eine allgemeine Erscheinung, daß man seinerzeit beim Kaufmann Schulden hatte und nichts auf eigene Rechnung entnehmen durfte, wenn die Schulden für Lebensmittel zu groß geworden waren, und daß es nicht der Rede wert war, wenn Leute an Unterernährung starben, ja, man hielt es für gut. Es war jedenfalls ein Glück im Vergleich dazu, den Banken ins Netz zu gehen, wie heutzutage; man verhungerte als freier Mensch. Der Irrtum liegt darin, daß die Leute meinen, der Gnadenstoß der Banken wäre ebenso zuverlässig und sicher wie verführerisch einladend; doch dürfte es wohl so sein, daß die Bank am zuverlässigsten für die Übermenschen ist, die in der Lage sind, eine Million oder gar fünf zu schulden. Zur selben Zeit, als Bjartur seine bessere Kuh für Lohngelder verkaufte und vom Zuchtstamm tausend Kronen für den Kredit abzahlte und sechshundert Kronen für die Zinsen, da verkaufte der Bergkönig sein Grundstück für das, was darauf lastete, und floh an die Küste, ja, er pries sich glücklich, so davonzukommen; es war ein Spekulant aus einem anderen Landesviertel, der ihn befreite. Die Nationalbank war jetzt in den Händen Ingolfur Arnarsons und zur Staatsbank geworden auf der Grundlage riesiger Staatsanleihen in England; Schuldenerlaß und Kreditvergünstigungen kamen nicht in Frage, es sei denn, es handelte sich um Millionen; die Produkte der Bauern waren im Preis gefallen.

Ja, es fiel alles rasend, in dem Herbst, als das Haus Bjarturs in Sommerhausen ein Jahr alt war. Der Weltkrieg wirkte nicht mehr als Segen für Handel und Gewerbe; die Ausländer hatten wieder begonnen, sich Vieh anzuschaffen, statt Menschen umzubringen, leider; isländisches Fleisch war auf der Welt wieder überschüssig, keiner fragte mehr nach Wolle, Wolle wuchs schon wieder auf den Schafen des Ausländers. Bjartur mußte hundert dieser unwillkommenen Schafe für Zinsschulden und Abzahlungen des Kredits hergeben. Doch er nahm diesen Aderlaß mit derselben Härte hin, wie er früher Notschlachtungen, Gespenster und Kaufmann hingenommen hatte; er beklagte sich bei niemandem. Die Mauern seines Schuldgefängnisses wurden um so dicker, je tiefer die Preise der Produkte fielen, doch er war entschlossen, mit dem Kopf gegen die Wand zu rennen, solange er noch einen Fetzen Hirn im Schädel hatte. Es war ein neuer Abschnitt in seinem ewigen Freiheitskampf, der Kampf gegen den gewöhnlichen Zustand, der sich erneut in der Lebenslage der Nation einstellen muß, nachdem das außergewöhnliche Glück der Kriege geschwunden ist, nachdem der unnatürliche Optimismus verpufft ist, der den Kleinbauern zu solch unerhörten Dingen verleitete wie dem Wunsch, in einem Haus zu wohnen. Nach den Jahren der Konjunktur kam er an dem Ort zu sich, den zu meiden ihm in schweren Zeiten gelungen war; der freie Mann der Hungerjahre war zum Zinsknecht der Konjunkturjahre geworden. Alles in allem waren die schweren Zeiten mit ihrer Schuldenfreiheit, ihrem Säuglingssterben, ihrer Erde und ihrem Hunger sicherer als die Jahre der Konjunktur mit ihren buhlerischen Kreditinstituten und ihrem Haus.

Zur selben Zeit, als Ingolfur Arnarson Bankdirektor geworden war und die Nationalbank wiedererrichtet hatte, mit einigen Millionen an Aktienkapital vom isländischen Staat, das heißt einer Bank in London, kam ein neuer Handelsgenossenschaftsleiter nach Fjord. »Hier herrscht ja eine bodenlose Schlamperei«, sagte der neue Handelsgenossenschaftsleiter böse, und je mehr er darin herumwühlte, um so böser wurde er. Die Schulden der Leute waren ungeheuer, es war eine gewaltige Summe, man mußte radikale Sicherheitsmaßnahmen treffen. Viele hatten nichts, um die Schulden zu bezahlen, und konnten Gott danken, bankrott erklärt zu werden; doch alle, bei denen noch etwas zu holen war, ließ man weiter in der Schuldenschlinge hängen und mit den Zehen den Boden berühren, in der Erwartung, daß sie doch wenigstens die Zinsen unter den blutigen Fingernägeln herausquetschen würden, und das war vielleicht ein größeres Unglück, als vollkommen nackt und bloß davonzugehen. Die Großen setzten durch, daß die einfachen Leute in der Handelsgenossenschaft auf Rationen gesetzt wurden, damit sie ihr Leben fristen konnten – wegen der Zinsen. Also wurden den Leuten nach Vermögen und Umständen die unentbehrlichsten Dinge zugeteilt, damit sie weiter für die Zinsen schuften konnten. Vielen wurden die notwendigsten Lebensmittel verweigert, außer gegen Bürgschaft besserer Leute. Kaffee und Zucker kamen nicht in Frage, außer für Großbauern; die Weißmehlration war noch am ehesten in Fingerhüten zu messen; manche bekamen nichts; Kurzwaren eingeschränkt, Kleidung verboten und besonders für die, die so etwas notwendig brauchten. Hingegen hatte die Regierung hinsichtlich des Tabaks große Fortschritte gemacht, denn es war zum Gesetz erhoben worden, den Bauern unentgeltlich Tabak auf Kosten der Landeskasse zur Verfügung zu stellen, um Schafräude und Lungenwurm zu bekämpfen, man konnte diesen Luxusartikel sowohl für Bäder gegen Räude wie auch innerlich verwenden. Dieser Tabak wurde freudig entgegengenommen, er wurde Landeskasse oder Baddi genannt, und sogar der Gemeindevorsteher kaute Baddi aus Gründen der Sparsamkeit in diesen schweren Zeiten.

»Es ist hart«, sagte Bjartur, nachdem man ihm mitgeteilt hatte, welche Ration ihm zum Lebensunterhalt im zweiten Winter des Hauses zugedacht war, »wenn ich nicht mehr wie ein freier Mann meine Warenbezüge bestimmen kann. Und wenn ich nicht bekomme, was ich will, dann handle ich woanders.«

»Deine Sache«, sagten sie. »Dann lassen wir bei dir pfänden.«

»Soll ich denn hier wie ein elender Köter und Sklave stehen?« fragte er.

»Das weiß ich nicht«, sagten sie, »wir richten uns nur nach den Büchern.«

Er bekam einen halben Sack Roggenmehl, ebensoviel Hafermehl, doch genug gesalzenen Ausschußfisch, den die Handelsgenossenschaft auf Lager hatte, gleichfalls genug Tabak, Marke Landeskasse. Es war das erste Mal, seit er Bauer war, daß ihm eine Handvoll Weizenmehl für Plinsen für eventuelle Gäste verweigert wurde, und Kaffee und Zucker kamen bei solchen Leuten nur gegen Barzahlung in Betracht. In früheren Zeiten hatte er sich nicht geniert, sich am guten Ruf derjenigen schadlos zu halten, denen das Leben des Kleinbauern gehört, doch wen sollte man hier ausschimpfen? Die Bücher?

Es gelang ihnen jedoch nicht, zu verhindern, daß er im Herbst das Haus bewohnbar machte. Gewiß fehlte noch viel, doch das größte Zimmer im Erdgeschoß war eingerichtet; dann wurde die Küche in Benutzung genommen, eine Außentür und zwei Innentüren wurden eingesetzt, alle mit Haspe und Angel und dazugehörigen Griffen. Er kaufte unten in Fjord eine gebrauchte Bettstelle für sich und Gvendur, er zimmerte selbst aus Brettern ein Bett für die alte Frau zusammen, auch so etwas wie Tisch und Bank, obwohl man ihm bisher nicht einmal zugetraut hatte, daß er eine Harkenzinke oder einen Hufnagel anfertigen könnte. Dann zogen die Leute in das neue Haus, alle in dieses eine Zimmer. Doch als es soweit war, versagte der Herd seinen Dienst; der Rauch schlug ständig durch, wann immer Feuer gemacht wurde, und das Haus füllte sich unglaublich mit Rauch. Es wurden diese und jene Leute zu Rate gezogen und viele Versammlungen in dieser Angelegenheit abgehalten und viele beachtenswerte Theorien vorgebracht und begründet. Nach Ansicht der einen war der Schornstein des Hauses nicht hoch genug, andere meinten, der Schornstein wäre zu hoch. Einige glaubten, der Zug sei zu weit, andere meinten, er wäre zu eng oder sogar ganz zu. Es wurde sogar eine wissenschaftliche Theorie aus einer Tageszeitung angeführt, wonach Schornsteine, die bei Flut gemauert würden, sich nie bewährten. Nach dieser Theorie zu urteilen, war der Schornstein bei Flut gemauert worden. Eines stand fest: der Rauch schlug weiter durch, trotz der philosophischen Streitgespräche über das Problem. Ohne Zweifel waren teure Maßnahmen erforderlich, um den Herd in Ordnung zu bringen, und es war zweifelhaft, ob es sich lohnte, denn er fraß mit seinen drei großen Kochstellen Unmengen Feuerholz. Zuletzt wurde ein gebrauchter Petroleumkocher zum Essenkochen gekauft und der Herd unbenutzt in der Küche stehen gelassen, gewissermaßen zur Zierde.

Troll im Herbst

Nun pflegte Brynja, die Wirtschafterin, jeden Herbst mit ihrer Mähre eine Reise in den Marktflecken zu machen, und sie blieb dann eine Woche lang fort, denn es war zugleich eine Urlaubsreise; sie hatte ohne Zweifel Bekannte wie andere Leute. Sie kam gewöhnlich mit geröteten Wangen und großartig auf ihrer Fuchsstute langsam nach Hause geritten und hatte viele Päckchen am Sattel, allerlei Kleinkram, ein Stück Schirting, Garn, harten Keks, um daran an Feiertagen zu knabbern und ihn Leuten von rechtschaffener Denkungsart anzubieten, ein paar Kaffeebohnen und ein bißchen Zukker. Doch diesen Herbst kam sie gegen ihre Gewohnheit nicht nach Hause geritten, sondern sie leitete das mit vollem Packsattel beladene Pferd. Sie war besser gelaunt als sonst und bat den Hausherrn, ihr zu helfen, den Packsattel abzunehmen und hineinzutragen.

»Was für Waren sind das?« fragte der Hausherr.

»Och, es ist nur eine Kleinigkeit und nicht der Rede wert«, sagte sie und wollte nicht gleich alles sagen; doch sie war ein bißchen von sich eingenommen und vielleicht ein wenig glücklich, so im stillen ein bißchen selbstzufrieden, sie hatte sich vielleicht auf der Hochfläche insgeheim darauf gefreut, daß er sie ausfragen würde. Doch er wurde schweigsam und fragte nicht weiter, es war nicht seine Gewohnheit, in jemanden zu dringen, er duldete auch nicht, daß man in ihn drang; ihre Ware war ihre Sache. Er trug ihre Ware schweigend in den Windfang, ließ dann ihre Mähre auf das Wiesenmoor und versetzte ihr einen Fußtritt, es war ein stockfinsterer Herbstabend. Er machte sich draußen mit diesem und jenem zu schaffen und kam erst herein, als es Zeit zum Schlafengehen war. Er konnte sich denken, daß die Wirtschafterin ihren Keks anbieten würde, wenn er hereinkam, ehe sie schlafen ging; sie hatte das im Herbst so an sich. Doch dieses Mal machte er sich aus Keks noch weniger als je zuvor, befürchtete, es könnte sich etwas daraus entspinnen, vielleicht

Streit. Als er schließlich hereinkam, um schlafen zu gehen, konnte er es sich doch nicht verkneifen, im Windfang Licht zu machen und ihre Ware genauer anzusehen. Es war ein halber Sack Weizenmehl und ein Sack Hafergrütze, ein ganzer Zuckerhut und eine Kiste, die nach Kolonialwaren duftete, nach Kaffee, Rosinen und wer weiß was – alles Artikel, deren Bezug einem verschuldeten unabhängigen Mann in einem freien Lande verweigert wurde. Er brach ein Brett des Deckels auf und schaute hinein. Und was erblickte er zuerst? Eine duftende Rolle Kautabak. Da wurde er böse, ein Mann, der seit einem Monat nichts anderes als unentgeltlichen Landeskassetabak gehabt hatte, um seinen Hunger nach Tabak anzustacheln, sah nicht weiter nach, was die Kiste noch enthalten könnte, sondern machte schnellstens das Licht aus und ging ins Zimmer.

Die alte Frau schlief schon, sein Sohn Gvendur lag auch schon im Bett und hatte sich zur Wand gedreht. Brynja saß in isländischer Tracht allein auf ihrem Bett und hatte aus ihrem Gepäck einigen Kleinkram ausgepackt, um ihn zu betrachten, und wieder beiseite gelegt, als schiene er ihr nichts wert zu sein. Sie sah vor sich hin und blickte Bjartur nicht an. Sie, die vor einer Weile so stolz und von sich eingenommen gewesen war, jetzt sagte sie gar nichts; keine erwartungsvolle frohe Laune mehr.

»Hier spart man wohl nicht mit Petroleum«, sagte der Hausherr und schraubte die Lampe mehr als halb herunter.

Sie gab gegen ihre Gewohnheit keine Antwort; endlich, nach einer langen Weile, zog sie die Nase hoch. Sie hatte begonnen, sich die Schuhe auszuziehen. Er hoffte, daß er im Bett liegen würde und sich die Decke bis über den Kopf gezogen hätte, ehe sie Gelegenheit bekam, ihm Keks anzubieten. Er vermied es, sie anzusehen; um so mehr grübelte er über ihr Verhalten nach. Diese vernünftige Frau, die längst die Jahre der Jugend und der Romantik hinter sich hatte, die ihr Leben lang gegeizt und gespart und außer für die notwendigsten Tücher und das Pfund Keks im Herbst nichts ausgegeben hatte, hatte sie den Verstand verloren? Saß sie jetzt nicht mit böser Miene da, weil er nicht baff vor Bewunderung war, als sie eine ganze Pferdelast Lebensmittel in sein eigenes Haus brachte, sein Großhaus? Gewiß war sie eine zuverlässige Frau, für gewöhnlich wortkarg, und er hatte nichts an ihr auszusetzen, nur daß sie sich einmal voriges Jahr in etwas eingemischt hatte, was sie nichts anging. Und sie war eine hervorragende Frau, wo sie ging und stand, ein kräftiges Weib, gut im Stande, mit jugendlicher Röte auf den Wangen; in der Tat fehlte ihr nur die Brille, um einen ebenso großartigen Eindruck zu machen wie die Madame auf Rotenmoor in ihren besten Jahren. Und sie war eine ordentliche Frau; es kam nie vor, daß sie jemandem ungestopfte Sachen zum Anziehen gab; sie achtete darauf, daß sich in den Ecken kein Schmutz ansammelte; bei ihr kam kein Essen um; alles, was sie zubereitete, hatte einen angenehmen Geschmack. Und sie war eine Frau, die sich nicht schonte, bereit, wenn nötig, am Tage oder in der Nacht Jauche zu schleppen; nein, sie war wahrhaftig ganz und gar nicht dafür, im Bett zu liegen und sich die Glieder zu reiben wie eine feine Dame. Und sie war eine wohlhabende Frau mit einem stattlichen Guthaben auf der Sparkasse, und obwohl ihre Stute keine Gangart hielt, so war doch eine Stute immerhin eine Stute. Und schließlich besaß sie auch noch dieses mustergültige Bett, das von allen Möbelstücken im neuen Haus des Bauern das prächtigste war, den Herd nicht ausgenommen; man konnte froh sein, wenn die Madame auf Rotenmoor auf so zarter Bettwäsche schlief.

Nein; bei der Lage der Dinge fiel es ihr nicht ein, Keks anzubieten, doch sie saß mit den Händen auf dem Schoß lange auf ihrem Bett; sonderbar, wie verlegen ihre Hände werden konnten, wenn sie nichts zu tun hatten. Und er weiß um sie im Halbschummer des Zimmers, ihr Gesicht lag im Schatten. Zuletzt nahm sie ihren Kleinkram und packte ihn zusammen, als wären es wertlose Lumpen, und stopfte ihn unter den Deckel ihrer Truhe. Dann seufzte sie leise. Dann nahm sie die Paradedecke von ihrem Bett, legte sie aus alter Gewohnheit ordentlich zusammen, schlug das rotkarierte Deckbett und das schneeweiße Laken auf, setzte sich auf die Bettkante und begann sich auszuziehen – band ihre Schleife ab, hakte die Wolljacke auf, zog den Rock aus, legte alle Oberkleider säuberlich zusammen und steckte sie unter den Truhendeckel, ebenso ihren Sonntagsunterrock. Sie hatte dicke, gut gearbeitete wollene Unterkleider an, die sie selbst gestrickt hatte, und alle ihre Formen schienen zu wachsen und aufzuknospen und sich zu befreien, während sie die engen Oberkleider auszog; ihre starken, kräftigen Hüften waren noch so elastisch, daß es gar keinen Zweifel geben konnte, ob sie noch Kinder bekommen könnte; in ihren Knien und Schenkeln steckten Bärenkräfte, ihr Hals war stark und jugendlich, und ihre Brüste waren jungfräuliche Brüste, steif und fest, vorstehend, sogar gewölbt; sie zog das Hemd ganz aus, sie war ein Trollweib, doch sie war kein größerer Troll als er, auch er hatte riesenhafte Schultern, eine Brust, die alles aushielt. Dann zog sie ihre Nachtjacke an. Erst dann machte sie das Licht ganz aus. Ihr Bett knarrte, als sie sich hinlegte.

Er konnte nicht einschlafen, sondern wälzte sich hin und her und beneidete den Jungen, seinen Sohn, der schon lange schnarchte. Er fluchte und fluchte halblaut aus Wut darüber, daß unnütze Gedanken ihm den Schlaf raubten. Er hatte nämlich ein heftiges Verlangen nach ordentlichem Tabak. »Verfluchter ›Landeskasse‹, verfluchte Sparkasse, verfluchtes Haus.« Der Geruch in diesem neuen Haus war so schlecht, daß er glaubte, ersticken zu müssen. Ja, wenn man nur ordentlichen Tabak statt des verfluchten ›Landeskasse‹ hätte. Was sollte er nur anfangen? Es ist ein altes Hausmittel gegen Schlaflosigkeit, kunstvolle Verse zu rezitieren, und er begann, diesen Vers vor sich hin zu murmeln:

»Wenn die Nächte länger sind,
besten Trost ich darin find,
zähl ich, was statt ›Riesenmet‹
sonst noch in Gedichten steht.«

Danach fielen ihm keine Verse mehr ein, nur noch zotige Verse; sie überfielen seine Sinne wie unbezwingbare Heerscharen und fegten die weisesten Vierzeiler wie auch die kunstvollsten Meisterwerke hinweg.

Alle mußten schon lange eingeschlafen sein, und dort wälzte er sich noch immer fluchend und mit unanständigen Gedanken und hatte heftiges Verlangen nach Tabak. »Hol mich der Teufel, wenn es nicht das richtige ist, ich laufe hinaus und reiße mir ein anständiges Blatt von der Tabaksrolle ab, damit ich Ruhe habe; wenn nicht anders, stopfe ich es mir ins Maul.«

Er zog die Unterhosen hoch, stieg aus dem Bett und band sich die Schuhe fest, verhielt sich bei allem möglichst leise. Doch die Herbstnacht war ein Pechmeer; er mußte sich zur Tür tasten, und da bekam er etwas Rundes zu fassen, wovon er zuerst nicht wußte, was es war; er tastete weiter um sich und grapschte in ein Gesicht; da war es die Kugel an ihrem Bett gewesen, auf die er zuerst gestoßen war.

»Wer ist das?« hörte man im Dunkeln flüstern.

»Habe ich dich geweckt?« sagte er, denn er meinte, sie hätte schon geschlafen.

»Bist du es?« flüsterte sie als Antwort, und das Bett knarrte, als ob sie Platz machte und sich aufrichtete.

»Hu«, sagte er, »nein.«

Er tastete sich an ihrem Bett entlang, bis er die Tür fand. Ein Duft von teuren und köstlichen Kolonialwaren strömte ihm entgegen, und er vergaß den Tabakhunger wieder und dachte nur daran, daß diese fremde Frau Lebensmittel gekauft und in sein Haus gebracht hatte, als ob sie ihn für einen elenden Hund und Sklaven hielte, Delikatessen, es war das erste Mal, daß anderer Leute Brot in sein Haus gebracht wurde.

Er trat hinaus unter den freien Himmel der Nacht; es war leichter Schneefall und scharfer Frost, doch er beachtete es nicht; er ging hinunter an die Hauswiese, um auszutreten, barfuß in Fellschuhen und in Unterhosen; es tat ihm gut, nach dem feuchten Wrasen von Nässe und Beton im Haus, die frische Luft einzuatmen. Wahrscheinlich war es ein ungesundes Haus. Zum Teufel noch mal, wozu hatte er eigentlich ein Haus gebaut?

Nun ja, er hatte frische Luft geschnappt, jetzt würde er wahrscheinlich einschlafen können, ging zum Haus zurück, tastete sich die fünf Stufen hinauf, in den Windfang. Wieder strömte ihm der Duft ihrer köstlichen, reichlichen, bar bezahlten Ware entgegen. Doch es sollte das letzte Mal sein, daß anderer Leute Brot in sein Haus gebracht wurde.

Am Morgen war er früh auf den Beinen, und als er eine Weile seine Arbeiten verrichtet hatte, kam er herein, um sein Morgenwasser zu trinken. Da goß sie ihm Kaffee in eine große Tasse, und der duftende Dampf des Kaffeestrahls stieg ihm in die Nase, keine seiner beiden Frauen hatte so guten Kaffee wie Brynja gekocht, nach seiner Meinung kochte sie den besten Kaffee in der Gemeinde; alles Essen, das sie zubereitete, hatte einen verlockenden Geschmack. Sie drehte ihm den Rücken zu, außer als sie ihm den Kaffee eingoß – hatte sie ihm gedankt, als er guten Tag sagte, oder hatte er etwa nicht guten Tag gesagt? Einen Augenblick betrachtete er den Kaffee in der Tasse; ja, er war immer ein Kaffeetrinker gewesen. Schließlich schob er die Tasse von sich, ohne von dem Kaffee getrunken zu haben, stand auf und sagte unvermittelt: »Brynhildur, ich will, daß du gehst.«

Da sah sie ihn an und sagte: »Gehen?« Ihr Gesicht war durchaus noch nicht alt. Und es war nicht häßlich. In ihrem Gesicht war eine junge Frau, und sie sah ihn erschrocken an.

»Soviel ich weiß . . .«, sagte sie; dann sagte sie nichts mehr.

Es war, als bräche sie unter einem einzigen Schlag zusammen, dieses Trollweib; ihre Gesichtszüge wurden schlaff, sie verbarg mit tiefem, bebendem Schluchzen ihr Gesicht im Ellenbogen wie ein kleines Mädchen; er aber machte die Tür hinter sich zu und war schon draußen bei seiner Arbeit. Diesen ganzen Tag waren ihre Augen vom Weinen geschwollen; doch sie sagte nichts.

Am Tag darauf war sie fort.

Wenn Ideale Wirklichkeit werden

Wurden denn die Ideale Ingolfur Arnarsons nirgendwo verwirklicht? Doch, gewiß. Sie wurden überall verwirklicht. Auf allen Gebieten. Die Meliorationsgesetze waren in Kraft getreten, und die Leute bekamen hohe Prämien für die Kultivierung großer Landflächen, ja sogar einige Kronen für ein kleines Stück. Man bekam Prämien für den Bau prächtiger Ställe und Heuscheunen aus Beton und Beihilfen zum Kauf von teuren landwirtschaftlichen Maschinen, Traktoren, Pflügen, Eggen, Mähmaschinen, Heuwendemaschinen bis hin zu Strickmaschinen. Das Jauchegrubenproblem war glücklich gelöst, man bekam Beihilfen, um betonierte Jauchegruben und überdachte Dungstätten zu bauen. Eine Kreditabteilung für Bauten auf dem Lande wurde in Verbindung mit der Nationalbank gegründet. Viele Althingsabgeordnete verdankten ihren Sitz der Tatsache, daß sie diese Angelegenheit unterstützt hatten, und sie brachten es zuwege, solange man die Abteilung beliebt machen wollte, daß in den Statuten dieser Institution für Kreditgewährungen die Bedingung gestellt wurde, der Kreditschuldner müsse aktenmäßige Belege über seine Insolvenz beibringen, das heißt darüber, daß er seine Schulden nicht bezahlen könnte. Doch als es zur Durchführung kam, ging man von diesem wichtigen Prinzip ab; manche sagten, auf Grund einer Forderung aus London. Dennoch konnten die Bauern hier langfristige Kredite mit niedrigen Zinsen und kleinen Abzahlungsraten bekommen, doch nur, um gute moderne Häuser auf ihren Höfen zu bauen; die Statuten der Kreditabteilung verlangten doppelte Mauern aus Eisenbeton, Sperrholz für das Paneel und Linoleum auf den Fußböden, Wasserleitung, Kanalisation, Zentralheizung und am liebsten Elektrizität; nur beste, erstklassige Häuser kamen in Betracht, denn die Erfahrung hatte gezeigt, daß es über kurz oder lang gefährlich ist, billige, einfache Häuser zu bauen. Zuletzt wurden Gesetze über systematische Vergünstigungen für alle großen Schulden der Bauern erlassen, so daß eitel Freude bei all denen herrschte, die Grundstücke besaßen, die riesengroß genug waren, um auf sie hin riesengroße Schulden zu machen. Und die Handelsgenossenschaften blühten, dieses Handelssystem der Brüderlichkeit, an dem Zwischenhändler und andere heimliche Ausbeuter der Produzenten nicht beteiligt sind. Sie zahlten den Bauern in guten Jahren einen Zuschlag zum Erzeugerpreis, von einigen Kronen bis zu mehreren tausend, je nachdem, wieviel man geliefert hatte. Der Zuschlag beim Gemeindevorsteher auf Außen-Rotenmoor machte Tausende aus. Er bekam hohe Meliorationsprämien, denn er machte große Landflächen urbar und baute beachtliche Ställe. Er bekam auch Beihilfen aus dem Werkzeugbeschaffungsfonds zum Kauf eines Traktors, moderner Pflüge, moderner Eggen, einer modernen Mähmaschine, einer modernen Heuwendemaschine und anderer kostspieliger landwirtschaftlicher Maschinen, sogar einer Strickmaschine. Er bekam auch eine Beihilfe aus dem Jauchegrubenfonds und baute eine der besten Jauchegruben des Bezirks. Dann stellte sich heraus, daß sein Haus morsch geworden war, und er nahm bei der Abteilung für ländliche Baukredite ein großes Darlehen auf und baute gemäß den Statuten der Abteilung ein feines, erstklassiges Großhaus – Keller, zwei Geschosse und das dritte im Giebel –, alles aus Eisenbeton mit doppelten Mauern, mit Sperrholz verkleidet, die Fußböden mit Linoleum belegt, ein Badezimmer für die gnädige Frau, Zentralheizung, warmes und kaltes Wasser, elektrisches Licht. Solche Leute waren die Zierde der Nation, ebenso der Spekulant, der den Bergkönig befreite; es stimmte gar nicht, daß er ein Spekulant war, er war nur ein moderner Finanzmann, der dazu übergegangen war, sich der Landwirtschaft zu widmen; nur war der Bergkönig eben schon immer ein schlechter Wirtschafter gewesen, der nie genug bekommen konnte, obwohl er ständig vom goldenen Mittelweg sprach, und er war nie ein Finanzmann gewesen; jetzt war er daher auch in seinem Alter Hilfsarbeiter im Küstenort geworden und fristete mit Hilfe seines Schwiegersohns sein Leben. Nein, der neue Mann auf dem Grundstück des Bergkönigs war wahrhaftig kein Spekulant, er war sofort im Gemeinderat, er bekam unverzüglich eine Beihilfe, um moderne landwirtschaftliche Maschinen zu kaufen, er baute einen beachtlichen Stall und bekam dafür eine Prämie, er bekam eine Jauchegrubenbeihilfe, er bekam einen hohen Zuschlag auf seine Ablieferung, er legte elektrisches Licht in das Haus des Bergkönigs; der Weltkrieg war, was einen solchen Mann betraf, nicht umsonst geführt worden.

Und wie erging es Bjartur in Sommerhausen und seinen Freunden?

Als erster soll Thorir auf Kluftwiesen genannt werden, der Vater lebensfroher Töchter, die eine Zeitlang einen Hang zu langen dünnen Strümpfen hatten. Nein, es ging durchaus nicht so schlecht, wie es zuerst ausgesehen hatte, die jüngste war sogar mit einem gutsituierten Mann in einem Marktflecken verheiratet. Und Thorir schuldete nicht so viel, daß er auf Grund der Schulden ein großer Mann hätte werden können, und auch nicht so wenig, daß davon hätte die Rede sein können, ihn zu liquidieren. Er war nach dem Krieg ein Mittelbauer geworden. Er wurde zum Bergkönig der Gemeinde gemacht. Die Hundepurgierung mit dazugehöriger Verantwortung und Vergütung fiel ihm in den Schoß. Er wurde zum Küster gewählt. Er hatte die Augen nach beiden Seiten, klagte nicht mehr über die Sturlungenwirren der Frauenwelt; man sagte von ihm, er wäre nicht abgeneigt, in den Gemeinderat zu kommen, wenn es sich so ergeben sollte. Es ist zwar sonderbar, doch das, was ihn bei den hohen Arbeitslöhnen rettete, waren seine verlorenen Töchter, die aus besonderen Gründen zu Hause festgenagelt waren und den ganzen Krieg hindurch für ihn arbeiteten und sogar große Kinder hatten, die ebenfalls zu Hause arbeiteten. Er hatte sich auch nicht darauf eingelassen, für die Menschen zu bauen, sondern nur für die Schafe; und es wird sich bei den meisten zeigen, daß es für das Auskommen am besten ist, sowenig wie möglich für die Menschen zu tun.

Und die anderen? Sie quälten sich weiter wie bisher, niedergedrückt durch Kommunalsteuern, Kraftfutterkäufe, Wurmkrankheit, Schulden für Lebensmittel und Meliorationen, Krankheiten und Tod, während die Ideale Ingolfur

Arnarsons Wirklichkeit wurden und Vergünstigungen und gute Bedingungen auf die Großbauern herabregneten. Olafur in Obersttal hatte seine Bauernstelle gekauft, wohnte jedoch noch in derselben Erdhütte, die seiner Frau und seinen Kindern das Leben gekostet hatte; das menschliche Leben ist nun einmal nicht lang genug, daß der Kleinbauer wohlhabend werden kann, das sollte sogar in einem wissenschaftlichen Buch eines Mannes im Ausland stehen. Und Hrollaugur auf Quellen hatte lange auf einem Ausbau von Außen-Rotenmoor gewirtschaftet; gegen Ende des Kriegsglücks kaufte er die Stelle und hatte jetzt alle Hände voll zu tun, um die Zinsen zu bezahlen; er hatte jedoch nicht bauen können, das muß bis zum nächsten Krieg warten, vielleicht hat ihm der Gemeindevorsteher dann schon die Stelle wegen fälliger Zinsen wieder abgenommen, doch es geht, wie es geht, Hrollaugur. Er, der nie einen Unterschied zwischen dem Natürlichen und dem Unnatürlichen zu machen lernte, sondern alles nahm, wie es kam, er wird auch das der Reihe nach hinnehmen, wenn es dazu kommt. Und Einar in Unterleite hatte seine alten Schulden ein oder zwei Jahre lang ein wenig vermindern können, doch weder die Stelle erworben noch bei sich gebaut; jetzt waren die Schulden schon lange wieder größer geworden, er konnte froh sein, wenn die Schlachtschafe für die Gemeindeabgaben und Kraftfutterkäufe reichten; die Schulden für Medizin mußten bis zuletzt warten, ebenso für Salzfisch, Menschenleben ist Menschenleben; doch er dichtete nach wie vor jedesmal einen schönen Nachruf, wenn jemand starb, und hoffte fest darauf, der Herrgott werde den Bauern im Jenseits günstiger gesinnt sein als im Diesseits und sie Gutes davon haben lassen, daß sie eine unsterbliche Seele haben.

Gingen denn alle Vergünstigungen und guten Bedingungen an diesen gewöhnlichen Leuten vorbei, als die Ideale verwirklicht wurden? Was soll man sagen? Es ist nun einmal so, daß es wenig Sinn hat, armen Leuten eine Beihilfe aus der Landeskasse zum Kauf von Traktoren und modernen Mähmaschinen anzubieten. Oder einen Kredit auf vierzig Jahre, um ein doppeltes Betonhaus mit Sperrholz, Linoleum und Elektrizität zu bauen. Oder einen Zuschlag auf ihre Ablieferung. Oder Prämien für die Urbarmachung großer Landflächen. Oder gewaltige Jauchegruben für die Exkremente von einer oder anderthalb Kühen. Oder Erlaß großer Schulden, während sie sechzehn bis achtzehn Stunden täglich arbeiten müssen, um immer größere Schulden für Lebensmittel anzuhäufen. Es hat nämlich keinen Zweck, anderen als reichen Leuten gute Bedingungen anzubieten; nur reiche Leute können gute Bedingungen annehmen. Arm zu sein ist eben dieser eigenartige Zustand des Menschen, gute Bedingungen nicht annehmen zu können. Ein armer Bauer zu sein bedeutet, an die Vergünstigungen nie heranzukommen, welche die Politiker anbieten oder versprechen, und den Idealen ausgeliefert zu sein, welche die Reichen reicher und die Armen ärmer machen.

So saß Bjartur diesen Winter und den Sommer darauf in dem Haus, das er gebaut hatte. Es war das schlechteste Haus der Welt und unglaublich kalt. Um die Adventszeit stand die alte Frau vor Kälte nicht mehr auf, ohne jedoch sterben zu können, so daß Bjartur auf den Ausweg verfiel, ihr Bett in den leeren Stand im Kuhstall zu bringen, weil sie vor Kälte nicht sterben konnte. Die Kälte im Haus ging sogar Bjartur so nahe, daß er befürchtete, er würde langsam alt, doch es war ihm ein Trost, daß sein Sohn in der Blüte des Lebens es ebenfalls nicht aushielt. Das Zimmer troff vor Nässe, bei Frostwetter befroren die Wände, das Fenster taute nie ab, der Wind pfiff durch das Haus, der Schnee wehte ins Dachgeschoß. Vater und Sohn bereiteten den Winter über das Essen selbst, ohne Freude, es wurden im Haus nicht einmal genörgelt, niemand schien mehr recht zu haben.

Im Sommer nahm Bjartur wieder Lohnarbeiter und erntete Heu für seine isländischen Schafe, obwohl auf der ganzen Welt kein Verbraucher isländische Schafe verzehren wollte außer dem Fuchs und dem Lungenwurm; die Preise für die Erzeugnisse fielen im Herbst weiter, niemand konnte isländische Schafe gebrauchen, und niemand hatte sie je gebraucht; die Regierung mußte das Erstgeburtsrecht der Nation an den Hauptreichtümern des Landes, den Fischgründen, abtreten, damit eine fremde Nation einige Tonnen widerlichen Pökelfleischs abnahm, das dann im Ausland verfaulen durfte und schließlich ins Meer geworfen wurde. Alles, was Bjartur zur Schlachtung entbehren zu können glaubte, ging für Lohnzahlungen und Gemeindeabgaben drauf, und nichts blieb für Zinsen und Abzahlungen übrig – und wenn er auch alle seine Schafe abgegeben hätte, so wäre es nur ein Tropfen auf einen heißen Stein gewesen. Er versuchte, wegen der Schulden mit der Sparkasse zu verhandeln, doch da war keine andere Auskunftsperson als ein tuberkulosekrankes Nervenbündel von Mann, der in den Büchern nachblätterte und sagte, daß er keine Befugnis zu Verhandlungen hätte; es war nämlich beschlossen worden, im Herbst eine Filiale der Nationalbank in Wiek zu gründen, und die Sparkasse in Fjord sollte in diese Filiale eingehen. Der Althingsabgeordnete Bankdirektor Ingolfur Arnarson war der einzige Mensch, der bei diesem Stand der Dinge die Erlaubnis zu Vereinbarungen über die Außenstände der Sparkasse geben konnte, und der Vertreter riet Bjartur stumpfsinnig, ihn in Reykjavik aufzusuchen und zu versuchen, Vereinbarungen mit ihm zu treffen. Mit diesem Bescheid ging Bjartur nach Hause und überlegte die Sache. Vielleicht überlegte er die Sache nicht einmal, es ist gleich, ob man überlegt oder nicht überlegt, sie sind alle Diebe. Doch während er noch überlegte, flog die Nachricht durch die Lande, daß Ingolfur Arnarson Jonsson einstweilen von der Direktion der Nationalbank zurückgetreten sei; er war im Herbst zum Ministerpräsidenten Islands ernannt worden.

73

Hunde, Seele und andere

Zwangsversteigerung. Auf Ersuchen der Filiale Wiek der Nationalbank wird das Grundstück Sommerhausen in der Gemeinde Rotenmoor versteigert. Die Versteigerung findet auf dem Besitz am 29. Mai dieses Jahres statt zum Ausgleich von Schulden in Höhe von ... isl. Kronen und so weiter zuzüglich Zinsen und Versteigerungskosten. Die Versteigerung beginnt um drei Uhr nachmittags. Der Bezirksvorsteher.

Diese Bekanntmachung wurde sowohl in Wiek wie in Fjord angeschlagen und im Gesetzblatt nach der Mitte des Winters abgedruckt, und etwas später erhielt Bjartur selbst eine Mitteilung desselben Inhalts. Er sagte nichts. Es war nie seine Gewohnheit, dem nachzutrauern, was er verloren hatte; er schleppte seinen Kummer nicht mit sich herum, das war am besten. Lieber sollte man mit dem zufrieden sein, was man noch besaß, nachdem man verloren hatte, was man besessen hatte, und er war doch so klug gewesen, so lange wie möglich an den Schafen festzuhalten; er besaß noch an hundert Schafe, eine Kuh und drei Gäule, außerdem eine gelbe Hündin, das vierte Glied in direkter weiblicher Linie von seiner ersten Hündin.

Als Bjartur an diesem Abend in den Kuhstall ging, blieb er im Stall bei der alten Frau stehen und sprach sie an.

»Du erinnerst dich vielleicht an deine Hütte auf der Sandschluchtheide im Norden, liebe Bera«, sagte er.

Sie ging nicht darauf ein, sie konnte sich schon lange kaum mehr an etwas erinnern, sie erinnerte sich an nichts.

»Ja, sie ist trotzdem noch immer dort«, sagte er.

»Es war eine gute Hütte«, sagte sie, »ich wohnte dort vierzig Jahre, und es passierte nie etwas. Aber hier passiert in einem fort etwas.«

»Ja, ich kann mich hier in Sommerhausen nicht mehr halten«, sagte er.

»Och, das weiß ich«, sagte sie. »Das ist der verdammte Spuk, der hier immer war und bleiben wird. Er hat von niemandem abgelassen, der in dieser Hütte gehaust hat, der Kolumkilli. Ich für mein Teil sage, ich war hier nie zu Hause. Ich bin hier Gast über Nacht gewesen.«

Doch der Bauer ging auf Spukgerede nicht ein, er hatte nie an Gespenster geglaubt, überhaupt nicht an überirdische Wesen, außer an das, woran man in der Dichtung glaubt, und er brachte sein Anliegen direkt vor und sagte:

»Glaubst du, daß du mir im Frühjahr Steinhütte verpachten würdest, liebe Bera?« sagte er.

»Der Sonnenuntergang in Steinhütte war schön«, sagte sie, »wenn der selige Thorarinn seine große Strickjacke anhatte und nach Norden auf die Hochfläche nach Schafen ritt und sie dort schor, wo er sie fand. Er hatte ja auch gute Hunde. Wir hatten immer gute Hunde.«

»Ja, es stimmt, liebe Bera, er hatte gute Hunde, der selige Thorarinn«, sagte Bjartur. »Ich weiß noch, er hatte einen braunen Hund, ein solches Prachtexemplar, das im Dunkeln so gut sah wie andere Hunde am hellichten Tag, solche Tiere findet man nicht alle Tage. Aber ich habe auch gute Hündinnen gehabt, liebe Bera, treue Geschöpfe, Tiere, die nie enttäuschten, weder im Leben noch im Tod; ich hatte einmal eine gelbe Hündin, es war die Urgroßmutter meiner jetzigen Hündin; es war wirklich so, als ob die Kreatur über Leben und Tod bestimmte.«

Welchen Gang die Dinge auch nehmen, so behält man doch wenigstens die Erinnerungen an seine Hunde, sie kann uns keiner nehmen, wenn auch ein glücklicher Weltkrieg und die Verwirklichung der Ideale der Großen höchstens ein Staubwirbel waren, der eine kurze Zeit lang dem Kleinbauern ins Gesicht stob.

»Nun ja, lieber Bjartur, so geht es«, sagte Thorir auf Kluftwiesen ein wenig mitleidig. Sie sitzen auf der Mauer der Sammelhürde, einige Bauern im zeitigen Frühjahr; ihre Hände sind vom Schneiden der Ohrenmarken blutig, die Lämmer blöken wie wahnsinnig zu ihren Füßen.

»Och, du bist der nächste, der geht«, sagte Bjartur. »Es bietet keine Sicherheit, Hundepurgierer zu sein, das hat sich gezeigt.«

»Das weiß ich nicht, lieber Bjartur«, sagte Thorir, und es war nicht ganz von der Hand zu weisen, daß er ein wenig böse wurde. »Ich sage nichts wegen der Hunde. Doch die Hauptsache, dachte ich, wäre, an seine Kinder zu glauben, was auch immer geschieht. Das habe ich immer getan. Was auch meinen Kindern passierte, ich habe sie nie fortgejagt. Und sie arbeiteten weiter für mich, die guten, und damit auch für sich. An die Kinder zu glauben ist dasselbe, wie an das Land zu glauben.«

Ja, er war ein Mittelbauer geworden, das war leicht am Ton zu hören; sein Gewinn bestand darin, daß seine Töchter ihn im elterlichen Haus zum alten Mann machten und dort wegen ihrer unehelichen Kinder festsaßen; er hatte den ganzen Krieg hindurch unbezahlte weibliche Arbeitskräfte gehabt und war dadurch zu Ansehen gelangt, weshalb er auch an das Land glaubte; alles für Island.

»Meine Kinder haben ihrem Vater nie Schande bereitet«, sagte Bjartur. »Meine Kinder sind unabhängige Kinder gewesen.«

Doch die Bauern fühlten sehr schnell, wohin das führen würde; von hier war es nicht weit zu persönlichen Beleidigungen; es entstand ein verlegenes Schweigen, das schwer zu überbrücken schien. Doch da war es unser Olafur in Obersttal, der sich beeilte, die Gelegenheit zu ergreifen, denn er wußte aus alter Erfahrung, daß derjenige, der nicht bei jeder Unterhaltung den richtigen Augenblick abzupassen versteht, nie zu Worte kommt.

»Überhaupt ist es meine Ansicht«, sagte er, »daß man in diesen Zeiten sowenig wie in früheren Zeiten ein unabhängiger Mensch werden kann, wenn man sich ein Haus baut. Es ist in Island seit der Landnahmezeit bis auf den heutigen Tag nicht vorgekommen, daß arbeitende Menschen sich ein Haus gebaut haben, das den Namen Haus verdient, und es kann zu nichts Gutem führen, jetzt damit anzufangen. Wir müssen uns mit Sodenziegeln begnügen. Ich glaube auch, daß es einem nicht viel ausmacht, diese kurze Zeit, die man lebt, wenn man es Leben nennen kann, in einer Erdhütte zu wohnen. Es wäre etwas anderes, wenn man eine Seele hätte und unsterblich wäre. Dann erst hätte es einigen Sinn, sich ein Haus anzuschaffen.«

Einar in Unterleite: »Ja, ich bin nun nicht so wie Olafur, daß ich von mir behaupte, ich trage eine wissenschaftliche Lehre vor, wenn ich schon einmal spreche, sondern ich sage es einfach so, wie es mir vorkommt, für mich und meine Person. Und das muß ich sagen, daß eben aus dem Grunde, daß ich weiß, daß die Seele existiert und daß sie unsterblich ist, es mir gleich ist, ob ich diese kurze Weile in einer Erdhütte wohne, während meine Seele wartet. Und wenn auch das Leben elend ist, die Häuser klein, die Schulden drückend, die Lebensmittel knapp und die Krankheiten langwierig und unvermeidbar, so ist doch Seele Seele. Die Seele ist und bleibt ewig Seele und gehört einer höheren Welt an.«

»Ach, geht doch zum Teufel mit eurem ganzen Seelenscheiß«, sagte Bjartur und sprang verächtlich von der Hürdenmauer.

Dann wandte sich Hrollaugur auf Quellen dem Schafbandwurm zu.

Schluß

74

Anderer Leute Brot

In diesem Frühjahr, um die Zeit, als Bjartur in Steinhütte ein Haus errichtet hatte – es war ein Haus, wie er es schon einmal gebaut hatte, solche Häuser werden instinktiv gebaut –, kaufte der Gemeindevorsteher auf Außen-Rotenmoor seine Außenställe wieder für das, was auf ihnen lastete. Man hielt es allgemein für einen guten Kauf. Er plante, hier eine ausgedehnte Fuchsfarm anzulegen, weil es sich gezeigt hatte, daß nicht mehr der Fuchs der Hauptfeind der Nation war; das Schaf war der Hauptfeind der Nation. Bjartur hingegen hatte seine Schafe und seine Sachen nach Sandschluchtheide im Norden gebracht, am alten Ort war nichts ihm Gehöriges zurückgeblieben als die alte Frau, und sie wollte er mit nach Norden nehmen, wenn er aus dem Marktflecken zurückkam. Er machte seine ersten Besorgungen im Marktflecken unter dem Namen Bjartur in Steinhütte, sein Sohn begleitete ihn. Dieser Mann war bei der Handelsgenossenschaft so verschuldet, daß er auf seinen Namen nicht einmal eine Handvoll Roggenmehl bekam. Er durfte auf den Namen der Witwe Hallbera Jonsdottir gemäß Vollmacht so viel entnehmen, wie sein Gaul tragen konnte. Es hatte keinen Zweck, große Worte zu machen oder jemanden zu beschimpfen, denn niemand hörte darauf oder hatte Zeit, sich darauf einzulassen, höchstens daß einem ein Lagerist sagte, man solle das Maul halten. Und es hatte auch keinen Sinn, jemanden zu verprügeln, denn wie es auch kam, man verprügelte nie den richtigen. Er hatte seine beiden besseren Pferde gegen Holz für die neue Stube in Steinhütte hergegeben und besaß jetzt kein anderes Pferd für den Transport als einen sechsundzwanzig

Jahre alten Klepper, er hieß Blesi. Wir kennen ihn von früher her, als wir bei einer Beerdigung in Sommerhausen zugegen waren, ja, seitdem ist eine lange Zeit vergangen. Da stand er zur Winterzeit an einen Türpfosten gebunden und blickte hinein, während der alte Thordur in Unterkaten sang. Es gibt viel, was sich im Leben eines Pferdes ereignen kann. Dieses Pferd hatte die ganze Wirtschaft in Sommerhausen erlebt, als einziges Pferd in schweren Zeiten, mit anderen in guten Tagen, jetzt war es wieder das einzige Pferd, dürr, mit hängendem Kopf, vorstehenden Knochen, kahlen Stellen, an Star erblindetem Auge; der arme alte Gaul; doch er hatte eine starke Brust wie Bjartur. Sie kamen spät nach Fjord herunter, und der Bauer traute dem Pferd den Rückweg am selben Abend nicht zu; sie hatten es auf die Weide gebracht, doch es hatte schlechte Zähne und brauchte lange, um sich satt zu fressen. Es blieb nichts anderes übrig, als bis morgen früh zu warten; bis es genug hatte. Es war spät am Abend, die Handelsgenossenschaft geschlossen, die Besorgungen von Vater und Sohn erledigt und nichts weiter zu tun, als auf den Morgen zu warten; sie gingen auf die Straße. Beide hatten Hunger, sie hatten den ganzen Tag nichts gegessen, keiner hatte Geld, sie konnten nicht zur Nacht einkehren. Der Himmel bezog sich, vom Meer her wehte es kalt, doch ohne Regen, beide verlangte nach Kaffee, keiner sprach davon.

Im Marktflecken hatte es Unruhen gegeben, obwohl Bjartur in Steinhütte an ernstere Dinge zu denken hatte. Die Ideale Ingolfur Arnarsons hatten nämlich in Fjord begonnen, Gestalt anzunehmen. Vor einem halben Monat hatte man den großen Hafenbau angefangen, den der Minister seinerzeit dem Ort versprochen hatte und den er dann mit seiner bekannten Tatkraft auf dem Althing durchgekämpft hatte; an ihm fehlte es nicht. Außer den Ortsansässigen bekamen bei diesem Großunternehmen viele Leute aus Wiek Arbeit; sie hatten sich von ihren Familien getrennt und waren hierher in alte Fischerschuppen gezogen, die als Unterkünfte dienten und Baracken genannt wurden. Es war die Rede davon gewesen, Lohn werde nach den in entlegenen Bezirken üblichen

Sätzen gezahlt. Zuerst ging man daran, den berühmten Wellenbrecher wiederum aus seinen Trümmern zu errichten, und dazu gehörten Unmengen von Steinen und Beton. Die Männer hatten eine Woche mit Sprengungen und Transport von Steinen zu tun gehabt; dann kam der erste Auszahlungstag. Da stellte es sich heraus, daß sie sich wegen des Lohns, der in entlegenen Bezirken gezahlt wird, allzu große Hoffnungen gemacht hatten; sie meinten, daß sie mit dem Angebotenen ihre Familien und sich nicht ernähren, geschweige denn mit der Zeit Kleinbürger werden könnten; sie nannten solche Arbeitslöhne einen Hungerangriff auf die Arbeiter und sagten, daß sie gegen eine Gesellschaftsordnung wären, in der arbeitende Menschen nichts zu essen hätten, als ob eine solche Gesellschaftsordnung etwas Neues wäre. Sie forderten höhere Löhne, doch niemand hatte die Vollmacht, in diesen schweren Zeiten höhere Löhne zu zahlen, wen kümmert das, wenn eure Familien nichts zu essen haben, die Gesellschaftsordnung der Isländer ist heilig. Da legten sie die Arbeit nieder und traten in den Streik. Hier am Ort hatte es noch nie einen Streik gegeben, auch waren es ja die Leute aus Wiek, die sich dafür einsetzten; sie hatten nämlich einmal bei sich in Wiek gestreikt und gesiegt, so daß ihre Familien eine Zeitlang genug Roggenbrot zum Fisch bekommen konnten. Die Fjorder hingegen waren gespalten, viele waren entschlossene Anhänger des Streiks, doch eine ziemlich ansehnliche Zahl machte nicht mit und wollte etwas für die Unabhängigkeit Islands opfern. Die Werkmeister hießen weiterhin alle willkommen, die für diesen Lohn arbeiten wollten, die anderen konnten gehen. Es traten sogar Kleinreeder und andere Kleinbürger in Erscheinung und erboten sich zu arbeiten, sogar umsonst, zu dem Zweck, die Unabhängigkeit der Nation und die Gesellschaftsordnung der Isländer zu retten. Doch die Streikenden weigerten sich, den Arbeitsplatz zu verlassen, und noch mehr, sie scharten sich zusammen und verwehrten den Arbeitswilligen den Zutritt. Immer wieder war es zu schweren Schlägereien zwischen denen gekommen, die es sich leisten konnten, die Unabhängigkeit Islands zu verteidigen, und denen, die wünschten, daß ihre Familien zu essen hätten. Menschen waren windelweich geklopft worden wie Hartfisch, einigen wurden die Knochen gebrochen. Worte und Ideen kamen bei den Leuten in Umlauf, die der ganzen Denkweise widersprachen, die bisher am Ort geherrscht hatte; erbärmliche Vagabunden hatten sich eingefunden, um den Frieden zu stören; sie sagten öffentlich, daß sie eine neue Gesellschaftsordnung einführen wollten, in der arbeitende Menschen zu essen hätten. Am Ort gab es keine Polizei, die diesen Wahnsinn hätte niederschlagen können, und die Gesellschaftsordnung stand ohne Schild und Schutz da, ebenso wie die Unabhängigkeit der Nation, bis der Bezirksvorsteher mit der übergeordneten Behörde telefonierte und darum ersuchte, Polizei hierher zu senden, um die Arbeitswilligen zu schützen und um auswärtige Unruhestifter von den Arbeitsplätzen zu vertreiben, die sich das Recht angemaßt hatten, die Arbeit zu verhindern. Die Regierung entsprach diesem Ersuchen sofort, und jetzt war ein Polizeitrupp nach Fjord unterwegs; er wurde mit dem Küstendampfer morgen früh erwartet. Man sagte, daß die Streikenden ihrerseits große Vorbereitungen träfen; man rechnete mit Kämpfen. Im Ort herrschte angstvolle Erregung, und es war durchaus nicht verwunderlich, daß niemand einen Gedanken für Bjartur in Sommerhausen übrig hatte; alle dachten daran, ob sie morgen geprügelt würden. Doch jetzt war es sehr spät am Abend, die unruhigen Stimmen der Arbeiter waren verstummt, und die grämlichen Stimmen der Seeschwalben waren an deren Stelle getreten; die Nacht lag wie ein durchsichtiger Schleier über dem Ort.

Die beiden Talbauern, Vater und Sohn, setzten sich vor einem schlafenden Haus an den Straßenrand und kauten an Schmielenhalmen und sagten lange kein Wort.

Schließlich brach der Sohn das Schweigen.

»Sollten wir nicht beide zu Asta Sollilja gehen und sie begrüßen«, sagte er. »Ich habe gehört, sie sei krank.«

Keine Antwort.

Der Sohn: »Sollten wir nicht Asta Sollilja aufsuchen? Ihr Liebster soll ihr weggelaufen sein.«

Anhaltendes Schweigen.

Der Sohn: »Papa, ich bin sicher, Asta Sollilja würde sich so freuen, wenn wir zu ihr kämen. Ich bin sicher, sie würde uns Kaffee geben.«

Schließlich verlor der Vater die Geduld, warf seinem Sohn einen bösen Blick zu und erwiderte: »Ach, sei still. Oder willst du, daß ich Hand an dich lege, du verdammter Jammerlappen, aus dem nie ein Mann wird?«

Damit war die Sache ausdiskutiert.

Als sie wiederum eine lange Weile so gesessen hatten, sahen sie nicht weit entfernt einen Mann herumschlendern; er kam näher, groß und hager, in blauen Nankinghosen und einer Strickjacke, die Mütze im Nacken. Er blieb dann und wann stehen, sah die Häuser an und drehte sich um. Dann erblickte er die beiden Männer, wie sie da saßen, hörte auf, die Häuser zu betrachten, kam langsam auf sie zu, blieb einige Armlängen vor ihnen stehen. Er holte einen halbaufgerauchten Zigarettenstummel aus der Tasche und sah abwechselnd die beiden und die Zigarette an. Dann lächelte er, steckte sich die Zigarette an und ging zu ihnen.

»Glück und Segen, Brüder«, sagte er.

Sie erwiderten seinen Gruß kaum, rührten sich nicht, starrten weiter in den Rinnstein mit einem Grashalm zwischen den Zähnen. Der Mann lungerte weiter bei ihnen herum. Dann blickte er zum Himmel.

»Es hat sich zum Abend bezogen«, sagte der Mann.

Sie gaben darauf keine Antwort.

»Das hier ist übrigens ein verdammt lausiger Ort«, sagte der Mann. »Ich wollte, ich wäre zu Hause. Doch zu Hause ist es natürlich auch nicht besser.«

»Von wo bist du?« fragte Bjartur.

Er war von Osten aus Wiek und hatte geglaubt, es würde hier im Sommer etwas besser, doch es war überhaupt nicht besser, nichts als Betrug. »Hör mal«, sagte er plötzlich und sah Bjartur an, als wäre ihm ein guter Gedanke gekommen, »kannst du mir vielleicht Brot verkaufen?«

»Dir Brot verkaufen? Bist du nicht bei Verstand? Nein; ich habe kein Brot zu verkaufen.«

»Nun ja«, sagte der Mann und lächelte unbestimmt. »Es

macht übrigens nichts. Ich habe sowieso nichts zum Bezahlen.«

Es trat ein kurzes Schweigen ein, dann sagte der Mann: »Schlecht ist das alles und verflucht, hol der Teufel den Mist – in welchem Buch steht das denn nun wieder?«

»Och, ob es nicht in der Bibel steht«, sagte Bjartur.

»Ach, was ist bloß mit mir«, sagte darauf der Mann, »natürlich steht es da.«

»Du bist sicher einer von den Streikenden«, sagte Bjartur. »Ihr solltet wahrhaftig nicht aufhören, etwas zu tun.«

»Was hat es für einen Zweck, wenn man betrogen wird?« sagte der Mann. »Du bist hoffentlich nicht einer von den Arbeitswilligen?«

»Doch«, sagte Bjartur. »Ich habe immer gern gearbeitet. Doch anderer Untertan bin ich nicht, ich bin ein unabhängiger Mensch – noch.«

»Jetzt soll morgen die Polizei kommen«, sagte der Unbekannte. »Ich hoffe, daß du nicht Ingolfur Arnarson gewählt hast, den verfluchten Bluthund.«

Doch Bjartur gab keinerlei Auskunft darüber.

»Es wäre verdammt fein, wenn man ein bißchen Brot kaufen könnte«, sagte der Mann. »Die Jungens haben mich nämlich nach Brot geschickt. Wir wollten Kaffee kochen.«

Bjartur: »Du hast gesagt, du hattest kein Geld.«

Der Mann sah wieder nach dem Wetter, schnalzte mit der Zunge und lächelte wiederum unbestimmt. »Nein, ich hatte eigentlich auch nicht daran gedacht, es zu kaufen, wenn es sich machen ließe. Ich habe bloß in die Bäckerei geguckt.«

»Die Bäckerei ist lange zu«, sagte Bjartur.

»Das ist nicht so schlimm, wenn sie das Brot nicht verwahrt hätte«, sagte der Mann.

»Verwahrt?«

»Doch, doch, sie haben es verwahrt. Ich habe um sieben Uhr verdammt schönes Brot da gesehen, ganz richtiges Vollkornbrot, Mann.«

Dann war er mit dem Zigarettenstummel fertig. »Denkst du, es gibt Regen?«

»Mir sieht es nicht so aus«, sagte Bjartur.

»Mir ist es übrigens ganz egal, meinetwegen kann es regnen«, sagte der Mann. »Hör mal, es ist verflucht lange her, daß ich bei einer Frau war.«

»Nun ja«, sagte Bjartur.

»Es macht aber nichts«, sagte der Mann. »Wenn die verdammten Strolche morgen mit der Polizei kommen, dann ist es bloß gut, wenn man nicht bei einer Frau war. Sie nehmen einem allen Mut. Hör mal, denkst du, daß ihr mit uns sein werdet, Brüder?«

»Gegen wen?«

»Gegen den Höllenhund Ingolfur Jonsson«, sagte der Mann.

Bjartur überlegte eine Weile und erwiderte dann: »Tja, ich tauge nicht mehr für Schlägereien.«

»Wir haben eine Masse Hackenstiele«, sagte der Mann. »Und allerlei Knüppel.«

»Eben das«, sagte Bjartur.

»Doch wenn die Teufel mit Schußwaffen kommen, dann geben wir natürlich auf. Das haben wir beschlossen. Die meisten von uns haben nämlich Kinder. Wenn ich keine Kinder hätte, wäre es mir verdammt egal, wenn ich erschossen würde. Hör mal, wartet ihr auf was Bestimmtes?«

»Nein«, sagte Bjartur. »Ich warte darauf, daß mein Gaul sich vollfrißt, er ist schon über fünfundzwanzig. Wir wollen morgen früh übers Gebirge.«

Der Mann: »Ihr geht doch nicht vor dem Krawall, Brüder! Hört mal, warum zum Teufel sitzt ihr eigentlich hier? Darf man euch zu warmem Kaffee und Brot bei uns einladen?«

»Hast du denn Brot?«

»Brot?« wiederholte der Mann erstaunt. »Ja, ja, Brot genug. Kommt nur mit.«

Er war so geradezu, so umgänglich und kameradschaftlich, daß sie aufstanden und mit ihm trotteten. Er war nicht dafür, in gerader Richtung zu gehen, sondern schlug viele Haken, sie gingen geradeaus. Zweimal bat er sie, auf ihn zu warten, während er schnell einmal hinter ein Haus lief.

»So ein Spaß«, sagte er. »Sie haben solche Angst, daß sogar die alten Weiber die Küchen fest verschlossen haben.«

Ihm kam das wirklich ulkig vor, und er lachte darüber, doch Vater und Sohn fanden nichts Ulkiges daran. Zwischendurch sprach er weiter von der Polizei, vom Wetter, von den Frauen und vielem anderen, je nachdem, was ihm in den Sinn kam.
»Hört mal«, sagte er. »Es hat keinen Sinn, sich in diesen Zeiten zu verheiraten.«
»Wirklich nicht«, sagte Bjartur.
»Nein, nein«, sagte er und schnalzte mit der Zunge.
»Nun ja, dann heirate nicht«, sagte Bjartur.
»Hör mal«, sagte der Mann. »Ich sprach neulich mit einem verdammt hellen Burschen, und der sagte: ›Es ist ein doppelt so schweres Verbrechen von der Obrigkeit, Menschen leben zu lassen, als sie totzuschlagen.‹«
»Was für ein verdammter Quatsch«, sagte Bjartur.
»Nein, nein«, sagte der Mann geradeheraus. »Es ist vollkommen wahr. Ich bin auch der Ansicht. Ich bin der Ansicht, daß die Menschen nicht so schlimme Verbrecher sind, um in dieser Gesellschaftsordnung leben zu können. Man ist nicht Bösewicht genug für diese Gesellschaftsordnung, das heißt das einfache Volk. Das ist es.«
Bjartur hatte vollauf zu tun, sich in solcher Rede zurechtzufinden, und war um eine Antwort verlegen.
»Man hat auch keine Waffen«, sagte der Mann. »Wenn man Waffen hätte, das wäre eine andere Sache. Man muß Hackenstiele von ihnen selber stehlen, um sie damit zu verprügeln. Doch wenn sie Schußwaffen mithaben, dann natürlich – wartet mal, hier wohnt eine alte Frau.«
Im Nu war er hinter einem Haus verschwunden, einem mittelgroßen Haus; es hatte Blumen in den Fenstern und einen kleinen Hühnerstall. Nach einer kleinen Weile kam er mit einem großen, unangeschnittenen Laib Brot zurück.
»Ich habe mich verletzt«, sagte er und leckte aus einer kleinen Wunde an der Hand, »aber es ist nichts. Gehen wir jetzt.«
»Du hast doch hoffentlich das Brot nicht gestohlen«, sagte Bjartur böse.
»Ih«, sagte der Mann, schnalzte mit der Zunge und steckte

das Brot unter seine Strickjacke. »Das macht nichts. Sie besitzt Grundstücke. Es ist die Witwe eines Propstes.«

Da blieb Bjartur auf der Straße stehen und sagte: »So, jetzt gehe ich nicht weiter.«

»Doch, doch«, sagte der Mann. »Freunde, kommt und trinkt Kaffee. Es ist ausgezeichnetes Brot. Ich denke, die alte Frau braucht nicht so viel Brot.«

»Ein Dieb bin ich nie gewesen«, sagte Bjartur, »auch kein Hehler.«

»Ich auch nicht«, sagte der Mann. »Doch was soll man tun, wenn einem alles gestohlen wird und man obendrein noch erschossen wird. Ich denke, den Kapitalisten, die im Krieg zehn Millionen unschuldige Menschen zum Vergnügen gemordet haben, kommt es nicht auf ein Brot an. Die Kapitalisten bestrafen einen viel mehr, wenn man nicht stiehlt, als wenn man stiehlt – weshalb sollte man dann nicht stehlen? Alle, mit denen ich gesprochen habe, sagen, daß sie es im Zuchthaus weitaus am besten gehabt haben. Diese alte Frau kassiert nur ihre Pachten. Ich bin sicher, daß es hundert Prozent besser ist, im Zuchthaus zu sitzen, als ein Grundstück zu besitzen wie du. Ich bin sicher, daß man im Zuchthaus viel selbständiger ist. Kommt jetzt, Brüder. Der Kaffee muß schon fertig sein. Und es gibt nur einen Dieb, das sind die Kapitalisten.«

In dieser Baracke waren zehn, zwölf Arbeiter; sie machten sich Essen auf einem Petroleumkocher, der schrecklich qualmte, doch der Kaffee war schon gekocht, und der Kaffeeduft strömte den Ankömmlingen durch die Nacht entgegen.

»Was sind das für Männer?« wurde gefragt.

»Sie saßen auf der Straße und nahmen Prisen«, antwortete der Führer der beiden, doch das war nicht ganz richtig, sie hatten nur Grashalme gekaut. »Ich lud sie zum Kaffee ein.«

»Hast du Brot?«

»Jaja«, sagte der Führer geradeheraus, »Brot genug. Bitte, tretet ein, Brüder. Man kann sie ohne weiteres hereinlassen, sie sind gegen die Kapitalisten.«

Die Gastgeber boten ihren Gästen Platz auf einer Koje an; man saß dort zwar etwas zurückgelehnt, doch lag irgendwo ein elendes Deckbett darin, und man begann, sie auszufragen. Verschiedenen war Bjartur in Sommerhausen bekannt, und sie wußten, daß er gebaut hatte und daß sein Grundstück zum Schuldenausgleich vor wenigen Tagen auf einer Zwangsversteigerung verkauft worden war. Sie wollten seine Geschichte ausführlicher hören, doch er gab keinerlei Auskunft. Dennoch griff er erfreut nach einem Marmeladenglas voll Kaffee und trank, doch als das Brot an der Reihe war, wurde er wiederum böse, es war anderer Leute Brot. Nichtsdestoweniger hatte er großes Verlangen nach Brot. Gvendur ließ sich eine tüchtige Scheibe geben und sah seinen Vater an.

»Das tust du auf deine Verantwortung und nicht auf meine«, sagte Bjartur.

»Bjartur«, sagte da ein junger Mann mit merkwürdig klarem Blick und lebendigen, empfindsamen Gesichtszügen, »weißt du, was die russischen Bauern getan haben?«

Er gab keine Antwort.

»Sie hatten seit undenklichen Zeiten selbständig gelebt wie verwilderte Katzen, oder besser gesagt, wie isländische Kleinbauern, wie du. Die Reichen hielten sie sich nämlich, um sie zu bestehlen und zu morden. Vor acht Jahren machten die Kapitalisten einen Krieg und ließen sie zu ihrem Vergnügen drei Jahre lang hinmorden wie Hunde. An manchen Tagen wurden zweihunderttausend auf einmal umgebracht. Schließlich kriegten die russischen Bauern es satt und verbündeten sich mit ihren Brüdern, den Arbeitern in den Städten, und dann stürzten sie die Kapitalisten und töteten den Zaren und nahmen alle Besitztümer, die die Kapitalisten ihnen gestohlen hatten, und errichteten eine neue Gesellschaftsordnung, in der keiner an der Arbeit anderer verdienen kann. Das nennt man eine kollektive Gesellschaftsordnung.«

»Ach je«, sagte Bjartur und lachte. »Ist also der Zar gestürzt worden.«

Danach erzählte er ihnen dies und das aus seinem Leben und auch, wie es nun um ihn stand. »Vielleicht kann ich bei euch einen kleinen Happen Brot bekommen, Jungens«, sagte er schließlich, denn er sah, daß alle von dem Brot aßen und

daß die Männer guten Appetit hatten und kaum mehr der halbe Brotlaib übrig war. Sie schnitten ihm eine dicke Scheibe ab, und es war ausgezeichnetes Brot. »Ja, vielleicht rächen sie mich dort«, sagte er und aß, »wie den starken Grettir Asmundarson, für den da unten in Konstantinopel Rache genommen wurde, weshalb er auch als größter Mann in Island galt.«
»Du bist noch nicht tot«, sagte einer. »Und du bist morgen bei uns«, sagte ein anderer.
»Nein«, sagte er. »Ich habe auf einer anderen Bauernstelle gebaut und habe keine Zeit, mich unten in den Fjorden herumzubalgen.«
»Eines schönen Tages werden die arbeitenden Menschen die Diebe und Mörder abschütteln«, sagte einer. »Dann wirst du nicht zu bereuen brauchen, daß du mit uns Hand angelegt hast.«
»Ja, ich bin immer ein unabhängiger Mann gewesen«, sagte er. »Ich will mein eigenes Leben besitzen. Ich gehe morgen früh nach Norden, nach Steinhütte, sobald der Gaul satt ist, daran ist nicht zu rütteln. Doch der kleine Gvendur da kann bei euch bleiben, mir tut es nicht leid, wenn die Rotenmoorteufel Prügel bekommen. Hörst du, du bleibst bei diesen Jungens, Gvendur. Wer weiß, ob sie dir nicht einmal das Amerika schenken, nach dem du dich damals gesehnt hast.«

Als der Kaffee getrunken war, begannen einige zu singen, andere trafen Anstalten, sich hinzuhauen. Sie zogen sich nicht aus, sondern warfen sich in die Kojen, zwei und drei in eine, in den meisten lagen irgendwelche Lumpen, sich darin einzuwickeln. Zwei boten Gvendur an, als dritter bei ihnen im Bett zu liegen. »Er bekommt Arbeit, wenn wir siegen«, sagten sie, »wir nehmen ihn sofort in die Gewerkschaft auf.«

Kurze Zeit danach war alles verhältnismäßig still, die meisten hatten sich hingelegt, auch Bjartur; er bekam Platz vorn am Sitzbrett einer Koje. Ihm war schlecht, und er hatte das Gefühl, als müßte er sich jeden Augenblick übergeben; es lag selbstverständlich am Brot, doch sonderbarerweise behielt er es bei sich. Er konnte nicht einschlafen, dieses Nachtquartier brachte ihn in allzu große Schwierigkeiten. War er hier in die Gesellschaft von gemeinen Dieben geraten, von Gewalttätern und Räubern, die die Obrigkeit verprügeln und das Land rauben wollten? Hatte er nicht zuviel gesagt, als er beschloß, daß sein Sohn hier bei den Räubern bleiben sollte? Was hatte er, der freie Mann, oder seine Kinder mit dieser Gewerkschaft zu schaffen? Weshalb zum Teufel mußte er unbedingt hier bei ihnen hereinschneien, der unabhängige Mann, der gerade ein neues Grundstück übernommen hatte? Oder waren es im Gegenteil rechtschaffene Männer? Wenn es so war, dann waren es die einzigen rechtschaffenen Leute, die er je kennengelernt hatte. Es kam nämlich nur noch zweierlei in Frage, entweder war die Obrigkeit die Gerechtigkeit und diese Männer Verbrecher, oder diese Männer waren die Gerechtigkeit und die Obrigkeit Verbrecher. Es war nicht leicht, in einer Nachtstunde hierüber Klarheit zu gewinnen, und es tat ihm sehr leid, daß er hier gelandet war; von dem gestohlenen Brot war ihm noch immer schlecht; ihm schien, er hätte die größte Niederlage seines Lebens erlitten; er schämte sich sogar so sehr, daß ihm das Blut ins Gesicht schoß, er war mehrmals nahe daran, aufzustehen und das Brot der Erniedrigung vor die Tür zu speien. Dennoch stand er nicht auf, er blieb liegen. Rundherum schnarchten sie schon längst.

75

Der Zar gestürzt

Er war also doch eingeschlafen. Als er die Augen aufschlug, war es in der Baracke ganz hell, die Morgensonne schien durch die offene Tür. Er ging hinaus und sah nach der Sonne, es mußte gegen sechs Uhr sein, er hatte drei Stunden geschlafen. Die Männer schliefen noch. Das Brot und die Unterhaltung vom Abend vorher standen jetzt vor seinem geistigen Auge in einem sonderbaren Licht, als ob er etwas seiner Unwürdiges geträumt hätte; es war merkwürdig, daß er in diese Sache geraten war. Er hatte Schmerzen im Rücken und war ein wenig steif. Die Unterhaltung hatte nichts zu sagen, man hört so vieles – wenn er nur nicht das verdammte Brot gegessen hätte. Dann dachte er daran, daß er ihnen auch seinen Sohn gegeben hatte. Sie hatten ihm doch nichts in den Kaffee getan, das ihm die Vernunft raubte? Er stand auf der Schwelle der Baracke und sah abwechselnd hinein und hinaus und hatte vor, ihnen seinen Sohn wieder wegzunehmen. Dann ging er nach hinten in die Baracke, er wollte ihn anstoßen und ihn unauffällig wecken. Der Junge schlief dort fest bei seinen beiden Kameraden; es waren alles große, starke Männer mit breiter Brust, starken Kiefern, schweren, grobknochigen Händen, und am Kopfende lagen einige Hackenstiele. Da schien ihm, sein Sohn nehme sich zwischen diesen starken Männern im Schlaf so gut aus, daß er es nicht übers Herz brachte, ihn zu wecken und ihnen wegzunehmen, er würde sich im Wachen nicht schlechter zwischen ihnen ausnehmen; ihm schien, daß sie wirklich Anspruch darauf hatten, das Land zu besitzen und zu regieren. Doch wenn jetzt die Leute Ingolfur Arnarsons mit Schußwaffen kamen und sie umbrachten, auch seinen Sohn – was dann? War es nicht sicherer, den Jungen zu wecken und mit ihm hinauf in ein Seitental zu gehen, als ihn wie einen Hund hier an der Küste totschießen zu lassen? Er hatte von jeher diesen Jungen gern gehabt, obwohl er es nicht zeigte. Gewiß war der Bursche einmal nahe daran gewesen, nach Amerika zu verschwinden, doch die Sehnsucht nach Unabhängigkeit hatte gesiegt, und er hatte sich entschlossen, hier zu Hause mit seinem Vater die Schwierigkeiten zu überwinden. Ach ja, dachte Bjartur, zum Teufel, ich habe schon früher Jungen verloren, und dachte einen Augenblick an die Knaben, die er auf dem Rücken in einer Kiste hinunter in die Gemeinde getragen hatte und auf dem Kirchhof der Rotenmoorer begraben durfte; und noch mehr Jungen hatte er in seinem Freiheitskampf verloren. Ist es denn da nicht am besten, daß dieser denselben Weg geht? Man ist nicht selbständig, wenn man nicht den Mut hat, allein zu stehen. Grettir Asmundarson war neunzehn Jahre lang ein friedloser Geächteter in den Gebirgen Islands, bis er auf der Insel Drangey erschlagen wurde; dennoch wurde für ihn in Konstantinopel, der größten Stadt der Welt, Rache genommen. Vielleicht werde auch ich im Lauf der Zeiten gerächt. Vielleicht sogar in einer großen Stadt?

Er dachte plötzlich daran, daß der Zar gestürzt war, und es freute ihn – was würde wohl der alte Jon auf Moor dazu sagen? Also nahm er davon Abstand, seinen Sohn zu wecken, und ging so leise wie möglich aus der Baracke.

Es war jetzt an der Zeit, den Gaul von der Weide zu holen und sich für die Reise fertigzumachen, doch er traf gar keine Anstalten, den Gaul zu holen, sondern lungerte eine Weile in dem noch schlafenden Ort herum und erwiderte geistesabwesend den Morgengruß alter Häusler, die schon aufgestanden waren und in ihren Gemüsegärten jäteten oder Netze auf Mauern und Grasflecken ausbreiteten, trockneten und ausbesserten. Dann ging er am Fjord entlang in Richtung auf die Stelle, wo die erbärmlichsten Erdhütten hingesetzt worden waren, es war der Sandstrand; hier draußen hatte er nie zu tun gehabt, doch kannte er einige, die hier wohnten. Die eine oder andere alte Frau war aufgestanden und klopfte einen Sack an der Mauer aus. Hinter einer Hütte stand eine Gruppe Arbeiter und unterhielt sich; niemand kümmerte sich um Bjartur, es war eine Art Versammlung.

Draußen an der Mauer hockt ein schmächtiges Mädchen und bäckt am frühen Morgen Kuchen aus Sand. Gerade als er vorbeigeht, richtet sie sich auf und wischt sich die Hände vorn am Kleid ab, ja, sie hat lange Beine für ihr Alter, das arme Ding, und diese langgliedrigen Hände, und ihr Gesicht, das ist auch kein Kindergesicht, sondern ausdrucksvoll und von Erfahrung gezeichnet; und sie sieht ihn zufällig an, und er erkennt sofort die Augen, sowohl das gute Auge wie das schiefe Auge, und bleibt auf der Straße stehen und sieht sie an, es ist die kleine Asta Sollilja.

»Was«, sagte er und sah die Kleine an, denn ihm war, als hätte sie etwas gesagt, als sie ihn ansah.

»Ich habe nichts gesagt«, sagte sie.

»Du stehst schrecklich früh auf, mein Kind«, sagte er, »es ist erst gegen sechs Uhr.«

»Ich konnte nicht schlafen«, sagte sie, »ich habe Keuchhusten. Mama hat gesagt, es ist am besten, wenn ich hinausgehe.«

»Nun ja«, sagte er, »du hast Husten. Es ist nicht zu verwundern, daß du Husten hast, wo du ein so furchtbar dünnes Kleid anhast.«

Sie gab keine Antwort darauf, sondern beschäftigte sich wieder mit ihren Kuchen, und er kratzte sich den Kopf.

»Ja, ja, kleine Sola«, sagte er, »armes Würmchen.«

»Ich heiße nicht Sola«, sagte sie.

»Wie heißt du denn?«

»Ich heiße Björt«, sagte sie und richtete sich auf.

»Ja so, kleine Björt«, sagte er, »es bleibt sich gleich.«

Er setzte sich an den Straßenrand und sah sie weiter an.

Sie tat Pampe in einen Napf und stellte den Napf zum Backen auf einen Stein.

»Das ist Napfkuchen«, sagte sie und lächelte ein wenig, um die Unterhaltung in Gang zu halten.

Er sagte nichts, sondern sah sie weiter an.

Schließlich richtete sie sich auf und fragte: »Warum sitzt du da? Warum siehst du mich an?«

»Ob es nicht bald bei deiner Mama Morgenkaffee gibt?« sagte er.

»Es ist kein Kaffee da«, sagte sie, »bloß Wasser.«

»Och, manch einer hat sich mit Wasser begnügen müssen«, sagte er.

Sie bekam einen Hustenkrampf und wurde ganz blau und legte sich auf die Erde, solange der Anfall dauerte.

»Warum bist du da?« sagte sie, als sie sich nach dem Krampf wieder zu erholen begann. »Warum gehst du nicht weg?«

»Ich möchte bei euch das Morgenwasser trinken«, sagte er geradeheraus.

Sie sah ihn eine Weile forschend an und sagte dann: »Ja, ja, dann komm!«

Er hatte nämlich heute nacht anderer Leute Brot gegessen, das obendrein gestohlen war; ihm machte es nicht viel aus, wie die Dinge jetzt lagen, bei diesem kleinen Mädchen das Morgenwasser zu trinken; er stieg über den Stacheldrahtzaun an der Straße und ging mit dem Kind zur Hütte. Nie hatte seine moralische Kraft so versagt wie in der vergangenen Nacht und an dem darauffolgenden Sonnenscheinmorgen; ja, es war nicht sicher, ob er noch als unabhängiger Mensch gelten konnte.

Im Giebel war ein unterteiltes Fenster; in zwei Felder waren Säcke gesteckt und das dritte mit Brettern vernagelt; im vierten war eine heile Scheibe. Björt ging vor. Die Hütte war einmal auf städtische Weise tapeziert gewesen, doch die Tapete war schon lange schmutzig-schwarz vor Nässe und hing in Fetzen von der Verschalung. Drinnen standen zwei Betten, in dem einen lag der Hauseigentümer, die alte Frau; in dem anderen schlief Asta Sollilja mit dem kleineren Kind neben sich. Auf einem Tisch am Fenster stand ein Petroleumkocher; eine Kiste, ein zerbrochener Stuhl.

»Bist du schon wieder da?« sagte Asta Sollilja, als sie ihre Tochter in der Tür sah, und richtete sich im Bett auf. Ihre Brüste hingen unter dem offenen Hemd schlaff herab, das Haar war unordentlich; sie war sehr mager, sehr weiß. Doch als sie Bjartur hinterherkommen sah, wurden ihre Augen starr. Sie schüttelte den Kopf, wie um Halluzinationen abzuschütteln, doch es war keine Halluzination, er stand hier auf dem Fußboden, es war er.

»Papa«, sagte sie und rang nach Atem.

Sie sah ihn noch eine Weile an, und ihre Augen wurden immer größer, ihre Pupillen weiteten sich. Ihre Gesichtszüge erschlafften, doch es war, als ob sie sich glätteten und zugleich verjüngten, alles mit einem Schlag, und dann rief sie wieder laut, ganz hemmungslos: »Papa!«

Sie griff nach ihrem Unterrock, zog ihn schnell über und streifte ihn über die Hüften, während sie barfuß aus dem Bett sprang, lief ihm bis zur Tür entgegen und flog ihm um den Hals. Die Arme um seinen Nacken, drückte sie ihr Gesicht an seinen Hals unter dem Bart.

Ja, er war es. Ihr Gesicht ruhte an der alten Stelle, er war da; schließlich hob sie den Kopf, sah ihm wieder ins Gesicht und seufzte: »Ich dachte, du würdest nicht kommen.«

»Hör, mein Kind«, sagte er, »willst du nicht schnell einen

Schluck Wasser warm machen und die Kinder anziehen? Ich nehme euch heute mit hinüber.«

»Papa«, wiederholte sie nur und ließ die Augen nicht von seinem Gesicht, blieb noch immer an derselben Stelle stehen. »Nein, ich kann es nicht glauben, daß du gekommen bist.«

Er ging an ihr Bett; sie drehte sich um und sah ihn weiter an, benommen. Er betrachtete ihr schlafendes Kleinkind, es war nun einmal so, daß Bjartur jedesmal, wenn er ein lebendes Kleinkind sah, von Mitleid ergriffen wurde. »Schrecklich, wie winzig das ist«, sagte er. »Ja, das Menschengeschlecht ist erbarmungswürdig, wenn man es betrachtet, wie es wirklich ist.«

»Ich glaube es noch immer nicht«, sagte Asta Sollilja und schmiegte sich wieder an ihn.

»Zieh dir jetzt dein Kleid an, mein Kind«, sagte er. »Wir haben einen weiten Weg vor uns.«

Dann zog sie sich an. Sie hustete.

»Du hättest wieder nach Hause kommen sollen, ehe du lungenkrank wurdest«, sagte er. »Ich habe dir ein Haus gebaut, wie ich gesagt hatte, doch der Spaß ist aus, es ist alles weg. Die alte Hallbera hat mir die Steinhütte verpachtet.«

»Papa«, sagte sie; mehr sagte sie nicht.

»Es ist immer meine Ansicht gewesen«, sagte er, »daß man nie aufgeben soll, solange man lebt, auch wenn sie einem alles genommen haben. Es gehört einem doch immer der Atem, der in einem flackert, oder man hat ihn wenigstens geliehen bekommen. Ja, mein Kind, heute nacht habe ich gestohlenes Brot gegessen und meinen Sohn bei Männern zurückgelassen, die die Obrigkeit verprügeln wollen, so daß mir schien, ich könnte am Morgen dann ebensogut dich aufsuchen.«

76
Blut im Gras

»Du bist schrecklich lange weg gewesen, armes Ding«, sagte die Großmutter am Abend, als Asta allein bei ihr war, die letzte Nacht in Sommerhausen; Bjartur war mit den Lebensmittelvorräten nach Steinhütte weitergegangen. »Ich dachte, du wärst tot.«

»Ja, ich war tot, Großmutter«, antwortete das Mädchen.

Die Großmutter: »Ja, es ist sonderbar, daß alle sterben dürfen, nur ich nicht.«

»Ja, doch jetzt bin ich von den Toten auferstanden, Großmutter«, sagte Asta Sollilja.

»Was?« sagte die Großmutter.

»Ich bin von den Toten auferstanden.«

»O nein, mein Kind«, erwiderte die Großmutter, »es steht keiner wieder auf. Zum Glück.«

Dann wandte sie sich ab und betrachtete angestrengt die Abmaschung und begann einen alten Psalm über die Auferstehung vor sich hin zu murmeln. Das war ihre Kurzweil.

Asta Sollilja ging am Abend mit ihren Kindern am Bach entlang und betrachtete erstaunt dieses häßliche Haus mit seinen scharfen Ecken, Bretterabdrücken von der Betonverschalung, Zementspritzern auf den Fenstern, zerbrochenen Scheiben und ausgehobener Erde rundherum. Dieser Neubau erinnerte an die Ruine eines Gebäudes, das im Krieg zerschossen worden ist. Das war das Schloß, das er in der Hoffnung gebaut hatte, daß sie käme. Auch sie hatte einmal von einem hellen Haus auf einem grünen Wiesengrund am Meer geträumt.

Jetzt aber sehnte sie sich nur noch nach dem kleinen Haus in Sommerhausen mit seinen gerundeten Linien und gefälligen Proportionen, wo sie ihre heiligsten Qualen durchlebt hatte; ihre teuersten Erwartungen. Dennoch war es ein großer Trost, die alten Berge zu Hause zu sehen; sie waren noch an derselben Stelle, obwohl ihr schien, als wären viele Jahrhunderte vergangen; auch den See; und das Wiesenmoor; und den stillen Fluß im Wiesenmoor; es war einmal eine Johannisnacht, und sie wollte zum erstenmal hinaus in die Welt; es war einmal der Blick eines unbekannten Mannes, und sie hatte gewünscht, ihre Seele dort auf ewig ruhen zu lassen; ihr Leben war zerstört worden, ehe es begann, wie das Haus und die Unabhängigkeit Gudbjartur Jonssons; sie war die Mutter zweier Kinder, vielleicht dreier, doch das brauchte niemand zu wissen, auch wenn es so wäre; sie zeigte diesen zweien ihren alten Hofbach und sagte: »Seht meinen alten Hofbach« und küßte sie. Sie war wie unbeschützte Natur, die vom Wind abgetragen wird, weil sie keinen Schutz hat, weder von Gott noch von den Menschen, die Menschen geben einander keinen Schutz; und Gott? – das wird sich zeigen, wenn man endlich an Schwindsucht gestorben ist. Vielleicht hatte der Allglückliche sich alles gemerkt, was sie hatte erdulden müssen. Dennoch schien es ihr an diesem Abend, daß sie noch nicht zu alt dazu wäre, die Zukunft wiederum in einem Traum zu sehen; in einem neuen Traum. Die Erwartung ist das Leben.

Am Tag darauf setzte Bjartur den Umzug fort. Er kam mit dem alten Blesi, der an jeder Seite des Packsattels ein Traggestell trug, um den Rest seines Umzuggutes zu holen und nach Steinhütte zu bringen. In dem einen Gestell brachte er die alte Frau unter, sie war jetzt über neunzig Jahre; in dem anderen brachte er die Kinder unter. Dann brach er auf und führte das Pferd am Zügel. Asta Sollilja ging neben ihm nach Westen über den Paß. Die Hündin trottete hinterher mit jenem lässigen Schnüffeln, das Hunden an duftenden Frühlingstagen eigen ist. Keiner sagte etwas. Sie waren wie Reisende, die von einem schlechten Nachtquartier auf der Heide aufbrechen. Es war die Heide des Lebens. Der Weg führte zu noch ferneren Heiden. Kein Aufruhr der Gefühle – seinen Kummer nicht mit sich herumschleppen, nie dem nachtrauern, was man verloren hat. Er sah sich zum Abschied nicht einmal nach seinem alten Tal um, als sie auf den Paß kamen. Doch als sie am Grab der seligen Gunnvör vorbeikamen, blieb er stehen und trat vom Weg herunter. Er packte den Gedenkstein, den er ihr einst setzen ließ, mit beiden Armen und wälzte ihn über den Rand der Schlucht. Jetzt hatte er die Gewißheit, daß es nicht möglich war, sie von Kolumkilli zu reinigen; sie hatte immer dort mit ihm gelegen, in schweren Zeiten wie in guten Jahren, sie lag noch immer dort mit ihm. Wiederum hatten sie einem alleinarbeitenden Bauern den Hof zerstört, sie blieben sich von Jahrhundert zu Jahrhundert gleich, und eben deshalb bleibt der alleinarbeitende Bauer sich von Jahrhundert zu Jahrhundert gleich. Ein Krieg im Ausland kann ihm ein und das andere Jahr den Rücken steifen, doch das ist nur scheinbare Hilfe; Täuschung. Der alleinarbeitende Bauer kommt nie aus der Klemme, er lebt weiter im Elend, solange der Mensch nicht des Menschen Schutz, sondern der schlimmste Feind des Menschen ist. Das Leben des alleinarbeitenden Bauern, das Leben des unabhängigen Menschen, ist in seinem Kern die Flucht vor anderen Menschen, die ihn töten wollen. Aus einem Nachtquartier in ein anderes, schlechteres. Eine Kleinbauernfamilie zieht um, vier Generationen von den dreißig, die tausend Jahre lang Leben und Tod in diesem Land aufrechterhalten haben – für wen? Keinesfalls für sich und die Ihrigen. Sie glichen am ehesten Flüchtlingen in einem verheerten Land, in dem lange Kriege getobt haben, sie waren friedlose Geächtete – in wessen Land? Keinesfalls in ihrem Land. Es gibt in ausländischen Büchern eine heilige Geschichte von einem Mann, der dadurch vollkommen wurde, daß er eines Nachts den Acker seines Feindes säte. Die Geschichte von Bjartur in Sommerhausen ist die Geschichte des Mannes, der sein ganzes Leben lang, Tag und Nacht, den Acker seines Feindes säte. Die Heide; noch mehr Heide. Es dröhnte unheimlich in der Schlucht, als der Gedenkstein herabstürzte, und die Hündin sprang bellend an den Rand der Schlucht.

Ein wenig weiter auf dem Paß, dort, wo man nach Außen-Rotenmoor hinuntersehen konnte, bog der Mann von der Hauptstraße nach Norden ab auf steinige, unbefahrbare Wege aus vergangener Zeit, in Richtung auf die Sandschluchtheide. Die Traggestelle knarrten, die Kinder auf der einen Seite waren eingeschlafen; die alte Frau saß im anderen Gestell und hielt sich mit blauen, welken Händen am Dorn des

Packsattels fest. Sie war auf dem Heimweg, nach einer Nacht bei anderen Leuten.

Als sie weiter nach Norden auf die Heide kamen, wurde der Weg immer unwegsamer; unterspülte Stellen, Erdrinnen, Sickerlöcher, Geröll, alle Arten von Unwegsamkeit; schließlich der immmer höher werdende Rand der Hochfläche. Da war Asta Sollilja mit ihren Kräften am Ende. Sie warf sich mit heftigem Husten auf einem Grashang hin; es kam Blut. Als sie eine Weile gehustet hatte, sank sie stöhnend zur Seite und konnte sich nicht bewegen. Bjartur nahm die Traggestelle ab und ließ das Pferd weiden. Er half den Kindern und der Greisin aus den Traggestellen. Die kleine Björt stand mit dem Finger im Mund etwas abseits und sah ihre Mutter an; die alte Frau setzte sich zu Asta und hielt den schlafenden Säugling im Schoß, wie es in dem Vers heißt:

> Fließt das Blut in der Spur,
> ich wiege dich, mein Kind.

Es traf alles ein, was in dem Vers steht, das Blut war im Gras. Sie warteten eine Weile, bis Asta Sollilja Kraft gesammelt hätte. Bjartur stand betroffen ein Stück von ihnen entfernt; das kleine Mädchen fragte ihre Mutter, ob es ihr sehr wehe täte, doch es tat ihr nicht sehr weh, sie hatte nur keine Kraft und getraute sich nicht zu gehen. Sie lag da im Gras mit Blut in einem Mundwinkel und stöhnte leise, mit geschlossenen Augen. Die alte Frau beugte sich zu ihr und betrachtete sie ein wenig von der Seite.

»Ja«, murmelte sie, »ich brauche nicht zu fragen. Noch habe ich den Toten nicht geküßt.«

Schließlich gab Bjartur die Hoffnung auf, daß das Mädchen weitergehen könnte. Er brachte die Kinder und die alte Frau wieder in den Traggestellen unter und machte sie am Tragsatteldorn fest. Dann nahm er Asta Sollilja in den Arm und sagte ihr, sie solle sich gut an seinem Hals festhalten, ergriff den Zügel und brach auf. Als sie weit auf die Hänge hinaufgekommen waren, flüsterte sie: »Jetzt bin ich wieder bei dir.«

Und er antwortete: »Halt dich gut an meinem Hals fest, meine Blume.«

»Ja«, flüsterte sie. »Immer – solange ich lebe. Deine einzige Blume. Deine Lebensblume. Und ich sterbe noch lange, lange nicht.«

Dann zogen sie weiter.

Nachwort

In den Isländergeschichten kommt keine Figur häufiger vor als der Held, der unter einem so strengen Sittengesetz steht, daß er sich die ganze Welt zum Feind macht und bis zum bitteren Ende mit sich, Gott und den Menschen kämpft; und während ich den »Weber«* schrieb, kam mir oft der Gedanke, daß es schön wäre, ein Buch über Steinn Ellidi in volkstümlicherer Gestalt zu schreiben. Ein Jahr nachdem Steinn unten auf Sizilien im Schmelztiegel war, hielt ich mich einige Monate (1926) im Ostland auf und unterrichtete mich ein wenig über die Lebensbedingungen der Kleinbauern in den Seitentälern und vor den Hochflächen; diese Lebensbedingungen sind sich gewiß seit Beginn der Besiedlung Islands gleichgeblieben und tatsächlich in keinem wesentlichen Punkt von jenen der Kleinbauern in anderen Gegenden der Erde verschieden; und das ist eine der Hauptursachen dafür, daß Bjartur in Sommerhausen in allen Ländern der Welt verstanden wird; er ist der Allerweltsbürger Islands, weil er der Allerweltsbürger der Welt ist. Und dieser Menschentyp ist nicht nur in dünnbesiedelten Landgemeinden zu Hause, sein Gegenstück und erstaunlich ähnliches Abbild ist jeder Mensch, der unter ähnlichen ökonomischen Bedingungen und mit ähnlicher Denkweise in Großstädten für sein und seiner Angehörigen Leben kämpft. Ich erinnere mich, daß mich, kurz nachdem »Sein eigener Herr« in den Vereinigten Staaten erschienen war, ein intelligenter Amerikaner aufsuchte, nach seinem Auftreten zu urteilen ein Großstädter, und sagte,

* H. Laxness' Roman »Der große Weber von Kaschmir«. Noch nicht ins Deutsche übertragen. Anm. d. Verlages.

er habe bei der Zwischenlandung hier auf dem Flugplatz einen Aufenthalt eingelegt, um mit mir über Bjartur in Sommerhausen zu sprechen; er erzählte mir unter anderem, was vielen sonderbar erscheinen mag, obwohl es mich keineswegs überraschte, daß es in New York allein Millionen von Menschen gäbe, die in allen wesentlichen Punkten fast genauso lebten wie Bjartur in Sommerhausen und seine Familie, nicht nur unter den gleichen ökonomischen Bedingungen, sondern auch mit der gleichen Denkweise und dem gleichen Sittengesetz.

Die erste Fassung von »Sein eigener Herr« schrieb ich in Los Angeles im Sommer 1929; es war nur eine unvollständige Skizze, und mir wurde meine mangelhafte Kenntnis des Gegenstandes schnell bewußt. Erst drei Jahre später hatte ich so viel zusätzliches Material beschafft, daß ich von neuem zu beginnen wagte; das war 1932 in Berlin. In jenem Herbst reiste ich in die Sowjetunion, um die Stellung der Bauern in jener Gesellschaftsordnung kennenzulernen, und gerade damals brach sich dort die Kollektivbewegung Bahn. In der realistischen Betrachtungsweise, mit der die Sowjetmenschen an die Sache herangingen (wobei keine lyrischen Sonderlinge den Forscher verwirren), fielen mir gleich einige wesentliche Dinge auf; darunter war die einfache, aber einleuchtende Einteilung der Bauern nach Klassen: Großbauern, Mittelbauern, Kleinbauern. Diese Einteilung, die einem hinterher die selbstverständlichste Sache von der Welt zu sein scheint, machte mir das gesamte Problem deutlich und befähigte mich, es in voller Klarheit auf gesellschaftlicher Grundlage anzupacken. Mit einheimischem Fabel- und Wissensstoff hatte ich schon viele dicke Hefte gefüllt; ich hatte mich damals in unterschiedlichen Siedlungen in allen Landesvierteln Islands aufgehalten und eine Menge Menschen kennengelernt, die mir ihre unmittelbaren Erfahrungen berichteten; und ganz besonders hatte ich versucht, mich mit der sogenannten isländischen Volkssprache vertraut zu machen; mancherlei hatte ich aus Büchern oder Wortsammlungen, gedruckten und ungedruckten, herausgesucht; es klingt unglaublich, aber noch hat die isländische Sprache ihre eigentliche Heimstätte nicht in den Bildungsinstitutionen des Landes und nicht bei Gebildeten und Beamten, Großbauern, Pfarrern oder Kaufleuten, sondern bei den ärmsten Leuten in den Gebirgstälern und bei den von Gott und Menschen verlassenen Knechten und Mägden auf dem Lande. In der Sprache dieser Menschen und nirgends sonst ist die Isländische Akademie verankert. Von ihnen habe ich das einzige Isländisch gelernt, das etwas wert ist.

Nach Abschluß der Vorbereitung im Jahre 1933 fehlte mir in der Tat nichts mehr; jede Schwierigkeit war überwunden, außer der, sich Ruhe zu verschaffen, um einige Jahre lang zehn bis fünfzehn Stunden ungestört am Schreibtisch sitzen zu können; ich brauchte nur drei Jahre, das Buch selbst zu schreiben, nachdem der Stoff einigermaßen vollständig zusammengetragen war. Ruhe fand ich in Städten im Ausland, besonders in Südeuropa, und im Frühling und Herbst auf Laugarvatn, wenn nicht allzuviel Gäste da waren; der Schlußteil des Buches entstand in Reykjahlid in Mosfellsdalur, dort hatte ich im Sommer 1935 eine Wohnung gemietet. Als ich Bjartur dann aus meiner Hand entließ, war mir eine Zeitlang, als hätte ich in der Welt keinen Halt mehr.

Wie schon gesagt, ist der Kleinbauer ein allgemeingültiger, internationaler Menschentyp, außer in der Sowjetunion und den im Sozialismus fortgeschrittenen Ländern. Diese Allgemeingültigkeit Bjarturs ist die Ursache dafür, daß »Sein eigener Herr« ein Bestseller in so verschiedenen Ländern wie der Tschechoslowakei und den Vereinigten Staaten von Nordamerika werden konnte. Das Buch erschien außerdem in Argentinien (auf spanisch), Dänemark, England, Finnland, Holland, Schweden, Deutschland; und in weiteren Ländern wurde das Herausgaberecht für das Buch erbeten; die russische Übersetzung verbrannte vor dem Druck im Krieg in Leningrad bei einem Luftangriff mit dem ganzen Verlag.

Man hat behauptet, »Sein eigener Herr« sei zum Teil Hamsuns »Segen der Erde« nachgebildet. Das ist insofern richtig, als hier die gleiche Frage gestellt wird wie in »Segen der Erde« – wenn auch die Antwort der Antwort Hamsuns direkt entgegengesetzt ist. Ich will nicht behaupten, daß alle gesellschaftlichen – und auch anderen – Schlußfolgerungen in »Sein eigener Herr« richtig sind, doch beim Schreiben des Buches spielte meine Gewißheit eine Rolle, daß die gesellschaftlichen Schlußfolgerungen Hamsuns in »Segen der Erde« im allgemeinen falsch sind. Beide Bücher haben das eine gemeinsam, daß sie die Bauernfrage behandeln, wie tausend andere Bücher auch; doch sie haben offenkundig entgegengesetzte Vorzeichen.

Gljufrasteinn, 3. Juli 1952 H. L.

Inhalt

Besiedler Islands

1	Kolumkilli	7
2	Das Anwesen	13
3	Hochzeit	20
4	Drohende Wolken	36
5	Geheimnis	44
6	Träume	46
7	Das Herzleiden	53
8	Trockenes Wetter	59
9	Waldpartie	62
10	Treiber	70
11	Spätsommernacht	86
12	Medizin	97
13	Die Dichterin	100
14	Abschied	104
15	Nachlese	110
16	Reimgedichte	117
17	Heimkehr	127
18	Außen-Rotenmoor	130
19	Das Leben	139
20	Besorgungen	142
21	Totengräber	157
22	Schneegestöber	168
23	Nachruf	171
24	Feuer des Frosts	172

Schuldenfreie Wirtschaft

25	Wintermorgen	179
26	Tag	196
27	Abend	213
28	Literatur	218
29	Die Meerkuh	222
30	Große Leute	229
31	Vom Gesang	238
32	Über die Welt	246
33	Unterdrückung der Menschen	269
34	Große Ereignisse	281
35	Der Gast	290
36	Hausbau	302
37	Ein Blümelein	309
38	Der Kampf	317
39	Tod im Frühling	321

Schwere Zeiten

40	Auf der Türplatte	331
41	Ratten	339
42	Die linke Wange	345
43	Gespräch mit höheren Mächten	348
44	Gehen	353
45	Über die Seele	359
46	Die Justizbehörde	368
47	Die rechte Wange	376
48	O pura optime	383
49	Bessere Zeiten	388
50	Poesie	401
51	Gott	407
52	Die Wunschstunde	413
53	Das Unvermeidliche	421
54	Wenn man eine Lebensblume hat	429
55	Wonnemond	435
56	Die große Schwester	439

57 Der Junge und die Länder 442
58 Die Frau auf Rotenmoor erleidet eine Niederlage 450
59 Ich bin es 458

Konjunktur

60 Als Ferdinand erschossen wurde 467
61 Glaubensdinge 474
62 Eintrittskarten 482
63 Finster ragt 491
64 Gespräch über das Traumland 495
65 Amerika 501
66 Politik 514
67 Das Reitpferd 523
68 Moderne Dichtkunst 538
69 Wenn man nicht verheiratet ist 545
70 Zinsen 551
71 Troll im Herbst 556
72 Wenn Ideale Wirklichkeit werden 562
73 Hunde, Seele u. a. 567

Schluß

74 Anderer Leute Brot 575
75 Der Zar gestürzt 586
76 Blut im Gras 592

Nachwort 597

Werke von Halldór Laxness im Verlag Huber

Auf der Hauswiese
Roman. 194 Seiten. 1978
ISBN 3-7193-0611-9

Atomstation
Roman. 230 Seiten. 1978
ISBN 3-7193-0610-0

Das wiedergefundene Paradies
Roman. 304 Seiten. 1978
ISBN 3-7193-0630-5

Das Fischkonzert
Roman. 336 Seiten. 1979
ISBN 3-7193-0658-5

Die Litanei von den Gottesgaben
Roman. 218 Seiten. 1982
ISBN 3-7193-0803-0

Salka Valka
Roman. 496 Seiten. 1981
ISBN 3-7193-0754-9